安作璋 著

学史集

续集

中华书局

图书在版编目(CIP)数据

学史集续集/安作璋著. —北京:中华书局,2015.10
ISBN 978-7-101-11287-0

Ⅰ.学… Ⅱ.安… Ⅲ.①安作璋-纪念文集②史学-中国-文
集 Ⅳ.K207-53

中国版本图书馆 CIP 数据核字(2015)第 237730 号

书　　名	学史集续集
著　　者	安作璋
责任编辑	李肇翔　李晓燕
出版发行	中华书局
	(北京市丰台区太平桥西里38号　100073)
	http://www.zhbc.com.cn
	E-mail:zhbc@zhbc.com.cn
印　　刷	北京天来印务有限公司
版　　次	2015 年 10 月北京第 1 版
	2015 年 10 月北京第 1 次印刷
规　　格	开本/710×1000 毫米　1/16
	印张 41¾　插页 2　字数 450 千字
印　　数	1-1000 册
国际书号	ISBN 978-7-101-11287-0
定　　价	120.00 元

安作璋先生近照

中国历史学的传承与创新（代序）

习近平同志在致第二十二届国际历史科学大会的贺信中说："历史研究是一切社会科学的基础"，"历史是人类最好的老师"。这充分说明了历史研究的重要意义。新中国成立以来，中国历史学在马克思主义指导下取得了重大成就，但也走过一些弯路。新的历史时期，中国历史学如何继承悠久传统和丰厚遗产并不断创新，需要我们认真思考。

20世纪初，率先打破两千年史学旧传统、举起"新史学"大旗的是梁启超。之后，王国维运用"二重证据法"研究中国古代史并作出杰出贡献。马克思主义传入中国后，被用于指导历史研究，使中国史学呈现新的面貌。新中国成立后，我国历史研究的最大成就是马克思主义史学得到迅速发展。在马克思主义指导下，涌现出一批史学大师，如郭沫若、范文澜、翦伯赞、吕振羽、侯外庐等。老一辈的史学家都十分重视运用马克思主义基本原理来研究中国历史。例如，郭沫若在《中国古代社会研究》一书中明确表示，要为恩格斯的《家庭、私有制和国家起源》作续篇。侯外庐在自传《韧的追求》里特别讲到，他1943年获得一篇马克思遗稿的俄译本，请一位同志译为中文，读后"增加了研究中国古代社会史的理论和勇气"。当然，这一时期的历史研究也存在一些不足和失误之处。比如，存在公式化、简单化和贴标签式的教条主义倾向；在运用阶级分析法时有非历史主义倾向，庸俗化地理解阶级斗争的历史作用；有的人往往把精力用在解释马克思主义经典作家著作的个别语句上，忽视了中国历史的特点。实际上，这些做法恰恰是违反马克思主义的。随着时代发展，历史研究必然会产生一系列这样那样的理论，但我们始终不能放弃以马克思主义为指导，要避免从一个极端走向另一个极端。以马克思主义指导历史研究，最根本的一条就是要真正理解马克思主义，掌握马克思主义的精神实质和立场观点方法，并将其与中国的历史实际相结合。正如恩格斯强调的，"如果不把唯物主义方法当做研究历史的指南，而把它当做现成的公式，按照它来剪裁各种历史事实，那么它就会转变为自己的对立物"。

中国历史学要始终在马克思主义指导下开展研究，这个原则不能有丝毫动摇。但是，这并不能成为我们抛弃优秀传统和对外封闭的借口。中国的传统史学有许多值得我们今天学习和借鉴的地方。从几千年连续不断记载历史和史料的积累方面看，中国传统史学具备独特优势。古代史学家敢于秉笔直书，不虚美、不掩恶的优良传统和实事求是的实录精神也值得我们学习。梁启超把唐代刘知几所论史识、史学、史才与清人章学诚所论史德合称为"史家四长"，认为"要想做一个史家，必须具备此四种资格"。这"史家四长"仍值得今天的史学工作者学习。此外，我国几千年来形成的编撰史书的一些方法和体裁仍值得今天借鉴，史学经世致用的优良传统更需要在今天发扬光大。

中国历史学的发展还必须和世界文明的发展趋向相一致，尽量吸收人类最新文明成果。要做到这一点，就必须和国际史学界保持经常的交流，取长补短，掌握历史研究的最新动态和研究成果，不做时代的落伍者。如果我们对国际史学界缺乏敏锐的观察，不虚心学习，那么，在世界形势瞬息万变的情况下，中国的历史学必将逐渐失去生命活力。但需要指出的是，对国际史学我们不应盲目排斥，但也不能盲目接受，尤其是不能被西方的一些史学理论牵着鼻子走。要用马克思主义理论进行分析鉴别，批判地吸收、科学地改造，去其糟粕、取其精华。

可以预见，未来中国历史学发展将会面临更多的问题和挑战，这就要求我们在历史研究中努力进行创新。创新应该是全方位的，无论是理论、观念、方法、手段等都要创新。创新绝不是标新立异，那样的所谓"创新"是不可取的。真正的创新应该是在马克思主义指导下，在继承吸收前人和当前中外研究成果的基础上有开创性的发展，是对当前和今后历史研究有启迪意义和导向作用的创新。当然，在某个具体问题上把研究的深度和广度再向前推进一步也是创新，但更重要的创新是那些具有方向性、导向性的研究。我深信21世纪中国史学必将出现一个崭新的局面，必将发挥它在社会主义五位一体文明建设中应有的作用，必将在世界文明史上留下光辉的一页。

（原载《人民日报》2015年9月21日学术版）

目　录

中国历史学的传承与创新（代序） *1*

一、文　集

关于编写地方志的几个问题 *2*

关于新编地方志的指导思想和方法问题 *9*

《中华文化对世界文明的重大贡献》 *19*

中国古代用人之道 *33*

　附：读书札记 *51*

东宫制度考述 *55*

理论上的重大突破 *78*

不忘历史教训增进人民友谊

　——从中日关系史上看济南惨案 *80*

为国·为学·为人

　——纪念"五四"寄语青年 *85*

建国四十年的成就举世瞩目 *88*

曲折的道路艰苦的探索

　——鸦片战争后中国知识分子探索

　救国之路的艰辛历程 *92*

泰山的历史与文化 *96*

把孙子研究推向一个新的阶段 99

传统道德与现代精神文明 102

关于商都文化的几点思考 106

    附：论范蠡的商道与商德 110

说"孝"

    ——兼论"汉以孝治天下" 112

开展中国地域文化研究 118

保护文物古迹是历史赋予我们的重任

    ——为祝贺《人文与自然》杂志创刊而作 120

论清代后期今文经学的复兴 124

论晏子和齐文化 133

中国历史概要 142

中国大运河与运河文化 146

论齐国的"贤人政治" 153

论齐鲁文化的历史地位及其现实意义 158

大舜、龙山文化与中华早期文明 167

傅斯年与齐鲁文化研究 171

略论丘处机的历史贡献 186

努力推动中华文化走向世界

    ——从儒学与东亚文化谈起 188

论伊尹与商都（亳）文化研究 192

    附：伊尹故里商都（亳）文化研究 195

虞朝的建立与夏商周三代文明 198

一脉相承的两部兵学经典

    ——《孙子兵法》与《孙膑兵法》 206

    附：白圭治生与孙子用兵之道 208

清代山左学术略说及刍议 210

论传统道德与人学 214

二、书 序

《枣庄史话》序 222

《孔孟之乡历史名人》序 224

《徐福研究》序 226

《中国皇帝全传》序 228

《国耻》《国威》序 232

《孙膑研究》序 234

《中国历史人物大辞典》序 236

《孙膑初探》序 238

《中国皇后全传》序 240

《中国状元全传》序 243

《正统的北方人》序 246

《失误丛书》序 248

《临淄与齐国》序 249

《民国山东史》序 252

《孔孟之乡名人名胜名产》序 256

《说三国　话用人》序 259

《琅琊台志》序 262

《齐国政治史》序 264

《东汉兴亡史》序 267

《古帝传说与华夏文明》序 272

《两千年济南大事记》序 274

《邹平通史》序 276

《山东历史名人电视系列讲座》序 279

《炎黄虞夏根在海岱新考》序 283

《以经治国与汉代社会》序 ……………………… 287

《儒学与汉代社会》序 …………………………… 289

《先忧后乐范仲淹》序 …………………………… 295

《秦汉历史哲学思想研究》序 …………………… 297

《战国秦汉时期商人和商业资本研究》序 ……… 301

《王鸿一传略》序 ………………………………… 304

《董永与孝文化》序 ……………………………… 306

《新编陋巷志》序 ………………………………… 308

《第六次续修安氏族谱》序 ……………………… 310

《丘处机》序 ……………………………………… 312

《论孙膑》序 ……………………………………… 315

《曲阜历史文物论丛》序（一）………………… 317

《曲阜历史文化论丛》序（二）………………… 319

《风雨域外行》序 ………………………………… 321

《菏泽通史简编》序 ……………………………… 323

《齐鲁史前文化与三代礼制》序 ………………… 325

《日本与山东问题》序 …………………………… 329

《章丘历史与文化》序 …………………………… 331

《徐福志》序 ……………………………………… 334

《追随徐福东渡行》序 …………………………… 337

《齐鲁八景诗大观》序 …………………………… 339

《明清仕宦家族与家族文化》序 ………………… 341

《齐鲁诸子名家志》总序 ………………………… 343

《滨州历史与民俗文化论坛》序 ………………… 349

《周自齐传》序 …………………………………… 352

《两汉诸子治国思想研究》序 …………………… 355

《论大舜》序 ……………………………………… 357

《稷下学宫与齐文化研究》序 359

《华不注漫话》序 361

《百年历史的影像回忆》序 365

《潍坊民间习俗与社交礼仪》序 367

《〔道光〕济南府志》点校本序 375

《孙氏族谱》序 379

《中国古代著名军事家评传》序 381

《济南"五三"惨案史料汇编》序 384

《德州往事》序 387

《游百川研究》序 389

《崇庆县志校注》序 391

三、书　评

《山东汉画像石选集》评介 394

简评《中国公文学》 397

推荐《世界富豪传》 401

评历史人物传记系列 403

教人之道首重发蒙

　　——评新编《小儿语》《三字经》

　　《百家姓》《千字文》 406

读《山东省志·文化志》 409

读《仪礼译注》 411

评《后汉书辞典》 415

评《唐代民族与文化新论》 419

《牛僧孺年谱》评介 422

评《山东省志·文物志》 425

评《魏晋南北朝经济史》 427

评《两汉乡村社会史》.................................. 431

评《中国用人思想史》.................................. 435

评《山东经济史》...................................... 438

《中华名门望族丛书》评介 443

《中华野史》简评 446

评《荣成市志》.. 448

评《中国气论哲学研究》................................ 451

《山东省志·社会科学志》评介 454

评《中国用人史》...................................... 457

评《社会环境与人才》.................................. 460

站在学术的制高点上俯瞰齐长城 467

读《常青的友谊树——中华古代友谊故事》.............. 472

评《郑玄三礼注研究》.................................. 474

《两汉全书》——汉代文献集成的鸿篇巨制 478

四、回忆录

祝贺《史学月刊》创刊五十周年.......................... 482

我与中华书局交往的四十年 487

我与齐鲁大学 492

永远的海岱居 500

社会科学工作者之家

    ——祝贺山东省社科联成立五十周年 502

殷殷师生未了情

    ——深切悼念修智同志 505

我和铁基 509

五、访问记、访谈录

肩负重任　加快和深化教育改革

　　——访十三大代表、山师大历史系教授安作璋同志　514

潜心史学研究的安作璋教授 ……………………… 516

饱蘸浓墨写齐鲁青史

　　——访著名历史学家、《山东通史》主编安作璋教授　519

齐鲁文化的特征及其影响

　　——访历史学家安作璋教授 ……………………… 522

安作学人的安作璋 ………………………………… 525

通·博·专·勤

　　——安作璋教授谈读书 …………………………… 528

良史春秋笔　名师齐鲁风

　　——记著名史学家安作璋先生 …………………… 530

殷殷教育情　拳拳杏坛心

　　——近访安作璋教授 ……………………………… 537

安作璋先生访谈录 ………………………………… 540

博学慎思明辨笃行

　　——安作璋先生的史学成就与治学之道 ………… 548

板凳需坐十年冷　文章不写一句空

　　——访著名历史学家安作璋先生 ………………… 565

史学大家眼中的"国学热"

　　——安作璋教授访谈录…………………………… 569

答《大众日报》记者问 ……………………………… 574

安作璋：80岁的春天 ……………………………… 581

盛世修史　贵有创新

　　——访《济南通史》总主编、著名历史学家、

　　山东师范大学安作璋教授 ……………………… 585

史学老人的"道德学问" ……………………………………… *588*

道德学问人　经世济民才

　　——访安作璋教授 ……………………………………… *593*

安作璋:弘扬国学需慎重 ………………………………… *600*

史学大家安作璋先生访谈录 ……………………………… *606*

安作璋先生与秦汉史研究 ………………………………… *626*

安作璋先生与山东地方史、齐鲁文化研究 …………… *635*

半世纪情系治史　一甲子缘结山师

　　——记山东师范大学安作璋教授 ……………………… *646*

安作璋:做学问要有面壁十年的精神 …………………… *652*

后记 …………………………………………………………… *655*

一、文集

关于编写地方志的几个问题

一

关于地方志,过去目录学家多把它归于历史地理类,其实并不确切。它的内容包括很广泛,不仅涉及政治、经济、文化、历史、哲学等社会科学方面的内容,也涉及自然科学方面的许多内容,是一门综合性的学科。一部地方志,也可以说是地方性的百科全书。

我国地方志的编纂有悠久的历史传统。最早可以追溯到《禹贡》。现存的《禹贡》,一般人都认为是两千多年前战国时代的作品,是一部最早的全国性的区域志,可惜内容很简略,仅记载方域、山川、风俗、物产等,严格地说,只能是一个雏形。至东汉班固撰《汉书·地理志》,内容才比较充实完备,初步具有全国性的详细系统的区域志的规模。东汉时,还有会稽人袁康、吴平所撰的《越绝书》(相当于浙江省志),其书杂记吴越事,下及秦汉,直至建武二十八年,历来被公认为现存最早的地方志。魏晋以后,地方志的编纂逐渐兴盛起来。《隋书·经籍志》史部地理类叙:"隋大业(605—617)中普诏天下诸郡条其风俗物产地图上于尚书。"由当时侍郎虞世基等编成《区宇图志》129卷,可以说是集地方志之大成。唐宋时代,地方志的编纂体例又有了进一步的发展。宋太宗太平兴国年间(976—984),乐史撰《太平寰宇记》,"地理外又编入姓氏、人物、风俗数门,因人物又详及官爵及诗词杂事"①,不但记载乡土地理风物,而且记录当代人物的活动,这就使地方志更具有历史的和社会的意义。此后,纂修方志,蔚

---

① 洪亮吉:《重校刊〈太平寰宇记〉序》。

然成风。宋元的方志多至五百余种（见《文渊阁书目》），明、清两代地方志的纂修更形成一种普遍风气，不仅州县有志，甚至有的乡、镇也有专志的编纂。由于地方志的发展，随之便出现了大部头的明清《一统志》，《一统志》就是全国性的区域志。全国性的区域志和地方志有着互相影响、互相促进的关系。清代主要是康熙时代地方志的编纂，更是达到了封建时代的高峰。据粗略统计，现存的地方志书约有7413种，计109143卷。其中宋代28种，元代11种，明代860种，清代6514种，清代地方志占总数80%以上①。在这些志书中，以县志居多，约占70%。因明、清以来县是地方的基层行政单位。其次是州志、府志。其分布范围，极为广泛。除部分边疆地区外，我国各省、县几乎都有方志，其中尤以山东、河北、江苏、浙江等省为最多。最近山东社会科学院资料室王建宗、刘喜信两同志编成《山东地方志书目》一书，共辑录了山东志书凡597种，其中通志、府、州、县志495种，约占全国志书的百分之八，名列前茅，这是我们今后编写山东省志的一部分重要的参考文献资料。

二

地方志除收录一部分正史资料外，大多是根据当时当地的档案、访册、谱牒、传志、碑碣、金石、文集、笔记、信札之类的原始资料编纂而成的，因此保存了较为丰富的自然和社会的史料。它的史料价值之高，往往胜过官修的正史，在地方志中有一般正史或其他图书中找不到的材料和真实记录，值得我们加以批判地继承。现在略举数例如下：

（一）农民起义史料：旧方志都或详或略地把当地农民革命活动情况当作反面材料加以记录下来，例如宋代方腊起义多见于江西、浙江诸志；明清会党多见于两广及长江流域各省县志。尤其是近代的地方志对于近百年来大大小小的反帝反封建的民族民主革命运动有较多的记载，可供利用的价值也较大，如中国史学会编的几种《中国近代史资料丛刊》就收录了不少地方志的材料。

---

① 朱士嘉：《中国地方志综录》。

（二）少数民族史料：在民族杂居和少数民族聚居的地区所修的方志中虽说也有修志者的歪曲，但却保存了丰富的少数民族的资料。这对于我们研究少数民族的形成和生活特点等都有重要参考价值。

（三）经济史料：田赋是地主阶级政权用来剥削农民的主要手段，因此旧方志对它的记载特别详细。与此有关的赋税、手工业、商业的材料在明、清的地方志中也有较多的记载，这对于我们研究中国资本主义萌芽问题也有重要的参考作用。

（四）物产资料：旧方志中比较详细地记载了各地的物产和矿藏，同时还记载了各种产品加工制造的经验和方法。建国以来，我们根据地方志的记载，实行了"文献报矿"，即根据文献所提供的线索进行地质勘探，曾经取得了很大的成绩。

（五）自然科学资料：我国古代的科学技术有光辉的成就，旧方志中关于天文、气象、水利、地质和重要发明等科学资料的记载，比正史又多又详，如地震史料虽然带有迷信色彩，但却是很系统的科学记录，世界各国都不能相比。

（六）人物传记：旧方志所表彰的人物，大多是地主阶级的模范人物。此外，也有一定篇幅记载当地的杰出人物如文学家、艺术家、科学家等，有许多为正史所不载或载而不详的人物，往往能在方志中找到。如《后水浒传》的作者陈忱的身世，在《南浔镇志》、《湖州府志》中就有较多的记载。又如清初著名小说《樵史通俗演义》的作者是谁？专治明清史的前辈史学家孟森先生、谢国桢先生均未能考出，查光绪《青浦县志》《艺文志》："《樵史》四卷，陆应旸著。"记载甚明。至于陆的生平，同书《文苑传》也有详细的记述。

（七）文化艺术文献：旧方志所录的金石、艺术、歌谣、农谚、诗文，其数量相当多，如《全唐诗》为唐代诗歌总集，但在方志中还可以找到许多《全唐诗》所未收入的一些作品。

此外，关于疆域、沿革、名胜、古迹以及职官、武备等方面也有不少可取的资料。

当然，旧方志也有许多严重的缺陷，必须加以彻底改造，始能为编写新方志所利用。我们今天编写新方志，无论是指导思想、内容、方法，还是服务对象，都和旧方志有本质的不同。

（一）指导思想：旧方志都是以地主阶级的儒家思想作为指导思想，言多忌讳、如为尊者讳，为贵者讳，为亲者讳，往往对历史事实加以歪曲和窜改。新方志则是以马克思主义和毛泽东思想作为指导思想，要求秉笔直书，实事求是地反映历史的本来面貌。

（二）编写目的：旧方志编写目的是为封建统治阶级服务，主要是宣扬剥削有理、压迫有理，革命有罪。新方志编写目的是为人民服务，为社会主义四化建设服务，向人民进行爱国主义教育和革命传统教育。

（三）编写内容：由于指导思想、编写目的不同，就决定了内容的不同。今略举几个主要方面为例。

（1）在政治方面：旧方志虽然也反映了一部分阶级斗争的内容，但往往是对人民群众的革命斗争进行诬蔑、贬低和歪曲，或有意加以抹煞。新方志则应充分反映历代人民革命斗争的内容，而对于近代人民的反帝反封建的斗争，特别是对中国共产党领导下的人民革命斗争，则要作为重点来写。

（2）在经济方面：旧方志虽然也记载一些有关农业、手工业和商业等方面的内容，但对劳动人民在生产斗争中所取得的重大成就，却很少反映；而关于生产关系方面的内容的记载则更少。这些都要在新方志中加以详细叙述。

（3）在科学文化方面：旧方志没有现代科学的内容，即使写古代的自然科学，也掺杂了大量的迷信。所以新方志既要剥去旧方志加在自然科学方面的封建迷信外衣，又要大量增加现代自然科学方面的成就。在文化方面，旧方志大都有艺文志（或称经籍志），其中颇多收录一些很庸俗的诗文，或与本地并没有多少关系的一些文献。对于这些，新方志都应去芜存菁，编写能正确反映本地文化发展情况的内容。

（4）在人物方面：旧方志大都有人物志，章学诚收录人物的原则是忠、孝、节、烈，戴东原甚至把高僧列为首位。多数地方志，都是为当地的官僚士绅地主歌功颂德，树碑立传，有的地方志关于这方面的内容甚至占全书篇幅的半数以上。这些在新方志中自然要大量删除。而真正对于人民、对于历史有所贡献的历史人物，包括革命领袖、民族英雄以及伟大的思想家、科学家、发明家、政治家、军事家、文学家和艺术家等等，都应将其事迹恰如其分地编入人物志或人物传。

（5）在民族关系方面：新方志还要注意清除旧方志中的大汉族主义思想；有的地方也还要注意纠正狭隘的民族主义观点。

（四）编写方法：旧方志不外两类，一类是官修志书，一类是私家修志。参与其事的除了少数确有学术造诣的学者如章学诚、戴东原、孙星衍等人以外，其余的大多数是当地的秀才、举人、进士之流，由于他们的阶级出身、学术水平、思想意识的限制，因而编写的地方志有不少是东拼西凑、粗制滥造的东西，没有什么价值。而我们编纂新方志是在党的领导下有组织的采取领导、专家、群众三结合的方法，这是一个行之有效的方法。随着人类社会的进步，科学的发达，修志的工作，绝不是少数只会八股文的举人、秀才所能胜任的。只有在党的领导下，有各部门的领导分工负责，有各科专家组成专门编写班子，并发动组织有关人员群策群力，才能胜利完成修志的任务。

三

地方志和地方史，有一个共同点，即都是探索地区发展规律的科学。但志和史也还是有区别的。这种区别，我认为主要表现在内容和体例两个方面。

（一）从内容上看，地方史是偏重于探索地方历史发展规律的科学；而地方志则是自然科学、社会科学和人文科学等综合性的科学，也可以说是地方性的百科全书。虽然两者在内容上也有互相交叉联系的地方，但侧重点是不同的。

（二）从体例上看，史和志在中国古代一向是有区别的。就史而论，主要有编年、纪传、记事本末三种体裁，如司马迁的《史记》（纪传体）、司马光的《资治通鉴》（编年体）、袁枢的《通鉴纪事本末》（纪事本末体）。就志而论，如杜佑的《通典》、马端临的《文献通考》、郑樵的《通志》，所谓三通，都是书志体。史书有通史、专史（指单科专史）、断代史、地方史等等；志书则应是多科分类专史，例如清顺治十七年河南巡抚贾汉复主持纂修的《通志》五十卷，就分了三十个部门：一图考、二建置沿革、三星野、四疆域、五山川、六风俗、七城池、八河防、九封建、十户口、十一田赋、十二物产、十三职官、十四公署、十五学校、十六选举、十七祠祀、十八陵墓、十九古迹、二十帝王、二十一名宦、二十二人物、二十三孝义、二十四列女、二十五流寓、二十六隐逸、二十七仙释、二十八方伎、二十九艺文、三十杂辩。以后官修旧志的体例大抵仿此。不管它的分类是否科学，但是属于多科分类专史的性质。一九五六年金毓黻先生写过一篇《普修新地方志的拟议》①，其中拟了一个地方志篇目，计有二十个目：一大事年表、二疆域或建置、三地质与气象、四山水、五自然灾害、六工业、七农业、八商业、九交通运输业、十政治组治、十一一般行政、十二财政、十三教育文化、十四司法监察、十五社会、十六民族、十七宗教、十八人物、十九学术文艺、二十古迹古物。基本上是在旧方志分类的基础上加以改造编制而成的。同年，傅振伦先生也写过一篇《整理旧方志与编辑新方志问题》②，他也列了一个方志篇目，共分为四编，每一编又分若干细目。这四编是：一疆域沿革，二自然环境和自然富源，三原始社会到半殖民地半封建社会，四新民主主我革命时期与社会主义革命时期。这两种体例，各有长短，可以代表目前一般修志者的意见。前者的优点是门类清楚，每一门类又贯通古今；缺点是看不出各门类之间的相互关系和历史发展的阶段性。后者的优点是比较明确地显示了历史发展的阶段性，但每一个社会发展阶段中，各个门类之间以及每一个门类承前启后的关系，又难免没有脱节或重复的情况。我们在制订山东省志篇目时，如何处理好这一纵一横以及横与横之间的关系，还很值得认真地进行一番讨论研究。

总之，我们应当编纂出一部有质量有水平能够反映山东省基本概况和真实面貌的志书。而编出这样一部志书，工程是很大的，困难也是很多

---

① 见《新建设》1956年第5期。
② 见《新建设》1956年第6期。

的。南梁人江淹认为"史之所难,无出于志"①,是有一定道理的。我们既要发扬知难而进的创业精神,又要有踏踏实实的工作作风和科学的工作方法。我们深信在党的领导下,总结过去编志的经验教训,经过参加编写工作同志们的群策群力,一定能够胜利地完成这项具有历史意义的任务。

（原载《山东史志通讯》1982年第1期）

①《史通·正史篇》。

关于新编地方志的指导思想和方法问题

一、简单的历史回顾

毛主席在《中国革命和中国共产党》一文中说过,中华民族是一个有光荣的革命传统的民族,又是一个有优秀的历史文化遗产的民族。在中华民族的开化史上,有许多伟大的思想家、科学家、发明家、政治家、军事家、文学家和艺术家,有丰富的文化典籍。这里说的文化典籍就包括了地方志在内。我国地方志起源很早,品类繁多,内容十分丰富,在全世界来说是独一无二的,是其他各国所不能比拟的。[①]单以山东来说,据张国淦《中国古方志考》统计:元代以前山东方志可考者有36种,明清时期特别多,有411种。据最近山东省社会科学院编印的《山东地方志书目》统计,从元代人于钦编的《齐乘》到建国之后,山东方志有597种,占全国方志的8%以上。济南市志办公室编印的《济南地方志书目》,包括三县一郊,现存地方志书约21种(426卷),时间从明弘治五年(1492年)修的《章丘县志》直到建国后。这些都是编纂新志的重要参考材料。

编纂志书是历代政府十分重视的一项工作。宋朝司马光编了《资治通鉴》,是为帝王统治人民提供借鉴的。地方志也就是地方官统治人民的借鉴。所以历代地方官都重视地方志。如唐朝韩愈南行,过梅岭而先借阅《韶州图经》,宋朝朱熹知南康军,下车就首先遍访志书。以后便形成一个不成文法,郡县地方官上任时,下面的属吏照例要把当地地方志进览。这是因为要把这一地方治好,必须了解这一地方的历史和现状。清朝乾

---

① 详见《关于编纂地方志的几个问题》,载《山东史志通讯》1982年第1期。

隆年间《六合县志》的作者何廷凤写了一个序："邑之有志，所以备一邑
掌故，纪政治之利弊，使官于此者以相土宜，考风俗，察民瘼，监成宪也。"
地方志能提供政治上的利弊得失，供作参考。何的意见可以代表一般封
建统治者的看法。

1840年鸦片战争以后，帝国主义同中国封建阶级相结合，中国沦为半
封建半殖民地的社会，从此，方志不仅服务于封建官僚地主阶级，而且为
军阀、买办和帝国主义服务。他们不但利用修志进行政治上的欺骗宣传，
笼络人心，攻击共产党赤化，共产共妻；宣扬蒋介石的"德政"，如"新生
活运动"；为日本帝国主义宣扬"共存共荣"和"大东亚新秩序"等反动论
调；而且各帝国主义国家，尤其是日本、美国侵略者到中国来以后都广泛
搜集我国地方志书，作为他们从政治上、军事上、文化上、经济上进行侵略
的依据。据调查，有的地方志，国内没有日本有；有些情况我们不知道，
他们知道。他们就是从地方志中得到情报的。当然，我并不是说，旧方志
全无用处，都是反动的应当清除的东西；我只是就其政治意义上来说的，
至于其中带有资料性的东西对我们还是很有参考价值的（参见上文）。如
何对待旧志？我们必须根据毛主席的教导，就是要剔除其封建性的糟粕，
吸收其民主性的精华，古为今用。把曾经为封建主义、帝国主义服务的旧
方志批判地继承，合理地利用，使之为社会主义的四化建设服务。所以整
理旧方志是一个重要任务，整理旧志不是目的，落脚点是编纂新方志。

二、编新方志的指导思想

旧志一般以儒家思想作为指导思想，是为封建剥削阶级服务的。因
此它所宣扬的不外是旧礼教、旧道德、忠孝节烈一类的东西，有的地方志
中的烈女传篇幅很大，几乎占半数以上。再就是宣扬官僚、地主、士绅的
"丰功伟绩"，记载压迫人民的各项政策法令，以提供统治人民的经验。
相反的，对他们的污行恶迹却讳莫如深。如为尊者讳，为贤者讳，为亲者
讳，避讳的地方很多。对人民的革命斗争，有的根本不提，或者加以歪曲
污蔑，诸如盗贼一类的提法。

编新志的指导思想同旧志根本不同，是为建设社会主义的物质文明

和精神文明提供历史借鉴和现实依据，为四化建设服务；为向人民群众、尤其是向下一代进行爱国主义和革命传统教育服务；为编修国史和省志提供可信资料。同时，通过编纂新志也能培养一批有马克思主义觉悟的、对各行各业比较熟悉的内行人材。因此，必须以马克思主义毛泽东思想为指导思想，要求详细地占有资料，研究资料，秉笔直书，实事求是地反映本地区的历史和现状。去年山东省地方史志工作会议上提出，新的志书要具备三新、四不唯、五性。这就是编新志的指导思想。

什么叫三新？ 就是新观点，新材料，新方法。

新观点，就是马克思主义毛泽东思想，就是辩证唯物主义和历史唯物主义的观点。不能搞形而上学。不能好就是绝对的好，坏就是绝对的坏。要实事求是。不能离开一定的历史条件去评价人和事。要把学习毛泽东著作放在首要地位。毛泽东思想是中国的马克思主义，是马克思主义的普遍真理同中国革命的具体实践相结合的产物，是以毛泽东同志为首的老一辈无产阶级革命家集体智慧的结晶。不能因为毛泽东同志晚年的错误和林彪、江青反革命集团的歪曲而不重视毛泽东著作的学习。编志成败的关键即在此。特别是毛主席的重要著作，如《中国社会各阶级的分析》《中国革命和中国共产党》《新民主主义论》《实践论》《矛盾论》等，这些都要学。从这里不但可以得到正确的立场、观点和方法，而且这些著作本身就是重要的历史文献。方志的近、现代部分要编好，不学毛泽东著作是不行的；如果不能全学，也要有选择地学几篇。离开毛泽东思想，就谈不上什么新观点。

新资料，即包括批判地继承和吸收旧志和旧文献的有用资料，同时又包括通过各种渠道如调查访问所搜集到的资料。这后一类的材料从一定意义上说比前一类材料更重要。因为这里还包括抢救活材料的问题，有些老年人要不抓紧访问，材料就会被带走了。调查访问的对象很广，比如"五老"——老干部、老党员、老工人、老农民、老知识分子；"五旧"——旧官吏、旧军官、旧商人、旧职员、旧书吏，甚至还包括一些神职人员，如牧师、巫师。对征集来的资料要进行去伪存真、去粗存精的工作，求真存实，要在真实二字上下功夫，不能是虚假的、资料不真实，根本谈不上新。

新方法,过去编志大都是地方官笼络几个秀才举人关起门来搞。我们编志不能走老路。要在党的领导下有组织地进行,采取领导、专家和群众相结合的方法来搞,比如地理志可以请懂地理志的专家。这种三结合的方法,实践证明是一种行之有效的方法。

四不唯,就是不唯上,不唯权,不唯亲,不唯书。要尊重事实。不管你上级和权势的大小,以尊重事实为原则。这个"四不唯",说起来很容易,真正做起来就难了。后一个"不唯"还许比较容易做到,古人就有"尽信书不如无书"的话嘛!但也不是多么容易。要敢于有根据地推翻前人的说法,甚至是权威的说法。前三个不唯就更难做到了。搞不好轻则说你"六亲不认",重则可能丢官、坐牢、杀头。这样的情况在旧社会很多,新社会也不能说没有。"文化大革命"中许多老干部,因为坚持真理、说真话而遭到了诬陷嘛!彭德怀同志是突出的一例,他说真话,遭到了打击。新志的重点是在现代,要编到1980年,涉及到很多人和事,如何处理,要有实事求是的精神。旧时代因直言而招祸的事例比较多。文天祥在《正气歌》中表扬了两个人。"在齐太史简,在晋董狐笔"①。这两个人都是敢于讲真话,不怕杀头的。"在齐太史简"说的是春秋时,齐大夫崔杼把国君齐庄公杀掉了,史官太史伯如实地写在简上:"崔杼弑其君光。"古代臣杀君是大逆不道,所以叫作弑,不叫杀。崔杼叫太史改成得疟疾死的,太史不从。崔杼非常恼火,把太史杀了。太史伯有三个弟弟,曰仲、叔、季,二弟仲还是这样写,又被杀了;三弟叔还是这样写,也被杀掉了。崔杼对老四季说改写可以免死,但老四也不怕死。他说:"据事直书,史官之职也。失职而生,不如死。……某即不书,天下必有书之者。"崔杼知道杀不胜杀,只好放他回去了。他回去的途中遇见南史氏抱简而来,说:"闻汝兄弟俱死,恐遂没(其事),吾是以执简而来也。"可见这些史官是多么地忠于史实。"在晋董狐笔",董狐是晋国史官,他据事直书"赵盾弑其君夷皋"。时任国政的赵盾让改一改,董狐说:"是是非非,是为信史,吾头可断,此简不可改也。"赵盾叹曰:"史臣之权乃重于卿相。"这都是优良传

---

① 此事分别见于《左传·襄公二十五年》《左传·宣公二年》。《史记·齐太公世家》《史记·晋世家》也有记载。冯梦龙、蔡元放编《东周列国志》曾演绎其事,可供参考。

统，都是秉笔直书的典型。我们今天编志应当发扬这个优良的传统。

"五性"就是思想性、科学性、现代性、知识性和稳定性。思想性，即观点正确，能运用马克思主义毛泽东思想观察分析问题。科学性就是资料真实可靠。现代性是指反映伟大时代的特点。我们的时代是什么样的时代？是产生了伟大的中国共产党的时代，是党领导全国各族人民翻身作主的时代，是人民群众建设社会主义物质文明和精神文明的时代。知识性，是说地方志是一方之百科全书，从自然到社会各方面都要包括进去。《济南市志》是济南市的百科全书，市志目录分二十个，如果在编纂中发现遗漏的内容还应补进去。稳定性，是要不受某一个时期错误的政治倾向或思想潮流的干扰，能经得起时间的考验。如"四人帮"横行时一批书籍文章，时过境迁，成了明日黄花。编出志来过上几年不能用了，这不行。我们不说传之万代，但应当说传之子孙后代。

三、编新方志的方法

（一）资料目录。首先遇到的问题是如何搜集资料。俗话说"巧妇难为无米之炊"。编志书同写小说不同，小说可以演义，但也离不开素材。方志要言之有据，不允许凭空编造，根据就是资料，不能凭想当然。搜集资料时，脑中要有一本账，即资料目录。市志办编了一个《济南地方志书目》就是资料目录。不过这个目录比较简单，仅限于方志，还要有比较详细的资料目录。如果一时搞不起来可先提供线索，以后再作补充。各分志要有自己的目录，才能按图索骥，有条件的还可以搞篇目索引和提要。过去的志书写成后，附有艺文志或经籍志，把书目附在后面。我们写成后也要附上征引文献目录。

（二）资料汇编。正式编写之前，最好先搞汇编或长编，为编志打下基础，有了这个汇编即可动手编志，否则资料不够，有时就要停工待料。

一要广泛搜集资料，搜集的范围越广越好，市志办搞了一个《征集资料启事》，提到了征集资料的范围、种类和方法，很好，非常及时。《参考题目》搞得也很好，都可作为各分志的参考。各分志如果也搞一个启事和题目就更好了，那样可以更细一些。

二要进行资料选录。资料可以大体分为三类，文献资料、调查资料和考古资料。怎样选录？哪些有用？哪些无用？哪些是真的？哪些是假的？都要进行鉴别和分析。这里先讲一下直接资料和间接资料问题。直接资料是直接记载某事的资料，抄录无误即可以了；间接资料比较复杂，比如教育志，教育事业在某一个时期得到发展或遭到破坏，往往同当时政治形势、经济状况有关系，同整个时期的文化水平也有关系；同时它又反过来影响政治经济等等。这类资料也需要，有一个斟酌取舍的问题。还有的属于省和全国的资料，如一种制度，一项法令政策，有些是省教育厅颁布的，有些是中央教育部颁发的，这些资料也要注意搜集。新中国和旧中国不同，那时搞封建割据，各自为政，各搞一套。解放后不同了，在全国大一统的局面下，各地的情况大致相同，当然也有济南的特点。但从全局来看，济南同全国大体是一致的。这些，都要搜集，要编进去，说明它是在全国形势下发展起来的，否则弄不好会成为独立王国。既要顾全局，又要顾地方，在全局中，突出地方特点。

属于原始资料。第一手资料应排在前面；派生的、片断的排在后面。对同一件事记载来源于很多书刊，有的完全不同，如蒋管区报纸与解放区报纸，一件事可能说法全然不同或部分不同，要一并录下来，以便互相对照。内容相同的资料要选第一手的，最早的，其他的即不必要了，可在下面注明一下，此事还见于×书×页……万一用着也可以去查。即有一字之差也或许有用处，可以进行印证核实。

资料的全录和摘录问题。全文照录，比较容易。如只有一部分有关系可以选录，不必全录。选录这件事就有学问了，要根据具体情况来定，要慎重，别把有用部分丢了。要把前后文都仔细地看完，弄清来龙去脉，完整意思。选录最容易出问题，掐头去尾会造成意思不同，甚至完全相反。

还有一个重要的问题，就是资料一定要注明出处，反复核实，把抄录者姓名写上。这里有个岗位责任制问题。我们的地方志，千言万语归根到底要真实。一字之差谬以千里，有时会被后来的编者发现，有时就根本发现不了，再核实就麻烦了。以误传误，以讹传讹，那就要贻误下一代。

只有认真严肃,一丝不苟,才是科学的态度。即使无意中搞错了,也说明态度不够严肃。这也同工厂生产有些相似,工厂有一道工序出问题,产品就会报废,所以资料一定要反复核对,有根有据,注明出处,这是编方志的一个规矩。遇到第二手第三手资料时,还要核对第一手材料,尽可能找到原始材料。对材料中的疑问如一时找不到旁证,可以在后面加编者按,说明有什么疑问和看法,要把编者按同原文区别开来。

三要进行资料的核实,即要辨别资料的真伪。司马光编《资治通鉴》,对采用资料很慎重,异常严谨,《通鉴》编完后还有一个《通鉴考异》,凡有疑问者都考察一番。这一点值得我们学习。

怎样进行核实:1.关于版本问题。我们引征的书中很难说没有错。有传抄的错误,有印刷上的错误,还有因袭前人的错误。资料来源不同,这就会出现一条资料多种说法,都要搜集起来,选个好的作底本进行校订,最好是用较早的本子。因为每抄一次印一次都会增加一次出错的机会;但有时则是最后的本子较好,因为经过修订了。要互校,改正错误,把正确地保留下来。2.文字本身的问题。一个时期有一个时期的文字风格,甚至文字排列,字体繁简也不尽相同。这也是辨别真伪的方法之一。过去我们解放区同蒋管区的文字风格就不一样,排列也不同。今天台湾还是以竖排为主自右至左,字体繁简也不同。如果搜集到蒋管区的材料,出现了简化字,那就可能是假的,因为它不用简化字。从文字的风格上也能看出资料的真伪性。3.从内容上看,如要查一本书,书中如有著作人死后出现的人名、新地名,那就可以判定是假的。如引文中出现作者死后的文章,也可判断出是假的。出现了作者断限以外的内容,也值得考虑。如果书中有记载与当时社会状况、风俗习惯、思想潮流等等不符的东西,也可判断是假的。如有些词汇是解放后才有的,而出现于解放前出版物上,那就不会是真的。如此等等。4.从实质上看,这就更复杂了,特别是回忆录、报告之类的东西。作者可能有偏见,还有的可能是迫于当时政治形势或认识问题。还有的好奇附会、浮夸虚报。尤其是大跃进时期,有些报告受当时形势影响,浮夸虚报,这就必须进行调查核实。不能说这些资料绝对不可靠,但不可全信。尤其"四人帮"横行时期假大空成风。资料不经过核实便使用,就很容易出问题。要分析材料是在什么形势下写的。还有给自己树碑立传的东西,都要分辨清楚。

四要进行资料的汇编。一般是采用纪事本末体,以事为主或以事为纲,以时间先后为序编排起来。也可分成编、章、节、目、小目。不要掺杂个人议论,不要发挥,就是原材料。这就是资料汇编。把这个搞起来,下一步就好办了。这就为修志打下了坚实基础。

(三)编写大纲(有的也叫提纲)。大纲是个基本的架子。编大纲应在掌握并熟悉基本资料的基础上进行。不是说全部掌握,而是说掌握基本资料。在还没有掌握资料的情况下,单凭想象是搞不出好提纲的,当然这也不是绝对的。有熟悉本部门、本行业务的专家,在搜集资料之前,也可以先搞一个粗纲,为搜集资料提供线索。但无论如何,大纲在形成之后不是固定不变的,编写中还要作调整和修改,使之不断完善。

编写大纲应包括:1.各分志的历史和现状。本行业发展规律和特点要体现地区性,或叫个性。2.各分志同其他分志的关系要处理好。涉及全局性的问题,这叫共性。3.各分志均应充分体现人民的主体作用,现代部分应充分体现党的领导作用,充分体现社会主义的时代特点。解放前到古代部分,除体现出劳动人民的主体作用外,对统治阶级的作用亦应给予一定位置,实事求是,恰如其分。4.各分志的组织机构、行政管理、政策法令、规章制度以及经验教训等等,都是各分志的重要内容。

大纲标目最好分五级:篇、章、节、目、小目。这样划分,编写时便于掌握。如果一时达不到,至少也要分三级:篇、章、节。但节下要有个本节要点,这样大纲才能起到应有的指导作用。《市志篇目提要》似乎过于简略了些,这个任务市志办完成很困难,各分志应自己搞详细的大纲。

(四)编写体例:旧方志有许多流派,体例也五花八门。有拟纪传正史派,如乾隆年间的《江南通志》,即仿《汉书》十志。还有拟经书派,如明代颜木编的《随州志》、陈士元《滦志》是仿《公羊传》来编的,自问自答,闹了不少笑话。有厚古薄今派,如洪亮吉的《登封县志》、《固始县志》即属此派。因当时文字狱很厉害,他不敢接触现实问题,近事不敢写,怕触犯忌讳,往往一字有误,即有灭门夷族之祸。还有详今略古派,如光绪年间吴恭亨修《慈利县志》，此时清统治已经松弛，提倡维新，在言论上多少放宽了点。有尚简派，如明康海《武功县志》，一部县志仅两万字；韩邦靖《朝邑县志》只是个纲，仅五千来字。还有尚繁派，明清时此派占上风，缺点很多，如典礼、人物、烈女、艺文志，这些部门都比较繁。主要为地方官僚树碑立传，给当时有权有势的人物占位子。这些流派都同当时形势有关。我们有几个原则：一是详今略古，古为今用的原则，立足于现代，侧重于近代，因事而异地上溯古代。根据省市实际情况，断限上自1840年，下至1980年，重点放在1911年辛亥革命之后到现在，特别是建国后的三十余年更要突出。当然，山东古称齐鲁文物之邦，古代部分也不可忽视，将来有条件也可编一部古代济南志。现在应集中力量编近现代志。1980年以后的应一年编一部年鉴，既可及时保存资料，供有关部门查考；又可为续修市志作准备。这一工作可与编志同时进行，一部分人编志，一部人编年鉴。各分志也可以编年鉴。二、新志的体例应是百科全书体，既非经体，又非史体，新市志按门类分志，即百科全书体。三、以前的旧志繁简不适当，我们要繁简适当，为了有利于保存资料，有利于修国史、省志，宁失之于繁，勿失之于简，特别是初稿，繁一些有好处，把有用的资料尽可能吸收进来，不要把有用的资料删掉了。

体例中还有一些具体问题，要有一个统一的凡例，包括各级标题文字、引文出处注解、人名、地名、称谓等，都要统一。年、月、日是用中国纪年还是用公历纪年，是用中文还是阿拉伯文或兼而有之要统一，计量单位要统一。立传也要统一，什么人立传，什么人不立传，立传人物还有个级别，分甲乙丙丁几级，分级不是根据职位的高低，而是根据其作用、影响、贡献大小。生不立传。搞一个编辑凡例印发下去，共同遵守。不然各搞一套，到总纂时会遇到许多麻烦。

总之，编志是一项很有意义的工作，对建设社会主义物质文明和精神文明，对教育子孙后代，都具有重大的现实意义和深远的历史意义，不是可有可无的小事，而是千秋不朽的事业，是历史赋予我们的重要责任。可能现在有人还认识不到这些，但随着我们工作的开展，它必定会越来越受到人们的重视。编志又是一项开拓性的工作，任务是光荣而艰巨的。要很好地完成它,必须大家群策群力,我个人对编志没有什么研究,今天的发言只能算是抛砖引玉,错误的地方,请同志们批评指正。

（原载《济南市志通讯》1982年第2期）

《中华文化对世界文明的重大贡献》

中国是世界文明发达最早的国家之一,也是世界上文明绵延长达四五千年之久而没有中断的国家。毛泽东同志早在一九三九年所写的《中国革命和中国共产党》第一章第一节一开头就说道:"我们中国是世界上最大国家之一,……从很早的古代起,我们中华民族的祖先就劳动、生息、繁殖在这块广大的土地之上。"

毛泽东同志在同一节中又说道:"中华民族的发展(这里说的主要地是汉族的发展),和世界上别的许多民族同样,曾经经过了若干万年的无阶级的原始公社的生活。而从原始公社崩溃,社会生活转入阶级生活那个时代开始,经过奴隶社会、封建社会,直到现在,已有了大约四千年之久。在中华民族的开化史上,有素称发达的农业和手工业,有许多伟大的思想家、科学家、发明家、政治家、军事家、文学家和艺术家,有丰富的文化典籍。"

这段话不仅充分表达了毛泽东同志对祖国悠久的历史和灿烂的文化无比热爱和自豪的感情,而且也显示出他对中国革命前途的无比信心和希望。毛泽东同志本人就是从一位伟大的爱国者成长为一位伟大的无产阶级革命家的。

根据地下史料的发掘和研究,在祖国大地上,属于旧石器时代的有一百七十万年前的元谋猿人的文化遗存,有五、六十万年前的北京猿人文化遗存,有一万七千年前的山顶洞人文化遗存。至于遍布全国各地的新石器时代的文化遗存,也都有四、五千年乃至万余年的历史,这些丰富的文化遗存都是中华民族的祖先在原始社会生活中留下来的活动遗迹。

根据古书的记载，还有许多关于燧人氏、伏羲氏、神农氏以及炎帝、黄帝、尧、舜、禹等历史传说，这些传说，也是中华民族祖先曾经经过原始社会生活的真实记录。尤其是炎帝和黄帝的事迹，给后人留下了深刻的印象，直到今天，无论是居住在祖国大陆和台湾的同胞，还是旅居海外的侨胞，都认为自己是炎黄子孙。

按照史学界的传统说法"禹传子，家天下"，从公元前二十一世纪夏朝建立开始，中国便进入了阶级社会。而殷墟甲骨卜辞的发现，又证明了中国已有了近四千年的有文字可考的历史。中国的奴隶社会包括夏、商、西周、春秋四个时期，约有一千六百多年的历史。从战国开始，历秦、汉、魏、晋、南北朝、隋、唐、五代、宋、元、明、清各个朝代，中国又渡过了二千三百多年的漫长的封建社会。一八四〇年的鸦片战争，外国帝国主义闯入中国的大门，把中国变为半殖民地半封建社会。直至一九四九年，中国人民经过一百多年的难以尽述的艰苦而光辉的反帝反封建的斗争，才终于在中国共产党的领导之下取得胜利，在世界东方建立起一个社会主义的新中国。可以说，像我国这样一个既古老而又崭新的伟大国家，在世界上是独一无二的。

我国自古以农业立国，是世界上最大的农作物起源的中心。许多农作物就是我国劳动人民最早从野生植物驯化选育而成的，如粮食作物中的水稻、粟、麦、黍、稷、高粱等，油料作物中的大豆、油菜，经济作物中的茶、麻，蔬菜作物中的大白菜等都是。以水稻栽培而言，距今就有一万年以上的历史，早在三千年前的周代，中国的水稻便陆续传到国外，而印度栽培水稻的历史至少比我国晚一千年左右。一九七二年在郑州大河村原始社会遗址发掘的陶罐中有大量的炭化高粱，经放射性同位素测定，其年代在五千年以上，可见我国又是世界上种植高粱的起源地之一。大豆，古称"菽"，在四千年前的夏代就是我国人民的重要食品。至于大麦、小麦、粟（即谷子或小米）和稷，也都有长期的栽培史，在西安半坡遗址的一处储存粮食的地窖中，就发现已经腐朽的粟达数斗之多。我国是茶的故乡，是世界上最早发现和利用茶叶的国家，仅是人工栽培茶树就有两千多年的历史。白菜，古称"菘"，它的栽培也以我国为最早，欧、美和日本的白菜都是中国传入的。

中国古代的手工业也是举世闻名的。传世的龙山黑陶，仰韶彩陶，商周的青铜器，汉唐的丝织品，宋元明清的瓷器等等，大都是我国的国宝。其种类之繁多，制作之精巧，不少外国友人也为之惊叹不已。我国是世界上生产丝绸最早的国家，早在四、五千年前的新石器时代，我们的祖先就在河北、河南一带从事养蚕和生产丝绸。有名的"丝绸之路"，它的起点就是号称"丝国"的中国。炼铁技术也以我国为最早，这项技术曾在世界上领先了两千多年。

中国人民不仅对人类的物质文明作出了巨大的贡献，而且对人类的精神文明也作出了杰出的贡献。几千年来，在中国历史上曾经产生过许多伟大的思想家、科学家、发明家、文学家和艺术家，他们在自然科学、社会科学、文学艺术的各个专业、各个门类，都写下了自己光辉的一页。

在哲学、政治思想方面，为大家所熟知的，首先就是春秋时代的孔子。他是儒家学派的创始人，也是当时世界上最伟大的思想家和教育家之一，比古代希腊的大思想家、教育家苏格拉底、柏拉图还要早几十年。他的思想不仅支配了中国全部封建时代的思想，而且也给了东亚乃至全世界以重大的影响，其中有些言论和思想，在今天也还有其积极的意义。战国时代，百家蜂起，儒家的代表有孟子、荀子；墨子是墨家创始人；老子是道家的创始人，其后又有庄子；韩非是法家的集大成者。此外，还有名家公孙龙子，阴阳五行家邹衍等等。他们著书立说，互相争鸣，对后代的思想界留下了深远的影响。秦汉以后，更是名人辈出，如西汉的董仲舒（著作《春秋繁露》及《天人三策》），东汉的王充（著作《论衡》），晋朝的王弼（代表作《老子注》《周易注》），南朝的范缜（著作《神灭论》），唐朝的韩愈（有《韩昌黎集》），柳宗元（有《柳河东集》），北宋的周敦颐（著《太极图说》及《通书》），程颢、程颐（有《二程遗书》），张载（有《张子全书》），南宋的朱熹（代表作《四书集注》《朱子语类》），陆九渊（有《象山先生全集》），明朝的王守仁（有《王文成公全书》），李贽（代表作《藏书》《续藏书》《焚书》《续焚书》），明末清初的王夫之（有《船山遗书》）、黄宗羲（代表作《明夷待访录》《宋元学案》《明儒学案》《南雷文定》），顾炎武（代表作《日知录》

《肇域志》《天下郡国利病书》《亭林诗文集》)等,都是著名的思想家,虽然他们的思想大都是为封建地主阶级服务的,有一些是过时的;但其中,尤其是一些进步的、朴素的唯物主义思想家的思想遗产,值得我们批判地吸收的积极因素和进步观念,还是十分丰富的。

在军事学方面,周朝的吕望(即姜太公),是我国最早出名的军事家,相传他著作《六韬》(有人研究是战国时期的作品),是一部专门研究兵法的书。春秋战国时代的司马穰苴、孙武、吴起、孙膑,也都是杰出的军事家,穰苴的《司马法》、孙武的《孙子兵法》、吴起的《吴起兵法》、孙膑的《孙膑兵法》(现此书已在山东临沂银雀山汉墓中发现),都是我国古代军事学的重要著作,今天仍有参考价值。汉初,张良、韩信整理兵法书,共得一百八十二家,可见军事学是我国古代比较发达的一门学科,在世界上也是首屈一指的。三国时代的曹操、诸葛亮,更是大家所熟知的人物,他们不但是杰出的军事家,而且是杰出的政治家。宋朝的抗金名将岳飞、明朝的抗倭名将戚继光,既是爱国的民族英雄,又是杰出的军事家。另外,历史上有许多农民起义领袖,如黄巢、李自成、张献忠,他们在长期的战争实践中,也都表现出了卓越的军事指挥才能。

在历史学方面,我国的史学遗产特别丰富,各种史学体例的著作浩如烟海。其中最著名的有伟大的史学家司马迁写的《史记》,这是我国也是世界上第一部纪传体通史和传记文学的典范作品。班固写的《汉书》是我国第一部纪传体的断代史,同时也是传记文学的杰作。以后纪传体史书,一朝接一朝,一代接一代,从未间断地一直延续下来,形成一整套记录自黄帝至清代以前四千多年历史的“廿五史”。唐代杜佑的《通典》、宋代郑樵的《通志》、元代马端临的《文献通考》以及后续的《通典》《通志》《通考》,号称“十通”,这是一套记录历代典章制度的政书体史学著作。像“廿五史”、“十通”这样成套的史学巨著,在全世界是独一无二的。此外,还有北宋司马光写的《资治通鉴》,是我国也是世界历史上的一部伟大的编年体通史著作。唐代刘知几写的《史通》,则是我国第一部史学评论专著。附带提一下明代的《永乐大典》和清代的《古今图书集成》。前者(已散佚)共二万二千八百七十七卷,约三亿七千多万字;后者共一万卷,约一亿六千多万字,可以说这是两部举世罕见的巨型百科全书。

中国古代的文学艺术,在世界史上也占有光辉的地位,其成就是多方面的,主要有诗歌、散文、词、曲、小说、书法、绘画、雕刻、音乐、舞蹈等。

在诗歌方面,应首推《诗经》。《诗经》大部分是西周到春秋时期的民间诗歌,是我国也是世界上最早出现的诗歌总集。战国时代的伟大诗人屈原,他用楚国的方言,利用民谣的形式,创造出一种新的诗歌体裁《楚辞》,《离骚》是其代表作。他的诗歌已译成许多外国文字,是我国也是全世界文化宝库中的一部珍贵的文学遗产。汉代《乐府》也是一部民间诗歌总集,它不仅哺育了当代的诗歌,并且给后代诗人以巨大影响。唐朝是我国历史上诗歌的繁荣时代,产生了许多杰出的诗人,其中最有名的是李白、杜甫、白居易。李白以豪迈奔放的热情,生动轻快的语言,写下了许多描绘祖国壮丽山河景色的诗歌,被后人称为"诗仙"。杜甫写了许多反映社会矛盾和现实生活的诗歌,后人称他为"诗圣",他的诗为"诗史"。白居易的诗也有许多揭露讽刺统治阶级的罪恶、表达人民疾苦的内容,他的诗深入浅出,通俗易懂,甚至村妪能解,在民间流传很广。

先秦诸子差不多都是优秀的散文作家。他们的思想开阔,语言丰富,文辞多彩,庄、孟、荀、韩四家尤为突出:庄文恣肆,有丰富的想象力;孟文犀利,长于辩论;荀文深厚,说理透晰;韩文峻峭,议论风发,各有其特色。司马迁的《史记》和班固的《汉书》不仅是伟大的史学著作,而且也是散文的典范。唐宋八大家(韩愈、柳宗元、欧阳修、苏洵、苏轼、苏辙、王安石、曾巩)都是著名的散文作家,他们的作品就是先秦两汉散文的继承和发展。

宋朝是词的创作繁荣时代,最著名的词人有苏轼、陆游、辛弃疾、李清照。苏词豪迈奔放,陆词纤丽雄健,辛词慷慨激昂,李词清新婉约,各有其独特风格,都是一代词坛的宗匠。

元朝是戏曲文学盛行的时代。据统计,有姓名可考的元曲作家就有七十九人,作品五百多种,流传到今天的剧本还有一百三十六种。最有名的戏曲作家是关汉卿。他写了六十多种剧本,代表作有《窦娥冤》《望江亭》等,这些作品揭发了封建统治的黑暗,歌颂了劳动人民的斗争精神,对后代戏曲文学有很大的影响。三百年后英国的莎士比亚一生创作剧本三十七个，被誉为世界上最伟大的剧作家。其实关汉卿比莎士比亚创作的剧本几乎多了一倍。因此说关汉卿是世界戏剧的巨星，也是毫不逊色的。元代著名的剧作家还有王实甫（代表作《西厢记》）、白朴（代表作《墙头马上》）、马致远（代表作《汉宫秋》）等，他们也都留下了许多现实主义作品。在思想上和艺术上都有很高的成就。

值得特别提出的是盛行于明清两代的小说。明代罗贯中的《三国演义》是我国第一部长篇历史小说，它形象地再现了魏、蜀、吴三国的政治、军事和外交斗争，为人们提供了丰富的历史知识和经验。另外它还塑造了许多不同性格的典型人物，给人们以深刻的印象。施耐庵的《水浒传》也是一部长篇历史小说，它是根据民间长期流传的北宋末年宋江起义的故事创作而成的，书中暴露了封建社会的矛盾，“官逼民反”，歌颂了农民的反抗斗争。吴承恩的《西游记》是根据长期流传民间的唐僧取经故事而创作的一部神话小说，作者以浪漫主义的手法，成功地塑造了孙悟空这个神猴大闹天宫、大闹地府、天不怕、地不怕的英雄形象，表现了中国人民的智慧才能和大无畏的革命斗争精神。清代曹雪芹写的《红楼梦》是产生在封建社会末期的一部深刻批判封建制度的长篇小说，是我国古典文学中思想性、艺术性结合得最好的伟大作品，在世界文学史上占有重要的地位。现在国际上专门成立了《红楼梦》研究会，“红学”已成为世界文坛上的一门显学。吴敬梓的《儒林外史》是一部杰出的长篇讽刺小说，对于腐朽的科举制度进行了有力的批判。蒲松龄是短篇小说之王，他的《聊斋志异》，借着鬼、狐故事，愤怒地控诉了封建制度的黑暗和统治阶级的残暴，热情歌颂了人民的反抗斗争。郭老（沫若）有一副对联写得好：“写鬼写妖，高人一等；刺贪刺虐，入木三分。”现此书已译成多种外国文字，在世界文坛上有很大影响。

在文学方面还应提到的是齐梁时代刘勰写的《文心雕龙》。《文心雕龙》系统地论述了各种文章体裁和创作方法，对魏晋以来的文学理论作了一次批判和总结，是我国第一部文学批判和文学理论著作，对后世文学的发展有深远的影响。

　　中国古代的艺术成就也是多方面的，诸如书法、绘画、雕刻、音乐、舞蹈等，都在世界上享有很高的声誉。

　　书法是我国独创的一门艺术，流派很多，单是字体，就有篆、隶、草、正、行多种书法。最著名的书法家是晋代的王羲之，他吸收汉魏以来各家的精华，集书法之大成，人们评论他写的字"飘若浮云，矫若惊龙"，被后人称为"书圣"。此后，唐代的欧阳询、颜真卿、褚遂良、虞世南、柳公权、张旭、怀素，宋代的苏轼、黄庭坚、米芾、蔡襄，元代的赵孟𬱖、鲜于枢，明代的祝允明、文徵明、董其昌，清代的何绍基、邓石如、赵子谦等，都是有代表性的书法名家。

　　中国的绘画艺术和书法艺术有密切的联系，有些书法家往往同时也是画家。东晋的顾恺之是最著名的画家，他所作的画精练细致，特别注意传达人物的神情，现在保存的《女史箴图》（摹本），人物端整秀丽，线条优美活泼，是一幅有独特风格的艺术创作。唐代阎立本、吴道子也是著名的擅长人物画的画家，吴道子还是著名的山水画家，后人称他为"画圣"。此外，王维、李思训的山水画也很出名，王维既是画家又是诗人，有人说他是"诗中有画，画中有诗"。五代两宋绘画的主要体裁是山水画、花鸟画。著名的山水画家有后梁的荆浩、关同，南唐的董源、巨然，北宋的李成、范宽、郭熙、米芾以及南宋的李唐、马远、夏珪等人。花鸟画家，以西蜀黄筌和南唐的徐熙为最有名，当时就有"黄家富贵，徐熙野逸"之说。宋徽宗在政治上是一个昏君，但在绘画方面，却是第一流的画家，而尤以花鸟画最为上乘。北宋末年画家张择端的《清明上河图》则是当时风俗画中的代表作品。元代初期画家有赵孟𬱖、高克恭，后期有黄公望、吴镇、倪瓒、王蒙四大家。明代著名的画家有戴进、吴伟、徐渭、陈洪绶以及沈周、文壁（文徵明）、唐寅、仇英八大家。清代画坛上成就最大的是清初的朱耷（音答，即八大山人）、石涛、萧云从等人以及号称"六大家"的王时敏、王鉴、王翚、王原祁、恽寿平、吴历等。清朝中期号称"扬州八怪"的金农、郑燮、罗聘、李鱓、黄慎、李方膺、高翔、汪士慎等，都是具有独创精神的画家，他们既不墨守古人的成法，又不脱离优秀的传统，成为我国绘画艺术史上的一个新的流派，对日本、朝鲜、越南等国的绘画艺术也有很大的影响。

石窟艺术是我国古代艺术家集体创作的珍品。最有名的是山西大同云冈石窟、河南洛阳龙门石窟和甘肃敦煌莫高窟，这些石窟艺术的作者继承秦汉以来的优良传统，又吸收外来的艺术，创造出雕塑和绘画的综合艺术，是我国也是世界上伟大艺术的宝库。前些年发现的秦兵俑，号称世界八大奇迹。

中国的音乐舞蹈，也有悠久的历史，中华民族大家庭中的许多少数民族都是能歌善舞的民族。汉画像石刻、敦煌壁画中就有很多舞蹈和乐队伴奏的场面。从考古发掘中看到的各种各样成套的古乐器（如湖北随县出土的战国时期编钟64件，章丘洛庄汉墓出土的汉代107件编磬），亦可想见当时乐舞的动人情景。根据历史文献记载，周代的乐舞已具有相当的规模，天子八佾（佾，行列，一佾八人，共六十四人），诸侯六佾，大夫四佾。孔子称韶乐尽善尽美，闻韶乐三月不知肉味，可见其感人之深。汉武帝时专门设立一个音乐机构——乐府，任命大音乐家李延年为协律都尉以主管其事。隋唐的音乐舞蹈，在传统的基础上又吸收外来的因素，加以融合发展，呈现出百花争艳的局面。隋时有九种乐曲，大部分是我国边疆各兄弟民族的乐曲，唐代又增加了高昌乐，成为十部乐曲。隋代的万宝常、唐代的李龟年都是当时著名的音乐家。唐玄宗时在长安设立教坊，这是一个专门培养音乐舞蹈人才的机构，其中有生员二千余人，附属乐工一万多户。玄宗又从中挑选三百余人，于梨园专门学习音乐舞蹈，称为"梨园子弟"，这对唐代乃至后代音乐舞蹈戏曲的发展起了很大的促进作用。宋元以后，随着戏剧的发展，音乐舞蹈和戏剧结合，成为一种新的综合表演艺术，有许多著名的戏剧表演家，同时也是著名的音乐舞蹈家。

中国古代的科学技术、发明创造，在十六、七世纪以前的世界，一直处于领先的地位。例如东汉时代蔡伦发明改进的造纸术，北宋布衣毕昇发明的活字印刷术以及无名氏发明的火药和指南针。马克思对这四大文明，曾给予高度评价，说这是"资产阶级发展的必要前提"[1]，对世界历史的发展、欧洲的近代化，起了重大的推动作用。除此之外，在中国历史上，还

---

[1]《马克思恩格斯全集》30卷第318页，人民出版社，1974年版。

有一大批进步的知识分子,他们继承和总结了劳动人民长期生产和生活实践的经验,对科学技术的发展作出了多方面的贡献,成就了许多著名的科学家和发明家。

在农业科学方面,中国早在战国时代就出现了专门研究农业生产的农家学派,并有农业科学专著《后稷农书》问世(今已佚,《吕氏春秋》中还保留有《上农》《任地》《辨土》《审时》四篇)。以后,又陆续产生了西汉时代氾胜之所著的《氾胜之书》、北魏贾思勰的《齐民要术》、元代王祯的《农书》、明代徐光启的《农政全书》,这四部书号称中国四大农书,也是世界农学史上的名著。

在水利工程方面,最著名的是战国末年李冰领导兴修的综合性防洪灌溉水利工程都江堰,两千多年来都江堰一直发挥着重要作用,其设计技术水平之高,不仅为中外水利专家所公认,而且在今天仍有参考学习的现实意义。京杭大运河是我国也是世界上开凿最早和最长的人工运河。运河北到北京,南到杭州,连接了海河、黄河、淮河、长江和钱塘江,全长1782公里,在京沪杭、京汉铁路通车以前,一直是南北交通的大动脉,对保持南北统一和经济文化的交流以及促进多民族的融合都起了极大的作用。黄河是中国古代文化的摇篮,但也给人民带来许多灾害,历代人民为治理黄河曾经进行了长期的斗争。明代潘季驯前后四次奉命治河,达二十七年之久,他总结了历代治河的经验,又根据自己多年的亲身实践,写成了《河防一览》《两河管见》《两河经略》等书,这些著作不仅在中国水利史上占有重要的地位,而且在今天仍有参考价值。

在天文历法方面,我国的天文学家根据劳动人民在农业生产中的经验,早在公元前二十一世纪的夏朝就创造了历法,称为"夏历"。商朝的历法又有改进,在甲骨文中已有了大小月之分,大月三十天,小月二十九天,一年为十二个月;并且写下了世界上最早的日食、月食记录。春秋时代,鲁国的天文学家留下许多观察恒星的记录,观测到三十七次日食、测定了冬至和夏至的日期。《左传》鲁文公十四年(公元前613年)秋七月"有星孛于北斗",这是世界上关于哈雷彗星的最早记录。战国时代齐人甘德、魏人石申合著的《甘石星经》是世界上最早的天文学著作,它记录了八百个恒星的名字，其中一百二十一个恒星的位置已经测定；并且发现了五大行星出没的规律。西汉河平元年（公元前28年），我国天文学家已经发现太阳黑子，当时的记录是"日出黄，有黑气大如钱，居日中央"[①]，这是世界天文史上第一次观测日斑的记录，比欧洲人发现日斑要早一千多年。东汉时的张衡，是我国也是世界伟大的天文学家，他第一次科学地解释了月食的成因，指出："月光生于日之所照。"[②]地球遮住了太阳，便产生月食。他还根据自己多年研究天文、历法和数学的经验，制造了重要的天文仪器浑天仪。公元132年，他又发明地动仪，这是世界上最早测定地震方位的仪器，比欧洲人的同样发明早一千七百年。唐代的僧一行（原名张遂），在他的倡议领导之下，测出子午线的长度，这在世界上也是第一次。元代的郭守敬算出一年有365.2425天，和地球绕太阳一周的时间相比，只差26秒。他编的《授时历》，和现行公历一年周期相同，但比现行公历的确立早三百年。

在数学方面，我国的数学家早在春秋时代就已发明了乘法口诀——九九乘法表。西汉时代的《九章算术》是我国最早的一部数学著作，其中有不少数学上的重要成就，在当时世界上都是先进的。如开平方和开立方的方法，就比欧洲早一千多年；联立一次方程式的解法，也比外国人早四百多年。南朝的祖冲之，是我国古代伟大的数学家，他在天文、历法和机械制造方面都有杰出的贡献。他的数学著作《缀术》在唐代被定为必读课本。他推算出圆周率是在3.1415926和3.1415927之间，是世界上第一次把圆周率的数值准确到小数点以后的六位数字，比欧洲早一千一百多年。为了纪念他的杰出贡献，一些外国科学家把祖冲之的圆周率称"祖率"。宋代大数学家秦九韶在总结前人成果的基础上，写成《数书九章》一书，其中的"大衍求一术"，被世界学者称为"中国剩余定理"。这个算法，直到十八世纪才被瑞士数学家欧勒发现。

在医药学方面，我国有悠久的历史传统，医学遗产也很丰富。早在春秋时代，著名医生医和就已提出阴、阳、风、雨、晦、明六气失和致病说，

---

① 《汉书·五行志》。
② 《全后汉文·灵宪》。

为后来中医以六气为病因的理论奠定了基础。战国时齐人扁鹊采用四诊（望、闻、问、切）的方法诊断疾病，成为中医传统的诊断方法。中国古代医学经典之一《黄帝内经》，也是战国时产生的。东汉时期内科医生张仲景著《伤寒杂病论》，系统地阐述了中医学理论和治疗原则，奠定了中医治疗学的基础，被后人尊称为"医圣"。外科医生华佗，擅长针灸和外科手术，他制作的麻醉药剂麻沸散，是在世界上外科手术最早采用麻醉的方法。美国人摩顿研制成功麻醉剂是在一八四六年，比我国要晚一千六百年。针灸是我国古代人民创造发明的一种治病方法，汉画像石上即有施行针灸术的图像。晋朝皇甫谧的《甲乙经》，是我国也是世界上第一部针灸专书。南宋时期宋慈写的《洗冤录》，也是医学上的一项突出成就，它是世界上第一部系统的法医书，在欧洲，直到公元1602年意大利人福特乃塔·费德里才开始编纂法医著作，比中国晚三百五十年。日本、朝鲜等国直到十九世纪末还在使用此书（此书现已被译成英、法、荷兰、德、朝鲜、日、俄等多种外文版本，流行于全世界）。宋慈不仅是我国的法医学家，也是世界有名的法医学家。

与医学有关的药物学，在我国古代也很发达，例如《唐本草》就是世界上第一部由国家编定颁布的药典，比欧洲早八百多年。唐代孙思邈《千金药方》和《千金翼方》，记载了八百多种药物和五千三百多个药方，继承发展了历代医学家的药物知识，被后人尊为"药王"。明代李时珍更是卓越的医药学家，他写的药物学巨著《本草纲目》，共记录了一千八百多种药物，记载药方一万一千多个。此书已被译成日、拉丁、法、德、英、俄、朝鲜等文字，成为世界药物学的一部重要文献，被誉为"东方医学巨典"。

在建筑学方面，秦代的万里长城（现存长城是明代兴修的）以及现存的我国古代宫殿建筑、寺院建筑，都是举世闻名的，尤其是长城的修建，东起鸭绿江，西迄嘉峪关，全长12700里，是世界历史上最伟大的工程之一，也是人类的奇迹。中国古代产生了许多著名的建筑学家，例如战国时代的鲁班（一名公输班），是鲁国著名的工匠，他善于建筑房屋和桥梁，改进生产工具，传说有许多重要的发明创造都和他的名字连在一起，因此，被后世奉为工匠之祖。隋代的李春也是一位杰出的工匠，他领导设计、建造的赵州桥（原名安济桥），是世界上保存到今天的一座最古老的石拱桥，经历一千三百多年仍很坚固，这是具有高度科学水平和艺术水平的桥梁工程，在中国以及世界桥梁史上都占有重要的地位。北宋时李诫根据他多年从事土木建筑的实践，并总结了我国古代建筑的经验，写成《营造法式》一书，这部书是世界上第一部完整的建筑学著作。

在地理学方面，北魏的郦道元是一位卓越的地理学家，他写的《水经注》，详记河流分布、渠堰灌溉、风土物产、名胜古迹以及古今地理的变迁，是研究我国古代地理的重要著作。晋法显的《佛国记》，是记录古代中亚、印度、南海地理、风俗、历史的一部最早而又比较详细的地理著作。唐玄奘的《大唐西域记》，介绍了西域许多地方和印度等一百多个国家的历史沿革、风土人情、宗教信仰、地理位置、山脉河流、生产情况，是我们研究这些国家古代历史的宝贵资料。明代徐宏祖通过三十多年的野外实地调查，对全国地理、水文、地质、物产以及少数民族地区的情况都作了详细的记录，著有《徐霞客游记》一书，这是我国最早的一部野外考察记录和优秀的地理著作。

在科学技术方面，还应提到两部书，一部是北宋沈括写的《梦溪笔谈》，一部是明代宋应星写的《天工开物》，这两部书都是包罗万象的百科全书，是祖国珍贵的文化遗产，在我国和世界科技史上都占有重要的地位。

总之，通过以上极其简略的，也可以说是挂一漏万的叙述，已足够说明我们的国家不愧是一个历史悠久、文化灿烂的伟大国家，我们中华民族不愧是一个对人类有重大贡献的优秀民族。正如江泽民同志在党的十六大报告中所说："中华文明博大精深，源远流长，为人类文明进步作出了巨大贡献。"作为一个中国人，我们应当为此而感到无比光荣和自豪；就是一些正直的外国友人，如《中国科技史》的作者英人李约瑟也为我们祖国古代的高度文明表示无限的钦佩和敬仰。但也正是这位李约瑟在该书《序言》中提出了这样一个问题："欧洲在十六世纪（明中期）以后，就诞生出现代科学，这种科学已被证明是形成近代世界秩序的基本因素之一。而中国却没有能够在亚洲产生出与此相似的现代科学，其阻碍因素是什么？"这个问题曾被美国经济学家肯尼思·博尔丁称之为"李约瑟难题",后来中国学者则称为"李约瑟之谜"。

李约瑟认为根本原因有两点:

第一,中国所处的地理环境决定了上述情况的发生。李约瑟从气候、雨量、地理、经济和社会环境等因素分析了中国文明不同于欧洲文明的原因,最后做出结论说:"如果中国人有欧美的具体环境,而不是处于一个广大的,北面被沙漠切断,西面是寒冷的雪山,南面是丛林,东面是宽广的海洋这样一个地区,那情况将会完全不同。那将是中国人,而不是欧洲人发明科学技术和资本主义。历史上伟大人物的名字将是中国人的名字,而不是伽利略、牛顿和哈维等人的名字。"

第二,中国大统一以后的封建制度是一种"官僚封建制度",束缚了中国科学技术的发展。剑桥大学李约瑟研究所所长古克礼转述了李约瑟的观点:这种制度的正面效应是,中国通过科举制度选拔了大批聪明的、受过良好教育的人,他们的管理使得中国井然有序,这样可以使中国非常有效地发展科技,比如中国古代天文学取得了很大成就,其数据至今仍有借鉴价值。负面效应是,权力高度集中的制度,再加上通过科举选拔人才的做法,使得新观念很难被社会接受,技术开发领域几乎没有竞争。古克礼还转述了李约瑟临终前的观点:"李约瑟先生通过他多年来对中国以及中国人的了解,他确信中国能够再度崛起,一个拥有如此伟大的文化的国家,一个拥有如此伟大的人民的国家,必将对世界文明再次做出伟大贡献。"

中国学者对"李约瑟之谜"表现出极大的兴趣,80年代以来中国科技史研究的一个热点就是破解"李约瑟之谜"。现在越来越多的学者认为:科学和工业革命没有在近代的中国发生并不是某个因素单独作用的结果,而是多个因素共同作用的结果。除上述李约瑟提出的两点原因以外,大家提出的"谜底"有:

(一)科学研究没有上升到理论高度;科学研究的学术机构和科技教育型学校很少;缺乏有利于近代科技发展的国内学术气氛及中外学术交流条件。

(二)科举制造成人才配置的严重失衡。尤其是宋以后,社会的智力精英都被吸引到钻研孔孟之道和"八股文"之中,自然科学创新成了雕虫小技,长期以来不被统治者重视。如宋应星在参加科举失败后撰写《天工开物》,李时珍乡试不第才弃科举而专心医学,就很发人深省。

(三)落后的科技管理体制和方式不适应世界科技发展的趋势和要求;固守陈旧落后的科技意识,没有为科学人才成长创造适宜环境,没有采取有力措施推动手工业技术的现代化;缺乏发展近代科技的思想观念、缺乏科技人才队伍和资金投入。

归根结底,是一个政治体制问题,在封建专制主义统治下(如屡兴文字狱),知识分子、科技人才,既无独立人格,也没有自由思想。科举制度虽然选拔了一批人才,但培养的大多数是一些鹦鹉学舌人物,何谈创新发明?

今天,在中国共产党的领导下,我们的祖国又进入了一个崭新的伟大时代。党的政策是尊重知识,尊重人才,鼓励解放思想,开拓创新,与时俱进。"数风流人物,还看今朝"。我们对于列祖列宗给我们留下的这一笔珍贵而又丰富的历史遗产,应当十分珍惜它,爱护它,继承它,发展它,用来为建设祖国社会主义的政治、经济、文化、社会、生态五大文明服务,从而实现中华民族的伟大复兴! 胡锦涛同志在党的十七大报告中说:"要加强对外文化交流,吸收各国优秀文明成果,增强中华文化国际影响力。"这也是我们炎黄子孙义不容辞的一项重要任务。

新中国61年的发展进步充分证明:中国人民有信心、有能力建设好自己的祖国,也有信心、有能力为世界文明作出更大的贡献!

(原载《山东师大学报》1984年1期,略有修改)

中国古代用人之道

　　历史经验证明，一个国家在用人问题上，是实行"任人唯贤"还是"任人唯亲"的路线，是关系到这个国家的兴衰存亡和民族前途的大问题。今天，当我们国家在十年内乱之后，经过了拨乱反正，开创社会主义现代化建设的新局面，进行各方面改革的时候，重新强调一下用人的问题，更具有重要的现实意义和深远的历史意义。毛泽东同志曾经指出："政治路线确定之后，干部就是决定的因素。"[①]同时，他还指出："在这个使用干部问题上，我们民族历史中从来就有两个对立的路线：一个是'任人唯贤'的路线，一个是'任人唯亲'的路线。前者是正派的路线，后者是不正派的路线。共产党的干部政策，应是以能否坚决地执行党的路线，服从党的纪律，和群众有密切的联系，有独立的工作能力，积极肯干，不谋私利为标准，这就是'任人唯贤'的路线。过去张国焘的干部政策与此相反，实行'任人唯亲'，拉拢私党，组织小派别，结果叛党而去，这是一个大教训。鉴于张国焘和类似张国焘的历史教训，在干部政策问题上坚持正派的公道的作风，反对不正派的不公道的作风，借以巩固党的统一团结，这是中央和各级领导的重要的责任。"[②]十一届三中全会以来，邓小平同志也曾多次提到尊重知识、尊重人才的问题。1985 年 3 月 7 日在全国科技工作会议上的讲话中又强调说："改革经济体制，最重要的我最关心的是人才。……善于发现人才，团结人才，使用人才，是领导者是否成熟的主要标志之一。"毛泽东、邓小平等同志在用人问题上的这些精辟的论述，值

---

① 《毛泽东选集》第二卷第 514 页，人民出版社，1960 年版。
② 同上，515 页。

得我们很好的学习和思考，并加以身体力行。

一、古代用人制度的变革

"以古为镜，可以知兴替。"在这里，让我们看一看历史上用人的经验教训，"温故而知新"，也是很有意义的。中国古代用人的办法，由于各个时代不同，大体上可以分为六个时期：

（一）传说中的尧舜禹时期：这个时期主要实行禅让制度，这是中国最早的选贤让贤的传说，实际上是原始社会的民主选举制度，千古传为美谈。禹以后实行传子制度，禅让制度破坏，代之而起的是"家天下"，是任人唯亲的王位世袭制度。

（二）夏商周时期：这个时期已进入阶级社会，除王位世袭外，一般卿、大夫也都是世袭贵族，即所谓亲者为贵，在用人问题上，实行的是亲亲制度。

（三）春秋战国时期：这个时期中国的历史又发生了一次重大变化，即由奴隶制向封建制的转变。在这个历史大转变关头，一些有政治远见的国君为了富国强兵，争王争霸，开始打破过去的亲亲世袭的世卿世禄制度，注意养士和选拔人才，如李斯《谏逐客书》、齐建稷下学宫、四公子养士等。但作为一种选用人才的制度，则形成于秦汉。

（四）秦汉时期：主要实行"察举"和"征辟"制。即在皇帝的诏令下，朝廷大臣和地方官员，把他们认为有才能的人推荐给皇帝或大臣，经过一定的考试，委任各级官吏。后来地方推荐逐渐制度化，乡举里选，各郡依人口多少比例每年可推举若干人，这种推荐人才的办法，称为"察举"或"选举"。此外，皇帝和公卿大臣，也直接选拔推荐有特殊名望和才能的人为官，由皇帝提名的称为"征"，由公卿大臣提名的称为"辟"。从汉武帝起，又在京师设太学，在地方设郡国学，太学和郡国学的学生经过考试及格，也可以做官。此外，高级官吏子弟依靠父亲的功勋，可以荫庇为郎，称为"任子"；富家子弟还可用钱买官，称为"纳资"。这些办法弊端很多，在当时就受到一些人的非议。如董仲舒说："长吏多出于郎中、中郎、吏二千石……未必贤也。"①宣帝时王吉也说："今俗吏得任子弟率多骄骜,不通古今,……无益于民。"②

（五）魏晋南北朝时期：主要采用九品中正制。州郡设大中正官,县设小中正官。"九品"就是把乡举里选的人根据中正官的品评区分为九个等级,作为任用官吏的标准。这些大小中正官定期把本地有才学的人加上评语,评定等级,推荐给朝廷。这个制度一开始还能推举出一些人才,但由于中正官大都是世族豪门,他们所推荐的人大多是他们的亲属子弟,所以到了晋朝,已经是"上品无寒门,下品无势族"了。九品中正制并不能选拔真正的人才。

（六）隋唐至明清时期：主要实行科举制度,即通过考试来选拔人才。唐代考试的科目主要有秀才、明经、进士、明法、明书、明算、童子等科,每年在京师长安举行考试,应考的有州县保举的"乡贡",学校保送的"生徒"。其中进士科最受重视,因为朝廷重要官员多出身于进士,所以考中进士,便被视为"登龙门"。此外,还有皇帝特制科目考试选拔的"非常之才",叫"制举"。明清科举一般分四级：经县试、府试、院试三考,及格者为秀才（又叫生员）,头名为案首。乡试（朝廷派大臣如提督、学政在省城主考）录取为举人,头名为解元。会试（礼部主考）录取为贡士,头名为会元。殿试（皇帝主考）为进士,分一甲、二甲、三甲。一甲三名,赐进士及第,头名状元,二名榜眼,三名探花,二甲赐进士出身,三甲赐同进士出身,所谓三甲,都是进士。中了进士就可以做官（举人一等也可大挑为知县）。另外,还有特科,如博学鸿词科。这种科举制度有利也有弊,在其开始时,还能凭考试成绩选拔一些人才,如唐太宗见到一批新进士鱼贯而出,高兴地说："天下英雄尽入吾彀中矣！"③清代科场舞弊案不断发生,加以"八股取士"（八股：破题、承题、起讲、入手、起股、中股、后股、束股）,很少能选拔真正人才。最后不得不被学校所代替,这就是清末的"废科举,兴学校"。

①《汉书·董仲舒传》。
②《汉书·王吉传》。
③《唐摭言》卷一。

二、任贤举能为治国之本

总观历史,历代统治者选拔官吏的制度和用人标准,虽然各有千秋和利弊长短,然而在我国几千年的历史长河中,不论哪个朝代,不管他们在用人问题上采取何种制度,归根到底,他们所选用的人才,都是以能否为少数统治阶级服务为标准的。同时,我们还可以从历史上看到一种带规律性的现象:凡是雄才大略,有作为的帝王将相,他们都有一个共同的特点:就是比较重视爱惜人才,善于发现人才和使用人才。他们都把发掘人才、任贤举能作为治国安邦的大计,从而赢得了国家的繁荣和民族的昌盛。大思想家、教育家孔子早就说过尊贤为治国之本。"子路问于孔子曰:治国何如? 孔子曰:在于尊贤而贱不肖。"①《吕氏春秋·求人》:"得贤人国无不安,失贤人国无不危。"汉代思想家刘向也说:"得贤者则安昌,失之则危亡,自古及今未有不然者也。"②中国古代有几个盛大的封建皇朝——汉、唐、明、清,可以作为历史的例证:

(一)

汉高祖刘邦是一个创业皇帝,他深知"马上得天下,不能马上治之"。十一年公开下求贤诏:"盖闻王者莫高于周文,伯(同霸)者莫高于齐桓,皆待贤人而成名。今天下贤者智能,岂特古之人乎? 患在人主不交故也。……贤士大夫有肯从我游者,吾能尊显之。布告天下,使明知朕意。"③这次好像没有选出著名人才,第二年刘邦即死去,只有曹参在齐找到一位善治黄老"贵清静而民自定"主张无为而治的盖公。文景时贾谊、晁错亦未得重用或用之不终。至武帝时因"功臣死亡略尽",再加上文治武功的需要,形势才为之一变。

汉武帝是一个雄才大略的皇帝,元朔元年下诏:"进贤受上赏,蔽贤蒙显戮,古之道也。其与中二千石、礼官博士议不举者罪。……不举孝,不奉诏,当以不敬论;不察廉,不胜任也,当免。"元封五年,又诏曰:"盖有非常之功,必待非常之人,故马或奔踶而致千里,士有负俗之累而立功名。夫泛驾之马,跅弛之士,亦在御之而已。其令州郡察吏民有茂才异等

①②《说苑·尊贤》。
③《汉书·高帝纪》。

可为将相及使绝国者。"①武帝求贤若渴,不拘一格选拔任用了不少人才:
"是时,汉兴六十余载,海内乂安,府库充实,而四夷未宾,制度多阙。上
(武帝)方欲用文武,求之如弗及,始以蒲轮迎枚生,见主父而叹息,群士
慕向,异人并出。卜式拔于刍牧,弘羊擢于贾竖,卫青奋于奴仆,日磾(音
密敌)出于降虏,斯亦曩时版筑(指武丁用傅说)饭牛(指齐桓用宁戚)之
朋己。汉之得人,于兹为盛。儒雅则公孙弘、董仲舒、倪宽,笃行则石建、
石庆,质直则汲黯、卜式,推贤则韩安国、郑当时,定令则赵禹、张汤,文章
则司马迁、相如,滑稽则东方朔、枚皋,应对则严助、朱买臣,历数则唐都、
洛下闳,协律则李延年,运筹则桑弘羊,奉使则张骞、苏武,将率则卫青、霍
去病,受遗则霍光、金日磾,其余不可胜纪。是以兴造功业,制度遗文,后
世莫及。"②

　　曹操是一位英雄,他在与孙、刘争衡中,曾三次下令求贤。建安十五
年《求贤令》:"自古受命及中兴之君,曷尝不得贤人君子与之共治天下
乎?……今天下尚未定,此特求贤之急时也。……今天下得无有被褐怀
玉而钓于渭滨者乎?又得无盗嫂受金而未遇无知者乎?二三子其佐我明
扬仄陋,唯才是举,吾得而用之。"③

　　建安十九年《敕有司取士毋废偏短令》:"夫有行之士,未必能进取,
进取之士,未必能有行也。陈平岂笃行,苏秦岂守信邪?而陈平定汉业,
苏秦济弱燕。由此言之,士有偏短,庸可废乎!有司明思此意,则士无遗
滞,官无废业矣。"④

　　建安廿二年《举贤勿拘品行令》:"昔伊挚、傅说出于贱人;管仲,桓
公贼也,皆用之以兴。萧何、曹参,县吏也;韩信、陈平负污辱之名,有见
笑之耻,卒能成就王业,声著千载。吴起贪将,杀妻自信,散金求官,母死
不归,然在魏,秦人不敢东向,在楚则三晋不敢南谋。今天下得无有至德
之人放在民间;及果勇不顾,临敌力战;若文俗之吏,高才异质,或堪为将
守;负污辱之名,见笑之行,或不仁不孝而有治国用兵之术,其各举所知,

---

①《汉书·武帝纪》。
②《汉书·倪宽传赞》。
③④《三国志·魏志·武帝纪》。

勿有所遗。"①

由于曹操唯才是举，取士不废偏短，所以曹魏集团中人才济济，势力最强。

诸葛亮也是历史上知名人物，他在《便宜十六策·举措》中说："治国之道，务在举贤。"在《出师表》中又谆谆告诫后主刘禅"亲贤臣，远小人，此先汉所以兴隆也；亲小人，远贤臣，此后汉所以倾颓也。先帝在时每与臣论此事，未尝不叹息痛恨于桓灵也。"为了选贤任能，他提出了七条考察和用人之道：

一是"问之以是非而观其志"，即向他提出大是大非问题，看他的辨别能力。

二是"穷之以辞而观其变"，即同他反复辩论一个问题，看他的辩才和机智应变的能力。

三是"咨之以谋而观其识"，就是请他出谋划策，看他审时度势和分析问题的能力。

四是"告之以难而观其勇"，即把面临的危险告诉他，看他的勇敢和牺牲精神。

五是"醉之以酒而观其性"，就是在开怀畅饮的场合，看他的自制能力和醉酒以后所显示的本色。

六是"临之以利而观其廉"，即让他有利可图，看他是否廉洁奉公。

七是"期之以事而观其信"，即和他约定某种事情，看其信用。②

诸葛亮在用人问题上过于谨慎小心，事必躬亲，以致后继乏人，这是他一生中的最大失误。王夫之评曰："武侯之任人，一失于马谡，再失于李严，诚哉知人之难也。"③

---

① 《三国志·魏志·武帝纪》。
② 《诸葛亮集》。
③ 《读通鉴论》。

（二）

　　唐朝所以出现"贞观之治"，也是因为唐太宗把"择善任能"，作为"立政之本"①。贞观元年，太宗尝谓侍臣曰："正主御邪臣，不能致理，正臣事邪主，亦不能致理。唯君臣相遇，有同鱼水，则海内可安也。昔汉高祖，田舍翁耳，提三尺剑定天下，既而规模弘远，庆流子孙者，此盖任得贤臣所致也。"②。太宗令封德彝举贤，久无所举。太宗诘之，对曰："非不尽心，但于今未有奇才耳！"太宗曰："君子用人如器，各取所长，古之致治者，岂借才于异代乎？正患己不能知，安可诬一世之人！"德彝惭而退。③贞观二年又对侍臣说："为政之要，唯在得人，非用其才，必难致治。"④并反复强调"得士则昌，失人则乱"，"官得其人，不在员多"的道理。他把德才和影行（实际能力和表现）作为衡量人才的标准。贞观二年，唐太宗对侍臣说："今所任用，必须以德行、文业为本。"⑤六年，太宗对魏徵说："为官择人，不可造次。用一君子，则君子皆至；用一小人，则小人兢进矣。"对曰："然。天下未定，则专取其才，不考其行；丧乱既平，则非才行兼备不可用也。"⑥

　　不限门第，广泛求才。贞观十七年，太宗对房玄龄说："夫功臣子弟多无才行，借祖父资荫遂处大官，德义不修，奢纵是好。"⑦结果是"兆庶被其殃，而国家受其败。"⑧

　　对人才不可求全责备。任人"不可以求备，必舍其所短，取其所长。"⑨

　　选才要有至公的品质，不能循私情。贞观七年，"以开府仪同三司长孙无忌为司空，无忌固辞，曰：'臣忝预外戚，恐天下谓陛下为私。'上不许，曰：'吾为官择人，惟才是与，苟或不才，虽亲不用，襄邑王神符（太宗

①《唐大诏令集》卷一〇二。
②《旧唐书·王珪传》。
③《资治通鉴》卷一九二。
④⑤《贞观政要·崇儒》。
⑥《资治通鉴》卷一九四。
⑦《贞观政要·君臣鉴戒》。
⑧《贞观政要·封建》。
⑨《资治通鉴》卷一九八。

从叔）是也；如其有才，虽仇不弃，魏徵等是也。今日所举，非私亲也。'"①

选才不能以个人爱憎为标准。太宗尝临朝谓侍臣曰："夫以铜为镜，可以正衣冠；以古为镜，可以知兴替；以人为镜，可以明得失。朕常保此三镜，以防己过。今魏徵殂逝，遂亡一镜矣！徵亡后，朕遣人至宅，就其书函，得表一纸，始立表草，字皆难识，唯前有数行，稍可分辨，云：'天下之事，有善有恶，任善人则国安，用恶人则国弊。公卿之内，情有爱憎，憎者唯见其恶，爱者只见其善，爱憎之间，所宜详慎。若爱而知其恶，憎而知其善，去邪勿疑，任贤勿猜，可以兴矣。'其遗表如此，然在朕思之，恐不免斯事，公卿侍臣，可书之于笏，知而必谏也。"②

任贤不疑。太宗认为"得贤须任，既任须信，既信须终……任贤无疑，求士不倦，以此为务，天下诚不足理。"③魏徵以直谏知名，贞观六年，太宗对群臣说："人言魏徵举止疏慢，我视之更觉妩媚。"徵起，拜谢曰："陛下开臣使言，故臣得尽其愚，若陛下拒而不受，臣何敢数犯颜色乎？"④

求贤若渴。茌平人马周，客游长安，舍于中郎常何之家。贞观三年六月，诏文武极言得失，何武人不学，不知所言，周代之陈便宜二十余条，上怪其能，以问何，对曰："此非臣所能，家客马周为臣具草耳。"上即召之，未至，遣使督促者数辈。及谒见，与语，甚悦，令直门下省，寻除监察御史。上以何为知人，赐绢三百匹。⑤

（三）

明朝开国皇帝太祖朱元璋也认为选用人才为治国的根本大计。他说："举贤任才，立国之本。"⑥又说："贤才不备，不足以为治。"⑦"人君之能致治者，为其有贤人而辅也。"⑧

举贤任才。洪武元年曾几次下诏求贤，"天下之治，天下之贤共理

①《资治通鉴》卷一九四。
②《旧唐书·魏徵传》。
③《陈子昂集》三八《贤不可疑科》。
④《资治通鉴》卷一九四。
⑤《资治通鉴》卷一九三。
⑥《明通鉴》卷一。
⑦《明通鉴》卷五。
⑧《明史·选举志》。

之。……天下甫定,朕愿与诸儒讲明治道。有能辅朕济民者,有司礼遣。"①

在举贤任能中,他很重视见中央高级官员的任用。洪武二年,谕廷臣曰:"六部总领天下之务,非学问博洽,才德兼全之士,不足以居之。诚虑有隐居山林或屈在下僚者,其令有司悉心推访以闻。"②对地方官的任用和优劣也非常关切。洪武七年,谕吏部曰:"古称任官唯贤才,凡郡得一贤守,县得一贤令,如颍川之黄霸,中牟之鲁恭,何忧不治。"③

为了能选拔真才实学的人治理国家,他对选贤规定了"得贤者赏,滥举及蔽贤者罚"④的奖惩制度。

他还提倡贤者能够为国秉公,直言谏诤。有一次召天下学官入觐,太祖询问民间政事,泰州训导门克新、绍兴府教授王俊华能直言对答,遂提升克新为左赞善,俊华为右赞善。太祖对群臣说:"朕所以左克新,而右俊华者,重直言故也。"⑤而对阿谀奉承,阳奉阴违者,则批评"颂美之辞过多,规戒之言未见,殊非古者君臣相告以诚之道。"⑥

此外,明太祖在举贤才方面还注意到以下几点:

量才授职,用其所长。他说:"人之才智,有长于彼而短于此者,若因其短而并弃其所长,则天下之才难矣。"⑦"人之才能各有长短","要必处之得其宜,用之尽其才。"⑧

放手使用,充分信任。不论对礼聘或投诚归附的贤才、将士,皆一视同仁,放手使用。名将徐达久攻苏州不下,派人请示太祖,太祖亲笔回信说:"将在外,君不御,古之道也。自后军中缓急,将军便宜行之。"⑨因此许多贤才、将士无不为之出生入死,尽忠效力。

破格提拔,老少参用。洪武十一年谕吏部曰:"朝廷悬爵禄以待天下

① 《明史·太祖本纪》。
② 《明通鉴》卷二。
③ 《明通鉴》卷一。
④ 《明太祖实录》卷十四。
⑤ 《明史纪事本末》卷十四。
⑥ 《明太祖实录》卷廿二。
⑦ 明余继登:《典故纪闻》卷三。
⑧ 《明太祖实录》卷十六。
⑨ 《明史纪事本末》卷四。

之士。资格者为常流设耳,若有贤才,岂拘常例?"一时超擢者九十五人。①太祖为吴王时,即曾谕中书省曰:"郡县官年五十以上者,虽练达政事,而精力既衰。宜令有司选民间俊秀年二十五以上,资性明敏,有学识才干者,辟赴中书,与年老者参用之,待老者休致而少者已熟于事。如此,则人才不乏而官使得人。"②至于"练达政事,而精力既衰"的老者,太祖仍是重视其学识和经验,让他们做参谋顾问。太祖谕礼部:"四十以上六十以下者,于六部及布、按两司用之。""年六十以上七十以下者,置翰林以备顾问。"③

以德为本,任人唯贤。早在吴元年就谕臣下:"任官不当,则庶事不理。"洪武六年又诏中书省:"有司察举贤才,要以德行为本,文艺次之。"④

对选用官吏注意考核,为官廉洁,勤恳无过者,予以奖励;违法乱纪,贪官污吏,予以严惩。规定:凡贪赃钞六十两以上者,剥皮并枭首示众。⑤

（四）

清康熙也是颇有才干的帝王,为了封建国家的长治久安,他也认识到"治国者,以人才为要。"⑥(以下未标出处者皆本此)

他也主张德才并重,以德为主,以才为辅。如果只重才不重德,"虽能济世,亦多败检";"较庸劣无能之人,为害更甚"。⑦但只重德不重才,"操守虽清,不能办事,亦何裨于国"。⑧因此选才"要学行兼优,方为允当"。⑨"国家用人,当以德为本,才艺为末"。⑩"务使德胜于才,始为可贵"。康熙主张"善相马者,天下无弃马;善相士者,天下无弃材"。⑪以任官为

①《明通鉴》卷六。
②《明通鉴》前编卷三。
③《明史·选举志》。
④《明史纪事本末》卷十四。
⑤《草木子》。
⑥ 王先谦:《东华录》。
⑦《康熙政要》卷九《论择官》第十。
⑧ 王庆云《熙朝纪政》卷二。
⑨⑩ 卷九《论择官》第十。
⑪《圣祖御制文集》卷廿九。

例,"有能理繁者,有操守者,有练习其事者",也有"优于学问而短于办事者",各有短长,因此"弃短取长,始能尽人之材","不必求全责备"。

康熙在发掘和使用人才上,只要符合德才标准,基本上不附带其他条件。

不分民族。他曾多次提出,不"偏向汉人",亦不"护庇满洲"。对于"满洲、蒙古、汉军、汉人毫无异视"。又说:"朕于旗下汉人视同一体,善则用之,不善则惩之。"对守法的外国人,也根据其特长,安排在适当岗位上,如任比利时传教士南怀仁为钦天监。

不分地域。"朕观会试正考官系北人,则必取北人为首;系南人,则必取南人为首,可谓之无私乎?""自古用将,何分南北,惟在得人耳。"①

不分资格和年龄。康熙曾公开诏示:只要"德才兼优",虽"微末秩员",亦当重用。②高士奇出身微贱,不拘资格,擢为翰林,令入南书房供职③。施琅年迈力衰,康熙用其收复台湾,琅辞以年老,康熙说:"将尚智不尚力,朕用尔亦智耳,岂在手足之力哉?"④后来施琅果然胜利地完成了任务。

康熙对选拔培养人才制订许多具体办法,如通过学校和科举,众官推荐和康熙直接选拔,试用考核以选拔人才等等。

康熙曾引用古语说:"自古疑人勿用,用人勿疑。"反映了这位封建政治家的用人魄力。可是这种信任,也有时失误。其中原因之一是他选拔和任用的官吏,很少能始终如一。他曾说:"有居官先优后劣者,亦有居小吏善,而升迁后改变者,若始终如一,行止不改者,不多得也。"如汪灏"任山西学政时,声名甚佳,后任河南巡抚时,即改易其操,声名扫地。"因此康熙才发出"得人难,用人不易"的慨叹! 这就是说,在用人问题上还要注意从发展观点去看待一个人。

康熙为此严格要求各级官员都要勤奋读书以培养才德。二十四年下令"文武各官皆须读书,于古今得失加意研究。"⑤同年,康熙在朝廷官员中举行一次考试,结果交白卷者八百多人。康熙下令:"此等毫无学问,何

---

① 《清圣祖实录》康熙十九年五月。
② 《八旗通志》初集卷六六,《艺文志》二。
③ 《清史稿·高士奇传》。
④ 《清史稿·施琅传》。
⑤ 《清圣祖实录》卷一二一。

以居官？俱着解任，令其读书，俟学习之后，考试补用。"①

三、爱才、识才、荐才、用才、容才、护才、得才

以上主要是从古代人才理论和政策方面举了几个著名的帝王的人才观及其用人之道，下面再举几个举贤任能的具体实例。

爱才　思贤若渴，爱才胜宝。齐威王二十四年，与魏王会田于郊。魏王问曰："王亦有宝乎？"威王曰，"无有。"魏王曰："若寡人国小也，尚有径寸之珠照车前后各十二乘者十枚，奈何以万乘之国而无宝乎？"威王曰："寡人之所以为宝与王异。吾臣有檀子者，使守南城，则楚人不敢为寇东取，泗上十二诸侯皆来朝。吾臣有盼（音班）子者，使守高唐，则赵人不敢东渔于河。吾吏有黔夫者，使守徐州，则燕人祭北门，赵人祭西门，徙而从者七千余家。吾臣有种首者，使备盗贼，则道不拾遗。将以照千里，岂特十二乘哉！"魏王惭，不怿而去。②

识才　慧眼识贤，甘当伯乐。伯乐善相马。"昔有卖良马于市者，已三日矣，而市人不顾。乃谓伯乐曰：'吾卖良马，而市人莫赏，今子一顾，请献半马之价。'于是伯乐造市，来而迎睇之，去而目送之，一朝之价遂至千金。此马非昨为驽骀（劣马）今成骐骥（骏马）也，由人莫之赏，未有为之顾盼者也。"③萧何月下追韩信的故事，世人传为美谈，萧何即知人的伯乐，韩信即人中之骏马。韩信原为楚项羽部下，数以计策献羽，羽不能用。汉王入蜀，信背楚归汉，亦不知名，坐法当斩，适见滕公，曰："上不欲就天下乎？何为斩壮士！"滕公奇之，释而不斩，与语大悦，荐于刘邦，拜为治粟都尉，刘邦并不以为韩信是奇士而重用他。"信数与萧何语，何奇之。至南郑，诸将行道亡者数十人，信度何等已数言上，上不我用，即亡。何闻信亡，不及以闻，自追之。人有言上曰：'丞相何亡。'上大怒，如失左右手。居一二日，何来谒上，上且怒且喜，骂何曰：'若亡，何也？'何曰：'臣不敢亡也，臣追亡者。'上曰：'若所追者谁何？'曰：'韩信也。'

---

① 《清圣祖实录》卷一二一。
② 《史记·田敬仲完世家》。
③ 《新论·因显》。

上复骂曰:'诸将亡者以十数,公无所追,追信,诈也。'何曰:'诸将易得耳。至如信者,国士无双。王必欲长王汉中,无所事信;必欲争天下,非信无所与计事者。顾王策安所决耳。'王曰:'吾亦欲东耳,安能郁郁久居此乎?'何曰:'王计必欲东,能用信,信即留;不能用,信终亡耳。'王曰:'吾为公以为将。'何曰:'虽为将,信必不留。'王曰:'以为大将。'何曰:'幸甚。'于是王欲召信拜之。何曰:'王素慢无礼,今拜大将如呼小儿耳,此乃信所以去也。王必欲拜之。择良日,斋戒,设坛场,具礼,乃可耳。'王许之。诸将皆喜,人人各自以为得大将。至拜大将,乃韩信也,一军皆惊。"①

荐才(1) 心怀至公,主动让贤。"樊姬,楚国之夫人也。楚庄王罢朝而宴,问其故。庄王曰:今旦与贤相语,不知日之宴也。樊姬曰:贤相为谁?王曰:虞丘子。樊姬掩口而笑,王问其故?曰:今虞丘子为相数十年未尝进一贤,知而不进,是不忠也;不知,是不智也,安得为贤?"②后来虞丘听到此事,接受了这个批评,主动提出要让年轻的孙叔敖为相。庄王不同意,说:"子辅寡人,得以长中国,令行绝域,遂霸诸侯,非子如何?"虞丘说:"久固禄位者贪也,不进贤达能者诬也,不让以位者不廉也,不能三者,不忠也。为人臣不忠,君王又何以为忠臣,愿固辞。"庄王从之,赐虞丘采地三百,号曰"国老"。以孙叔敖为令尹(相)。不久,虞丘家里人犯法,孙叔敖依法杀之。虞丘喜,入见王曰:"臣言孙叔敖,可使持国政,奉国法而不党,施刑戮而不骫(古委字,曲也),可谓公平。"庄王曰:"夫子之赐也已!"③

荐才(2) 举才择人,不分亲疏。晋大夫祁奚年老,晋君问曰:"孰可使嗣?"祁奚对曰:"解狐可。"君曰:"非子之仇耶?"对曰:"君问可,非问仇也。"晋君遂举解狐代之。后又问谁可以为国尉?祁奚对曰:"午也可。"君曰:"非子之子耶?"对曰:"君问可,非问子也。"君子谓"祁

---

①《史记·淮阴侯列传》。
②《新序·杂事一》。
③《说苑·至公》。

奚能举善矣,内举不避亲,外举不避仇,可谓至公矣。"①

荐才(3)　非贤不举,死亦不悔。东汉末,盖勋为京兆尹。"时小黄门京兆高望为尚药监,幸于皇太子,太子因蹇硕属望子进为孝廉,勋不肯用。或曰:'皇太子副主,望其所爱,硕帝之宠臣,而子违之,所谓三怨成府者也。'勋曰:'选贤所以报国也。非贤不举,死亦何悔!'"②

用才(1)　不拘一格,擢用人才。百里奚,春秋时虞国人,曾做过大夫。虞君不听百里奚的劝告,被晋国灭掉,百里奚做了俘虏。晋献公想任命他为官,百里奚严词拒绝,宁愿做囚犯,也决不在敌国做官。晋献公把他作为陪嫁奴隶,准备送往秦国。途中百里奚逃亡到楚国。公孙枝用五张羊皮从楚国换回百里奚,献给秦穆公。"三日,请属事焉。公曰:买之五羊之皮,而属事焉,无乃为天下笑乎? 枝对曰:信贤而任之,君之明也;让贤而下之,臣之忠也。君为明君,臣为忠臣,境内将服,敌国且畏,夫奚暇笑哉! "③于是禽息亦荐奚,不见纳。公出,息当车,以头击闑(音臬,门中央所竖短木),脑乃精出。曰:"臣生无补于国,不如死也。"④秦穆公感悟,乃任用百里奚为相,遂霸西戎。

用才(2)　取长舍短,知人善任。唐太宗曾多次讲过,任人要"用其所长,掩其所短"。有一次唐太宗宴请房玄龄、魏徵、李靖、温彦博、戴胄、王珪六位大臣。太宗谓珪曰:"卿识鉴清通,尤善谈论,自房玄龄等,咸宜品藻,又可自量孰与诸子贤? "对曰:"孜孜奉国,知无不为,臣不如玄龄;才兼文武,出将入相,臣不如李靖;敷奏贤明,出纳维允,臣不如温彦博;处繁理剧,众务必举,臣不如戴胄;以谏诤为心,耻君不及尧舜,臣不及魏徵;至于激浊扬清,嫉恶好善,臣于数子,亦有一日之长。"太宗深然其言,群公亦各以为尽己所怀,谓之确论。⑤对以上诸人,唐太宗都能根据各自的长处,安排使用,因而能造成"贞观之治"的盛世。

用才(3)　任贤使能,量才授职。以明太祖为例。他对于精通兵法有智

①《说苑·杂事一》,《吕氏春秋》、《左传》略同此。
②《后汉书·盖勋传》。
③《吕氏春秋·慎人篇》。
④《韩诗外传》。
⑤《旧唐书·王珪传》。

谋的名士刘基、宋濂、朱升等人，均留在身边，参与机要；对智勇双全能征惯战的邓愈、胡大海、常遇春、冯国用、冯国胜等人则任为将领，带兵打仗；对善于计谋处事老练的李善长、徐达、汪广洋等，或任为丞相，或委以中央各部门的要职。由于安排得宜，使文武百官都能发挥自己的特长和作用。朱元璋从一个游方僧而成为明朝皇帝，其中一个重要因素就是善于用人。此外，如汉高祖、汉光武帝、唐太宗、宋太祖等也都是知人善任的开国皇帝、创业之主。

容才　捐弃前嫌，不计旧怨。春秋时代齐相管仲原是齐桓公的仇敌，曾帮助他的兄弟公子纠和他争夺国君位置，差一点把齐桓公射死。后来桓公即位，管仲做了俘虏，桓公欲杀管仲以报一箭之仇。鲍叔牙对桓公说：“臣幸得从君，君竟以立，君将治齐，即高　与叔牙足也。君且欲霸王，非管夷吾不可。”①于是桓公以管仲为相，遂霸诸侯。

这里顺便提一下“管鲍之交”以及后人对鲍叔牙荐管仲的评价。

管仲曰：“吾始困时，尝与鲍叔贾，分财利多自与，鲍叔不以我为贪，知我贫也；吾尝为鲍叔谋事而更穷困，鲍叔不以我为愚，知时有利不利也；吾尝三仕三见逐于君，鲍叔不以我为不肖，知我不遭时也；吾尝三战三走，鲍叔不以我为怯，知我有老母也；公子纠败，召忽死之，吾幽囚受辱，鲍叔不以我为无耻，知我不羞小节而耻功名不显于天下也。生我者父母，知我者鲍子也。”②“鲍叔既进管仲，以身下之……天下不多管仲之贤而多鲍叔能知人也。”③

子贡问孔子曰：“今之臣孰为贤？”孔子曰：“吾未识也。往者齐有鲍叔，郑有子皮，贤者也。”子贡曰：“然则齐无管仲、郑无子产乎？”子曰：“赐，汝徒知其一而不知其二。汝闻进贤为贤耶？用力为贤耶？”子贡曰：“进贤为贤。”子曰：“然，吾闻鲍叔之进管仲也，闻子皮之进子产也，未闻管仲、子产有所进也。”④

护才（1）　明察忠奸，用人不疑。魏文侯用乐羊为大将，带兵讨伐中

①《史记·齐太公世家》。
②③《史记·管晏列传》。
④《说苑·臣术》。

山国（其子乐舒在中山为官），朝中文武大臣、王亲国戚都说乐羊的坏话，但魏文侯坚信不疑。后来乐羊得胜回朝，居功自傲。魏文侯赏给他一个密封的箱子，乐羊以为是金银财宝，回去打开一看，原来都是大臣们攻击他要求撤换他的奏章。乐羊很受感动，叹息说："此非臣之功也，主君之力也。"①

护才（2） 爱惜贤才，不求全责备。陈平原来也是项羽的部下，"项王不能信人，其所任爱，非诸项即妻之昆弟，虽有奇士不能用"。平乃去楚归汉。经同乡魏无知推荐，得见刘邦，刘邦任为护军都尉，依为心腹，诸将大哗。周勃、灌婴等都说陈平的坏话，说他盗嫂受金，为反复乱臣。刘邦责问魏无知，无知曰："臣所言者，能也；陛下所问者，行也。今有尾生（信士）、孝己（孝子）之行，而无益处于胜负之数，陛下何暇用之乎？楚汉相距，臣进奇谋之士，顾其计诚足以利国家不耳。且盗嫂受金又何足疑乎？"②于是刘邦对陈平厚加赏赐，拜为护军中尉，诸将不敢复言。后来陈平对刘邦忠心耿耿，六出奇计，帮助刘邦建立西汉皇朝。刘邦死后，又平定诸吕，安定了刘氏天下。

得才 致安之本，成败之机，唯在得人。汉五年夏五月刘邦置酒洛阳南宫，大宴文武大臣。在众人开怀畅饮之际，刘邦乘兴提了一个问题："吾所以有天下者何？项氏之所以失天下者何？"众人各叙己见。最后，刘邦说："公知其一，未知其二。夫运筹帷幄之中，决胜千里之外，吾不如子房；填国家，抚百姓，给饷馈，不绝粮道，吾不如萧何；连百万之众，战必胜，攻必取，吾不如韩信。三者皆人杰，吾能用之，此吾所以取天下者也。项羽有一范增而不能用，此所以为吾擒也。"群臣悦服。③

四、唯亲、唯谀乃用人之大忌，乱国亡国之端

"任人唯贤"，虽然古已有之，但是在古代，由于历史和阶级条件的限制，要真正做好这件事，并且坚持到底，是不容易也不可能办到的。即使

---

① 《新序·杂事二》。
② 《史记·陈丞相世家》。
③ 《汉书·高帝纪》。

像唐太宗那样主张"选贤之义，无私为本"，"不问亲仇，唯才行是举"，并能"赏直斥谀"的君主，在用人问题上也有不少失误之处，特别是到了晚年，还犯了用人以爱憎、赏罚凭喜怒的错误。如唐太宗病危时谓高宗曰："李勣（有大功于唐朝）才智有余，……我死后可亲任之，若迟疑顾望，便当杀之。"①他如汉高祖刘邦、明太祖朱元璋等，一旦得了帝位，统治巩固之后，也犯了忌贤妒能、屠戮功臣的严重错误。

历史上用人之大弊，一是"任人唯亲"，二是"任人唯谀"。就是只重用那些皇亲国戚和阿谀奉迎投主所好的谀臣。刘向把谀臣列为六邪之一。六邪即具臣、谀臣、奸臣、谗臣、乱臣、亡国之臣②。唐太宗说："谗佞之徒，皆国之蟊贼也。"③他认为如果"人主所行不当，而大臣又无匡谏，一味阿顺，事皆称美"，则"君为暗君，臣为谀臣，危亡不远。"④如王夫之在《读通鉴论》卷一中说："秦始皇之宜短祚也不一，而莫甚于不知人。非其不察也，唯其好谀也。托国于赵高之手，虽中主不足以存，况胡亥哉！"纵观历朝，凡是无所作为、荒淫无度、亡国之君，总是因"任人唯亲"或"任人唯谀"而乱国亡国。如商纣王杀比干、逐商容，重用费仲、恶来；吴王夫差逼伍子胥自杀，而信任太宰嚭；楚怀王放逐屈原，而重用上官靳尚；秦二世杀李斯、蒙恬，重用赵高；唐玄宗斥罢张九龄，而重用李林甫、杨国忠；宋徽宗不重用宗泽、李纲，而信任"六贼"（蔡京、童贯、杨戬、李彦、朱勔、王黼）；宋高宗杀害岳飞，信任秦桧；明嘉靖皇帝罢退夏言，重用严嵩；天启皇帝逼杀杨涟、左光斗，而重用魏忠贤……其结果不是乱国，就是亡国。即使像唐玄宗本来是一位英明的皇帝也在所难免。宋英宗赵曙有一次问执政："唐明皇（即玄宗李隆基）治致太平，末年何以至此？富弼对曰：明皇初平内乱，厉精求理，为政得人，所以治安；末年任非其人，遂至祸乱。人主惟在择人，决不可使奸人当国事也。"⑤

上述史实充分证明：在国家用人问题上，只有"唯才行是举"、"任人唯

---

① 《唐语林》卷五《补遗》。
② 《说苑·臣术》。
③ 《贞观政要·杜谗邪》。
④ 《贞观政要·求谏》。
⑤ 《续资治通鉴》卷六二。

贤"，才能治国兴邦，民族昌盛，人民安居乐业；反之，"任人唯亲"、"任人唯谀"，就会导致政治腐败，国破家亡。这些历史上正反两方面的经验教训，我们必须认真记取，永远引以为戒。

（中共山东省委组织部、山东省人事局编《人才理论研究文集》，山东人民出版社1985年版）

附：读书札记

古人论人才、知人、用人

一、人才重要

《诗经·小南台序》："南山有台,乐得贤也,得贤则能为国家立太平之基矣。"

《吕氏春秋·求人》："得贤人国无不安,失贤人国无不危。"

刘向《说苑·尊贤》："得贤者则安昌,失之财危亡。""子路问于孔子曰：治国何如？孔子曰：在于尊贤而贱不肖。"

汉武帝元封五年诏："盖有非常之功,必得非常之人。"(《汉书·武帝纪》)

曹操建安十二年封功臣令："吾起义兵诛暴乱,于今十九年,所征必克,岂吾功哉？乃贤士大夫之力也。"(《三国志·武帝本纪》)

《诸葛亮集·便宜第十六》："治国之道,务在举贤。"

唐太宗贞观二年对待臣曰："为政之要,唯在得人,非用其才,必难致治。"(《贞观政要·崇儒》)

王安石《上仁宗皇帝言事书》："夫才之用,国之栋梁也。得之则安以荣,失之则亡以辱。"

朱元璋《求贤令》；"贤才不备,不足以为治。"(《明史·选举志》)

清雍正《朱批·鄂尔泰奏折批谕》："治天下惟以用人为本,其余皆枝叶事耳。"

二、知人之道

荀况"四观"："故校之以礼，而观其能安敬也；与之举措迁移，而观其能应变也；与之安燕，而观其能无流慆也；接之以声色、权利、忿怒、患险，而观其能无离守也。"（《荀子·君道》）

刘劭"八观"："观其夺救以明间杂，观其感变以审常度，观其志质以知其名，观其所由以辨依似，观其爱敬以知通塞，观其情机以辨恕惑，观其所短以知其长，观其聪明以知所达。"（《人物志·八观》）

诸葛亮《七观》："问之是非而观其志，穷之以辞而观其变，咨之以谋而观其识，告之以难而观其勇，醉之以酒而观其性，临之以利而观其廉。"（《诸葛亮集·心书》）

魏徵"六观"："贵则观其所举，富则观其所养，居则观其所好，习则观其所言，穷则观其所不受，贱则观其所不为。"（《贞观政要·择官》）

上述一些办法大都是通过言行来考查了解人，有些是可取的；但用声色、权利、醉酒等类似玩弄权术的手段，则不足为法。

三、用人标准

《管子·立政》："君子所审者三：一曰德不当其位，二曰功不当其禄，三曰能不当其官，此三本者，治乱之原也。"

清康熙也主张德才兼备，如只重才不重德，"虽能济世，亦多败检，较庸劣之人，为害更甚"；但只重德不重才，"操守虽清，不能办事，亦何裨于国。"（《康熙政要·论择官》）

德才兼备是我国古代通常的用人标准，不过在不同的历史时期有不同的具体内涵、各有侧重而已。曹操处于乱世，实行唯才是举；治平之世，则德才并重。唐太宗对魏徵曰："为官择人，不可造次。用一君子则君子皆至，用一小人则小人竞进矣。"魏徵对曰："然。天下未定，则专取其才，不考其行；丧乱既平，则非才行兼备不可用也。"（《资治通鉴》卷一九四）

故用人应知当世要务。《汉书·叔孙通传》载："通之降汉，从弟子百余人，然无所进，专言诸故群盗壮士进之。弟子皆曰：事先生数年，幸得从降汉，今不进臣等,专言大猾,何也？通乃谓曰：汉王方蒙矢石争天下,诸生宁能斗乎？故先言斩将搴旗之士,诸生且待我,我不忘矣。"天下既定,叔孙通制朝仪。高帝曰："吾乃今日知皇帝之贵也。"通因进曰："诸弟子儒生随臣久矣,与共为仪,愿陛下官之。"高帝悉以为郎。诸生乃喜曰："叔孙生圣人,知当世务。"

四、用人之道

总观古代用人之道：一曰公正无私,二曰兼容并包,三曰不拘资历,四曰不论门第,五曰不计小过,六曰不以爱憎,七曰扬长避短,八曰循名责实,九曰豁达大度,十曰用人不疑。另外还有一些,但真正能做到以上所说,实不多见。

此外,还有用人二忌：

一曰嫉贤妒能。东汉人桓谭《新论·求辅》中就有"才能之士,世所嫉妒"的说法。清人龚自珍也有"一山突起丘陵妒"的诗句（《夜坐》）。刘向《说苑·尊贤》记载"杨因见赵简主曰：臣居乡三逐,事君五去,闻君好士,故走来见。左右进谏曰：居乡三逐,是不容于众也；事君五去,是不忠于上也,今君有士见过人矣。简主曰：子不知也。夫美女者丑妇之仇也,盛德之士乱世所疏也,正直之行邪枉所憎也。遂出见之,因授以为相,而国大治。"赵鞅知众人妒杨因而反加重用,是颇有胆识的。

二曰信任奸佞。刘向有一句名言："用贤转石,去佞拔山。"（《汉书·本传》）意思是任用贤能之士就像对待石头一样可以搬来搬去；但去掉奸佞之人却如拔掉大山一样困难。为何去佞如此之难？刘向指出佞人的特点是："主所言皆曰善,主所为皆曰可,隐而求主之所好,即进之,以快主耳目,偷合苟容,与主为乐,不顾其后害,如此者谀臣也。"（《说苑·臣术》）正因为佞人能投主之所好,故去佞难。清人纪昀（晓岚）《阅微草堂笔记》载有一则故事："甲与乙相善,甲延乙理家政,及官抚军,并使佐官政,惟其言是从。久而资财皆为所干没,始悟其奸,稍稍谯责之。乙挟甲阴事,遽反噬。甲不胜愤,乃投牒诉城隍。夜梦城隍语之曰：'乙险恶如是,公何以信任不疑？'甲曰：'为其事事如我意也。'神哂然：'人能事事如我意,可畏甚矣！公不畏之,而反喜之,不公之绐而谁耶？

渠恶贯满盈,终必食报;若公则自贻伊戚,可无庸诉也。'"纪昀为乾隆内
阁协办大学士,主修《四库全书》,读书阅人多矣,故借此寓言故事以警
世人。

东宫制度考述

中国古代社会源远流长,自夏禹传子、家天下,确立王位世袭制度以来,历商、周、秦、汉、唐、宋、元、明、清四千年之久,兄终弟及、父死子继一直是历代王朝政权延续的基本形式。其间虽也有权臣窃命、母后临朝、宦官专权,但主宰天下的帝位则始终是在同姓子孙中一代一代地延续着。幅员辽阔、人口众多的中国几千年的历史,竟在屈指可数的几家几姓的统治下走过来了。这种现象看来似乎是离奇荒谬,不可思议;但是,用历史唯物主义的观点稍加分析,便可了然这正是君主专制制度的必然产物。而东宫太子制度,则又是历代皇朝之所以能维系一家一姓统治的至关重要的保证。

一、太子名称的由来及其地位

太子制度起源甚早,据《韩诗外传》说:"五帝官天下,三王家天下,家以传子,官以传贤。故自唐虞以上,经传无太子称号。夏殷之王,虽则传嗣,其文略矣。至西周始见文王世子之制。"《孔丛子》又载:"穆公问于子思曰:'立太子有常乎?'答曰:'有之,在周公之典。'"由此可见,至迟在周代,太子制度就已经建立起来了。

历史上太子的称号名目繁多,常见的有:

东宫:

《诗·卫风·硕人》:"东宫之妹。"《毛传》:"东宫,齐太子也。"

世子:

《白虎通》云:"何以知天子之子称世子?《春秋传》曰'王、世子会于首止'是也；何以知天子之子称太子？《尚书》曰'太子发升于舟'是也。《中候》曰'废考立发为太子'，明文王时称太子也。或云诸侯之子称世子，《春秋传》云'晋太子申生、郑太子华、齐太子光'，由是观之，周制，太子、世子亦不定也。汉制，天子称皇帝，其嫡嗣称皇太子。诸侯王之嫡称世子，后代咸因之。"

以后历代沿袭，唯元朝略有差异，诸皇子统称太子。清代赵翼指出："元制，则帝子多以太子称，不必继体也。"[1]

储君：

《公羊传》僖公五年何休注："储君，副主。"《晋书·成都王颖传》："皇太子，国之储君。"

储贰：《魏书·废太子恂传》："国祚永隆，储贰有寄。"

皇储：

《旧唐书·僖宗本纪》："思阐鸿业，式建皇储。"

君嗣：

《史记·商君列传》："太子，君嗣也，不可施刑。"

国嗣：

《三国志·吴书·孙登传》："生为国嗣，没享荣祚。"

殿下：

叶适《石林燕语》："至唐时制令，惟皇太子皇后百官上疏称殿下，至今循用之。"又谢庄《庆皇太子元服上至尊表》："伏唯皇太子殿下……"

以上所列，名异实同，都是指作为帝王继承人的太子。

历代帝王在位时，最关心的问题，或者说其目的，并不是民间的疾苦，国家的富强，而是如何把这一拥有至高无上的权力的皇帝宝座，万世一系地传给自己的子孙。而立太子"奉宗庙之重，统无穷之祚"[2]，正是关系到自己的江山社稷是否后继有人的根本大计。所谓"三王传嗣，欲令国有常居，民有定奉，关诸盛衰不易之道也"[3]。因而受到历代统治者的高度重

---

① 赵翼《廿二史札记》卷二十九。
② 《魏书·废太子恂传》。
③ 何法盛《晋中兴书》。

视。他们不仅逐步确立了一整套系统完善的东宫太子制度,而且还认真地探讨历代王朝建立太子的经验教训,寻求册立太子有效的方式和方法。

西汉叔孙通谏汉高祖刘邦曰:"昔者晋献公以骊姬之故废太子,立奚齐,晋国乱者数十年,为天下笑;秦以不早定扶苏,令赵高得以诈立胡亥,自使灭祀………太子,天下之本,本一摇天下振动。"①

明朝季世,崇祯皇帝在日暮途穷中,还把册立太子作为他重整大明江山的精神寄托,用太子来"仰承累叶无疆之绪,俯慰兆人胥戴之情"②。

不仅正统的中原皇朝如此,刚刚入主中原的少数民族统治者,以及偏安一隅的割据政权也大都"建立元储,懋隆国本"。

五胡十六国时期,天下大乱,兵革屡起,汉、前赵、后赵、前秦等统治者、在戎马倥偬之中,犹未忘记秉承历代遗训,立太子以承国祚。北魏明元帝拓跋嗣,疾病缠身,经久不愈,尚咨询崔浩,设图后之计:"'朕疾弥年,疗治无损,恐一旦奄忽,诸子并少,将如之何?其为我设图后之计。'浩曰:'……自圣化龙兴,不崇储贰,是以永兴之始,社稷几危。今宜早建东宫,选公卿忠贤、陛下素所委杖者,使为师傅;左右信臣,简在圣心者,以充宾友。入总万机,出统戎政,监国抚军,六柄在手。若此,则陛下可以优游无为,颐神养寿,进御医药,万岁之后,国有成主,民有所归,则奸宄息望,旁无觊觎,此乃万世之令典,塞祸之大备也。今长皇子焘,年渐一周,明睿温和,众情所系,明登储副,则天下幸甚。立子以长,礼之大经,若须并待成人而择,倒错天伦,则生履霜坚冰之祸。自古以来,载籍所记,兴衰存亡,尟不由此。'太宗深纳之。于是,使浩奉策告宗庙,命世祖为国副主,居正殿临朝。"③

清朝也是以少数民族入主中原。清初虽不立太子,但到康熙时,也仿照汉制,建立太子。雍正时,更对几千年的东宫制度,作了一番别出心裁的改革,建立了"秘密立嗣"制度,把东宫太子制发展到一个新阶段。"国无嫡嗣,社稷将危"。每当帝王无子,或太子夭折,不仅皇帝本人痛心疾

① 《史记·叔孙通列传》。
② 孙承泽:《春明梦余录》。
③ 《魏书·崔浩传》。

首,深以为忧,而且使大小朝臣惴恐不安。西汉成帝无子,诏曰:"未有继嗣,天下无所系心,观于往古近事之戒,祸乱之萌,皆由斯焉。"①晋武帝时,齐王冏表曰:"东宫旷然,冢嗣莫继……虚天绪,非祖宗之遗志,社稷之长计也。"②北宋仁宗"在位三十五年,未有继嗣,嘉祐初暴得疾,中外大小之臣无不寒心。"③可见统治者对没有太子是何等的焦虑,似乎马上就要大祸临头了。

二、太子的建立和废黜

(一)太子的建立

关于建立太子的标准,当然首先是皇帝的亲子。在皇帝无子的情况下,始从近支子孙中选择。那么在诸皇子中,具备什么身份和条件才可以被立为太子呢?

第一,立嫡以长不以贤,立子以贵不以长

"立嫡以长不以贤",就是在皇帝正妻皇后所生的诸子中选择长子,立为太子。"立子以贵不以长",就是在皇帝诸子中,选择皇后所生之子,立为太子。这一基本原则,自西周实行宗法制,嫡长子或嫡子继承制形成以来,便确立下来了。《白虎通》载:"曾子问云:'立嫡以长不以贤,贤不肖未可知也。'《尚书》云:'知人则哲,唯帝难之,立子以贵不以长,塞爱憎也。'故《春秋公羊传》曰:'立嫡以长不以贤,立子以贵不以长。'"

自此以后,"立嫡以长不以贤,立子以贵不以长"便成了历代王朝奉行不替的千古遗训,每当皇帝立嗣,首先考虑的总是这个问题。但由于影响立太子的因素很多,"舍嫡立庶"的现象仍屡有发生,嫡长子能够有幸登上皇帝宝座的,并不占多数,以汉唐两朝为例,西汉朝共十四帝(刘邦除外),仅惠帝刘盈、景帝刘启、元帝刘奭、成帝刘骜等四人为嫡长子;唐朝共历二十一帝(李渊除外),仅代宗李豫、德宗李适、顺宗李诵、宪宗李纯、敬宗李湛、懿宗李漼为嫡长子,均不足二分之一。其他皇朝也有类似这种

① 《汉书·成帝纪》。
② 《晋书·清河王遐传》。
③ 《宋史·范镇传》。

情况。尽管如此,在无其他变故的情况下,"立嫡以长"还是第一位的,嫡长子总是首先物色的对象。

第二,听从君命,留心政治,堪任政事者

西汉贾谊曾说:"天下之命悬于太子。"较为明智的统治者为了长治久安,往往能够打破"立嫡以长不以贤,立子以贵不以长"的传统观念,在诸子中选择才能出众、堪任政事者做继承人。春秋时期,"赵简子太子名伯鲁,小子名无恤,简子自为二牍,亲自表之。书曰'节用听德,敬贤勿慢,使能勿贱'与二子,使诵之。居三年,简子坐清台之上,问二书所在,伯鲁忘其表,令诵不能得。无恤出其书于袖,令诵习焉。乃黜伯鲁而立无恤"①。无恤母为翟婢,出身微贱,亦能立为继嗣。晋武帝立惠帝司马衷为太子,"朝廷咸知不堪政事,武帝亦疑焉。尝悉召东宫官属,使以尚书事令太子决之。帝不能对,贾妃遣左右代对,多引古义。给事张泓曰:'太子不学,陛下所知,今宜以事断,不可引书。'贾妃从之。泓乃具草,令帝书之。武帝览而大悦,太子遂安"②。这是晋武帝被贾妃等所蒙骗,故未废太子,但他心目中立太子的标准,仍是以才能来衡量的。

对太子才能的要求,历朝各有侧重。如游牧于北方的少数民族,慓悍尚武,以勇力为尊。辽顺宗未立为太子时,"从上(道宗)猎,矢连发三中,上顾左右曰'朕自祖宗以来,骑射绝人,威震天下,是儿虽幼,不坠其风。'后遇十鹿,获其九,帝喜设宴,八岁立为皇太子"③。

从以上立太子的事例中,可以看出,才能、德行、勇力,均为立太子的标准。对这一点,北魏太武帝拓跋焘也曾明确指出:"夫阴阳有往复,四时有代谢,授子以贤,所以休息,优隆功臣,式图长久,盖古今不易之典令也。"④

第三,有功于社稷者

在皇帝诸子中,有人或佐其父王夺取天下,或助其父王平定外患内

---

① 《韩诗外传》。
② 《晋书·惠帝纪》。
③ 《辽史·顺宗传》。
④ 《魏书·太武帝本纪》。

乱，在其未立太子之前已参豫军国大事，立下社稷之功，也往往被册立为太子。如秦王李世民"数平剧寇，功冠天下，英豪归之"；而当时的太子建成"特以嫡长居东宫，非有功德为人所称道"。因此唐高祖李渊"屡许以为太子"[①]。而后来建成要求率军往讨刘黑闼，也是想通过建立军功，巩固自己的太子地位。尽管唐高祖优柔寡断，反复无常，造成兄弟骨肉相残的"玄武门之变"，才被迫承认李世民为太子的既成事实，而事前李渊确已明立建成而暗许世民。

唐中宗时，韦后弑中宗，矫诏称制，"群邪害正"，"排挤端善"，继武则天之后导致了第二次太后专权的局面。睿宗第三子李隆基奋起发难，殄灭祸乱，"安七庙于几坠，拯群臣于将殒"[②]。"睿宗将建东宫，以（李）宪嫡长，又尝为太子，而楚王（玄宗李隆基）有大功，故久不定。宪辞曰：'储副，天下公器，时平则先嫡，国难则先功，重社稷也。使付授非宜，海内失望，臣以死请。'因涕泣固让。时大臣亦言楚王有定社稷功，且圣庶抗嫡，不宜更议"[③]。皇帝、大臣及前太子众口一词，于是睿宗第三子隆基被立为太子。"圣庶抗嫡"在此受到睿宗的默许。

唐德宗虽为嫡长，亦因军功册立。当时，使唐皇朝濒于灭亡边缘的安史之乱尚未平息，德宗为天下兵马大元帅，克复东都，平定河北，"与功臣郭子仪、李光弼等皆赐铁卷，图形凌烟阁。广德二年二月，立为皇太子"[④]。

第四，有后援者

在几个割据政权同时并存的情况下，各国之间经常以婚姻的形式缔结盟好。因此，立对方国家嫁来的女子之子为太子，就成了争取与国的政治手段。有母家势力为后盾，争太子位者往往不敢轻举妄动；国家发生内乱，太子还可以投奔母家，作为政治避难所，以图后举。

春秋时郑庄公太子忽将兵救齐，齐厘公欲以女妻之，太子忽不肯，祭仲劝他说："君多内宠，太子无外援将不立。"[⑤]齐桓公多子，"桓公与管仲

[①]《新唐书·太宗本纪》及《隐太子传》。
[②]《旧唐书·玄宗本纪》。
[③]《新唐书·让皇帝宪传》。
[④]《新唐书·德宗本纪》。
[⑤]《史记·郑世家》。

属孝公（公子昭）于宋襄公，以为太子"①。后桓公死，五公子争立，孝公奔宋，竟赖宋襄公得立。平王死后，将军子常欲立平王庶子子西，子西说："国有外援不可黩也，王有嫡嗣不可乱也。"②晋惠公太子圉在秦为质子，秦灭梁国，太子圉曰："吾母家在梁，梁今秦灭之，我外轻于秦而内无援于国。"③可见有无外援也是册立太子的一个很重要的条件。

以上诸例，或因嫡长，或才能堪任，或有大功，或有外援等条件，对于统治秩序的安定，政权的延续及消除争夺皇位的内乱，都不无裨益。这只是就通常情况而言，但也有些帝王一旦登上宝座，便言出法随，为所欲为；而权臣欺君擅政，后妃以女色惑主，外戚宦官操纵朝政，各有所属，各亲其亲，历代都在所难免。东宫太子又经常是权术与阴谋的较量、祸乱与篡弑的产物。皇子走进东宫的内在原因是极其复杂的，册立太子并无一定之规。正如清代赵翼所说"立嫡建储，古今令典，乃时会迁流，有不可以常理论者"④。

（二）太子的废黜

太子进入东宫后，并不是高枕无忧了。皇帝好恶时有改变，党派之争此起彼伏，诸皇子对皇位的觊觎争夺，再加上太子本身的变化，无疑都会影响太子地位的巩固。因此，历史上太子立而复废的事件屡见不鲜。

第一，与皇帝政见不一或不堪任政事而废

《汉书·元帝纪》载："（太子刘奭）尝侍燕从容言，'陛下持刑太深，宜用儒生。'宣帝作色曰：'汉家自有制度，本以霸王道杂之，奈何纯任德教，用周政乎？且俗儒不达时宜，好是古非今，使人眩于名实，不知所守，何足委任！'乃叹曰：'乱我家者，太子也！'由是疏太子而爱淮阳王……欲用淮阳王代太子，然以少依许氏，俱从微起，故终不背焉。"

汉宣帝因太子与己在用人问题上意见不同，便产生了废太子的念头，其所以未成事实，另有其他原因。

①《史记·齐世家》。
②《左传》昭公二十五年。
③《史记·晋世家》。
④《廿二史札记》卷三十二。

　　北魏孝文帝立志改革，把国都由平城迁往汉族文化的中心洛阳。太子元恂反对迁都，逃奔代北，孝文帝以"违父背尊"罪名，将其废为庶人[①]。

　　又如上述晋武帝以尚书事来考察太子的从政能力，若无贾妃从中弄虚作假，蒙骗武帝，太子的地位也是保不住的。唐文宗时亦曾因"皇太子宴游败度，不可教导，将议废黜"[②]。

　　第二，太子谋反被废

　　皇太子为国之副主，守大器之重，未继位前往往已具有一定的势力，甚至"入总万机，出统戎政，监国抚军，六柄在手"[③]，一旦羽翼丰满，有的便迫不及待地要夺取皇位。尤其是当发现皇帝欲废掉自己，太子地位受到威胁，大祸临头的时候，往往发动宫廷政变，以求早登大位，或者冀此而免祸。其中成功者，当然不失皇袍加身，帝有天下，如隋炀帝杨广；而失败者则被废黜或被杀掉。

　　春秋二百多年，诸侯割据，为争夺君位，演出了一系列父子兄弟骨肉相残的丑剧，太子因此而被废者屡见不鲜。秦汉以降，"海内为郡县，法令由一统"，每个皇朝尽管大都保持了一段较长时间的统治，但在废黜的太子中，亦有很多是变乱的策划者。汉武帝戾太子刘据，虽受江充诬陷而无以自辨，但终究因发动政变而丢掉了性命。唐太宗时，承乾太子"甫八岁，特敏惠，帝爱之，在谅闇使裁决庶政，有大体，每行幸则令监国"。然而长大以后，纵恣声色，胡作非为，把一个东宫闹得乌烟瘴气。贞观十七年，齐王祐反齐州，承乾也被人告发谋反，被废为庶人[④]。

　　清康熙帝时，太子允祁唯恐自己的宝座为兄弟们所夺，曾两次迫不及待地抢夺皇位，因而被康熙废掉，囚于咸安宫，禁锢终生。

　　第三，母后失宠被废

　　太子可因母后受宠而立，亦可因母后失宠而废。古代帝王一夫多妻，皇后、妃嫔充斥后宫，彼此争宠，勾心斗角，势必也牵连到太子。太子被废

---

① 《魏书·废太子恂传》。
② 《旧唐书·庄恪太子传》。
③ 《魏书·崔浩传》。
④ 《新唐书·常山愍王承乾传》。

黜常常和后宫嫉妒争宠与挟私陷害交织在一起。周幽王嬖爱褒姒而废太子宜臼；晋献公宠幸骊姬而杀太子申生；东汉章帝听窦后谗言而黜太子刘庆；晋惠帝受贾后操纵而废愍怀太子；唐玄宗因惠妃之谮而废太子李瑛。他们之中，有的人几乎没有什么过错，纯粹由于母后失宠，如太子李瑛，"天下之人不见其过，咸惜之"①。

此外，太子被废的原因还有很多，情况复杂，难以缕述。如金元二代所立皇太子"无一享国者，皆事之不可解者也"②。

（三）立、废太子的决定权

中国历代皇朝都是君主专制独裁，他们把国家视为自己的家产，"陛下贵为天子，富有天下"也成了大臣们上书的口头禅。因而立废太子自然被看成是皇帝的"家事"。一些对皇帝唯命是从的大臣，每当征求其对立废太子的意见时，往往以"此盖陛下家事，臣下不合参知"来顺从旨意。所以立废太子的决定权基本上取决于皇帝本人的好恶，朝臣仅起参议和进谏的作用。尽管有些帝王在立、废太子时也征求臣下意见，如唐文宗时"以皇太子宴游败度，不可教导，将议废黜，特开延英，召宰臣及两省、御史台五品以上，南班四品以上官对"③。但皇帝与朝臣之间如发生争执，即使大臣的意见占了上风，最后还是要得到皇帝的应允。皇帝不敢专断，或放弃自己的意见，主要有以下三种情况：

第一，朝臣上下一致反对，太子羽翼丰满，改立太子有害无益。汉高祖刘邦欲以赵王如意易太子刘盈，太子太傅叔孙通"愿先伏诛，以颈血染地"以死相争，御史大夫周昌"期期不奉诏"，张良及群臣固争，皆不从。吕后用张良计，聘请"商山四皓"，为太子刘盈客，刘邦见太子羽翼已成，不可动摇，方才罢休。当然，仅靠这四位老头并没有如此回天之力，刘邦之所以不废刘盈，主要是朝臣上下一致反对，改易太子会招来不测之祸。《汉书·张良传》载，刘邦为赵王如意母戚夫人歌曰："鸿鹄高飞，一举千里。羽翼以就，横绝四海。横绝四海，又可奈何！虽有矰缴，尚安所施！"完

①《新唐书·废太子瑛传》。
②《廿十史札记》卷三十。
③《旧唐书·庄恪太子传》。

全是一种无可奈何的语气。

第二，立废太子明显悖理违典，皇帝自知理屈。武则天时，虽能残酷镇压异己势力，诛杀海内名士，甚至废除中宗、睿宗的帝位，降为太子；但后来要立自己的侄子武承嗣为太子，"掩神器而取之"，则因朝臣反对，而没有实现。明英宗被俘后，皇太后命立英宗子朱见深为太子，郕王朱祁玉监国。后郕王即位，是为明代宗，欲以自己的儿子代见深为太子，"恐文武大臣不从，与太监王诚、舒良谋，先啗内阁诸学士，各赐金五十两，银一百两，命廷臣俱兼官僚。王直、胡濙兼太子太师，陈循、高穀、于谦兼太子太傅"①，以换取他们的支持。这种皇帝以金钱、高官贿赂大臣的现象在历史上实属罕见。反映了他对违背常理的立、废太子还是心有顾忌的。

第三，在权臣、太后、宦官专权的情况下，皇帝等于傀儡，故立太子的决定权也就转移到他们手中，此例甚多，不胜列举。

到了清代，封建专制制度发展到了顶峰，雍正帝面对康熙时诸皇子争立太子的混乱局面，总结了历史上建嗣制度的弊端和教训，结合满族的历史传统，建立起秘密立嗣制度。即由皇帝预先写好立某子为继嗣的密封，藏于匣内，置之乾清宫正中的"正大光明"匾后，皇帝死后，由亲王、大臣拆封，指定谁就由谁为皇帝②。这种秘密立嗣的"家法"，绝对按皇帝的意志办事，朝臣不仅失去参议和进谏的机会，就连预知谁为太子亦不可能了。

（四）历史上立废太子的得失

"观往古近事之戒"，立废太子不当，轻则造成政局混乱，社会动荡不安，重则父子兄弟相残，不仅造成立废者的终生遗恨，而且将使一代皇朝短命而亡。晋献公杀太子申生，立奚齐，晋国大乱二十年；隋文帝废杨勇，立杨广，隋朝国祚短促。反之，凡是早建太子，又能够顺利登基，或在立废问题上处理得当的，则很少引起混乱。如汉文帝立景帝，东汉光武立明帝，唐睿宗立玄宗等，"文景之治""建武永平之治""开元盛世"，均与此有关。可见立废太子是举足轻重的朝政问题。每一次立废经常是朝野震动，本身就是政局不稳的表现。所以叔孙通说："太子，天下之本，本一

---

① 朱国桢：《皇明大政纪》。
② 蒋良骐《东华录》卷二十五。

摇天下振动。"汉高祖欲废刘盈立赵王如意,大臣群起谏诤,当时如果真的废太子立如意,则主少国疑,诸侯外叛,大臣内反,其所造成的混乱,可以肯定比"诸吕之乱"还要严重。汉高祖毕竟是汉代基业的开创者,没有一意孤行,才保持了汉初七十年的安定局面。

晋武帝欲废晋惠帝无疑是正确的,以尚书事来考察太子的办法也颇有见地。但他没有采取切实可行的措施来防止太子和贾妃的舞弊行为,则是他的失策。而赵简子选择太子,亲自考察,不让别人插手,则是成功的。

唐高祖立建成为太子,而李世民有定社稷之大功,高祖徘徊两者之间,举棋不定,反复无常,兄弟相争已是必然之势,"玄武门之变",唐高祖要负主要责任。而唐睿宗本着"时平则先嫡,国难则先功"的原则,立第三子李隆基而舍嫡长,处理得较为果断,不然的话,唐朝会有第二次玄武门之变。

早建太子是为了防止祸乱,但有时却与统治者的愿望相反,反而导致了祸乱。只不过是把争夺皇位的斗争提前一步,演变为争夺储位的斗争。雍正以后的秘密立嗣,仅就缓和争立太子的祸乱而言,具有一定的积极作用,因为它使诸皇子失去了争夺的目标。但这种做法,凭皇帝一个人的意志行事,又失去了对其进行培养、训练的机会,所立太子不一定具有治理国家的能力,则又是一种失误。

三、太子的教育与培养

选立太子是否得人直接关系到皇朝的兴衰;而太子的道德、知识、能力能否君临天下,主要在于平时的教养。汉初贾谊十分清楚地指出这一点:"夫存亡之变,治乱之机,其要在是矣。天下之命悬于太子;太子之善,在于早谕教与选左右。夫心未滥而先谕教,则化易成也;开于道术智谊之指,则教之力也。若其服习积惯,则左右而已。……夫教得而左右正,则太子正矣,太子正而天下定矣。"①

因此,历代帝王无不重视对太子的教育、培养,在慎重地选拔太子的

①《汉书·贾谊传》。

同时，并形成了一整套系统的教育制度。

（一）小学、太学的设置

小学、太学的设置起源很早。据《礼记》《周礼》记载，在西周王城及诸侯国都皆设有小学、太学。教育的对象不仅是太子，也包括贵族子弟。《尚书大传》曰："古之帝王必立太学、小学，使王太子、大夫、元士之嫡子十有三年始入小学，见小节焉，践小义焉。年二十入太学，见大节焉，践大义焉。故入小学知父母之道，长幼之序，入太学知君臣之义，上下之位。"所谓父母之道，长幼之序，君臣之义，上下之位，这些修身、齐家、治国、平天下的道理，对太子无疑是十分重要的。先秦时代，小学、太学是太子受教育的主要场所。秦汉以后，或设太学，或设国子学（国子监），或二者并设，名称不一，均为传授儒家经典的最高学府和培养封建贵族官吏的场所。太子则住进东宫，由专人入侍讲授了。

（二）太子师、傅的设立

统治者总是希望太子能"克念乃祖，日新厥德"，成为继承帝位最理想的人才。为了更好地辅导太子，从西周时开始便为太子设置太师、太傅、太保。"昔成王幼在襁褓之中，召公为太保，周公为太傅，太公为太师"①。西汉仅有太子太傅、少傅。自西晋始设太子太师、太傅、太保、少师、少傅、少保，称三师三少。以后历代相沿不改。魏晋南北朝时，太子还有左辅、右弼，其地位与师、傅相似。

太子师、傅的除授相当严格，多选朝臣中品行端正、德高望重、学识渊博、教导有方的重臣担任。贾谊说："皆选天下之端士，孝悌博闻，有道术者以卫翼之。"②北魏崔浩曾建议明元帝"选公卿忠贤，陛下素所委仗者，使为师傅"③。可见为太子师、傅者非一般朝臣所能胜任。历代皇朝所置皆为名重一时的人物。如西汉惠帝为太子时，叔孙通为太傅，张良为少傅。叔孙通为秦博士，熟悉儒家经典，"知当世务"，"汉之仪法皆通所论著也"，刘邦欲易太子，他以死谏诤；张良"善划计"，"运筹帷幄之中，决胜千里之外"，刘邦自愧不如。汉初多布衣将相，二人当然是最理想的人选了。

①②《汉书·贾谊传》。
③《魏书·崔浩传》。

唐太宗时，魏征为承乾太子太师，更是历史上有名的忠贞鲠直之臣，唐太宗把他比作匡正自己过失的"镜子"。后来又立晋王李治为太子，以同中书门下三品长孙无忌为太师，尚书仆射房玄龄为太傅，二人都是早期秦王府的幕僚，"玄武门之变"的决策人物，均位居宰相，权重一时。

太子师、傅的职责，据《礼记·文王世子》载："立太傅、少傅以养之，欲其知君臣之道也。太傅，审父子君臣之道以示之；少傅，奉世子以观太傅之德而审喻之。太傅在前，少傅在后，入则有保，出则有师，是以教喻而德成也。师也者，教之以事而喻诸德者也；保也者，慎其身以辅翼之，而归诸道者也。"

贾谊说："保，保其身体；傅，傅之德（义）；师，道（同导）之教训。"① 可见三者分工并不十分明显。他们的责任，主要有二：一是辅导太子；二是保护太子。辅导太子仅是教喻父子之义，君臣之道，为政之术，总大体而已。所以唐太宗说："三师，以德导太子者也。"② 至于教太子读书，秦汉以后，并非一定由师、傅来承担，而是由学有专长的属官或博士教授。如汉武帝戾太子"少壮诏受《公羊春秋》，又从瑕丘江公受《穀梁》"③。东汉明帝为太子时，曾"师事博士桓荣，学通《尚书》"④。吴主孙权太子孙登的太傅为张温，而由诸葛恪、张休、顾谭、陈表侍讲诗书，后又从张昭之子张休学习《汉书》。

辅导太子失当要追究师、傅的责任。秦孝公时，太子犯法，罪及师、傅公子虔、公孙贾。北魏孝文帝太子元恂犯法，"司空太子太傅穆亮、尚书仆射少保李冲，并免冠稽首而谢"⑤。每当太子无故被废，其师、傅总是首先站出来据理力争，这正是履行保护太子职责的表现。

太子师、傅一般只对太子负责，先秦时代到太子冠（二十岁）即成年时，便完成了他们的使命。《大戴记》"太子既冠，免予保、傅之严"，即可证明。秦汉以后一般要到太子正式即位，师、傅才算完成任务。

---

①《汉书·贾谊传》。
②《新唐书·萧瑀传》。
③《汉书·武五子传》。
④《后汉书·明帝纪》。
⑤《魏书·废太子恂传》。

古代帝王虽为太子置师、傅，但并不放任自流。经常亲自过问，授以为政之道，并严格督察。周"文王受命九年，时维暮春，在镐召太子发曰：'呜呼！吾语汝所保所守哉！厚德广惠，忠信志爱。人君之行，不为骄侈，不为太靡；不淫于美，括柱茅茨，为民受费"①。在这里，文王把自己的统治经验，简明扼要地传授给太子姬发。他们不仅对太子教育予以极大关注，对太子的饮食起居，言行举止也有严格的要求。北周武帝宇文邕对太子"遇之甚严，朝见进止，与诸臣无异。虽隆冬甚暑，亦不得休息。（太子）性既嗜酒，高祖（宇文邕）禁醪醴，不许至东宫。……遣东宫官属录帝（太子）言语动作，每月奏闻"②。南宋理宗"家教甚严，（太子）鸡初鸣问安，再鸣回宫，三鸣往会议所参决庶事。退入讲堂，讲官讲经，次讲史，终日手不释卷。将晡，复至榻前起居，率为常。理宗问今日讲何经？答之是，则赐坐赐茶；否，则为之反复剖析；又不通，则继以怒，明日须更覆讲"③。《典故纪闻》卷八："（明）仁宗为太子，曾侍侧，成祖顾问讲官：'今日说何书？'对曰：'《论语》君子小人和同章。'问：'何以君子难进易退，小人则易进难退？'对曰：'小人逞才而无耻，君子守道而无欲。'问：'何以小人之势常胜？'对曰：'此系上之人好恶，如明主在上，必君子胜矣。'又问：'明主在上，都不用小人乎？'曰：'小人果有才不可弃者，须常警惕之，不使有过可也。'"皇帝对太子的教导可谓一丝不苟，用心良苦。至于张释之劾太子不下司马门，汉文帝免冠而谢；孔颖达等直谏承乾太子，唐太宗赏赐金帛等，皇帝不袒护、姑息太子之短的事例，更是史不绝书。

（三）太子的必读书

《礼记·学记》载："凡三五教世子，必以礼乐，乐所以修内，礼所以修外也。"礼乐制度是太子必须熟悉的内容。

汉朝开国皇帝刘邦起自草莽，不事诗书，但他即位以后也懂得"马上得天下不能马上治之"的道理。他在《敕太子书》中有一段话说："吾遭

---

① 《太平御览·皇亲部·太子》引《周书》。
② 《周书·宣帝纪》。
③ 《宋史·度宗本纪》。

乱世,当秦绝学,自喜谓读书无益。洎践祚以来,时方省书,乃使人知作者之意。追思昔所行,多不是。"①刘邦这一段自我反省,目的就是教太子认真读书。汉初,崇尚黄老之学,实行无为政治,景帝为太子时"不得不读《老子》,尊其术"②。可见太子所读之书主要是治国之道。

汉武帝时,"罢黜百家,独尊儒术",置五经博士,儒家的经学成了统治的工具,自然也成了太子的必读书。戾太子据"少壮诏受《公羊春秋》,又从瑕丘江公受《穀梁》"③。霍光拥立汉宣帝,也以其曾"师受《诗》、《论语》、《孝经》"为由④。汉哀帝长好文辞法律,成帝令他"诵《诗》,通习,能说"⑤。

蜀汉刘备遗诏敕后主曰:"汝父德薄,勿效之。可读《汉书》《礼记》,闲暇历观诸子及《六韬》《商君书》,益人神智。闻丞相为写《申》《韩》《管子》《六韬》一通已毕,未送,道亡,可更求达闻。"⑥

汉魏之际,太子读书种类大体已备。以后随着古代典籍的发展,历代皇朝不断增补,太子所读之书也日益广泛。如北宋司马光写《资治通鉴》,宋神宗为之定名、作序,也成为后代太子的必读书。

各朝各代所崇尚的学术思想不同,因而也各有侧重。魏晋玄学盛行,《老子》《庄子》《周易》被列为太子的必读书;十六国乱世,后赵石勒使刘徵、任播授太子以兵书⑦;南北朝佛教泛滥,北魏太子元恂读佛经;梁武帝"大弘佛教,亲自讲说,太子亦崇信三宝,遍览众经"⑧。北魏、辽、金、元等少数民族入主中原,太子都要学习汉文。如北魏孝文帝禁断北语,太子必须学汉文。元世祖时,"太子金真问伯必子读何书,其子以蒙古书对。太子曰:'我命汝学汉人文字耳。'"⑨

①《全汉文》卷一。
②《汉书·外戚传》。
③《汉书·武五子传》。
④《汉书·宣帝纪》。
⑤《汉书·哀帝纪》。
⑥《三国志·蜀书·先主传》裴注引《诸葛亮集》。
⑦《晋书·石勒载记》。
⑧《梁书·昭明太子传》。
⑨《元史·裕宗传》。

综上所述,太子所读书,主要有以下几类:

第一类,叙君臣之义,上下之位,父子之道,长幼之序。如《周礼》《礼记》《论语》《孝经》。

第二类,述历代治乱兴衰,成败得失之理。如《尚书》《春秋》《汉书》《资治通鉴》。

第三类,记国君御天下之术,治国用兵之道。如《老子》《六韬》《管子》《商君书》《申子》《韩非子》。

这些典籍对于太子以后即位、君临天下、统治万民,无疑都是很重要的,也是有志于治道的封建皇帝"留神载籍,万机之下,未尝废卷"①的目的所在。

(四)太子的从政实践

我国古代专制主义国家机构十分复杂庞大,各司其职,互相牵制,共同听命于皇帝,国家内政、外交、军事、刑罚等各方面的政策法令都是皇帝意志的体现。为了使太子在继位之后,能很快地熟悉政务,得心应手地驾驭中央和地方的各级官吏,皇帝在太子继位前即让其参预军国大事。一方面为太子提供一个从政实践的机会,使其得到锻炼;另一方面则把太子作为自己监视中央和地方军政官员,进行严密控制的得力助手。太子从政有以下几种情况。

第一,监国、将兵

太子监国、将兵制度在先秦时代即已形成。晋献公派太子申生伐东山皋落氏,里克谏曰:"君行则守,有守则从。从曰抚军,守曰监国,古之制也。"②以后大多数皇朝都沿袭这个制度。里克所说的太子"抚军",意为太子随国君出征,并非是军队的统帅,其实在春秋战国时,太子独立将兵的事例并不少见。如公元前706年,郑庄公派太子忽将兵救齐③。公元前341年,魏惠王使"庞涓将而令太子申为上将军"率兵迎击齐军④。"自汉而

---

① 宋神宗《资治通鉴序》。
② 《左传》桓公二年。
③ 《左传》桓公六年。
④ 《史记·魏世家》。

下，(太子)或总督戎政，躬行讨伐；或出镇远方，以遏仇侮"①。太子将兵已习以为常事。

秦汉以后太子监国、将兵的事例很多，几乎史不绝书。如：

汉高祖刘邦将兵击韩信，张良说"上，令太子为将军监关中兵"②。

东吴孙权"征新城，使(太子)登居守，总知留事"③。

南朝宋文帝太子劭拜京口大将军，后"出镇石头(今南京)，总水军"④。

南朝齐高帝萧赜"使太子劳接将帅，亲侍军旅"，"后以襄阳兵马重镇，不欲处他族，出太子持节都督雍、梁二州"⑤。

北魏太武帝拓跋焘"西征凉州，诏恭宗监国"，"恭宗所言军国大事，多见纳用"⑥。

北周武帝宇文邕"每巡行四方，太子常留监国，又诏太子巡西土，因讨吐谷浑"⑦。

隋文帝杨坚"每避暑仁寿宫，恒令上(太子杨广)监国"⑧。

唐代太子监国、将兵之事更多，如承乾太子、章怀太子及高宗、肃宗、代宗为太子时都曾监国。安史之乱时，代宗、德宗为太子均任天下兵马大元帅之职。

北宋钦宗"命枢密院同知孙傅兼太子少傅，吏部侍郎谢克家兼太子宾客，辅太子监国"⑨。

辽义宗为太子时，"从征鸟古党项，为先锋都统。及经略燕地，太祖西征，留倍(义宗)守京师"⑩。

①《册府元龟·储官部·将兵》。
②《汉书·张良传》。
③《三国志·吴书·吴主五子传》。
④《宋书·二凶传》。
⑤《南齐书·文惠太子传》。
⑥《魏书·景穆帝本纪》。
⑦《周书·宣帝纪》。
⑧《隋书·炀帝纪》。
⑨《宋史·太子谌传》。
⑩《辽史·义宗传》。

明朝曾三订太子监国之仪。明成祖朱棣"迁都北京,五出塞,南京事悉付太子施行"[1]。

可见太子监国、将兵,已成为一种制度。

第二,在皇帝授意下处理政务

有些帝王为了考察、培养太子处理政事的能力,还授予太子长期或短期的一定范围的权限,特意为太子提供一些锻炼的机会。如上述晋武帝为考察惠帝以尚书事令其裁决。北魏明元帝让太子拓跋焘居正殿临朝,群臣向明元帝奏知疑难政事,他说"此非我所知,当决之汝曹国主(太子)也"[2]。北周武帝宇文邕,曾"诏太子总朝政,五旬而罢"[3]。隋文帝时,"军国政事及尚书奏死罪以下,皆令勇(太子杨勇)参决之"[4]。唐高祖李渊"欲其(太子建成)习事,乃敕非军国大务,听裁决之"[5]。元世祖曾下诏令"皇太子燕王参决朝政,凡中书省、枢密院、御史台及百司之事,皆先启后闻"[6]。

第三,任职文武官或地方官

太子除监国、将兵,一般不担任具体官职,但也有例外。这种现象在南北朝、宋、辽、元代为多。太子兼领的职务有:

诸侯王:南朝齐文惠太子封南郡王;南宋宁宗景献太子赵严,立为皇太子,又封荣王。

中央官:南朝齐武帝萧颐立为世子时,加侍中;南宋景献太子拜开府仪同三司;辽兴宗耶律宗真为太子时,判南北院枢密使事;元世祖立金真为皇太子,兼中书令,判枢密院事。

地方官:南朝齐武帝为世子时,任南豫州刺史;宋真宗为太子时,兼判开封府;南宋孝宗为太子时,领临安尹。

太子的从政实践,可以借此了解吏治、民情,熟悉各种典章制度,是促

① 何乔远:《名山藏·名山典谟记》。
② 《魏书·崔浩传》。
③ 《周书·宣帝本纪》。
④ 《隋书·房陵王勇传》。
⑤ 《新唐书·隐太子传》。
⑥ 《元史·世祖本纪》。

使太子在各方面得到锻炼,积累统治经验的有效手段。有利于维护新老更替时的安定局面,有利于继续执行前代所实行的基本国策;也有利于改革政治上的弊端,刷新政治。同时对皇帝本人也有好处,如唐玄宗太子李亨蒐兵灵武,代宗、德宗为太子时都曾任天下兵马大元帅,终于平息了安史之乱。

当然也不能忽视太子从政的弊病,待其一旦握有重权,则极有可能滋长夺取帝位的欲望,如南朝宋文帝太子刘劭,隋文帝太子杨广就曾演出过弑父篡位的丑剧。

四、为保证太子顺利即位而采取的一些措施

历史上每一个帝王临终之前到太子即位之初的一段时间,往往发生不测之变。诸皇子、权臣垂涎帝位者,无不把这一段时间看作是争夺帝位的大好时机,而阴谋策划、制造祸乱。"春秋之中,弑君三十六,亡国五十二,诸侯奔走不得保社稷者不可胜数"①。秦朝"胡亥诈立";晋朝"八王之乱";隋朝"杨广弑父";宋朝"烛影斧声";明朝"靖难之变",无不肇端于此。封建统治者所津津乐道的父慈子孝、兄友弟恭、君臣大义、上下之位的虚伪性,在此暴露无遗。这些骇人听闻的骨肉相残事件,不能不使统治者触目惊心,而引以为戒。因此,他们便挖空心思,采取一系列措施,预防和消除这些祸乱,以保证太子顺利即位,后继有人。

（一）太子羽翼——属官、宾友的设置

太子师、傅多以宰相一级的重臣兼任,不领东宫官属,东宫官为一系统完整的机构。西汉时东宫官属较少,仅"有太子门大夫五人,庶子五人,洗马十六人及舍人若干,另置詹事以领东宫事务"②。后来东宫官属越来越庞大,各代置废不同,在此只能略述大概。太子詹事:一般设一人,詹事下还领有许多官属。后又有詹事府、詹事院,掌东宫各官署事务,为东宫总管。太子庶子:又有中庶子,左右庶子之称,人数四、五人不等。唐以后设左、右春坊,以左、右庶子分隶之,庶子职如侍中,掌侍从左右,献纳

①《史记·太史公自序》。
②《文献通考》卷六十。

得失。太子舍人：又有中舍人、通事舍人等。舍人职如三署郎中，更直宿卫。太子洗马：一般为八人，职如谒者，掌宾赞受事。太子出，则为前驱，导威仪。太子宾客：三至四人不等，职掌侍从规谏，参赞礼仪。

另外又有左、右谕德，左、右赞善，侍讲、侍读等，掌辅导太子。太子饮食起居又各有官司，一般设太子家令以主之。

以上为文职官属。还有护卫东宫的武官及卫士，多以左、右卫率统领。

东宫官属虽十分庞大，但为各代既定制度，还不能算是保证太子顺利登基的特殊措施。所谓太子羽翼主要指东宫属之外又延揽的宾友。如汉惠帝时的"商山四皓"，是在张良的授意下，用"金玉璧帛"、"卑辞安车"聘请来的，当然不能算是东宫官属。汉武帝时，使太子刘据"通宾客"。吴主孙权的太子孙登，诸葛恪为左辅，张休为右弼，顾谭为辅正，陈表为翼正都尉，称作"四友"。谢景、范慎、刁玄、羊道等皆为宾客，"东宫号为多士"。据《三国志·吴书·吴主五子传》裴松之注，孙登曾使胡综作《宾友目》，评论这些人的长处，也没有把他们当作东宫官属对待。这些延揽的宾客（不同于上述东宫官属中的宾客，实际是宾友）壮大了太子的势力，扩大了其社会交往。从刘盈召来"四皓"迫使刘邦打消易太子的念头，可见其重要作用。

（二）清除太子即位的障碍

太子即位后，干扰政事的主要是母后、权臣、宦官及其他皇子等。深虑远谋、处事果断的帝王有时采取一些极端的措施。如汉武帝末年，欲立幼子刘弗陵为太子，恐"主少母壮"，"女主骄蹇，淫乱自恣，莫能禁"，将其母赐死[1]，然后立太子。北魏道武帝效法汉武，将明元帝母赐死，对明元帝说："昔汉武帝将立其子而杀其母，不令妇人后与国政，使外家为乱，汝当继统，吾故远同汉武，为长久计。"[2]历史上母后临朝称制的确是新皇帝施政的障碍，但为了杜绝这一现象而杀戮无辜则是残忍粗暴的作法。关键在于所建立的太子是否具有抵制太后干政的能力。春秋时，郑庄公母武

---

[1]《资治通鉴》卷二十二。
[2]《太平御览·储官部》引《后魏书》。

姜干政,欲立庄公弟共叔段,但没有得逞,反为庄公所制服①。

太子即位之际,与其共事的往往都是老一辈的文臣武将,从资历和权势上都胜过太子,很难驾驭他们。汉高祖派刘盈将兵击英布,有人认为诸将都和刘邦资历差不多,必不肯出力,使太子将之,"无异使羊将狼"。这些目无太子、桀骜不驯的大臣也使统治者大伤脑筋。有些帝王便采取一些相应措施,以使太子能控制、制服他们。

后赵石勒子石弘为太子,侄石虎为中山王,立有大功,且"凶暴多诈",大臣徐光建议石勒"渐夺中山权威",太子母舅程遐甚至警告石勒"不除中山,臣已见社稷不复血食矣"。石勒虽未采纳,但他考虑的是另外一个问题,即自己死后程遐有可能擅权。他对程遐说,不除中山,"卿当恐辅幼主之日,不得独擅帝舅之权故尔。"石勒采取的措施是使石虎和程遐互相牵制,都不得擅权②。

唐太宗晚年也曾考虑过这个问题。他看到在朝大臣中英国公李世勣功高权重,便对太子李治说:"李世勣才智有余,然汝遇之无恩,恐不能怀服。"这虽反映了李世民晚年在一片歌舞升平中昏庸糊涂,猜忌大臣,然而他终不失为开创盛唐基业的一代英主,爱才之心尚未泯灭,没有采取无故杀戮的办法,只是玩弄了一点小小的权术,把李世勣贬为远隔京师三千里的西方边陲叠州都督,让李治继位后再把他提拔为尚书左仆射,树恩于李世勣。这种以权术驾驭大臣的办法虽反映了帝王的奸诈、阴险,但让太子以恩惠来怀服老一辈大臣也不失为一种权宜之计③。

(三)托孤之臣和左辅、右弼

在皇帝临终,太子年幼或低能的情况下,经常留下遗诏,委任大臣辅佐太子继位。汉武帝末年立幼子刘弗陵,"察群臣唯(霍)光任大重,可属社稷。上乃使黄门画者画周公负成王朝诸侯以赐光。后元二年春,上游五柞宫,病笃,光涕泣问曰:'如有不讳,谁当嗣者?'上曰:'君未谕前画意邪?

①《左传》隐公元年。
②《晋书·石勒载记》。
③王谠《唐语林》卷五《补遗》。

立少子,君行周公之事。'"①后霍光辅幼主即位,是为昭帝。蜀汉刘备"病笃,托孤于丞相亮"②。魏明帝临终,以大将军曹爽、太尉司马懿辅少子曹芳。吴主孙权以大将军诸葛恪为太子太傅、会稽太守滕胤为太常,受诏辅太子孙亮。其中霍光、诸葛亮辅太子顺利继位,保证了汉朝和蜀国的延续。而曹芳、孙亮则因无贤辅,"替位不终",很快被废掉了。

除托孤之臣之外,还有左辅右弼。北魏明元帝太子拓跋焘"居正殿临朝,司德长孙嵩、山阳公奚斤、北新公安同为左辅,坐东厢西面;(崔)浩与太尉穆观、散骑常侍丘堆为右弼,坐西厢东面,百僚总己以听焉。太宗(明元帝)避居西宫,时隐而窥之,听其决断,大悦。谓左右曰:'长孙嵩宿德旧臣,历事四世,功存社稷;奚斤辨捷智谋,名闻遐迩;安同晓解俗情,明练于时;穆观达于政要,识吾旨趣;崔浩博闻强识,精于天人之会;丘堆虽无大用,然在公专谨。以此六人相辅,吾与汝曹游行四境,伐叛柔服,可得志于天下矣"③。此时明元帝实际上已传位于太子,安排这样的强辅是会达到上述目的的,明元帝自己也认为可以高枕无忧了。

凡是一种制度经常是利弊互见。托孤制度对太子即位后地位的巩固及匡正其过失当然是有利的。如周公辅成王即位,奠定了西周几百年的基业;诸葛亮辅佐后主刘禅"鞠躬尽瘁,死而后已",终诸葛之世,政局基本稳定,若无这样的强辅,蜀汉政权很难继续存在。但若托孤非其人,又可酿成大祸,给篡权者提供乘可之机,司马氏篡魏即其一例。故王夫之认为周公是"旷古一人",后世不可效法,"辅政者危亡之本,恶得托周公之义,以召祸于永世哉!"④

我国古代的东宫制度,自西周产生以来,实行了几千年,经后代不断地完善,对巩固一代皇朝的长期统治起了承上启下的作用。随着君主专制制度的日益腐朽,越来越显示出它的弊端。从公开册立太子到清代"秘密立嗣",说明它已发展到了极限,随着君主专制制度的终结,东宫

①《汉书·霍光传》。
②《三国志·蜀书·诸葛亮传》。
③《魏书·崔浩传》。
④《读通鉴论》卷十。

制度也就废止了。但是如果把它作为一面历史镜子,或许还有一点借鉴的意义。

（本文与秦永洲合作,原载《山东师范大学报》1986年第4期。后收入《中央组织部第三梯队建设理论研讨会论文选编》）

理论上的重大突破

　　参加"十三大"代表大会期间，我感受最深的，就是在《大会报告》（《沿着有中国特色的社会主义道路前进》）中所提出的社会主义理论的一个重大突破。如果说30年代毛泽东同志在全面分析当时中国国情的基础上，提出的新民主主义论，是我们党在思想理论上第一次飞跃的话，那么社会主义初级阶段理论的提出，则是我们党实现第二次飞跃的一个重要标志。

　　社会主义初级阶段理论的产生，是我们党自建国以来经历了长达30多年的实践和探索，付出了巨大的代价以后才逐渐认识的一条真理。过去我们长期犯"左"的错误，急躁、冒进、瞎指挥，认为很快就可以进入共产主义社会，结果吃了很大苦头，归根到底就是没有弄清楚我国社会主义还处在初级阶段，不认识初级阶段是一个相当长的历史时期。对什么是社会主义，在中国应当怎么建设社会主义，从理论上没有搞清楚，因而路线、方针、政策也就难免发生偏差。总结几十年来的经验教训，核心问题是对社会主义生产力与生产关系这个历史唯物主义的根本标准没有搞清楚，以致对许多社会现象的社会属性，即姓"社"还是姓"资"区分不开，甚至颠倒了。从50年代后期到1978年，20多年的时间，我们经历了许多大大小小的折腾，都是因为把许多不适应生产力发展、不具备社会主义本质属性的东西，硬安在社会主义的头上，从思想、观念、政策到规章制度，形成了一整套凝固的体系，而且死抱住不放。相反，把许多有利于生产力发展、又不具有资本主义本质属性、或者虽然带有资本主义性质，但在社会主义制度下可以为我所用的东西，都统统当作资本主义大加批判。《大会报告》运用社会主义初级阶段这一理论武器，对上述问题都作了明确的回答，从政策上思想上作了透彻阐述，这对进一步统一和提高全党的认识，克服"左"的僵化思想和右的资产阶级自由化思想，加快和深化改革，促进社会生产力的发展都具有不可估量的历史意义和现实意义。

社会主义初级阶段的理论，也是我们在日常工作、学习生活中考虑一切问题的出发点。各地区、各部门、各行业都有自己的一些特殊情况，但都离不开我们中国的基本国情。我们不能和外国相比，也不能照搬外国的经验，而只能从我们自己的实际情况出发。我是一名教师，对教育改革，深有感受。过去我们曾照搬过苏联的经验，走了不少弯路，现在又有人提出学习欧美，学习日本，我们并不反对学习外国一切有益的东西，但绝不能原封不动地照搬照抄，今后必须以中国社会主义初级阶段这个理论作为教育改革的基本依据，走中国自己的路。这样才大有希望，大有前途。

（原载《大众日报》1987年12月6日）

不忘历史教训增进人民友谊

——从中日关系史上看济南惨案

六十年前的五月三日，日本帝国主义以保护侨民为借口，悍然出兵济南，肆意屠杀我国同胞七千余人，制造了震惊中外的济南"五三"惨案。"五三"惨案是日本帝国主义推行全面侵华政策的一个重要组成部分，也是中日关系史上的一个沉痛事件。今天，我们回顾这个事件，悼念死难同胞。深感肩负的重大历史任务，这就是要总结历史经验教训，警惕这类事件重演，并为维护和发展中日两国人民的和平友好关系作不懈的努力。

中日两国有着长达两千多年的交往史，在这漫长的岁月里，两国人民友好往来，互通有无，谱写下许多友谊的诗篇。但同对，日本统治者所发动的侵华战争，也给两国人民造成沉重的灾难。历史恰似一面镜子，它引导我们回顾过去，更重要是展望光明的未来。

根据历史文献记载，中日两国人民最早的交往可以追溯到秦代。齐人徐福因反抗秦始皇暴政，率领数千人从其故乡山东半岛横渡大海，远涉日本，和那里的人民共同开发了脚下的土地。徐福的业绩，两千年来一直广泛流传，日本人民为纪念这位传播中国文明的使者，在和歌山县新宫市修建了徐福祠和徐福墓，以供后人瞻仰和凭吊。

到了汉代，中国和日本就已经正式建立了外交关系。据《后汉书·东夷传》记载，汉武帝时，日本凡百余国，使驿通于汉者三十许国。东汉光武帝建武中元二年（公元57年），日本的倭奴国曾派遣使节来到洛阳馈赠方物，光武帝赠以印绶。这个"汉倭奴国王"的金印，已在日本的天明四年（公元1784年）于筑前国糟屋郡志贺岛叶崎村发现。至迟在隋代，中国的汉字已传到日本,结束了日本历史上"无文字,以刻木结绳记事"①的时代。日本最早的历史书《古事记》和《日本书纪》也都记载了王仁等中国人自朝鲜去日本,携带《论语》《千字文》等汉籍并教授当地人学习汉字的故事。自此以后,汉字成为日本官方文字。

　　唐代,是中日关系发展史上的一个重要时期,也是中国文化输入日本的一个高潮。当时的日本正值大化革新前后,为了社会变革的需要,日本政府先后派遣十余批由学问僧、留学生等组成的遣唐使团,把唐代的典章制度、思想文化和生产技术带回东瀛,为日本社会由奴隶制向封建制过渡做出了重大贡献。在遣唐使中有许多知名人物,如开元初由日本入唐的阿倍仲麿,潜心学习中国文化,留京师长安五十年,改中国姓名为晁衡,后被唐政府委任为左散骑常侍、安南都护等重要官职,终身不归,埋骨中土②。与阿倍仲麿同时入唐的吉备真备在唐朝期间"研覃经史,该涉众艺"③,回国后便利用自己担任大纳言和右大臣的地位,用其所学,积极投身于日本的社会改革。另外还有从事日本文字改革、创立"平假名"的空海;将大批佛教经典带回日本并翻译成日文的圆仁等均是日本遣唐使中的杰出人物,他们的成就至今仍被人们所纪念。特别值得一提的是著名的唐代高僧鉴真大师应日本天皇邀请,为传播佛教真谛,六次东渡,历尽艰辛才抵达日本,尽管双目已经失明,仍孜孜不倦地传播中国佛教文化,直到在日本圆寂,他和日本的遣唐使一样,在中日关系史上留下了光辉的一页。

　　明代是中日文化交流的第二个高潮,永乐至嘉靖年间,通过勘合船的往来,两国政府之间的官方贸易长达一百四十年之久。大量的中国文化典籍、丝绸、铜铁、药材、工艺品等源源不断地输入到日本市场;日本的硫磺、刀、扇、漆艺品也进入中国市场。在日本勘合船使节和通事(翻译)中,有许多人为增进中日友谊做了大量工作。如宣德年间日本入明的勘合船官员麹祥,原是中国人,后被倭寇掳到日本,因有才华而为日本政府

---

① 《隋书·倭国传》。
② 《新唐书·日本传》。
③ 《大日本史》卷一二三。

所器重,但他虽享受荣华富贵,仍念念不忘故国,屡次劝说日本当权者积极发展与明朝的贸易,并亲自两次担任勘合船使节来中国,完成任务后辞官回归故里[1]。嘉靖年间两次担任勘合船正使的策彦周良也是在中日关系史上值得称道的人物。当时由于倭乱,明政府被迫实行海禁,中日关系已阴云密布,策彦出使中国,困难重重,多次被人误解,但他仍以坚韧不拔的毅力完成了出使任务,并和中国士人结下了深厚的友谊。他回国之日,宁波的一批学者到海边送行,策彦怀着激动的心情以诗赠别:"莫道江南隔海东,相亲千里亦同风,从今若许忘形友,语纵不通心可通。"[2]这首诗不仅表达了策彦对友人的情谊,而且也表达了中日两国人民深厚的感情。

明末清初,一批不愿入仕清朝的知识分子东渡日本,或收徒讲学,或在寺院传教,给日本思想文化界带来了一股新的风气。为日本思想文化摆脱官方垄断,促进日本学术繁荣,起到了重要的启蒙作用。特别应该提到的是朱舜水在日本的活动。他早年参加抗清,失败以后,来到日本,利用自己的渊博学识,在今东京茨城县等地开办学堂,广泛招收弟子,上至贵族,下至平民,不分贵贱,均施之以教,对推动中日友谊和文化交流做出了巨大贡献。

到了近代,孙中山、章太炎等一批致力于推翻清皇朝的仁人志士,都把日本作为了解西方、掌握现代化知识的窗口,横渡东海,奔赴日本,学习明治维新成功的经验,寻求使中国走向富强的道路。他们的反清斗争获得了日本朝野许多正直人士的热情帮助。孙中山和宫崎滔天的结交,就是两国人民永远不会忘记的中日友谊佳话。

中日关系史,既是两国人民友好的历史,也有着屡受战争摧残的曲折经历。从明代以来,日本统治者便时刻在觊觎中国的领土和财富,多次发动侵华战争以求达到罪恶目的,给热爱和平的中国人民造成了巨大的灾难。

众所周知,明代中国最大的外患就是倭寇之乱,他们频繁出没于中国沿海,"江南北,滨海数千里同时告警……倭帆出没之处,无不残破"。他

---

① 《明史·麴祥传》。
② 杨知秋编注《历代中日友谊诗选》,书目文献出版社1986年版。

们所到之处,焚庐舍、掠财物、掳人口,"纵横往来,若入无人之境"①。繁华的长江流域经济遭到严重摧残,人民无法在家园安定生活。倭患稍平,丰臣秀吉又大举出兵朝鲜,疯狂叫嚣要"超越山海,直入于明,使四百州尽化我俗"②,把战火烧到鸭绿江边,侵略中国的野心昭然若揭。

进入近代,日本帝国主义更是变本加厉,通过甲午战争,日本侵略者的铁蹄践踏辽东和山东半岛,使数十万中国生灵遭受涂炭,无数财富被掠夺,并迫使清政府签订了丧权辱国的"马关条约",与西方列强一起走向瓜分中国的行列。

从"五三"惨案到"九一八"事变、"七七事变",日寇一步步大举侵入中国,终于揭开了第二次世界大战的序幕。在臭名昭著的"田中奏折"指引下,自东三省到芦沟桥边,华北平原,黄浦岸边,石头城下,到处是血和火的交织,笼罩着一片恐怖的气氛。在长达十余年的时间里,日寇制造了多少起像济南惨案、南京大屠杀那样惨绝人寰的暴行,造成了多少家庭妻离子散,多少人民背井离乡,多少同胞死于屠刀之下,多少财富为侵略者席卷而去。这种灾难的遭遇和历史的教训,我们每个中国人都会永远铭记心中。

我们中华民族是个伟大的民族,在抵抗日本侵略者的战争中,历代都涌现出过无数的英雄人物。明代的抗倭战争,就造就了戚继光那样"封侯非吾意,但愿海波平",驰骋疆场,平定倭患的民族英雄。在甲午战争中,出现过邓世昌那种勇战敌寇,舍身报国的壮烈举动。抗日战争中,中华民族儿女在共产党的领导下前赴后继,英勇战斗,最终把侵略者赶出了自己的家园,谱写了一曲反抗外来侵略可歌可泣的壮丽诗篇。在济南惨案发生的以后日子里,爱国军民反抗日本侵略者的光辉业绩也将永远载入史册。

日本帝国主义发动的侵华战争,除了极少数垄断资产阶级获得好处外,大多数的日本人民也付出了沉重的代价。二次世界大战使数百万青年为统治者充当炮灰而遗尸他乡,许多日本家庭,父子不相保,妻离子散,广岛和长崎两城市在原子弹的爆炸声中化为一片废墟,全国的经济在战

①《明史·日本传》。
②《历代征倭文献考》。

争中毁于一旦。在侵华战争中,日本人民也和中国人民一样,在饥饿的死亡线上挣扎。那些挑起战争的罪魁祸首们,不仅为遭受其侵略的国家人民所痛恨,也遭到了本国人民的强烈抵制和反抗。从济南惨案发生之日起,日本的一批有识之士就通过各种方式指责和反对日本军国主义者的侵略行为。到抗日战争期间更发展为有组织的反战同盟,和中国人民并肩作战,用自己鲜血写下了对中国人民的伟大友谊。

"前事不忘,后事之师。"中日两国人民不会忘记历史上两国人民友好相处所结下的深厚情谊,也不会忘记日本侵略者所发动的侵华战争给我们造成的灾难。历史的经验教训,使越来越多的中日两国人民认清了两国之间"和则两利,战则两伤"这样一个为历史实践所证明了的真理。我们一定要时刻警惕和坚决反对日本一些别有用心的人妄图复活军国主义的阴谋,决不能让"济南惨案"这类历史悲剧重演,并为维护和发展中日两国友好关系作出不懈的努力!

(原载《济南社联通讯》1988年4月)

为国・为学・为人
——纪念"五四"寄语青年

今年是五四运动七十周年，我不想重复老生常谈，仅就目前我国改革开放的现实，和青年朋友们共同探讨一下为国、为学和为人的问题。

"为国"，是五四运动的主题。所谓"五四"精神，主要是为国分忧、为民请命的爱国主义精神。它以反对巴黎和约、拒不承认丧权辱国的"二十一条"为契机，以整个知识阶层为国为民的忧患意识为动力，从而诱发出一场深刻的反帝反封建、争取民主与科学的规模宏大的救亡运动。在这场运动中，充分表现了数十万中国青年学生为了祖国的主权，为了民族的自尊，不畏强暴，团结战斗的先锋作用和崇高精神。

目前我国又处在一个历史大转变的时期，改革开放的大潮冲击着并考验着每一个中国人。应当肯定，改革的大流是好的。但是，也应当看到，商品经济和商品价值观念的刺激，使一部分人无力抗拒物质、金钱的诱惑，成了商品拜物教的信徒。国家利益、民族兴亡，不再是他们关心的主题，有的甚至将献身祖国富强大业的志士仁人讥为"傻冒"，嗤之以鼻。如何继承和发扬"五四"爱国的优良传统，消除在改革开放中一部分青年人所产生的迷失感和民族自卑感，是值得我们社会科学工作者认真研究的一个严肃课题。

应当看到，现在的青年人中不乏赤心爱国之士，在出国风越刮越烈的关头，大批的留学生在国外兢兢业业，成绩卓著，他们毅然抛弃大洋彼岸优裕的生活条件，重归故土，奉献他们的青春和才智，这与当"五四"青年那种为祖国利益、勇于拼搏、甘洒热血的优良品德可以前后媲美。

爱国是中华民族的传统美德，古代就有"以天下为己任"、"天下兴亡，匹夫有责"、"先天下之忧而忧，后天下之乐而乐"的一批民族精英，他们以自己的嘉言懿行留下了一串串指引我们继续前进的足迹。近代的中国虽历遭列强侵略，受尽劫难，但却始终没有蒙受亡国的厄运，中华民族仍屹立于世界民族之林，其中的一个重要原因，就是千千万万爱国青年在"为国"这一精神支柱感召下自觉地献身于保卫祖国的伟大事业。每一个民族的发展史都不是一帆风顺的，中国现实社会中虽有这样或那样的不尽如人意之处，但这恰恰预示着新的转机的到来。我深信有"忠心报国"的青年为主体，我们祖国的未来一定是大有希望的未来。

"为学"，也是五四运动提出的一个问题，这个问题与"为国"是一致的。当年的爱国青年学生并没有因反对卖国的北洋政府而完全放弃学业，他们认识到了科学知识与爱国的关系，罢课、游行只是他们的反抗手段。"五四"之后不久，便有一批爱国的青年学生为寻求救国救民的真理，纷纷到欧美、日本等国勤工俭学。例如周恩来、邓小平等到法国学习研究马克思主义。还有一些学生则远涉重洋、孜孜不倦地研习各种科学技术，他们不仅提出了"科学救国"、"教育救国"、"实业救国"等种种设想，而且做出了一些尝试与努力。他们深知中国所以落后挨打的根源在于科技落后、教育落后、工业落后，认为只有教育和科技才是立国之本。当然，在那个帝国主义、封建军阀当道的时代，是无法实现的。但是无论哪种选择，其目标都是一致的，都是为了祖国的富强而学习。他们学成回国后，给沉寂的神州带来了曙光，带来了希望，"五四"青年的这一功勋将永载史册，也为新中国一代青年人树立了光辉榜样。

现在的教育界很不景气，"读书无用论"再次泛滥，脑体倒挂、知识贬值所造成的社会气氛使许多青年学生难以树立正确的读书观。"开颅的不如剃头的，搞原子弹的不如卖茶叶蛋的"等言论给青年学生的思想带来了极大混乱。有的学生已不再去图书馆、阅览室用功读书，"弃学经商热"正在校园内兴起；一切向钱看、追求物质享受的思想已开始蔓延；打牌、下棋、酗酒、谈恋爱成风。前不久，国家教委在某些院校试点，搞研究生中期筛选，令人费解而又吃惊的是许多研究生竟主动要求被筛选掉。种种迹象都表明我国的教育的确面临着严重的危机。

当今时代是一个科学技术日新月异的时代。一个国家的科技停滞、抑或是后继乏人，在国际竞争中，无异是自取灭亡。教育上不去，国民的文化素质思想素质不能迅速提高，别说在科技上赶超欧美，就是接受人家现成的技术，恐怕也有困难。"为学"的风气一旦大滑坡，如不及时扭转，所谓现代化只不过是可望而不可及的海市蜃楼而已。邓小平同志最近已明确提出十年改革的"最大失误是在教育方面发展不够"，这说明我们的党已有意改变这种现状。我们期待着教育春天的来临，同时也希望青年朋友能够发扬"五四"青年"为学"的优良传统，为祖国的科技现代化而奋发努力。

"为人"的问题是一个人生观问题，也是怎样做人，做一个什么样的人的问题，这是"五四"青年所探讨的一个严肃课题。他们把公而忘私、国而忘家、舍己为人、献身革命作为最高的人生价值。但这几年，在某些人看来，人与人之间的关系，就是金钱关系、权力关系、利害关系。有的人专门利己，有的人损人利己，有的人甚至损人而不利己，这种"为人"标准，绝对不是共产主义的道德标准，甚至也不是封建主义、资本主义的道德标准。虽然这种人际关系还只是在少数人中间流行，但如果让它在社会上发展泛滥起来，不仅要毒害青年一代，甚至要毒害几代人，后果将不堪设想。我的看法，可能是一隅之见；我的想法，也可能是消极的、保守的，但是我很愿借纪念"五四"之机，大声呼吁，我们在抓物质文明建设的同时，千万不要忽视和放松精神文明的建设，不要一讲发展商品经济，一讲观念更新，就把我们的祖宗留下来的一些传统美德都抛弃了。我们应当很好研究一下在社会主义初级阶段中大多数人能够接受的应当共同遵守的"为人之道"，并使之在全社会中形成一种风气。我希望青年朋友们在这个问题上也像"五四"青年一样，模范地遵守"为人"的准则，一切以祖国的利益为重，一切以人民的利益为重。

（原载《大众日报》1989 年 5 月 3 日）

建国四十年的成就举世瞩目

建国四十年来，我们的国家在社会主义建设过程中，尽管道路坎坷曲折，但在各条战线上、各个方面都取得了辉煌的成就。最大的成就，就是中国已从一个被人欺负被人侵略的贫穷落后的半封建半殖民地的国家变成了一个初具现代化工业基础的独立于世界之林的社会主义强国。在主要工农业产品的产量上已位居世界前列，基本上解决了十一亿人民的温饱问题。单从这一点来说，是任何国家所不能比拟的。即使我们的敌人也无法否认，一百多年来，中国从来没有像现在这样繁荣昌盛，中国的国际地位和影响从来没有像现在这样举足轻重。对此，中国人民没有半点理由不为自己的进步而高兴和骄傲。

有些人常常拿中国的社会主义和外国的资本主义相比较，认为事事不如人，一切都是外国的好。我认为比较是可以的，但是要有一个科学的比较方法。如同赛跑一样，至少要在起跑线相同的情况下进行比较。单从当前的物质生活条件和生产力水平方面作简单的类比是一种不真实的片面的比较方法。科学的比较应当是考察哪一种社会制度更快地推动生产力的发展，这是评价社会制度优越、先进与否的根本标准。就主要工业品的人均占有量来说，我国固然低于发达国家水平；但就增长速度来说，我国比任何发达的资本主义国家都高。有一份材料说明，从1980年到1985年，我国国民生产总值年均增长9.2%，美国为2.1%，日本为4%。国内生产总值，我国年均增9.8%，美同为2.5%，日本为3.8%。连尼克松都承认，中国经济"1986年的平均增长率为11%，是西方工业化国家平均增长率的3倍"。这个简单的对比数字就充分显示了社会主义制度的优越性。

社会主义制度比资本主义制度还有一个更为优越的最本质的特征，就是社会主义国家是人民当家作主的国家，社会主义民主是比资本主义更广泛更真实的民主，劳动人民享有平等的社会和政治权力，努力满足人民的物质和文化的需要，全心全意为人民服务，是党和国家的根本宗旨。有些人看到现实生活中民主制度还不够完善，甚至还存在着某些严重的缺陷，就认为社会主义民主不如资本主义民主，这也是一种从局部的暂时的现象出发的片面的认识方法。恰恰相反，现实生活中的某些不够民主的现象，正是因为还没有充分发扬真正的社会主义民主。进一步完善社会主义民主政治的若干制度，也正是我们党和国家议事日程中的重大课题。

联系这次长达50天的学潮、动乱，可以看出，真正反对党，反对社会主义制度的人只是极少数极少数，而广大工人、农民、知识分子都是拥护党、拥护社会主义制度的。人民群众对党和国家中存在的一些腐败现象的痛心疾首、揭露和斗争，也正是从共产党干部应当全心全意为人民服务，社会主义的政府应当是廉洁政府，这一社会主义制度的基本原则和价值观念出发的，揭露和斗争的根本目的，是为了更好地坚持党的领导，坚持走社会主义道路。这不是坏事而是好事，它说明对共产党的信念和社会主义观念已深深扎根于人民群众之中，不可动摇。不然，人民群众对之沉默不语、漠然视之，鸦雀无声，反而是危险的苗头。

另一方面，我们还应该看到所谓腐败现象，是由多种因素造成的，主要的是国外资本主义的渗透，国内资产阶级自由化思潮的泛滥，再加上党和国家的个别领导人的纵容。腐败现象的滋生蔓延，绝不能归咎于社会主义制度；相反，只有遵循社会主义制度和为人民服务的这一根本宗旨，才能清除腐败。因此，要使我国社会主义建设尽量减少曲折，胜利前进，今后我们就必须一方面坚持四项基本原则，同资产阶级自由化思潮进行坚决的斗争；一方面继续坚持改革开放的基本国策，同腐败现象进行坚决的斗争。

这种斗争在史学研究领域和教育领域也有反映。前一个时期，在史学研究领域马克思主义史学观被淡化了，一些人竭力宣扬"史学危机"、

"读书无用"，在社会上特别是在大学生中产生了很不好的影响。所谓"史学危机"实质上是有人想以此来否定作为史学研究指导思想的历史唯物主义，否定中华民族的优秀的传统文化。什么马克思主义过时论、蓝色文明必然要代替黄色文明，等等，都是为全盘西化制造舆论。在史学研究中，一切以阶级斗争为纲，固然有些绝对化、简单化、片面化；但不能因此而否定马克思主义的阶级分析方法。传统文化中的糟粕，当然要批判剔除；但不能因此而采取虚无主义的态度，否定传统的优秀文化。"对于古老的中华文明，全世界都很钦佩，都在研究，而中国人自己却去否定，这是有理智的人所无法理解的"（齐赫文斯基）。我们在中国古代史研究领域中一定要开展对这两种主要倾向的斗争。

四十年来在教育方面也取得了很大的成绩，这是人所共知的事实。前一个时期，教育界为什么不景气？主要原因就是资产阶级自由化泛滥，这种情况，在学校尤其是高等学校中尤为严重。别的不说，在讲坛上，竟出现讲马列主义不受欢迎，散布资产阶级自由化却成了时髦。这样的怪事，致使一些青年学生思想迷茫，不辨是非，极少数人被严重毒害，甚至走上了犯罪的道路。作为人民教师对此不能不感到痛心。青年学生所受的精神污染，当然是多方面的，有家庭的、社会的多种因素，要把学生的思想纳入正轨，要靠综合治理，有些是教师无能为力的，这也是事实。但是教师也有教师的责任，至少要把好讲坛这一关。学校的讲坛是党和人民给的，是神圣而不可亵渎的。教师在讲坛上只有向学生传播马列主义理论、宣传共产主义道德、传授四化建设的科学知识的义务，而没有利用讲坛散布资产阶级自由化的权力。榜样的力量是无穷的，教书育人，正人必先正己。教师的政治思想品质、道德品质、治学态度、工作作风、生活作风，等等，无不直接影响着学生。我们都是从学生阶段走过来的，对此深有体会。党和国家把振兴中华民族的希望寄托在教育上，学生的家长也都期望自己的子女成才，这样一个无上光荣的任务自然要落在教师的肩上，作为一个教师决不能辜负祖国和人民的愿望。

动乱期间，我曾在五月三日大众日报上发表过一篇短文，题为"为国、为学、为人"——纪念"五四"寄语青年。其中特别强调了"为人"的问题,因为这是一个人生观问题,是怎样做人,做一个什么样人的问题,也是当代青年和教师们十分关切的一个大问题。在某些人看来,人与人的关系,就是金钱关系、权力关系、利害关系。有的人专门利己,有的人损人利己,甚至损人而不利己。至于国家利益,民族兴亡,更是不在话下。这种思想的实质就是极端的利己主义,道德上的自私化,也是资产阶级自由化的一种表现。这种为人和人际关系虽然只是在少数人中间流行,但如果让它在社会上发展泛滥起来,不仅要毒害青年一代,甚至要毒害几代人,后果将不堪设想。因此,我们不能不大声疾呼,党和国家在抓物质文明建设的同时,千万不要忽视和放松精神文明的建设。不要一讲发展商品经济,一讲观念更新,就把我们的祖宗留下来的一些传统美德都抛弃了。例如"天下兴亡,匹夫有责","先天下之忧而忧,后天下之乐而乐","国而忘家,公而忘私"等爱国主义的光荣传统;"富贵不能淫,贫贱不能移,威武不能屈","见利思义","见贤思齐","推己及人","舍己为人"等道德的自我修养,诸如此类,都很值得借鉴,加以发扬光大。

总之,要使我们的国家长治久安,必须坚持"两手抓"的战略思想,既要抓好物质文明建设,又要抓好精神文明建设,二者不可偏废。在精神文明建设中作为社会科学工作者、教育工作者都有义不容辞的任务!

（原载《山东社会科学》1989年第6期）

曲折的道路艰苦的探索
——鸦片战争后中国知识分子探索救国之路的艰辛历程

公元1840年,英国侵略军的炮舰轰开了大清帝国紧闭的国门。丧权辱国的《南京条约》,使中国开始一步步沦为半殖民地半封建社会。在这种形势下,中国有少数思想敏锐的知识分子开始有所觉醒,初步认识到鸦片战争失败的原因,就是中国落后,落后就要挨打。这是不以任何人意志为转移的客观规律。

中国近代史上第一位主张认识西方、学习西方的先进知识分子、杰出的爱国主义者林则徐在反对外国侵略的实践中,提出了"师敌长技"的主张。杰出的思想家魏源在考察和分析了天下大势之后,著有《海国图志》一书。他发展了林则徐的上述思想,进一步提出了"师夷长技以制夷"的救国方案。魏源反复强调"善师四夷者能制四夷;不善师外四夷者,外夷制之。"把学习外国与抵御外国侵略结合起来,打破了传统的盲目排外、闭关锁国等"御敌之策",扩大了人们的视野,开辟了救国之路的新方向,这在当时历史条件下,的确表现了高人一等的远见卓识。可惜这种明确地承认自身落后的坦率态度和振兴中华的爱国主义思想,并未及时地惊醒昏昏然妄自尊大的以大清皇帝为首的上层统治者。结果在1860年英法联军一举攻陷北京时,清朝皇室被迫仓皇出逃,一时累累如丧家之犬。

1851年,落第秀才、乡村教师洪秀全领导太平天国农民起义,他们以天朝田亩制度为纲领,追求平均主义的理想天国,并且建立了自己的政权,对封建主义进行了严重打击。但农民不可能单独解放自己,平均主义的理想天国不可能实现。不过十几年,到1864年,太平天国就在帝国主义和封建主义联合镇压下失败了。

　　清皇朝虽然镇压了太平天国起义,但并没有改变中国内外交困的局面。身处统治阶级上层的某些官僚士大夫也开始谋求摆脱这一困境的出路。李鸿章就曾指出"酌时应势,若不早图变计,择其要者,逐渐仿行,以贫变富,以弱敌强,未有不终受其弊者。"为了富国强兵,要向外国学习。以李鸿章、曾国藩、左宗棠、张之洞等为首的洋务派接受了林则徐、魏源"师夷长技"的思想,他们打着"中学为体,西学为用"的旗号,创办了近代中国的首批军用企业和民用企业。但洋务派的自强自救运动,在1894年中日甲午战争中受到了致命的打击。经营十几年、耗资巨亿的北洋舰队在与东瀛小国交锋时,竟一败涂地,被迫签订了丧权辱国的《马关条约》。这表明单靠仿效外国科学技术谋求富强的道路是行不通的。一些有识之士开始省悟到中国的落后,不仅是科学技术和军事的落后,更重要的是政治制度的落后,而把视角转向封建政体的本身。

　　以康有为,梁启超为首的维新派是一批受到西方资产阶级思想文化熏染的知识分子。他们把中国的落后归因于封建君主专制制度和寄生于这个制度的官僚集团的腐败,1895年康有为的公车上书,提出了维新变革政治制度和教育制度的设想。其变法的核心内容是用君主立宪制代替君主专制。由于他们仅仅以皇帝为靠山,因此在变革中多有回避,顾虑重重。加上光绪皇帝过于软弱,而以慈禧太后为首的顽固派势力的强大,于是1898年的"百日维新"最终以谭嗣同等六君子的流血牺牲而宣告失败。伟大的民主革命先行者孙中山先生适应革命形势的发展和需要,建立了资产阶级革命政党"同盟会",并提出了"驱逐鞑虏,恢复中华,创立民国,平均地权"的纲领。在经历了多次起义失败之后,终于1911年10月10日取得了辛亥革命的胜利。辛亥革命是中国的资产民主革命,也是第一次以知识分子群体为首的革命,它推翻了在中国存在了两千多年的君主专制制度,建立了资产阶级民主共和国,使人民获得了一些自由和民主权利。但由于中国资产阶级的软弱性和局限性,革命果实被袁世凯为首的封建买办军阀所窃取,中华民族依然痛苦挣扎在半殖民地半封建社会的深渊之中。

　　此后,一批先进的知识分子如陈独秀、李大钊、胡适、鲁迅等人又掀起了一场反省传统、启蒙国民、推崇民主和科学的新文化运动。他们力图更新人们的思想观念，促使人们追求民主和科学，追求救国救民的真理，为马克思主义在中国的传播创造了条件。与此同时，还有些爱国的知识分子则转向"教育救国"、"科学救国"、"实业救国"的各种尝试。这些在当时虽无法实现，但在新中国成立后，他们的智慧和才能却得到了充分的发挥，做出了卓越的贡献。

1917年，十月革命一声炮响，给中国送来了马克思主义。一大批先进的知识分子接受了马克思主义，成为具有初步共产主义思想的知识分子，并在1919年领导了一场轰轰烈烈的彻底的反对帝国主义和封建主义的"五四"爱国运动。在此基础上，于1921年成立了中国共产党。以毛泽东同志为代表的共产主义知识分子将马列主义与中国革命的具体实践相结合，走与工农相结合的道路，最终领导中国人民推翻了帝国主义、封建主义、官僚资本主义三座大山，建立了社会主义的新中国。

纵观鸦片战争后一百多年来中国知识分子探索救国之路的艰辛历程，我们不难看出：（一）中国的先进的知识分子为了救亡图存，他们一开始是仿效西洋，取法东洋，结果是先生老是打学生，而学生老是吃败仗，说明此路不通。以后的太平天国的平均主义，维新派的资产阶级改良主义，仍然没有行通。伟大的民主革命先行者孙中山先生提出的资产阶级共和国的方案也行不通。此外，还有各种各样的救国方法和途径，在经过一一尝试之后，也都失败了。最后选择了马克思主义，建立了中国共产党。在马克思主义指引下，在中国共产党的领导下，才取得了中国革命的彻底胜利，建立了社会主义的新中国。"没有中国共产党就没有新中国"，"只有社会主义才能救中国发展中国"这是鸦片战争后一百多年的历史所反复证实的一个真理，也是中国人民从铁的事实和血的教训中所得出的一个科学结论。（二）中国的知识分子具有强烈的爱国主义思想，他们以天下为己任，继承并发展了"先天下之忧而忧，后天下之乐而乐"的传统的爱国主义思想，为了国家的前途，民族的命运，在极其险恶的环境中，经历了种种曲折艰难。抛头颅，洒热血，甘愿献出自己宝贵的生命，例如谭嗣同在就义前慷慨陈辞说："各国变法，无不从流血而成。今中国未闻因变法而流血者,此国之所以不昌也。有之,请自嗣同始。"蔡寄鸥在辛亥革命后不久有两句诗说得更为沉痛:"无量头颅无量血,可怜换得假共和。"至于在中国共产党领导下,更是有无数的革命先烈、志士仁人为了中国人民的解放事业而前仆后继、浴血奋战。在刑场上,夏明翰烈士说:"砍头不要紧,只要主义真,杀了夏明翰,还有后来人。"他们在武装到牙齿气势汹汹不可一世的敌人面前所表现的大无畏的英雄气概,正如毛泽东同志所描述的那样,"中国共产党和中国人民并没有被吓倒,被征服,被杀绝。他们从地下爬起来,揩干净身上的血迹,掩埋好同伴的尸首,他们又继续战斗了。"这种伟大的爱国主义精神、为追求真理而勇于探索的大无畏精神和可歌可泣的革命牺牲精神,永远是我们的传国宝,无论任何时候,都是激励我们前进的巨大的精神力量。

（原载《山东社会科学》1990年第4期）

泰山的历史与文化

泰山,是一座历史名山、文化名山。

1966年在新泰发现的"智人牙齿化石"证明,早在五万年前,泰山一带就有人类活动。1959年在大汶口发现的"大汶口文化遗址"说明,五、六千年前,我们的祖先便在这里创造了光辉灿烂的古代文化。还有泰山以北的著名的"龙山文化遗址",也表明了几千年前,以泰山为中心的广大地区是我国古代文化一个重要发源地。传说少皞居曲阜,舜耕历山,也和泰山有密切的关系。泰山一带地处黄河下游,远古时期经常是洪水泛滥为灾,为什么这里反而一直是人口密集、生产先进、文化发达的地区?马克思主义经典作家在论述古代东方、亚细亚生产方式时都谈到治水问题。我想上述问题,也和治水有关。生活在这里的人们,当洪水泛滥时,都依托泰山,向高处转移;等到洪水过去之后,这里又变成大片适宜农耕和放牧的肥沃的土地。所以治理洪水,变害为利,就成了远古时期人们生产和生活中的大事,并造就了像舜、禹、益这样的治水专家;而泰山也就成了我们祖先生产和生活以及创造文明的基地。《尚书·舜典》中称泰山为"岱宗",据我的理解是:岱者,代也,宗者,祖也,意为历代之祖,也就是说,泰山是祖宗之山,由此也可证明,泰山是中华民族重要发祥地之一。

此后随着时间的推移,人口的繁衍,生活在泰山地区的人们不断向外地疏散迁徙。他们虽然远离泰山,但仍然视泰山为自己的故乡,死后灵魂还要返回故土。如汉代乐府民歌中的《泰山吟》《梁甫吟》《蒿里曲》,晋代干宝《搜神记》中的《胡母班》《蒋济亡儿》《贾文合》等民间神话传说,直到宋代《太平广记》中的《集异记》以及清代袁枚的《子不语》、俞樾的《右台仙馆笔记》等书，均记录了人们死后魂归泰山或泰山神主管亡人鬼魂的故事。中国这一古老的宗教神话传说，上下流行数千年，几乎遍及全国各地；甚至在穷乡僻壤中还到处可见刻有"泰山石敢当"字样的石碣，以求泰山神的保护。此外，诸如"登泰山而小天下"、"挟泰山以超北海"、"重于泰山"、"安如泰山"、"泰山北斗"、"有眼不识泰山"等譬喻，已成为人们日常生活中的习惯用语。这一切都说明泰山在中国人民心目中的尊贵和崇高地位。

历代帝王的封禅泰山，对于泰山崇高地位的确立与泰山文化的发展，在客观上也起了积极的促进作用。封禅之说，最早见于《管子·封禅篇》，原文已佚，司马迁的《史记·封禅书》曾节引其片断。据说古者七十二君皆受天命封禅泰山，以表示自己的功业和统治地位得到上天的承认，亦即奉天承运、君权神授。齐桓公大会诸侯于葵丘，自以为有"一匡天下"之功，也想封禅泰山，但管仲认为齐桓公还不够资格，因而作罢。以后鲁国三卿之一季氏"旅于泰山"，即到泰山去祭祀，同样遭到孔子的反对，认为是非礼的行动。真正把古代封禅神话变成事实的应首推秦始皇帝。秦始皇吞并六国，一统天下，自以为德兼三皇，功盖五帝，完全具备了封禅泰山的资格。于是在统一全国的第三年，即始皇二十八年（前219），便亲率千乘万骑，大小臣工巡狩山东，封泰山，禅梁父，并立石颂德，成了有历史记载以来封禅泰山的第一个封建帝王。其后历代帝王不断有封禅活动，著名的有汉武帝、汉光武帝、唐高宗与武则天、唐玄宗、宋真宗等。宋真宗封禅以后，直至清代，历代帝王虽没有再举行过封禅大典，但仍据祀典按时派遣官员祭告泰山，或亲临致祭。如清朝乾隆皇帝来泰山就多达十一次。当然，不论是封禅还是祭祀泰山，现在看来，都属于封建迷信活动，且有其政治目的；不过从另一方面看，这些活动，也给泰山留下了众多的文物古迹，丰富了泰山的历史内容。

泰山不仅是历史名山，也是文化名山。中国古代文化大体有三个系统：一是道教文化，一是佛教文化，一是儒家文化。这三个系统的文化，在泰山都有集中的多方面的反映。自古以来，泰山就是道教兴盛之地。从祭祀东岳大帝到朝拜碧霞元君，从山下到山顶几乎所有的重要宫观庙宇（普照寺除外），大都是属于道教的建筑。金元之际兴起于山东半岛的全真教，在泰山也有一定的势力。全真教大师栖霞人丘处机的女弟子訾守慎曾在岱庙西北隅的长春观任主持，后由元帝赐其庙号为妙真观，庙中原有长春真人丘处机的牒文和成吉思汗敕旨立的石碑。另一全真教道士张志纯曾募化扩建泰山顶上的庙宇，"累岁乃成"，其诗友杜仁杰《天门铭序》称其有"破天荒"之功。普照寺，可视为佛教文化的代表。据说始建于北朝，重建于金代，是泰山现存唯一颇具规模的佛教寺院。明初朝鲜名僧满空禅师等人渡海至山东，于宣德三年（1428）领得度牒来普照寺，为重开山门之祖。清初诗僧元玉（号石堂）也在此做过主持，著有《石堂集》。普照寺是清代禅宗的著名寺院。泰山书院则代表着儒家文化。可惜已经废弃，仅存遗址。泰山书院是北宋著名大儒孙复、石介、胡瑗读书讲学的地方，号称"宋初三先生"。黄宗羲《宋元学案·序录》说："宋世学术之盛，安定（胡瑗）、泰山（孙复）为之先河。"这说明泰山学派在中国儒学发展史上有着承前启后的作用。泰山书院治学严谨刻苦，注重学以致用，为普及教育、培养人才，做出了重要的贡献。我建议恢复泰山书院，把泰山书院建成一个现代教育中心、学术研究中心、对外文化交流中心。

上述儒释道三大派的文化，通过泰山历代建筑、书画石刻，以及有关泰山大量的名人题咏，各种文物古迹，而充分表现出来，使泰山成为文化名山。有人说泰山是历代书法石刻艺术的长廊，也有人说泰山是古代建筑的博览会，这都是当之无愧的。我以为泰山还是中华民族历史与文化的一个缩影和典型代表。因此，研究泰山，开发泰山，不仅具有历史的和现实的双重意义，而且也是我们泰山子孙义不容辞的责任。

《诗经·鲁颂·閟宫》有两句话："泰山岩岩，鲁邦所瞻。"我斗胆改动其中一个字，曰："泰山岩岩，万邦所瞻。"就以此作为向世界名山——泰山的献礼吧！

（原载李正明、张杰主编《泰山研究论丛》，青岛海洋大学出版社1991年版）

把孙子研究推向一个新的阶段

几千年来,我们的祖先为后世留下了丰富而珍贵的历史文化遗产,春秋末年齐人孙武所著《孙子兵法》就是其中杰出的代表作之一。这部语录体的书原文不过六千字,但其体大思精的古典军事理论体系,丰富的朴素辩证法军事哲学思想,却对后世产生了极其深远的影响,被誉为"兵经"、"武经"、"兵学圣典"。这种影响,不仅限于国内,而且远播国外,被称为"世界第一兵书"。因此,它既是中国人民的财富,也是世界各国人民的共同财富。

过去对《孙子》的研究,多偏重于它的军事思想,虽有时也上升到哲学思想的研究,但无论从深度或广度来说,都远远不够。近年来一个新的《孙子》研究与应用热正在国内外蓬勃兴起,这是一种十分可喜的现象。为了更好地发掘和继承这份珍贵的历史文化遗产,我想从以下几个方面谈谈个人的一些体会。

关于《孙子》的整理与研究,是一项必不可少的基础工作。目前所能见到的历代有关《孙子》的各种传世版本,即不下一百余种。1972年在临沂银雀山汉墓中又出土了竹简本《孙子兵法》。这些版本文字上的差异很大,是学者共知的。仅以竹简本与传世本相比较,其差异即有三百余处。历代注释《孙子》的学者、兵法家及其成果也很多,留下姓氏的就有二百余家。面对如此众多的版本和注释本,亟需加以总结,整理出一种经过严格校勘的最完善的版本和一种最详细的《孙子集注》本,以便广大读者或研究者阅读和使用。

孙武是一位伟大的军事家,也是一位伟大的哲学家。研究《孙子》的军事思想和哲学思想,乃顺理成章之事,当然这种研究还很不够,还有待继续深入。此外,我认为还有必要把《孙子》的研究推向更广阔的领域。事实上已有不少人正在从事这项工作。例如孙子思想的比较研究,至少可以包含两个方面:一是与先秦诸子思想的比较。《孙子》一书中有明显的道家思想、儒家思想、法家思想,还有阴阳五行家的思想,等等。经过比较分析,可以看出孙子思想与先秦诸子思想的内在联系及其对战国时代百家争鸣的影响。二是与其他兵家的比较,如与中国历代兵家的比较。从《太公兵法》《司马穰苴兵法》《孙膑兵法》《吴起兵法》,到《唐太宗李卫公问对》、明代戚继光的《纪效新书》和《练兵实纪》,以至清代的《曾胡治兵语录》,就可以看出《孙子》的前后继承关系及其在兵学上的深远影响。事实上,在中国已经形成了一个相当完整的兵学历史传统。还有与世界各国著名军事家的比较,与现代中国军事家的比较,等等。通过比较,进行全面地总结,对当代军事理论和国防建设,无疑具有重要的现实意义。

《孙子》的应用研究,也很值得重视。从政治、经济、管理、外交到人们的日常生活和思维方式等,许多非军事领域以及众多的有关学科,都可以从《孙子》一书中得到有益的启迪和值得借鉴的东西。反过来说,也可以从这些学科或领域中更为深入全面地认识《孙子》的价值和意义。这样,《孙子》的研究不但能从理论上推动许多学科的发展,而且还能从实践中充分发挥它更大的社会效益。

《汉书·艺文志》著录有《吴孙子》,说明《孙子》一书是孙武在吴国写完的。但其思想渊源应当说在齐国。孙武离齐奔吴大约在20岁至30岁之间,其青少年时代都是在齐国渡过的。齐国是春秋时代的东方大国,管仲相齐桓公首霸诸侯;国都临淄是当时的政治、经济、文化中心;对外争霸战争以及统治集团内部的斗争都十分尖锐复杂;再加上孙武出身于兵学世家,家庭环境的长期熏陶,这一切都使孙武自幼便有机会受到军事素养方面的教育,学习和积累了比较丰富的军事理论知识,为他后来的兵法研究奠定了良好的基础。"孙武既死,后百余岁有孙膑。膑生阿鄄之间,膑亦孙武之后世子孙也"①。从现存竹简本《孙膑兵法》与《孙子兵法》比较中,可以看出二者的启承关系。《孙子兵法》不但直接继承和发展了齐兵学的传统,而且间接影响到齐稷下之学,这个问题还需要很好的研究。总之,《孙子》思想是在齐文化土壤中产生的,又给予齐文化广泛而深远的影响。因此,《孙子》与齐文化的研究,也是一个不容忽视的课题。

关于孙武的故里问题,目前有惠民说、博兴说、广饶说、莒邑说,还有临淄说,意见不一。其家世、身世,史书记载也很简单,只知他因避齐乱入吴,以兵法十三篇献于吴王阖庐,通过斩美拜将,西破强楚,五战入郢,北威齐、晋,显名诸侯。我认为对于孙武的故里及其生平事迹,还可以继续搜集有关文献资料、考古资料和口碑调查资料进行深入研究讨论。银雀山汉墓竹简的出土,一举解决了二《孙子》的千古疑案;《孙氏族谱》的发现,对解决孙膑故里问题提供了有力的证据。我深信:像孙武这样一位举世闻名的伟大人物,其故里问题是不难解决的,否则,我们也无法向全世界人民作出交待。

总之,关于孙武和《孙子兵法》,有许多问题值得研究:其中既有理论研究,也有应用研究;有军事科学研究,也有多学科研究;有历史问题研究,也有现实问题研究,等等。山东省社会科学联合会创办的《孙子学刊》,是目前国内外唯一的研究《孙子》及有关历史文化遗产的专业学术性刊物,在这里,我除了表示衷心地赞同和祝贺外,更希望通过这个刊物,在理论和实践的结合上,把孙子的研究推向一个新的阶段。

（原载《孙子学刊》1992年第2期）

---

① 《史记·孙子吴起列传》。

传统道德与现代精神文明

　　《礼记·大学》:"大学之道,在明明德。在亲民,在止于至善。"《史记·五帝本纪》:"天下明德,皆自虞帝始。"这些记载说明崇尚道德是中华民族的优良传统,发掘和弘扬其中具有人民性和科学性的传统美德,为今日之社会主义精神文明建设服务,这是一个十分重要而又非常迫切的课题。

　　改革开放以来,我国物质文明建设日新月异,成就辉煌,然而精神文明的发展却相对滞后,甚至在某种程度上还有些倒退。如是说绝非危言耸听。最明显的事例就是有些人社会价值取向失衡,道德水准下降。前者主要表现为重权利、轻道义;而后者则表现为人生理想流失,职业道德、社会公德乃至家庭伦理道德沦落等等。随着某些人的私欲恶性膨胀,一些旧社会的丑恶现象也有蔓延之势。这些现象虽然不是主流,但它严重地削弱了社会凝聚力,败坏了社会风气,扰乱了社会秩序,阻碍了社会发展。道德文明建设已刻不容缓!此乃当今有识之士的共识。

　　孔子有言:"道之以政,齐之以刑,民免而无耻;道之以德,齐之以礼,有耻且格。"①意思是说,用行政命令来管理民众,用刑法来约束他们,只能使他们免于罪过,却无廉耻之心;用道德来教导民众,用礼义来约束他们,不但使他们有廉耻之心,而且心悦诚服。孔子强调把"道之以德,齐之以礼"作为整饬社会风气之上策,确是千古不易之论。

　　中华民族传统美德内容丰富、博大精深,但我认为至少以下三个方面

———————————

① 《论语·为政》。

是每个人都可以做到也是都应该做到的。

一是推己及人的忠恕之道。

一个人必须在他与他人的相互关系中生存,荀子说:"人之生,不能无群。"①这位二千多年前的哲人已洞察到人的这一"生存规律"。因此,人的生存和发展,就有一个如何处理人与人、个人与集体、个人与国家的关系问题。在人与人的关系上,一个基本的原则应当是推己及人,即凡事要设身处地为别人着想,对待别人要像对待自己一样,"己所不欲,勿施于人"②。若能再进一步,做到"己欲立而立人,己欲达而达人"③,那便是仁人君子了。个人与集体、个人与国家的关系,也就是个人利益与整体、全民利益的关系。处理这一关系的基本原则,应是二者兼顾。如不能兼顾,则应把集体利益、国家利益放在第一位,这便是"国而忘家,公而忘私"④,也是范仲淹在《岳阳楼记》中所说的"先天下之忧而忧,后天下之乐而乐"。马克思说:"一个人的发展取决于和他直接或间接进行交往的其他一切人的发展。"⑤也就是这个道理。

二是见利思义的行为准则。

司马迁有言:"富者,人之情性,所不学而俱欲也。"⑥他认为追求财富是人的一种本能。但是,人又不能一味地追逐私利。"上下交征利而国危矣"⑦,就是说如果上上下下都相互追逐私利,那么整个国家就危在旦夕了。"覆巢之下无完卵",反过来也会危及个人的利益。逐利必须合乎道义,不能损人利己,损公肥私。孔子说:"富与贵是人之所欲也,不以其道得之,不处也。"⑧又说:"不义而富且贵,于我如浮云。"⑨他认为富与贵是人人所希望的,但用不正当的方法去得到它,君子是不去享受的。不合

①《荀子·富国》。
②《论语·颜渊》。
③《论语·雍也》。
④《汉书·贾谊传》。
⑤马克思、恩格斯:《马克思恩格斯全集》第三卷第515页,人民出版社,1974年版。
⑥《史记·货殖列传》。
⑦《孟子·梁惠王上》。
⑧《论语·里仁》。
⑨《论语·述而》。

道义的富贵,对于他就像过眼的浮云,不屑一顾。他要求人们要"见利思义"①而不能见利忘义。他把义和利作为区分君子与小人的标志,所谓"君子喻以义,小人喻以利②"。从前山东等地的商人供奉的财神是关公(即关羽,字云长),关公乃蜀汉赫赫名将,怎么竟被商人看重? 原来,关公被视为忠义的楷模,逐利的商人供奉他是在告诫自己要见利思义,不要见利忘义。在他们看来,义利是合一的,义才是最大的财富,或者说义能获得最大的财富;没有义也就失去了利,即使获暴利于一时,也不能保持长久。因此,见利思义,利不忘义,是最起码的行为准则。这种行为准则并不否定利,只是强调"义然后取"③。日本号称当代企业之父的涩泽荣一著有《论语与算盘》一书,提出义利合一说,就是受这种思想的影响。当义利不能兼顾时,古人推重的是"义以为上"④,甚至"舍生而取义"⑤。如此则是达到更高的一种思想境界了。

三是严于正己的自律精神。

金无足赤,人无完人。一个人总有这样或那样的缺点,总会犯这样或那样的错误;但是人的缺点不是不能克服的,错误也不是不能改正的。克服和改正的方法,便是道德自律。道德自律是一个人成为正人君子,成为社会有用之人的基本途径。儒家把这一途径概括为"修身、齐家、治国、平天下"⑥四部曲。道德自律不仅是个人的事,也是使人人都成为正人君子的一个先决条件。正人必先正己,己不正焉能正人。孟子就说过:"吾未闻枉己而正人者也!"⑦为人处世如此,治国理民亦然。孔子说:"其身正,不令而行;其身不正,虽令不从。"⑧意思是说,当政者自己行得正,不用发命令,事情也能办好;自己行为不正,纵使三令五申,人们也不会信从。有一次鲁国执政大夫季康子问政于孔子,孔子答曰:"政者,正也。

①《论语·宪问》。
②《论语·里仁》。
③《论语·宪问》。
④《论语·阳货》。
⑤《孟子·告子上》。
⑥《礼记·大学》。
⑦《孟子·万章上》。
⑧《论语·子路》。

子帅以正,孰敢不正?"①他认为正人必先正己,这是当政者为政的根本和前提。

总之,推己及人,见利思义,严于正己,这是中华民族的传统美德,也是做人的基本准则。道理并不高深,做到也不难。若人人都能继承发扬这些美德,那么,精神文明建设便可跃上一个新的台阶,反过来必然又能促进物质文明建设的进步。

据《新华每日电讯》(2014年4月11日)报导:近年来山东在全省实施了公民道德建设"四德"工程,即家庭美德,以"孝"为切入点,实施孝德工程;职业道德,以"诚"为重点,实施诚德工程;社会公德,以"爱"为主题,实施爱德工程;个人品德,以"仁"为目标,实施仁德工程。现在已建立两万多个四德榜,为一千多万群众的凡人善举树碑立传,全社会引发震动,形成"人人做好人,人人做好事"的空前盛况。我想这个"四德"工程,应该坚持下去,并进一步加以巩固和推广。

五月四日,习近平总书记"在北京大学师生座谈会上的讲话"中说:"核心价值观其实就是一种德,既是个人的德,也是一种大德,就是国家的德、社会的德。国无德不兴,人无德不立。"同时,他又一次强调:"中华文明绵延数千年,有其独特的价值体系。中华优秀传统文化,已成为中华民族的基因,植根在中国人内心,潜移默化影响着中国人的思想方式和行为方式。今天我们提倡和弘扬社会主义核心价值观,必须从中汲取营养,否则就不会有生命力和影响力。"

习总书记的讲话,对于普及社会主义核心价值观,建设富强、民主、文明、和谐的社会主义现代化祖国;建设自由、平等、公正、法治的社会;培养公民的爱国、敬业、诚信、友爱的社会公德,都具有深远的历史意义和现实意义。

(原载《联合报》1995年1月17日,此为修改稿)

---

①《论语·颜渊》。

关于商都文化的几点思考

　　三千多年前,商朝的开创者商汤推翻了夏桀的残暴统治,建立了商王朝,都于亳。据文献记载与历史学家考证,亳在今山东省菏泽市曹县境内。商朝取代夏朝,并非奴隶制政权的简单更替,而是一个深受民众拥护的奋发向上的新兴政权战胜了被民众所唾弃的腐败政权,故史称"汤武革命"。商王朝建立后,亳都不仅成了商朝的政治、经济中心,而且也是文化中心。商都文化丰富多彩,包罗万象,有许多宝贵的历史遗产值得我们研究与开发。我以为探讨商都文化至少有以下几点需要我们加以思考。

一

　　商汤所在的商族部落原是臣服于夏朝的一个方国,据说最初仅有70里的狭小地盘,在夏朝众多的属国中,地位是微不足道的,然而商汤不甘落后,奋发图强,终于以七十里而王天下。孟子对梁惠王曰:"臣闻七十里为政于天下者,汤是也。……《书》曰:'汤一征,自葛始。'天下信之,东面而征,西夷怨;南面而征,北狄怨,曰'奚为后我?'民望之,若大旱之望云霓也。"①反映了商汤时期的民心所向。商汤之所以能"十一征而无敌于天下",一个根本原因就是得民心。齐桓公问管子曰:"夫汤以七十里之薄(同亳)兼桀之天下,其故何也?"管子对曰:"桀者冬不为杠(桥),夏不束柎(筏),以观冻溺。驰牝虎充市,以观其惊骇。至汤而不然。夷疏而积粟,饥者食之,寒者衣之,不资者振(赈)之,天下归汤若流

---

①《孟子·梁惠王下》。

水。此桀之所以失其天下也。"①管仲的意思是说，夏桀施行虐政，失去民心，故失天下；商汤施行德政，深得民心，故得天下。《淮南子·修务训》也说："汤夙兴夜寐，以致聪明；轻赋薄敛，以宽民氓；布德施惠，以振困穷；吊死问疾，以养孤孀。百姓亲附，政令流行。"说的都是同一个道理，即"得民心者昌，失民心者亡"。这是流传千古的一个永恒的真理。

商汤之所以能得民心，一是他能选贤任能，广泛延揽人才。例如伊尹本是有莘氏的陪嫁奴隶，汤发现伊尹的才能，坚决打破等级禁限，三请伊尹，任以为右相。仲虺是夏朝车正奚仲的后代，商汤打破了部落间的隔阂，重用仲虺为左相。后来他们在佐汤灭夏、建立商王朝的过程中都作出了重要贡献。二是他十分注重个人品德修养。例如仲虺说汤"不迩声色，不殖货利"；"克宽克仁，彰信兆民"②。伊尹也说汤"肇修人纪，从谏弗咈（违背），先民时若（顺从）；居上克明，为下克忠；与人不求备，检身若不及。以至于有万邦"③。

正因为商汤注重个人品德修养，选贤任能，实行德政，民心悦服，故能一举灭夏，十一征而无敌于天下，从而建立起东至大海，西至陕西，南至长江流域，北至辽东半岛这样一个庞大的奴隶制国家。商朝的疆域不仅大大超过了夏朝，而且也是当时世界上首屈一指的文明大国。商汤的这种"以七十里而王天下"的伟大创业精神是永远值得后人学习、继承和发扬的。

二

商部族善于发展经济、擅长经营。史称商的祖先相土"作乘马"，王亥"作服牛"，他们从驯养家畜开始，利用畜力，运载货物，辗转各部落之间进行贸易，大大推动了商部落的经济发展，同时也扩大了自己的势力。于是"经商"便成了商部落不同于其他部落的特色，而后世"商人"的称号也由此沿袭而来。自商代经西周迄于春秋战国时期，商都亳一带一直是全国富庶之区、商贾云集的地方。司马迁《史记·货殖列传》中曾谈到其

---

①《管子·轻重甲篇》。
②《伪古文尚书·仲虺之诰》。
③《伪古文尚书·伊训》。

近邻陶居"天下之中,诸侯四通,货物所交易也"。春秋末,越国大夫范蠡曾定居于陶经商,"十九年之中三致千金",号称"陶朱公"。后人往往以"富比陶朱"来形容善于经商而致富的人。又如孔子弟子子贡(端木赐)"废著鬻财于曹、鲁之间,七十子之徒,赐最饶益,……子贡结驷连骑,束帛之璧以聘享诸侯,所至,国君无不分庭与之抗礼。夫使孔子名布扬于天下者,子贡先后之也"①。以上所举范蠡、子贡都是见于史册的著名的大商人。后世以"陶朱事业,端木生涯"传为经商致富的典型代表。

在建立和发展社会主义市场经济的今天,重温这段历史,学习和发扬先人们善于经营的优良传统,对于改变菏泽市曹县一带欠发达的面貌,加快经济建设步伐,仍有重要的现实意义。

三

从历史上看,商都亳城(今山东省菏泽市曹县境内)一带是先秦高文化区,它既是东夷文化与华夏文化、齐鲁文化与楚文化中原文化交汇区,也是文化灿烂、名人荟萃、历史人文资源极为丰富的地区。在这块古老而文明的土地上,很早就形成了以"一都(商都亳)、两王(商王成汤、朝鲜王箕子)、二相(汤王右相伊尹、左相仲虺)、三家(道家庄周、兵家吴起,农家氾胜之)"为主要特征和优势的文化区。根据文献记载和初步考古发掘,在曹县境内至今还保留着梁堌堆、郜堌堆、安陵堌堆、燕陵堌堆、青山、南山(俗名土山)等一大批反映先秦至秦汉时期的古文化遗址,以及莘仲城、亳城、楚丘城、济阴城等古城遗址和汤陵、莘仲君墓、伊尹墓、莱朱(即仲虺)墓、箕子墓、楚春申君墓等古陵墓遗址。对于先人留给我们的这份丰厚的文化遗产,应积极地加以研究、保护、开发和利用,这对提高菏泽市曹县在国内外的知名度,发展旅游业和外向型经济,加强对青少年爱家乡爱祖国的爱国主义教育,无疑是非常有利的。

在古老的山东大地上,曾创造出商都文化、齐都文化、鲁都文化三大文化体系。与后二者相比,商都文化的研究起步较晚,无论在文献资料的

---

① 《史记·货殖列传》。

搜集整理还是在考古发掘研究等方面,都还需要做大量的工作,这是一项基础性的也是很有价值的工作。当然这并不是目的。研究商都文化,最重要的一点就是要认真探讨为什么早在几千年前在这块土地上能产生出如此灿烂的物质文明和精神文明? 为什么能产生一批杰出的在历史上影响深远的名人? 我们应当从中找出一点带有规律性的经验教训,古为今用,让几千年古代文明重放异彩、古都曹县再创辉煌。

（原载《大众日报》1995 年 7 月 12 日）

附：论范蠡的商道与商德

范蠡是一位久负盛名的历史人物，大家所熟知越王勾践卧薪尝胆、发奋图强的故事，越国所以能雪亡国之耻，十年生聚，十年教训，遂灭强吴，观兵中国，号称"五霸"，范蠡在其中起了重要的作用。他不仅是一位卓越的政治谋略家，而且是一位"善治生"的商业活动家。

范蠡既雪会稽之耻，乃喟然叹曰："计然之策七，越用其五而得意，既已施于国，吾欲用之家。"即从治国到经商。范蠡"以为陶天下之中，诸侯四通，货物所交易也"，遂之陶，称"陶朱公"。"乃治产积居，与时逐而不责于人。故善治生者，能择人而任时。十九年之中三致千金，再分散与贫交疏昆弟。此所谓富好行其德者也"，"故言富者皆称陶朱公"。

关于范蠡的生平事迹，除上引《史记·货殖列传》外，还见于同书《越王勾践世家》《国语·越语》《越绝书》《吴越春秋》等书。

前面提到的计然，在历史上还是一个未解之谜。东汉以来，许多著作都以为计然确有其人，并称计然是范蠡之师；也有人说计然是范蠡所著书的名称，但不论如何，研究范蠡，不能不研究计然。

范蠡治国与经商的一个基本思想，就是司马迁在《史记·货殖列传》中所总结的那一句话，即"善者因之"的思想。所谓"善者因之"，就是认识和顺应客观规律，"因"规律以成事的思想。我把它归纳为三点。一是因地，他选择了"居天下之中"的陶，作为"治产积居"的基地，就是因其"诸侯四通，货物所交易"的地利之便。二是因时，即"知斗则修备，时用则知物，二者形则万货之情可得而观已"。例如他的"水则资车，旱则资舟"的所谓"待乏"的贸易理论，就是发生水灾时，不要做船的生意，而要预做车的生意，因水灾过后，车将成为特别急需或缺乏的商品，车的价格必定上涨；天旱时，预做船的生意，也是同样的道理。再如他的贱买贵卖的供求理论："贵上极则反贱，贱下极则反贵。贵出如粪土，贱取如珠玉。"物极必反，当商品价格极贵时，要把它当作粪土一样立即抛售；在价格极低时，要把它当作珠玉一样大量收购。他还提出"无息币"、"无敢居贵"，即不要贪求过分的高价，要从商品的周转次数不断增多中增加利润。三是因势，例如他的"谷贱病农"、"农末（农商）俱利"的价格理论，即用平籴的办法，在谷价过高时，以低于市场价格出卖粮食；谷价太低时，以高于市场价格收购粮食，把谷价波动限制在有利于生产与流通的一定程度之内。这样就可以使农商俱利，这便是"治国之道"。（以上引文俱见《史记·货殖列传》）

总之，在当前，社会主义新时期发展市场经济的形势下，这种用政治家的观点看待经济问题的思想方法，以及因地、因时、因势顺应客观规律以成事的治国、经商理念，还是有一定现实借鉴意义的。

还有一点也值得提出，就是范蠡致富之后，并不把他在十多年中积聚的财富据为私有，而是一再分散给贫人，即所谓"富好行其德者也。"在当今商品经济大潮中，这种"富好行其德"的思想作风，很值得继承和发扬光大。

说"孝"
——兼论"汉以孝治天下"

一

"孝"作为一种伦理道德观念，在中国有悠久的历史渊源和深厚的社会基础。它首先是原始社会末期父系家长制的产物，也是人类社会家族血缘关系在伦理观念上的反映。商代甲骨文和周代金文中"孝"字已屡有出现。几千年来，随着社会的发展，其内容也不断得到丰富和发展。以汉代为例：史称"汉以孝治天下"，即把"孝"作为统治国家的思想武器。汉代皇帝除西汉高帝刘邦、东汉光武帝刘秀外，自西汉惠帝、东汉明帝以下，历朝皇帝的谥号无不冠以"孝"字，如孝惠帝、孝明帝等，以表示对"孝"的尊崇。汉代一项重要的选官制度，即是察举孝廉。孝武帝以后，从中央到地方各级政府官吏多为孝廉出身，当时被视为仕宦之正途。宋徐天麟说："（汉）得人之盛，则莫如孝廉，斯亦后世之所不能及。"①对广大农村的孝弟、力田者，则采取赐爵、赐帛或复其身（即免除徭役）的优抚政策，以提倡孝道。武帝时立五经博士，以后又增《论语》、《孝经》为七经，作为从京师到各郡、县、乡各级各类学校中的必修课和必读教材，无论贵族官僚还是平民百姓，都要接受"孝"的教育。统治者之所以提倡"孝"，是和"忠"联系在一起的。"其为人也孝悌，而好犯上者鲜矣"②。在家国同构一体的封建社会中，孝于亲者必忠于君。汉初陆贾就强调"孝"是"忠"的前提，"在朝者忠于君，在家者孝于亲"③。《孝经·扬名章》也说：

---

① 《东汉会要·选举》。
② 《论语·学而》。
③ 《新语·至德》。

"君子之事亲孝，故忠可移于君。"同书《士章》又说："以孝事亲则忠。"《后汉书·韦彪传》引《孝经纬》："事亲孝，故忠可移于君，是以求忠臣必于孝子之门。"所有这些都说明一个问题，即君臣关系犹如父子关系，"忠臣之事君，犹孝子之事父也。子之事父，焉得不尽其情？"①这就是汉代以"孝"治天下的公开秘密，也是中国古代政治思想和政治理论的一大特色，对后世政治有很大影响。两汉皇朝绵延四百余年之久，为中国历史上最长的朝代，恐怕也和以"孝"为治国之道有一定关系。

<h2 style="text-align:center">二</h2>

从历史上看，不论"孝"的内容有多么大的发展变化，但其基本内涵仍不外《说文》对"孝"字的解释："孝，善事父母者。"所谓"善事父母"，有的学者归纳为养、敬、谏、顺四个字②。我以为最主要的还是前面的两个字：第一是"养"，即对父母要尽赡养义务。《孝经·庶人章》："谨身节用，以养父母。"孟子把"孝"更具体化了，他说："世俗所谓不孝有五：惰其四肢，不顾父母之养，一不孝也；博弈好饮酒，不顾父母之养，二不孝也；好财货，私妻子，不顾父母之养，三不孝也；从耳目之欲，以为父母戮，四不孝也；好勇斗狠，以危父母，五不孝也。"③孟子所举的五不孝中，有三项是关于奉养父母的，可见，他强调子女赡养父母是孝的重要内容。东汉杨震"少孤贫，独与母居，假地种殖，以给供养"，"乡里称孝"④。江革"少失父，独与母居……常采拾以为养"，或"行佣以供母"，"乡里称之曰江巨孝"⑤。如果不养父母，就要受到社会舆论严厉指责。如西汉丞相薛宣有不养母之名，即被人弹劾而被罢官。我国古代历朝法律如秦律、汉律、唐律、大明律、大清律中都有"不孝"的罪名，唐律明确规定，对父母"供养有缺"，即是犯有"十恶"大罪。严重的甚至要处以死刑。这样就使"孝"不仅成为人们道义上应尽的义务，而且也是必须履行的一种法律责任。

①《后汉书·傅燮传》。
② 刘泽华：《中国的王权主义》，上海人民出版社2000年版，第252页。
③《孟子·离娄下》。
④《后汉书·杨震传》注引《续汉书》。
⑤《后汉书·江革传》。

　　总而言之,子女必须尽自己的能力赡养父母,这是子女对父母尽孝最基本的要求。民间所说的"养儿防老"在很大程度上体现了这层含义。第二是"敬",即对父母要尊敬。作为子女,仅仅奉养父母是不够的,同时还要尊敬父母,敬老是"孝"的一个重要方面。孔子说:"今之孝者,是谓能养。至于犬马,皆能有养。不敬,何以别乎?"①《孝经·孝行章》特别规定:"孝子之事亲也,居则致其敬。"西汉万石君石奋家,"子孙胜冠者在侧,虽燕必冠,申申如也"②。东汉樊宏在家中,"子孙朝夕礼教,常若公家"③。在当时都号称为孝敬的模范家庭。"敬"是指子女在态度上对父母要恭敬,让父母在精神上得到最大的快慰。如果说"养"是表现在物质方面的"孝",而"敬"则是表现在精神方面的"孝",二者缺一不可。这应是传统的"孝"中属于精华的内容。

三

　　但是在这里也要指出:传统的"孝"在发展过程中也掺杂有不少的封建性糟粕,其中最重要的便是愚孝。先秦时期,儒家在讲"孝"时,往往将慈孝并举,如孔子说:"慈孝则忠。"④父慈子孝是双向关系,既强调子女对父母要"孝",又强调父母对子女要"慈",这是一种很纯朴的家庭伦理关系。而法家则不然,只片面强调子事父,并推及臣事君、妻事夫的单向关系,如韩非所说:"臣事君,子事父,妻事夫,三者顺则天下治,三者逆则天下乱,此天下之常道也。"⑤汉儒董仲舒吸收发展了法家学说和阴阳五行学说,以为"君臣父子夫妇之义,皆取诸阴阳之道","君为阳,臣为阴;父为阳,子为阴;夫为阳,妻为阴","阳尊阴卑",从而提出了"王道之三纲可求于天"⑥。所谓"三纲",即"君为臣纲,父为子纲,夫为妻纲"⑦,而且把这种

---

① 《论语·为政》。
② 《汉书·石奋传》。
③ 《后汉书·樊宏传》。
④ 《论语·为政》。
⑤ 《韩非子·忠孝》。
⑥ 《春秋繁露·基义》。
⑦ 三纲具体条文,始见于西汉末成书的《礼纬》。

上了纲的伦理关系都说成是上天的意志。大概自秦汉始，原来的父子双向关系便逐渐向单向转化，只片面强调子孝，而不重视父慈，实际上是强化了家长的权力。正如《汉书·韦贤传》说："孝莫大于严父，故父之所尊，子不敢不承，父之所异，子不敢同。"尤其是宋明理学昌盛时期，孝的观念和孝行更加被神化，把"孝"视为"天理"，进一步强化了父权和君权。"人伦者，天理也"①，"君臣父子，定位不移，事之常也"②，"父有不慈，子不可以不孝；君有不明，臣不可以不忠"③，甚至有"父要子死，子不敢不死；君要臣亡，臣不敢不亡"之说。这是对"孝"的观念和孝行的严重歪曲，是"孝"的畸形发展。史载秦二世矫始皇帝诏说："扶苏为人子不孝，其赐剑以自裁。"扶苏欲自杀，蒙恬怀疑其中有诈，劝扶苏请示皇帝，以便弄清真伪。扶苏说："父而赐子死，尚安复请！"④遂自杀。扶苏之冤死，说明此种不平等的父子关系早已深入人心，并得到世人的极大同情。其实这正是愚孝所造成的悲剧，也是传统的"孝"中的糟粕和最消极的部分。

在封建统治者的倡导下，除了愚孝以外，还出现了伪孝即假孝子现象。如前所述，汉代对孝子实行了一系列奖励制度和优待政策，一旦被推举为孝子，有的人就可以做官升官，有的人可以免除兵役徭役等等。有了这些好处，所以很多人都争当孝子，其中难免真伪混杂，甚至多为欺世盗名之徒。东汉时乐安有一个名叫赵宣的人，为其亲行服二十余年，乡里称孝。当太守陈蕃问其妻子情况时，其五子皆丧服中所生，一时传为笑谈⑤。又颍川人甄邵为邺县县令，当迁为郡守，会母亡，邵埋尸于马屋，先受封，然后乃发丧，也为世人所不齿。后被人弹劾"贪官埋母"，废锢终身⑥。还有一种伪孝，在父母生前，不予供养，而死后却大加厚葬，以造成孝子的假象，欺世盗名，以便从中获取种种好处。据西汉桓宽《盐铁论·散不足

① 《二程集·河南程氏遗书》卷7。
② 《朱子文集》卷14。
③ 《朱子语类》卷79。
④ 《史记·李斯列传》。
⑤ 《后汉书·陈蕃传》。
⑥ 《后汉书·李固传》。

篇》引"贤良"曰："今，生不能致其爱敬，死以奢侈相高：虽无哀戚之心，而厚葬重币者则称以为孝，显名立于世，光荣著于俗。"东汉学者王符曾亲自目睹这种虚伪现象："今京师贵戚，郡县豪家，生不极养，死乃崇丧。或至金缕玉匣，檽梓楩楠，多埋珍宝偶人车马，造起大冢，广种松柏，庐舍祠堂，务崇华侈。"①不独王符等有见于此，当时的民间歌谣也有"察孝廉，父别居"②之语，这都说明伪孝还是一个比较普遍的现象。

五四运动以来，对包括"孝"在内的封建礼教进行了长期而激烈地清算和批判，这是近百年来中国人民思想上的一次大解放，推动了社会的巨大变革和进步。但由于形而上学和极左思想的干扰，也产生了一些负面的消极的影响。即在批判传统文化中封建糟粕的同时，也简单粗暴地抛弃了其中部分的精华，以至社会道德水平不断下降，孝的观念逐渐淡化，子女不孝甚至歧视、虐待、遗弃老人的事件时有发生。这些现象破坏了家庭的和谐，削弱了社会的凝聚力，败坏了社会风气，不利于社会的发展和国家的稳定，应当引起我们足够的重视。

四

总而言之，我认为传统的"孝"，其合理性最突出的表现在对父母的"养"和"敬"两方面。人之初生主要是靠父母的供养、教育才能长大成人。在长期的共同生活和潜移默化中，子女对父母必然会产生依赖、信任、尊敬和感激之情。以"养"和"敬"为主要内容的"孝"，包含着人类的自然心理和起码的道德准则。父母的养育之恩、抚育之情，人们是永远不应该忘记的。这也是人类社会持续发展的需要。劳动人民正是从这个角度接受"孝"的道德规范的。传统的中国家庭比西方家庭有着更强的凝聚力和更多的天伦之乐，这与"孝"的道德观念深入人心是分不开的。

传统的"孝"对现代家庭也有重要的现实意义。如前所述，对其中愚昧落后的因素，我们必须彻底清除，对其中合理的因素特别是养老敬老的道德规范还是应该继承和大力发扬的。据不完全统计，现时中国60岁以

---

① 《后汉书·王符传》引《潜夫论·浮侈篇》。
② 葛洪：《抱朴子·外篇·审举》。

上老年人口已超过1.3亿,占全国总人口的10%以上。平均10人中至少有一位老人。另据有关资料预测,20年后,即到2025年,中国老年人口将达到2.8亿,约占全国总人口的20%。这个数字相当于美国的总人口,相当于日本总人口的两倍。因此,如何妥善解决养老问题,将是21世纪我们面临的一个严重社会问题。鉴于我国几千年来已形成以家庭养老为主的传统养老模式和现有客观条件的限制这一实际情况,今后为人子女的一个重大责任便是照顾好父母的晚年生活,特别是当父母年老体弱或失去劳动能力和生活能力的时候,子女必须尽赡养义务,保证父母的生活需要。另一方面,还要尊敬父母。他们一生操劳,为子女为社会为国家做出了很大贡献,年老之后,理应受到尊敬。子女不仅在物质上而且要在精神上满足父母的身心需要。我们不能让《墙头记》这一类悲剧在现实社会中继续重演。父母与子女之情是人间最自然最持久最深厚的感情。试想,一个人如果连生他养他育他的父母都不孝敬,那就很难想象他会真心实意的爱其他人、全心全意为人民服务。有人说,要判断一个人品德如何,只要看其对父母的态度即可大致了解。所谓"百行孝为先",这不免夸大其词,但也不无一定道理(在特定历史情况下,"忠孝不能两全",甚或"大义灭亲",另当别论)。从社会意义上讲,传统的"孝"中的合理因素对现代家庭的稳定也可起到积极作用,而家庭是国家和社会的基本细胞,国家与社会的稳定在很大程度上依赖于家庭关系的和谐和稳定,家齐而后国治,国治而后天下平。总之,"孝"在中国有几千年的传统,我们对它不能简单地认为是封建遗孽而加以全盘否定。要"剔除其封建性的糟粕,吸收其民主性的精华",总结历史经验教训,结合现实,既要大力发扬其中养老敬老的传统美德,又要强化法律对不孝的制约,这对于增强现代家庭的凝聚力,促进社会和国家的稳定;对建设社会主义精神文明,进而全面建设和谐的小康社会都具有积极的意义。

(原载《济南日报》社会特刊1995年10月26日;《山东师范大学学报》2003年第5期修改稿)

开展中国地域文化研究

　　近几年来，对中国传统文化的研究，成为学术文化界的一个热门课题，这不仅有助于从学术上阐释中国传统文化的发生、发展、繁荣、衰落的变化过程，揭示其本质的内涵；而且对建设具有中国特色的社会主义新文化，建设社会主义物质文明和精神文明都有着重大的意义。

　　一般来说，文化是人类在社会历史发展过程中所创造的精神财富的总和，它是一定社会的政治和经济的反映，反过来又给予一定的政治和经济以巨大的影响和作用。由于其反映的政治、经济内容的不同，以及各地域各民族传统的不同等，于是便历史地形成了若干文化分支结构。大而言之，就全世界来看，有东西方文化之区别；就中国而言，有古代文化和近现代文化之分野。特别是中国作为一个具有悠久历史的、地域辽阔的、多民族统一的文明古国，由于政治、经济、地域、民族的不同，便形成了各具地域特色的文化。这种地域文化就内容来说，是以广义上的文化领域作为研究对象，探讨附加在自然景观之上的人文历史现象，文化区域的地理特征，环境与文化的关系，文化传播的路线和走向以及人们的思想行为规范，包括民俗传统、经济体系、宗教信仰、文学艺术、社会组织等等。就地域来说，大概可分为：齐鲁文化、三晋文化、吴越文化、荆楚文化、巴蜀文化、三秦文化、燕赵文化、岭南文化、中州文化、西域文化、港澳台文化等等。这些文化互相交流、互相融合，就构成了绚丽多彩的多元一体的中华文化。对于这些地域文化，进行历史地、具体地考察和研究，就能更全面、更深刻地了解中华民族各族人民，在我们这块古老的土地上，在悠久的历史过程中，是怎样在不同的自然环境和社会环境中发挥自己的聪明才智，创造出自己的文化,形成了至今犹存的独特的社会文化生活风貌。同时,还可以从地域文化的特殊性中找出中华文化的同一性和多样性,从而更全面、更深入地了解祖国传统历史文化遗产的丰厚底蕴,这对于进行爱国主义教育增强民族的自尊心、自信心和民族自豪感、民族凝聚力,对于继承中华民族优秀传统文化和培养弘扬民族精神,建设具有中国特色的社会主义先进文化都具有十分重要的现实主义。

当前,我们的历史任务是建设具有中国特色的社会主义,在文化方面是建设有中国特色的社会主义先进文化。既然是社会主义的,那就应以马克思主义的理论作为指导,也就是将马克思主义的普遍真理与中华文化的优秀传统相结合,这才是建设中国社会主义先进文化的唯一正确的方向和途径。对中国传统文化不分精华和糟粕,"兼收并蓄"、"全盘继承",当然不是历史唯物主义的态度,事实上也是极其错误的。与此相反,对中国传统文化采取民族虚无主义的态度,全盘否定,一概排斥,同样也是荒谬的,实际上也是办不到的。在研究中国传统文化时,我们应当坚决反对并尽力避免这两种错误倾向的出现,具体到中国地域文化的探讨和研究上也应如此。但这并不是一件轻而易举的事,它需要多方面的知识和付出艰苦的劳动。可喜的是,近些年来,随着历史文物的不断发现和整理,随着研究视野和领域的不断拓展,为中国地域文化的研究提供了有利条件。我们相信通过多方面的努力和工作,对中国地域文化的研究必将取得重大进展,从而为更系统、更全面地研究中国传统文化,为建设具有中国特色的社会主义先进文化做出应有的贡献。

（原载《大众日报》1996年6月24日）

保护文物古迹是历史赋予我们的重任
——为祝贺《人文与自然》杂志创刊而作

山东号称"齐鲁礼义之邦",是中华文明重要的发祥地之一,悠久的历史在今日山东大地上留下了极其丰富的文物古迹。如北辛文化、大汶口文化和龙山文化遗址闻名中外。先秦两汉时期山东地区人才辈出,文武并兴,许多地方都留下了他们活动和遗迹。山东也是近现代民族民主革命遗迹较多的地区之一。更值得我们自豪的是,泰山及孔庙、孔林、孔府已被联合国教科文组织列入《世界遗产名录》。目前全省已知的不可移文物16000余处,其中国家级重点文物保护单位有27处,省级409处,馆藏文物60余万件,国家级历史文化名城6座,省级9座,等等。文物古迹的数量和质量均居全国前列。山东作为文物大省是当之无愧的。丰富的文物古迹是山东的一大特色,也是两个文明建设中的一大优势。保护好这些文物古迹,是对子孙后代和祖先负责的千秋功业,同时,充分开发和利用古代的民族文化遗产对社会主义精神文明建设,推动山东经济的发展也具有重要意义。

近些年来,我省的文物工作有了较快的发展,各级政府都建立了文物管理机构,并制定了相应的保护措施,文物工作者做了大量的艰苦工作,成果显著。特别值得一提的是,我省颁布了《山东省1996—2010年人文自然遗产保护与开发规划纲要》,这个规划纲要,使文物保护进一步纳入了法制的轨道,对改变文物保护与开发中的无序状态,建设山东人文自然遗产的整体形象,进一步弘扬齐鲁文化,振奋民族精神,推动改革开放和社会经济持续、稳定、快速发展,都具有重要意义。

目前,文物古迹的保护工作遇到了许多前所未有的难题,这就要求我们认真思索,寻求妥善的解决方法。

有人认为,保护文物古迹是"复古主义",是"抱残守缺",对现代化建设没有什么价值。这种观点是极其错误的。文明是一个民族文化的结晶,古代文明和现代文明是密切相联的,我们不能割断历史。弘扬优秀的传统文化是建设社会主义精神文明的重要内容。从文物古迹中,我们可以看到中华民族的勤劳勇敢、聪明智慧、自强不息和伟大的创造精神,这对提高民族自信心、自尊心和自豪感,激发广大人民群众的巨大创造力具有重要意义。我们搞社会主义经济建设,要两个文明一起抓。要搞经济建设,就必须培养有理想、有道德、有文化、有纪律的"四有"人才。文物古迹作为民族精神和传统文化的象征,是进行历史唯物主义和爱国主义教育,培养"四有"人才的生动教材。我们今天的科学技术虽然从总体上远远超过了古代,但从文物古迹中我们可以受到许多有益的启发,有些经过改造,可以更好地为现实服务。如现代绘画、篆刻、雕塑和书法等大都要从传统的文化遗产中汲取营养。在其他专业方面,文物古迹也可以为我们提供借鉴。毛泽东同志曾说过:"清理古代文化的发展过程,剔除其封建性的糟粕,吸收其民主性的精华,是发展民族新文化提高民族自信心的必要条件。""中国现时的新政治新经济是从古代的旧政治旧经济发展而来的,中国现时的新文化也是从古代的旧文化发展而来的,因此,我们必须尊重自己的历史,决不能割断历史。"[1]。这段话对于我们今天从事文物古迹的保护和开发利用工作仍有其指导意义。

保护好文物古迹,也能产生经济效益,这需要我们科学地开发。但开发和保护是紧密联系在一起的。保护是首要的是第一位的。保护不好,就谈不上开发。不论是文化文物部门或是外事旅游部门,或是城建园林部门,或是宗教部门,或其他文物古迹占用部门,都要把文物古迹的保护放在第一位。无论是参观旅游,还是拍电影、拍电视或进行其他活动,都要保护好文物古迹。文物古迹保护好了,有利于促进对外文化交流,宣传中华文明的源远流长、博大精深,以增进中外人民的友谊,促进对外开

---

①《毛泽东选集》第二卷, 666页,人民出版社, 1966年版。

放。国际友人、外国游客、海外侨胞到我们山东来看什么？除了来看我们的现代化设备和现代化建筑以外，主要就是来看我们的文物古迹，来研究我们的古老文化。文物古迹保护好了，就可以吸引他们来旅游、来进行技术合作和投资。这对促进山东经济发展是大有益处的。世界各国的情况表明：经济发达的国家没有不重视保护文物古迹的；一个文化贫困落后的地区也很难引起人们旅游和投资的兴趣。我们山东有得天独厚的人文自然条件，要充分发挥这一优势。在文物古迹的开发过程中，也要注意加强保护，要正确处理好保护与开发的关系。《山东省1996—2010年人文自然遗产保护与开发规划纲要》对此作了很好的说明："有效保护是指采取法律的强制的手段、行政及科学的方法，抢救、维修和涵养人文自然遗产，保护其原有风貌；合理开发是指对人文自然遗产的修整、发掘、利用和展示，在科学继承的基础上发展和创新。保护与开发工作要认真贯彻'保护为主，抢救第一'的方针，相互促进，彼此兼顾，协调发展。"

保护文物古迹，我们会遇到许多困难。如要搞现代化建设，要开矿，修路，建工厂，改造旧城区，这就必然涉及到文物古迹的保护问题。这已成了社会各界和政府各部门共同关注的热点问题，有待于我们去不断探索寻求恰当的解决办法。一方面，我们不能仅仅为了保护文物而不搞现代化建设；另一方面，在现代化建设过程中又必须做好文物保护工作。即建设与保护应同步进行。那种为了搞建设而忽视文物古迹保护的做法是十分错误的。要知道，这些文物古迹是中华民族历史发展的见证，是不能再生产的特殊物品。一只玻璃杯打碎了，可以再买一只，而文物一旦毁坏掉了，就再也没有了。复制得再好，再精美，也不过是复制品，已失去了文物的价值。解决现代化建设与文物古迹保护的矛盾，一方面必须严格执行文物保护的法律法规，任何单位、个人都必须依法办事，不能为了本单位和个人的利益而无视法律。另一方面，在遇到这类问题时，要多听听专家们的意见，文物古迹能保留原貌的要尽量保留，不能保留的也要找出相应的解决办法，将损失减少到最低程度。总之，尽我们的最大努力多留遗产，少留遗憾。对不具备发掘和保护条件的重要地下文物，就不要急于发掘，以防损坏。近些年来，文物古迹被毁被盗的情况时有发生，一些不法分子唯利是图，无视国家的文物法规，公然进行盗窃、盗掘和走私文物活动，有些地方盗掘古墓成风，他们宣扬"要想富，去盗墓，一夜一个万元户"。使文物古迹遭到了惊人的破坏。对这些犯罪分子必须狠狠打击。总之，我们必须克服各种困难，做好文物古迹的保护工作。如果先辈们留下的文化遗产毁在我们手里，我们既有愧于祖先，也对不起后代。

保护文物古迹，有经济问题，有技术问题，但主要还是认识和文化素质的问题。这就需要我们大造舆论，广泛宣传，提高人们保护文物古迹的意识和自觉性。在全省范围内形成一个"保护文物，人人有责"的良好社会环境。这是现代化建设的要求，也是历史赋予我们的重任。

（原载《人文与自然》1996年第1期）

论清代后期今文经学的复兴

　　今文经学是与古文经学相对立的派别,它不株守儒家经典的章句文字,而侧重于探索儒家经典的微言大义.曾大盛于西汉,东汉以后逐渐衰落。至清代后期这一学派又再度崛起,"而且占据学术界的重要地位,几有'当者披靡'之势"①。这是经学史上一个很值得重视的现象,也是研究近代社会和思想时经常涉及到的问题,很值得深入研究。

一

　　清代中叶以后今文经学复兴,大体经历了三个阶段,出现了两次高潮。

　　(一)理论开创和奠基阶段

　　从乾隆时期开始,到嘉庆、道光之际,虽是汉学的鼎盛时期,但今文经学以公羊学的复苏而初露头角,并形成了"常州学派"。其学术重点是探讨今文经学微言大义的现实价值。

　　最早研治今文经并讲求微言大义的学者,是乾隆时期的庄存与。庄存与是清代今文经学的开创者。他一生治经,"于六经皆能阐抉奥旨,不专为汉宋笺注之学,而独得先圣微言大义于语言文字之外"②。他于众经中首推《春秋公羊传》,其《春秋正辞》一书,总结阐发了《公羊传》及何休《解诂》的"微言大义",为清代今文经学的开山之作。庄氏门人孔广森是复兴今文经学的健将。他撰《经学厄言》,猛烈攻击古文经学,又撰《春秋公羊通义》,进一步阐发何休的观点。

---

① 周予同《经今古文学》,朱维铮编《周予同经学史论著选集》,上海人民出版社1983年初版。
② 阮元《庄方耕宗伯经说序》,《揅经斋遗书》。

至嘉庆、道光年间,在今文经学初具雏形的基础上,形成了庄门系统的今文经学派别——常州学派。其主要代表人物有庄述祖、刘逢禄、宋翔凤。

庄述祖是庄存与的侄子,撰《尚书今古文考证》《毛诗考证》等,把《春秋公羊传》的"大义"推演到群经之中。

刘逢禄是庄存与的外孙,从外祖父治学,他的许多观点在清代今文学派中具有开创意义,是清代今文学派的真正奠基者。他以一生的主要精力治《春秋公羊传》,著述丰富。其中,《公羊何氏释例》《公羊何氏解诂笺》《发墨守评》《穀梁废疾申何》《箴膏肓评》等书,发挥公羊学派"张三世"、"通三统"的思想,认为夏、商、周三统要变通,要改制,孔子作《春秋》就是"绌周王鲁"、"受命改制"。又撰《左氏春秋考证》一书,首倡"刘歆作伪"说,在近代学术思想史上影响深远。

宋翔凤亦为庄存与外孙,从舅父庄述祖受今文学,撰《尚书说略》《尚书谱》,把清代今文经学的范围由《春秋》扩展到《尚书》,又撰《论语说义》(后改名《论语发微》),以《公羊》之学说《论语》;考证古文《孝经》为后人伪作;还写了《拟汉博士答刘歆书》,以反对古文经学。

至刘逢禄、宋翔凤,清代今文经学真正建立了门户,形成了学派。他们揭示出今文经学微言大义的现实价值和意义,赋予今文经学以时代内容,从而推动了今文经学的发展。

(二)全面复兴阶段

大约从道光到咸丰年间,治今文经的学者逐渐增多,今文学派的队伍迅速扩大,并突破了常州这一地域的界限而发展成为全国性的今文学派。治经的范围也由《公羊传》及于《尚书》《穀梁传》三家《诗》《仪礼》《论语》诸经.其学术思想也更有特色,并利用今文经学议时政,谈改革,清代今文经学出现第一次高潮。

龚自珍和魏源是这一时期的中坚人物。

龚自珍(1782—1841),又名巩祚,字瑟人,号定庵,仁和(今浙江杭州)人。是刘逢禄的弟子,受今文经学派的影响很深。其传世经学著作,如《春秋决事比答问》《泰誓答问》《六经正名》《六经正名答问》等,见解深刻,议论精辟。他以《公羊春秋》的"三世"说为思想武器阐述了社会改革的思想,针砭时弊,主张"更法"。

魏源(1794—1857),字默深,邵阳(今湖南邵阳市)人,亦为刘逢禄的弟子。他对《公羊传》有较深的研究,撰《董子春秋发微》(未刊行)。他和龚自珍,以《公羊春秋》的。"三世"说来表达其社会历史进化观,倡言变法。他还将今文经学研究的范围扩大到《诗经》《尚书》,撰有《诗古微》《书古微》两部今文经学专著。攻击《毛诗》和大、小序,为齐、鲁、韩三家《诗》翻案,认为不仅孔传古文《尚书》是伪书,就是东汉马融、郑玄的古文《尚书》也非孔安国真说。

龚自珍和魏源扩大了今文经学的研究范围,并开了以公羊学说议时政、谈改革的先河。在二人同时或稍后,致力于今文经学者,还有邵懿辰、戴望、龚橙等人。邵懿辰(1810—1861),字位西,仁和(今浙江杭州市)人。撰《礼经通论》,认为《仪礼》17篇没有残缺,所谓古文《逸礼》39篇,是刘故伪造的;《乐》本无经,包括在《诗》《礼》之中。从而把今文学的研究领域又扩大到对《礼》《乐》的研究。戴望,字子高,德清(今浙江省境内)人。从宋翔凤治《尚书》今古文之学。取《公羊》大义说《论语》撰《论语录》。龚橙,龚自珍之子,撰《诗本谊》,其宗旨同魏源《诗古微》,批判《毛诗》,欲恢复齐、鲁、韩三家《诗》的正统地位。

(三)理论与政治实践结合阶段

在光绪年间,今文经学在学术界一居于统治地位,并被资产阶级改良派所利用,经过改造,成为在政治上进行改良的理论依据,清代今文经学出现第二次高潮。这期间今文学者主要有皮锡瑞、王闿运、廖平、康有为等人。

皮锡瑞,宗西汉传今文《尚书》的伏生,认为"五经"经孔子整理后,包含特有的"微言大义"。撰《五经通论》《经学历史》《今文尚书考证》《王制笺》等书,偏主今义。

王闿运,治经宗法《公羊》,他以今文义遍注群经,撰《周易说》《诗经补笺》《礼记笺》等书。

廖平是王闿运的弟子。他长于《春秋》,善说礼制。撰《穀梁大义疏》《今文学考》《知圣篇》《辟刘篇》(后改名《古学考》)等。以礼制来区别今文经和古文经。其学初持古文为周公所创,今文为孔子所创之说;进而主张今文是孔子的真学,古文是刘歆的伪品。康有为深受其影响。

康有为,他承廖平《辟刘篇》的观点,撰《新学伪经考》一书,认为古文经传皆刘歆伪造。故称"伪经";古文学是新莽时之学,故称"新学";刘歆作伪的动机,是助莽篡汉,故崇奉周公而毁灭孔子的微言大义。又承廖平《知圣篇》的观点,撰《孔子改制考》一书,认为先秦诸子皆托古改制,故"六经"也是托古改制之书。他利用《公羊传》中"通三统"、"张三世"、"受命改制"等义,倡言变法,把今文经学加以改造,注入资产阶级改良主义思想的新内容,把孔子视作"制法之王",为维新变法服务。康有为今文经学思想具有鲜明的近代特色,把古代的思想理论变成为具有近代历史价值的理论,并付诸实践,使今文经学的社会价值得到充分体现,把清代今文经学推向第二次高潮。

从清代后期今文经学复兴的过程来看,就是不断地对古代的今文经学进行改造,使之适应近代社会的需要。最后,由康有为完成了这一改造。维新变法失败后,今文经学亦随之逐渐衰落。

二

清代后期今文经学的复兴并非偶然,其原因是多方面的。

一是学术思想发展的必然结果。

从学术思想的远源来看,是自唐代到清初在经学领域的怀疑主义。唐代经学家啖助、赵匡、陆淳等,极力攻击《春秋》三传。此后,经师们便舍经传以探讨经义,使原有经学,特别是古文经学遭到冷遇。宋、元、明三代,吴棫、朱熹、吴澄、郝敬、梅鷟等学者,始怀疑古文《尚书》和《序》以及《毛诗》等。清初,姚际恒撰《九经通论》,遍考古文经。阎若璩、惠栋力证古文《尚书》之伪,给古文经学以重大打击。这种在学术上对古文经学的怀疑、考辨,对今文学家无疑有启发作用。

从学术思想的近源来看。是清代乾嘉时期的汉学。清初学术界对宋、明理学进行了深刻的反思,批判其"束书不观,游谈无根"的空疏学风,力矫其弊.顾炎武、黄宗羲、王夫之等进步思想家提倡"实学",人们"舍经学无理学"之说。时汉学初萌,故仍以宋学为基础,各取所长,不分门户,汉学、宋学并用。至乾嘉时期,汉学昌盛,是清代统治者文化专制主义的必然产物,也是对空谈心性的宋、明理学的反动。以惠栋、戴震为代表的汉学家,大倡"为经学而治经学"之风,他们说经主实证,不空谈义理,出现了"家誉许、郑,而群薄程、朱"的局面。古文经学家们在对经书的考证、训诂、辨伪,辑佚方面做出了卓越的贡献,其研究成果成为今文经学复兴的基础。如对今文经、注的大量辑佚,为今文家的研究提供了条件。然而,他们终日埋头于故纸堆中,大搞繁琐考证,脱离社会实际,在学术思想方面没有多少发展,对于"治道",更付阙如。汉学的这些消极方面对今文经学派的产生起了一定的刺激作用。一些学者对这种"为经学而治经学"的研究风气不满,他们从群经中选择思想贴近现实的《公羊传》阐述其微言大义,便成为很自然的事。至道光后期,社会危机更迫使他们寻求变革现实的思想,而在当时的历史条件下,仍然只能从古代的思想库中去寻求新的思想启迪,于是今文经学作为古文经学的对立物便再次兴起。可以说,清代后期今文经学的复兴,是对乾嘉时期汉学的一种反动。

二是社会发展变化的必然产物。

今文经学全面复兴于道光、咸丰时期,这一时期的社会政治状况与汉学兴盛的乾嘉时期有很大不同。乾嘉时期,社会比较安定,清朝统治者进一步加强了中央集权制度,特别是大力加强对学术思想的控制。其文禁之严,文网之密,史无前例,学者稍有不慎,则性命难保,故群趋于"与世无竞"的汉学研究。这是汉学大兴的时代条件。道光、咸丰时期,原来相对稳定的社会秩序已被打破,内忧外患,各种社会矛盾激化,潜伏着深刻的社会危机。时代需要新思想,于是要求变革的学术思想便应运而生。对此,周予同先生有精彩的论述,他说:"但到了道光、咸丰以后,情势完全不同了。内有太平天国的革命,使朝廷的权威突然衰落,外则从鸦片战争以后,帝国主义者压迫与日俱增。当时士大夫们的秀出者,'惧陆沉之有日,觉斯民之待拯',所以一方面对于当时学者专究名物训诂之末而致其不满,一方面震于《公羊传》中'张三世'、'通三统'、'绌周王鲁'、'受命改制'等等'非常异义可怪之论',而借托经学以为昌言救世的护身符。这固然不能武断地说晚清今文学家都是如此,但我们只要看龚自珍、康有为借托经义讥切时政的态度,便'瞭若观火'了!"①

三是由于今文经学本身所具有的特点。

今文经学在清代复兴,首先是属于齐学的春秋公羊学的复兴,这自然是因为"十三经"中只有何休的《春秋公羊解诂》是今文家说,但最主要的原因,还是因为齐学一向就具有"知当世务"、顺应"时变"的传统,而春秋公羊学更是儒家经学中一个灵活性、适应性很强的学派。所谓"微言大义",就是说在隐蔽的语言中包含着重大的道义。这一特点,使其有很大的可塑性,学者们可以根据政治需要去随意发挥、改造。汉代董仲舒对《公羊春秋》的"微言大义"予以发挥,他之与政治结合,大显于世,为清代学者提供了先例。

在清代今文经学的复兴过程中,学者们就是不断地探索今文经学微言大义的现实价值,并企图将这一理论运用于改良、变法维新的实践中去。乾隆年间,庄存与发挥《公羊春秋》的"微言大义",是以此为清朝的政治"大一统"作注脚。嘉、道年间,刘逢禄提倡今文经学以应变局,发挥"微言大义",以经义决疑事,则把《公羊春秋》的"三世"说和孔子受命改制的思想的现实价值揭示了出来,为当时要求"经世致用"的人们提供了理论依据,使古代的经学理论具有了时代的内容。此后,龚自珍、魏源又把《公羊春秋》中关于变易进化的思想大加发挥,用于经世,提出了一些改良的主张,渗透进了近代改良的因素。康有为则上承今文家说而振绪扬波,把今文经学的"微言大义"发挥得淋漓尽致,达到登峰造极的程度。他根据维新的需要,彻底批判古文经学,彻底改造今文经学,大力宣扬孔子托古改制的思想,大树孔子是主张改制的权威,构建了颇具近代改良特色的大同社会的理想,为变法提供了理论依据。康有为尽可能地利用了今文经学的观点.使其社会价值得到了充分的体现,完成了对今文经学的近代化改造。

---

① 周予同《经今古文学》,朱维铮编《周予同经学史论著选集》,上海人民出版社1985年初版。

三

清代后期今文经学的复兴,对近代社会风气、思想、学术文化等都产生了深远的影响。

首先,今文经学家们开一代社会风气,解放了人们的思想。鸦片战争以后,出现了严重的民族危机。面对这个严酷的现实,今文经学家们厌弃程朱理学的空谈,抛开乾嘉汉学的繁琐考据,利用今文经学中公羊“三世”说阐述变易思想,讥议时政,要求改革,以挽救国家的危亡。这在当时“万马齐喑”的思想界起到了冲破墨守心态的作用。龚自珍发挥公羊“三世”说,创造出治世、衰世和乱世的新三世说,积极倡导经世致用,主张变革。这在鸦片战争期间开风气之先,对近代思想解放起了促进作用。梁启超指出:“晚清思想之解放,自珍确与有功焉。光绪间所谓新学家者,大率人人皆经过崇拜龚氏这一时期,初读定庵文集,有受电然。”①维新变法期间,康有为、谭嗣同都深受其影响。魏源将公羊“三世”解释为太古、中古和末世,以表达其社会历史进化观,为政治上的改革要求服务。为了挽救民族危机,他还开眼看世界,研究西方资本主义国家的地理、历史、社会、制度等,提出“师夷之长技以制夷”的主张。这在当时起了“振聋发聩”的作用,掀起了观察世界、学习西方的热潮,在近代促进社会变革方面起了积极作用。到康有为彻底否定古文经学,引进西方进化论学说,中国的思想文化受到更大的冲击,传统的政治思想、伦理道德受到攻击和否定,思想界则发生了戊戌时期的思想解放运动。

今文经学家们表现的理想主义以及表达方式,为近代中国的其他理想主义者所继承,并溶进了民族的精神生活中,对近代中国产生了广泛的影响。清代今文学家把公羊学本来所具有政治理想主义重新运用于对天下大势的思考,并注入新的思想,形成了一套比较系统的政治思想体系。其最重要的内容,是塑造出一个伟大的孔子和孔子之道,为中国展现出一个完美的未来盛世。他们刻意渲染孔子超乎一切的伟大与崇高,论证孔子之道具有超越上古“王道”的完美,并且从未实现过,只有未来世界才

---

① 《清代学术概论》二十二。

是最完美的。这些,在康有为的著作中表现得最为充分。这种理想主义,表明今文经学家们对"霸道"时代的强烈不满,表现了他们对于从根本上改变现状的渴望,以及对将要到来的美好时代的无限乐观。他们对社会现实的批判,对社会变革的要求,为中国社会的变革作了相当的精神准备,对鸦片战争以后的社会变动和思想变革起了积极作用,它推动了戊戌维新,也影响了辛亥革命、五四运动。

今文经学家们的观点,还对近代学术产生了极大的影响。他们怀疑和否定古文经传的真实性、可靠性、权威性,重新确立今文经传的正统地位。刘逢禄的《左氏春秋考证》,首倡"刘歆作伪"说,宋翔凤、龚自珍、魏源、邵懿辰等均接受其说,在其他经传问题上也发挥这个观点。在《尚书》问题上,除对已被推倒的伪古文《尚书》不持异议之外,又怀疑亡于汉末的古文《尚书》,否定《书序》及《泰誓》;在《诗经》问题上,批判《毛诗》,极力恢复齐、鲁、韩三家《诗》的正统地位;在"三礼"问题上,攻击《周礼》,轻视《礼记》以及《大戴礼记》,力驳《逸礼》为不足信;在《春秋》及"三传"问题上,尊《公羊》,攻《左传》,排《穀梁》。到廖平、康有为则将古文经传一一推倒,彻底否定。今文经学派这种怀疑、辨伪的精神,不仅导致学术界对所有古文经传的否定,而且导致对所有经典及其记载的上古史的怀疑,遂产生了以顾颉刚、钱玄同为代表的疑古派。再进一步,也可以说导致了对传统文化的再估价、再认识。清代今文经学的复兴,就是近人对传统文化的再估价、再认识的开端。当今兴起的对传统文化的研究热潮,也与之不无关系。

在治学问题上,清代今文学者虽然也继承了汉代今文博士强烈的门户意识。对古文经大张挞伐,但他们不像汉代博士那样武断,而是把否定古文经的看法建立在比较丰富的考证之上,提出了大量的证据,虽然不免有主观武断和牵强附会,却也击中了不少传统的薄弱环节,引起了学术上的争论,最终导致学术研究的深入发展。以《左传》为例,西汉末就是今古文之争的焦点,清代今文学者,从刘逢禄到康有为,在西汉今文博士提出的"刘歆伪造"说的基础上,详加阐发、论证,使其说发展到几乎可以自圆其说的地步,《左传》真伪又成为清末学术界一个十分热门的研究课题,其影响之大,即使"现代对《左传》研究的突破,也是在支持和反对康氏之说的基础上实现的"①。

　　马克思说:"理论在一个国家实现的程度,决定于理论满足这个国家的需要程度。"②今文经学在清代后期的复兴与衰落,从正反两个方面证实了这一科学真理。今文经学一方面适应了清代道、咸以来社会变革的需要而得到很大的发展,并形成两次高潮;另一方面又因其自身难以克服的先天弱点,不可能解决社会矛盾,挽救民族危机,承担反帝反封建的历史任务,随着维新变法的失败而迅速衰落,也是历史的必然。

　　然而必须指出,清代今文经学在我国传统文化迈向近代化的进程中确实发挥了很大的作用,产生了深远的影响。这些作用和影响有积极的,也有消极的。我们应当把它当作一份文化遗产,在马克思主义指导下,给以批判地继承,使之在建设有中国特色的社会主义伟大事业中发挥其应有的作用。

　　　　　　　　　　　　（与耿天勤合作,《管子学刊》1998年增刊）

---

① 沈玉成、刘宁《春秋左传史稿》第十一章,江苏古籍出版社1992年版。
② 马克思《〈黑格尔法哲学批判〉导言》,《马克思恩格斯选集》第一卷第10页,人民出版社1972年版。

论晏子和齐文化

　　齐文化的形成和发展经历了一个相当长的过程。周初姜太公封于齐,采取了"因其俗,简其礼"①的政策,使齐文化从其建构之初就具备了兼容性和开放性的特征,并成为东夷文化、姜炎文化、商文化、周文化的融合体。齐文化在其发展过程中又以各种方式,通过不同途径,大量地吸收外来文化融入自己的体系之中。在齐桓公时期,管仲对齐国的政治、经济、军事、文化等方面进行了大规模的改革,进一步促进了东夷文化为基础的齐文化的全面兴盛与发展,形成了一种既不同于周鲁文化,又有别于其他滨海夷文化的独具特色的地域文化,同时为东方文化的中心由鲁转移到齐奠定了基础。晏子在管子之后,继往开来,使齐文化在其原来的基础上得到了进一步的发展。

　　晏子所处的时代,正是齐国政权内部发生急剧变化的时期。春秋末期,"礼乐征伐自大夫出",政权下移,齐国国内也存在着激烈的矛盾斗争,继崔庆之乱、栾氏高氏之乱以后,陈氏又通过收买民心的方法不断蚕食着姜齐政权。而姜齐统治者对此不仅束手无策,反而麻木不仁,继续荒淫无度、贪婪奢侈,造成国内民怨沸腾。在这种形势下,晏子作为一个忧国忧民的政治家和思想家,为了姜齐政权的稳定,一方面要制订一些限制大夫势力发展的措施;另一方面还要为民请命,提出一些惠民利民的政策。这是晏子在继承齐文化优良传统的基础上对齐文化更新、改造与发展的基本指导思想。

---

① 《史记·齐太公世家》。

任何人也不能脱离环境与时代的影响。《孔子家语》中直称晏子为"东夷之子",然而晏子历事三君,名显诸侯,其一生的思想和行为无不深深地刻划着齐文化的印记,反映了晏子与齐文化的密切关系。

一、尊贤尚功

齐文化在用人制度方面明显不同于周鲁文化之处便是"尊贤尚功"。《吕氏春秋·远见篇》载:"吕太公望封于齐,周公旦封于鲁,二君者甚相善也。相谓曰:'何以治国?'太公望曰:'尊贤尚功。'周公旦曰:'亲亲尚恩。'……其后齐日以大,至于霸。"可见,太公封齐之初就采取了尊贤尚功的用人政策,正是由于太公的这一政策,才使齐国在众多诸侯国中得到巩固和发展,而且自太公始,这一用人政策便成为齐国的一项重要的国策,同时也是齐文化的显著特点,并深深地影响着齐国后世的政治家。如齐桓公在选拔官吏方面便不拘小节,破格任用自己的政敌管仲为相;管仲治齐,也极力提倡"禄贤能"、"选贤论材",因此在齐桓公时期,齐国政坛上人才济济,齐国也因此而成为五霸之首。

尊贤尚功这一传统同样被晏子继承并体现在其政治实践中。晏子当政期间有许多举贤官能的言行,齐景公曾问他"莅国治民"之道,他答道:"举贤以临国,官能以救民,则其道也。"①他认为对于国家来讲有三个不祥之兆。"夫有贤而不知,一不祥;知而不用,二不祥;用而不任,三不祥。"②他把能否识别贤才与放手任用贤才看成是国家盛衰和兴亡的征兆,可见晏子在举贤官能方面对齐文化的继承与发扬。

晏子不仅在言论上大力提倡举贤官能,而且加以身体力行。《史记·管晏列传》载:"越石父贤,在缧绁中。晏子出,遭之涂,解左骖赎之,载归。……延入为上宾。"又"晏子为齐相,出,其御之妻从门间窥其夫。其夫为相御,拥大盖,策驷马,意气扬扬,甚自得也。既而归,其妻请去,夫问其故。妻曰:'晏子长不满六尺,身相齐国,名显诸侯。……今子长八尺,乃为人仆御,然子之意自以为足,妾是以求去也。'其后夫自抑损,晏

① 《晏子春秋·内篇问上第三》第十三。
② 《晏子春秋·内篇谏下第二》第十。

子怪而问之,御以实对。晏子荐以为大夫。"当齐国面临着晋国与燕国的入侵时,晏子当机立断向齐景公推荐了田穰苴,他说:"穰苴虽田氏庶孽,然其人文能附众,武能威敌,愿君试之。"①田穰苴也果然如晏子所言,率领齐军大败晋、燕军队,收复了失地。可见,晏子举荐贤才,不计出身门第,唯才是举,这正是齐文化的传统在他身上的反映。

二、通权达变

通权达变是齐文化的另一个特征。齐国的开国之君姜太公便是一个通权达变的人物。他辅佐武王伐纣,在牧野之战前,为预测战争吉凶的占卜结果不吉利,"群公尽惧,唯太公强之劝武王,武王于是遂行"②。终于打败商纣王而灭商。太公受封于齐后,根据当时齐国的实际情况,又灵活机动地采取了"因其俗,简其礼"等因地制宜的治国方略,顺应了民心,齐国也因之而迅速发展壮大。

齐桓公也是一个通权达变之人。当初在他回国争君位的路上,遇到管仲的阻击,管仲的箭只射中了他的衣带钩,他便倒在车中装死,借以迷惑管仲,然后昼夜兼程赶赴齐国国都,终于在公子纠之前到达临淄,夺取了君位。管仲更是通权达变的典范,齐桓公因为蔡姬之故兴兵伐蔡,管仲见因一个妇人而劳师动众难以向诸侯解释,遂借机讨伐楚国,然而又不愿真正与楚国交战,便责问楚国,问周昭王南征而不归及不向周王室进贡包茅的原因,从而使齐的这次出兵成为名正言顺冠冕堂皇的仁义之师。《史记·管晏列传》称管仲是"俗之所欲,因而予之;俗之所否,因而去之。其为政也,善因祸而为福,转败而为功。"即管子能够根据实际情况出发,与俗同好恶,而且在政治活动中,善于灵活变通,变不利为有利,化被动为主动。

晏子在当时复杂的政治环境中,之所以能够在齐国政坛安身立命应付自如,其关键便是他继承了通权达变这一齐文化传统的影响。

在崔杼杀庄公事件发生后,晏子立于崔氏之门外,有人问他:国君已

---

① 《史记·司马穰苴列传》。
② 《史记·齐太公世家》。

死，你是逃亡，还是殉难。晏子说了一段十分精彩的话，他说："君为社稷死，则死之；为社稷亡，则亡之。若为己死而为己亡，非其私昵，谁敢任之？"①在这里晏子为了不激化与崔氏的矛盾而巧妙地将国君与社稷区分开来，一方面他说自己并非庄公的"私昵"，因此与庄公划清了派系的界限；另一方面他讲国君并非是为社稷而死，而是为了自己而死，这既暗顺了崔氏的心理，给其一个体面的台阶，又为自己不殉节找了一个顺理成章的借口。

在外交活动中，晏子灵活机智的斗争策略发挥得更加淋漓尽致。当晏子使楚时，楚人不开大门而只开城侧小门让他进城，借以戏弄他个子矮小。晏子站在城门前说道："使狗国者从狗门入；今臣使楚，不当从此门入。"楚人羞愧无地，只好大开城门请他进城。当他见到楚王后，楚王嘲弄他道："齐无人邪？"言下之意是怎么让你来当使者？晏子答道："齐命使，各有所主，其贤者使使贤王，不肖者使使不肖王。婴最不肖，故直使楚矣。"②在这次使楚外交活动中，楚人及楚王都对晏子进行人身侮辱，晏子此时若勃然大怒，如同晋郤克使齐一样，只能造成齐、楚关系的彻底破裂。然而晏子戏谑对戏谑，顺着对方的逻辑，反唇相讥，使对方哭笑不得，进而达到既斗争又团结的外交效果。

三、安上利民

《韩非子·外储说右上》记载了太公封齐后，将狂矞、华士昆弟二位贤士杀死，原因是他们"虽知不为望用"，"虽贤不为望功。"对于"功"，《管子·明法》解释说："功者，安主上也，利万民也。"安主上就是安国。齐人眼中的功就是能为国家为百姓带来实际利益。否则，虽智虽贤也毫无用处。管仲本人就是一个功利主义者。司马迁说："管仲既任政相齐，以区区之齐在海滨，通货积财，富国强兵，与俗同好恶。"③司马迁评价管仲，其最大贡献就是富国利民。

①《左传·襄公二十五年》。
②《晏子春秋·内篇杂下第六》第九。
③《史记·管晏列传》。

　　齐文化的利民思想对晏子影响很深,《晏子春秋》一书对此有大量的记载。例如齐景公登路寝台,望国而叹曰:"使后嗣世世有此,岂不可哉!"晏子对曰:"臣闻明君必务正其治,以事利民,然后子孙享之。"景公问贤君治国若何? 晏子对曰:"其政任贤,其行爱民。"景公问:"富民安众难乎?"晏子对曰:"易。节欲则民富,中听则民安,行此两者而已矣。"鲁昭公问安国众民如何? 晏子对曰:"事大养小,安国之器也;谨听节俭,众民之术也。"①总之,晏子为政的主导思想就是安上(安国)利民,这在他与晋国叔向谈论陈氏将代齐时的言论中更有集中反映。他明确指出:"其爱之如父母,而归之如流水。欲无获民,将焉辟之?"②即谁对人民有好处,谁就会获得人民的拥护。他把安上与利民看成是统一的辩证关系,要安上就要利民,只有利民才能安上。所谓:"民为邦本,本固邦宁。"这正是晏子那个时代民本思想的实质所在。

四、以礼治国

　　崇物利,卑礼义是齐文化的特征之一。《礼记·表记》中说"周人尊礼",但姜太公建国及治齐过程中只是对发展工商业、兴鱼盐之利特别热心,对周礼并不重视。到齐桓公时,管仲治齐称霸诸侯,虽然也提倡以礼、义、廉、耻为"国之四维"③,但孔子对管仲的不知礼也提出过严厉的批评:"邦君树塞门,管氏亦树塞门,邦君为两君之好,有反坫,管氏亦有反坫,管氏而知礼,孰不知礼?"④晏子对礼则采取了不同以往齐国政治家的积极态度。

　　晏子极力将礼引入齐国政治。当齐景公为陈氏势力的不断发展壮大而忧愁时,晏子向他建议用礼治国并借以限制陈氏势力的发展,他说:"在礼,家施不及国,民不迁,农不移,工贾不变,士不滥,官不谄,大夫不收公利。"⑤即只要实行礼治,士农工商等各个阶层均会安分守己,社会秩

---

① 参见《内篇·谏下》、《内篇·问上·问下》。
②《左传·昭公三年》。
③《管子·牧民》。
④《论语·八佾》。
⑤《左传·昭公二十六年》。

序将会有条不紊,更为关键的是因之可以抑制大夫势力的发展。晏子将礼的作用看得很重要,他认为"礼之可以为国也久矣,与天地并","先王所禀于天地,以为其民也,是以先王上之"①。他又说:"凡人之所以贵于禽兽者,以有礼也;故诗曰:'人而无礼,胡不遄死,'礼不可无也。"②在这里,他将礼之有无看成是人与禽兽之间的本质区别。在记载晏子言行的《晏子春秋》一书中,"礼"字出现了四十余次,足见晏子对礼的重视程度。作为一个政治家,晏子将礼与政治牢牢地结合在一起,他认为礼是国家兴亡的砝码,他讲:"夫乐亡而礼从之,礼亡而政从之,政亡而国从之。"③即礼的存在与否是国家兴亡的重要标志。

晏子所谓的礼的具体含义是:"君令臣共,父慈子孝,兄爱弟敬,夫和妻柔,姑慈妇听,礼也。君令而不违,臣共而不贰,父慈而教,子孝而箴,兄爱而友,弟敬而顺,夫和而义,妻柔而正,姑慈而从,妇听而婉,礼之善物也。"④这就是说,晏子所谓的礼是浸透于社会各阶层中的一种行为准则,即从君臣关系到家庭关系,只要按礼法办事,就能创造出一种融洽和谐的人际关系。晏子之所以在礼治问题上采取如此迫切的态度,那是因为他要将礼引入齐国的政治,并借礼治来维护姜齐政权的统治。也正是由于晏子的大力提倡,才使得"礼"逐渐溶于齐文化之中,并形成齐文化独具特色的礼。

五、义为利本

在义、利关系问题上,如前所述,齐文化以重功利为其特色之一。齐桓公时,管仲把义列为"国之四维",但与儒家的"君子喻于义,小人喻于利"⑤的观点不同,管子所以大谈功利,因为他看到功利是人的生存之必需:"衣食之于人也,不可一日违也。"⑥他认为趋利避害人情皆然:"夫凡

---

① 《左传·昭公二十六年》。
② 《晏子春秋·内篇谏上第一》第二。
③ 《晏子春秋·内篇谏上第一》第六。
④ 《左传·昭公二十六年》。
⑤ 《论语·里仁》。
⑥ 《管子·侈靡》。

人之情，见利莫能勿就，见害莫能勿避。"①"百姓无宝，以利为首，一上一下，唯利所处"②，义虽是国家的"四维"，但也应以利为基础。

晏子则一反齐文化以往的传统，将"义"看成是立国之本。他说："汤武用兵而不为逆，并国而不为贪，仁义之理也。"③又说："昔三代之兴也，谋必度其义，事必因于民。""谋度于义者必得，事因于民者必成。"④这即是说，只要谋合乎义，其谋必成，而且因此可以兴立王业，可见"义"的潜在能量之大。

晏子在处理义、利关系问题上，首先强调义。他说："凡有血气，皆有争心，故利不可强，思义为愈。义，利之本也。"⑤在这里，他既吸收了儒家的重义思想，同时也没有将齐文化中的"利"全盘抛弃，而是将两者结合在一起，义为利本。这是晏子在义利问题上对齐文化的突出贡献。

六、尚俭倡廉

齐地人的风俗习惯是奢侈浪费。《管子·侈靡》篇中对这一意思表述很明确，他主张人们"噌至味也，罢至乐也，雕卵然后瀹之，雕橑然后爨之。"即不仅吃好食物，听好音乐，甚至还提出在蛋类上画上画再煮了吃，在木柴上雕刻美丽的图案后再焚烧。《管子》作者的本意是通过社会消费促进社会生产，但他没有划清合理消费与奢侈浪费的界限，助长了奢侈浪费的社会风气。《汉书·地理志》称齐国"其俗弥侈"，至晏子同时代的齐景公更是奢侈无度。《史记·齐太公世家》说："景公好治宫室，聚狗马，奢侈。"孔子亲自见过齐景公，当齐景公向他问政时，他说："政在节财。"⑥这说明齐国在齐景公时期，是以奢侈浪费而闻名的。晏子在齐国上下以尚奢为风气的情况下，力反其弊，采取了崇尚俭朴、不慕奢华的态度。

晏子一生厉行节俭，克己奉公，司马迁称："晏平仲以节俭力行重于

---

① 《管子·禁藏》。
② 《管子·侈靡》。
③ 《晏子春秋·内篇谏上第一》第一。
④ 《晏子春秋·内篇问上第三》第十二。
⑤ 《左传·昭公十年》。
⑥ 《史记·孔子世家》。

齐。"①他认为凡衣食居处,足以养生奉死即可,不必追求过分的华美,他说:"首服足以修敬,不重也;身服足以行洁,而不害于动作。服之轻重便于身,用财之费顺于民。其不为檐巢者,以避风也;其不窟穴者,以避湿也。"②晏子区分了啬和吝、爱,他认为"称财多寡而节用之,富无金藏,贫不假贷,谓之啬;积多不能分人,而厚自养,谓之吝;不能分人,又不能自养,谓之爱。故夫啬者,君子之道;吝、爱者,小人之行也"③。他提倡的节俭便是所谓的"啬",节俭不同于"吝、爱",节俭是君子的美德。

晏子不仅提倡节俭廉洁,而且身体力行。《史记·管晏列传》载:晏子"既相齐,食不重肉,妾不衣帛。"《晏子春秋》中记载了许多晏子节俭廉洁的故事,如齐景公为他扩建住宅,赐给他千金,他都辞谢不受,以至于由于他的过分节俭廉洁,引起同僚对他极为不满。

晏子崇尚节俭廉洁的主要原因是为了政治上的需要。他把节俭廉洁看作治理齐国的一个手段,并带头提倡推行。齐景公曾送给他新车骏马,他坚决推辞,仍然使用自己的旧车劣马,他认为自己率先节俭"犹恐其侈靡,而不顾其行也。今辂车乘马,君乘之上,而臣亦乘之下,民之无义,侈其衣服饮食而不顾其行者,臣无以禁之"④。即他率先节俭是为了改变齐国奢侈的风气,从节俭入手,以改变齐国腐败的政风。通过节俭以安定国家,团结人民,即"谨听节俭,聚民之术也"。

由于晏子身体力行地提倡节俭廉洁,齐地的社会风气逐渐改变。时人弦章便深受晏子的影响,被誉之为:"弦章之廉,晏子之遗行也。"⑤《隋书·地理志》载:"齐地男子务农桑崇学业,其归于俭,则颇变旧风。"明嘉靖《青州府志》称:"齐地汉以后尚俭、倡廉,与晏子的移俗不无关系。"可见晏子尚俭倡廉的思想与行为对齐文化影响之深远。

①《史记·管晏列传》。
②《晏子春秋·内篇谏下第二》第十四。
③《晏子春秋·内篇问下第四》第二十三。
④《晏子春秋·内篇杂下第六》第二十五。
⑤《晏子春秋·外篇第八》第十八。

七、和而不同

晏子与齐文化之间的关系是相辅相成的关系，即晏子所论述的"和而不同"的关系，他认为："和如羹焉，水、火、醯、醢、盐、梅，以烹鱼肉，灼之以薪，宰夫和之，齐之以味，济其不及，以泄其过。……声亦如味，一气，二体，三类，四物，五声，六律，七音，八风，九歌，以相成也。清浊，小大，短长，疾徐，哀乐，刚柔，迟速，高下，出入，周疏，以相济也。……若以水济水，谁能食之？若琴瑟之专一，谁能听之？同之不可也如是。"①可见晏子主张各种事物和而不同，互相补充，互相利用，取长补短。因此，晏子对齐文化中的精华能广泛地吸收，如齐文化的尊贤尚功、富国利民及通权达变等传统与风格都被晏子接受，并贯彻其政治实践中，同时加以改造、发展，使之适应时代的需要；另外，晏子还积极撷取同时代各种先进的文化思想，如：他吸取了儒家的礼、义及墨家的尚俭思想，然后将它们合理的改造，运用到齐国的政治生活中，使齐文化因之而得以输入新鲜的内容，并在原来基础上向前大大迈进了一步。司马迁在《史记·管晏列传》中对晏子给予很高的评价："假令晏子而在，余虽为之执鞭，所忻慕焉。"

（本文与高广政合作，载王振民主编《晏子研究文集》，齐鲁书社1998年版）

---

① 《左传·昭公二十年》。

中国历史概要

　　中国是世界上最大国家之一,它的领土和整个欧洲的面积差不多相等。在这个广大领土之上,有广阔的肥田沃野,有纵横全国的大小山川河流,有广大的森林、丰富的矿藏,还有很长的海岸线。从一百多万年前开始,我们中华民族的祖先就劳动、生息、繁殖在这块广大的土地之上。

　　中国是一个由多数民族结合而成的拥有广大人口的国家。中华民族十分之九以上是汉族,此外,还有蒙古族、回族、藏族、维吾尔族、苗族、彝族、壮族、朝鲜族、高山族等,共有五十多个少数民族。虽然它们的文化发展的程度不同,但都有自己长久的历史,都对祖国的历史作出了重要的贡献。

　　中华民族的发展,和世界上别的许多民族同样,曾经经过了若干万年的无阶级的原始社会的生活。根据地下史料的发掘和研究,在中国大地上,属于旧石器时代的有一百七十万年前的云南元谋猿人的文化遗存,有五、六十万年前的北京猿人文化遗存,有一万七千年前的山顶洞人文化遗存。至于遍布全国各地的新石器时代的文化遗存,也都有四、五千年乃至万余年的历史。这些丰富的文化遗存,都是中华民族的祖先留下来的活动遗迹。

　　根据古书的记载,还有许多关于燧人氏、伏牺氏、神农氏以及炎帝、黄帝、尧、舜、禹等历史传说,这些传说,也是中华民族祖先实际生活的生动反映。尤其是炎帝和黄帝的事迹,给后人留下了深刻的印象。直到今天,无论是居住在中国大陆上的同胞,还是旅居海外的侨胞,都认为自己是炎黄子孙。

　　从公元前二十一世纪夏朝建立开始,中国便进入了阶级社会。根据殷墟（河南安阳小屯村）甲骨卜辞的发现，又证明了中国已有了四千年有文字可考的历史。按照目前中国史学界一般说法，中国的奴隶社会，包括夏、商、西周、春秋四个时期，约有一千六百年的历史。从战国开始，历秦、汉、三国、两晋、南北朝、隋、唐、五代、宋、元、明、清各个皇朝，中国又渡过了二千三百多年的漫长的封建社会。一八四〇年的鸦片战争，外国帝国主义闯进了中国的大门，把中国变为半殖民地半封建社会。直至一九四九年，中国人民经过一百多年前仆后继不屈不挠的反帝反封建的艰苦卓绝的斗争，从鸦片战争、太平天国运动、中法战争、中日战争、戊戌变法运动、义和团运动、辛亥革命、五四运动、五卅运动、北伐战争、土地革命战争、抗日战争，直至解放战争，才终于在中国共产党领导下取得胜利，在世界的东方建立起一个伟大的社会主义的新中国。可以说，像中国这样一个既古老而又崭新的伟大国家，在全世界是罕见的。

中国自古以农业立国，是世界上最大的农作物起源的中心，很多农作物如水稻、麦、黍、稷、高粱、大豆、茶、麻等，都是中国劳动人民最早从野生植物驯化选育而成的。蔬菜作物中的大白菜，古称菘，它的栽培也以中国为最早，欧美和日本的白菜都是由中国传入的。中国古代的手工业也是举世闻名的。传世的龙山黑陶、仰韶彩陶、商周的青铜器、汉唐的丝织品、宋元明清的瓷器等等，其种类之繁多，制作之精巧，不少外国友人都为之惊叹不已。

在中华民族的发展史上，不仅有素称发达的农业和手工业，而且产生了许多伟大的思想家、科学家、发明家、政治家、军事家、文学家和艺术家。其中最著名的有：

思想家：孔子（春秋）、孟子（战国）、荀子（战国）、墨子（战国）、老子（春秋）、庄子（战国）、韩非子（战国）。孔子不但是伟大的思想家，还是伟大的教育家。

军事家、政治家：孙子（春秋）、吴起（春秋）、曹操（三国）、诸葛亮（三国）。

史学家：司马迁（西汉）、班固（东汉）、司马光（北宋）。

文学家：屈原（战国）、李白（唐）、杜甫（唐）、白居易（唐）、苏轼

（北宋）、陆游（南宋）、辛弃疾（南宋）、李清照（南宋）、关汉卿（元）、罗贯中（明）、施耐庵（明）、吴承恩（明）、孔尚任（清）、曹雪芹（清）、吴敬梓（清）、蒲松龄（清）。

　　书法家：王羲之（东晋）、颜真卿（唐）。

　　画家：吴道子（唐）、李思训（唐）。

　　农学家：贾思勰（北魏）、王祯（元）、徐光启（明）。

　　科学家、发明家：张衡（东汉）、祖冲之（南朝）。

　　医药学家：张仲景（东汉）、华佗（东汉）、李时珍（明）。

　　此外，还有丰富的文化典籍。例如"二十五史"，一朝接一朝，一代接一代，从未间断地记录了自黄帝至清代四千多年的中国历史；号称"十通"的《文献通考》《通典》《通志》及其续篇，系统地记录了历代的典章制度。像二十五史、十通这样的史学巨著，在全世界也是独一无二的。附带提一下明代的《永乐大典》和清代的《四库全书》，前者22877卷，约三亿七千多万字；后者共79309卷，共约九亿九千七百余万字，比同时代法国的《狄德罗学典》（1751—1772）的字数多十倍以上。可以说，这是两部举世罕见的巨型百科全书。

　　中国古代的科学技术、发明创造，在十六、七世纪以前的世界，一直处于领先的地位。例如东汉蔡伦改进的造纸术、北宋布衣毕昇发明的活字印刷术以及无名氏发明的火药和指南针。马克思对这四大发明，曾给予高度的评价，说这是"资产阶级发展的必要前提"。对世界历史的发展，起了重大的推动作用。

　　中华民族不但以刻苦耐劳著称于世，同时又是酷爱自由、富于革命传统的民族。以汉族的历史为例，可以证明中国人民是不能忍受黑暗势力的统治的，他们每次都用革命的手段达到推翻和改造这种统治的目的。在汉族数千年的历史上，有过大小几百次的农民起义，从秦朝的陈胜、吴广、项羽、刘邦起，中经汉朝的绿林、赤眉、铜马和黄巾，隋朝的李密、窦建德，唐朝的王仙芝、黄巢，宋朝的宋江、方腊，元朝的朱元璋，明朝的李自成、张献忠，直至清朝的太平天国，都是农民的反抗运动，都是农民的革命战争。中国历史上的农民起义和农民战争的规模之大，次数之多，是世界历史上所仅见的。中华民族的各族人民还反对外来的民族压迫,同样用反抗的手段来解除这种压迫。他们赞成平等的联合,而不赞成互相压迫。在中华民族的几千年的历史中,产生了很多的民族英雄,例如宋朝的岳飞(抗金)、文天祥(抗元),明朝的戚继光(抗倭)、郑成功(驱逐荷兰,收复台湾)。在近百年来的反抗外国侵略的斗争中,更是涌现出了不计其数的爱国民族英雄和革命先烈,他们的光辉业绩,气壮山河,可歌可泣,将永垂史册,万古流芳。

没有中国共产党就没有新中国。只有社会主义才能救中国发展中国。这是中国人民长期以来从铁的事实和血的教训中得出的结论。中华人民共和国成立以后的历史,总的说来,就是在马克思列宁主义、毛泽东思想指导下,在中国共产党的领导下,中国各族人民进行社会主义革命和社会主义建设并取得巨大成就的历史。虽然由于我们缺乏经验,对国情的认识不足,曾经走过一段弯路,直至一度发生了"文化大革命"那样全局性的、长时间的错误;但是,建国三十多年来我们取得的成就还是主要的,这是有目共睹的。1978年十二月召开的中国共产党十一届三中全会,及时地纠正了错误,拨乱反正,重新确立了马克思主义的思想路线、政治路线和组织路线,从而有步骤地解决了建国以来的许多历史遗留问题和实际生活出现的新问题。

当前,我们正在实行改革开放政策,我们的国家在经济、政治、思想、文化教育等方面都出现了很好的形势,中国已进入了一个新的历史时期。为了实现社会主义四个现代化,我们一方面要研究我们的历史,了解国情,总结经验,为四化建设服务;另一方面,我们还要了解世界,走向世界,学习外国的先进科学技术。中国是一个历史悠久的国家,中国人民是勤劳智慧的人民,只要我们做好这两方面的工作,我们的目的一定会实现,中国的历史将会出现崭新的一页。

（对外国留学生的一次《中国历史讲座》2001 年）

中国大运河与运河文化

中国的大运河与万里长城一样,被列为世界最宏伟的四大古代工程之一。这是中国广大劳动人民和一批水利专家的伟大创造。

中国大运河是世界上开凿时间最早、流程最长的一条人工运河。它创始于春秋时期,公元前486年(周敬王三十四年)吴王夫差开凿的从江都(今扬州)到末口(今淮安)的南北水道邗沟,距今已有2400多年的历史。从此以后,中国人民一代接一代,以其勤劳、智慧和坚强的毅力,由短到长,由局部到整体,不断地开凿整修,持续了一千多年的时间,直至公元1293年(元世祖至元三十年),终于完成了一条由杭州直达北京纵贯南北的人工大运河。大运河全长1782公里(一说1794公里,东西走向的浙东运河及其他局部地区的小运河未计在内),跨越今北京、天津、河北、山东、江苏、浙江四省二市,沟通了钱塘江、长江、淮河、黄河、海河五大水系。比举世闻名的沟通太平洋和大西洋的巴拿马运河(1914年竣工,全长81.3公里)长21倍,比连接地中海和红海的苏伊士运河(1869年竣工,全长172.5公里)长10倍,比这两条运河的开凿时间要早两千多年。至于中国大运河历经两千多年所积累的历史文化底蕴之丰厚,更是后者所望尘莫及的。

水道运输经济而省力,因此水道交通很早便受到人们的重视和利用。但是,中国的主要河流绝大多数是东西走向,没有南北水道,这种横向封闭的自然水系严重地制约着全国各地的交通往来,不利于国家的统一、经济文化的交流和发展。在这种情况下,人们开始设法开凿南北走向的人工河——运河。从吴国开凿的邗沟起,此后有战国时期魏国在中原地区开的鸿沟,三国时曹魏在华北平原开的白沟、平虏渠、利漕渠,吴国在江南开的破岗渎。但直到隋朝以前,这些运河规模都不大,而且互不连贯,时兴时废,没有形成一个完整的水运系统。因此,我们将这个时期所开凿的运河统称为早期的运河。

隋代统一中国后,为了进一步巩固其对全国的统治,发展江淮漕运,增强北方边防力量,从公元584年(隋文帝开皇四年)到公元610年(隋炀帝大业六年)20余年之间,充分利用了过去开的运河和天然河流,先后开凿了通济渠(东段流经商丘入淮)、永济渠,并重修了江南运河,终于凿成和疏通了以国都洛阳为中心,北抵河北涿郡、南达浙江余杭的大运河。唐代的运河基本上是沿用了隋代大运河的体系,只是作了局部的变更和整修。所以后人有"隋朝开河,唐宋受益"之说。

隋唐以后,伴随着中国古代政治中心的东渐北移与经济重心的逐步南移,开通疏浚联结南北方重要交通运输干线的大运河,已经成为历代封建统治者的共识和奉行的基本国策。

北宋皇朝都开封,即十分重视开发运河交通运输,通过开凿整治汴河、惠民河、广济河、金水河以及江淮运河、江南运河、两浙运河等重要运河河道,把江浙、两淮、荆湖等南方地区与河北、京东、京西以及京畿一带等北方地区连接起来。南宋皇朝都杭州,偏安东南半壁,也大力疏浚江南运河以供运输。

金、元、明、清四朝都建都北京,更进一步开凿沟通河北、山东运河河道以南接江淮各地。尤其是元朝世祖忽必烈时开凿济州河、会通河、通惠河等运道,遂使大运河直接贯通南北,也使前代呈多支型分布的运河转变为单线型的大运河,从而把南北方各大经济区更直接地联系起来,成为中国运河变迁史上自隋代以后又一次重大转变,奠定了此后南北京杭大运河的基本走向及其规模。此后,明朝的永乐皇帝、清朝的康熙皇帝也在整修运河工程方面作出了积极的贡献。

与此同时,运河的开凿整修技术也日渐成熟,运河的管理更是日臻完善。这一时期,不仅在解决运河水源、保护河堤、开凿河道、利用各种闸、堰以控制调节运河水量等关键技术上有重大创新突破,涌现出郭守敬、潘继训、靳辅等一批卓有成就的水运专家,而且还完善了各个职责分明的运河管理机构,制订了较为严密的规章制度,以确保运河的航运畅通,极大地发挥着运河在漕运等方面的功能。

大运河的开凿与贯通,营造着新的自然环境、生态环境、生产环境,极大地促进了整个运河区域社会经济环境的改善,使运河区域成为繁荣昌盛的新的经济带。

首先,大运河的开发与农田水利建设事业紧密联系在一起,在开拓航道的同时,以消弥水患和引水灌田为主要内容的南北方农田排灌工程在各地大量兴建起来,使运河区域的水利田获得大幅度的扩展,尤其是江南的圩田、北方的淤田、各类的水利田以及沿运地区的官府屯田和营田等等,都有显著的增加。隋唐以后运河的贯通更直接导致了南北方农业生产技术的广泛交流、南北方农作物品种的相互移植与栽培,促进了各地区经济作物的普遍种植,更促进了南北方商品农业经济的发展,使运河地区的生产力水平获得显著提高,也使运河区域成为全国人口最稠密的地区,从而推动了农业经济的稳步发展。

大运河的贯通,也极大地促进了运河区域工商业的发展。在沿运地区尤其是运河两岸城市中百业俱兴,商业气息尤为浓厚,一大批官私工商业如造船业、瓷器业、酿造业、纺织业、编织业、印刷业、造纸业、金属品制造业、生活品制造业及其他各种手工业等,蓬勃兴起。各种商业店铺数以千万计,商业人口大增,呈现出从业而聚、活动频繁的特点,形成了独具特色的运河工商业文化。随着运河的贯通,也促进了历史上规模空前的南北(也包括东西)物资大交流,密切了各区域市场的联系,促进了全国统一市场的形成。以运河为主干线的水上销售渠道来往不断地将各地区的巨额商品输送到各类城镇市场,形成了完整而系统的商业销售网络,打破了并改善着地域性商业的闭塞状况,使运河经济带在推动全国经济发展方面起着更大的作用。特别应指出的是,明代中后期,在商品经济发达的江南运河区域,如苏州、杭州等地的某些行业中已出现了资本主义性质的手工工厂和包买商,这是资本主义萌芽的重要标志。

运河区域商品经济的繁荣,更直接导致一批运河城市的兴起。由运河开发、畅通而兴起的商业城市，从今日北京南下，经天津、沧州、德州、临清、聊城、济宁、徐州、淮安、扬州、镇江、常州、无锡、苏州、嘉兴、杭州、绍兴，直到宁波，宛如一串镶嵌在运河上的明珠，璀璨辉映，耀人眼目。其共同特点都是工商繁荣、客商云集、货物山积、交易繁盛，成为运河上一个个重要的商品集散地。尤其是隋唐的长安、洛阳、北宋的开封，南宋的杭州，元、明、清的北京，更是运河区域乃至全中国的政治、经济、文化中心。

从历史上看，贯通南北的大运河对历代封建皇朝的政治局势有着举足轻重的作用。尤其是隋唐以后，运河的开凿与开发，无不是围绕着巩固和强化皇朝统治而展开的，其最直接的目的就是出于军事需要和经济需求。由于运河区域在全国范围内，始终处于政治、军事、经济、文化诸方面的中心地位，因而成为历代封建皇朝着力控制的最重要的区域，每一代皇朝统治者也都要凭借运河这个理想的地理位置、优越的经济条件和人文环境，总揽大局，驾驭全国。同样，当皇朝递变与变革之际，发生在运河区域的战争，包括统治阶级内部的战争、农民战争和民族战争最多，也最为激烈。在某种意义上可以说，谁控制了运河，谁就能取得战争的胜利，谁就能建立起稳定的对全国的政治统治。因此，大运河也就成了维系中央集权和中国大一统局面的政治纽带，使隋唐以后政治中心逐渐北移的历代皇朝呈现出强烈的大一统色彩，特别是元朝实现全国统一以后，直至明、清两朝，中国再也没有出现大的分裂，从而奠定了祖国大一统局面的坚实基础。大运河的贯通，大一统局面的形成，又加强了国内各民族之间的紧密联系与融合，进一步增强了民族团结和中华民族的凝聚力和向心力。

中华民族的文化是多元一体的文化，其所以存在着文化上的多元化，是由于各个区域地理环境的不同造成的自然条件的差别，经济发展水平不同引起的社会条件的差异，生活习俗不同所带来的文化背景的各异，军事上的封建割据所形成的政治上的隔绝，这一切都足以造成了区域文化的不同特色。随着运河的南北大贯通和迅速开发，运河区域的社会经济达到了前所未有的兴盛与繁荣，这不仅为运河区域文化事业的发展提供了雄厚的物质基础，而且也促进了南北（包括东西）文化和中外文化的大交流，使各种地域文化和外来文化相互接触、融会、整合，形成了独具特色的运河文化。

运河文化以其博大的包容性和统一性、广阔的扩散性和开放性，强大的凝聚力和向心力，不仅加强了中国传统思想文化发源地齐鲁地区与中原地区、江南地区的文化交融，更把汉唐的长安洛阳，两宋的开封、杭州和金、元、明、清的北京为首的文化中心联为一体，不断减少区域文化的差异而呈现共同的文化特征，从而使各个区域文化融合为中华民族的多元一体的大一统文化；同时也使运河区域成为人才荟萃之地，文风昌盛之区。大运河的水哺育了许多著名的政治家、军事家、思想家、科学家、发明家、文学家和艺术家。他们不但对运河文化的发展作出了重大的贡献，而且对中国历史乃至世界历史都有着广泛而深远的影响。

南北大运河的开通，使东南沿海地区与全国各地的联系更为直接而紧密，尤其是运河区域经济文化的繁荣与发展，使之成为扩大中外经济文化交流的前沿地区。中国的邻近国家和地区以及西亚、欧洲、东非各国纷纷派遣使团和商队来到中国，在各沿海港口泊岸，遂即沿运河航行到达京师及各地，进行着频繁的经济文化交流，有的更直接迁居于运河区，使这一地区成为内迁各少数民族和外国使者、商人、学问僧、留学生及其他各方人士集中的地区。他们把中国先进的文化带到世界各地，扩大了中国对世界的影响；而国外优秀的文化也传播到中国，不仅更加丰富了运河区域文化的内容，而且也促进了中华民族文化的全面发展。

一部大运河变迁史，反复说明了这样一个事实：历代运河的开凿、整修都需要大量的财力和人力，所以大规模地开凿、整修运河，常常在政治比较清明、国家富强时期；反过来说，运河的开凿和整修对国家的繁荣富强、统治的巩固和稳定，又起着积极作用。而当政治腐败、国家贫弱时期，不仅没有或很少有开凿运河的盛举，即使前代开凿的运河，也往往难以保全，而时常湮废。一旦运河不能通航或部分湮废，必将给国家带来不可估量的损失或危害，甚至导致皇朝的灭亡。所以中国古代的运河问题，不仅是一个交通运输问题、涉及国计民生的经济问题，而且还是一个政治问题，对历代统治者来说，也就是一个政治生命线的问题。

公元1855年（清咸丰五年）黄河在河南铜瓦厢决口北徙后改由山东

入海，致使山东境内黄河两岸的运河航道淤塞，河道废弛。这时清朝已进入腐朽衰败的阶段，内忧外患重重，根本无暇顾及也无力解决运河通航的问题。到公元1900年（光绪二十六年），清朝廷下令停止各省河运漕粮，从此南北航运中断，清朝也走上衰亡的道路。民国期间，从北洋军阀到国民党政府，都忙于内战，排除异己，镇压人民，当然也不可能对运河进行妥善的治理，运河各段终于任其自行废弃。

建国后，百废待举，百业待兴，国家将京杭大运河列为重点发展的内河航运主干线之一。改革开放后，尤其是南水北调东线工程的实施，运河建设的步伐进一步加快。20多年来，各级政府和部门不断投入巨大财力和人力对运河进行扩建。例如1988年，完成了苏北运河徐州至扬州段404公里的扩建工程，达到通航2000吨级船舶的标准。1995年，京杭运河又被列为国家内河航运两横一纵两网的发展规划。1997年底，江苏省境内208公里（即苏南运河）的建设任务顺利完成。2000年，山东济宁至台儿庄段168公里三级航道扩建工程正式通航。2003年，断流百年的运河通州段也重新通航。2004年，京杭大运河经过五次大规模整治后，承担了华东地区大部分电煤运输任务，是世界上最繁忙的运输航道之一。

"运河要贯通，关键在山东。"这已是国人的共识。据悉，国家正在规划疏通"山东段"运河，规划一旦实施，对运河全线通航乃至"申遗"，必将起着决定性的作用。

运河不仅承担了繁忙的运输重任，同时还发挥着巨大的防洪、灌溉、供水、旅游等多种综合效益。京杭运河在我国内河航运中占有极为重要的地位，苏北运河每年运输的货物已经相当于一条电气化铁路的运量，而苏南运河每年运量已超过一亿吨；京杭运河还承担着淮河、里下河、太湖等农业发达地区的灌溉和防洪重任；运河又是凝结着两千多年中国历史和文化的一个重要载体，沿河众多的历史名城、名胜古迹，拥有着丰富而灿烂的中国传统文化，旅游已成为一项世界性的重要的文化经济活动。历史沧桑，饱受风雨后的古运河，经过治理，必将重新焕发出青春的生机，对今后运河沿线的经济文化的发展继续发挥其重要的作用。

大运河是中国两千多年历史的现实见证，是保存中国古代灿烂文化最丰富的文化长廊、博物馆和百科全书。对于历代祖先给我们留下来的这笔珍贵的遗产，不仅需要后代子孙很好地加以保护和利用，而且迫切需要今人加以认真的发掘、总结、继承和发展，为建设社会主义和谐社会，为中华民族的伟大复兴作出积极的贡献。

（本文原为《中国运河文化史》一书的序言，并曾载中国文物报社编《中国文化遗产》2006年第1期）

论齐国的"贤人政治"

齐国治国的指导思想，早在西周初年姜太公治齐时就基本确立了。以后历春秋战国不断发展完善，逐步形成了一套比较完整的成功的治国方略。其中最重要的就是"贤人政治"。具体表现为齐桓公、齐威王、齐宣王时期的重视贤才、尊重贤才、重用贤才、聚集贤才以及虚心纳谏、赏罚分明、思想言论自由等等。研究和总结齐国的"贤人政治"，对我国在 21 世纪参与世界竞争有一定的现实借鉴意义。

一

据《汉书·地理志》记载："昔太公始封，周公问何以治齐？太公曰：举贤而上功。"又《史记·齐太公世家》亦载："太公至国，修政，因其俗，简其礼，通商工之业，便鱼盐之利。"根据这两段记载，可以把姜太公的治国思想概括为三个方面："举贤而上功"是齐国在政治方面的治国思想；"因其俗，简其礼"是齐国在制度文化方面的治国思想；"通商工之业，便鱼盐之利"是齐国在经济方面的治国思想。而这三个方面最重要的是"举贤而上功"，后来发展为"贤人政治"。

春秋时期第一个霸主齐桓公是一位雄才大略、很有作为的诸侯国君，辅佐他的助手管仲也是少有的"天下奇才"[1]。但是在最初齐国统治集团内部公子小白（即后来的齐桓公）与其兄公子纠争夺君位的斗争中，管仲支持了公子纠，并亲自率兵于道中阻击小白，射中其带钩，小白险些丧命。

---

[1]《国语·齐语》。

后来小白战胜公子纠,成为齐国国君,对于管仲这个政敌,却不计私仇,不仅没有杀他,反而他任为相,号为"仲父"。史称"管仲既用,任政于齐,齐桓公以霸,九合诸侯,一匡天下"①,给齐国的发展以巨大影响。据《韩非子·难一》记载:"齐桓公时,有处士曰小臣稷,桓公三往而弗得见。桓公曰:吾闻布衣之士不轻爵禄,无以事万乘之主;万乘之主不好仁义,亦无以下布衣之士。于是五往乃得见之。"对于一个普通平民,国君竟五往而见之,足见齐桓公对贤才的重视。所以史称齐桓公"唯能用管夷吾、宁戚、隰朋、宾胥无、鲍叔牙之属而伯(霸)功立"②。管夷吾即管仲,其余四人皆为佐助齐桓公称霸的贤大夫。其中鲍叔牙以知人著称,少与管仲友善,后为小白师,支持小白夺权,小白即位后欲任其为相,他辞谢,力荐管仲。"鲍叔既进管仲,以身下之……天下不多管仲之贤而多鲍叔知人也"③。孔子就非常称赞鲍叔牙荐管仲,称其为"进贤为贤"④。可以说正是依靠贤人政治才造就了齐桓公的霸业。

二

战国时期,齐国的威王、宣王也是历史上著名的国君。史称"齐威、宣,世之贤主也"⑤。在他们执政期间,特别重视招揽和任用贤才。

齐威王初即位时,委政卿大夫,九年之间,诸侯并伐,国人不治。他任用邹忌为相,实行变法,择君子,远小人,谨修法律而督奸吏。例如他虚心接受邹忌所提出的"王之蔽甚矣"的批评,毅然下令国中曰:"群臣吏民,能面刺寡人之过者,受上赏;上书谏寡人者,受中赏;能谤议于市朝,闻寡人之耳者,受下赏。""令初下,群臣进谏,门庭若市。数月之后,时时而间进。期年之后,虽欲言,无可进者。燕、赵、韩、魏闻之,皆朝于齐。"⑥又如即墨大夫治即墨,"毁言日至"。齐威王派人去考察,发现即墨"田野

---

①《史记·管晏列传》。
②《国语·齐语》。
③《史记·管晏列传》。
④《说苑·臣术》。
⑤《战国策·赵策二》。
⑥《战国策·齐策一》。

辟,民人给,官无留事,东方以宁",遂"封之万家"。阿大夫守阿,"誉言日闻",经考察,发现"田野不辟,民贫苦",敌国来攻,一无所知,知而不能救,遂"烹阿大夫,及左右尝誉者皆并烹之"。"于是齐国震惧,人人不敢饰非,务尽其诚。齐国大治。诸侯闻之,莫敢致兵于齐二十余年"①。齐威王还很虚心向专家学习,齐将田忌"进孙子(膑)于威王,威王问兵法,遂以为师"②。1972年11月临沂银雀山汉墓出土了《孙膑兵法》中的《威王问》即证实了这一点。

脍炙人口的齐威王与魏惠王赛宝的故事,更充分表明齐威王求贤若渴、爱才胜宝、奋发图强的决心。《史记·田敬仲完世家》记载齐威王二十四年,与魏惠王会田于郊。惠王问曰:"王亦有宝乎?"威王曰:"无有。"惠王曰:"若寡人之国小也,尚有径寸之珠照车前后各十二乘者十枚,奈何以万乘之国而无宝乎?"威王曰:"寡人之所以为宝与王异。吾臣有檀子者,使守南城,则楚人不敢为寇东取,泗上十二诸侯皆来朝。吾臣有盼子者,使守高唐,则赵人不敢东渔于河。吾吏有黔夫者,使守徐州,则燕人祭北门,赵人祭西门,徙而从者七千余家。吾臣有种首者,使备盗贼,则道不拾遗。将以照千里,岂特十二乘哉!"从齐威王与魏惠王赛宝可以看出,惠王看中的国宝是"径寸之珠",而威王则认为能治国安邦的贤者才是"国宝"。这就是当时齐之所以强盛、魏之所以衰弱的重要原因。

齐宣王也很重视贤士。例如齐宣王见颜斶,曰:"斶前!"斶亦曰:"王前!"宣王不悦。左右曰:"王,人君也。斶,人臣也。王曰斶前,斶亦曰王前。可乎?"斶对曰:"夫斶前为慕势,王前为趋士,与使斶为趋势,不如使王为趋士。"王忿然作色曰:"王者贵乎?士贵乎?"对曰:"士贵耳,王者不贵。"接着颜斶侃侃而谈,讲了一番"士贵"、"王不贵"的道理,把齐宣王教训了一顿。齐宣王只好道歉,感慨地说:"嗟乎!君子焉可侮哉?寡人自取其病耳!"并且当场表示愿意拜颜斶为师。③再如齐宣王见王斗(一本作王升),"趋而迎之门",请王斗"直言正谏不

①《史记·田敬仲完世家》。
②《史记·孙子吴起列传》。
③《战国策·齐策四》。

讳。"王斗对曰:"斗生于乱世,事乱君,焉敢直言正谏!"宣王不悦。王
斗曰:"昔先君桓公所好者五,九合诸侯,一匡天下……今王有四焉。"
齐宣王听了很高兴。可是王斗接着说:"先君好马,王亦好马;先君好
狗,王亦好狗;先君好酒,王亦好酒;先君好色,王亦好色;先君好士而王
不好士。"宣王曰:"当今之世无士,寡人何好?"王斗讲了一番道理,反
驳了"当今之世无士"之谬论,说服了齐宣王。宣王谢曰:"寡人有罪国
家。""于是举士五人任官,齐国大治"①。王斗的言论似乎有些过分夸张、
偏激,但当时确实有一些士如颜斶、王斗那样能与王侯分庭抗礼、直言敢
谏的民主风气,也确实有些国君如齐威王、齐宣王那样能谦恭下士、尊重
人才,从谏如流的开明作风。

三

我们现在实行的双百方针之一的"百家争鸣"就是沿用战国时代的
名词,而当时百家争鸣的场所就是在齐国的稷下学宫。刘向《别录》说:
"齐有稷门,齐之城西门也。外有学堂,即齐宣王所立学宫也。故称之为
稷下之学。"其实稷下学宫并非宣王始建的。根据有关资料记载,时间还
要早。徐幹《中论》中就曾提到"齐桓公立稷下之学宫,设大夫之号,致
贤人而尊崇之"。这个齐桓公不是前面提到的小白,而是齐威王的父亲陈
侯午(公元前375年——前356年在位),也就是说在战国初期,齐国就建
立了稷下学宫。威、宣之世,由于重视贤才,齐国的稷下学宫复盛,成了各
国人才荟萃之地,儒、墨、名、法、道、阴阳,以及兵家、纵横家、农家、小说家
等所谓九流十家,应有尽有。儒家的代表人物,主张"民贵君轻"的孟子,
"游事齐宣王",向宣王宣传他的"保民而王"的仁政学说。②主张"人定
胜天"、"礼法兼用"、"富国强兵"的荀子在稷下学宫"三为祭酒","最为
老师"。③"自如驺衍、淳于髡、田骈、接予、慎到、环渊之徒七十六人,皆赐

---

① 《战国策·齐策四》。
② 《孟子·梁惠王》。
③ 《史记·孟子荀卿列传》。

列第,为上大夫,不治而议论,是以齐稷下学士复盛,且数百千人"。①齐国的当权者对这些人都给予优厚的物质待遇和很高的政治地位,让他们自由地发表议论,从不以行政权力干预学术上的争论。因此齐国稷下成了战国时代百家争鸣的学术文化交流的中心。这也是"五四"之前中国思想史上第一次也是唯一的一次思想大解放,其影响之深远,迄今仍为人们所乐道和向往!

史称"齐威、宣之时,显贤进士,国家富强,威行敌国"②。这是事实。齐国之所以如此强盛,归根结底,与齐国重视人才、人才众多和实行"贤人政治"有直接关系。春秋战国时期的五霸七雄,最后优胜劣败,说到底,也是人才问题。秦始皇帝接受了李斯《谏逐客书》的建议,广泛延揽各国贤才,为秦国所用,这也是他能吞并六国完成统一的主要原因。21世纪将是一个人才竞争的世纪,谁拥有最多的人才,谁就能无往不胜而立于不败之地。今天我们研究和总结两千多年前齐国的"贤人政治",对我国在21世纪参与世界的和平竞争可能有一定的借鉴意义。

（原载《齐国治国思想论集》,山东文艺出版社2002年版）

---

① 《史记·田敬仲完世家》。
② 《盐铁论·论儒》。

论齐鲁文化的历史地位及其现实意义

中华文明历史悠久，幅员广大，不同的自然人文环境孕育了丰富多彩、特色各异的地域文化，齐鲁文化就是其中一种重要的地域文化。

齐鲁文化与其他地域的文化相比，在整个中华文明发展史上既有与其他地域文化的共同点，也有其独具特色和突出贡献的一面。其特殊性就在于：从秦汉以前的中国早期文明发展史看，齐鲁地区作为"中国最高文化区"曾为中国早期文明发展发挥了文化中心的作用，作出过特殊的贡献；秦汉以后，在中国文化漫长的历史发展过程中，齐鲁作为儒家思想的发源地——孔孟的故乡，也发挥了其他地区所难以替代的独特历史作用。这一切都决定了齐鲁文化在中华文明发展中的特殊的历史地位和独特的文化贡献。

一

早在远古时代，今山东地区就是当时文化最发达的地区之一。生活在这一地区的东夷族，先后在太皞氏、少皞氏、虞舜时期创造了光辉灿烂的东夷文化。二十世纪三十年代，考古学家对山东地区自成系统的史前文明发展序列的考古发掘与研究，也认为今山东地区是中华文明最主要的发源地之一；而山东境内的大汶口文化、龙山文化出土的金属工具、礼器、陶器上最早的文字刻划符号和龙山文化城市群的发现等考古资料都提供了最有力的证明。

夏朝的建立者虽然是从中国西部东迁的一个氏族部落，但夏朝前期的历史却和山东有密切关系。《史记·夏本纪》中所提到的夏朝的同姓国和与国大部分都在山东；而夏朝前期的历史，实际上就是夷夏关系史，其活动范围大部分也在今山东境内。

继夏朝而起的商朝，和山东的关系更为密切。《诗经·商颂》："天命玄鸟，降而生商。"这种卵生神话和对鸟的崇拜，在东夷族中非常流行，这说明商族和东夷族可能同源。商的始祖都曾在山东建都。整个商代，山东一直是商文化发达的区域，苏埠屯、大辛庄等商文化遗址中大量出土的文物包括带有文字的甲骨都是重要的证明。

西周建立后，在山东地区分封了许多诸侯国，其中主要是齐国和鲁国。齐、鲁分别继承了东夷和夏、商、西周三代的先进文化，但由于两国建国方略的差异和人文环境、地理条件的不同，逐渐形成了两个既有共同点而又风格各异的文化传统——齐文化和鲁文化。姜太公初封齐时，立国于泰山以北的鲁中平原和半岛地区。由于"齐地负海舄卤，少五谷而人民寡"，特殊的地理条件不宜发展单纯的农业经济。齐地风俗宗法观念淡薄，阔达足智而崇尚功利，所以齐统治者采取了"因其俗，简其礼"的建国方针，尊重当地的土著的东夷文化。在经济上除了继承周的"重农"传统外，又实行"通商工之业，便鱼盐之利"的政策，以农业为主，农工商并举。在政治上不囿于周之"尊尊而亲亲"的宗法原则，"举贤而尚功"。在思想上则主张宽松自由，兼容并包。于是"人民多归齐，齐为大国"。至春秋时，管仲相齐，继续实行"俗之所欲，因而予之；俗之所否，因而去之"的传统政策，"通货积财，富国强兵"，致使齐桓公"九合诸侯，一匡天下"，为中国大一统局面的形成奠定了基础，而齐文化在与各地域各民族的交流融合中也形成为一种合时俗、务实际，具有革新性、开放性和包容性的文化传统。周公封于鲁时，由于鲁之封地位于泰山以南的平原，肥沃的土地宜于农耕，这就使鲁文化从一开始就建立在农业经济基础之上，而具有一种农业文化的特征。鲁国统治者又实行了"变其俗，革其礼"的施政方针，用周的礼乐文化改造土著的东夷文化，强调宗法制度，主张"尊尊而亲亲"，讲求礼乐仁义。至春秋时，鲁国"犹秉周礼"，为三代文化的保存、整理和周的礼乐文明在东方的传播与发展作出了贡献；同时也使鲁文化形成为一种重仁义、尊传统、尚伦理的文化传统。

春秋战国是齐鲁文化繁荣发展时期。其主要标志，一是儒墨"显学"并出于鲁。其创始人孔子、墨子都是鲁国人，他们的活动区域多在鲁地，弟子后学也多为鲁人。儒家重教育，墨家重务实，前者开中国思想教育先导，后者开中国科技教育先河。这一切都展现出鲁文化在中国传统文化发展中的重要地位。二是诸子盛于稷下。战国时齐都临淄的稷下学宫，是一个汇萃诸子各派学者的争鸣中心和百家论坛，在中国学术思想文化史上曾产生深远的影响，而齐文化对此作出了特殊的贡献。正如郭沫若先生所说："这稷下之学的设置，在中国文化史上，实在是有划时代的意义。""周秦诸子的盛况是在这儿形成了一个最高峰的"①。三是兵学发达，这也是中国传统文化一大特色。春秋战国五百余年间，诸侯蜂起，列国争雄，而兵学发达，只有齐、鲁最为显著。这表现在两个方面：一是著名军事家多，如姜太公、司马穰苴、孙武、孙膑、吴起、田单等不一而足；一是传世兵书多，如《六韬》、《司马兵法》、《孙子兵法》、《孙膑兵法》、《吴起兵法》等都是传世兵学经典，而《孙子兵法》更是享誉国内外。

秦汉是齐鲁文化由地域文化向主流文化过渡时期。秦及西汉初，阴阳五行学和黄老学盛行。秦始皇虽崇尚法家，但形成于齐地的阴阳五行家的五德终始说却是秦政改制立法的重要理论依据。秦始皇也受到齐方士文化的影响，他多次以齐鲁为中心的东巡，并发童男女数千人，入海求仙与不死药，就是接受了齐方士徐福等人的建议，此举在客观上促进了秦代与海外文化交流。此外，后来产生于中国本土的道教，也和齐方士文化有密切的关系。产生于齐地的黄老之学是汉初推行无为政治的指导思想，不过六七十年间，西汉皇朝便很快克服了严重的政治和经济危机，造成了一个封建盛世——"文景之治"，并为汉武帝开创的"文治武功"奠定了雄厚的物质基础。汉武帝"独尊儒术"，是中国古代思想文化史上一大变革。汉武帝所尊的儒术与齐鲁文化更有深刻的渊源关系。号称汉代孔子的董仲舒所倡导的儒学实际是既推明孔子、阐扬儒学，又博采百家之说而建立的新儒学。贯穿于东汉一代聚讼纷纭的经今古文学之争，也肇始

---

① 《十批判书·稷下黄老学派批判》。

于儒家学派内部齐学与鲁学的不同学风。司马迁在《史记·儒林列传》中说：“夫齐鲁之间于文学，自古以来，其天性也。”这里所谓“文学”，即指经学。齐、鲁是汉代经学最发达的地区，汉代儒学大师及众多弟子大部分是齐、鲁人，而且在政权中占据要津。由于经学在汉代思想文化中统治地位，随着经学一统化过程的完成，齐鲁文化实际获得了在政治上和文化上的支配地位，成为一种在政治大一统的背景下的官方文化。从此，它作为一种地域文化的独立性逐渐淡化，最终融入了统一的中国传统文化之中，成为中国传统思想文化的核心和主干。

二

秦汉以后，齐鲁文化的概念和内涵都已发生了重大变化。齐鲁文化既是一个地域文化的概念，又是一个历史文化的概念，它是随着历史的发展和行政区划的变化而发展变化的。在先秦，齐鲁文化只是一种地域文化，进入秦汉，在政治大一统的背景下，齐鲁文化成为在中国传统文化中占主导地位的主流文化。此后，齐鲁文化的概念与内涵也相应地发生了重大变化，它的存在和发展不再受齐鲁地域的限制而仅仅与齐鲁文化保持着一种历史传统的联系。这种文化既是先秦齐鲁文化的一种发展形态，又不同于传统意义上的齐鲁文化。在习惯上虽然也可以将这种地域文化称之为齐鲁文化，但实际上它已成了在今山东地区存在和发展的一种传统文化，亦即秦汉以后至明清以及民国时期两千年间在齐鲁文化基础上演变而来的山东地方文化。但在各个时期仍保留着齐鲁文化的特色，所以习惯上仍称之为齐鲁文化。

魏晋南北朝时期的中国，长期处于混乱、分裂割据和南北对峙的局面。一方面是以山东士族为首的汉族人口大量南迁，另一方面是以北方少数民族为主的人口大量迁入。因此这一时期的齐鲁文化呈现出多元化发展的状态，在动荡、分裂、各种矛盾极为复杂尖锐的社会背景下，地域文化、民族文化之间，中外文化之间，以及儒、佛、道文化之间，彼此碰撞、相互吸收融合，各种思想文化都是十分活跃，从而形成这个时期文化的总体特征：即主要是多元文化并存，在此基础上，以齐鲁文化为主的汉族文化与少数民族文化及外来文化的交流与整合,它上承大汉文化的传统,下开盛唐气象的先河,在中国文化发展史上占有承先启后的重要地位。在这个时期,以清河崔氏为代表的山东士族和以琅邪王氏为代表的南迁士族在传统文化方面作出了重要的贡献:一是以齐鲁经学为主体的两汉经学衰落之后,山东士族成为魏晋思想变革——玄学的先驱;二是山东士族对魏晋政治产生了巨大的影响,甚至有"王与马共天下"之说;三是山东士族对文学、艺术、科技等方面都作出了重要贡献;四是山东士族在南北文化、胡汉文化、中外文化的交融中发挥了重要作用。诚如钱穆先生在《中国文化史导论》中所说:"我们若说当时北方士族为中国传统文化的继承人和保护人,则我们亦可说,当时南方士族为中国传统文化之宣传人和推广人。"

隋唐五代特别是盛唐时期,全国统一,政治清明,经济繁荣,文化昌盛,是我国文化史上出现的又一个高峰,后人称为"盛唐气象"。而盛唐气象的主要内容和精神正是代表着当时主流文化的齐鲁文化。隋唐的统一,结束了近四百年的分裂割据局面,但隋朝的建立主要依靠的是关陇贵族集团,这就决定了关陇文化的政治主体地位,整个隋代,齐鲁文化在政治上的影响都不太明显。唐高祖李渊在建立唐朝的过程中,军事上也主要是依靠关陇贵族集团的支持,在政治上仍实行"关中本位"政策,因此在文化格局上也沿袭隋朝之旧制而少有变化。唐太宗李世民即位之后,其政治的维系力量虽然仍是关陇势力,但对较早依附李氏父子的山东士族清河崔氏、琅邪颜氏、兰陵萧氏以及山东籍的房玄龄、段志玄等文武之士,也给予十分重视。首先他们是李世民夺取帝位的重要策划者和参与者,其次他们还为唐朝制订了礼仪和各种制度,统一了经学,修订了唐律,这些都是在齐鲁儒学思想指导下进行的。隋唐五代时期齐鲁文化的表现形式,主要仍是山东士族文化。这一文化的特点:一是宗族历时性长,形成了累世不衰的文化格局;二是各修家法门风,而以儒学传家。因此这一时期的齐鲁文化,仍偏重于儒家文化,并通过儒家文化与其他地域文化进行了广泛地交流与融合。此外,随着佛教、道教在山东的盛行,宗教文化在山东地区的各种文化领域中也产生了巨大的影响。

在齐鲁文化的演变过程中,宋元时期是一个极为重要的转折阶段。

诚如柳诒徵先生在《中国文化史》中所说，其学术"上承汉唐，下启明清，绍述创造，靡所不备"。光辉灿烂的宋元文化中，齐鲁文化以其鲜明的特色与活力占有显著的地位。其一，新儒学的兴起。通过对儒学元典创造性的注释发挥，建构了新的儒学体系，其标志则是代表着当时齐鲁文化发展趋向的泰山学派的形成。宋代新儒学的突出表现是强烈的忧患意识以及由此体现出的经世致用思想。在实践上即是修（身）、齐（家）、治（国）、平（天下）之道。山东新儒学的产生，促进了宋元义理之学的兴起和发展，泰山"宋初三先生"（孙复、石介、胡瑗）与东平严氏父子（严实及其子忠济、忠范、忠嗣）在新儒学思想体系建构过程中起着先驱的作用。其二，儒、佛、道三家并兴与融合是宋元时期齐鲁文化的又一特点。在中国历史上儒、佛、道三家学说因其思想观念不同而产生过长期的相互冲突和斗争，但在统治者倡导之下，儒、佛、道以其思想的某些共性而又不断地吸收、调和，成为宋元文化的一大特色，在一定程度上又促进了儒学内部的改革，并在此基础上产生了理学。其三，宋元山东文学也是齐鲁文化的重要组成部分，它不仅以其丰富多彩的内容展现出丰硕的成果，而且以其鲜明的特色构成了中国文学史上一个重要发展阶段，最能体现这一时期文化特质的领域是与儒学复兴有关的古文。宋代文学复古运动，改变了宋代乃至宋以后文学史的进程，影响着宋代文学发展的道路。宋词的发展几乎可以说是宋代文化发展的一个缩影。宋词风格多变，以济南二安（辛弃疾字幼安、李清照字易安）为代表的豪放派与婉约派则是其中最主要的词派。元代文学在中国文学史上最有影响力的莫过于元曲和元杂剧，在元曲、元杂剧兴起、发展的过程中，山东文学家作出了重要的贡献。其四，宋元时期是中国古代科学技术上最辉煌的时期之一，许多科技成就在当时居世界领先的地位。山东地区无论是农学、医学、天文历算等，还是陶瓷、冶铁、纺织及机械制造，都取得了令人称道的成就。宋元时期教育事业也比较发达，并形成了一套完备的教育制度。山东不仅是较早设立官学的地区，而且书院教育也很普及，所谓北宋四大书院，尽管文献记载各异，但无论哪一说都与山东学者或山东儒学有关。正如宋代学者王禹偁所说："谁谓潇湘,兹为洙泗;谁谓荆蛮,兹为邹鲁。"①这说明山东地区的教育已成为人们衡量教育发达程度的准绳。

明清是中国封建社会的晚期,也是一个充满社会矛盾和社会变革时期,这个时期封建地主经济和小农经济虽然仍是经济生活的主导方式,但同时资本主义生产关系的萌芽已在一些地区和行业破土而出,显露出勃勃生机。封建专制政治制度已发展到顶峰,统治阶级对人民的压迫剥削越来越残酷,而各阶层人民反抗斗争风起云涌,这在文化领域也呈现丰富多彩的局面。中国传统文化与外来文化互相冲突融合,官方文化与民间文化此消彼长,各地域文化与民族文化交相辉映,特别是作为中国传统文化中的重要组成部分齐鲁文化,和其他地域文化一样,虽然在大一统政治局势下逐渐消褪了地域色彩,但它的基本精神和主要内容,无论是在哲学、经学、史学、文学、艺术、科技、教育以及宗教、民俗等方面,都有着广泛而深刻的影响。尤其是孔府家族文化,更是明清时期山东的一种独特的文化,内容十分丰富,重点研究孔府家族文化,有助于我们更加深刻地认识中国封建社会后期贵族文化的特征,以及这种文化对社会生活的广泛影响。随着京杭大运河在山东的通航,连接两大都城北京和南京的山东省会济南以及运河沿岸的城市如德州、临清、聊城、济宁等不仅是商业中心城市,而且也是文化城市,在全省乃至全国均有举足轻重的地位。南来北往的全国各地各界各阶层人士不断把丰富多彩的齐鲁文化传播到各地,而且把各地域的文化输入到山东,形成山东多元文化的特色,对中国传统文化的更新和发展作出了重要贡献。随着地理大发现及西方传教士的东来,东西文化之间的交流日益扩大。一方面西方文化传入中国,开始与中国传统文化相接触和融合,产生了一种新兴的思想文化;一方面齐鲁文化特别是儒学,不仅早已传播到周边各国,而且也传入欧洲、美洲和非洲,成为世界文化的一个重要组成部分。研究这一时期儒学的变化及其在世界文化的影响,具有重要的历史意义和现实意义。

从鸦片战争到中华人民共和国成立,这一时期是包括今山东地区在

---

① 《潭州岳麓山书院记》,载《小畜集》卷十七。

内的整个中国历史与文化的转型期。山东地区在经历了二千年封建制度思想文化发展和盛衰之后，既遭受外来殖民文化的入侵，又接受了现代新文化的洗礼，使古老的齐鲁文化在这一时期发生了根本性的变化。首先是物质层面上发生了与传统中国社会完全不同的历史变化，这些变化推动了山东社会由传统向现代转型，即以西方资本主义社会为摹本，以工商业文明为特征，以都市为存在形式的新型的生产方式和生活方式。虽然这样的社会转型，我们曾经为此付出了沉重的代价，但它终究冲破了传统的藩篱，换来了社会的巨大进步。随着社会的转型，在山东地区先后出现了三种制度型的文化形态，即从清末到民国的官方文化、帝国主义制造的殖民地半殖民地文化以及中国共产党领导的新民主主义革命的新文化。而古老的齐鲁文化在这时早已经不是原来的作为地域文化的齐鲁文化，而形成为一种代代相传的超越时空的民族精神传统，正是这一精神传统，在经过外来文化的侵入和中国新文化洗礼之后，一方面表现出对外来文化和新文化的接受，一方面又表现了很强的排斥外来文化和新文化的倾向。这一精神传统，既是一个历史问题，又是一个现实问题。对此，我们既有丰富的历史经验，又有沉重的历史教训。正确地总结一百年来的历史经验教训，对于培养和弘扬民族精神，建设有特色社会主义新文化，具有十分重要的现实意义。

三

　　齐鲁文化源远流长，作为中国传统文化的重要组成部分，不仅在历史上曾经产生过重大作用和影响，而且在现实的政治、经济、文化和社会生活领域中也还有其重要的启迪和借鉴意义。

　　关于齐鲁文化的性质、特征和功能，前贤和当代学者对此都曾进行过探讨。西汉学者刘向在《说苑·政理篇》说：齐国"尊贤先疏后亲，先义后仁也，此霸者之迹也。"鲁国"亲亲者先内后外，先仁后义也。""故鲁有王迹者仁厚也，齐有霸迹者武政也"。这就是说鲁文化是属于王者型文化，齐文化是霸者型文化。后来唐人令狐德棻在回答唐太宗问"何者为王道、霸道"时,对此又作了明确而具体的阐释:"王道任德,霸道任刑。"① 当代有的学者则认为"齐文化是智者型文化,鲁文化是仁者型文化"。智者型文化强调的是创新精神,仁者型文化强调的是伦理道德②。以上说法,都有一定道理。

我们的看法倾向于齐文化是一种功利型文化,鲁文化是一种道德型文化。齐文化的主要特征是尊贤尚功、革新开放、阔达足智、崇尚法治。这些特征较能适应当代中国改革开放、发展的要求。它使我们能够在"知识经济"的今天,尊重知识、尊重人才,为社会主义祖国建功立业;勇于改革部分旧的、不适应生产力发展要求的生产关系,促进经济稳定快速地发展;鼓励我们走出国门,不断加强与世界各国的交流、合作,使中国在世界事务中发挥更大的作用;建立、健全各项法律法规,建设社会主义民主与法治国家,从而推动社会的进步和发展。鲁文化的特征是崇尚伦理、仁义道德,注重天人和谐、人际和谐。这些特征对保持国家、社会的稳定有着重要作用。它能够促使人们注重发挥伦理、仁义道德在处理人与人、人与自然关系中的作用,特别是在市场经济条件下,对处理各个社会阶层利害关系和缓解社会矛盾的巨大作用,最终能使人与自然、人与人、个人与家庭与社会与国家保持一种和谐关系,从而促进国家和社会的稳定、发展。

齐文化和鲁文化各有长短,也各有精华和糟粕。今天研究齐鲁文化,去其所短,取其所长:去其糟粕,取其精华,两者结合互补,对弘扬和培育民族精神,实现中华民族的伟大复兴和全面建设和谐的小康社会都具有重要的现实意义。改革、开放、发展、和谐、稳定是当代中国的主旋律,也是我国的基本国策。齐鲁文化的基本精神较能适应这些现实的需要,这便是研究齐鲁文化的意义所在。

(原载《光明日报》2003 年 5 月 20 日,因限于篇幅发表时有删节)

---

① 《旧唐书·令狐德棻传》。
② 蔡德贵:《有选择地开发齐鲁传统文化的现代功能》,载《文史哲》2000 年第 5 期。

大舜、龙山文化与中华早期文明

　　济南是一座有悠久历史、文化灿烂的历史文化名城。四、五千年前舜耕历山的故事以及与之相应的龙山黑陶文化都发生于此；同时这里也是一处重要的中华文明起源地。

　　"舜,姚姓,又曰妫姓,有虞氏,名重华,史称虞舜,生于诸冯,东夷之人也。耕历山,渔雷泽,陶河滨,作什器于寿丘。父顽母嚚,曲尽孝道,所至民多归之。唐尧任以政事,举八元八恺,除四凶,天下大治。摄政三十年,受尧禅即帝位。命禹治水,后稷种百谷,契施五教,皋陶作刑。于是四海之内,咸戴帝舜之功。后南巡,卒于苍梧之野,葬于零陵。"

　　这是1997年我为济南舜耕山庄大舜铜像基座所撰之铭文。铭文简要地记叙了舜的生平,乃根据司马迁《史记·五帝本纪》及其他有关舜的历史文献综合而成。据最早的一些历史文献记载：

　　"舜生于诸冯,迁于负夏,卒于鸣条,东夷之人也。"(《孟子·离娄下》)

　　"古者舜耕历山,陶河滨,渔雷泽。尧得之服泽之阳,举以为天子,与接天下之政,治天下之民。"(《墨子·尚贤中》)

　　"历山之农者侵畔,舜往耕焉,期年甽亩正。河滨之渔者争坻,舜往渔焉,期年而让长。东夷之陶者器苦窳,舜往陶焉,期年而器牢。"(《韩非子·难一》)

　　"故舜一徙成邑,二徙成都,三徙成国。舜非严刑罚,重禁令,而民归之矣。"(《管子·治国》)

　　"凡所谓能以所不利利人者,舜是也。舜耕历山,陶河滨,渔雷

泽,不取其利,以教百姓,百姓举利之。"(《管子·版法解》)

"舜一徙成邑,再徙成都,三徙成国,而尧授之禅位,因人之心也。"(《吕氏春秋·贵因》)

"舜耕于历山,陶于河滨,钓于雷泽。天下悦之,秀士从之。"(《吕氏春秋·慎人》)

西汉司马迁作《史记·五帝本纪》,关于舜的生平经历,除根据古史传说及实地调查所得资料外,即大体参考了上述诸说,而大同小异。详见篇末"太史公曰",不备引。

从以上引文,可得以下几点认识:第一,文中所列地名,据后人考证:诸冯在今山东诸城,一说在今山东菏泽南50里。负夏、服泽在今山东兖州境内。鸣条在今河南开封市附近。历山在今山东济南市。雷泽即兖州泽,又称雷夏泽。河滨,当指泗水之滨。可见舜的活动,除鸣条外,大体不出今山东地区。第二,舜的时代,农业、渔业、手工业都很发达,尤其是制陶手工业,更是远近闻名,这可由龙山文化考古材料得到证实。第三,舜的时代已有城邑,并出现了早期国家。

大舜,是中国古代的圣王明君,他以德治国,"善为民除害兴利,故天下之民归之"[①]。在历史上,他不但长期受到人民的爱戴,而且受到孔子、孟子等儒家开山大师的尊崇,所谓"仲尼祖述尧舜"[②],孟子"言必称尧舜"[③]。毛泽东同志也以"六亿神州尽舜尧"的诗句来歌颂中华民族各族人民崇高的道德精神面貌。

反映大舜时代的考古资料即是举世闻名的龙山文化。龙山文化因其首先发现于山东济南章丘龙山镇而得名,它与山东的大汶口文化一脉相承,这已是公认的考古事实。大汶口文化中晚期,已十分具体而生动地显示了文明时代即将到来的情景,那么在发展序列上属于大汶口文化之后的龙山文化更是无疑地已进入了文明时代。龙山文化的年代,约相当于公元前2500年至公元前2000年,大约有100多年的时间已进入了夏朝的

---

① 《管子·治国》。
② 《礼记·中庸》。
③ 《孟子·滕文公上》。

积年范围。史学界一般认为夏朝是中国历史上第一个奴隶制王朝,因此紧接夏禹之前的大舜和龙山文化时代理应早已出现了文明的曙光。

　　龙山时代,济南地区的社会经济有了很大发展。农业生产工具出现了前所未有的石镰和木耒。粮食作物除了粟、黍以外,还开始种植水稻。目前已发掘的龙山文化遗址,差不多都有比较规整的贮藏物品的窖穴。手工业生产工具则出现了用黄铜制作的锥形器。制陶业的发展和进步最为显著。整套的磨光黑陶器物群,构成龙山文化区别于其他同期考古学文化的突出特征,达到了当时中国制陶业唯一能够达到的最高水平。

　　社会经济的发展,为文明的产生创造了条件。龙山时代,文明的诸要素已经出现了。一是金属冶铸业和金属工具的出现,表明济南地区已进入金石并用的时代。二是规模空前的贵族大墓的发现,标志着贵族与平民的对立具有阶级社会的特点。三是大量礼器的出现,说明体现早期奴隶制社会的等级名分制度的礼制已经形成,而礼制的形成是文明时代已经到来的标志。

　　最值得注意的是城市的出现。早期的城市往往是一个地区的权力统治中心,兼有政治的、军事的、宗教的、经济的乃至文化的多种功能。它的出现意味着城市与乡村的对立已经形成,这是文明社会所特有的现象,目前在我国发现的最早的城址已有多处,其中城子崖龙山城址最大,面积达20多万平方米,它显然已超出城堡的范畴,是目前已发现的我国历史上最早的城市。它给予我们一个强烈的暗示:黄河下游的山东地区有可能先于黄河中游的中原地区而进入文明时代。在金石并用时代,修筑规模如此宏大的城市,不知要动用多少人力和物力,没有一个强大统一的权力中心是不可想象的。因此,龙山时代的城子崖很可能就是大舜时代某一邦国的国都。

　　近年在济南附近邹平丁公村龙山文化中晚期遗址中发现的陶文,说明这一时期已有了文字。

　　冶铜业和黄铜工具,贵族与平民的对立具有阶级社会的特点,礼器和礼制的形成,最后特别重要的是城市和文字的出现,凡此种种,都使我们完全有理由得出这样的结论:龙山时代济南地区已跨入文明社会的门槛,龙山时代就是中华文明的黎明时期。

济南龙山文化的出现具有重大的历史意义与现实意义：

（一）七十年前龙山镇城子崖的发掘,为中国考古学的建立与考古事业的发展开了先河,具有不可磨灭的功绩。

（二）龙山文化遗址大量的发掘和研究,有力地批判了中国文化西来说,并为探讨人类文明的起源问题提供了丰富的资料和途径。

（三）龙山文化遗址的普遍发现和研究,证明了济南地区早在四、五千年前就已进入了人类的文明时代,证实了历史文献记载的大舜与大舜文化的真实性和可靠性。历史文献与考古资料的结合研究,将对发展济南的旅游业和地方经济与文明建设,进行爱国主义教育,均具有重大的现实意义。

（原载济南教育学院编《济南文史论丛》初编,济南出版社2003年版）

傅斯年与齐鲁文化研究

　　傅斯年先生是中国近代成就卓著、影响深远的教育家、史学家和社会活动家。仅就历史学而言，他不仅创办了中国近代第一个全国性史学研究机构——中央研究院历史语言研究所，创立了中国近代历史学的史料学派，领导了中国近代野外考古工作和历史文献搜集整理研究工作，而且运用新的史学理论与方法，研究中国上古史、中国古代思想文化史、明史和东北史等领域的一系列重大课题，提出了一些具有开创性学术价值的见解。齐鲁文化即是其中的重大课题之一。他对这个课题的研究，提出了几乎涵盖齐鲁文化各个方面的问题，得出了可以构成齐鲁文化学科分支体系的论断。本文拟从以下四个方面作一评述，请各位学者和朋友们批评指正。

一、对齐鲁文化渊源的探究

　　春秋战国时期在齐鲁大地出现的光辉夺目的璀璨文化，是从哪里发展而来的？由于古代文献有关记载缺略，且多属神话传说，几乎成了一个难解的历史之谜。傅斯年先生挖掘大量古文献资料，考察了夏商周三代及上古黄河下游地区的民族构成及相互关系，首次探究了齐鲁文化的渊源问题，阐明了自己的见解。

　　他指出：夏商周三代及上古黄河、济水、淮水之间地区的民族构成及相互关系，是夷与夏、商与周的东西对峙。夷商属于东系，夏周属于西系。这两个系统"因对峙而生争斗，因争斗而起混合，因混合而文化进展"①。在夏及其以前,夷族的区域包括今河南之中心,东尽东海,北达济水,南则所谓淮夷徐舒者皆是。当时夷族是"已进于较高文化的民族"②。东夷族的部族或首领,太皞有制八卦的传说,有制嫁娶用火食的传说,少昊部族的伯益一支以牧畜著名,皋陶一支以制刑著名,而一切所谓夷,又皆以制作和使用弓矢著名。这就是说,在夷夏对峙时期,后来的齐鲁封国地方都为夷族居住区域。这里的文化都是比较高的夷族文化。东夷文化是齐鲁文化的源头。

后来,夷族居住的区域为商人所占。商发迹于东北,渤海和古兖州为其建业之地。他们由北向南,抚有夷族的人民土地,接受了夷族文化,并部分地同化于夷,使夷夏对峙变成夏商对峙。商汤始都于亳,在今山东曹县境。商自渤海向西,三次拓展领土,至盘庚迁殷后,其势力越太行,过伊洛而到渭水,形成东起东海,西至岐阳的泱泱大国。这就是说,在夏商对峙时期,后来的齐鲁封国地方都是商族的发祥地和根据地。这里的文化都是商族在接受夷族文化的基础上发展起来的商文化。后来的齐鲁封国就是直接继承了商文化。"商之宗教,其祖先崇拜在鲁独发展,而为儒学,其自然崇拜在齐独发展,而为五行方士,各得一体,派衍有自③"。商朝本在东方,西周时东方或以被征服而暂衰,入春秋后文物富庶又在东方,而鲁宋之儒墨,燕齐之神仙,惟孝之论,五行之说,又起而主宰中国思想者二千余年。"殷商为中国文化之正统"④,是齐鲁文化的直接来源。

周人起于岐山渭水地区,后来东扩,与殷商形成对峙局面。武王灭殷后,平定今山东地区的奄、蒲姑等夷人殷人方国,以其地封建齐、鲁等诸侯国。齐、鲁等国的统治者是周人,而国民则是殷遗民。周统治者在这里实行"启以商政,疆以周索"的政策,即因其风俗启用殷商之旧政,疆理土地则施行周朝之新法。这种政策的实施,使这里既保持了旧的殷商文化,又推行了新的周文化。作为殷人社会组织的"亳社",直到周朝建立数百年

①《傅斯年选集》第247页,天津人民出版社1996年版。

②《傅斯年选集》第248页。

③ 傅斯年:《周东封与殷遗民》,《中央研究院历史语言研究所集刊》(第4本3分),第285—290页,1934年版。

④ 同上。

后还在鲁国社会占有重要地位。作为殷礼的三年之丧，直到春秋时代还是齐、鲁、卫、宋诸国的"天下通礼"。这是齐鲁等国保持殷文化的明证。周统治者在齐鲁等国推行以氏族血缘为基础的宗法制度，在损益殷礼的基础上制定周礼，这是周文化在齐鲁等国发展的事实。齐鲁文化是殷周文化"混合"的产物。

傅先生关于齐鲁文化的源头为东夷文化，是殷周文化"混合"的产物的见解，为蒙文通、徐旭生、王献唐等学者所赞同。当时，王献唐先生从考证山东滕县出土的周代邾国彝器铭文入手，运用古音韵学、古文字学、古地理学和民俗学的知识和方法，详细考证历史文献资料，撰写了《炎黄氏族文化考》一书，论证了夏以前今山东居民为东夷族，他们在文化上有广泛的贡献。持不同意见者，强调齐鲁文化来源的多元性，但是也都承认东夷文化和商文化是齐鲁文化的主要渊源或渊源之一。如杨向奎先生从一开始就不同意傅先生的"夷夏东西说"，提出"夏民族起于东方"说，认为夏初夷夏已经杂处，"由对峙趋于融合"，形成非单一的华夏民族及其文明。然而，他也指出："所谓华夏文明，其实包含有许多东夷成分。"[①]

傅先生提出齐鲁文化的渊源问题时，近代山东野外考古才刚刚起步。已经发掘的三代及上古的山东古文化遗址，只有龙山文化。他对这个问题的见解，还缺乏考古学的证实。后来随着山东野外考古工作的进展，越来越证实其见解的正确性。1959年和1974年两次发掘的大汶口文化，1960年发掘的岳石文化，与龙山文化构成了从氏族社会末期到夏统治时期山东文化的发展体系。这个文化体系，被学术界公认为东夷文化体系。在山东各地发掘出的商代遗址，证明在殷商时期，今山东地区是殷商文化的中心地区。而1996年发掘的桓台史家遗址，发现了从大汶口文化、龙山文化、岳石文化，到商早、中、晚期文化的建筑、墓葬和大量器物，以及近期在济南大辛庄发现的商代青铜器和有文字的龟甲等遗物，都有力地证实三代及上古时期今山东地区的文化是东夷文化和商文化，证实齐鲁文化的渊源是东夷文化和殷周文化"混合"的产物。

[①] 杨向奎：《宗周社会与礼乐文明》，第8页，人民出版社1992年版。

二、对齐鲁学派的评析

研究齐鲁学派古已有之。傅斯年先生对齐鲁学派的研究,既吸收了前人的研究成果,更有自己的创见。其创见取得的关键,在于他突破了前人就学派论学派的传统,从社会与时代的特点上考察各个学派。

傅先生认为,中国古代学派的出现,始于春秋时期。春秋与西周社会已有很大不同。"物质文化之重心,由一元散为多元……凭借物质生活而延续而启发之思想,自当同其变化。……兼以列国分际,各有新兴之士族,各育新变之社会,于是春秋时代东西诸大国在文化上乃每有相互殊异之处焉[1]"。不同的学派由此产生与发展。从春秋时期开始出现的古代学派,主要是儒家、墨家、法家、道家。其中儒、墨、道三家均出于或兴于齐鲁。

儒出于鲁。春秋以前儒即存在,春秋后期由孔子继承发展成为一个学派。鲁国之国民为殷遗民,统治者为周公后裔,西周时为东邦大藩,东周时为文化重镇。这是儒家出于鲁的重要社会历史条件。孔子先人来自宋国,承传殷礼家教,自称殷人,思想中"殷遗色彩甚浓厚[2]"。同时对周朝的政治"充分承认其权能而衷心佩服之[3]"。因此,"早期儒教实以二代文政遗训之调合为立场[4]"。然而,春秋是西周至战国的"转变时代","为矛盾时代[5]"。思想上不仅正统派与非正统派相矛盾,而且正统派内部说法亦互相矛盾恢道论"既保持大量之神权性","又有充分之人定论[6]";"鬼神天道犹颇为人事之主宰,而纯正的人道论亦崭然出头[7]"。孔子出于春秋后期,"春秋时代之政治社会变动自必反映于孔子思想之中[8]"。"孔子之宗教以商为统[9]"。他的天道观仍认为"天命"即"天之意志,决定人之成败吉凶祸福"。然而孔子的天道"非完全命定论,而为命定论与命正论之调和"。

① 傅斯年:《性命古训辨正》,《傅斯年选集》第108页,天津人民出版社1996年版。
② 傅斯年:《性命古训辨正》,《傅斯年选集》第109页。
③ 傅斯年:《性命古训辨正》,《傅斯年选集》第109页。
④ 傅斯年:《性命古训辨正》,《傅斯年选集》第108页。
⑤ 傅斯年:《性命古训辨正》,《傅斯年选集》第113页。
⑥ 傅斯年:《性命古训辨正》,《傅斯年选集》第113页。
⑦ 傅斯年:《性命古训辨正》,《傅斯年选集》第115页。
⑧ 傅斯年:《性命古训辨正》,《傅斯年选集》第115页。
⑨ 傅斯年:《性命古训辨正》,《傅斯年选集》第115页。

他主张"凡事求其在我,而不责其成败于天,……尽人事而听天命,修德以俟天命"①。这是"脱离宗教之道德论之初步"②。孔子的人性论亦介乎差异论与普遍论之间。他认为"人之生也,大体不远,而等差亦见,故必济之以学,然后归于一路"③。"孔子之政治以周为宗"④,然而,他的具体政治主张已不是西周时的王道,而是以齐桓管仲为典型的"霸道"⑤。可见,"孔子并非特异之学派,而是春秋晚期开明进步论者之最大代表耳"⑥。

孟子为孔子之后儒家学派的一位大师。孟子时,杨朱、墨翟之言盈天下。杨、墨尤其是墨子反儒最力。墨家大谈天志鬼神,最富宗教性。告子提出人性超善恶说,"以为仁义自外习成,非生之所具,欲人之仁义,必矫揉之然后可"⑦。孟子为反墨,虽然也谈天命,但尽量少言天道,而多言人性。为了在人性论上有所创见,提出性善说,强调人有不学而能的良能,不虑而知的良知。良能良知人皆有之,人之本性本无不同。孟子的天道论与孔子无不同,只是比孔子更少宗教性,而其人性论却与孔子完全不同。孟子激于杨墨,尤其是墨子,发为新儒家之说,"在性格,在言谈,在逻辑,皆非孔子之正传,且时与《论语》之意相背"⑧。

荀子为稍晚于孟子的儒家学派另一位大师。荀子时,孟子之言盈天下。他欲争儒家学派正统,在战国风尚中,非有新义不足以上说下教,自易于务反孟子之论,以自立其说。为此,荀子一面直返孔子之旧,一面援法而入以成儒家之新。在天道论上,他将人与天分职,解释天为自然现象,"已走尽全神论之道路,直入于无神论矣"⑨。在人性论上,他提出性恶论,认为人之生也本恶,其能为善者,人为之功也。"在人论上,遵孔子之道

---

① 傅斯年:《性命古训辨正》,《傅斯年选集》第117页,天津人民出版社1996年版。
② 傅斯年:《性命古训辨正》,《傅斯年选集》第118页。
③ 傅斯年:《性命古训辨正》,《傅斯年选集》第119页。
④ 傅斯年:《性命古训辨正》,《傅斯年选集》第116页。
⑤ 傅斯年:《性命古训辨正》,《傅斯年选集》第116页。
⑥ 傅斯年:《性命古训辨正》,《傅斯年选集》第115页。
⑦ 傅斯年:《性命古训辨正》,《傅斯年选集》第129页。
⑧ 傅斯年:《性命古训辨正》,《傅斯年选集》第128页。
⑨ 傅斯年:《性命古训辨正》,《傅斯年选集》第141页。

路以演进者,是荀卿而非孟子"①

　　傅先生认为,墨家出于宋,而兴于鲁。墨子先人为宋之公族,后世迁居于鲁。宋为殷遗之国,鲁民为殷遗之民,故墨家最富宗教性。然而,墨子以当时公族执政为不当,故在政事上与宋直接矛盾。墨子一面发挥其浓厚的宗教信仰,不悖宋人传统,一面尽力反其当世之靡俗,不作任何调和。墨子时,孔子之言盈天下,墨义之发达全在务反儒学之道路。儒家对鬼神之观念立于信与不信之半途,已渐将人伦与宗教离开,其天道说已进入自然论。墨者乃复以宗教为本,大谈天与鬼神。但是,墨子的宗教之上天,为人格化的上天,人性善恶的天神化。墨子教义之中心有四点:一、天有志,天志为义,义自天出。二、天兼有天下人,故兼爱天下人。三、从天之义者必得赏,背天之意者必得罚。四、天为贵,天为智,任何人皆不得次己而为政,有天政之。墨子认为,三代之兴替,个人之祸福,皆由自身之行事。天无固定之爱憎,即无前定之命。"天志非命为墨义系统中之主宰"②。墨子论人事,主张兼爱、非攻、尚贤,强调这都是天的意向,是其天志非命论的宗教观的引申。"墨子绝非但知承袭之教徒,而是革命的宗教家"③。他的天道观与《周诰》中的天道论大体相同,"是周初以来(或不止于周初)正统天道论一脉中在东周时造成之极峰"④。

　　道家出于齐。管子学纯为齐人之学。战国到汉初的黄老之学与管子学为一脉,本身亦为齐学。道家托名老子,亦称老子学,道家之名为汉代所立。道家之出于齐,在于齐国民众而地不广,国富而兵不强,人习于文华,好为大言,而鲜晋人之军法训练,故欲争雄于列国之间,惟有"斗智不斗力"之一术耳⑤。管子书无晋国武风,多是奇巧谋略,……其中颇有荒诞之辞,间以阴阳禁忌。这些社会历史的特点,使齐国不仅出产了道家,而且出产了阴阳五行说,到汉代与道家、儒家合流,溶化为方术家。道家有不同的三期:一关老,即《道德经》五千文,为老学之本体,道德之正宗。

① 傅斯年:《性命古训辨正》,《傅斯年选集》第119页,天津人民出版社1996年版。
② 傅斯年:《性命古训辨正》,《傅斯年选集》第123页。
③ 傅斯年:《性命古训辨正》,《傅斯年选集》第110页。
④ 傅斯年:《性命古训辨正》,《傅斯年选集》第125页。
⑤ 傅斯年:《性命古训辨正》,《傅斯年选集》第111页。

二黄老,为周末汉初权谋之士所崇奉,忘五千文之积极方面,发挥了其消极方面。三庄老,魏晋玄学所奉,尽舍五千文中的用世之义,逍遥于德义之外,为极端之自然论。

傅斯年先生对齐鲁学术的评析,结论性意见较多,具体论述较少。但是由于他突破了就学派谈学派的传统,从齐鲁两国的社会历史特点和春秋战国时期的时代特点来考察各学派,所以每每能够抓住关键,击中要害,给人以振聋发聩般的启迪作用。如当时张政烺先生读了傅斯年先生评析齐鲁学派的主要著作《性命古训辨证》一书之后,赞叹道:“数千年儒学精蕴所在,竟使原委条贯,豁然大白于今日,诚快事哉!”[1]后来赵纪彬先生谈到此书,仍称其为“穷究天人之际,通论思想之变,溥博渊泉,精义时出,富有美不胜收之慨”[2]。傅斯年先生的许多论点已为学术界所肯定。如他提出的黄老之学为齐学的论点,即为郭沫若先生所赞同。郭先生说:“黄老之术……事实上是培植于齐,发育于齐,而昌盛于齐的。”[3]他提出的墨子的天道观是“天志非命”的论点,也为白寿彝先生所赞同。白先生说“墨子相信天有意志、能赏善罚恶的天和鬼神的存在”。但“以为天和鬼神对人的赏罚是根据人的表现,富贵贫贱并不是先天规定,一成不变的”,“他反对命定论,是有进步意义的”[4]。目前,墨子天道观的核心是天志非命,黄老之学出于齐国等,都已成为学术界的共识。

三、对齐鲁文献的考证

文献为文化的重要载体。中国先秦文献伪托和爻杂的情况较重,不先加以廓清,难以把握当时的文化。傅斯年先生为了给齐鲁学派以正确的评析,对先秦文献作了认真的考证。

《论语》、《孟子》、《大学》、《中庸》是南宋理学家朱熹合编的儒家经典

---

① 王汎森,杜正胜:《有关〈性命古训辨证〉的一些讨论》,《傅斯年文物资料选辑》(四),1995年(未公开发行)。
② 赵纪彬:《赵纪彬文集》,第二卷第14页,河南人民出版社1985年版。
③ 郭沫若:《稷下黄老学派的批判》,《郭沫若全集·历史编第2卷》第155—156页,人民出版社1982年版。
④ 白寿彝:《中国通史纲要》,第103页,上海人民出版社1980年版。

"四书"。《论语》传为孔门弟子对孔子言论的记录。《孟子》为孟子及其弟子所著。《大学》和《中庸》系朱熹从《礼记》中抽出成书,《大学》传为曾子所作,《中庸》传为子思所作。这就是说,"四书"皆先秦文献。傅先生肯定《论语》、《孟子》基本为先秦文献,对《大学》、《中庸》为先秦文献的说法则提出异议。

他认为,《大学》的成书在孟子之后,《大学》所说的"平天下",与孔子、孟子不同。孔子的"平天下"为"九合诸侯,一匡天下"。孟子的"平天下"是"以齐王"。列国分立时的"平天下",总是讲求天下定于一。姑无论是"合诸侯,匡天下"还是"以齐王",总都是国与国的关系。而《大学》之谈"平天下",却但谈理财。理财是一个治国的要务。到了理财成为"平天下"的要务,必在天下已一之后。他说,《大学》引《泰誓》,我总疑心这是"伏生为秦博士之痕迹",书出于伏生,在秦代以后。《大学》末后大骂聚敛之臣。汉初兵革扰攘,不成政治,无所谓聚敛之臣。直到汉武帝才大用聚敛之。如果《大学》是因时而立论,它应"作于孔、桑登用之后,轮台下诏之前"①。汉武帝以后今文经学大盛,而《大学》却没有一点儿今文思想。据此,《大学》的成书"断于武帝时为近是"②。

《中庸》显然为三个不同的分子造成。从"子曰君子中庸"到"子曰父母其顺矣乎",这一部分所谓的中庸"正是两端之中,庸常之道",是一个世家的观念,"鲁国的东西"③。从"子曰鬼神之为德"到"治国其如示诸掌乎","已经有些大言了"。从"哀公问政"到篇末,还有头上"天命之谓性"到"万物育焉","纯粹是汉儒的东西"。中庸本是一家之小言,"所谓中者,乃取其中之一点而不从其两端"。而此处所谓"中",乃是"以其中括合其两端",成了一个"会合一切,而谓其不冲突——太和——之哲学","这岂是晚周子家所敢去想的"④。

《诗》、《书》、《礼》、《易》、《春秋》为儒家经典,号称"五经"。《诗》

① 傅斯年:《与顾颉刚论古史书》,《傅斯年选集》第150页,天津人民出版社1996年版。
② 傅斯年:《与顾颉刚论古史书》,《傅斯年选集》第150页。
③ 傅斯年:《与顾颉刚论古史书》,《傅斯年选集》第150页。
④ 傅斯年:《与顾颉刚论古史书》,《傅斯年选集》第151页。

三百篇传为孔子删定，《书》、《礼》、《易》均经孔子整理，《春秋》为孔子作。在傅斯年先生以前，学术界已有人对这些文献是否均为孔子手定，是否皆成书于先秦，表示怀疑或发表不同的意见。傅先生经过考证研究，提出了自己的看法。

关于《诗》。傅先生认为，说《诗》三百篇为孔子删定是汉儒造作之论。因为，"诗三百"一词多处见于《论语》，如果是孔子将三千篇删为三百篇，则不会把"诗三百"这个词用得这么现成。《墨子》有数处引用《诗》三百篇，可知"诗三百至少是当年鲁国的公有教育品，或者更普及"①，而非孔子删定的作品。《左传》与《论语》所引诗大同小异，也可以想见那时《诗》并没有定本，孔子并未删定《诗》。《诗》分风、雅、颂三部分，雅、颂为统治阶级所作，风则采自民间。雅、颂中的《鲁颂》出于鲁，风中却无鲁风之名。明末清初理学家张履祥提出《豳风》似为鲁风。傅先生认定，《豳风》出于鲁。证据是，《尚书》的《金縢》篇出于鲁。该篇有一解释"鸱鸮"之文，《鸱鸮》诗恰在《诗·豳风》中。则《鸱鸮》诗流行之地与《金縢》产地应该一致。又，周公之名在《诗》三百篇中只出现于《豳风》。吴公子季札称《豳风》"其周公之东乎"。《豳风》中"东山征戍之叹音'无使我公之归分'之欲愿，皆和'周公之东'情景相符合"②。《七月》诗中词句情节颇同雅、颂，"亦可缘鲁本是周有东方殖民之国，其保有周之故风，应为情理之常"。《吕氏春秋》以《破斧》之歌为东音，也说明《豳风》"乃出于宗周在东方殖民之新豳"③，即鲁国。

关于《书》。傅先生认为，现在今文尚书，"真与孔子和墨子的书不同"，不可能是孔子删定的。该书终于《泰誓》，显出秦博士的马脚来。其中假的篇章太多。除虞夏书一望而知其假外，周书中恐亦不少。"现在的今文面目，与其谓是孔子所删，毋宁谓是伏生所删。"④

关于《礼》。傅先生提出，《礼运》一篇显然包括三个不同的段落。"是

① 傅斯年：《与顾颉刚论古史书》，《傅斯年选集》第153页，天津人民出版社1996年版。
② 傅斯年：《周颂说》，《中央研究院历史语言研究所集刊》（第1本1分），第95—110页，天津人民出版社1996年版。
③ 同上。
④ 傅斯年：《与顾颉刚论古史书》，《傅斯年选集》第153页，天津人民出版社1996年版。

谓疵国,故政者之所以藏身也"以前的一段,"是淡淡鲁生的文章"①。"夫政必本于天"以下一段,"是炎炎汉儒的议论,是一个汉儒的系统玄学"。这两段截然不同。自"言偃复问曰"到"礼之大成"的一段,又和上两段不同。《礼运》的前半自为独立的一篇,"鲁国之乡曲意味,尚且很大"②

关于《易》傅先生认为,《易》和孔子无关。"《论语》上孔子之思想绝对和易系不同"③。《易》本齐地阴阳家之学,与儒家学说本不相干,到了战国晚期,儒生与术士合流,《易》才与儒家攀上了亲。假若《易》是孔子所订,他就不会出现那么晚,内容就不会如此矛盾纷乱。"易系总是一个很迟的东西,恐怕只是稍先于太史公。"④

关于《春秋》。傅先生认为,《春秋》一部书不容一笔抹杀,而《春秋》与孔子的各类关系不能一言断其为无。判断《春秋》是否孔子所笔削,现在拿不出确切证据。

但是,如果把《春秋》和《论语》联系起来看,我们可以说孔子订《春秋》,不见得不是事实。即令不是孔子手定,恐怕也是孔子后不久出现的著作。其"思想的源泉,总是在孔子的"⑤。他认为,春秋《左传》不是一时制作,有后世伪托的东西,但不是由刘歆一手而造。其"前身必有甚复杂之渊源"⑥。《左传》的成分大体为晋楚鲁三国之语,而其立点是偏于西国夏周之正统传说。公羊学的宗旨是一个封建制度正名,确尚有春秋末的背景,确不类战国中的背景,尤其不类汉。"公羊《春秋》之根本思想实与《论语》相合"⑦

除儒家经典外,傅先生还对墨子书和老庄书作了考证。关于《墨子》,他认为"不可尽据"。该书自《亲士》至《三辨》前七篇皆"儒家语","汉人之书也"⑧。《经》上下、《经说》上下,自为另一种学问,不关上说下教之义。《大取》至《公输》七篇,可称墨学杂编。而墨学的"教义大纲",则

①②④ 傅斯年:《与顾颉刚论古史书》,《傅斯年选集》第152页,天津人民出版社1996年版。
③ 傅斯年:《与顾颉刚论古史书》,《傅斯年选集》第153页。
⑤ 傅斯年:《与顾颉刚论古史书》,《傅斯年选集》第156页。
⑥《胡适论学往来书信选》第1267页,河北人民出版社1998年版。
⑦ 傅斯年:《与顾颉刚论古史书》,《傅斯年选集》第170页。
⑧ 傅斯年:《性命古训辨证》,《傅斯年选集》第120页。

"皆含于《尚贤》至《非儒》二十四篇中"①。关于老庄书,他认为《老子》为战国人太史儋作,《庄子》为向秀、郭象编定。今本《庄子》所分内、外、杂三篇,全凭主观武断。《逍遥游》《秋水》等最接近庄子的本旨,却在外篇,杂篇也比内篇更能反映庄子的思想。

傅斯年考证齐鲁文献的文字不多,但由于他是以反映当时社会、历史、时代和学派特点作为考证这些文献的根据和标准的,所以具有较高的正确度。他在考证齐鲁文献时,既要面对前人已经作了的大量考证,又要面对同辈人正在掀起的声势浩大的"疑古"思潮。其较高正确度的取得,也与他能够遵循实事求是的原则,既善于吸取前人和同辈人有据合理的成果,又敢于摒弃前人和同辈人无据不合理的偏见是分不开的。

傅先生考证齐鲁文献提出的许多看法,大都为后来的学术研究所肯定。如,关于《春秋》与孔子的关系,学者们考证认为,现存《春秋》一书是孔子依据鲁国旧史《鲁春秋》修成②。该书袭用旧史的痕迹十分明显③。关于《庄子》,以前学者曾普遍认为内篇反映了庄子的思想,外篇为后学所作。近些年有的学者经过深入研究,得出了与傅先生相同的结论。关于《诗》,学者们认为"在孔子之前篇目已具",并非孔子删定。"雅颂所歌藏于官府,孔子何得而删之?删削编定之权在王官大吏。非孔子之职"④。

四、对齐鲁文化历史地位的评估

齐鲁文化在中国古代文化中占有什么地位?在傅斯年先生之前,这也是一个没有被提出和研究过的问题。傅先生在研究齐鲁文化的渊源和内容的同时,也对这个问题进行了探讨,提出:"自春秋至王莽时,最上层的文化只有一个重心,这个重心便是齐鲁。这些话虽在大体上是秦汉的局面,然也颇可以反映三代的事。"⑤就是说,从夏商周至西汉,齐鲁都是中国文化的重心。

---

① 傅斯年:《性命古训辨证》,《傅斯年选集》第120页,天津人民出版社1996年版。
② 郭克煜等:《鲁国史》第395页,人民出版社1994年版。
③ 白寿彝:《中国史学史》第一册214—215页,上海人民出版社,1986年版。
④ 杨向奎:《宗周社会与礼乐文明》,第361—362页,人民出版社1992年版。
⑤ 傅斯年:《夷夏东西说》,《傅斯年选集》第289页,天津人民出版社1996年版。

傅先生认为，齐鲁地区在东夷族居住时期就是中国文化的重心。从历史传说看，居住在齐鲁地区的太昊、少昊、伯益、皋陶等东夷部族或首领都有重要发明创造，夷族之贡献于文化者不少。而夏族在文化上有什么贡献，至今尚无踪迹可寻（后来被学术界认为是夏文化的河南二里头文化在当时尚未发现——笔者注）。古代典籍中的三代，没有夷的一宗。这是由周朝的正统史观偏重西方，忽略东方造成的。春秋战国时代的思想家，"虽不把东夷放在三代之系统内，然已把伯夷、皋陶、伯益放在舜禹庭中，赓歌揖让，明其有分庭抗礼的资格"①。这是承认东夷文化先进的一个有力证明。从历史地理看，鲁是一个古文化的重心点，其四周有若干古老的小国。曲阜自身是少昊之墟，昊容或为民族名。有少昊必有太昊，犹大宛小宛，大月氏小月氏。"我疑及中国文化本来自东而西：九河济淮之中，山东辽东两个半岛之间，西及河南东部，是古文化之渊源。……不然，此地域中何古国之多也。"②

到了商族占据时期，齐鲁地区仍为中国文化的重心。商人抚有东夷人民和土地，在接受东夷文化的基础上创造了当时中国最先进的商文化。这种商文化在齐鲁地区得到大发展。儒家和阴阳五行说，是商文化在鲁和齐发展的产物。孔子说："先进于礼乐，野人也；后进于礼乐，君子也。如用之，则吾从先进。"这句话，汉宋诂经家始终没有解释明白。其实，孔子在这里说的"野人"，并非现今所指不开化的人，而是指农夫。如孟子所谓的"齐东野人"，即指农夫。"先进"、"后进"是先到后到的意思。"礼乐"泛指文化，而非专指玉帛钟鼓。这句话翻作现在的话就是：那些先到了开化的程度的，是乡下人；那些后到了开化程度的，是"上等人"。如问我何所取，则我是站在先开化的乡下人一边的。先开化的乡下人自然是殷遗民，后开化的"上等人"自然指周宗姓③。

武王灭殷，分封诸侯以后，齐鲁两国继续是中国文化的重心。周公借

---

① 傅斯年：《夷夏东西说》，《傅斯年选集》第285页，天津人民出版社1996年版。
② 傅斯年：《与顾颉刚论古史书》，《傅斯年选集》第167页。
③ 傅斯年：《周东封与殷遗民》，《中央研究院历史语言研究所集刊》（第4本3分），第285—290页，1934年版。

鉴殷礼，创造了宗周礼乐文化。鲁为周公封国，地位特殊，是周朝直辖区外礼乐文化最发达的地方。到了"丰镐沦陷，成周兵燹，于是'周礼尽在鲁矣'"①，鲁国更成为周礼乐文化的唯一重心。战国时期，周礼乐文化中心又由鲁国转到齐国，齐鲁均为周文化最发达的地方。孔子所以能授六艺，创立儒家学派，就在于"邹鲁在东周是文化最深密的地方。六艺本是当地的风化"，而"孔子是鲁人"。"与其谓六艺是儒家，是孔学，毋宁谓六艺是鲁学。"②有了文化最深密的鲁学，才有孔子的儒学。齐鲁居于中国文化重心地位的局面，一直延续到西汉。汉初，产生于齐国的黄老之学被作为治国之术。汉武帝罢黜百家，独尊儒术，原为鲁学的儒学成为中国统一的文教。而向全国传授儒学的学者，"几乎全是从齐鲁出来"③的。

　　傅先生不仅提出了齐鲁为中国古代文化重心的论断，而且对齐鲁能够成为中国古代文化重心的原因作了分析。他认为，古代中国的地势，东部为平原区，西部为山地区。东部平原区与西部山地区相比，经济上占优势，文化自然亦占优势。而在东部平原区内，情形又有不同。北端的今河北中部以东，为黄河入海处的无定冲积地，早期社会在这样的地势很难发达。所以从夏商至春秋，这里都无大事发生。齐、燕之交地势好些，到了春秋末，凭借治水法子的进步，这一带始关重要，当然不能成为早期历史中心。至于胶东半岛是山地，便于小部落据地固守，在初时的社会阶段之下，亦难成为历史的重心。只有南部，西起陈，东至鲁一带，是理想的好地方。土地肥沃，交通便当，去黄河下游稍远，水患不大，成为古代人活动集中的地方，今曲阜一代遂成为古代重要的政治中心和文化中心。

　　傅先生提出的齐鲁自夏商周三代至西汉始终是上层文化的重心的论断，为学术界不少人所赞同。当时，王献唐先生在其所撰《炎黄氏族文化考》一书中，运用大量的文献资料和考古资料，证明包括农业、制陶、舟船、屦履、楼房、冶铁、钱币等二十四事的发明创造，均出自东夷族。后来范文澜先生也指出："铁字，古文作銕，当是东夷族最先发明冶铁术，为华族所

① 傅斯年：《性命古训辨证》，《傅斯年选集》第109页，天津人民出版社1996年版。
② 傅斯年：《与顾颉刚论古史书》，《傅斯年选集》第158页。
③ 傅斯年：《周颂说》，《中央研究院历史语言研究集刊》（第1本1分），第95—110页，1928年版。

采用。"①杨向奎先生在概括三代文化发展线索时，得出了与傅先生基本一致的结论："通论中国古代文化之发展，虞夏以来，至于春秋，……以山东为中心，东及辽沈，西及河南，南及江、淮，北达燕蓟。后来发展为齐鲁文明，实为宗周文化之嫡传，而鲁为姬，虞为姜，后来结果，齐一变至于鲁，鲁一变乃至于道；周礼在鲁，遂为中心之中心。"②

在傅斯年先生评估齐鲁文化的历史地位时，中国的先秦考古发掘，只在河南仰韶、安阳和山东的龙山刚开始进行。他提出的看法，基本上只是从经过后人伪托窜改的文献记载中分析推论出来的。当时学术界许多人不把它当作定论，而只视为一说，是很自然的事。然而，后来随着先秦考古工作的进展，他的看法越来越被证明是正确的。迄今在山东境内发掘的被公认是属于夏及以前东夷人文化的遗址，主要有大汶口文化遗址、龙山文化遗址和岳石文化遗址。发掘的商文化遗址遍及山东各地。从这些遗址发现的文化遗存，比同时代其他地方遗址发现的文化遗存，有着明显的先进之处，从而证实了傅斯年先生的科学论断。

60多年前，齐鲁文化还是一片未经开垦的荒芜之地。自从傅斯年先生投入研究以后，这片荒芜之地便被开垦成一片肥沃的土壤。60多年来，尤其是近20多年来，齐鲁文化研究取得长足进步。有关论著不断发表，学术队伍逐步壮大，无论在广度上还是深度上，均非傅先生时可比。然而，抚今追昔，我们仍然不能忘记傅先生为齐鲁文化研究作出的历史性贡献。他是齐鲁文化研究的开拓者，是齐鲁文化分支学科的奠基人。

傅斯年先生在齐鲁文化研究上不仅取得了一系列开创性成果，而且提出了研究齐鲁文化的许多有效方法。其中最重要的是，广泛寻找和深入挖掘史料，遵循实事求是的原则，凭史料说话；把握文化与物质生活条件的关系，从物质生活条件上观察分析文化现象；把握文化与社会政治的关系，从社会政治情势观察分析文化现象。60多年前，运用唯物史观研究中国古史还刚刚起步，傅先生就能自觉地运用这些符合唯物史观的方法研究齐鲁文化，这是难能可贵的，也是他当时在学术上已处于领先地位

① 范文澜：《中国通史》第一编，人民出版社1978年版。
② 杨向奎：《宗周社会与礼乐文明》，第277—278页，人民出版社1992年版。

的明证。傅先生运用这些方法研究齐鲁文化,得出了经受住历史检验的结论,给予后来的齐鲁文化研究者以重要启迪和借鉴。

　　傅斯年先生是一位爱国者,也是一位热爱家乡的先贤。他研究中国历史,是出于作为一个史学工作者,一个全国历史研究机构的主持人,对国家的历史责任感。九一八事变后,他立即主持编著《东北史纲》一书,证明东北三省自古就是中国领土,驳斥日本为武力占领东北编造的谎言,就是一个最好的例证。他研究齐鲁文化,也是出于作为一位山东人,一位山东籍的史学工作者,对家乡的历史责任感。当时的中央研究院历史语言研究所与山东省政府组成的山东古迹研究会发掘城子崖遗址,他即以"我是山东人",做了这次发掘的"向导"①。对家乡文化事业的历史责任感,是傅先生在齐鲁文化研究上取得历史性成就的巨大动力,这也给予后来的齐鲁学术界以重要的激励和教诲。

　　　　　　　　　（本文与唐志勇合作,原载《文史哲》2004年第4期）

---

① 傅斯年:《城子崖序》,《傅斯年选集》第296页,天津人民出版社1996年版。

略论丘处机的历史贡献

山东栖霞,历史悠久,名人辈出,其中最有名且影响最大的是元朝的全真道龙门派祖师丘处机。丘处机在历史上有着多方面的贡献。

其一,对全真教发展的贡献

丘处机初追随全真教祖王重阳(王嘉,一曰嘉),学道于宁海(今山东牟平)昆嵛山。他主张以道教学说为本,吸收儒、释学说(即吸收融合儒教之仁孝、佛教之戒律、道教之养生贵和),把道教与道教文化推向了一个鼎盛阶段。全真教得以盛行,丘处机起了重要作用。

其二,对中西交通与文化交流的贡献

丘处机追随元太祖成吉思汗西征,先后经历数十国,行程万余里,历时4年,远至雪山(兴都库什山)。其弟子李志常根据其亲身经历见闻编成《长春真人西游记》一书,记述了许多有关蒙古、新疆和中亚地区的历史地理、民情风俗,具有重要的学术参考价值。中西交通史研究专家张星烺先生认为"此书记载详明,为研究中世纪中央亚细亚史地者不可缺之书也。在史地学上价值甚高,其影响虽不若《马可孛罗游记》之巨,而叙事详晰,条理不纷,文章优雅,固非马可孛罗所可比肩也"①。元史专家陈得芝先生也说这部书"其价值可与玄奘《大唐西域记》相比伦。②"总之,丘处机的西行,对中西交通与文化交流起了重要的作用。

其三,对中国统一与历史发展的贡献

丘处机侍从成吉思汗期间,了解到成吉思汗极欲统一的迫切心理,曾

---

① 张星烺《中西交通史料汇编》第五册。
② 谭其骧主编《中国历代地理学家评传》第二册《李志常》。

提出许多重要建议,对元朝统治政策有重大影响。史称"太祖时方西征,日事攻战,处机每言,欲一天下者,必在乎不嗜杀人。及问为治之方,则对以敬天爱民为本。问长生久视之道,则告以清心寡欲为要。太祖深契其言,曰'天赐仙翁,以寤朕志。'命左右书之,且以训诸子焉。于是赐之虎符,副以玺书,不斥其名,唯曰神仙。"丘处机还提倡儒家孝道,认为"人罪莫大于不孝",劝成吉思汗在全国推行孝道,被采纳。其时,蒙古军进攻中原,河南河北备受蹂躏,许多百姓被俘为奴,或被屠杀。"处机还燕,使其徒持牒招求于战伐之余,由是为人奴者得复为良,与滨死而得复生者,毋虑二三万人。中州人士至今称道之。①"对此,清朝乾隆皇帝曾为丘处机撰写一副对联云:"万古长生,不用餐露求秘诀;一言止杀,始知济世有奇功。"

其四,对中国传统文化发展的贡献及其现实意义

道教文化是中国土生土长的文化,是中华民族传统文化的主干部分之一。有人甚至认为道教文化是中华民族传统文化的主体,较之儒家文化尤为重要。鲁迅就曾说过:"前曾言中国的根柢全在道教,此说近颇广行,以此读史,有多种问题可以迎刃而解。"②不论如何,今天我们研究丘处机,不仅仅是研究这一位著名的历史人物,更重要的是通过研究这个历史人物,正确认识和评价道教文化,包括哲学、文学、艺术、科技等方面,以取其精华,除其糟粕,尤其是其中的天人和谐思想博大精深,值得我们认真、深入地研究,这对建设社会主义和谐社会具有十分重要的现实意义。

此文为2007年9月27日在"丘处机与全真道国际学术研究会"上的发言稿,略加整理而成。

①《元史·丘处机传》。
②《鲁迅书信集·致许寿裳》。

努力推动中华文化走向世界
——从儒学与东亚文化谈起

中华文化历史悠久,源远流长。仅就正史记载,早在两千多年前,秦始皇时的徐福东渡,汉武帝时的张骞通西域,一个从海上,一个从陆地,把中国和日本、韩国、朝鲜以及亚、非、欧等国家和地区联系起来,开展了彼此之间经济文化交流,使中国走向了世界。此后在漫长的岁月里,中华文化绵延不断地传遍世界各地,例如代表道家文化的老子《道德经》在公元七世纪即以梵文传入印度,十六、十七世纪又经西方传教士之手传到欧洲各国。代表军事文化的兵学圣典《孙子兵法》也于七世纪传入日本。而代表儒家文化的经典《论语》,则早在公元四世纪初即由朝鲜传到日本。中华文化的广泛传播,对世界文化产生了深远的影响。正如有些学者所说,日本的大化革新、欧洲文艺复兴的主要思潮人文主义,都是在中华文化主要是儒家文化启蒙下的产物。

自从2100多年前,汉武帝"独尊儒术,罢黜百家"以来,儒家思想和儒家文化便以其超时空的极强的适应能力和生命力、极大的文化亲和力,不但在中国传统文化中居于统治地位,而且传播全世界,尤其是对东亚各国和地区产生了广泛和深远的影响,有人甚至认为从文化上看,东亚各国和地区都属于"儒家文化圈"。

据历史记载,早在秦汉之际,中国人赵佗在今越南北部和两广一带建立南越国时,即大力推行儒家学说,"以文教振乎象郡(今越南北部),以诗书而化训国俗,以仁义而固结人心"①。东汉初锡光、任延先后任交趾、九

---

① 黎崱《越鉴通考总论》。

真（二郡均在今越南境内）太守，"建立学校，导之经义，由此已降，四百余年，颇有似类"①。东汉末，士燮为交趾太守，聚集一大批内地流亡到越南的儒生，传播儒家思想，为越南文化发展和社会进步作出了重要贡献。

儒学传入朝鲜也很早，"自汉武帝列置四郡（玄菟、乐浪、真番、临屯），臣妾内属，而中华政化所尝渐被，虽更魏历晋，视时淤隆，乍离乍合，然义理之根诸中者，未尝泯也"②。

儒学传入日本，时间稍晚。见于历史记载的具体时间是东晋安帝义熙元年（405），朝鲜半岛上的百济国人王仁应日本应神天皇之邀请东渡日本，献《论语》10卷、《千字文》一部，并为太子师傅，传授儒学。史称"自应神受百济之贡，天智学用孔之道，风化大行"③。应神、天智皆日本天皇。

此后，历唐、宋、元、明、清千余年间，儒学在东亚各国广泛传播，对这些国家和地区的政治、经济、文化、社会等各个方面都产生了深远的影响。其主要表现有以下几点：

（一）儒家创始人孔子本人被尊为圣、王的地位。例如东亚一些国家从京师到各地广泛设立孔庙，按时祭祀。有的国家还加封孔子为"至圣"、"大成"等尊号。如八世纪时，日本天皇即曾封孔子为"文宣王"，并制订了一整套庄重的祭孔仪式。

（二）儒学成为治国的指导思想。例如公元七世纪日本孝德天皇实行"大化革新"，就是"学用孔子之教"④。十七至十九世纪，日本的德川幕府统治时期，定儒学为国学，儒学以外的学说一律禁止，并聘任知名的儒学大师藤原星窝、林罗山等为顾问，参与幕府机要。所以日本学者武内义雄在其《儒教的精神》一书的《序言》中说："儒教虽然发生于中国，可是极早就传到日本，对日本的国民精神之昂扬贡献极大。"

（三）东亚各国到中国留学之风盛行。例如唐太宗贞观十四年（640）朝鲜半岛上的高句丽、百济、新罗三国同时派出大批青年学生到长

---

① 《三国志·吴书·薛综传》。
② 徐兢《宣和奉使高丽图经》卷40《同文·儒学》。
③ 《大日本史》卷213。
④ 《日本书记》卷24。

安国子监学习儒家经书,仅唐文宗开成五年(840)一年之中新罗从唐朝回国的留学生即多达105人。日本也曾多次派"遣唐使"、留学生和学问僧到中国学习儒学。这些留学生中,如朝鲜的崔致远在中国参加科举考试,中了进士,回国后成了儒学大师。日本的阿倍仲麻吕(中国名晁衡)也成为著名的学者,并曾在中国做官。

(四)儒学的社会普及化。例如李氏朝鲜建立后即在中央设成均馆,作为最高学府,在各地府、郡、县均设置官学。此外,还有数量很多的私学。无论官学和私学,都规定要学习儒家的四书五经。尤其重视民间礼俗教育,把儒家《孝经》等书编成通俗读本,甚至绘成图画,"译以方言,广颁中外,使妇人小子,无不晓解"①。越南的陈朝,也仿照中国,在首都建立国子监,在各州府县建立官学,许多儒生还在城乡举办私塾,均传授儒家经书。儒学的社会普及化,正如汪大渊在其《岛夷志略》中所说:"凡民间俊秀子弟,十一岁入小学,十五岁入大学,其诵诗读书,谈性理,为文章,皆与中国同。"日本的奈良(710—794)、平安(794—1192)、江户(1603—1867)等时代,对儒学的普及也很重视。奈良时代规定大学寮均以儒家九经为教材,作为学生的必修课或选修课,要求学生对《礼记》《左传》《论语》《孝经》等书必须学通。江户时代,不论各级各类学校,也均以儒家经典为教材,甚至规定童科考试,8岁到11岁要考《小学》《四书》,11岁到15岁考《四书》《五经》。为帮助平民子女受教育,还相继在各地办起了一些"寺子屋"。这类平民学校对儒学在日本下层民众中的普及起了重要的作用。

关于儒学对东亚文化的影响,唐玄宗曾说:"新罗号为君子之国,颇知书记,有类中华。"②北宋徐兢《宣和奉使高丽图经》卷19《民庶》说:"四民之业,以儒为贵,故其国以不知书为耻。"甚至一些知识分子以"儒"为名,如罗兴儒、闵宗儒、于学儒等,以示对儒学的尊崇。明人严从简《殊域周咨录·安南》中说:越南在儒学影响下,"风俗、文章、字样、书写、衣裳、制度等及科举、学校、官制、朝仪、礼乐教化翕然可观"。日本

---

① 《朝鲜志·风俗》。
② 《旧唐书·东夷列传》。

小国原芳著《日本教育史》一书也说："德川时代，多数教育家，以圣人君子为理想，以道德为教育目的……其结果成了儒教的天下。"仅举以上事例，即可想见儒学对东亚各国影响之深远。

唐代王勃《送杜少府之任蜀州诗》有云："海内存知己，天涯若比邻。"中国和朝鲜、韩国、越南、日本等国，并不是处在天涯，而是"一衣带水"的比邻，而中国台湾与大陆更是一家，都属于一个"儒家文化圈"。正如英国浸礼会传教士法思远在其编著的《山东》一书导言中所说"孔子所教导的高尚的道德信条在相当大的程度上铸造了中国的文明，并且通过中国影响了更远的东方"。

最近胡锦涛同志在党的十七大报告中，讲到"推动社会主义文化大发展大繁荣"时，特别强调要"推动我国哲学社会科学优秀成果和优秀人才走向世界"，"加强对外文化交流，吸收各国优秀文明成果，增强中华文化国际影响力"。改革开放后的20多年期间，我们国家哲学社会科学工作者在这些方面已经做了一些工作，并取得一些成绩，例如中华和谐文化，经过胡锦涛同志的倡导，现已在世界各国人民中间得到普遍赞同，产生了很好的影响。今后我们更应遵循上述指示精神，在原有的基础上继续踏着先人早已走过的足迹，努力推动中华文化走向世界，为促进中外文化交流，增强中华文化国际影响力而做出应用的贡献。

（山东人民出版社《历史学家茶座》2008年4期）

论伊尹与商都（亳）文化研究

一代开国贤相

伊尹，一说名挚，出生于伊水岸边①（注），被有莘氏（今山东曹县北莘冢集一带）国君庖人收养，及长，耕于莘野"乐尧舜之道"，富有谋略。商汤闻其贤，乃娶有莘氏女为妃，伊尹以陪嫁奴仆身份为汤王厨师。他以烹调为喻说汤以治国之道，汤拜为右相，任以国政。他帮助商汤制定了各种典章制度，使商朝初期政治稳定，经济发展，军事力量增强。先后灭掉夏的与国葛、韦、顾、昆吾等方国"十一征而无敌于天下"，最后一举灭夏，建立了商朝。商汤死后，伊尹又先后拥立辅佐其子外丙、仲壬、孙太甲、太甲子沃丁为王，为商朝六百年基业奠定了坚实的基础，后世尊崇他为中国历史上第一位贤相。伊尹的一生，对中国古代的政治、经济、军事、文化、教育等方面都有过卓越的贡献②。《尚书》《论语》《孟子》《管子》《吕氏春秋》《史记》等古籍都对他有很高的评价，如《尚书·君奭》曰："成汤既受命，时则有若伊尹格于皇天。"即伊尹得到上天的嘉许，为天之代言人。《论语·颜渊》记孔子弟子子夏曰："汤有天下，选于众，举伊尹，不仁者远矣。"子夏认为伊尹是一位仁人。《孟子·万章》载孟子曰："伊尹相汤以王于天下。"又曰："伊尹，圣之任者也。"他认为伊尹是一位圣人，可以和"圣之时者"孔子并列。《管子·地数》则称伊尹"善通移、轻重、开

---

① "伊水"见《吕氏春秋本味》。此处"伊水"非实指今河南洛阳伊河。"伊"字在此当作代词，如《诗经·秦风·蒹葭》："所谓伊人，在水一方。"伊水乃虚指即这条河或那条河，以此推之，伊水应在古莘国境内或附近。

② 参见《山东通史·先秦卷·伊尹列传》，人民出版社2009年版。

阃、决塞,通于高下徐疾之策坐起之。"《吕氏春秋·慎大》谓伊尹助商汤灭夏,立有大功[1],因此"祖伊尹世世享商"。《史记·殷本纪》则说伊尹"为有莘氏媵臣,负鼎俎,以滋味说汤,致于王道"。商代甲骨文卜辞中也屡见祭祀伊尹的记载。他被列为"旧老臣"之首,其地位之尊介于殷先王与先公之间,而且还有大乙(商汤)、伊尹并祀的卜辞。直到春秋时叔夷钟铭文中还有"伊少(小)臣佳辅,咸有九州"之说。后世则把他与周朝吕尚(姜太公)并称"伯仲之间见伊吕"[2],被奉为贤相的楷模。

厨师之祖、中药汤剂发明之父

伊尹幼年被有莘氏庖人(即厨师)收养,故能学习烹饪之术;以后又曾为汤王厨师,经过长期的工作实践,遂成为精通烹饪的厨师,并由烹饪的体验而通治国之道。《吕氏春秋·本味》记载伊尹"说汤以至味(美味),汤曰:可得而为乎?对曰:君之国小,不足以具之,为天子然后具之"。以下就是伊尹以至味说汤的原文:

"夫三群之虫,水居者腥,肉攫者臊,草食者膻,臭恶犹美,皆有所以。

凡味之本,水最为始。五味三材,九沸九变,火为之纪。时疾时徐,灭腥、去臊、除膻,必以其胜,无失其理。

调和之事,必以甘酸苦辛成,先后多少,其齐甚微,皆有自起。

鼎中之变,精妙微纤,口弗能言,志不能喻,若射御之微,阴阳之化,四时之数。

故久而不弊,熟而不烂,甘而不哝,酸而不酷,咸而不减,辛而不烈,澹而不薄,肥而不腴。"

这篇说辞,主要内容:

一是要烹调出美味,必先了解所需各种原料的性质,三群之虫,指水中生物,肉攫者即肉食动物,草食者即食草动物,以上三种原料,虽然鲜美,但各有腥、臊、膻等恶臭味。

二是美味的烹调,首先水质要好。五味即甘(甜)、酸、苦、辛(辣)、

---

[1] 参见清华楚简《尹至》。
[2] 杜甫《咏怀古迹诗》之五。

咸,三材即水、木、火,水为味之本,木能生火,沸是滚开水,变是变化,九者多也。就是说,要掌握好火候,用火要适度,有时用急火,有时用慢火,经过"九沸九变",这样才能除去腥、臊、膻而出美味。

三是调味的原料,有甘、酸、苦、辛、咸各种味道,调和时,有先有后,有多有少,是很微妙的,要特别用心去观察和体会。

四是鼎中的变化精妙而细微,非言语所能形容,如射箭驾车,差之毫厘,谬以千里;又如阴阳变化,四时更替,都很难说清楚,全在于心领神会。

五是经过精心烹调而成的美味佳肴,就可以达到久而不坏,熟而不烂,甘而不哝,酸而不酷,咸而不减,辛而不烈,淡而不薄,肥而不腻的程度。

这简直是一篇有关烹调术的经典文献。其烹调的标准和水平达到这样高的程度,虽不敢说绝后,但可以说是空前的。中国烹饪学家和饮食界尊其为"厨圣"、"食祖",是当之无愧的。

随后,伊尹又向商汤讲了可以制作这些美味的各地著名特产品,如肉之美者,鱼之美者,菜之美者,和之美者,饭之美者,水之美者,果之美者等等。但是要想得到这些美食,"非先为天子,不可得而具。天子不可强为,必先知道","圣王之道要矣",就是要实行仁政。

对以上这篇说辞,有的学者把它归纳为"五味调和论"和"火候论"。这种高超的烹饪学理论,实际上也是治国之要道。在古代,一位贤明的国君制订治国方针和政策时,一定要善于吸取和征求各方面、各阶层人们不同的意见,然后加以梳理归纳,去粗取精,去伪存真,通过"五味调和",制订出适应国情的方针政策并付诸实施,这样就会使国家兴旺发达;否则只听取一面之辞,甚至是谗言,或独断专行,国家就必然要陷于衰败。《左传》昭公二十年、《晏子春秋·外篇七》均载齐相晏婴以"先王之济五味和五声"为喻,与齐景公论治政之道,以及孔子的"和而不同"思想很显然都是受伊尹"五味调和论"的影响。治国也要讲究"火候",急躁冒进不行,怠慢滞后也不行,过犹不及,要随时注意掌握事态发展变化的规律,排除左、右干扰,"允执厥中"①,"致中和"②。这些都涉及到国家盛衰兴旺的战

①《尚书·大禹谟》。
②《礼记·中庸》。

略问题。在这里,我还要补充一点,就是伊尹说辞最后还提出一个"天下一统论"的观点,因为只有全国统一,才能得到各地美味,这正是伊尹辅佐商汤要达到的一个理想目标。在君臣共同努力下,终于实现了这个目标,由原来臣服于夏的一个仅有70里的小小方国,发展成为东至大海,西至陕西,南至长江流域,北至辽东半岛的泱泱大国,也是在当时世界上首屈一指的文明大国。

伊尹还是中药汤剂疗法的发明者。据晋·皇甫谧《针灸甲乙经》序中说:"伊尹以元圣之才,撰用《神农本草》,以为汤液。"元·王好古《汤液本草》序一也说:"殷伊尹用《本草》为汤液,汉(张)仲景广汤液为大法,此医家之正学,虽后世明哲有作,皆不越此。"说明伊尹对中药汤剂确有发明之功。以理推之,伊尹出身社会下层,从做厨师的长期实践中,很有可能从医食同源的角度,体验到食物与药物的密切关系,其实食疗即医疗的一种。以生姜和肉桂为例,伊尹论证:"和之美者,杨朴之姜,招摇之桂。"杨朴,地名,属于蜀郡;招摇,山名,属于桂阳,这两种药物都是调味不可缺少之物。既是调味品也是常用的药物。伊尹在烹调时了解到姜、桂的辛温发散作用,也可用于治病是很自然的事情。本来中药汤剂就是各种药材加水煎熬而成,其法与烹调食物相同,伊尹既精烹调之术,又兼通《神农本草》,他为了治病救人,把自己烹调食物的经验用于制作中药汤剂,可以说势所必然。这是对人类健康生活的一项重大贡献。中国著名烹饪学家和饮食界尊其为"厨圣"、"食祖"是当之无愧的。

附:伊尹故里商都(亳)文化研究

关于伊尹故里商都亳的问题,潘建荣同志主编的《商都亳研究论集》(上下册)是对商都亳研究的集大成之作。我认为应在此基础上继续进行研究。多年来,关于商都亳的今地点,学术界说法不一,早在1995年在曹县举行的商都文化研讨会上,一些前辈专家从占有文献资料的丰富来看，多数倾向于商都亳在今天曹县境内。这个地区是先秦时期高文化区，既是东夷文化与华夏文化的交汇区，也是齐鲁文化与楚文化、中原文化交汇区，是一个文化灿烂、名人荟萃、历史人文资源极为丰富的地区。在这块古老的祖国大地上，早在秦汉时期就已形成了以"一都（商都亳）、二王（商王成汤、建立箕氏朝鲜的朝鲜王箕子）、二相（右相伊尹、左相仲虺即莱朱公）、三家（道家庄周、兵家吴起、农家氾胜之）"为主要支柱和优势的文化区。根据文献记载和初步考古调查，在曹县境内至今还保留着除亳以外的莘仲城、楚丘城、济阴城等古城遗址以及汤陵、莘仲君墓、伊尹墓、莱朱墓、箕子墓等古陵墓遗址。按照古礼和中国人传统习惯，人死后都是要归葬故里祖坟，帝王将相贵族一般都要葬在国都附近，如汤陵即在亳都东北三里之遥，其余的商代古墓也都在亳附近，这也是商都亳在曹县境内的一条有力的证据。此外，专家们都提到曹县的堌堆文化，县境内确有很多名为"堌堆"的地名，如梁堌堆、郜堌堆、安陵堌堆、燕陵堌堆等。这些堌堆大都是先秦秦汉时期的古文化遗址，这是我们的先人在其住地长期防治洪水的工程中为了加高加固而留下的一笔宝贵财富，应当予以重视、保护和研究。在古老的山东大地上先人们曾创造出商都文化，齐都文化、鲁都文化三大文化区，商都文化与后两者相比，起步较晚，无论在文献资料研究上，还是考古发掘研究方面都需要做大量的工作。1995年，我曾在《大众日报》（1995年7月12日）发表过一篇小文《关于商都文化的几点思考》，可惜反响不大。十几年来，商都文化研究，除个别学者一直在坚持外，似乎没有什么新的进展，现在老一辈学者凋谢殆尽，他们在上次研讨会上留下的研究成果，多年来束之高阁，乏人问津。此次伊尹研讨会也是属于商都文化研究的一个重要内容，我建议应以此次研讨会为契机，继续推动商都文化的研究。商都亳属于古代黄河泛滥区，深埋地下，而地下水位又高，对亳的考古发掘有一定难度；但如果这项工作能够开展起来，一旦发现了亳都城址及有关商前期遗物，不仅能解答"天下第一都"历史之谜，而且对整个黄泛区考古将提供一些经验，对全国考古工作也有重要的参考意义。

当然，我们在这里研究伊尹，研究商都文化，都不是最终目的，我们的最终目的应是：为什么早在几千年前在曹县这块土地上能产生出如此灿烂的物质文明和精神文明？为什么能产生出一批杰出的在历史上作出重大贡献且影响深远的名人？我们应当从中找出一点带有规律的经验教训，古为今用，让几千年古代文明重放异彩，古都曹县再创辉煌。

（原载《中国食祖伊尹和食文化论证会论文汇编》）

虞朝的建立与夏商周三代文明

长期以来，史学界一直认为中国由原始社会进入奴隶制社会的第一个王朝是夏朝，但是根据大量的历史文献记载和地下考古发现，证明在夏朝之前，还有一个虞舜王朝，虞舜王朝不仅是中国历史上第一个王朝，而且它还为夏朝的建立奠定了基础，为夏、商、周三代文明开了先河。司马迁在《史记·五帝本纪》中已明确提出"天下明德皆自虞帝始"。

一、舜与虞朝的建立

舜是东夷人最杰出的首领。舜，又称虞舜，虞是东夷有虞氏建立的一个方国，舜原是虞国国君，故又称虞舜。

虞国何时建立？书缺有间，今已不可确考，但虞国的世系却可以从《史记·五帝本纪》中有一个大体的了解，这就是黄帝→昌意→颛顼→穷蝉→敬康→句望→桥牛→瞽叟→舜。司马迁把有虞氏纳入黄帝族一系，可能是受春秋时鲁国大夫展禽所说"有虞氏禘黄帝而祖颛顼"①的影响。这并不奇怪，春秋战国以至秦汉时期，以黄帝为代表的华夏族已居于统治地位，属于黄帝一系的尧又嫁二女娥皇、女英于舜，舜则"禘黄帝而祖颛顼"，因此时人整理古史时，往往把夷夏两族合并为黄帝一系，是很自然的事。其实早在西周末年周太史伯的一段话已涉及到这个问题，他说：

"夫成天地之大功者，其子孙未尝不章，虞、夏、商、周是也。虞幕能听协风，以成乐物生者也。夏禹能平水土，以品处庶类者也。商契能和五

---

①《国语·鲁语》。

教,以保于百姓者也。周弃能播殖谷蔬,以衣食民人者也。其后皆为王公侯伯。"①

其中提到一个人名虞幕,前引《史记》有虞氏世系中没有这个人物,但他却是有虞氏历史上的重要人物。请看,史伯把他与夏禹、商契、周弃等夏、商、周始祖并列,他不仅是有虞氏先祖,而且还是虞国开国之君。对此,宋人罗泌作《路史》已注意到这一点,他在《馀论七·吕梁碑》中指出:

> 碑中叙纪虞帝之世云:舜祖幕,幕生穷蝉,穷蝉生敬康,敬康生乔牛,乔牛生瞽叟,瞽叟产舜,命禹行水道,《吕梁》特此节完备为可考,质之于传,惟无句望,且不言出自黄帝,谅得其正。

吕梁碑盖秦汉间碑,其叙述有虞氏世系,与《史记》相比,有三点不同:一是将幕排在穷蝉之前,确认幕为舜的祖先;二是不言虞舜出自黄帝;三是敬康之后缺句望一世。句望在《大戴礼记·帝系》中作句芒。吕梁碑不将虞舜世系纳入黄帝一系,应该说是可信的。如清代经学家、考据学家阎若璩认为他"辨舜出于虞幕……不祖黄帝之说颇悉"②。另一位经学家、考据学家崔述也说:"谓幕有功德传于世,可信也。""谓舜与古帝王之皆出于黄帝,则不可。"③

综合以上资料和考证,我们可以确认有虞氏一个大致可信的世系:虞幕→穷蝉→敬康→句望→桥牛→瞽叟→舜④。

虞国在舜之前,只是方国林立中的一个方国,其内部情况,今天已不可详考。到夷夏联合治水时期,首先是唐国的国君尧出来主持治水事宜,尧根据治水需要,联合夷夏两族建立了一个临时的方国联盟。在治水过程中,舜脱颖而出,继尧之后主持夷夏方国联盟。值得注意的是尧舜先后主持夷夏方国联盟,但情况已大不相同,尧时夷夏联盟只是一个相对松散的组织,尧以其个人的才能与声望在联盟中发挥其"共主"的作用,而尧所属的唐国并未在其中占有十分突出的地位。到舜时,舜加强了夷夏方

---

① 《国语·郑语》。
② 王应麟《困学纪闻》卷六春秋"史赵曰"条若璩按语。
③ 《崔东壁遗书·唐虞考信录》。
④ 参见罗琨:《"有虞氏"谱系探析》,《中原文物》2006年第1期。

国联盟权力机关的建设,并趁机大力扩张虞国势力,使虞国政权与夷夏方国联盟政权合而为一。至舜时虞已不再是一个普通方国了,而是一个高踞于万邦之上,能够"协和万邦",号令万邦的大国了。这样一个大国,由于是第一次出现,给予世人以深刻的印象,以至于将其与后来继续出现的夏、商、周相提并论,成为夏、商、周之前中国历史上第一个王朝[①]。

二、虞舜朝与龙山文化

反映虞朝与大舜时代的考古资料即是举世闻名的龙山文化。龙山文化因其首先发现于山东济南章丘龙山镇而得名,出土的陶器以黑陶为特征,所以又称黑陶文化,它与山东的大汶口文化一脉相承,这已是公认的考古事实。大汶口文化中晚期,已十分具体而生动地显示了文明时代即将到来的情景,那末在发展序列上属于大汶口文化之后的龙山文化更是无疑地已进入了文明时代。龙山文化的年代,约相当于公元前2500年至公元前2000年,大约有100多年的时间已进入了夏朝的积年范围。史学界一般认为夏朝是中国历史上的奴隶制王朝,因此紧接夏禹之前的大舜和龙山文化时代理应早已出现了文明的曙光。

龙山时代,山东地区的社会经济有了很大发展。农业生产工具出现了前所未有的石镢和木耒。粮食作物除了粟、黍以外,还开始种植水稻。目前已发掘的龙山文化遗址,差不多都有比较规整的贮藏物品的窖穴。手工业生产工具则出现了用黄铜制作的锥形器。制陶业的发展和进步最为显著。整套的磨光黑陶器物群,构成龙山文化区别于其他同期考古文化的突出特征,达到了当时中国制陶业唯一能够达到的最高水平。

社会经济的发展,为文明的产生创造了条件。龙山文化,文明的诸要素已经出现了。一是金属冶炼业和金属工具的出现,表明山东地区已进入金石并用的时代。二是规模空前的贵族大墓的发现,说明体现早期奴隶制社会的等级名分制度的礼制已经形成,而礼制的形成是文明时代已经到来的标志。

---

① 参见王克奇、王钧林主编《山东通史·先秦卷》64—66页,人民出版社,2009年12月版。

最值得注意的是城市的出现。早期的城市往往是一个地区的权力统治中心，兼有政治的、军事的、宗教的、经济的乃至文化的多种功能。它的出现意味着城市与乡村的对立已经形成，这是文明社会所特有的现象，目前在我国发现的最早的城址已有多处，其中城子崖龙山城址面积达20多万平方米，它显然已超出城堡的范畴，是目前已发现的我国历史上最早的城市。它给予我们一个强烈的暗示：黄河下游的山东地区有可能先于黄河中游的中原地区而进入文明时代。在金石并用时代，修筑规模如此宏大的城市，不知要动用多少人力和物力，没有一个强大统一的权力中心是不可想象的。因此，龙山时代的城子崖很可能就是大舜时代某一邦国的国都。

近年又在山东邹平丁公村龙山文化中晚期遗址中发现了陶文，说明这一时期已有了文字。

冶铜业和黄铜工具，贵族与平民的对立具有阶级社会的特点，礼器和礼制的形成，最后特别重要的是城市和文字的出现，凡此种种，都使我们完全有理由得出这样的结论：龙山时代山东地区已跨入文明社会的门槛，龙山时代就是中华文明的黎明时期。

山东龙山文化遗址的普遍发现和研究，证明了山东地区早在四、五千年前就已进入了人类的文明时代，证实了历史文献记载的虞朝与大舜的真实性和可靠性，对我们研究虞舜王朝的历史有重要的参考意义。

三、虞舜朝国家政权建设

如前所述，虞作为一个独立的朝代，与唐国显然不同。唐的国君尧虽然是夷夏方国联盟的"共主"，但尧并没有进一步加强方国联盟的政权建设。据《史记·五帝本纪》记载，尧时联盟的一些上层人物，虽然都得到重用，但"未有分职"，即职责不明，也没有将其所在的唐国政权与夷夏方国联盟的政权合而为一。舜继尧担任夷夏方国联盟的"共主"之后，采取了一系列措施，在政治、经济、文化、社会等方面，加强了建设。

（一）加强对夷夏方国联盟的管理，赏罚分明而能服众。当时联盟内有高阳氏一系的"八恺"，"世得其利"；高辛氏一系的"八元"，"世济其美"，而尧不能举用。舜却不同,"舜举八恺,使主后土,以揆百事,莫不时序;举八元,使布五教于四方,父义、母慈、兄友、弟恭、子孝,内平外成。"①同时联盟内有帝鸿氏一系的浑沌、少昊氏一系的穷奇、颛顼氏一系的梼杌、缙云氏一系的饕餮,"天下恶之",而尧不能去。至于舜,则将此"四凶"流放于四周边远之地。

(二)加强夷夏方国联盟政权的建设,设官分职,并将其与虞国政权合而为一。后世将此时期的虞与夏、商、周并列,实际上就是虞或有虞氏为舜所建立政权的代称。如前所述,尧在位时,各方国才俊、领袖等上层人物如禹、皋陶、契、后稷、伯夷、夔、龙、倕、益等人虽然都得到重用,但"未有分职",即职责不明,不能很好地发挥作用。这说明尧时政权尚处于初创阶段。舜继尧当政以后,充分发挥军事民主制传统,与"四岳"、"十二牧"等充分沟通、咨询、论证,任命以上诸人分别担任以下官职:

禹为司空,总领百官政事,兼平水土。

契为司徒,掌管教化、民政。

弃为后稷,掌管农事,播莳五谷。

皋陶为士,掌管刑狱。

益为虞,掌管山林川泽畜牧。

倕为工,掌管百工。

伯夷为秩宗,掌管礼教。

夔为典乐,掌管乐舞。

龙为纳言,负责出纳王命。

从尧时,"未有分职",到舜时设官分职,是国家政权建设的一大进步。舜不仅要求百官各司其职,而且还制定了考核办法,"三岁一考功,三考黜陟"②。

(三)加强虞朝的制度建设

1. 祭祀制度

舜时的祭祀制度,见于《史记·五帝本纪》:主要有祖祭(主尧之祭

---

① 《史记·五帝本纪》。
② 《史记·五帝本纪》、《尚书·舜典》。

祀）、上帝之祭、四时日月星水旱之祭、山川之祭，以及其他群神之祭。"国之大事，在祀与戎"①。舜继承完善了祭祀制度，是其在社会制度建设上的一项重要内容。

2．礼乐制度

历史上虽然没有舜制礼作乐的记载，但舜任命伯夷为"秩宗"，专掌礼教；又任命夔为"典乐"，专掌乐舞，说明舜对礼乐教化的重视。相传舜制"韶乐"，令孔子闻之三月不知肉味。

3．刑法制度

舜所设立的士，专掌刑狱。担任这个职务的皋陶，是我国历史上第一位大法官。舜时有各种各样的"典刑"，如五刑、官刑、教刑、赎刑等，说明舜时已有了比较完备的刑法制度。

4．政区划分。据《尚书·舜典》记载，舜在位时，将全国划分为十二州，设十二牧。为了加强对十二州的统治，舜还制定了巡守制度，定期巡视各个地方。舜制定的十二州，是我国历史上第一个行政区划，后来禹据此加以调整，将全国划分为九州。

史称舜设官分职之后，"咸成厥功，皋陶为大理，平，民各伏得其实；伯夷主礼，上下咸让；垂主工师，百工致功；益主虞，山泽辟；弃主稷，百谷时茂；契主司徒，百姓亲和；龙主宾客，远人至；十二牧行而九州莫敢辟违；唯禹之功为大，披九山，通九泽，决九河，定九州，各以其职来贡，不失厥宜②"。

总之，舜的历史创造性事业，远远大于尧，因为舜开辟了一个新的时代，将虞从一个小小的方国扩充为"方五千里，至于荒服"的泱泱大国。"四海之内，咸戴帝舜之功"。这样一个大国，自然可以和以后的夏、商、周并列，成为中国历史上第一个独立的朝代③。

---

①《左传》成公十三年。
②《史记·五帝本纪》。
③ 参见王克奇、王钧林主编《山东通史·先秦卷》68-70页。

四、虞朝为夏商周三代文明奠定了基础

夏朝的始祖禹、商朝的始祖契、周朝的始祖弃（后稷），皆在虞舜朝为官，并受到重用。禹为司空，总领百官，兼管水利，"居外十三年，过家门不敢入……薄衣食，卑宫室，致费于沟淢"①，终于治理了水患，于是天下太平。禹子启承其父业，建立夏朝。

契佐禹治水有功，舜命他为司徒，施行五教（即父义、母慈、兄友、弟恭、子孝五常之教），封于商。史称"契兴于唐、虞、大舜之际，功业著于百姓，百姓以平"②。

弃幼时即学种麻菽，长大后遂好耕农，相土地之宜，种植五谷，民皆以为法则，帝舜曰："弃，黎民始饥，尔后稷播蒔五谷。"封于邰，号曰"后稷"。"后稷之兴，在陶唐、虞、夏之际，皆有令德③"。

由上述可见，夏、商、周三代与虞朝的前后继承关系。已故杨向奎先生早已指出，虞作为一个时代，已经产生了私有制和阶级等文明社会的要素，"应当给有虞氏一个应有的历史地位"④。后来徐鸿修教授进一步发挥了杨先生的观点，发表了《"虞"为独立朝代说——兼论中国阶级社会的开端》一文⑤。此后，王树民先生也主张"夏商周之前还有一个虞朝"⑥。其实早在秦汉之前，有许多古籍已将虞、夏、商、周并称，并提出其间的继承与发展的关系。如前引《国语·郑语》记载西周末年周太史伯的一段话："夫成天地之大功者，其子孙未尝不章，虞、夏、商、周是也。"《左传》庄公三十二年载周内史过曰："国之将兴，明神降之，监其德也；将亡，神又降之，观其恶也。故有得神以兴，亦有以亡，虞、夏、商、周是也。"《左传》成公十三年载："虞、夏、商、周之胤而朝诸秦。"后来汉人整理的《礼记·祭义》也说："虞、夏、商、周，天下之盛王也。"《礼记·文王世子》：

---

① 《史记·夏本纪》。
② 《史记·殷本纪》。
③ 《史记·周本纪》。
④ 杨向奎：《应当给"有虞氏"一个应有的历史地位》，《文史哲》，1956年第7期。
⑤ 徐鸿修：《"虞"为独立朝代说——兼论中国阶级社会的开端》，《宝鸡师院学报》（哲学社会科学版）1990年第2期。
⑥ 王树民：《夏商周之前还有一个虞朝》，《河北学刊》，2002年第1期。

"虞、夏、商、周有师保。"诸如此类的文句,不胜列举,都说明虞朝是夏、商、周之前中国历史上第一个朝代。

不仅如此,《礼记·明堂位》中又从虞、夏、商、周四代的舆服、祭祀、学校教育制度以及官制等方面,说明了四代前后继承和发展的关系:

"鸾车,有虞氏之路也;钩车,夏后氏之路也;大路,殷路也;乘路,周路也。"

路即辂,是国君所乘之车。以上列举的是虞、夏、商、周四朝国君所乘之车。

"有虞氏之旗,夏后氏之绥,殷之大白,周之大赤。"

旗是用为国君的标帜和号令,以上列举的是虞、夏、商、周四朝国君所用的旗。

"米廪,有虞氏之庠也;序,夏后氏之序也;瞽宗,殷学也;泮宫,周学也。"

庠、序、学都是指的学校名称。以上列举的是虞、夏、商、周四朝的学校。

"有虞氏祭首,夏后氏祭心,殷祭肝,周祭肺。"

以上列举的是虞、夏、商、周四朝祭祀时用的祭品。

"有虞氏服韍,夏后氏山,殷火,周龙章。"

以上列举的是虞、夏、商、周的服制。

"有虞氏官五十,夏后氏官百,殷二百,周三百。"

以上列举的是虞、夏、商、周四朝的职官数。前述虞舜"设官分职",其所设置之官,在后代职官中基本上都有反映。列宁在《论国家》中说:"官吏是国家的代表。"由此可见,虞、夏、商、周四朝的国家权力机构的形成和发展过程。虞朝的建立,是国家形成的标志,是中华文明的开端,并为夏朝的建立奠定了基础,为夏、商、周三代文明开了先河。

(原载《舜文化研究与交流》2012年第1期)

一脉相承的两部兵学经典

——《孙子兵法》与《孙膑兵法》

《孙子兵法》与《孙膑兵法》是齐鲁文化孕育的两大奇书,也是中国军事史上一脉相承的两部兵学经典。可以说,两书在理论上完全是一个体系,前者是后者的依据和基础,后者则是前者的继承与发展。《孙膑兵法》因失传过久,影响远不及前者,在银雀山汉墓竹简出土之前,甚至还有人怀疑《孙膑兵法》的存在。其实,孙膑一生以学习、研究、传播《孙子兵法》为己任,他既撰著《孙膑兵法》再现了《孙子兵法》的军事思想和精神面貌,同时还根据时代的发展和战争形态的变化深化并发展了《孙子兵法》,提出了一些兵学范畴和命题,在战争观、战争规律、战略、战术、军事哲学、治军等一系列问题上阐发了自己的创见。《孙膑兵法·陈忌问垒》所附残简曾提到"孙氏之道","明之吴越,言之于齐,曰知孙氏之道者,必合于天地"。意思是说,孙氏家族的兵学,孙武在吴越战争中得到明显的验证,孙膑在齐国争霸(如桂陵之战、马陵之战)中又作了阐明和发扬光大,二者一脉相承,有明显的师承关系。有的学者曾将两部兵法各篇作了对照,从《孙膑兵法》中处处可以看到《孙子兵法》的语言、思想和风格。仅就思想而言,主要有以下几点:

(一)关于战争观。孙武有一句名言:"兵者,国之大事。死生之地,存亡之道,不可不察也。"孙膑则根据战国时期七雄并立,混战不休的现实,充分肯定战争在历史上的作用,明确主张"战胜而强立"、"举兵绳之"。认为单靠"仁义"、"礼乐"是不能制止战争的,只有"以战止战"即用战争手段,才能真正制止战争,实现国家统一、天下和平。孙膑还重点探讨了取得战争胜利的三个重要条件:一是"有委",即国家要有雄厚的经济实力,较强的综合国力;二是"有义",即战争的正义性,要得到民众的理解、支持和拥护;三是"有备",即必需"事备而后动"。

(二)关于战争的规律。《孙子兵法》称之为"战道":"故战道必胜,主曰无战,必战可也;战道不胜,主曰必战,无战可也。"至于何谓"战道",孙武并未展开论述,孙膑则进行了深入探讨并作了独特的发挥,提出了"以道制胜"的理论。关于"道"的内容,孙膑作了全面概括:"知道者,上知天之道,下知地之理,内得其民之心,外知敌之情,阵则知八阵之经,见胜而战,弗见而诤,此王者之将也。"可见孙膑所谓"道",包含了战争的各种制胜因素,涉及天时、地利、人和、敌情、战机、战法等多方面内容。只有掌握了上述各种情况,才是知"道"。

(三)关于战略指导思想。《孙子兵法》提出"攻其所必守"、"击其所必趋"、"冲其虚"、"攻其所必救"等攻虚击弱、避实击虚的理论。孙膑则进一步提出了"必攻不守"这个命题,所谓"必攻"即坚决实施进攻;"不守"即敌人没有防守或防守薄弱之处。这是在战略上对《孙子兵法》的一个发展。

(四)关于战术的指导思想。孙膑发展了孙武"任势"、"因势"、"造势"的理论,强调"胜不可一",主张因敌制胜,灵活运用各种战术,即根据不同的敌情、地形、天气、阵地等各种条件,因势利导,巧妙地创造有利于己不利于敌的作战态势,从而把握主动,达到克敌制胜的目的。

(五)关于军事哲学——"奇正"理论。奇正是中国古代兵学中一个非常重要的军事命题,又是一个哲学问题。孙子最早将奇正用于军事领域并作了系统的论述:"战势不过奇正"(一般原则和方法是正;随机变化是奇)"凡战者,以正合,以奇胜"(正面作战是正;出奇兵制胜是奇)"三军之众,可使必受敌而无败者,奇正是也"。(指挥大军作战,即使受到敌军袭击也不致战败,这是奇正运用问题),可见奇正是普遍存在的作战方式。《孙膑兵法》中专设《奇正》一篇讨论奇正问题。重点探讨了奇与正的相互辩证关系及奇正变化和运用问题,从深度、广度上丰富发展了《孙子兵法》提出的奇正理论。

(六)关于治军的理论。在治军问题上,孙子的名言是"合之以文,齐之以武"，主张把思想教育同严格管理、训练结合起来，而孙膑则结合战国时期的新情况，适应大规模常备军建设的需要，系统地提出了"五教法"的治军原则，包括"处国之教"、"行行之教"、"处军之教"、"处阵之教"、"利战之教"，这就涵盖了政治思想教育、队列训练、阵法训练、战法训练等全部内容，形成了先秦时期最完整系统的军事训练理论。

总之，《孙膑兵法》无论从广度上、深度上都继承、丰富、发展了《孙子兵法》的军事思想和理论，揭示了相当广泛的一般战争规律，提出了许多卓越的军事命题，从而形成了独特新颖而又丰富多彩的"孙氏之道"。

"孙氏之道"是中国兵学的源头，历代兵学莫不渊源于此。对现代军事学也有参考和借鉴甚至指导作用。现已扩大应用于经济、管理、外交乃至日常生活等各个领域。

在基础研究、理论研究、比较研究、应用研究等多方面研究《孙子兵法》、《孙膑兵法》，不仅有理论意义，而且有实践意义。

（载薛宁东主编《海峡两岸学者论兵》，军事科学出版社2011年版）

附：白圭治生与孙子用兵之道

根据历史文献记载，第一次记载用孙子兵法指导经商之道的是司马迁写的《史记·货殖列传》，第一个用孙子兵法指导经商的人是战国时的洛阳人白圭。白圭是商人的祖师，他说过："吾治生产，犹伊尹、吕尚之谋，孙吴用兵，商鞅行法是也。"他还说过："其智不足与权变，勇不足以决断，仁不能以取予，强不能有所守，虽欲学吾术，终不告之。"白圭的经商之道，可以归纳为智、仁、勇、强四个字。对此，司马迁在《史记·货殖列传》中解释说："白圭乐观时变，故人弃我取，人取我予。……趋时若猛兽鸷鸟之发。"

"乐观时变"，就是认清市场形势，掌握时机，知彼知己，因时而变，这就是"智"。

"人弃我取，人取我予"，适应市场供求变化，而及时取舍，买贱卖贵，这就是"仁"。

"趋时若猛兽鸷鸟之发"，看准时机，断然取舍，这就是"勇"。

"能薄饮食，忍嗜欲，节衣服，与用事僮仆同苦乐"，勤俭节约，群策群力，拥有雄厚的人力和财力，这就是"强"。

白圭的经营思想，确是从"孙吴用兵"之道继承发展而来。

可见孙子兵法与社会经济发展有密切关系，这需要我们结合各地社会经济建设的实际，恰当地运用孙子兵法思想，对经济文化的协调发展和构建和谐安定的社会而做出应有的贡献。

清代山左学术略说及刍议

明清时期,尤其是清代,山左学术在当时全国学术界占有十分突出的地位。

清代统治者大兴文字狱,加强思想统治,这一政策导向迫使知识分子埋头于古代文献、考古的发掘整理与研究,从而形成所谓"乾嘉学派"或考据学派。山东的学者也不例外,其治学多偏重于经学、小学(文字训诂音韵学)、史学、金石考古学、舆地学等领域,一时名家辈出,多有创新,自成一家之言,为传承中华文化作出了突出贡献,在山东乃至全国学术史上占有令人瞩目的地位。

其主要代表人物和主要著述,简要评介如下:

一、经　学

张尔岐(1612～1677),济阳人,著有《周易说略》《仪礼郑注句读》。他对《仪礼》的研究,用时最长、用力最多,顾炎武为其《句读》作序,认为其书"因句读以辨其文,因文以识其义,因其义以通制作之原",是"为后世太平之先倡",具有很高的经世价值。

孔广森(1752～1786),曲阜人,著《春秋公羊经传通义》。清代著名学者阮元评价很高:"读其书始知圣志之所在。"

牟庭(1754～1832),栖霞人,著《诗切》、《同文尚书》。姜亮夫先生《诗切·序》:"今读《诗》者,至牟氏而义严法明矣。"王献唐先生《同文尚书·序》称:"推翻了尚书学上许多的成案,提出了许多的新奇见解……而自成为牟氏一家的尚书学……是清代后期'异军突起'的一家。"

二、史　学

马骕（1620～1673），邹平人，著有《左传事纬》《绎史》。《左传事纬》采用纪事本末体，叙事详明，兼采诸家之说以为论证。《四库全书总目》称："骕于左氏，实能融会贯通，故所论具有条理，其图表亦皆考证精详，可以知专门之学与涉猎者相去远矣。"《绎史》亦为纪事本末体，是一部集先秦史料的通史，亦是最能反映他史学思想和学术水平的成名之作。《四库全书总目》给予很高的评价，认为："搜罗繁富，词必有征，实非罗泌《路史》、胡宏《皇王大纪》所可及。"

三、小学（文字训诂学）

桂馥（1736～1805），曲阜人，著《说文解字义证》，用40年精力完成的训释《说文》的著作，无征不信，博采群籍，为后人研究《说文》提供了极有价值的见解与启迪。张之洞《书目答问》称该书与段玉裁《说文解字注》各有千秋，可并存不废。

王筠（1784～1854），安丘人，著有《说文释例》《说文解字句读》《文字蒙求》等书。《释例》对《说文》字形、音、义的阐释都能做到融会贯通、条分缕析、剖判至精，深得许氏原意。《句读》纤细入微，立论公允，被梁启超推为"最明通最便学者"的力作。对《蒙求》王力先生评价："不但对于儿童，就是对于一般学习文字的人来说，《文字蒙求》也是一部很好的入门书。"[①]他对普及推广《说文》学作出了重要贡献。

郝懿行（1757～1825），栖霞人，著《尔雅义疏》，其突出成就为对名物的考释。近代小学大师黄侃说过"清代治《尔雅》者，专为训诂者多，推求名物者鲜"。因此《义疏》受到学林一致推重，是与邵晋涵《尔雅正义》并行于世的两部巨著。

四、金石考古学

刘喜海（1793～1852），诸城人，刘墉之孙，著《金石苑》；吴式芬

①王力：《中国语言文学史》。

（1796～1856），海丰（今无棣）人，著《捃古录》《封泥考略》；许瀚（1797～1866），日照人，著《攀古小庐杂著三种》《吉金考释》《攀古小庐砖瓦文字》等；陈介祺（1811～1884），潍县人，著《十钟山房钟鼎款识》《十钟山房印举》《簠斋金文考释》，此皆为金石考古之名作。

此外，刘喜海的《古泉苑》（搜集古钱币4600多种）、李佐贤（利津人）的《古泉汇》（6000多种）均为研究古钱币集大成之作。

梁启超在《近代学风之地理分析》一文中说："山左金石学最富……海丰吴子苾（式芬）、诸城刘燕庭（喜海）、潍县陈簠斋（介祺）……福山王莲生（懿荣）皆收藏甚富，而考证亦日益精审。故咸同光间金石学度越前古，而山东学者为之魁。"清代金石学的研究，实为近代考古学之开端。而王懿荣除金石外，对甲骨文字的发现与研究，更有重大的贡献。

五、舆地学（历史地理）

许鸿磐，济宁人，著《方舆考证》百卷，于正史外，旁采百家，考证古今图籍及各地方志，在资料考证方面超出顾祖禹《读史方舆纪要》，时人称为海内舆地学第一家。

山东学者一向十分重视对地方文献的搜集、整理与研究。王绍曾先生主编的《山东文献书目》《山东藏书家传略》所记仅清代山东藏书家就有300余家，即说明了这个情况。王献唐先生是一位目录学家、文字学家，又是历史学家、考古学家。他在抗战前即十分重视山东地方文献特别是名家著作的稿本、钞本、罕见刻本的搜集，并对每种书作了题跋。抗战期间，为了保护这些书，他和屈万里先生不辞辛劳，把这批藏书运到四川，胜利后又完璧运回济南。他生前曾计划整理出版《山左先哲遗书》，因身体多病及其他种种原因未能实现。上世纪80年代山东师范大学古籍整理研究所与齐鲁书社合作整理出版《山左名贤遗书》，原计划第一批出版40种，仅出了20种，因版本、经费与研究人员职称等问题半途而废。近年来山东大学文史哲研究院在王学典、杜泽逊等教授主持下，在省和学校领导支持下，编辑出版了《山东文献集成》四辑、200巨册。其中有不少是未刊稿本、钞本和稀见的刻本，可以说这是我省文化建设的一项巨大工程，对保存、研究、继承和弘扬齐鲁优秀文化遗产作了重大贡献。

几点刍议：

（一）总结前一段工作经验，吸取以往的教训，将由于各种原因未收入的一些重要文献，继续编辑出版《山东文献集成》第五辑或续集。

（二）在此基础上有选择地进行标点、校勘或注释工作，编成明清或清代山东文献集成精华本或精选本（可分类分卷）。

（三）仿照梁启超《清代学术概论》、钱穆《中国近三百年学术史》编写多卷本《清代（或明清）山东学术史》。

以上意见，是否可行，仅供参考。

（载《明清时期的山左学术》，齐鲁书社2014年版）

论传统道德与人学

引　言

恩格斯在《自然辩证法》中说过人是从猿转变而来的,这就是说,人最早也是属于兽类。从兽转化为人,不但是身体的变化,而且还有头脑思想的变化,即不仅有了人的形体,而且有了人的思想,这就是人和兽区别的两个根本标志。过去长期以来,我们只看到或强调从猿到人的身体变化,而忽略了人从兽性到人性的变化。也就是说,人之所以为人,不仅在形体上和兽有区别,而且还要把原来的兽性转化为人性。这个转化时间和过程比身体变化还要长,尤其是还有反复,即有时保持了人性,有时还可能还原其兽性,即俗云兽性发作或人面兽心。正如恩格斯所说:"人来源于动物界这一事实已经决定人永远不能完全摆脱兽性,所以问题永远只能在于摆脱得多些或少些,在于兽性或人性的程度上的差异。"①过去一个时期,我们一直强调人的阶级性,这是必要的、正确的;但阶级性是在一定历史条件下产生和存在的,是有时限的。至于人性却是与生俱来的,不仅没有时限,而且是普世的。因此,历代思想家、哲学家、教育家无不研究如何保持和发展其人性,而不断地克服其兽性。这就是"人学"之所以产生和不断发展的根本原因。而中国几千年来我们的祖先给后代留下来的优秀的传统道德遗产,讲的主要是"人学",也就是什么是人,如何做人之学。

我们每一个人来到人世间,一生所遇到的问题以及需要探讨和解决的

---

① 恩格斯:《反杜林论》,《马克思恩格斯选集》第140页,人民出版社1972年版。

问题,可以说是五花八门、包罗万象。但从总体来说,不外乎两个问题:一个是"做人",一个是"做事"。人的一生所要做的事很多,有的人要做学问,有的人要做官,有的人要经商,也有的人要做工或务农,可谓"三教九流","百业千行",无所不包。但不论做什么事,干哪一行,从事何种职业,都离不开"做人"这个根本问题。例如做学问,首先要有一个科学的实事求是的态度,研究历史,就要忠实历史,绝不能歪曲历史,趋炎附势,这就是"史德"。做官(或曰从政,或曰公务员,或曰人民公仆),就要清正廉明,勤政爱民,全心全意为人民服务,绝不能贪赃枉法,祸国殃民,这就是"官德"。经商就要货真价实,童叟无欺,信誉至上,顾客至上,绝不能坑蒙拐骗,唯利是图,这就是"商德"。总之,都是如何做人的问题。就高等教育来说:"高质量的人才应是知识、能力、品德的高度和谐和完美的统一。传授知识、培养能力,只是解决如何做事;而提高品德素质则是解决如何做人。只有将做事与做人有机的结合,既要学生学会做事,又要使学生学会做人,才是理想教育。"[①]

中华民族传统美德内容丰富,博大精深,但其主题则是如何做人?以下我择其主要者,从八个方面来讲一下这个问题:

(一)孝:即通常人们所讲的孝顺父母,并扩大到亲属长辈、尊敬老人,即孟子所说的"老吾老以及人之老"(《孟子·梁惠王上》)。孔子特别推崇孝道,把孝看作是做人的根本。《论语》第一篇就说:"孝弟也者,其为人之本欤!"(《论语·学而》,以下只列篇名)受这种思想影响,汉代的统治者甚至提倡"以孝治天下"。后人则发展为"百行孝为先"。孝的最基本含义:一是"养",《孝经·庶人》:"谨身节用,以养父母。"孟子特别鄙夷不孝行为,认为不孝有五[②],"不顾父母之养,一不孝也。"二是"敬",孔子曰:"今之孝者,是谓能养,至于犬马皆能有养,不敬,何以别乎?"(《为政》)即除了在物质生活上养亲,在精神生活上还要敬亲,使父母身

---

① 周远清《转变高等教育思想观念的再思考》载2000年4月5日《光明日报》。
② 孟子曰:"世俗所谓不孝有五:惰其四支,不顾父母之养,一不孝也;博弈好饮酒,不顾父母之养,二不孝也;好货财,私妻子,不顾父母之养,三不孝也;从耳目之欲,以为父母戮(辱),四不孝也;好勇斗狠,以危父母,五不孝也。"(《离娄下》,以下只列篇名)

心健康快乐,这才算真正做到了孝。常言道不养儿女不知父母恩。父母不仅生育了儿女,而且在儿女成长过程中倾注了大量心血,甚至不惜牺牲自己的一切。有人说要判断一个人的品德如何? 只要看其对父母的态度即可大概了解。试想,一个人如果连生他养他育他的父母都不孝敬,那就很难想象他会真心实意地爱其他人、全心全意为人民服务。秦律、汉律都列有不孝罪,唐律甚至把不孝列为"十恶不赦"①的重罪之一,这样就使孝不仅成为人们道义上的一种责任,而且也是必须履行的一种法律义务。

(二)忠:古代封建社会中一提到忠就往往把忠和忠君联系在一起,其实这是封建统治者的思想。他们认为孝是忠的根基,忠是孝的扩大和升华。"君子之事亲孝,故忠可移于君"(《孝经·扬名章》)。"以孝事亲则忠"(《士章》)所谓"移孝作忠"、"求忠臣于孝子之门"(《后汉书·韦彪传》)。古代的忠臣几乎无一例外地都出自孝子之门,宋代以"尽忠报国"闻名的岳飞就是一个孝子。忠的本义是尽心尽力,曾子曰"吾日三省吾身,为人谋而不忠乎"(《学而》),就是这个意思。我们现在提倡的忠于祖国、忠于人民、忠于党、忠于事业等,也是这个意思。

(三)仁:从字面上讲是指二人,亦即正确处理人与人之间关系的基本原则。孔子最重视仁,在《论语》(13740字)中讲仁的地方就有105处,其中心意思是"仁者爱人"。他的学生曾问他:"有一言而可终身行之乎? "子曰:"己所不欲,勿施于人";"己欲立而立人,己欲达而达人"(《颜渊》《卫灵公》《雍也》),总之要"推己及人",这就是"忠恕之道"。进一步来说,仁又是一种道德的至高境界,为了追求仁,甚至牺牲一切在所不惜。"志士仁人,无求生以害仁,有杀身以成仁"(《卫灵公》),这是一种可贵的人生观和价值观。

(四)义:义者宜也。是指每个人的言行都应当有利于他人。扩而大之,有利于社会、有利于国家、有利于民族,这叫做"大义"。要"见利思义"(《宪问》),不要见利忘义。孔子曰:"富与贵,是人之所欲也,不以道得之不处也。"(《里仁》)"不义而富且贵,于我如浮云。"(《述而》)自

---

① 十恶:谋反、谋大逆、谋叛、恶逆、不道、大不敬、不孝、不睦、不义、内乱。

古以来就有"义利之辩"，孔子即用义利观来区分君子和小人，认为"君子喻以义，小人喻以利"（《里仁》），孟子则把义和孔子的仁同样对待："生亦我所欲也，义亦我所欲也；二者不可得兼，舍生而取义者也。"（《告子上》）。宋代民族英雄文天祥被俘后慷慨就义，死后有人发现其衣带上写有一段文字："孔曰成仁，孟曰取义，惟其义尽，所以仁至。读圣贤书，所学何事？而今而后，庶几无愧。"（《文天祥全集·绝笔自赞》）为追求崇高的仁义，而不惜杀身成仁，舍生取义。"人生自古谁无死，留取丹心照汗青"。为追求仁义，而视死如归。

（五）礼：是道德的外在表现形式，是人们在社会生活中共同遵守的行为规范。它渗透在社会生活的各个方面，人们每时每刻都不应胡作非为，而要将自己的言行置于道德和法律规范之内。孔子在《论语》中谈礼凡75处，《孝经》载孔子之言："安上治民，莫善于礼。""不知知无以立。"（《尧曰》）"不学礼无以立。"（《季氏》）可见对礼的重视。在古人看来，礼就是立身处世之本，也是治国安邦之本。唯有明礼、守礼，才能在社会上有立足之地，才能赢得人们的尊敬和爱戴。人之所以要明礼，社会人际之间所以需要礼，是因为人人都有自尊心，"虽负贩者必有尊也"（《礼记·曲礼上》）。人们都希望得到别人尊重，同时也应该尊重别人。孔子答哀公问："治礼，敬为大。"（《礼记·哀公问》）"敬，礼之舆也，不敬，则礼不行。"（《左传》僖公十一年）"礼，身之干也，敬，身之基也。"（《左传》成公十三年）礼仪，只是礼的形式。礼义，才是礼的实质。礼的实质意义即在于一个"敬"字。没有敬，就是无礼。

（六）智：在古代通作知。知的真正含义包括知己、知人、知事。知己：一个人如果对自己没有正确的认识，就无法摆正在客观环境中的地位，也难以处理好人际关系，既对己不利，也于人有害。知人：如果不知人，同样在工作和生活中陷入盲目和困境。尤其是当政者，知人与否往往关系事业的成败，甚至国家的兴亡。孔子的学生樊迟曾问他何谓知，孔子说知就是知人（《颜渊》），能分辨出善恶之人，好人和坏人。这一点极难做到，因人有思想，变化莫测（所谓人心隔肚皮）难以认清。老子就说过"知人者智"。知事：就是透过复杂的社会现象认识事物的本质，这样才能明辨是非，择善而从。在工作和事业上才能避免失误，取得成功。可以说知己、知人、知事，"三知"具备，即为圣贤。这应是儒家宣扬"知"的真正含义。

（七）信：就是诚实无欺的意思，古人云诚而守信，诚而有信，可谓对信的最好解释。在孔子看来，信是做人的基本道德准则之一。对一个人来说，"信则人任焉！"（《阳货》）"与朋友交言而有信。"（《学而》）"人而无信不知其可也。"（《为政》）因此，作为个人修养，信非常重要，只有守信，才能赢得他人信任，前引曾子每天三省其身，其中一项内容就是"与朋友交而无信乎"。对一个国家而言，信又是立国之本。子贡问政。子曰："足食，足兵，民信之矣。"子贡曰："必不得已而去，于斯三者何先？"曰："去兵。"子贡曰："必不得已而去，于斯二者何先？"曰："去食。自古皆有死，民无信不立。"（《颜渊》）任何一个政府都应该取信于民。"上好信，则民莫敢不用情"（《子路》），否则，如果老百姓对政府失去了信心，那么这个政权的下场即可想而知。在市场经济条件下，信也很重要，否则也只有亏损甚至破产一途。

（八）和：意即和谐。《左传·襄公十一年》："晋侯以乐之半赐魏绛曰：子教寡人和诸戎以正诸华，八年之中，九合诸侯，如乐之和，无所不谐。"这可能是关于"和谐"一词最早出现的记载。以孔子为首的儒家大力倡导"和"的精神。有子曰："礼之用，和为贵。"（《学而》）孟子曰："天时不如地利，地利不如人和。"（《公孙丑下》）"和也者，天下之达道也。"（《礼记·中庸》）民谚："家和万事兴。"都把"和"摆到了一个很重要的地位。不过要说明的是，"和"并非无原则的随声附和，"君子和而不同，小人同而不和"（《子路》。君子讲和，但不随声附和，同流合污；小人只知随声附和，不肯表达不同意见甚至曲意迎合）。"和"的精神在中华民族的民族精神形成过程中起了积极的作用。"和为贵"的思想已经深入人心。家庭之间、亲友之间、邻里之间、同事之间、群众之间、民族之间的和睦相处缔造了中华民族的和谐大家庭。"和"的实质是在承认矛盾的前提下，强调矛盾的统一和均衡、和谐，强调通过事物之度（过犹不及）的把握以获得人际关系的和谐，避免和克服人与人、人与社会乃至国家、民族之间的对立与冲突。当今的时代尽管还有战争,但其主流则是和平与发展的时代,它既离不开人与自然的和谐,也离不开人际关系的和谐,小至家庭,大至社会、国家、民族乃至整个人类的发展都是同样道理。

小结:

①传统道德有精华也有糟粕,今天讲的主要是精华。糟粕,如愚忠愚孝,"君要臣死臣不敢不死,父要子亡子不敢不亡";不分敌我的仁慈;不问是非的江湖义气;束缚人们思想言行的封建礼教,"非礼勿视,非礼勿听、非礼勿言、非礼勿动"(颜渊);才智有余,坏事做足;诚实守信,不同于顽固迷信,不讲变通;和也不同于无原则的容忍、妥协,如对那些有意或恶意的不友好的行为则应予驳斥和有力还击,特别是涉及人格尊严、国家尊严等大是大非问题,则要针锋相对、寸土必争等等。

②传统道德是民族文化、民族精神的主要内容。建设社会主义先进文化,不是凭空而来的,它是由几千年中国优秀传统文化、共产党领导的革命和建设中形成的新文化、再吸收外来先进文化而创造出来的一种新文化,而优秀传统文化则是先进文化的根基。

③道德是自律(即内在修养),法治是他律(外在修养),仅依靠自律是不够的,还要依靠他律,这就是德治和法治相结合,犹如车之两轮,鸟之两翼,相辅相成,才能国泰民安,进而建设人类现代社会的高度文明。

④传统道德与构建社会主义和谐社会的关系

2004年胡锦涛同志在中国共产党十六届四中全会上提出"构建社会主义和谐社会"的问题,这是我们党在执政半个世纪以后,总结历史经验教训,真正摆脱以阶级斗争为纲的极"左"路线,在执政思想、执政能力、执政规律方面的一次重大的飞跃。是我们党从全面建设小康社会、开创中国特色社会主义事业新局面的全局出发提出的一项重大任务。他指出:"社会主义和谐社会,应该是民主法治、公平正义、诚信友爱、充满活力、安定有序(前五条实际都是讲的人际和谐),人与自然和谐相处的社会。"为了建设这样的社会,必须坚持邓小平理论和"三个代表"重要思想为指导,必须树立和落实科学发展观,必须坚持以人为本,必须尊重人民群众的创造精神,必须注重社会公平,必须正确处理改革发展与稳定的关系。

今天所讲,主要是从道德、做人方面,在思想、言、行上为实现和谐社会,如何处理人际关系的问题。如果人人都能这样去想去做,一个文明的、先进的社会主义和谐社会必然能够实现！最近习近平同志所提出的"中国梦"也一定能够实现。

（2004年9月讲稿,略有修改）

二、书序

《枣庄史话》序

《枣庄史话》是枣庄史学会在市委宣传部、市社联领导下，组织部分史学工作者、历史教师及业余爱好者在翻阅大量文献资料、进行广泛社会调查的基础上，编写而成的。

枣庄历史源远流长，从北辛文化（母系氏族社会时期）算起，有七千年之久，枣庄名人济济，灿若星辰。这里的皇母山有传说中女娲炼石补天的旧址；兰陵有唯物主义思想家荀况的墓地；还有能言善辩、足智多谋、自荐出使楚国的毛遂；礼贤下士、拥有食客三千的孟尝君；弹铗而歌的冯谖；号为"汉家儒宗"的叔孙通；凿壁借光、后来成为经师名相的匡衡；功成身退的帝师疏广、疏受；史学家、书法家萧子云；文学家贾三近；当代大诗人贺敬之等。

枣庄又是英雄辈出之地，春秋时偪阳国人民抵抗十三诸侯国之师；隋末李子通聚众万人起义；清代刘双印率十万之众，号称幅军，驰骋在枣庄大地；快马、玉马在逍遥村截了皇纲；孙美瑶临城截车，制造了震惊中外的"中华民国第一案"；共产党员田位东、郑乃序为枣庄地区的革命事业贡献了青春；铁道游击队扒铁路、炸桥梁、抢火车，使日本侵略军亡魂丧胆；台儿庄血战，鲁南大捷，更使枣庄这个"英雄用武之地"驰名中外。

枣庄有君山望海的抱犊崮，有传说迷人的姑嫂山，有风景如画、为国际友人惊叹"方寸之地，幽静迷人"的青檀寺，有明成祖权妃的墓地，有号称天下第一的万亩石榴园。枣庄又是令人留恋的游览胜地。

枣庄物产丰富，有闻名中外的优质煤，有天下仅有的青檀树、由津树，有远销海外、让人望而垂涎的石榴，有甘甜诱人、让人闻而止渴的上郭小枣。这些，在《枣庄史话》里都有详细介绍。

《枣庄史话》的编写，对于鼓舞枣庄人民的斗志，加快改革的步伐，迅速建设新枣庄，无疑会起到巨大的作用。

"羁鸟恋旧林，池鱼思故渊"。人人都热爱故土，怀恋家乡，因为家乡是先人繁衍生息的地方，也有哺育自己成长的沃土。对故乡的热爱必然唤起对祖国的热爱。《枣庄史话》的编写，对于身在异乡的枣庄人士投身于家乡和祖国的建设，无疑会起到极大的鼓舞作用。

《枣庄史话》资料翔实，观点正确，图文并茂，雅俗共赏。既可作为中小学生学习的乡土历史教材，又可作为文学作品欣赏，也可供广大干部、职工以及热爱家乡的人们阅读参考。

地方史话的编写，在全国还不多见。《枣庄史话》的出版，虽然只是一颗幼苗，但它是一棵迎春之花，希望有更多的同志致力于这项工作，编写出版更多的地方史话，来充实这个百花园。

（枣庄史学会编《枣庄史话》，山东友谊出版社1988年版）

《孔孟之乡历史名人》序

　　济宁市是一个历史悠久、文化发达的地区,它不仅是著名的孔孟之乡,也是历史上名人荟萃的地方。时鉴同志主编的《孔孟之乡历史名人》一书,选编了自远古至清末一百个历史人物传记,其中有思想家、政治家、军事家、科学家、发明家、文学家和艺术家,也有民族英雄、农民起义领袖和志士仁人,可以说,几乎把出生在济宁市或在济宁市活动过的一些重要的历史人物搜罗无遗。除了中外闻名的伟大思想家、教育家孔子、孟子以外,如"安贫乐道"的颜回、"坐怀不乱"的柳下惠、"吾日三省吾身"的曾参、"四岁让梨"的孔融等等,都是大家所熟悉的人物。还有一些鲜为人知的人物,如立功西域的陈汤、破家刊书的穆修、弃官说书的贾应宠、一代巾帼英雄乌三娘等等,也都立有专传。阅读这些人物传记,不但可以使后人从他们的光辉业绩中受到人生的启迪和美的教育,也可以进一步认识到济宁地区的历史和文化面貌。本书作者大都是长期从事济宁市历史文化研究的同志,他们充分利用本地区的优势,搜集了大量的历史资料,其中包括野史、笔记、地方志等文献资料,也采用了一些民间传说之类的口碑资料,融知识性、趣味性、思想性、科学性为一体,再加上体裁新颖,文字流畅,的确是一本可读性较强的历史读物。

　　编写地方史志,是我国的一个优良传统,中国的地方志书浩如烟海,堪称世界之最。现在全国各省地市县都正在编写新的地方志,这项工作对我国社会主义经济建设和精神文明建设均具有不可估量的深远的历史意义和现实意义。但是,无论新旧志书都是比较大型的百科全书,在普及方面都有其局限性。编写类似《孔孟之乡历史名人》这样雅俗共赏、图文并茂的书还是很有必要的,可以与志书相得益彰。我想,有志于此的同志们,还可以再扩大一些内容和范围,例如各地的历史、地理、政事、军事、科技、教育、文学艺术、民情风俗、特产、名胜古迹等等,都可以编写成书。如果全国全省各地都能编写出版一套像这样通俗易懂、生动有趣、知识丰富而又能给人以启迪和教育的地方文化丛书,这将是社会主义两个文明建设中的一笔巨大财富,是所望焉。

（明鉴主编《孔孟之乡历史名人》,山东大学出版社1988年版）

《徐福研究》序

　　黄县，今龙口市，为古莱国之地，春秋鲁襄公二年（前571年）并入齐。公元前221年，秦始皇统一中国，始置黄县，属齐郡。黄县面山环海，幅员辽阔，物华天宝，人杰地灵，在历史的长河中曾经涌现出许多著名的人物，如战国时代滑稽多辩讽谏齐威王建立霸业的淳于髡，三国时英勇善战保境安民的东吴大将太史慈，明代为官清正的刑部尚书王时中、内阁首辅范复粹、善画人物花卉的画家姜隐，清朝掌管文衡多年的礼部尚书贾桢、参预编修国史的翰林院学士王守训以及辛亥革命烈士徐镜心等等，都是黄县人。近代以来，黄县更是人才辈出，不可计数。他们为了国家的利益、民族的命运都作出了重大的贡献，有些人甚至献出了自己宝贵的生命。在建设社会主义物质文明和精神文明的今天，对于历史上优秀人物的生平、思想言行和光辉业绩加以研究、继承和发扬，实在是一件很有意义的事。

　　在这里我要特别提到的是生活在两千多年前、中国伟大的航海家、中日友好的使者徐福（市）。据司马迁《史记》记载，徐福为齐人。现经学者们考证，认为就是秦时齐郡黄县徐乡人。《汉书·地理志》东莱郡条下有徐乡，王先谦《补注》引于钦《齐乘》："盖以徐福求仙为名。"徐乡，原为齐国之士乡，秦时因徐福求仙始改为徐乡，士、徐一音之转，所以当地人有时称士乡，有时也称徐乡。徐乡即徐福的家乡，秦时属齐郡黄县。西汉成帝时封胶东恭王子炔为徐乡侯，侯国为县一级单位。按《汉书·王子侯表》徐乡下有齐字，当仍属齐郡，非东莱属县。今龙口市乡城镇遗址，即为汉徐乡城。

　　黄县是秦汉时期方士活动的中心,秦始皇、汉武帝曾多次来此求仙和寻求长生不死之药。徐福就是当时的方士代表人物。今蓬莱登州湾,秦汉时属黄县管辖,是我国隋唐以前中朝、中日海上交通的要道。直到今天,龙口市还广泛流传着徐福东渡求仙的故事,并且建有徐氏祠。黄县城东有登瀛村,传说就是徐福扬帆东渡的起点。

　　徐福东渡所率领的大批童男女、百工、弓箭手等,主要是山东半岛人。他们和他们的后代子孙把山东半岛的先进文化及先进工农业生产技术带到了日本,使处于石器时代渔猎社会的日本列岛出现了社会发展的大飞跃,迅速进入以使用金属工具、种植水稻为特征的弥生文化时期。徐福等人成为中日文化交流的先驱者,徐福东渡成为中日两国人民世代友好的象征。日本人民永远纪念他,中国人民也永远不会忘记他。

　　龙口市委、市政府各级领导十分重视徐福的研究,并且提到重要的议事日程,不仅多次访问和组织有关专家学者讨论徐福的里籍和东渡问题,而且还准备在徐福的家乡以及徐福活动过的地方建立徐福纪念祠、纪念碑,以表示对这位伟大的历史人物的崇敬之情。这一集《徐福研究》也是在龙口市委、市政府关怀和支持下得以出版的。其中的文章大都是作者长期研究的成果,重史实,重证据,不崇尚空谈,不凭主观臆测,所以有较强的说服力。当然,关于徐福的研究,还仅仅是开始。我对《徐福研究》的出版,除表示衷心地祝贺外,更希望海内外专家学者携手合作,从历史学、考古学、社会学、民俗学、文化学、航海学以及中、日、朝、韩关系等多方面,把徐福的研究再向前推进一步。

　　(山东省徐福研究会、龙口市徐福研究会编《徐福研究》,青岛海洋大学出版社1991年版)

《中国皇帝全传》序

　　"皇帝"一词,在外国人心目中,与国王、君主同义。但是在中国,皇帝和国王是有严格区别的,皇帝在王之上,是比王更高的统治者,这是中国所独创,它的发明者就是秦始皇帝。据司马迁《史记·秦始皇本纪》记载:始皇二十六年(前221),秦初并天下,令丞相、御史议定称号。丞相王绾、御史大夫冯劫、廷尉李斯等皆曰:"今陛下兴义兵,诛残贼,平定天下,海内为郡县,法令由一统,自上古以来未尝有,五帝所不及。臣等谨与博士议曰:'古有天皇,有地皇,有泰皇。泰皇最贵。臣等昧死上尊号,王为泰皇。命为制,令曰诏,天子自称曰朕。'王曰:'去泰著皇,采上古帝位号,号曰皇帝,他如议。制曰'可'。"这就是皇帝称号的由来。

　　汉因秦之名号,而又有所修订和补充。据蔡邕《独断》云:"秦承周末,为汉驱除,自以德兼三皇,功包五帝,故并以为号。汉高祖受命,功德宜之,因而不改也。"又云:"汉天子正号曰皇帝,自称曰朕。臣民称之曰陛下。其言曰制诏。史官记事曰上。车马衣服器械百物曰乘舆。所在曰行在所。所居曰禁中,后曰省中。印曰玺。所至曰幸,所进曰御。其命令一曰策书,二曰制书,三曰诏书,四曰戒书。"由于皇帝名号的确定,于是其亲属亦均有尊号,如皇帝父曰太上皇,母曰皇太后,妻曰皇后,子曰皇太子、皇子,女曰公主,孙曰皇孙,等等。此类名号,或为秦首创,或为汉制,经二千年封建专制时代,可以说基本上没有改变。

　　皇帝制度的内容很复杂,但主要是名位和职权。独一无二的名号本身,就意味着皇帝有至高无上的权力。除了有时因皇帝年幼、昏庸而受制于母后、外戚、宦官、权臣或地方割据势力之外,在通常情况下,一切行政、立法、司法、财政、军事大权，无不由皇帝独揽；一切任免、赏罚、生杀予夺的大权也无不属于皇帝。正如《史记·秦始皇本纪》所说"天下之事无大小皆决于上。"汉武帝时，董仲舒又发展了儒家的君权神授说，给君权披上了一层神秘的外衣。君权与神权的结合，更加强了君权不可侵犯的神圣性。当时一般的社会意识，莫不认为皇帝就是天子，是秉承天命统治人民的。如《白虎通义》卷一《爵》称："王者，父天母地，为天之子也。"《汉书·鲍宣传》也说："天下乃皇天之天下也。陛下上为皇天子，下为黎庶父母，为天牧养元元。"总之，皇帝的权力是独尊无二的，所以皇帝又称为"至尊"。除了一个虚无缥缈而人格化了的"天"之外，再也没有超越皇帝权力之上的任何东西了。

"惜秦皇汉武，略输文采；唐宗宋祖，稍逊风骚。一代天骄，成吉思汗，只识弯弓射大雕。俱往矣，数风流人物，还看今朝。"皇帝，包括像秦始皇帝、汉武帝、唐太宗、宋太祖、成吉思汗这样称雄一时的杰出的皇帝，虽然都已成了"俱往矣"的历史陈迹，但在两千多年的封建社会中，却产生过极为广泛、极为深远的影响。直到今天，在一些传记、小说中，在电影、电视屏幕上，在戏曲舞台上，还经常可以看到他们的形象和事迹。我想这决不是人们好发思古之幽情，而是要从中接受历史的知识和教育，用以借鉴过去，指导现在和思考未来。几年前，吉心等同志就和我谈过打算编写一部《中国皇帝全传》，我认为这是一项很有意义和价值的课题。"以史为鉴，可以知兴替"。《中国皇帝全传》就是一面最好的历史镜子。现在经过主编和作者们的群策群力，即将公开出版和读者见面了。在这里，我想就管见所及，谈谈我对这部书的几点看法。

第一，本书是一部名符其实的《中国皇帝全传》。自秦始皇帝至清朝最后一个皇帝宣统溥仪，凡是见于正史的历代所有的皇帝，均已收入本书。有些皇帝因史料极少，实在难以单独立传者，则以简表列出，务求无所遗漏。对于其中一些著名的在历史上有重大影响的皇帝，如秦皇、汉武、唐宗、宋祖，则以较多的篇幅详加论述；在历史上既无大的作为也无大的恶迹，平平庸庸，甚至如同虚设的一类皇帝，则介绍从简。这样既照顾了全面，又突出了重点。

第二,本书特别注意了总结历史的经验教训。历史的发展有其客观的规律,不以任何个人的意志为转移,但是拥有至高无上权力的皇帝个人的政治素质、思想品德、一言一行,都与国家的兴亡盛衰息息相关,在一定程度上直接影响着历史发展的快慢、前进和倒退。凡是皇帝本人知人善任,虚心纳谏,励精图治,能体察民情,爱惜民力,重视发展生产,正确处理内政外交等问题,国家就会强盛,就会加快历史前进的步伐,如汉代文景之治,唐代贞观之治,清代康乾之治等等。反之,如果皇帝本人任人不当,偏听偏信,荒淫奢侈,怠于朝政,奸佞当道,吏治败坏,国家就要衰亡,就会延缓阻碍历史的前进,甚至暂时的后退,如大多数末代皇朝的历史即是如此。多少历代兴亡事,给后世留下了一笔十分丰富的历史遗产,很值得认真加以总结和深思。

第三,本书坚持了用辩证唯物主义与历史唯物主义观点实事求是地分析评价历史人物问题,务使读者对他们有一个比较全面正确的认识。历史上的皇帝大体上可以分为明君、昏君、暴君、平庸之君几类,但作者并没有把他们绝对化,既不是全盘肯定,也不是一概否定。如秦始皇帝,他结束了战国数百年的分裂割据局面,建立起中国历史上第一个封建统一的皇朝,又制订和推行了一系列适应历史前进的政治、经济制度,对中华民族的发展有重大的贡献,不失为一位英明的皇帝;但他对人民横征暴敛,刑戮妄加,经济残破,民不聊生,又是一个著名的暴君。唐玄宗在其即位前期,能任用贤才,励精图治,唐朝的经济、文化都得到了空前的发展,出现了历史上有名的"开元盛世";但到后期,他却沉湎女色,怠于政事,奸臣当道,危机四伏,结果导致了"安史之乱",使唐朝由盛而衰。又如南唐李后主、宋徽宗,作为皇帝,他们确实是误国害民的昏君;但是李后主的诗词,宋徽宗的书画,则各有其独到的成就,不能不说是对祖国文学艺术的一大贡献。即使是像隋炀帝这样荒淫无耻之极的暴君,对他主持开凿沟通南北的大运河,客观上造福于后代的壮举,在书中也作了适当地评价。

第四,本书十分重视内容的丰富性和可读性。在充分掌握可靠的史料基础上,既能选取历史人物一生中重大的有代表性的事迹,以反映其基本面貌；又不忽视他们生活中的一些轶闻趣事，以揭示其思想中更深层的活动。因此，本书虽然写了众多的皇帝，但大都能写出个性，避免了千人一面的模式化倾向。再加上行文流畅、通俗易懂、颇有文采的叙述，使人读来兴趣盎然，较少有枯燥乏味之感。

　　当然，由于这部书的书稿出自众手，每篇传记的写作风格不尽一致，学术水平也不完全相同。另外，在运用史料以及历史评价等问题上也有一些值得商榷之处。但瑕不掩瑜，从总体上来说，《中国皇帝全传》一书应是一部具有开拓性的，熔思想性、科学性、知识性、趣味性子一炉的学术著作，很值得一读。我相信当读者开卷以后，将会从中受到应有的启迪和教益。

　　　　（车吉心主编《中国皇帝全传》，山东教育出版社1991年版）

《国耻》《国威》序

在人类的黎明期,中华文化同希腊文化、巴比伦文化、印度文化一起点燃文明之火,引导着先民们走出愚昧和蛮荒这块历史的沼泽地。数千年来,中华民族以其永不枯竭的聪明才智和创造力,坚韧不拔,锲而不舍,在人类社会发展史中的政治、经济、思想文化、科学技术等,几乎人类生活的各个领域,建造起一座座里程碑。孔子、孙子、张衡、祖冲之、李白、杜甫、李时珍等一大批著名的思想家、军事家、科学家、文学家,群星璀璨,凝聚起千年辉煌。西方一位著名学者曾断言:"在近代以前时期的所有文明中,没有一个国家的文明比中国更发达,更先进。"

当然,中华民族的历史上不仅仅书写着骄傲和自豪,还记录着耻辱和痛苦。进入19世纪,中国在近代世界的挑战面前落伍了。真理是无情的:落后就要挨打。随着帝国主义用军舰大炮轰开了我们关闭已久的国门,西方列强蜂拥而入,疯狂掠夺我国的财富,任意践踏我国的主权,肆意凌辱我们的民族,使中国迅速沦为一个殖民地、半殖民地国家。这是一页血泪写就的历史,上面写满了中华民族的奇耻大辱。也正是从这个时候起,不甘沉沦的中国人民前仆后继,开始了世界近代史上最悲壮惨痛、艰苦卓绝的抗争。直到中国共产党带领全国人民推翻三座大山,建立了社会主义新中国,中华民族从此站立起来,以其崭新的姿态和巨大的创造力,屹立于世界民族之林。

历史已渐渐远去,共和国的儿女们在一代一代地长大。他们任重道远,在踏上人生征途之际,需要回眸先人的足迹,重温民族的历程,从而获得深刻的启迪和强大的精神力量,只有洞悉历史的人,才可能拥抱未来。

知"耻"而后勇，知"威"而后猛。《国耻》、《国威》这两部书，把近百年来乃至几千年来中国人民遭受的屈辱和值得骄傲自豪的事件汇集起来，对应成篇，相得益彰，通俗易懂，有助于广大青少年更深入地了解我们民族的光辉历史，了解我们民族近百年来所遭受的耻辱和痛苦，了解我们的社会主义事业，从而进一步加深只有社会主义才能救中国，只有改革开放才能发展中国的认识。

如今，改革开放的大潮把我们推向一个新时代。我们站在了世纪的门槛上。中华民族又面临着新的机遇，新的挑战。当21世纪到来的时候，我们能不能站稳脚跟，继续前进，关键在于我们能不能很好地把握现在。我们不能再丢掉历史赋予我们重振国威的机缘。要抓住有利时机，加快改革开放，集中精力把经济建设搞上去，迅速提高我国的综合国力，才能在21世纪的激烈竞争中立于不败之地。值此历史巨变的关头，读一读《国耻》《国威》，更富有警醒、激励、鞭策作用。

愿广大青少年喜爱这套书。

（车吉心主编《国耻》《国威》，山东友谊出版社，1992年版）

《孙膑研究》序

班固《汉书·艺文志》于兵权谋家前记载有《齐孙子》八十九篇,颜师古注:"孙膑。"由于《齐孙子》一书早佚,自宋以来就有学者怀疑:孙膑有无其人?《孙膑兵法》有无其书? 这样就成了历史上的一桩悬案。1972年在山东省临沂银雀山汉墓中出土了《孙膑兵法》竹简残本,证据确凿:《孙膑兵法》确有其书,而孙膑也实有其人。不仅解决了这一千古疑案,而且把孙膑的研究推向了一个新的阶段。

继银雀山汉简发现之后,孙膑的问题开始受到有关方面的注意。1988年菏泽地区社会科学联合会,在各级领导的关怀支持下,率先成立了孙膑研究会;同年4月又在菏泽市召开了"桂陵之战"遗址论证会。"桂陵之战"是孙膑指挥的一次著名的战役,是孙膑军事思想的一次成功的实践,也是研究孙膑的一个重要课题。通过各地学者、专家的考察论证,从历史事实出发,根据《孙膑兵法》及孙膑在此战役中所表现出来的军事思想,孙、庞两军的行军路线和作战经过,参照历史地理实际情况、地下出土文物以及民间传说,确定了"桂陵之战"的遗址即在菏泽市东北何楼牡丹园一带。这是孙膑研究的又一次新的突破。

为了使孙膑研究进一步深入,菏泽地区社联主席、孙膑研究会会长孙世民同志又亲自参与并领导主持了对孙膑故里的调查研究工作。关于孙膑故里问题,司马迁《史记·孙子吴起列传》仅记"膑生阿鄄之间"。其具体地点究竟在何处? 史无明文。1991年在鄄城县孙老家先后发现了清朝顺治十年(1653)修撰的《孙氏族谱》和孙膑后人供奉的明朝万历七年(1579)绘制的"始祖膑公传影",并在孙老家附近的孙花园村挖掘出明嘉靖三十七年（1558）撰刻的记载有关孙膑墓址的残碑，经过许多著名的史学家和文物考古家的反复研究论证，一致认为族谱、传影、石碑的发现，有力地证明孙膑故里即在鄄城县孙老家一带，从而解决了两千多年的又一桩历史疑案。

孙膑，战国时齐国人，兵圣孙武的后代，也是继孙武之后中国历史上又一位伟大的军事家。《孙膑兵法》和《孙子兵法》一样被誉为"兵学圣典"，在世界军事史上也占有重要的地位，其体大思精的古典军事理论体系、丰富的朴素辩证法军事哲学思想，成为世界各国研究应用的一门重要科学，在政治、经济、军事、外交、管理等方面都发挥着重要的指导或参考作用。孙世民同志主编的《孙膑研究》一书，是目前研究孙膑的最新成果的一部论文集。对该书的公开出版，我除了表示衷心的祝贺外，同时还希望在现有的基础上继续广泛地搜集积累资料，包括文献资料，文物考古资料、口碑资料以及近人研究的成果资料等等，进一步开展多方面、多层次的研究，在理论与实践、历史与现实的结合上，把孙膑研究再推向一个新的台阶，推向更广阔的领域，更好地为社会主义两个文明建务。是为序。

（孙世民主编《孙膑研究》，山东大学出版社1992年版）

《中国历史人物大辞典》序

列宁在1894年写的一篇论文中说："历史的必然性的思想也丝毫不损害个人在历史上的作用，因为全部历史正是由那些无疑是活动家的个人的行动构成的。"这就是说，要了解全部历史，必先了解历史人物，否则便成了一句空话。早在1921年由臧励龢等主编、商务印书馆出版的《中国人名大辞典》，收录之人，数逾四万，网罗宏富，对了解清代以前的历史人物，迄今仍有参考价值。但由于时代的局限，不仅释文过于简略，而且在选录人物的标准以及资料、观点等方面，都有不少问题，不足以据为信史。建国以后，尤其是近几年来，各类历史人物辞典纷纷问世，风靡一时，可以说是百花齐放，各有千秋。许焕玉、周兴春、朱亚非等同志编写的《中国历史人物大辞典》，则是其中一枝独秀、别具特色之作。

该辞典收录了自远古至1990年去世的历代各类知名人士共约8000余人，收录人物比较适当，既避免了大词典之繁，又弥补了小辞书之简。凡学史者，一册在手，基本上都能查找到所要了解的重要历史人物。

坚持辩证唯物主义与历史唯物主义的观点，对历史人物力求作出客观的公正的评价，实事求是，不虚美，不掩恶。

在有限的字数内，不仅简明扼要地写出历史人物的生平事迹，而且注意记载其传世名言及史书对其评价，读后颇受启迪。

引用资料，一般都经过比较严格的审核，力求言必有据，尽量减少失误，尤其避免不应有的错误，给读者提供一部信而有征的历史工具书。

本书虽出自众手，但由于主编及通稿人认真负责的工作，全书体例、文字风格基本上能保持一致。

　　大概是由于编写时间仓促,编写者水平参差不齐,本书也不可避免地存在一些缺点,如有一些重要人物未能收录,也有一些人物介绍不够全面,甚至还有一些地方出现这样或那样的失误。但瑕不掩瑜,《中国历史人物大辞典》仍不失为一部有学术参考价值的历史辞书。

　　（徐焕玉、周兴春、朱亚非主编《中国历史人物大辞典》,黄河出版社1992年版）

《孙膑初探》序

　　鄄城县孙膑研究会主编的《孙膑初探》，是专门研究孙膑的一部论文集，共收入文章20篇，其中有关于临沂银雀山汉墓出土的竹简本《孙膑兵法》的整理研究，有关于孙膑思想的研究，也有关于《孙膑兵法》在政治、经济、军事、外交、文化教育以及企业管理等方面的应用研究，涉及范围较广，而该书的主要内容则是孙膑故里的研究。

　　孙膑，战国时期齐国人，兵圣孙武的后代，也是继孙武之后中国历史上又一位伟大的军事家。司马迁《史记·孙子吴起列传》仅记"膑生阿鄄之间"。孙膑故里究竟在何处？史无明文。近年来随着孙膑研究的不断深入，孙膑的历史地位和影响日益显著，其故里问题，不但受到国内社会各界的普遍重视，而且也引起了一些海外人士的极大关注。

　　1991年在山东省鄄城县孙老家先后发现了清朝顺治十年（1653年）修撰的《孙氏族谱》和孙膑后人供奉的明朝万历七年（1579年）绘制的"始祖膑公传影"，并在孙老家附近孙花园村挖掘出明嘉靖三十七年（1558年）撰刻的记载有关孙膑墓址的残碑，经许多著名的史学家和文物考古学家的反复论证，一致认为：族谱、传影、石碑等文物的发现，有力地证明了孙膑故里即在鄄城县孙老家一带，解决了两千多年来的一个历史疑案。

　　鄄城县孙膑研究会领导嘱我为本书写一小序，我除了为这项研究孙膑的最新成果得以公开出版表示衷心祝贺外，没有更多的话要说，只能提两点希望或建议：一是关于孙膑的研究，除了故里问题（包括故里的各项建设）以外，对于孙膑的生平、思想、业绩以及《孙膑兵法》如何服务于经济建设这个中心等问题，还应该继续广泛地搜集积累资料，包括文献资料、文物考古资料、口碑资料以及近人研究的成果资料,进一步开展多方面、多层次的研究,从而把孙膑的研究再推向一个新的水平,推向更广阔的领域。二是鄄城县乃古代名邑,历史悠久,文物丰富,我们应当充分重视这一份珍贵的历史遗产,有计划有步骤地加以保护、开发和利用,使之更好地为社会主义两个文明建设服务。最后祝愿孙膑的家乡鄄城在本世纪末成为世人瞩目的富饶而文明的海内名城。

（鄄城县孙膑研究会主编《孙膑初探》,黄河出版社1993年版）

《中国皇后全传》序

　　《中国皇后全传》是车吉心同志继《中国皇帝全传》之后主编的又一部大型历史人物传记。

　　皇后是中国古代妇女中的一批特殊人物。她们既和一般妇女有着共同的遭遇和命运，又和一般妇女有许多不同之处。由于她们是拥有至高无上权力的封建帝王的嫡妻，这样的特殊地位，就决定了她们在历史上具有一般妇女也包括帝王以外所有的人所无法比拟的作用，司马迁在《史记·外戚世家》中说："自古受命帝王及继体守文之君，非独内德茂也，盖亦有外戚之助焉。夏之兴也以涂山，而桀之放也以末（妹）喜。殷之兴也以有娀，纣之杀也嬖妲己。周之兴也以姜原及大任，而幽王之禽也淫于褒姒。"他在这里历数了夏、商、周三代的王后，都关系到国家的兴亡盛衰。纵规中国历史，自秦始皇帝创立皇后制度以后，历代的皇后又何尝不是如此。例如汉高帝的吕皇后、汉文帝的窦皇后、汉元帝的王皇后、汉成帝的赵皇后、晋惠帝的贾皇后、北魏文成帝的冯皇后、隋文帝的独孤皇后、唐太宗的长孙皇后、唐高宗的武皇后、唐中宗的韦皇后、宋英宗的高皇后、宋理宗的谢皇后、辽景宗的萧皇后、元世祖的察必皇后、明太祖的马皇后、清太宗的庄皇后以及同治皇帝之母慈禧太后，等等，或佐夫开创帝业，或辅君治国安邦，或改革中兴，或惑主乱政，或祸国殃民。总之，我们虽然不必过分夸大个人的作用，但也不能低估她们在历史上的影响。从皇后与封建政治关系这一视角着眼，《中国皇后全传》对于我们深刻了解历代封建皇朝周期性更迭的内在动因以及中国封建制度的特殊规律是很有启发意义的；对于研究中国妇女史、中国政治史也很有参考价值。皇后制度，伴随着封建君主专制制度的消亡早已成为历史的陈迹,但历史是一面镜子,这种裙带政治居然在中国历史上绵延两千年之久,不论其对当时和后世影响如何,这一点也是很值得人们深思的。

本书是名副其实的《中国皇后全传》,自汉至清历代皇后立传者339人(包括一些名妃和皇太后),可以说,凡见于正史记载的皇后已搜罗无遗。其中有少数皇后仅有姓氏而没有留下任何记载的,则列入附表之中。有少数皇帝没有立后,虽无皇后之名,而有皇后之实,或在历史上有影响的著名嫔妃,如唐朝的杨贵妃、清朝的珍妃等,也一并列入附传,以备参考。

本书与《中国皇帝全传》是姊妹篇,基本上保持了一致的体例和风格,历朝皇后均按照本朝皇帝的先后顺序排列。如一个皇帝有两个或两个以上的皇后,则以皇后册封的时间划分先后。务使纵不间断,横无缺遗。因此这部书实际上也是一部系统的中国封建皇朝宫廷史。

本书资料翔实,除正史记载以外,还参考了大量的文集、笔记,也包括稗官野史。但不论正史或野史,作者都采取了审慎的态度。如据说唐朝杨贵妃并未死于马嵬坡,而是死里逃生,东渡日本,因此事纯属传闻,没有确切证据,则弃而不取。又如清太宗庄皇后下嫁亲王多尔衮,叔嫂成婚,虽见之于野史,但经后人考证,信而有征,即将此事写入传中。这种对待史料的态度是符合存真求实的治史原则的。

本书内容丰富,虽为皇后立传,但并不仅仅局限于皇后个人的出身与生平经历,而是以皇后本人的事迹为主线,围绕这条主线,将皇后与皇帝、皇亲国戚的关系以及与皇后有关的政治、经济、军事、外交、文化等重大历史事件结合起来穿插记述,读后使人感到视野开阔,并能从中受到历史的启迪。

本书坚持了用历史唯物主义观点实事求是地评价历史人物。如对汉朝的吕后、唐朝的武后,一方面肯定了她们在历史上的功绩,另一方面也揭露批判了她们狠毒残暴的行为,这样可以使读者对她们的功过是非有一个比较全面的正确的认识。

本书还注意了文采和可读性。语言文字生动流畅,通俗易懂,有故事情节,有曲折起伏。一大批皇后群像,众态纷呈,栩栩如生。中国两千年封建皇朝政治风云的变幻以及一些鲜为人知的宫廷内部斗争和后宫生活轶闻趣事,一书在手,尽收眼底,使人有爱不释卷之感。

当然,本书也不免目前集体编书的一些通病,由于作者的学术水乎不尽一致,写作技巧、风格各异,在史料的搜集、运用、分析以及语言文字表达方面还有一些不尽如人意之处。尽管如此,《中国皇后全传》仍不失为一部开拓性的,寓思想性、科学性、知识性、趣味性于一体的大型学术著作。我相信,它的公开出版,将和《中国皇帝全传》一样受到广大读者的热烈欢迎。

（车吉心主编《中国皇后全传》,山东教育出版社 1993 年版）

《中国状元全传》序

　　状元是科举时代进士科第一名。科举制始创于隋,至唐而渐臻完备,下迄明清,一直是历代封建皇朝用考试的办法来选拔人才任用官吏的制度。唐代规定,各州、府选送士人至京师参加尚书省礼部的考试,需向有关衙门投状。开元二十五年(731)以前向户部投状,以后改向礼部投状。"状"包括"家状"(本人家庭状况表)、"文解"(州、府的荐举信)两项。录取后,考官将新科进士的"状"连同考试成绩一起呈报皇帝,录取为第一名的便叫"状头","头"与"元"同义,所以俗称又叫"状元"。明清时期,进士分为一甲、二甲、三甲。一甲赐进士及第,二甲赐进士出身,三甲赐同进士出身。一甲三名,第一名状元,第二名榜眼,第三名探花。所以皇帝亲自主持的殿试后,悬放的黄榜和进士题名碑上,状元都写作"第一甲第一名"。

　　隋代进士科取士情况史书语焉不详,故历数状元有姓名可考者,一般自唐高祖武德五年(622)的状元孙伏伽始。从孙伏伽到清光绪三十年(1904)最后的状元刘春霖,共有状元592人。此外,张献忠在四川建立的大西国以及太平天国都曾开科取士,也选拔了一批状元。其中,大西国可考的状元一人,太平天国可考的状元13人。以上都是指的文状元。武状元有姓名可考的,从宋神宗熙宁九年(1076)的薛奕迄清光绪二十四年(1899)的张三甲,计168人。另外,大西国武状元一人,太平天国武状元二人。总计中国历史上可考的文、武状元共777人。从开科的次数来看,还有相当一批文、武状元的姓名失传。

　　以往的史书对状元虽有一些记载,但是,除极少数名人以外,大都仅仅开列状元的姓名、籍贯、夺魁的时间，或因某人后来的事功始为之立传，并没有从整体上对每个状元进行深入的研究。近年来有些学者开始注意到这一问题，发表和出版了一批论著，其中，车吉心、刘德增同志主编的《中国状元全传》即是最有分量的著作之一。

《中国状元全传》博采典籍，搜罗宏富，凡能立传者，一概收入，共收录状元382人，其中，文状元366人，武状元13人，附录大西国武状元一人，太平天国武状元、女状元各一人；在每个朝代的状元传之后，又附以状元表。这是迄今为止收录状元最多、最全面的书。

通过《中国状元全传》中一个个活生生的人物，我们可以窥见科举制度下的中国政治和知识分子的心态。自隋唐迄明清，中国封建社会的官吏主要是通过科举制度来选拔和任用的。昔年，唐太宗看见新科进士从考场中鱼贯而出时，高兴地说："天下英雄尽入吾彀中矣！"彀中，弓箭能射及的范围。科举制度为中国历代封建皇朝选拔了大批人才，是封建统治强有力的支柱。这从书中立传的状元中即可看出，他们大都有真才实学，是封建统治的合格人才。当然，也有些状元碌碌无为，特别是入明清后，八股取士极大地束缚了人们的思想，状元中有成就的人很少。另一方面，科举制度又在人们中间造就了一种"万般皆下品，唯有读书高"的心态。谚云："书中自有颜如玉，书中自有千钟粟，书中自有黄金屋。"意思是读书做官，就有了一切。科举取士极大地腐蚀着知识分子的心灵，"太宗皇帝真长策，赚得英雄尽白头"，他们为了功名富贵而往往付出了一生的心血。清人蒲松龄《聊斋志异》中的王子安，吴敬梓《儒林外史》中的范进，在现实生活中是确有其人的。在状元行列中更不乏这类人物。当然，也有些人是为了实现治国平天下的伟大抱负而刻苦自励的，如文天祥等，但这究竟是少数。

《中国状元全传》尊重历史，不虚美，不掩恶，秉笔直书，内容翔实，客观真实地反映了每个状元的一生，并以状元为中心，把与状元有关的人物、事件、典制文物有机地编入传中，有助于扩大人们的视野，使人不仅能够了解状元本人，还能从中领略到其他一些历史知识。

《中国状元全传》在详细占有材料的基础上，用不同的手法对每个人物进行了生动而具的描述,既注重状元一生中的大事,也不忽视他们生活中的轶闻趣事,情节起伏跌宕,引人入胜。行文也较流畅,通俗易懂。

当然,《中国状元全传》出自众人之手,每篇传记的写作风格与学术水平不完全相同,个别篇目也不尽如人意。但瑕不掩瑜,总的看来,《中国状元全传》是一部别开生面的记述中国古代一部分知识分子事迹的优秀传记,读后很有启发教育意义。

（车吉心、刘德增主编《中国状元全传》,山东美术出版社1993年版）

《正统的北方人》序

　　中国文化是由若干个既有差异性又有同一性的区域文化构成的。北方有燕文化、齐文化、鲁文化、三晋文化、三秦文化等；南方有楚文化、吴文化、越文化、巴蜀文化等。北方各区域文化的同一性大于差异性，构成一个"北方文化区"：南方各区域文化也是同大于异，形成一个"南方文化区"。南、北文化以各自的特性影响着南方和北方，也给对方以巨大的影响。它们都是中国传统文化的重要组成部分。

　　剖析南、北文化的特征，探讨这种那种特征的成因，阐述它们的不同影响，展望、规划它们的未来，都是极有意义和价值的一项研究工作。

　　像其他学科一样，在文化学的研究上也存在见物不见人这种偏差。本书提出了一种以"人"为中心的文化理论，从"人"入手来剖析南、北文化。这在众多的文化论著中是别具一格的。

　　文化既是一个独立的整体，又与其他领域交叉，因此有"民俗文化"、"政治文化"、"经济文化"、"军事文化"、"考古文化"等名目。文化研究也就成了一项多学科的综合工程。本书涉及多种学科，如历史学、人类学、民俗学、文学、考古学、地理学、文化学等等，广征博引，多角度、多层面地展示、探索南、北文化及其相关问题。在详细占有材料的基础上，对原材料进行加工，使之由枯燥乏味变得引人入胜。

　　书中不仅述古，更重要的是在表述传统文化的基础上，注重新文化建设的探讨。对前一个时期文化讨论中存在的若干问题，也提出了自己的看法。

　　此外，书中也有不足之处，如对南方文化的表述显得薄弱一些；某些观点也值得再加探讨。但瑕不掩瑜,本书仍不失为一部极有参考价值的学术著作。

本书作者刘德增同志是我的学生,八四年以来随我研习秦汉史,每有所得,辄奔走相告。今天以此书相示,邀我为之序。荀子曰"青出于蓝而胜于蓝",信哉斯言。对德增同志这部专著的出版,我除了表示衷心的祝贺外,仅就管见所及,略述如上。是为序。

(刘德增著《正统的北方人》,济南出版社1993年版)

《失误丛书》序

任何一个人在他的一生中,不论是学习、工作还是生活,总离不开失败与成功这两种结局. 而且一般来说,一帆风顺者较少,因失误而遭受挫折者居多. 所谓天下事不如意者常八九,就是这个意思。

失误是不可避免的,问题的关键是如何正确对待失误。我以为编著出版这一套《失误丛书》,正是要回答这个人人所关注的人生重大问题。

大凡撰文立说,多从正面下笔,而从反面着眼或着手者为数较少。至于大谈失误之作,更属罕见。其间,似含有无可名状的忌讳,令人欣慰的是,丛书作者凭着历史使命感和社会责任感,凭着初生牛犊不怕虎的精神,斗胆闯入这一禁区,个中勇气与良苦用心,实为可嘉。

细读丛书,不能不被书中所涵盖的丰厚的内容和真情实感所吸引。全书不拘泥于干巴巴的理性追寻,而是更贴近人生、贴近生活,贴近实际,撷取古今中外的典型实例。采用实录、记叙的手法,将一幅幅异彩纷呈的画面端示于众,令人从中受到许多教益。

前事不忘,后事之师。丛书名为"失误",其宗旨则在于借失误这面镜子,给人以忠告:减少失误,避免失败,提高成功率。即使遇到失败,也不必自弃自馁,灰心丧气。失败乃成功之母。只要认真总结和吸取教训,就能很快地摆脱失败的阴影,从而走上胜利与成功的金光大道。

丛书作者心怀坦诚,实事求是;不盲从;不偏激;构思新颖,脱常人窠臼;风格独特,无雷同之嫌;行文畅达,无晦涩之感。读来兴趣盎然,可谓开卷有益。是为序。

(王世农主编《失误丛书》,《济南日报》1995 年 3 月 31 日)

《临淄与齐国》序

　　齐国曾经是中国古代史上的一个滨海大国,在春秋五霸、战国七雄中具有举足轻重的地位。然而这个大国的出现,却非一朝一夕之故,它是由姜齐和田齐两个政权建设长达八百年之久而后逐渐形成的。西周初年,姜太公始封于齐营丘(今淄博市临淄区北)时,只不过是一个不足方百里的小小的宗族殖民据点,而且还是"负海舄卤,少五谷而人民寡"①的穷荒草莱之地。"太公至国,修政,因其俗,简其礼,通商工之业,便鱼盐之利,而人民多归齐,齐为大国②"。但齐国真正成为大国,还是在春秋齐桓公称霸和战国齐威王、宣王继起争霸的两个时代。太史公司马迁曰:"吾适齐,自泰山属之琅邪,北被于海,膏壤二千里,其民阔达多匿知,其天性也。以太公之圣,建国本,桓公之盛,修善政,以为诸侯会盟,称伯(同霸),不亦宜乎? 洋洋哉,固大国之风也!"③太史公亲自考察了齐地,赞叹齐有洋洋大国之风,并指出这是由于姜太公"建国本"、齐桓公"修善政"的结果,这一论断是符合历史实际的。

　　随着齐国疆域的扩大,国势的强盛,齐都临淄也成为"海岱之间一都会"④。临淄即营丘,齐献公元年(公元前859年)以营丘临淄水而更名临淄。战国田齐时,临淄已达七万户,"其民无不吹竽鼓瑟、击筑弹琴、斗鸡走犬、六博蹴鞠者。临淄之途,车毂击,人肩摩,连衽成帷,举袂成幕,挥汗

---

① 《汉书·地理志》。
②③ 《史记·齐太公世家》。
④ 《史记·货殖列传》。

成雨。家富而实,志高而扬。"①这段话可能是策士夸大之辞,但不能不说它的确也反映了当时临淄繁荣富庶的部分景象。至于汉代,有一位临淄人主父偃曾以其亲身见闻对汉武帝说:"齐临淄十万户,市租千金,人众殷富,巨于长安。"②长安是西汉的都城,汉平帝元始二年(公元2年),长安的人户数为"户八万八百,口二十四万六千二百"③,临淄的人户数和商品交易额都超过了长安,不仅居全国之冠,而且也是当时世界上罕见的大城市。

以临淄为都城的齐国,在春秋战国时代不仅在政治、经济、军事上是超级大国,而且在文化上也是超级大国。众所周知的齐国临淄稷下学宫,就是战国时代人才荟萃、诸子百家争鸣的场所,也是当时中国的学术文化中心。具有改革、开放、务实、包容性为特色的齐文化不仅影响着一个时代,而且已成为二千多年来中华民族优秀传统文化的重要组成部分,直至今天仍有其巨大的生命力和现实意义。

过去长时期对齐国历史与文化重视不够,研究不足。近年来有关这方面的论著逐渐增多,所探讨的问题,从内容到方法,也都不断有新的开拓,刘斌同志所著《临淄与齐国》一书即是其中一枝独秀的力作。

第一,该书编写目的明确。旨在通过对齐国历史与文化的研究,发掘和弘扬齐文化的优良传统,激发爱乡土、爱祖国的爱国主义热情;总结历史经验,古为今用,为社会主义物质文明和精神文明建设服务。

第二,体系完整。该书内容以临淄为轴心,辐射及于齐国和齐地。时限上起西周初年姜太公封齐建国,下迄战国末年齐王田建降秦亡国,凡八百余年。此外,上自远古羲农,下至秦汉间一些有关史事也间有述及,以明其源流。实际上是一部通俗的齐国简史。

第三,重点突出。该书共分十章,在全面系统叙述临淄与齐国的历史沿革、政治、经济、军事、文化的基础上,深入探讨了一系列重大课题。如在政治方面,首先记述了太公以尊贤尚功"建国本"的意义、成就及其

---

① 《战国策·齐策一》。
② 《史记·齐悼惠王世家》。
③ 《汉书·地理志》。

影响,继而又着重记述了桓公、管仲、晏婴及田齐诸王一贯推行太公之道的成就及其历史贡献;在经济方面,则着重记述了太公、管子把自然经济与商品经济有机结合的农工商并举的经济政策及其重大成就;在军事方面,则着重记述了太公兵法以及田穰苴、孙武、孙膑、田单等的兵法战略战术,说明齐国不愧为兵祖圣地;在文化方面,则着重记述了稷下之学与百家争鸣的历史意义、齐文化兴衰的原因及其对历史的影响,等等。作者在这些问题上,既吸取了前人的研究成果,但又不囿于成说,而是经过认真地分析研究,提出了自己的见解,对于研究齐国历史与齐文化均有重要的参考价值。

第四,资料翔实。本书搜集了大量的文献资料和考古资料,并对这些资料都作了详细的考订,去粗取精,去伪存真。其中有些资料,如1990年全国十大考古发现之一的临淄春秋殉车马,1994年开馆的临淄中国古车博物馆中的古车,都是全国第一、世界罕见的文物考古资料。

第五,雅俗共赏。本书为"东方历史文化名都——临淄"系列丛书之一,以实用普及为主。书中所采用的古文献资料,一般都不抄录原文,而采取选译、意译、变通、筛选的方法,由繁化简,由难变易,叙事生动,文字流畅,以达到雅俗共赏,便于更多的读者阅读的目的。

总之,《临淄与齐国》是一部融科学性、思想性、知识性、趣味性、通俗性于一书的佳作。我相信该书的问世,将从多方面给读者以启迪和收益,将会受到众多读者的欢迎。是为序。

(刘斌著《临淄与齐国》,山东大学出版社1995年版)

《民国山东史》序

开展地方史的研究,是近年来历史学科不断发展和深入研究的重要课题,它对促进地方人文资源的开发,推动改革开放和加强对青少年的爱国主义教育、中华民族传统美德和优秀传统文化教育都有着极为重要的意义。

吕伟俊教授长期从事民国史的研究,尤其是对民国山东史的研究颇有建树,硕果累累,近年来先后出版了《韩复榘》《张宗昌》《宋哲元》《冯国璋和直系军阀》等专著,并发表学术论文多篇。这些论著资料丰富,多有新意,得到了史学界的好评。最近由他主编的《民国山东史》又将问世,这一部80余万字的著作,是作者10余年辛勤笔耕的结晶,无论从哪一方面讲,都可以说是做了一项很有必要很有意义的工作。

一是该书为民国史特别是民国山东地方史填补了一项空白。近年来国内外先后出版过多种中国近现代史的著作,就山东地区而言,也有不少研究成果发表,但这些论著多偏重于中共党史和革命史方面的研究,当然对这方面的研究,无疑是重要的。不过从民国史的要求来看,则又存在明显的缺陷,伟俊同志主编的《民国山东史》正是弥补了这一缺陷,也可以说是完成了前人未能完成的历史任务。

二是该书构思新颖,独辟蹊径,在编撰体例上是一次新的尝试。首先,作者把民国山东史划分为北洋军阀统治时期、国民党统治时期、国共合作共同抗日时期、国民党政权在大陆溃败时期。这四个时期的划分,既如实地反映了历史发展的阶段性,又充分说明了每个时期历史变化的基本特征。而且作者对每个时期的论述并非平均着墨,视具体情况,有详有略；前人论述较少而又比较重要的问题，如国共合作联合抗战、日伪沦陷区统治则从详。可谓剪裁得体，详略得当，其次是在写法上，作者采用了编年体和纪事本末体相结合的体例，即纵向采用编年史，横向采用纪事本末体，这样既能把握住了时间的先后顺序和历史发展的脉络，又能对一些重要历史问题进行深入的探讨。在编排上，作者没有打乱军阀官僚统治的政治体系，而是把它作为一个"朝代"，按照历史本来面目。在每个时期，均以当时统治山东的军政长官为纲，以其统治下的主要军政活动为目，从而系统地展现出各个时期的山东历史风貌。

三是资料翔实，内容丰富。民国年间的资料，由于历经战乱，破坏散失十分严重，要进行全部汇集，并加以去粗取精，去伪存真，相当困难。作者知难而进，克服种种困难，10余年间，持之以恒，多方搜集，掌握了大量第一手资料，举凡历史档案、地方史志、近人著述、资料汇编、文史资料（回忆录）、新旧报刊，等等，几乎包罗万象，应有尽有，其中有些如北洋军阀和日伪统治时期的资料还是第一次披露于世，有很高的史料价值。在使用和分析大量第一手资料的基础上，该书对民国时期山东的政治、军事、外交、经济、文化诸方面都有所涉及，并进行了深入的研究，因此所得出的结论，是比较牢靠的，有说服力的。

四是观点稳妥，立论公允。作者坚持了辩证唯物主义、历史唯物主义实事求是的观点，即一切均从历史实际出发，并以是否有利于社会进步发展为标准而定褒贬、别是非。作者认为，无论是北洋军阀还是国民党对山东的统治，都是逆历史潮流而动的，在整体上应予以否定；但对具体事件、具体人物、具体问题，又要作具体分析。如韩复榘政治上反动，疯狂反共，消极抗战，是一个典型的封建军阀，但在他统治下山东的经济文化也有一定程度的发展。他能微服私访、惩治贪官、救济孤苦、剿灭土匪、提倡国货、这些举措还是颇得人心的。又如张宗昌，作者既对他的祸鲁罪恶予以充分的揭露和鞭笞，而对其晚年拒绝当汉奸，则又作了适当的肯定。同样，一方面对国民党反动派的腐朽统治、镇压人民革命等一系罪恶活动进分揭露批判；另方面，又肯定了他们之中有一些人物反对分裂，坚持抗战、甚至在抗日战场上为国捐躯的光辉业绩。总之，实事求是撰写民国山东史是很不容易的,这本身就具有开创性的意义。

五是本书注意了阐述社会发展规律,总结历史经验教训,提出了一些值得认真思考和引以为鉴的问题。

辛亥革命以后,尤其是中国共产党领导的新民主主义革命兴起之后,凡是逆历史潮流而动、搞复辟倒退、失去民心的统治者,均没有好下场。即使飞黄腾达于一时,也注定是短命的,这是一条不可抗拒的历史规律。

山东地方军阀拥兵自重,分裂割据,也是一般军阀的普遍规律。军阀割据,给整个民族和国家造成极大破坏和无穷的灾难,因此,我们重温这段历史,应以史为鉴,珍惜今天国家统一、民族昌盛,社会安定、繁荣富强的局面来之不易,这是无数革命先烈和志士仁人用鲜血换来的硕果,每个中国人都应维护和发展这种大好局面,避免近代史上分裂割据的历史悲剧重演。

孙中山领导的辛亥革命开辟了反帝反封建的资产阶级民主革命的新方向,北洋军阀和国民党反动派都是这个方向的背叛者,只有中国共产党才是这个方向的真正继承者。共产党领导无产阶级和全国人民胜利地进行了反帝反封建的新民主主义革命,并建立了中华人民共和国。实践证明:没有共产党就没有新中国,中国共产党的领导是历史和人民群众作出的正确抉择。

中华民族历来就具有联合御侮的爱国主义光荣传统。在日本帝国主义侵入中国、民族危亡的关头,共产党领导的工农群众联合各阶层人士,包括国民党实力派、地方武装以及工商界、文化教育界、宗教界等广大爱国民主人士,组成抗日民族统一战线,对推动抗战胜利做出了巨大的贡献。今天我们仍应发扬这种传统、不论民族、宗教和政治信仰如何,每个炎黄子孙都有义务为建设有中国特色的社会主义事业而贡献自己的一份力量;每个齐鲁儿女也有责任为振兴山东而尽心尽力。

上述论点,我认为都富有启发和教育意义。

六是本书还有史论结合、结构严密、文笔流畅、可读性强等优点。虽出自众手,但由于主编精心编排、修改和润色,写作风格,浑然一体,这在近年集体所编的著作中也是很少见的。

　　此外,本书也有不足之处。如前所述,在近代山东地方史研究方面,过去出版和发表的一些论著大多是中共党史和人民革命斗争史,而忽视了占统治地位的军阀和国民党的政治史,本书纠正了这一偏向,又似乎有些矫枉过正。一部民国山东史应包括多方面的内容,既要写军阀,国民党的统治史,又要写中共党史、人民革命斗争史;既要写政治、军事、外交、经济、文化史,又要写各族人民的社会生活史,等等。这样才能使民国山东史更加充实完善,更加丰富多彩。伟俊同志已经注意到了这一点,下一步,也已准备编写系统全面的《山东近代史》《山东抗日战争史》《民国山东社会史》等著作,我深信在不久的将来,这些著作将会陆续问世。是为序。

　　　　（吕伟俊主编《民国山东史》,山东人民出版社1995年版）

《孔孟之乡名人名胜名产》序

　　《孔孟之乡名人名胜名产》是一部不可多得的好书。

　　众所周知,孔孟之乡——济宁市,是一个有着几千年文明史的地区,它是中国古代文化发祥地重要源头之一。东方文明的肇始者太昊、少昊、神农、黄帝、虞舜,夏朝中兴名王少康,商朝名贤微子启,都与这块热土存在着非常密切的关系。周武王灭商之后,封其弟周公旦于曲阜,建国号为鲁。鲁与建都临淄的齐国是西周在今山东地区建立的两个最大的封国,对后世影响很大,号称"齐鲁礼义之邦"。直到今天,山东省仍以"鲁"作为它的简称。由此可见,传统文化影响之深远。

　　春秋战国时代,与鲁庄公论战的民间军事家曹刿,坐怀不乱的和圣柳下惠,刺虎勇士卞庄子,大史学家左丘明,都是历史上的著名人物。至于孔子、曾参、颜回、子路、子思(孔汲)、孟子,他们的思想言行对中国传统文化的影响,那就更不用细说了。秦汉以降,济宁这块地方出现的全国知名人物如彭越、丙吉、韦玄成、匡衡、刘表、王粲、仲长统、满宠、孔融、储光羲、王禹偁、孔尚任、朱红灯等,更是数不胜数。

　　早在数年前,由于时鉴等同志的辛勤劳动,《孔孟之乡历史名人》即已问世,在读者中间产生了良好的反响。而今,时鉴等同志不畏艰辛,不辞劳苦,奋斗近8年时间,又在《孔孟之乡历史名人》基础上编写出《孔孟之乡名人名胜名产》这部地方史学巨著,的确值得庆贺。这部巨著分为三卷,除卷上《孔孟之乡历史名人》所选收人物有所增删外,重点在《孔孟之乡现代名人》这一卷上。本卷特色在于以人物反映历史。它通过辛亥革命以来各个时期,各个方面100多位著名人物的传记,从不同角度和新的视野反映出济宁市近现代历史的发展面貌。应当说，搜集这些资料是相当不容易的。

孔孟之乡济宁市又是一个名胜古迹众多的地区之一。孔庙、孔府、孟庙、孟府，这些庞大的古代建筑群早已驰名中外，占地3000余亩的孔林被称为世界第一大家族墓地；济宁汉碑居于全国之首，四山摩崖石刻、武梁祠汉画像石，为中外学者所重视；少昊陵、太白酒楼、水泊梁山，济宁铁塔、泗水卞桥名闻遐迩；峄山奇观、泉林风光、微山湖万亩荷花，均为世所罕见的旅游胜地。列为国家、省、市各级重点文物保护单位130余处，县级文物保护单位也有数百处。适应方兴未艾的旅游业和经济发展需要，时鉴同志把《孔孟之乡名胜名产》作为单独一卷，列于人物之后，是颇有深意的。通过对人物、名胜、物产的详细描述，人们便于发现济宁市"人杰地灵、物华天宝"的全貌，从而更加激起广大读者了解济宁、认识济宁、研究济宁、建设济宁的强烈愿望。

盛世修史。从中国共产党十一届三中全会以来，全国各省、地、市、县都成立了专门机构，认真搜集资料，编写出带有浓郁地方特色的地方志。1988年我在《孔孟之乡历史名人》第一版序言中曾经对此表示赞赏与肯定，认为这项工作对我国的社会主义经济建设和精神文明建设具有不可估量的深远的历史意义和现实意义。近几年来，不少地市的史志部门陆续出版了自己的资料汇编和比较权威的地方纪志，然而，这些书大都卷帙浩繁，包罗万象，不太适合一般读者阅读；而《孔孟之乡名人名胜名产》则撷取了史志中的精华，用突出人物、名胜、物产这种体裁与形式，增加了趣味性、可读性、知识性和实用性，再加上文笔清新，文字流畅，的确是一部易于被广大读者接受的历史读物。

欲知大道，必先明史。《孔孟之乡名人名胜名产》的编纂与出版，对于济宁市两个文明建设有着十分重要的意义。一书在手，从政者可从中了解济宁市地域特色，历史变迁，可以此为镜，明得失，知兴衰，有助于科学的决策；青少年可以从中受到优秀的文化传统教育、革命传统教育，体验到人生的启迪，从而激发热爱家乡、建设家乡的高度热情；客居他乡的济宁游子和非济宁籍人士，通过此书可以了解济宁的名人、名胜、名产，从而更加关心济宁,热爱济宁,愿为济宁经济文化发展做出自己的努力。

最后,我想对本书总编时鉴同志的刻苦治学精神说几句话:当市场经济大潮在全国掀起的时候,作为一个学者,我想最重要的还是要学习前贤那样,"穷且益坚,不坠青云之志",即坚守自己的阵地,为学问而献身,只有这样,中国的思想文化建设才能跟得上经济文化建设发展的步伐,并推动后者沿着正确的方向前进。然而令人遗憾的是,一些原来在学术领域颇有造诣的人却不耐寂寞,经不住金钱名利的诱惑,或下海,或从政,离开了他们本可以大展身手的科学圣地。而时鉴同志却能反其道而行之,他以坚韧不拔的毅力,为济宁地方文化的繁荣兴旺埋头苦干,四处奔走,不怕艰辛,不辞劳苦,有志者事竟成。这是很令人佩服的,我见过时鉴同志几次,他1983年毕业于山东大学历史系,然后被分配到济宁从事教学研究工作。他是一个朴实憨厚的青年学者。在济宁的十余年间,他甘于寂寞,甘于清贫,淡泊名利,宁愿坐冷板凳,扎扎实实地扑下身子搞学问。这种精神,在我们学术界是应该大力提倡的。

听时鉴同志讲,在《孔孟之乡名人名胜名产》出版后,他还要花费几年时间,编写出济宁市第一部通史《孔孟之乡春秋史话》,并打算将它与修改过的《孔孟之乡名人名胜名产》一起,于公元2001年以《孔孟之乡文化精典》为书名出版。这种对事业的执着追求,对社会负责,对人民负责,对历史负责的精益求精的精神,我认为在这里应该表示大力赞扬和衷心钦佩。真诚地希望时鉴等同志努力,努力,再努力!

"锲而不舍,必成大器"。是为序。

(时鉴编《孔孟之乡名人名胜名产》,山东大学出版社1996年版)

《说三国　话用人》序

　　近年来,随着我国改革开放事业的迅速发展,各类人才大量涌现,研究人才和用人的各类书籍文章也不断问世。仁者见仁,智者见智,从不同角度阐述了发现人才、培养人才和任用人才的真知灼见,起到了很好地为现实服务的作用。其中张栋同志新著《说三国,话用人》则是一本不落俗套、构思独特、体裁新颖、寓论于史的研究人才与任用人才的佳作。

　　作者写本书的指导思想十分明确,目的就是要联系实际,古为今用,特别是把用人问题提到国家兴亡、事业成败的战略高度去认识,并加以论述,是很有见地的。如作者在书中说:"三国时期,群雄并起,在诸侯争霸的局面下,智力的高低、人才多寡优劣成为割据集团兴亡成败的重要原因。诸侯争霸,与其说是军事经济实力的较量,不如说是智力的比赛和人才的竞争。谁最大限度地招揽人才、拥有并善于发现人才,谁就胜利兴旺;反之,就会失败灭亡。"作者从历史事实中总结出的这一条经验教训,正是为今人提供借鉴启迪,用意深刻,富有现实意义。

　　中国几千年用人史积累了极为丰富的经验和教训,这是一笔十分珍贵的历史遗产。尤其是社会大动荡的三国时期,无论是用人思想还是用人实践都是一个变化多端、极为活跃的时期。可惜的是过去研究三国史的一些论著大多着眼于"谋略",而相对忽视其"用人"。作者独具匠心,抓住这一时期中国政治舞台上一幕幕用人活剧加以整理研究,如曹操重用实干家、刘备破格用魏延、群英会的启示、有感于钟会杀许仪、从张飞的成长谈起、诸葛恪悲剧的成因等等,通过一系列典型事例,提出自己的见解。既独立成篇,又浑然一体;既有相当研究深度,又有趣味性与可读性,雅俗共赏,可以收到更广泛的社会效果。

全书重点突出,着重研究了三国时期最著名的四位政治家曹操、刘备、孙权、诸葛亮的用人思想、用人政策和用人实践,并对他们进行了比较研究,总结出他们各自成功的经验。如曹操用才面广、取士不废偏短、任人不计出身,所以能广招人才,势力最强。刘备善于团结人才、爱护人才,所以能白手起家,历尽坎坷,终成大业。孙权对人才崇以礼遇,用人不疑,胸怀坦荡,使人才各尽其能,终能奠定江东基业。诸葛亮能礼贤下士,虚心纳谏,善于从中下级官员中选拔人才,鼓励人才脱颖而出,所以能帮助刘备建立蜀汉政权,开创三分天下局面。书中在赞美他们善用人才的同时,也指出了他们的失误。如曹操过分相信夏侯渊以致丢失汉中,刘备以义气为重偏爱关羽以致丢失荆州,诸葛亮重用言过其实的马谡而失街亭,孙权未能给接班人选好辅臣以致“替位不终”。这些成功的政治家的用人失误也给后人以深刻的教训。书中还探讨了四位政治家共同的长处是善于发现人才、大胆使用人才,而共同的短处是均受到时代和阶级的局限,在创业之时善于用人,而一旦大业告成或初具规模,就骄傲起来,忽视对人才利用甚至扼杀人才。在胜利与和平时期,如何重用人才,作者借用历史教训给我们提出了一个新的思考。

作者还分析了三国时期各类不同人才的修身处世之道,也使人颇受教益。如诸葛亮如何做好副职,作者认为诸葛亮在副职位置上做到了“忠、正、智、勤、勇”五个字,每逢蜀汉集团生死存亡的关键时刻,他都能挺身而出,知难而进,砥柱中流,发挥了一个优秀“副职”所应有的作用,可供担任副职者参考。

作者提出魏、蜀、吴政权都充分发挥了智囊团这个领导者“外部大脑”作用,这样才得以在群雄逐鹿中捷足先登,三分天下。“三国鼎立实际上是三大智囊团智力相争的结果。”智囊团的好坏关系事业成败,作者的这一认识无疑是正确的,不仅三国时如此,而且更为后来历史所证明。

作者还以专文描写了一些知名的经济专家枣祗、郑浑,科学家马钧、刘徽,医学家华佗、张仲景及一些外交官、廉吏、隐士等,就他们如何处理与领导人的关系,充分施展自己抱负做了精辟论述。认为各类人才的成长既需要领导者知人善任，也离不开自身努力。一个国家繁荣昌盛，更是需要大批不同类型的人才。这是作者通过历史故事给予我们的启迪与思考。

该书作者张栋同志既有长期从事组织人事工作的丰富阅历，又勤于读书学习，积累了较为丰富的历史知识，所以在书中所提出和分析论述的问题，大都具有鲜明的现实感和历史感，既能用历史的眼光来审视现实问题，又能用现实的眼光去考察历史，较好地处理了古与今的关系，发挥了历史为现实服务的借鉴作用。再加上作者是大学中文系毕业生，具有较高的文学造诣，因而在本书的取材和写作中视野开阔，论述左右逢源，得心应手，将科学性与可读性很好地结合起来，具有较强的说服力与感染力，可以说此书是一部值得一读的成功之作。

然而金无足赤，本书也有值得商榷之处。如书中除了参考引用《后汉书》、《三国志》等正史以外，还用了少量《三国演义》中的一些内容。这样固然增加了故事性与可读性，然其真实性却无法与正史资料相提并论。如何正确处理和运用好这两类不同的资料，仍是值得探讨的一个问题。是为序。

（张栋著《说三国　话用人》，山东人民出版社1996年版）

《琅琊台志》序

琅琊台在今山东省胶南市琅琊镇境内,是一处古代遗址。据《史记·秦始皇本纪》《索隐》:"《山海经》琅琊台在渤海间。盖海畔有山,形如台,在琅琊,故曰琅琊台。"这便是琅琊台一名的由来。

琅琊台历史悠久,文化灿烂。早在春秋战国时期,这里就是"齐东境上邑",齐桓公、齐景公均曾游此,流连数月不归。越王勾践灭吴后,北上争霸,于二十五年(前472)由会稽徙都琅琊,立观台,以望东海,遂号令秦、晋、齐、楚以尊辅周室。秦始皇统一中国后,分天下为36郡,琅琊郡即是其中之一,郡治在今琅琊台西北10里。《史记》载秦始皇二十八年(前219)"南登琅琊,大乐之,留三月,乃徙黔首三万户琅琊台下,复十二岁。作琅琊台,立石刻,颂秦德,明得意"(琅琊台石刻残石至今犹存,为著名的秦代石刻)。与此同时,遣齐人徐福发童男女数千人,入海求仙人。秦始皇又于二十九年(前218)、三十七年(前210)再巡其地,复遣徐福等人入海求仙药。琅琊台遂成为最早沟通中日友好关系的见证。之后,秦二世、汉武帝、汉宣帝、汉明帝也多次巡游琅琊,唐代的李白、白居易、李商隐、宋代的苏轼等文人学士皆曾登临其地,留下了大量的诗文和许多珍贵史料。使这片古老的土地成为驰名中外的游览胜地。

为了适应改革开放的新形势,更好地发挥琅琊台在胶南市经济和文化建设中的优势,当地有识之士编写了这一部《琅琊台志》。

《琅琊台志》是地方史志的一种。过去各省、州、府、县皆有志,新编地方志中又有市志,镇志已属少见,至于为一处古遗址修志,更是凤毛麟角,可以说,《琅琊台志》填补了地方志书的一项空白。

　　《琅琊台志》在体例上也很有自己的特色。它不局限于一般志书所规定的老框框，所立篇目不拘一格，以能充分显示本地的特点和优势为主。全书共分为地理环境、景观景点、文物古迹、民间传说、徐福东渡、人物、艺文、旅游、史志辑录等10章，从古到今，各个方面，较全面而又有重点地反映了琅琊台的自然与人文风貌。

　　《琅琊台志》资料翔实，内容丰富。从搜集文献资料（包括诗文）、考古发掘资料、民间传说资料到实地调查资料，无不详备。另外又增加旅游接待机构、服务设施等内容，更便于读者阅览和使用。

　　《琅琊台志》的编写与出版，对提高胶南市的知名度、发展旅游事业和开展对外经济文化交流，都将发挥应有的作用。

　　　　　　　　　　　（山东省胶南市《琅琊台志》，齐鲁书社1997年版）

《齐国政治史》序

    齐国是西周初年开国元勋姜太公在今山东境内建立的一个封国。此后历经春秋战国，在长达八百余年的齐国历史长河中，出现了众多杰出的人物，其中有齐桓公、齐威王等明君，有管仲、晏婴、邹忌等贤相，也有淳于髡、荀子、邹衍等稷下学者。他们在勤政安民、富国强兵、尊王攘夷、争霸称雄的实践活动中，大胆探索，勇于开拓，对我国古代的政治制度和政治思想多有继承和创新，从而形成了一部具有自己特色的齐国政治史。例如：齐国的开国君主姜太公就是一位思想解放的杰出政治改革家。他从实际出发，把殷商时代的东方习俗及其文化传统与新兴的姬周集团的礼制相结合。"因其俗，简其礼"，制定了"尊贤而尚功"的基本国策，从而奠定了齐国政治制度的基石。其后，管仲"修旧业，择其善者而业用之"的改革方针，以及齐威王的赏罚严明，虚心纳谏，尊贤养士等一系列改革措施都是对这一优良传统的发扬和光大。实践证明，这种明世务合时变的革新精神，是齐国成为大国、富国、强国的重要因素。再如：开明君主制、宰相制、博士制等诸多制度的建设，民本思想、礼法并用等政治思想的创立，都极大程度地影响了当时的中国社会，其中有些内容直至今天仍有借鉴的现实意义。然而由于受齐文化整体研究滞后的影响，学术界对齐国政治史一直缺乏系统的研究。宣兆琦同志的专著《齐国政治史》的问世，填补了这一大学学术领域的空白。对此，我感到由衷的高兴和欣慰。

    兆琦同志在南开大学读书期间，先后师从王玉哲、刘泽华、王连升、冯尔康等教授研习先秦史、中国古代政治史和中国社会史。他不仅从以上诸位学者那里学到渊博的历史知识，科学的研究方法，也学到了史学家们严谨的治学精神。兆琦同志学成归来后，任淄博师专齐文化研究所专职副所长，专门从事研究工作。就如何办好齐文化研究所，如何编撰《齐文化丛书》，兆琦同志曾多次访问我，并聘我作为他们的顾问，从此我们就成了忘年之交。他经常来济南，而且他每次来济必来看我，见面后就谈齐文化，一谈就是半天，因而给我留下了深刻的印象：他是一个勤奋好学的青年，研究领域比较广泛，而重点则在齐国的政治、经济和科技等方面。近年来他先后在重要学术刊物上发表论文50余篇，并出版学术专著3部。这一部20余万字的《齐国政治史》是兆琦同志研究齐国史多年心血的结晶，它的问世，无疑将会对齐文化的深入研究起到很大的推动作用。在这部书稿中，作者以辩证唯物主义和历史唯物主义的立场、观点和方法，对齐国古代的社会发展、历史演变的规律，对齐国古代政治制度的沿革、嬗变，对齐国古代人事更替、存亡兴衰，对齐国古代政治家、思想家历史功过的评说等等，都作了全面、客观、公允的阐述和分析，具有不少独到的认识和见解。

例如书稿第二章第二节对齐鲁两国不同的建国方针的认识、比较和评价。作者通过对比，对姜尚封齐"因其俗，简其礼"、"尊贤尚功"的政治建国方针，给予了充分的肯定。

再如第四章第二节对齐桓公称霸过程的分期问题。作者认为目前学术界对此问题的三分法、四分法不尽合理，而从客观事物内部发展的规律着眼，通过大量的充足的例证，进行了全面的具体的分析，从而提出自己的六分法，颇具说服力。

另外如第九章第一节对战国时期齐国政治体制所发生的嬗变，作者从君主权力的日益强化，到官僚体制的建立两个方面进行了精辟的论证，也很有新意。

在书稿中，可以看出：作者不仅掌握了丰富的史料，而且运用得非常娴熟，旁征博引，左右逢源，对齐国纷繁复杂的政治风云、历史变故，进行爬梳整理，条分缕析，进而阐发自己的历史观点。而对于那些史料匮乏，甚至很难找到佐证材料的历史时期，例如"太公以降至春秋前夕"的历史，作者则知难而进，尽可能充分利用现存的历史资料，加以推导、阐释，开拓了新的思路。由此亦可见作者的史鉴才识以及丰厚积累之功力。

历史是一面镜子,研究历史的目的就是古为今用。在书稿中,作者对齐国政治体制的利弊、得失,对姜尚的人格与政风,对齐桓公尊贤任能、用人之大度,对管、晏为相的勤政廉洁等等,都予以认真的总结和客观公允的评价,这些无疑会对当今的政治体制改革和廉政建设提供宝贵的借鉴。

我衷心祝愿齐文化研究园地的大丰收,我期望宣兆琦同志有更新的研究成果问世!

是为序。

（宣兆琦著《齐国政治史》,收入《齐文化丛书》,齐鲁书社1997年版）

《东汉兴亡史》序

一

回顾近半个世纪的中国古代史研究,关于秦汉史的著述,多为秦、西汉和东汉三朝历史的合编,仅以《秦汉史》命名的即不下十余种;而单写其中一朝的史书,则寥寥无几。据目前所知,只有马非百的《秦集史》和林剑鸣的《秦史稿》两种,至于两汉史,分别独立成书者尚未见到。秦汉史研究中这种格局的形成,不是偶然的。大体而论,一是因传统的史学观点,人们习惯于将中国古史各个朝代分段连称,如秦汉、隋唐、明清等;二是连称的朝代,前后衔接,其社会状况也往往相似,不易分开;三是分开来写,难度较大。如"汉承秦制",东汉又袭西汉,各自独立论述,其难度和要花费的心血是不言而喻的。

我初识东晨同志,是在1984年的成都"秦汉史研究会第二届年会"上,那时,他还在铜川市教育局从事编辑工作,四十多岁,沉默寡言,并未引起我的多大注意,只是听剑鸣同志介绍说,东晨同志读书很用功,为人忠厚、谦虚。十三年后的今日,他邮来书稿和情况介绍,使我进一步知道,他是一个埋头苦干、勇于探索的史学工作者,既尊重师长、前辈,而又不墨守成规。

东晨同志刻苦勤奋,在史学研究中二十年如一日,利用节假日和上班前后的时间,专心读书,拼命写作,持之以恒,90年代初,已出版了《秦人秘史》(《秦兴亡史》)《汉人秘史》(《西汉兴亡史》)。他的这两本纪传体秦与西汉史专著,均由著名秦汉史专家林剑鸣同志作序,对其学术价值、治学方法等给予了肯定和高度评价。国内外报刊、杂志先后刊载评介文章,予以介绍和肯定,得到了历史学界的好评。而今他又撰写出了《东汉兴亡史》(《汉人秘史》下册),开秦汉史为三册各自独立著作之先河。这三本著作合计一百三十多万字,由于容量大,篇幅长,所以,作者对东汉史的许多重要问题都能展开讨论,研究得比较深入、系统、仔细而全面。浏览过后,总的印象是:宏观与微观把握得当,历史发展脉络清晰,文献与考古资料的结合较好,内容丰富而翔实。

二

秦朝是中国历史上地主阶级建立的第一个统一的专制主义中央集权的封建皇朝,首尾只有十五年,便被陈胜、吴广、项羽、刘邦领导的农民起义所推翻。后经“楚汉战争”,汉高祖刘邦又建立了新的地主阶级政权,即西汉皇朝。西汉末,王莽又篡汉建立“新”朝,历史巧合,新朝也首尾只有十五年,便被绿林、赤眉农民起义推翻了。

代表豪强地主(包括农村大地主和商业地主)利益的南阳刘秀集团,夺取了农民起义军的胜利果实,收拢或摧毁了地方割据势力,又恢复了刘氏宗室的政权,史称东汉。一个皇朝被推翻了,由其宗室再恢复起来,这在中国古代史上是罕见的,也是值得研究和深入思考的事件。《东汉兴亡史》在揭示西汉灭亡、东汉再建的奥秘时认为:西汉末豪强地主势力强盛;刘秀善于用人谋划,“昆阳之战”又获得威信;王莽的“改制”,不仅遭到汉宗室、官吏、贵族、地主的反对,而且也遭到广大劳动人民的厌恶。他们怀念西汉的“无为而治”、“休养生息”、“轻徭薄赋”等比较宽松的政策;刘秀在河北自立政权后正是利用这些臣、民“思汉”的心理,打出“光复汉室”的旗帜,有计划、有组织、有目的地击破各种政治集团和武装势力,终于恢复了汉政权。我以为这些论述是符合历史事实的。

东汉政权是建立在豪强地主基础之上的,土地兼并、地主阶级对农民的剥削一开始就比较严重,部分农民成为豪强地主田庄或宗族的依附人口,部分农民得到政府的“假田”耕种,还有不少流民。但是,东汉政权还是维持了长达一百九十五年。其中的“奥秘”何在? 著者认为:汉光武帝建立东汉政权之后,即以“柔道”治天下,力图“解王莽之繁密,还汉世之轻法",赢得了汉宗室、旧官吏和民众的拥护;光武帝在对军功地主的处理方面,措施得当:赐爵封土,在政治、经济上给予优厚待遇,不让其掌握实际大权;中央和地方官选任文吏担任,又受到士人阶层的欢迎和拥护。这些官吏资历浅,功劳小,忠君而讲气节。他们大多数人为官后,为使"政绩"优异而得到升迁,尽职尽责,注意发展生产,宽以待民,执法端平,民心较安;光武帝吸取西汉的经验教训,力除外戚、宦官擅权的弊端,加强中央集权,得到了臣民的拥护;光武帝实行限制贵族、豪强势力,招抚流民归乡务农,给予生活、生产资料,对孤、寡、老、弱、病、残及贫民等不断予以赈济等政策,从而缓和了社会矛盾,使东汉中央政权得以维持和巩固。以后诸帝(包括临朝的太后)多遵守光武帝的政策,故得以长治久安。而当农民起义推翻汉灵帝的反动统治时,地主阶级中的各派势力则迅速联合,共同镇压农民起义,维护封建政权。之后,地主武装集团如董卓、袁绍、曹操、孙权、刘备等,又都在维护和尊奉东汉皇帝名义下发展势力或进行征战,使汉灵帝以后的东汉皇朝又维持了近三十年。我以为这种分析也是比较全面的。

该书对东汉诸帝的评价;对中央和地方廉吏的评论;对宦官、内宠采取具体人或事具体分析;对太后临朝与外戚权臣区别对待;从国家统一、民族利益出发,深入探讨诸郡、县及少数民族的"叛乱"事件,区分战争正义与非正义;广大人民群众的历史作用等观点,都是值得肯定的。作者在论述历史事件中水到渠成地阐明自己的认识、观点之方法,也是可取的。

三

关于东汉史,笼统地论述(如东汉的经济、东汉的文化等)就比较困难,而要仔细论述每个皇帝当政时期的政治、经济、军事、文化及社会各个方面的状况,面对那么多庞杂的文献资料、考古资料、古文字研究资料、民族史研究资料等,要做到有条不紊地排列、对比、归类、综合、分析等,工作量就更大、更艰难了。著者以九章和五十七万多字的篇幅,将复杂的历史事件和人物,分别置于诸帝执政的时期内,又要避免写成"帝王将相家谱",所下的功夫和花费的精力之多,是可想而知的。

东汉从光武帝至汉和帝时期,权力集中于中央,全国统一、安定,对贵族、官僚、豪强地主及商业地主等势力有所控制,广大农村的秩序比较安定,因而汉和帝时,社会经济发展便达到东汉社会全盛时代的高峰。由于东汉是豪强地主政权,所以与西汉相比,政治腐败、阶级与民族矛盾尖锐等这一周期性的危机就来得较早。加之汉安帝以后,皇嗣短命,幼帝继位,太后称制,外戚专权,宦官与内宠祸国,军阀割据,操弄权柄,至汉献帝末终于亡国。在这种历史形势和衰败情况下,东汉的社会经济、科学文化为什么还会向前发展呢? 其原因就是历史是由人民群众创造的,社会的发展也是由劳动人民推动的,不是腐朽势力所能阻挡的;另外,不论恶势力怎样猖獗,总有一部分不怕杀头、流放、监禁的正直官吏、志士与之斗争,不断上书,提出治国安民或改良之策,并竭力去实施;统治阶级为了生存,有时也不得不采取一些较为宽和的措施,给人民以生活、生产方面的喘息之机;黄巾起义后,豪强地主和封建军阀为了割据自保,发展势力,也不得不提倡和发展生产,充实经济实力。著者的这些学术观点,是正确而令人信服的。

东汉经济发展的标志是农业、手工业生产的进步,商业的兴旺与繁荣,农业生产的发展,则又反映在生产工具的改进和生产技术的提高方面,其具体表现是铁制农业生产工具的增多与牛耕由中原、西北向江淮及江南地区的推广,水利工程的广泛兴修,荒地及边境土地的开垦,人口的增加,田庄经济的发展等;手工业生产发展的具体表现是管理机构的健全,水力鼓风冶铁炉的发明,铜、漆等器具的制造,其他手工业生产的兴旺等;商业发展的具体表现是物品的丰富,商人的数量增多,商业都市的增加,国际贸易的发展等。经济的繁荣,又推动了东汉文化、教育和科学的发展。著者对东汉社会各个方面的研究、论述,是深刻而全面的。我十分乐意向广大读者推荐这本具有相当高的学术价值而又颇具可读性的学术专著。我也相信这本专著是会得到学术界肯定和广大读者欢迎的!

四

东晨同志长期从事教学、编辑工作,又在文博系统工作十余年,具有较深的文史功力和较多的考古知识。十年来,他披荆斩棘,在秦汉史园地上辛勤耕耘,大胆创新,终于在迎接21世纪到来的光辉岁月里,陆续向读者奉献出了秦史、西汉史、东汉史三本重要学术著作,为祖国的史学大业做出了积极贡献。这是学术界值得庆贺的一件喜事。在史学研究方法方面,他继承和发展了史学泰斗王国维先生的"二重证据法",力图将文献和考古资料有机结合,互相印证,形成自己著作的风格。《东汉兴亡史》同他的其他学术专著一样,除大量引用文献、考古资料外,还广泛引用了历史地理、民族学、方志研究等资料,从而使该书的内容更为丰富,资料更加翔实,领域更为广阔,视野更为远大,独具特色和风格。它不仅是一本内容充实、观点新颖的东汉史书,而且也是一本实用的工具书。

著名考古、历史学家石兴邦先生称东晨同志是"年富力强"、"著作宏富"的史学专家,著名历史学家林剑鸣、何清谷、牛致功、朱绍侯、彭曦、何光岳及张思恩等先生称东晨同志是"勤奋刻苦"、"史德纯正"、"才思敏捷"、"著作累累"的史学专家。我以为,对于在近二十年内,利用工作之余的时间,撰写七百多万字,出版十余本专著和发表近一百六十篇论文的东晨同志来说,这些称誉是不为过的,也是当之无愧的。同时,我也期望更多的年青同志,勿为"商潮"所扰,安心从事史学研究,写出更多更好的史学著作!

(杨东晨著《东汉兴亡史》,陕西人民教育出版社1998年版)

《古帝传说与华夏文明》序

如何看待古帝传说和中国文明起源的关系是近些年来史学界十分关注的问题，可以说这是先秦史研究的一个热点。目前已有不少这方面的论文和专著问世。

对待古帝传说，以司马迁为代表的古代史家大都认为自《左传》、《国语》以来形成的古史系统基本真实可信。清代崔述以及近代的康有为、梁启超等对古史系统提出怀疑。后来又出现了以顾颉刚为代表的"疑古学派"，对以三皇五帝为核心的古帝传说进行了考证，认为这些传说是后人编造的产物，不足为信，以为"东周以上无史"。可以说，两者各有所长；但也都有其偏颇之处，他们都对古帝传说的认识绝对化了，从一个极端走向了另一个极端。新中国建立后，在马克思主义的思想和方法指导下，一些学者利用考古资料、民族和民俗资料等来验证传说资料取得了很大成绩。但总起来说，在先秦史的研究中，这仍是一个薄弱的环节。由于资料的相对缺乏，如何对其突破确实是一个棘手的问题。对中国文明起源的研究，在史学界也是众说纷纭，莫衷一是，如对中国进入文明的时间、进入文明的地区、关于文明起源的途径等都有不同的观点。除了运用已出土的考古资料外，如何对古帝传说进行验证和梳理考证，探求其可信的成分，以此为线索对中国文明的起源进行研究应是突破这个问题的关键。对此，叶林生同志做了一件很有价值的工作。

近些年来，叶林生同志一直潜心研究古帝传说和中国文明的起源问题，先后有《伏羲考》、《黄帝考》、《炎帝考》、《共工考》、《华夏考》等十余篇学术论文问世，在史学界有很大反响。同时，他又以很大的毅力写成了这部《古帝传说与华夏文明》。本书在运用史料方面,注重史料的源流,避免了简单的归纳综合;同时又避免了对古代传说一概否定或将传说人物简单合并的弊病。作者在将古代传说与地下考古史料结合方面,突破了以往简单的"相加法",以考古学所揭示的原始宗教遗迹为依据,更增加了说服力。书中不乏独到的见解,如:作者认为,从中国由神本文化向人本文化过渡的必然历程、由英雄史现形成的过程等方面来看,古代神本文化时期实不能产生出高于神或与神并肩而立的"英雄祖先"。作者从原始宗教的视角重新审视中国由氏族到国家的演进历史,从战国中期之前的较原始的传说中各种"人物"的相互关系来探索文明起源的途径,不拘泥于"中原中心说",指出了文明起源应到典型的龙山文化和与之相邻的红山文化中去寻找等等。这些都对我们有很大的启发。

在写作本书的过程中,叶林生同志是下了很大功夫的,既继承了前人的研究成果,又在详细占有资料、分析资料的基础上提出了自己的观点。表现了作者一种严谨踏实的学风和在学术研究上不断进取的精神。我相信叶林生同志以后在这个领域将取得更大的成绩。

有感于叶林生同志的研究成果和进取精神,谨草拟数语,是为序。

一九九八年七月

(叶林生著《古帝传说与华夏文明》,黑龙江教育出版社1999年版)

《两千年济南大事记》序

力明先生是我的同乡、同学，相识相知于60年前，可谓"总角"之交。近日他编了《两千年济南大事记》一书，送交我处。我浏览了一下，不禁为力明兄的勤奋治学和坚忍不拔的精神所感动。首先，写这样一本书必须翻阅大量的史书，诸如二十五史、历代通鉴、地方志书之类，没有坚强的意志和无私的奉献精神，是无法从这几千万字浩如烟海的史料中去查找有关济南各类大事的。其次，在商品经济时代一切从经济效益出发的情况下，力明兄又早已年过古稀，且无冻馁之虞，正当含饴弄孙之时，而他却能不计名利、不怕艰苦地去从事一项默默无闻却有益于社会的工作，确实令人感佩。

济南是历史悠久的城市，是山东的首府，是我国开放城市之一，现在，它正在改革开放的大道上急步前进，在这样的形势下，力明兄编写了《两千年济南大事记》这本书，我认为它对济南的进一步改革开放和经济发展，对中外人士的进一步了解济南，都是有积极意义的。

从《两千年济南大事记》这本书的内容上来说，它自"济南"一名见诸历史的西汉初年开始，直到1948年9月济南解放，其时间跨度达20个世纪以上，作者把这两千多年的济南历史上的大事、要事搜罗编排在一起，内容丰富，资料翔实，体例完备，并且体现了济南的地方特色。从观点上来说，也比较稳妥，实事求是，是济南两千多年的历史大事实录。因此，总起来说，它是应该被肯定的，对中外人士了解济南是有重要参考价值的。当然，在史料的取舍上或有可商榷之处，这就有待于各界读者不吝提出建议，以便于作者今后加以修正。

　　值此《两千年济南大事记》即将付梓之际，力明兄要我为这本书说几句话，谨简介如上，是为序。

　　（崔力明著《两千年济南大事记》，济南新闻出版局1999年版）

《邹平通史》序

我国地方史志的编纂有着悠久的历史传统。最早可以追溯到孔子的《春秋》,这部书就是写的以鲁国为主的地方史。太史公司马迁对《春秋》有很高的评价,他说:"夫《春秋》,上明三王之道,下辨人事之纪,别嫌疑,明是非,定犹豫,善善恶恶,贤贤贱不肖,存亡国,继绝世,补敝起废,王道之大者也。"通过对历史的总结,古为今用,这是中国史学的优良传统,也是编写地方史志的一个根本目的。所谓"存史、教化、资治"等功能,归根到底,最后还是要落实到"资治"上来。所以历代地方官都十分重视地方史志,如唐朝韩愈迁潮州刺史,南行过梅岭而先借阅《韶州图经》;宋朝朱熹知南康军,下车伊始,即首先遍访志书。以后便形成了一个不成文法,郡县地方官上任时,下面的属吏照例要把当地地方志进览。这是因为要把这一地方治理好,必须了解这一地方的历史和现状。新中国建立后,尤其是党的十一届三中全会以后,从中央到地方,各级党政领导都十分重视地方志的编纂工作,省有省志,区有区志,市有市志,县有县志,甚至有的地方还有镇志、村志、厂矿志等,可谓林林总总,洋洋大观。但是就地方史来说,如县一级的历史,尚不多见。地方史与地方志有共同点,即都是研究地方发展规律的科学,但史与志是有区别的,二者不仅研究的对象和任务不同,体例不同,内容不同,而且编写的方法也不同。就体例而言,史书主要有编年体(如上引《春秋》及司马光《资治通鉴》)、纪传体(如司马迁《史记》)、纪事本末体(如袁枢《通鉴纪事本末》)等体裁,而志书则为书志体或曰政书体(如杜佑《通典》、马端临《文献通考》、郑樵《通志》等)。古人就已有明显的区别,二者功用不同,不能互相代替。曲延庆同志编写的这一部《邹平通史》,作为一县的历史,不仅在邹平是第一部,恐怕在全国亦是凤毛麟角。正由于史无前例,无章可循,且区区一县之地,积存的史料本来很少,而邹平自西汉建置至今,又时分时合,疆域变动很大,再加上战乱频仍,历史资料更是零散难寻,有此数端,撰写此书之难度可想而知。作者本着对历史负责的精神,知难而进,独辟蹊径,竟数载之功,终于完成这一部洋洋50余万言的《邹平通史》。可以说,在地方史这个研究领域内,其本身就有填补空白和开创性的意义。通读全书,我认为有以下几个明显的优点:

一、体例新颖。全书根据略古详今的原则,分为古代、近代、人物三编,古代编按照历史发展顺序,又分为远古至春秋战国、秦与两汉、魏晋南北朝、隋唐五代、宋金元、明、清七个历史时期;近代编则分为晚清时期、北洋军阀时期、国民政府统治下乡村建设运动时期、抗日战争时期、解放战争时期等五个时期。在古代编的开首,特设"地理环境及政区沿革"一章,以作为历史活动的自然环境与社会背景。在每个时期叙述中,均以政治变革和军事斗争为主线,以经济、文化、教育和历史人物活动为主体,按时间先后顺序,以记述体的形式全面系统地记述邹平的历史,但又不是孤立地仅记邹平一县的历史,而是以邹平为中心兼及互有影响的各邻县的地方通史。人物编分为古代人物、近现代人物两部分,凡是邹平在历史上有影响的人物和虽非邹平籍、但对邹平有重要贡献的著名人物,几乎网罗无遗,都为之立传,上起秦汉,下迄现今,共计134人。通过这些人的生平事迹,可以对邹平的历史有更为具体而生动地了解。此外,还有古代和近代大事记以及附录三则,以备参考。

二、资料丰富。研究和编写历史,离不开资料。作者长期从事县志编纂工作,在占有资料方面具有自己的优势。该书主要以邹平地方旧有的历史典籍,如《邹平县志》、《长山县志》、《齐东县志》等资料,特别是新编《邹平县志》过程中所积累的大量资料为依据,并参考了近人的有关论著以及近年来新发现的一些考古资料,这些资料为编写《邹平通史》奠定了可靠的基础。

三、考订精审。史实可靠,才能成为信史。作者在详细占有资料的基础上,对有关本县历史的一些传统习惯的错误记载,于"附录中"进行了认真考订。如对秦汉之际儒学大师伏生、西晋数学家刘徽、唐代文学家段成式的里籍问题,东夷九户有扈之争的评议等,都提出了自己的看法,还其历史本来面目。通史较新编县志晚出,有不少地方弥补了县志的不足,纠正了县志的失误,因此,在某种程度上也可以说,通史较之县志有更大的史料价值。

四、实事求是。这是马克思主义的一个基本原则,研究和编写历史也应如此。该书对历史人物、历史事件的记述和评价,主要以其对社会影响大小与历史作用进步与否为标准,对有争议的问题,如隋末王薄起义、山东乡村建设运动、孟昭进及抗日义勇军等,均力求客观公正,如实地给予历史的评价。

五、突出地方特色,力图克服某些史书千人一面的一般化倾向。如明清时期邹平地方的豪门巨族,对该地区的政治、经济与文化发展都有重大影响,特列两个专节加以记述。又如梁漱溟在邹平开展的乡村建设运动,不仅在当地而且在全国也有巨大的影响,作者则不惜笔墨,用了整整一章六节的篇幅,来论述其事,体现了邹平现代史上这一段极具特色的历史。

总之,正如作者在《前言》中所说:"《邹平通史》在编写中力求观点正确,史实可靠,结构合理,脉络贯通,语言流畅,便于阅读。"窃以为该书是达到了这一要求的。我深信:该书的编写与出版,对提高邹平县的知名度,以及邹平县两个文明建设都起到应有的作用;对其他县史或地方史的编写也具有参考和借鉴的意义。

(曲延庆著《邹平通史》,中华书局1999年版)

《山东历史名人电视系列讲座》序

　　山东，古称"齐鲁"。齐、鲁是大约三千年前公元前十一世纪西周时代，在今山东省境内建立的两个最大的诸侯封国，对后世影响很大，号称"齐鲁礼义之邦"，直到今天，仍以"鲁"作为山东的简称。

　　"山东"一名，在历史上出现也很早，战国时代，秦据关中，即称关东六国（齐、楚、燕、韩、赵、魏）为山东，不过那时所谓山东，范围很广，泛指太行山以东地区，并不专指今天的山东省。山东作为一级行政区划，应始于明洪武元年（1368），置山东行中书省，简称山东省，治青州。九年移治济南，又改置山东承宣布政使司（布政使为一省之长官），共领6府15州89县。清朝大体未变，只不过府州县数略有增减而已。

　　山东地方和全国各地一样，曾经经过了若干万年的原始公社制社会。1928年在山东章丘龙山镇发现的举世闻名的龙山文化遗址就是代表着原始公社末期和奴隶制社会早期的一种文化，这种文化以黑陶为特征，所以又叫黑陶文化。根据文献记载，远古时代的山东是东夷族居住的地方。夷族主要以狩猎为生，人人善于射箭，夷字从一人负弓，字的构造本身就说明了夷族的生活特征。"夷"和"人"本为一字（迄今山东胶东一带的人仍念人作夷），意思就是背弓的人。传说当时天有十日，一气射落九日（实际是吞并了九个部落）的神箭手后羿就是东夷人。神话中奔月的嫦娥就是后羿的妻子。对中国历史有重大贡献的虞舜也是东夷人，山东地方进入文明社会就是从虞舜开始的。距今约有四千余年的夏朝开创者大禹就是继承了舜的事业，在夷族人民帮助下，治服了滔滔洪水之患。

　　继夏朝之后的商朝，和山东的关系更为密切。商的始祖契是其母吞玄鸟（燕）卵而生，《诗经·商颂》："天命玄鸟，降而生商。"这种崇拜鸟图腾的传说，正是东方夷族信仰的共同特征。如果说现在还不能断定商族和夷族有什么血缘关系的话；那么，至少可以证明商族和夷族很早就有了文化上的交流，他们共同创造了黄河下游勃海沿岸的历史和文化。后来契建都于蕃（音皮，今邹城东南），相土东都在泰山下，汤建都于亳（今曹县境内），都在今山东境内。山东不仅是商族的先人活动中心，而且是商朝建立后统治势力的根据地。直到周灭商后，商的残余势力仍然盘踞在山东，周公旦集中全部力量，用了三年时间，才平定了商朝遗民的叛乱。

周朝为了加强对东方的统治，于是在山东建立了许多诸侯国：封姜尚为齐侯，都营丘（今临淄）；封伯禽为鲁侯，都曲阜。姜尚就是后人所称的姜太公，他有大功于周朝，是周武王灭商的得力助手；伯禽是周公旦的儿子，周公旦是周武王的弟弟，辅佐周武王之子成王平定商人叛乱，也是周朝的开国元勋。另外，还有几个封国诸侯，如曹、卫等国，也都是周成王的叔父。这些封国，尤其是齐鲁两国的建立，标志着奴隶制国家在山东的一个新发展，对以后山东地方的历史有重大的影响。

中国是世界上最大的国家之一。秦汉以前，在没有出现一个中央集权的统一的封建国家以前，各地区的政治、经济、文化发展很不平衡。在奴隶制向封建制转变的时候，各地区的进程也很不一致，有早有晚，按照目前中国史学界的一般说法，中国封建社会始于战国，其绝对年代，据《史记·六国年表》，划在周元王元年，即公元前475年。但具体到山东地区，时间还要更早一些。

大约在四五千年前，在山东创造黑陶文化的人们就已经过着定居的生活，他们很重视和发展农业生产，舜耕于历山，大体相当于这个时期。当时他们用的是石器、骨器和蚌器。到大禹的时代，已开"以铜为兵"，山东嘉祥武氏祠的汉代石刻画像中有大禹执耒图，可能就是用铜做的农具。近年来，山东地方的考古发掘，证实了当时冶铜业和铜制工具的存在。到春秋初年，齐国已开始以铁制造农具。"铁"字古文写作"銕"，从字的构造上说明铁可能是山东的夷族最早发明的。新中国成立后发现的齐叔夷钟，上有铭文提到齐灵公赏赐叔夷莱夷造铁徒四千人，足见当时冶铁规模之大。铁的发明和使用,标志着生产力的又一次飞跃发展。

据《左传》记载,鲁宣公十五年(前594)"初税亩",开始向私田征税,即在公田制(即井田制)以外,承认了土地私有的合法,说明在鲁国已出现了新的封建关系。鲁哀公十四年(前481),亦即孔子作《春秋》绝笔之年,齐国的田常杀齐简公,"专齐之政",从此田齐代替了姜齐。田氏是新的封建势力的代表,田氏齐国的建立,是当时中国最早出现的一个封建大国。

公元前221年,秦灭六国,建立了一个统一的封建皇朝,山东的齐国是最后灭掉的一个诸侯国。自此之后,在二千年的封建社会中,历两汉、三国、两晋、南北朝、隋、唐、五代、宋、元、明、清,山东地方虽有时也曾为割据势力所盘踞,但总的来说,则是属于统一中国的一个有机组成部分,直到今天,都是如此。

山东号称"齐鲁礼义之邦",是我国古代文化发源地之一,也是古代文化的中心。山东历史悠久,文化发达,这里曾出现过许多杰出的思想家、政治家、军事家、科学家、发明家、文学家和艺术家。现在,我们准备从中选出大约100位著名的历史人物,制作成"山东历史名人系列讲座"。山东的名人很多,其中最著名的人物有:

孔子,名丘,字仲尼,春秋时鲁国曲阜人,儒家学派的创始人,他不仅是伟大的思想家、政治家,还是伟大的教育家,后人尊为"文圣"。孙子名武,春秋时齐国人,他是一位伟大的军事家,后人尊为"武圣"。墨子,名翟,战国初鲁国人,创立墨家学派,他不仅是伟大的思想家,还是伟大的科学家,后人尊为"科圣"。孟子,名轲,战国时邹人,他继承发展了孔子的儒家学说,后人尊为"亚圣"。庄子,名周,战国时宋国蒙(今属山东)人,道家学派的代表。战国时代的"百家争鸣",就是在齐国的稷下学宫,其中主要有六家:儒、墨、道、法、名、阴阳,都产生在山东。

秦汉时代,是对外开放中外交往开始频繁的时代,齐方士徐福首次东渡日本,他不仅是最早的航海家,而且是中、日、韩友好、文化交流的使者。汉代的经学大师多出在山东,东汉高密人郑玄就是其中的代表人物。

三国时代的诸葛亮,琅邪阳都(今沂南)人,他不仅是杰出的政治家,而且是杰出的军事家。东晋时的王羲之,琅邪临沂人,著名的书法家,后世称为"书圣"。北魏时的贾思勰,齐郡益都(今山东寿光)人,著名的农学家。

唐宋以后历明清,山东更是人才济济:如宋代济南的爱国诗人辛弃疾、李清照,明代抗倭民族英雄蓬莱人戚继光,清代短篇小说之王淄川人蒲松龄等等,可以说名人辈出,举不胜举。

以上我们列举的人物,都是属于山东籍、在山东各个历史时期的代表人物,他们对山东和祖国的历史发展都作出了重大的贡献,他们的思想和言行都是当时社会经济、政治、文化发展的反映,是一笔巨大的精神财富和宝贵的历史遗产,研究和了解这些历史人物,可以使我们更好地了解山东和祖国的历史,从中找出规律性的东西,总结经验教训,继承和发扬优秀的文化传统、革命传统,用以指导现在,开创未来。还可以加强我们对山东、对祖国的热爱和民族自豪感、民族自信心,激发我们振兴山东、振兴中华、跻身于世界先进民族之林的历史使命感和责任感,从而加快建设有中国特色的社会主义的步伐。"江山代有才人出,各领风骚数百年。"在中国共产党的领导下,在人民群众当家作主、扬眉吐气的社会主义新时期,我们殷切期待着更多优秀的杰出人物在山东、在祖国大地上不断涌现、成长,用自己的才能致力于富民兴鲁、振兴中华的宏伟大业,来谱写山东和祖国历史的新篇章。

(中国教育台、山东教育台,2001年)

《炎黄虞夏根在海岱新考》序

　　研究华夏族起源，对解决中国文明起源与早期国家的形成问题，具有重要的意义。但困难也很多。首先是资料问题，三代以前的上古文献资料可以说都是后人追述的神话传说，互相抵牾，真伪莫辨，难以据为信史。其次是学术界长期受有疑古思潮的影响，认为商周以前无史，视研究史前史为畏途，费力不讨好。再加上文字的障碍，故很少有人涉足于此。以致使三代以前至少一千多年的历史至今仍处于谜一般地扑朔迷离之中而真相难白。景以恩同志热爱古史，自学成才，知难而进，锲而不舍，研究华夏起源问题长达20余年之久，终于完成《炎黄虞夏根在海岱新考》一书，都20余万言，其艰苦探索的毅力和勇气确实令人钦佩。仅从书名看，即可知他对华夏起源有与众不同的见解。

　　例如在华夏族源组成问题上，史学界长期以来就存在着一元说或多元说的论争。本来《世本》《大戴礼记》《史记》等书均一致记载了三代同出于黄帝的谱系，但在疑古思潮影响下，华夏一元论基本上被否定了，而代之以各种多元论。以恩同志为此反复引用了马克思、恩格斯、摩尔根有关原始社会血族关系的论述，结合中国古代文献和考古资料，以证明中国华夏族同样也是一元的，即三代同出于黄帝的谱系，华夏族是一个由不同时代逐渐发展壮大的血缘亲属族团。他并且进一步指出华夏一元论与中国古代文明多元论是互有联系而又绝不相同的两个概念，前者仅指出自黄帝的华夏血族集团，后者则是指考古学上与华夏族并存的其他五大文化区系的各原始民族，二者不能混淆。

　　关于以炎黄虞夏为代表的华夏族起源于何方这个问题，以恩同志详细研究分析了前人的研究成果，主张华夏族起源于东方，中心即在今山东海岱地区。他认为当公元前第三个千年的前期，山东大汶口文化的经济水平和社会发展状况在黄河、长江两河流域诸文化大系中居于领先地位，并最早出现了父系氏族社会。这与相传中国有五千年的文明史及黄帝大体诞生于距今五千年左右可谓不谋而合。而同时代的中原仰韶文化仍处于母系氏族社会。由此可见，业已以父系计世系的黄帝族不可能诞生于尚处在母系氏族社会的中原，而只能诞生于父系氏族社会的东方海岱地区。

在此基础上，以恩同志还研究了仰韶文化、河南龙山文化及二里头文化与东方文化的关系，提出了河南龙山文化与仰韶文化差异较大而更接近于山东龙山文化，原因是当大汶口文化晚期阶段，大批东方人西进中原从而引起了仰韶文化向河南龙山文化的变异。至于二里头文化，应是少康西迁中原后夏民族所建的较早的夏都城之一。其理由是二里头文化存在着较浓厚的东方文化因素而有别于河南龙山文化。又据碳14测定，二里头遗址最早的年代为公元前1900年左右，距夏王朝建立的前2070年尚晚170余年，其间正是夏启建都于东方、太康失国及少康复国这一段历史。因此，尽管目前有些考古学家、史学家竭尽全力，在河南寻找禹都阳城，并有人认为王城岗即禹之阳城，但王城岗东西两城加在一起也不过二万平方米，较之山东城子崖龙山城的20万平方米面积相差9倍，若说这样的小城堡即禹都，实难令人相信。

值得特别提出的是，他还运用系统论的方法分析山东史前文化，即分为人文系统和地理系统两个互为联系互相制约的文化系统。他认为自华胥氏、伏牺氏起，经炎黄虞夏，直到少康以前，这两大系统是协调发展的，一切重大事件，包括黄帝与蚩尤之战、颛顼伐共工、尧伐有苗、禹会诸侯于涂山等，均发生在此地理系统范围内。但当华夏族大批西迁及夏王朝西迁后，不仅华夏人文系统的中心已经转移到中原地区，而且以四岳、四渎、《淮南子》九州岛系统为特征的东方地理系统也一变而为包括黄河、长江两河流域的五岳、《禹贡》九州岛系统。他指出四岳与五岳、《淮南子》九州岛与《禹贡》九州岛是两个分属于不同时代、不同地域范围的地理概念，四岳与《淮南子》九州岛指的是唐虞时代山东的四座山与山东九州岛；五岳与《禹贡》九州岛则是指商周时代跨有黄河、长江两河流域的五座山与包括数省的九州岛。至于四渎，他纠正了《尔雅》"发源注海"的长江、淮河、黄河与济水平行入海的四条河流的说法，而认为《汤诰》中所说大禹、皋陶所治的四渎应是"东为江，北为济，西为河，南为淮"即环绕山东境内的四条河流，这里的所谓"江"实指山东东部的沂河，与长江并无关系。这就进一步落实了《淮南子》九州岛与四岳在山东的问题，也与大汶口文化——山东龙山文化圈大体吻合。

为了落实华夏族起源于东方，以恩同志尽力搜求山东地方史志及地理图有关资料，其所绘炎黄虞夏形势图即是他辛勤研究的作品。他从中找到了一些非常有意义的古地名，如临沂的康王城与康王射箭台，对确认少康都于临沂很有价值；寿光南的赤乌城，对确认帝喾及契的出生地也有重要参考作用。更重要的是在章丘找到了后稷之母姜嫄履迹于龙盘山的传说，结合《山海经·大荒西经》关于"西周之国"的记载，他认为章丘便是先周族的最早发源地。这三个地名，均对确认夏、商、周族起源于东方有重要参考价值。其他诸如华族的始祖华胥氏及伏牺氏源于菏泽；炎黄共祖少典氏为伏牺后裔，后迁平邑之颛臾，繁育了炎黄二族；炎黄都于曲阜；少昊都于穷桑（约当今大汶口文化遗址）；帝喾都于寿光之亳；尧居于昌乐之唐都；舜生于平邑之诸冯；禹生于泰山之禹石汶村；契生于寿光之商丘；稷生于章丘之台邑；皋陶生于曲阜之偃地；伯益居费；夏启都于临沂之夏邑；太康迁于潍坊之斟寻；帝相居于寿光之斟灌；少康复国于夏邑等等，这些地名都是作者多年探索的成果。另外，作者还利用图腾崇拜的理论，结合山东考古发现的大量太阳纹，参考古文字学与古史传说，提出华夏族原本是崇拜太阳神并以太阳族自称的民族，即不仅"华"字古义为太阳，其余"夏"、"昊"、"皇"、"炎"、"黄"也莫不与太阳有关。所谓太昊、少昊、炎帝、黄帝等都是太阳神或太阳大帝的称谓，即使泰山上的玉皇大帝也是太阳大帝；是华夏族几千年来一直崇拜的主神。在河南大河村遗址也出土有大量的太阳纹，可能就是西迁华族的遗址。陕西的华山与华县也应是因西迁华族落户于此而得名。这一切都有力地证明华夏族确是起源于东方并为崇拜太阳的民族,而西迁中原也屡屡有实物与地名可寻。

总之,这是一部运用历史学、考古学、民族学、古文字学等多学科,综合考察华夏族起源于东方的力作,材料充实,观点新颖,不囿于成说,自成一家之言,对研究中国古代文明与国家的起源具有独特的视角与参考价值。但由于此课题过于庞大与复杂,牵涉的问题太多,以一个业余爱好者的水平达到如此境界实属不易,缺点甚至错误是难免的,特别受资料的局限,作者所举的古今对照地名仍多属假设或推测之辞,有待于新发现的考古资料作进一步证实。还望有关方家对此问题展开评论。深信依靠学术界共同攻关,华夏起源问题定能获得比较理想或满意的成果。是为序。

（景以恩著《炎黄虞夏根在海岱新考》,中国文联出版社2001年版）

《以经治国与汉代社会》序

汉代是经学繁荣的一个黄金时期。特别是西汉中期以后，统治者以经治国，不仅通经可以入仕，朝廷诏令与群臣奏议皆援引经义为据，更有所谓以《禹贡》治河、以《洪范》察变、以《春秋》决狱、以《诗》为谏等事例。所以，清人皮锡瑞在《经学历史》中指出："经学自汉元、成至后汉，为极盛时代。"

汉代经学的繁荣曾引起历代学者极大的研究兴趣，这方面的著作可以说汗牛充栋。但遗憾的是，这些研究的内容一般都局限于经学自身的发展，即思想史和学术史的范围之内，而对于汉代甚至后世曾产生重大影响的经学治国，则大多语焉不详。近年来，这种状况有所改变，一些论著已开始涉及到其中某些问题。然而，迄今在学术界仍没有出版一部研究汉代以经治国的专著。这与当今史学界所提出的进一步繁荣和发展史学的要求显然是不相适应的。

令人欣慰的是，晋文同志的《以经治国与汉代社会》即将出版面世。我曾经是他的硕士研究生导师，在1984～1987年他读研究生期间，即以汉代经学治国问题作为主要研究方向，并写出了颇有见地的学位论文，因而顺利地通过论文答辩。此后十余年间，他一直从事这方面的研究，在原有基础上不断地向深度广度发展。"十年辛苦不寻常"，现在终于获得可喜的成果。作者请我作序，我除了向他表示祝贺外，也非常乐意向读者介绍这部颇具学术品位的专著。

通观《以经治国与汉代社会》，本书除了资料翔实、语言简洁流畅并运用新的研究方法外，主要有两个突出的特点：

首先,本书论证广泛,对汉代以经治国进行了全面、系统的研究。仅就内容而言,本书即与以往不同。它不再是单纯研究经学,而是更加注重经学在汉代基本国策中的具体操作和运用,并注意总结它的成功经验与教训。具体来说,作者采用多方位、多层面的不同视角论述汉代的经学治国,使得全书形成了纵横交织的严密体系。其中包括经学何以成为汉王朝的统治思想,汉代以经治国是如何形成、发展和衰落的,其对于汉代政治、经济、军事、法律、文化教育、社会保障和社会生活等方面的深刻影响与特点,以及怎样才能正确评价它的作用和得失等,几乎囊括了汉代社会的各个领域。

其次,本书论证深入,颇具新意,是一部名副其实的专著。本书虽然字数不多,仅有二十余万字,但在每一章中都提出了作者的独到见解,或者是对前人的论述做出了比较重要的补充。例如论汉代以经治国的兴衰,经学与汉代的"天命"论、"古今"观和"忠孝"说,汉代经济思想和经济政策的转变,皇帝制度的进一步完善,以儒取士及其新的用人制度的建立,"宽猛并施"与《春秋》决狱及得失,太学、郡国学的创建和私学的繁荣,所谓"荒政"的实施与评价,汉人社会生活的多方面整合及影响,等等。别的不说,仅从作者在《中国史研究》《社会学研究》《秦汉史论丛》《历史教学》《江海学刊》《南京大学学报》《山东师大学报》《齐鲁学刊》等已发表近20篇相关论文看,我们也可以想见其在学术界的广泛和良好的影响。

诚然,本书也并非完美无缺,其中有些问题也还需要进一步探讨。然而瑕不掩瑜,本书仍可谓研究汉代以经治国的力作。相信读者都会从中感受它的学术价值和思想启迪。

（晋文著《以经治国与汉代社会》,广州出版社2001年版）

《儒学与汉代社会》序

　　汉代是封建大一统和社会大发展的历史时期,也是中国两千年封建社会的奠基时代。汉代无论在健全封建制度,巩固多民族统一体制方面,还是思想文化方面皆取得令人瞩目的辉煌成就。汉代所确立的政治和社会文化格局,基本奠定了此后两千余年中国封建社会的发展方向。如果说汉以后封建社会的历史是"流",那么,汉代历史就是"源"。从这个意义上讲,没有两汉,也就没有两千年中国封建社会。因此,汉史研究一向受到学者们的重视。

　　在以往的汉史研究中,文章和论著比较多,但从汉代社会文明的研究方面来看,却相对较少。80年代中期,西北大学秦汉史研究室集体编撰了一部《秦汉社会文明》,对秦汉物质文明与精神文明中被人们忽视的若干问题,作了具体而详尽的论述,史料翔实、丰富,不尚空谈,对汉代文明的研究做出了积极有益的贡献。不过,该书没有涉及制度文明,而有关物质文明和精神文明的论述,也不够全面。90年代末,彭卫出版了《汉代社会风尚研究》一书,对汉代的社会风尚进行了探讨。黄留珠主编的《周秦汉唐文明》一书,对汉代的物质文明、制度文明、精神文明、中外文化交流均进行了论述。这些论著大多是研究汉代文明本身,而没有将汉代文明与儒家文化结合起来进行研究。

　　汉代独尊儒术,以经治国,其社会历史具有独特的儒家文化风貌。以儒家经学治国是汉史研究的一个重要课题,儒学对汉代社会的多方面影响如何? 虽然有一些文章涉及到这个大课题中的一部分,但是缺乏整体的、系统的研究,尚未出现专门的论著。因此,对儒学与汉代社会的关系进行全面系统的研究是很有必要的。刘厚琴同志的《儒学与汉代社会》就是以儒学与汉代社会的整合为研究对象，将伦理与实际结合起来，从汉代封建社会制度的角度和汉代社会制度的实际运行过程去考察儒家思想与汉代社会之间的关系。它是从"作为思想体系的儒学"和"作为实际社会生活过程中的儒学"两个观察角度入手，对儒家思想与汉代社会之间的关系进行探讨，并着重对儒学与汉代社会文明关系中被学者们忽视的若干问题作了具体而详尽的论述。

《儒学与汉代社会》一书，历史地、理性地对儒家思想进行分析，揭示儒学在汉代的发展和变迁，说明了儒学的历史适应性，作者认为，儒学作为一种思想本身不是一成不变的，它不断地随着时代的变化而变化。儒家的创始人孔子并没有留下皇皇巨著。其思想贡献是通过那些具体而微的只言片语的讨论，通过那种"述而不作"的著述态度进行古代文献的整理，然而正因为如此，孔子不仅建立起一个包容万象的思想体系，而且为后世儒者对思想元典的诠释留下了巨大的空间和思维余地。孟子就发展了孔子的思想，荀子更是将各家各派的思想吸收进儒家之中，完成了思想上的大融合。随着时代的发展，儒学不断地被赋予新的内容。从先秦发展到汉代，儒家思想内容已有了较大的发展变化，汉代儒学的集大成者董仲舒以儒家思想为基础，吸收了黄老思想、法家思想、阴阳五行思想，是一个在更高的阶段上融合了各家思想的更发展了的思想体系。所以有人将以董仲舒为代表的汉代儒学称为"新儒学"。以董仲舒为代表的汉代儒学，之所以被称为"新儒学"，一是理论建构中，能够充分汲取其他学说的长处，丰富和完善儒家的思想体系。二是在实践上，有效地克服了早期儒学的某些保守思想，适应了汉代封建统治的最大需要，成为武帝时代专制主义政治的理论指导原则。因此，以董仲舒为代表的汉代儒学在当时具有强大的生命力，长时间统治着整个思想学术界。

武帝尊儒，其所尊的是董仲舒等汉代儒家提出的适应历史发展要求的新儒家思想学说。汉代确立了以儒家思想为核心的多民族统一文化格局，这样的格局一直延续到中国近代。儒家思想取得独步天下的地位经历了一个历史过程。汉初到武帝时期，是儒家思想寻求与封建政治结合的探索阶段。汉朝建立之后，以黄老学说作为政权的指导思想，思想文化领域也相应宽松起来。在重建的大一统政权中，由秦亡汉兴这一重大历史变故引发的统一问题、德运问题、施政原则问题、思想控制问题以及封建秩序永恒合理问题等等国家长治久安的问题，引起人们的普遍思考。黄老之术满足了汉初休养生息、安定民心的现实要求，但是也暴露出无法适应封建社会全面发展的需要、无力构建一整套与封建制度相适应的文化体系的弱点。经过多年的探索，儒家思想最适应封建政治的需要，在当时几乎成为人们的共识。汉武帝适应历史发展的客观要求，实行"罢黜百家，独尊儒术"的文化政策，将儒家经学正式确定为官学，以政权的力量树立起儒家的权威。在解决汉人遇到的一系列重大历史和现实问题方面，儒家学说充分显示出其优势。汉代儒宗董仲舒发挥春秋公羊学的大一统论点为汉皇朝的统一事业服务，宣扬三纲的论点为稳定封建统治秩序辩护，宣传三统继运以补充五德终始学说的不足，倡言"天不变，道亦不变"，强调封建统治的永恒秩序。在儒家思想的指导下，汉武帝在政权建设和巩固多民族统一国家方面取得了很大成就，产生了深远的历史影响。从汉宣帝石渠阁会议召开到东汉末年，是汉代儒家思想稳步发展的时期。汉宣帝亲自主持召开石渠阁会议，以皇帝兼宗师、教主的身份裁决五经异同，是以皇权专制的儒学形式进一步控制思想的标志。宣帝开始注意用符瑞粉饰政治，东汉光武帝正式宣布图谶于天下，儒学在神学化道路上愈走愈远。章帝效法宣帝故事，在白虎观召集诸儒讲论五经异同，最后章帝"亲临称制"裁决，统一各种分歧的解释，形成封建社会的法典性文献《白虎通义》，儒家政治伦理原则在社会上得到全面确立。儒家思想成为汉代官方统治思想之后，政治、经济、法律、礼仪制度、教育、社会风俗、科学文化等各个领域越来越多地体现出儒家思想的影响。

《儒学与汉代社会》一书比较全面、系统地论述了儒学与汉代社会之间的密切关系。它从政治、经济、法律、礼仪制度、社会风尚、教育、文化、自然保护等诸多方面，论述了儒学与汉代社会的结合，及其对后世封建社会的深远影响。综观《儒学与汉代社会》一书，它主要探讨了以下几方面的问题：

儒学对汉代封建社会制度建设的重要影响。封建制度的建设可以说是汉代封建盛世的表现之一。汉代的封建制度建设使中国古代各项社会制度大体确定下来。而在"独尊儒术"的社会格局下,汉代的政治制度、经济制度、法律制度、教育制度、礼仪制度等等无一不以儒学为指导和依据。该书从整体上,系统、全面地探讨了儒学对汉代各项制度建设的积极意义及其深远的历史影响。从而说明汉代在以经治国的政治格局下,各项制度被赋予了特殊的社会政治生态和文化风貌。所谓"以《禹贡》治河,以洪范察变,以《春秋》决狱,以三百篇(《诗》)谏书",对汉代社会乃至封建社会都产生了深远的影响。

儒学对汉代人际关系的影响。先秦儒学与汉代儒学在人际关系理论上的变化,主要表现为董仲舒的"三纲"说。先秦儒家传统的人际关系理论中,在父子、君臣、夫妇等人际关系上大体是双向关系,对双方皆有道德要求。君臣之间要"君使臣有礼,臣事君以忠",父子之间应父慈子孝,夫妇之间应当夫义妇贞,这种双向对应关系比较合理,促进了人际关系的和谐发展。随着汉代封建统治的加强,汉儒提出了"君为臣纲,父为子纲,夫为妻纲"的"三纲"说,使人际关系逐渐由双向关系变为单向关系。在家国同构的汉代,封建统治者认识到"家齐而后国治"的道理,要求"子孝、妇从、弟悌"建立起来的家庭关系,以保证家庭的稳定发展。人际关系从家庭开始,然后向外延伸至君臣、朋友、师生等国家或天下的层次,这不仅是人之常情,而且是为政的必由之路。在此基础上汉代出现了一个新文化现象:伦理与政治的结合。当调整家庭内部关系的伦理规范被扩大到国家的政治生活中时,这种伦理规范就变为传统国家的一项政治原理。汉代"以孝治天下"和"求忠臣于孝子之门"、"移孝作忠",就包括了伦理与政治的双重意义。以伦理的形式实行政治的职能,以政治的实质渗入伦理的内涵,这是儒家德治的高明之处,也是汉代封建统治的秘密所在。伦理与政治的整合,即伦理政治化,政治伦理化,使某些政治原则被披上了伦理的外衣,从而具有更大的欺骗性;而某些伦理规范则直接变为政治原则,变为统治阶量政治统治的工具。汉代统治者之所以用血亲关系来维护社会家庭内部关系的联结,在意念系统上极力强调家庭与国家以及伦理与政治的结合,强调礼治缘饰法治,即是主观上想为国家政治统治蒙上一层伦理道德的面纱,借以模糊家庭与国家的本质,从而达到整个国家长治久安的目的。

儒学对社会风气的深刻影响。汉代的复仇之风、报恩之风、归隐之风、谦让之风的盛行无不与儒学有着密切的关系。尤其是两汉世风由"轻狂"到"谨厚"的嬗变,更是儒学普及、统治观念转变的结果。儒学的普及,儒家道德观念渗透到东汉社会生活的各个层面,它以一种无形的氛围印入东汉人的潜意识心态,牵引着东汉人的思维模式和行为方式,强有力地控制和塑造着他们的灵魂,也彻底促使西汉传统的群体心理的解体,于是崇德代替了"轻悍"、敦厚代替了狂放,作者认为,在汉代社会风气的变迁中,儒学在人们心理和社会生活中起到特殊的作用。

儒学对汉代自然保护和抗灾救荒的积极影响。根植于中国古代农业社会基础上的儒家思想具有较强的自然保护意识和灾害意识,提出了系统的自然保护和抗灾救荒的思想。汉代在独尊儒术,以经治国的格局下,儒学成为自然保护和抗灾救荒的理论依据。汉代政府颁布了一系列法令保护自然资源和培植自然资源,保证自然资源的可持久利用。汉代是中国历史上自然灾害较为频繁发生的时期,政府依据儒家学说采取了水利制荒及仁政济荒等抗灾救荒的措施,对减轻灾害的负面影响起了重要作用。儒学及汉代自然保护和抗灾救荒行为模式的历史影响极其深远。

儒学对汉代精神文化的重要影响。汉代封建大一统政权在文化建设方面作了很多努力,知识分子阶层积极投身到学术文化事业中来,创造出众多适合时代需要的、具有久远价值的精神产品。汉代独尊儒术之后,一切学问,包括哲学、史学、文学都与儒家经学结下了不解之缘。自然科学也是如此,如天文历学、医学、数学、农学的发展无不与儒家经学有着密切的关系。可以说儒学统领文化的格局确立之后,汉代各个文化领域,都体现出鲜明的儒学特色。儒家经学作为官方思想,既对汉代各个文化领域产生主导的、积极的推动作用,也对当时和以后的文化产生着消极的影响。

总之,《儒学与汉代社会》集中了作者多年辛勤探索的成果,分析了儒学与汉代社会文明多方面的关系问题,力求全面地反映儒学与汉代社会结合的真实情况,展示汉代社会历史的独特风貌。不仅对研究汉代儒学与汉代社会有重要的学术参考价值,而且也具有有一定的现实借鉴意义,值得一读。但由于这个研究课题涉及面较广,加上篇幅和时间所限,书中尚有一些不尽如人意之处。例如,对先秦儒学到汉代儒学的发展脉络写得还不够清楚,布局谋篇上也有些轻重失衡,对某些问题的评价也还有不当之处。这都需要作者再接再厉,在此基础上继续作进一步更加深入的研究和提高。

作者刘厚琴同志是我的研究生,1993年毕业后,在工作岗位上一直非常勤奋努力,科研成果累累,如今她的又一部专著即将问世,请我为此书作序,我非常高兴,谨撮其要者,略述如上,以寄厚望云尔。

2001年9月于山东师范大学

(刘厚琴著《儒学与汉代社会》,齐鲁书社2002年版)

《先忧后乐范仲淹》序

范仲淹是中国古代著名的政治家、军事家、思想家和文学家,他的"先天下之忧而忧,后天下之乐而乐"的思想传颂至今,是中华民族优秀的精神财富和文化遗产。对于范仲淹这位历史人物的研究和评述,以往已有不少论著,曲延庆同志的新作《先忧后乐范仲淹》一书充分吸收了前人的研究成果,对范仲淹进行了多角度、多层次、系统而深入的研究,颇有自己的特色,读后令人有耳目一新之感。

(一)主题鲜明。作为研究范仲淹的作品,最核心的就是突出他的"先忧后乐"精神。作品紧扣这个主题,不管是评析他的诗文,还是关于他的考证,都尽力去展现范仲淹的勤政爱民、廉洁奉公的人格形象,去体现他"忧国忧民"的博大胸怀和"利泽天下"的伟大抱负,并通过范仲淹的具体言行和后世对他的评价,使这一主题更加鲜明突出,真切感人。

(二)结构新颖。作者根据资料的内容设计了五篇,即政绩篇、故事篇、诗文篇、纪念篇、考论篇。政绩篇主要根据正史资料,记述范仲淹一生的业绩,体现他爱国爱民、先忧后乐的人格风范;故事篇则利用民间流传的故事传说,体现了人民对范仲淹的爱戴及颂扬,使忧乐之情更加具体而鲜明;诗文篇则利用范仲淹的重要诗文,真实地反映范仲淹的高尚思想境界,使前面两篇体现的主题更加丰满突出;纪念篇则根据全国各地纪念范仲淹的遗迹、纪念活动及诗词楹联,表现后世社会及人民对范仲淹的高度评价及歌颂。同时也以此反映范仲淹的崇高精神和不朽人格对后世的影响;考论部分更是作者着意突出的立论主旨及对范仲淹高度评价和对忧乐观的歌颂。这五篇各自独立,又相互配合补充,再加上前面的一篇总叙,这样就使范仲淹研究从宏观到微观都得到了很好的表述,而且雅俗共赏,这在已出版的范仲淹研究作品中还是不多见的。

(三)资料丰富。大量占有资料是进行学术研究的坚实基础。作者虽是一位行政领导干部,但是矢志治学的精神却相当可贵。他充分利用一切可以利用的机会收集资料,十几年来,他曾先后涉猎并收集了范仲淹莅政或生活过地方的方志典籍资料达30多部,族谱五、六部,地方研究资料30多种,各种研究论文近200篇,并通过一些途径,深入挖掘了一些鲜为人知的史料。为了弄清一些史料的真伪,作者还亲自到一些有关地方进行了实地考察,掌握第一手资料,从而使作品内容更加丰富而真实,人物形象更加丰满而鲜明,立论更加突出而准确。

(四)重点突出。作为范仲淹研究作品,考论篇是本书的重要内容。作者在本篇中深入探讨了范仲淹幼年流寓这一自古就有争议的历史性课题,利用丰富确凿的史料,特别是一些鲜为人知的史料,通过严谨而有力的论辩,明确地提出"范仲淹4岁随母改嫁到长山,23岁始离开长山到南都,前后整整20年一直生活在长山"这一科学的论断;在此基础上,又重点论证了范仲淹先忧后乐思想形成的历史渊源,以及齐鲁文化特别是邹平、长山一带历史人文对其深刻的影响,从而填补了这一历史疑案所造成的研究空白。同样,作品还从故事篇、诗文篇和纪念篇,也分别为这一立论提供了强有力的佐证史料。使作品着力突出的重点更鲜明,立论更坚实有力。

总之,该书以资料丰富见长,涉猎面广,重点突出,有论有据,通俗易懂,是目前研究范仲淹的较完整、系统的资料及研究著述。对于继承和发扬范仲淹"先忧后乐"、勤政爱民、廉洁奉公的思想和作风也有重要的现实意义。

(曲延庆等著《先忧后乐范仲淹》,齐鲁书社2002年版)

《秦汉历史哲学思想研究》序

　　庞天佑同志的《秦汉历史哲学思想研究》，是在其博士学位论文《秦汉魏晋南北朝历史哲学思想研究》中的秦汉部分的基础上加以修改整理而成。去年六月，我有幸成为其博士学位论文的评议人，并被邀请去郑州大学参加论文答辩。因此，我对天佑同志所进行的秦汉历史哲学思想研究有了一定的了解。

　　众所周知，历史哲学是一个近代学术名词。作为一种最高层次的史学形态与一种方法论的历史哲学学科的形成，是人类历史进入资本主义近代文明的产物。历史哲学的研究对象包括两个方面：一是探讨历史的进程，即人类社会历史发展演变的进程与规律；一是探讨与研究人类怎样认识和研究历史的问题，即以什么样的思想与理论指导这种认识和研究。前一个方面，主要是回答历史演变的动力、过程和规律是什么？后一个方面，则主要是回答历史认识或历史理解的性质是什么？西方学者将对前一问题的回答称为思辨的历史哲学，而将对后一问题的回答称为分析的或批判的历史哲学。

　　中国是世界上文明发达最早的国家之一。中华民族富于理论思维，重视历史反思。中国古代虽然没有也不可能有近代意义上的历史哲学，但是却有着极为丰富而广泛的历史哲学思想。一方面，古代浩如烟海的典籍中，文史哲不分，伦理道德与政治规范合一。各种典籍或其本身就包含广泛的哲理性的论述，或其内容中就寓有深刻的历史哲学思想；另一方面，古代哲人通过撰写史论，直接阐发自己对于历史过程与历史认识的看法，这些史论中即包含着丰富的历史哲学思想。中国古代的历史哲学思想，可谓博大精深,其中有着大量真理性认识,值得深入研究与认真总结。

中国古代的历史哲学思想是一个极为广阔的领域,近代以来,许多学者包括一些港台海外学者在这一领域中曾作过不少探讨与研究,并取得很多成果。改革开放以来,这一领域的研究又有了新的进展。但从整体上来看,对中国古代历史哲学思想的研究仍然是史学研究中的薄弱环节。历史学要发展,要创新,要适应新世纪社会发展的要求,理论上的突破极为重要。我认为,历史学的理论创新固然应该广泛吸收人类历史上的一切文明成果,而深入研究并且继承中国古代历史哲学思想的优秀遗产则是实现这种理论创新的基础性的工作。

研究秦汉时期的历史哲学思想,这是一个极有意义的课题。一方面,在秦汉史的研究中,对这一时期的历史哲学思想的研究极为落后,迄今为止还没有出版过一部这方面的专著;另一方面,在中国古代历史哲学思想的发展史上,秦汉时期地位最为重要。中国古代的一些重要的历史哲学思想,如天人合一思想、民本思想、历史循环思想、封建正统思想等,在秦汉时期均已形成,这些思想不仅对这一时期人们思考历史有着深刻影响,而且与其后历史哲学思想的发展演变有着直接关系。因此,研究秦汉时期的历史哲学思想,不仅有助于改变秦汉史研究中对这一时期历史哲学思想研究落后的状况,而且对于从宏观上、从整体上认识与把握中国古代历史哲学思想的发展脉络,具有重要意义,

庞天佑同志的《秦汉历史哲学思想研究》,是我国学术界在中国古代历史哲学思想这一领域的研究中所取得的新的重要成果,该同志长期致力于中国古代历史哲学思想研究,发表过许多这方面的研究论文。在此书中,作者对涉及中国古代历史哲学思想的诸多层面的问题,在广泛吸收前人研究成果的基础上,深入思考,不囿成见,发前人之所未发。如在第一章"论中国古代历史哲学思想的几个特征"中,作者对中国古代几千年历史哲学思想的发展演变从宏观上、整体上进行思考,在此基础上,将中国古代历史哲学思想的特征归纳为五个方面:一、广泛性;二、伦理性;三、政治性;四、系统性;五、辩证性。在我看来,这种归纳反映出作者有着很强的宏观思考能力与理论抽象能力。尽管还有值得商榷之处,但作

者高屋建瓴，敢于提出自己的创见，这是难能可贵的。该书的第二章至第六章构成上编。上编是对秦汉时期历史哲学思想的发展及其与史学的关系的多层面、多角度考察。作者分别考察了天人合一思想、民本思想，历史循环思想、封建正统思想等历史哲学思想的发展过程与历史演变，对涉及这些思想所包含的内容的各个层面，作出了系统而出色的分析论述。其中如对汉代天人合一思想的演变，汉代民本思想的发展特点及其与史学的关系，秦汉时期历史循环思想形成过程、理论形态及其对汉代史学的深刻影响，秦汉时期正统思想形成的过程及其与政治和史学的关系等方面的论述，均包含着许多精辟的见解，反映出作者有着雄厚的知识功底、较高的理论水平与突出的思辨能力。在第六章"经学与汉代史学"中，作者指出，经学对汉代史学的影响是多方面的。经学与汉代史学发展的条件、与汉代史家的知识结构、与汉代的史学思想、与汉代史家运用的史料、与汉代史著体例的创新、与汉代史学的经世致用、与汉代史家的治史方法等，都有着直接的关系。这些看法，确实言之有理。该书的第七章至第十一章构成下编。在下编中，作者对汉初思想家陆贾、贾谊，以及董仲舒、司马迁、王充、班固等人的历史哲学思想的分别论述，全面深刻，颇多创获。如揭示汉初思想家进行历史反思的指导思想，是发展的变易的历史哲学思想；董仲舒的历史哲学思想中，有着历史进化的合理内容与丰富的历史辩证法思想；司马迁撰著纪传体通史《史记》，寓有极其深刻的历史哲学思想；班固历史哲学思想中，具有真理与谬误并存，精华与糟粕同在的特色；王充历史哲学思想中除朴素的唯物思想，还包含着强烈的历史宿命论思想等。在这些方面的分析论述中，作者既继承前人，又超越前人；提出了许多新的见解。如果说上编主要是从纵向考察秦汉历史哲学思想的发展过程及其与史学的关系，是以历史哲学思想的发展演变脉络为思考对象；那么下编则是从横向考察汉代的一些有代表性的思想家、史学家的历史哲学思想，是以不同学者的历史哲学思想为思考对象。如果我们把上编看成是经，那么下编则应该是纬。全书经纬交织，构成一个整体。

毫无疑问，《秦汉历史哲学思想研究》的出版，不仅反映了我国学术界对中国古代历史哲学思想的研究已经达到一个新的水平，而且必将进一步推动这种研究的发展。当然，作为一部学术著作，《秦汉历史哲学思想研究》也存在某些不足。如刘向是西汉后期一位极为重要的经学家与史学家，在汉代学术史上具有重要地位。而作者对其历史哲学思想虽有论及，但最好写成一章以深入探讨。又如道家思想在秦汉时期有着广泛的社会影响，道家思想对秦汉时期人们的历史哲学思想，毫无疑问有着巨大影响，而作者对此也没有论述。在书中所论及的内容中，有的地方似乎还可深入探讨。如王充的"天道自然论"、"人神关系论"与其"历史认识论"、"历史宿命论"、"历史发展论"等的关系，值得进一步探讨。我认为，尽管存在一些不足，但瑕不掩瑜，从整体上来看，《秦汉历史哲学思想研究》仍然是一部极有价值的学术著作，值得一读。我真诚祝愿作者在继续研究中国古代历史哲学思想的工作中，取得更大成绩，为新世纪我国史学的发展作出应有的贡献。

2001年9月于山东师范大学

（庞天佑著《秦汉历史哲学思想研究》，中国社会科学出版社2002年版）

《战国秦汉时期商人和商业资本研究》序

　　1995年春,在我招收中国古代史博士研究生的考生中,有一位应届毕业的硕士研究生,他就是本书的作者张弘。当时,与其他一些已有多年高校教学、科研工作经验并学有专长的考生相比,他的专业基础无疑是比较薄弱的。不过,年龄上的优势及其他刻苦钻研拼搏的精神,弥补了他这方面的不足,使之在众多考生中脱颖而出。1995年9月,他终于考取了山东大学历史系的博士研究生,成为我的学生。经过一段时间的接触,我发现他性格比较谨慎,办事比较认真、仔细,如果从事秦汉经济史方面的研究,可能会取得一定的成绩。而当今学术界对战国秦汉时期的商业、商人及商业资本等方面的专门研究,成果尚不多见,有的也不够系统、全面、深入。若以此作为研究课题,不仅可以加深对当时工商业情况的了解,有助于全面地认识战国秦汉——封建社会初期的历史,而且对当前我国正在进行的经济体制改革或许还有一定的借鉴意义。于是,博士学位论文的题目就这样确定下来。现在看来,这一选择是比较切合实际的,他之所以能在秦汉研究领域取得一定成绩,是与当时的选题分不开的。

　　张弘入学以后,学习勤奋,刻苦钻研,虚心求教,三年按时修完学业,撰成博士学位论文——《战国秦汉时期的商人和商业资本》。该论文因选题得当、内容充实、结构合理、材料翔实、论证严谨、文字流畅、结论正确等,在博士学位论文答辩会上,受到专家、学者的一致好评。博士研究生毕业后,他力戒浮躁、急功近利之心,潜心学问,又经过近5年的认真修改、补充、完善,终于撰成此书。在这部学术分量厚重的专著中,作者着重论述了战国秦汉时期商人与商业资本自身发展、演变的情况;商人、商业资本与当时政治、经济、文化等方面的相互关系；商人、商业资本在当时中外经济、文化交流中的作用；以及工商管理政策演变的历史过程等许多重大历史问题。在充分借鉴、吸收前贤和当代学者研究成果的基础上，作者通过全面细致的综合研究探索，确实在许多方面有所前进，有所创新。例如，在商人参政问题上，以往学者多认为此举弊端甚多，而作者在指出官商结合造成较严重社会问题的同时，认为商人被选拔为吏，或以牺牲经济利益为代价跻身官场，获得了政治地位，标志着工商职业在社会分工中地位有所改善，在客观上也改变了社会上对工商阶层的传统偏见，这对商品经济的发展是比较有利的；另外，商人为吏，扩了封建政权的构成基础，促进了政权本身的稳定性，也大大减少了商人阶层的反叛倾向，缓和了封建政权与工商业者的矛盾，这种分析可能有助于我们深化对战国秦汉时期商人从政问题的认识。又如，在对战国秦汉时期工商管理政策演变过程的述中，作者透过封建国家政策几次较明显的变化表象，发现在政治干预的总前提下，工商管理政策呈现出从行政权力色彩浓厚的干涉到逐渐强化经济手段干涉的层次变化。在这一系列变中，统治阶级的工商管理政策只有随着时代的发展，有所变革，才能使社会经济稳定和发展，从而巩固其统治。否则，墨守陈规，食古不化，结果只能适得其反。同时，战国秦汉的历史表明：极度干预工商的管理政策，必然会阻碍商品经济的发展；与此相反，完全放任自流，听凭其自由发展的工商管理政策，同样也会带来一些不利的后果。这是历史的教训，值得重视。另外，由于当时的统治者对农业和工商业关系的认识多有偏颇之处，没有充分认识到只有农业与工商业的协调发展，才会促进社会经济的全面繁荣。因此，工商管理政策的主要倾向是重农抑商，即片面地以限制和牺牲工商业，特别是私营工商业的发展为代价，来维持农业经济的跛足发展。这在当时就暴露出许多问题，造成较为严重的两败俱伤的恶果。不仅如此，这种工商管理政策的基本取向，还贻害后世，尤其到了封建社会的后期，遂成为阻碍资本主义生产方式产生和发展的严重桎梏，延缓了我国封建社会转向资本主义的历史进程。这些论述言之成理，持之有故，可以说颇有见地和说服力的。至于作者在论述战国秦汉时期商人的经营之道、官吏经商、重商与轻商观念的嬗变等问题上,虽然还有值得进一步商榷之处,但作为一家之言,也有其学术参考价值。另外,如统计学、计量学等经济学研究方法在本书中审慎的运用,则足见作者治学严谨、实事求是的科学态度。

20世纪50年代,我曾应三联书店之约,开始着手战国秦汉时期商人和商业资本研究的准备工作。可惜后来由于种种原因,被迫中断。因此,今天当我看到张弘在这一领域的研究成就,薪火相传,感到分外欣慰。关于中国古代社会中商人、商业资本的研究,尚有许多领域值得我们去开拓。希望张弘能以此书为契机,不断拓宽研究视野,加强理论素养,进一步收集和掌握新的史料,本着"解放思想,实事求是,与时俱进,开拓创新"的精神,对涉及商人与商业资本的一些重大问题或者学术界有争议的问题,如中国和封建社会初期的西方相比,为什么中国的商品经济发展较早而且比较发达? 和自然经济相比,商品经济在整个社会经济中占有什么地位? 既然在中国封建社会初期商品经济发展程度已相当之高,为什么直到一千多年后封建社会末期才出现资本主义萌芽? 中国古代社会中,商人与商业资本的本质特征是什么? 中国古代的商人、商业资本与近代化商业的传承关系和内在联系如何? 等等类似的问题,再更进一步地予以深入研究,以便作出更加全面、客观、公允、合理的阐释和结论。是为序。

(张弘著《战国秦汉时期商人和商业资本研究》,齐鲁书社2003年版)

《王鸿一传略》序

王鸿一（1875～1930），原名朝俊，字黉一，别号鸿一，山东省鄄城县人。早期同盟会会员，在教育、政治、实业、文化等多方面都有所建树。他的"村本政治"思想及其实践启发和引导了梁漱溟的"乡村建设运动"，并进而引发了20世纪30年代的全国乡村建设思潮。

国内外有关王鸿一的研究现状，比较集中有代表性的论著有：褚承志编《王鸿一遗集》，（台湾山东文献社，1978年版）；由我主编的《山东通史》近代卷冷家煊同志写的《王朝俊列传》，（山东人民出版社，1995年版）；李德芳著《民国乡村自治问题研究》，（人民出版社，2001年版）；以及其他散见于《剑桥中华民国史》和地方文史资料中有关王鸿一的记载。一部分研究近现代史的学者在一些论著中也涉及到了王鸿一其人其事。但是对王鸿一整体研究尚不够全面，对其思想的挖掘缺少应有的深度，对其生平事迹也疏于考证。部分论著以讹传讹，年代事迹出入较大，不利于有关历史问题的研究和分析。

察应坤和邵瑞同学在山东师范大学历史系学习期间，已注意到这一现象，决心对散落在各处的有关王鸿一的史料进行整理，以填补国内外中国近现代史研究中的这一空白。他们广泛收集资料，详细考证，多次去王鸿一的家乡进行实地调查，获得了第一手资料。相继在《山东师大学报》、《史学集刊》发表了《王鸿一的"村本政治"思想及其对梁漱溟的影响》、《王鸿一的教育思想与教育实践》等论文。这些工作为撰写《王鸿一传略》奠定了深厚而坚实的基础。

整部书稿，对王鸿一的生平进行了科学严谨的考证；对王鸿一的教育思想、"村本政治思想"着力进行了深入的挖掘,对王鸿一在教育方面的实践、"中华报派"、"村治派"及其社会影响进行了系统整理;对全国乡村自治的思潮作了比较系统的论述,揭示出王鸿一在继承和弘扬中国传统文化方面所显示的进步意义和历史的局限性。可以说是对山东近现代地方史人物研究的一个典型个案,又是从新的视角对近代民国乡村制度史的有益探索。从王鸿一的这本传略中可以了解到以王鸿一为代表的地方杰出人物和以他为代表的村治派为中国的振兴所提出的一系列理论和实践活动。

本书的附录"王鸿一遗文"的整理,为国内外学者进一步了解、研究王鸿一提供了详实的资料,也是一个重要的贡献。

本书也有一些不足之处,如有些地方缺乏历史大背景的分析,和从社会的角度考察制度和机构的演化过程。对以王鸿一为代表的"村治派"的历史地位及影响的分析尚欠全面。

王鸿一在其一生中,针对社会和人生、国家存亡与民族振兴提出了许多问题,虽然已成历史陈迹,但在其言行中所反映的社会问题至今尚未彻底解决。察应坤和邵瑞同学的这一研究成果有一定的学术参考价值。在农村问题、教育问题、文化问题日益成为国家重大问题的今天,更有其现实意义。"欲穷千里目,更上一层楼",希望两位同学以此为新的起点,继续对有关的历史问题进行更广泛更深入的研究。

(察应坤、邵瑞著《王鸿一传略》,黄河出版社2003年版)

《董永与孝文化》序

　　在中华民族的历史上，"孝"作为一种家庭伦理道德观念，可谓源远流长。尤其是汉武帝时期，接受董仲舒建议，"罢黜百家，独尊儒术"，儒家学说在思想领域中开始占据统治地位。作为儒家学说的一个重要内容——"孝"，成为社会生活中各个阶层普遍遵循的道德规范。汉代统治者积极倡导"以孝治天下"，并设立察举孝廉制度作为选拔人才的重要方式之一，甚至许多皇帝称号中都冠以"孝"字，如孝文帝、孝景帝、孝武帝等。当然，统治阶级提倡"孝"有其特殊的政治目的，正如《孝经纬》所谓："事亲孝故忠可移于君，是以求忠臣必于孝子之门。"意思是使天下臣民都忠于皇帝、忠于朝廷，为维护封建统治服务。但在统治阶级的大力提倡下，孝子受到表彰，"孝"成了当时社会的一种风气，于是出现了许多著名的孝子，董永便是其中之一。

　　董永，汉代千乘人。千乘作为地名，始于春秋时期，"以齐景公有马千乘，常猎于此而得名"，其地在今山东省博兴县境内。董永家贫，自幼丧母，靠自己种地养活父亲。每次去田间劳作，皆以小车载其老父，以便随时照顾。父亲死时，家中无钱办理丧事，于是自卖其身以葬父。这就是史书中所记载的董永"肆力田亩，鹿车载父自随"和"典身葬父"的故事。以后又有董永为躲避战乱辗转流落南方的说法。董永卖身葬父的孝行一时传为佳话，被视为孝子的楷模。

　　董永"卖身葬父"的感人孝行对后代产生了广泛而深远的影响。西汉刘向《孝子图》中即有《董永篇》。山东省嘉祥县东汉武氏墓群石刻中也刻有董永鹿车载父、田间劳作的情景：树下一鹿车，一老人坐于车上，左手执鸠杖,右手前伸,似是指点董永劳作,老人上方刻"永父"二字。左边为董永,右手执农具,回首望其父,身旁刻有"董永,千乘人也"六字。董永左边画有一象,体态粗壮,大耳如扇,长鼻高昂;右上方画有一鸟,张开双翼,作飞舞状,乃取"象耕鸟耘"之意。此画生动地表现了董永"肆力田亩"供养老父的形象。随着董永孝行的广泛流传,又出现了董永至孝,感动天帝,仙女助织还债的故事。三国魏曹植的《灵芝篇》所云"天灵感至德,神女为秉机。"即是歌颂董永最早的署名文学作品。晋朝干宝《搜神记·董永》所叙述的董永故事已经比较完善。元朝郭居敬将董永列为二十四孝之一。自此以后直至近代,更有二三十种小说、戏剧都反映了董永孝行感天以及与仙女相配的故事,黄梅戏《天仙配》是其中的代表。董永故事首先在山东流传,继而在黄河流域广泛传播,后来又逐渐流传到长江流域的广大地区。除其故里山东博兴外,还有山东的广饶、鱼台以及湖北的孝感、江苏的东台等许多地方为了纪念董永都立有孝子祠或乡贤祠。

我们今天研究董永、宣传董永的孝行,和封建统治阶级提倡的愚孝不同,"孝"作为中华民族的一种传统道德和传统文化,我们应当剔除其封建性的糟粕,扬弃其神话的荒诞,吸收其民主性的精华,特别是继承发扬其中养老敬老的美德,这对于今天社会主义精神文明建设、公民道德建设、新型的家庭伦理建设;对于增强社会的基本细胞——家庭的和睦团结和全社会的凝聚力,保持社会和国家的安定,全面建设小康社会,都具有现实的积极意义。

(李建业编《董永与孝文化》,齐鲁书社2003年版)

《新编陋巷志》序

《陋巷志》是以春秋时人颜回所居"陋巷"地名命名的历史专志,它与孔氏家族历史专志《阙里志》一样,在中国古代地方志中是比较特殊的以圣贤家族历史为对象的专门志书。

古本《陋巷志》始修于明朝正德二年(公元1507年),全书八卷。嘉靖二十九年(公元1550年)、万历二十九年(1601年)先后两次增订刊行于世。此后多次重刊,除对宗子世表作了续录,增补了少量名人颂赞及墓志铭外,悉如旧本,对明代以后的历史基本无载。

新编《陋巷志》是曲阜市颜子研究会、曲阜市史志办公室根据2000年5月马来西亚第六届颜氏宗亲联谊大会提出的议案,在继承古本《陋巷志》的基础上,按照新观点、新体例、新方法重新编纂的志书。这是一项具有重要意义的文化工程,是对颜回以及颜氏后裔发展史的一个全面总结。

颜回是孔子的得意弟子,居孔门四科德行第一、七十二贤之首,天资聪慧,勤奋好学,循礼行仁,尊师重道。身居陋巷,箪食瓢饮,人不堪其忧,而回不改其乐。孔子曾多次称赞他"好学,不迁怒,不贰过","其心三月不违仁","用之则行,舍之则藏","吾见其进,未见其止","贤哉,回也!"颜回是中国古代好学乐道的典范、德行的代表,品学兼优,后世尊为"复圣"。

颜氏世居曲阜陋巷,历经两千多年的繁衍迁徙,现已成为海内外的名门望族。颜氏后裔名人辈出,忠贞烈士彪炳千秋,文化成就灿烂辉煌,在中华民族历史长河中留下了光辉的篇章。

新编《陋巷志》不仅是对一个家族的历史记载,其意义已经远远超出了"家族"的范畴,是对中国优秀传统文化的一大贡献。我相信它的出版发行,对于加强海内外颜氏宗亲的团结,促进祖国统一,继承和发扬中国优秀传统文化,建设有中国特色的社会主义新文化,都将产生积极的影响。是为序。

（曲阜市颜子研究会、曲阜市史志办《新编陋巷志》,齐鲁书社2003年版）

《第六次续修安氏族谱》序

　　曾子曰："慎终追远，民德归厚矣。"所以然者，以其远不忘祖，近不失亲也。后世修谱，寓意盖本于此。今我中华民族，人众亿万，姓氏百千，然皆炎黄子孙，天下一家。若能藉修家谱族谱之举，追念骨肉之亲情，增强民族之团结，巩固祖国统一，振兴中华伟业，则善莫大焉。

　　安氏之先，历代文献皆有记载，唯众说纷纭，莫衷一是。有以国号、封邑号或谥号为姓者，有复姓改单姓者，有赐姓者，有异姓改安姓者，约而计之，不下十余种，由来已久，莫可详考。纵观五千年中华民族不断融合发展之史实，安氏不外胡汉二姓，然溯其源，皆为炎黄一脉，同根同宗，天下安姓，本是一家。因历代迁徙，分居全国乃至世界各地，现已发展成为海内外名门望族。安氏后裔名人辈出，忠烈志士彪炳千秋，文化成就灿烂辉煌，在中华民族发展史上应占有光辉一页。

　　曹县安氏始祖宏功公（讳思敏），原籍山西洪洞。于明朝洪武年间（1368—1398）任曹县训导，后遂定居于邑之楚丘，由是为曹县人，迄今已历二十余世。安氏族谱始创修于十二世祖观台公（讳于宽），时在清朝乾隆五年（1740）。其后续有增修，检点旧谱原序，计有十四世祖用和公（讳重礼）于嘉庆九年（1804）主持续修一次，十五世祖朴村公（讳萃楷）于同治五年（1866）主持续修一次，十八世先父鲁斋公（讳景参）于民国二十年（1931）主持续修一次，十九世作莘二十世克晟于1982年主持续修一次，安氏族谱前后共修五次。六百年间，安氏子孙蕃衍，人口众多，而本支有序，世系不紊者，端赖于此。然终因年代久远，沧桑巨变，情况复杂，旧谱错谬较多；又因安氏后裔枝叶繁茂，散居全国各地，世系、身份多有变化，旧谱已不能适应当代要求,故又有第十九世孙作山第二十一世孙呈光等第六次修谱之举。

新续安氏族谱,虽是一部家族史,但意义却远远超出一家一姓之范畴,而成为中华民族多元一体中之成员,其对于加强海内外安氏宗亲之联系与团结,促进祖国统一,继承发扬优秀传统文化,建设有中国特色社会主义先进文化,推动中华民族伟大复兴,均应有积极意义。

安氏根深叶茂,源远流长,忠厚传家,子孙永昌。吾于安氏有厚望焉。是为序。

十九世裔孙安作璋谨志

癸未(2003)春节前夕

《丘处机》序

万古长生，不用餐霞求秘诀；
一言止杀，始知济世有奇功。

这是清朝乾隆皇帝为长春真人丘处机撰写的一副对联。所谓"长生"、"济世"，基本上概括了他一生的主要言行和思想。

丘处机（1148—1227）山东栖霞人，是著名的全真道教领袖，也是一位重要的政治家、思想家、诗人和科学家。丘处机生活的年代，是一个战乱频仍、社会大动荡的时期，阶级矛盾、民族矛盾十分尖锐，人民流离失所，奋而反抗暴政。山东半岛处在宋、辽、金对峙的前线，更是矛盾重重，动荡不安。丘处机是背生子，家境贫寒，幼年丧母，但他胸怀大志，19岁即投身于全真道教，拜一代宗师王重阳为师，寻求道教真谛和报国救民之道。他的足迹遍布黄河流域，一边博览群书、修真养性；一边采药治病，行善积德。他以高尚的道德、渊博的学问和忧国忧民的情怀，在广大劳苦大众中赢得了极高的声誉。尤其是在他72岁高龄时，怀抱"欲罢干戈致太平"的坚定信念，不辞劳苦，万里西行，冒酷暑严寒，穿越无际戈壁、茫茫雪原，前往撒马尔罕一带，渡阿姆河，至大雪山（今兴都库什山），拜见成吉思汗，向他宣传治国之道，"以敬天爱民为本"；长寿之道，"以清心寡欲为要"，说服了这位蒙古统治者在所占领地区推行缓和民族压迫政策，尤其是在中原地区改变了过去那种抢掠杀戮政策，重视发展生产、恢复经济，在一定程度上减轻了战乱和民族压迫给人民群众带来的灾难，对社会的进步起到了积极的作用。

丘处机是一位融儒释道思想于一体的思想家，他的著作和理论除了具备高深的道教理念之外，还吸取了儒家学说和佛教思想的精华，以适应时代发展的需要。金元之际全真教之所以有大批的拥戴者，名声大振，包括大批儒生和僧侣也投其门下，绝非偶然现象，这是与丘处机审时度势，兼容各家所长，提出符合时代发展潮流的理论分不开的。

丘处机还是一位杰出的诗人，他留下许多感人的诗篇，既通俗易懂、琅琅上口，又意境深远、引人入胜，真实地反映了那个风云变幻的时代和忧国爱民的理想。

丘处机又是一位著名的养生学家，他主张人类与自然和谐统一，主张人与动、植物相依为伴，主张通过合理的饮食、清心洁欲、体育锻炼来保持身体健康，这些均体现出他在养生学方面的造诣。

丘处机也是一位在中外文化交流史上作出重要贡献的杰出人物。他在西行途中，经过蒙古大草原、新疆准噶尔盆地，以及吉尔吉斯、哈萨克、乌兹别克、阿富汗等国，所到之处，向当地人民传播道教及中国传统文化，关心、爱护、尽可能救助贫苦百姓，给沿途各地各阶层人民留下了良好的印象。

今天距丘处机生活的年代已经过去800多年了，已经进入了一个日新月异的新时代；但是丘处机所表现的那种"能吃苦、求真知、走正道"、追求真理、自强不息的人生态度，那种主张人际和谐、以民为本、帮助弱者、见义勇为、伸张正义、忧国忧民、匡世济人的理念；那种主张保护自然环境、人类与自然和谐统一以及养生保健之道，也是当代人们十分需要和应该继承弘扬的民族精神．因而丘处机的影响已经超出了他生活的那个时代，在中华民族伟大复兴、建设社会主义现代化强国的今天，仍然有不可磨灭的现实意义。

我与本书作者慕旭同志认识多年，深为他研究丘处机的执着精神所感动。慕旭同志长期担任县级领导职务，虽然工作繁忙，但对丘处机的研究始终孜孜不倦，几乎到了废寝忘食的程度。从1983年开始，他便利用一切机会收集丘处机的有关资料。在香港、台湾和日本访问期间，挤出所有能利用的时间，走访道教基金会、著名道观，并到大学图书馆查阅资料。他还利用两个多月的时间，沿着当年丘处机生活过的地方和西行的路线进行专题考察,行程三万余公里。考察期间他走访道观请教了数十位道长和道教研究工作者,收集了大量的第一手资料。1996年和2002年,作者又亲自主持了在栖霞召开的两届丘处机研讨会,请教了众多的海内外研究丘处机和全真教的专家学者,从而为他撰写《丘处机》一书奠定了坚实的基础。作者退休以后,立即将全部精力投入到《丘处机》的撰稿工作,经过近三年的努力,终于完成了这部长达42万言的著作。可以说作者若没有对事业执着的追求,对乡贤的景仰和热爱,对研究的精益求精,也就不会有《丘处机》这部著作的问世。所以在本书即将出版之时,我除了向作者表示祝贺以外,还要提倡读者们学习作者这种对事业执着的追求和献身精神。

《丘处机》一书是一部特色鲜明的作品,它是以文学传记的形式来描写一位杰出历史人物的真实的一生。用这种形式为丘处机作传记在国内尚属首次。本书是作者在多年来所积累的文献资料和调研资料基础上写成的,丰富的历史资料成为创作的源泉,因此知识面广、内容丰富、情节生动构成了本书鲜明的特色。本书虽采用文学形式,但在丘处机一生活动的重大问题上忠实于历史事实,并非凭空想象或捕风捉影的杜撰。本书从大跨度、多角度描述了丘处机所生活的那个时代,刻画出这位杰出的思想家、政治家、宗教家一生的重大经历和深刻的思想感情,对于后人研究丘处机和全真教有很重要的参考价值。

本书情节生动、语言形象优美、文笔流畅、故事性强,适宜于各界人士阅读。读后不仅可以领悟到历史人物成长的不平凡的经历,激励人们在事业上不断开创进取;而且能够欣赏祖国的自然风光、了解各地风土人情和历史知识,是一本值得一读的好书。是为序。

(慕旭著《丘处机》,中国文史出版社2003年版)

《论孙膑》序

孙膑是兵圣孙武的后代，也是继孙武之后中国历史上又一位伟大的军事家。史称"孙子膑脚，《兵法》修列"。他一生历尽艰难坎坷，但身残志坚。他的人生历程极富传奇色彩，他的精神品质极具诱人魅力，《孙膑兵法》的思想博大精深。今天我们学习和研究孙膑，有着重要的历史意义和现实意义。

周方林同志从事孙膑研究工作十多年，对孙膑的生平事迹、孙膑的军事思想、哲学思想、政治思想等进行了较为广泛、系统、深入的研究，颇有一些心得，近期拟结集出版。我粗略翻阅了一下，认为这是迄今为止较为系统全面地论述孙膑的一部著述。作者多角度、全方位地对孙膑"战胜而强立"的战争观；"事备而后动"、"内得其民之心，外知敌之情"的战争方针；"必攻不守"，创造"便势利地"的积极战略思想；"攻其无备，出其不意"的机动灵活的战术；以人为贵的建军治军思想；以"道"制胜的军事哲学等进行了深入的研究探讨。论述精到，论证严谨，不少地方都有自己独到的见解。在有关孙膑的研究参考资料极为缺乏的情况下，能取得这样的学术成果，实属难能可贵。

前些年我曾多次到过鄄城，参加关于孙膑故里、生平、思想和业绩等学术讨论会，并阅读了一些地方文献，参观了多处文化遗址，给我的一个深刻印象是：鄄城县乃古代名邑，历史悠久，文化灿烂，名人辈出。我们应当充分重视祖先给后代留下的这一份珍贵的历史遗产，有计划有步骤地加以保护、开发和利用，使之更好地为地方经济和文化建设事业服务。

近闻鄄城县将举办大型的孙膑文化节,我感到由衷的高兴,谨在此预祝文化节圆满成功。

（周方林著《论孙膑》,中国文史出版社2004年版）

《曲阜历史文物论丛》序（一）

　　曲阜，是全国首批二十四座历史文化名城之一，是中华民族古老文化的重要发祥地，它的历史可以追溯到七千年前的北辛文化时期。悠久的历史，灿烂的文化、众多的文物古迹，使曲阜成为中华民族历史画卷中一颗璀璨的明珠，蜚声中外的文化名城。被誉为"东方圣城"。

　　回顾曲阜文物事业的发展史，正是我国文物事业的缩影。文物，真正成为一项事业，纳入各级政府的职责范围，是清末实行新式教育以后开始的。新中国建立以来，文物保护得到了党和国家的高度重视，文物保护法明确提出了"保护为主、抢救第一，合理利用，加强管理"的方针和原则，具有很强的针对性和指导性。为文物保护提供了可靠的法律保障。文物的存在，是文物事业发展的基础。文物的不可再生的特点，又决定了文物保护管理是文物工作的首要出发点和文物事业各项工作的前提。

　　文物作为人类文化遗产的组成部分，它负载着逝去岁月的各种信息：政治的、经济的、文化的、抑或风土民情、百工技艺、审美观念等社会生活的各个方面。面对这些文物，我们的思维可以跨越时空，感悟那些遥远的年代，感悟先民的智慧和创造力，用以启迪今天，昭示未来。

　　近年来，随着我国文物事业不断发展，文物工作者已不仅仅满足于保护好、管理好这些文化遗产，他们现在做的，是研究它们、弘扬它们，让这些沉默的历史见证者说话，让文物所承载的历史文化信息真实长久地传递下去。曲阜作为文化遗产的重点县市，在这些方面做了大量的工作，尤其是这本《曲阜历史文物论丛》的问世，弥补了曲阜文物部门学术研究领域的一项空白，为以后的文物工作进一步拓宽了道路。

　　《曲阜历史文物论丛》一书，从多个方面入手，对曲阜文物、历史进行了多角度、多层面的研究，提出了一些独到的、很有价值的见解，颇有新意。更为可喜的是一些较为著名的专家学者也都参与其中，显示了学术界人士对曲阜文物、历史研究的高度关心和重视。因此，《曲阜历史文物论丛》是一部涵盖面广、学术性强、使人开卷有益的学术论文集，必将为曲阜历史、文物的深入研究起到积极的推动作用。

　　愿曲阜的文物保护事业蓬勃发展，愿曲阜文物、历史的研究取得更大的成就。

　　（《曲阜历史文物论丛》（一），陈传平主编，彭庆涛、孔文旭执行主编，群言出版社2004年版）

《曲阜历史文化论丛》序（二）

　　曲阜，是全国首批二十四座历史文化名城之一，是伟大的思想家、教育家、儒家学派创始人孔子的故里。这里孕育了原始文化、鲁国文化、儒家文化，在中国传统文化的架构中起着基础和主干的作用。同时也为曲阜留下了大量的人文遗迹和丰富的文化资源。对于这些文化遗产的深入研究，不仅是科学梳理、分析和探索文物所承载的历史文化信息，正确解读和判断历史的发展脉络和客观史实的需要；同时对于弘扬民族优秀文化、进行爱国主义和传统文化教育都具有重要的历史意义和现实意义。

　　由于曲阜的文物及其遗址、遗迹、古建筑甚多，并且各有特色，文化地位非常重要，所以，曲阜的文物管理和文物保护工作一直以来受到党和国家的高度重视和亲切关怀，也受到学术界的广泛关注。可喜的是曲阜有一支强有力的文物管理和研究队伍，特别是近年来，在文物保护工作中取得了非常显著的成绩；在文物资料的研究方面，也同样取得了较大的成绩。四年前，《曲阜历史文物论丛》开辟了曲阜历史文物研究的交流平台，使曲阜的文物研究走上了完善发展的轨道。此后，学术气氛逐步浓厚，推出了不少的新成果和新作品。今年是曲阜历史文物研究又一个丰收年，《曲阜历史文物论丛》第二卷作为曲阜市文物管理委员会成立六十周年专辑，更具有特殊的意义。

　　这次遴选的五十篇论文，总体水平是比较高的，其特点之一是内容比较全面。从不同的角度，解析和论证了曲阜历史、文物的方方面面，包括了文物的管理、保护、鉴赏、开发利用，以及文史研究、儒学研究、历史人物研究等各个系列专题。与第一卷本比较，研究范围更加宽泛了。第二个特点是研究程度的加深。这些研究成果涉及了一些新的课题,较过去研究有很大程度上的突破,特别是利用了一些新资料、新方法,提出了一些很有价值的新观点,这无疑是学术上的重要贡献。第三个特点是作者队伍的扩大。这次参与学术交流的作者,除曲阜文物系统的科研骨干外,还有部分专家学者的积极参与,其中有大专院校、科研机构和专业单位的人员,特别是部分老教授、老专家的参与,从总体上推动了本书的学术质量和学术品位的提高。因此说,《曲阜历史文物论丛》第二卷的出版,必将成为曲阜历史文物研究的又一个里程碑,对于学术研究的进一步发展将起到非常积极地促进作用。

曲阜丰厚的文物资源是曲阜的光荣,山东的光荣,也是中国的光荣,曲阜的文物管理队伍将承担起文物保护、研究和利用光荣的历史使命,殷切希望曲阜文物事业有更新、更大的发展;殷切希望曲阜的文物历史研究更加深入,衷心祝愿《曲阜历史文物论丛》越办越好,在贯彻落实胡锦涛总书记提出的科学发展观的伟大实践中,发挥更加积极的作用,做出更优异的贡献。

(《曲阜历史文物论丛》(二)孔德平主编,彭庆涛执行主编,文物出版社2008年版)

《风雨域外行》序

中华民族是一个有着五千年文明历史的伟大民族。历史悠久,文化灿烂,在世界文明史上占有重要的地位。从历史的记载来看,早在两千多年前,中国人就开始了走向世界的历程。公元前11世纪中叶,商周之际,箕子率数千人迁徙到朝鲜半岛,与当地人民和平共处,可以说是先人大规模走向域外的开端。公元15世纪初叶,明朝初年郑和率数千人浩浩荡荡七下西洋,则是历史上中国人走向海外的一次空前壮举。

中国人走向域外经历了种种艰苦曲折的道路,克服了种种难以想象的困难,为世界文明的发展做出了巨大贡献。本书所列举的二十多位历史人物正是其中的佼佼者。他们或为开发异域呕心沥血,或为传播友谊不辞艰辛,或为维护祖国尊严视死如归,或为追求美好理想披荆斩棘,或为增进中外相互了解著书立说。他们以不平凡的经历,描绘了中外交往史上一幅幅绚丽多彩的画卷,为发展中国人民与世界各国人民之间的友谊,维护和平,促进文化交流,建功立业,他们无愧为中华民族的优秀儿女。正是他们,让世界人民了解和认识了中国悠久的历史和灿烂的文化,也正是他们,将世界先进文化引入中国,让中国人民了解和认识了世界。纵观数千年的中外关系史,也是一部中国各阶层人士走向域外的历史,无数走向域外的中华儿女凭借自己对祖国的热爱和忠诚,勇敢和智慧,谱写了辉煌篇章,留下了千秋佳话。在跨入新的世纪,我国改革开放已取得巨大成就的今天,中国的对外交往更加日益扩大,中国人的足迹已遍布世界各个国家和地区,中华文明更成为世界文明的一个重要组成部分。在这样一个时代大背景下,追述我们先人走向域外的业绩,更能激励和弘扬爱国主义和国际主义精神,坚定我们走向世界的信念,在对外交往过程中进一步克服困难、化解矛盾,为推进世界和平与发展做出应有的贡献。

本书主编朱亚非教授多年来从事中外关系史的研究与教学工作,在这方面积累了丰富的知识和写作经验,因此本书对走向域外的历史人物选择较为准确和全面,富有典型意义。在撰写中,作者既能忠实于历史事实,又力求通俗易懂。可以说本书是一部集学术性、通俗性于一体,图文并茂、雅俗共赏的读物,适应于各个阶层的人士阅读,是一部值得推荐的好书。

（朱亚非、安克骏主编《风雨域外行》,山东画报出版社2003年版）

《菏泽通史简编》序

　　菏泽,古称曹州,历史悠久,文化灿烂,物阜民丰,人才辈出,号为大州名邑。前菏泽师专的一些有识之士,十几年前就曾酝酿撰写一部菏泽通史,而今,以菏泽学院历史专业袁坤教授为首的中国史教师集体编写的《菏泽通史简编》经过五易寒暑的辛勤劳动,作为山东省高校教学改革试点专业研究成果,即将公开出版,和广大读者见面了。感谢作者使我有幸先读为快。我手捧书稿,一方面感到十分高兴,并表示衷心祝贺;另方面也想借此机会,就书稿本身谈几点感想和看法:

　　首先是该书稿体例完备。全书分上中下三编,分别记述菏泽古代、近代、现代的历史。副标题画龙点睛、标示主旨。首设绪言以大笔勾画全貌;中间分章详述史事。章前综述,提纲挈领;章下列目,因事命篇。编后人物传记承继古史列传体例;重大事件则仿效纪事本末体,详其始末。该书博采古今史书编纂方法之长,既有继承,又有创新。

　　二是内容周详。该书纪事上起传说时代,下至1999年。举凡有关菏泽的政治、经济、思想、文化、军事、科技、民俗、民风、历史名人、自然风物、建置沿革等,皆有选择的包罗在内。读者一卷在手,菏泽5000年历史一目了然。

　　三是重点突出。该书体现了详今略古的精神。古代从略,近代较详,重点放在建国之后。尤其是1978年改革开放以来的新时期则不惜笔墨,尽量详述。菏泽是著名的牡丹之乡、武术之乡、书画之乡、戏曲之乡,为突出地方特色,特辟出专题,浓墨重彩,不厌其详。以求读者对菏泽地方特色有深刻鲜明的印象。

　　四是资料翔实。该书资料主要来源于正史、方志、档案等文献。又广蒐博采口碑资料,务求资料丰富。对大量资料反复核实,去粗存精、去伪存真,务求确凿无误。现代部分的数据多取自市统计局统计资料,务求其真实性和权威性。

　　五是观点稳妥。对史学界有争议的问题,作者持审慎的态度。或采用流行的观点;或存而不论,不轻易妄下断语。比如关于尧、舜的出生地,尽管有人著书立说,论证二圣均生于今之菏泽,但此说尚未得到史学界公认,所以作者仍将其作为传说来处理。

　　最后一点是,由于编写人员都是菏泽人,出于对故土的热爱,在冷静的述事之中,往往带有感情色彩,从而也增强了内容的感染力。我也是菏泽人,在阅读书稿过程中也可能带有乡情的偏爱,以上所述不免多有赞誉之辞。当然,一部书稿出于众手,再加上某些条件的限制,不可能完美无缺。正如作者所说:"书中错误、疏漏在所难免。"但瑕不掩瑜,《菏泽通史简编》仍不失为菏泽地方史的拓荒之作,不仅有重要的学术参考价值,而且有现实的借鉴意义。

　　　　　　　　　（袁坤主编《菏泽通史简编》,中国文史出版社2003年版）

《齐鲁史前文化与三代礼制》序

　　20世纪中叶以来,随着中国国际地位的日益提升和影响力的不断扩大,作为世界上唯一的人文历史、民族血统绵延上万年而不曾中断的文明古国,中华民族和中华文明起源问题已越来越受到世人的瞩目。王永波、张春玲同志合著的《齐鲁史前文化与三代礼制》就是有关中华民族和中华文明起源的一部力作。

　　作者以多年的考古学研究实践为基础,辅以良好的文献功底,从上古"九州岛"地理和原始民族的积聚入手,根据考古学区系类型理论和文化谱系的分析,将"远古中国"划分为海岱、江淮、江汉、桑卫、洛颍、河原六大民族文化区;采取利用古生物化石标本,研究追踪物种的起源、进化史以及不同物种之间的亲缘关系的方法,以我国东部地区,特别是海岱大汶口文化、龙山文化,即齐鲁史前文化最具特色的典型"文化化石"——陶鼎、陶鬶等各种三足器、圈足器为主线,求索海岱鼎鬶文化在其产生、发展演化、迁徙扩张过程中对周边同期文化的影响和辐射,并以此为核心,对区域文化交流、民族融合、华夏民族的形成等问题,展开了深入、系统、全面的分析论证,从而说明我国东部地区的远古文化在中华民族和中华文明以及三代礼仪制度形成过程中的重要作用。

　　作者资料工作扎实,视野开阔,书稿内容纵横数千年,涉及"远古中国"各主要考古学文化区和古史传说中的各主要部族,以考古学文化与远古民族、民族分布与九州岛区划的对应关系为基础,全面论述了特色陶器造型及其组合的发展演变轨迹,论述了三代青铜礼器和礼仪用玉的造型渊源和文化传承,论述了不同时期各考古学文化势力的消长,不同部族的迁徙、交流和融合,提出了一系列颇有价值的学术见解。

根据典型器物的造型风格和组合,主要是炊煮器的组合方式归纳出来的河源"灶釜文化系",海岱、江淮的"鼎鬶文化系"和受海岱鼎鬶文化影响而形成的"斝鬲文化系";根据新石器时代早期至夏代,海岱史前文化的典型器物或器物组合在周边地区的传播使用,提出了海岱鼎鬶文化对周边扩张的五个层次和三个发展阶段;通过对大汶口文化"太阳飞鸟"和"太阳飞鸟高山"图像文字、陶鬶、仿生器物造型、江淮史前文化各种装饰的内涵阐释,以及对古史传说和创世纪神话的族源考订,提出了江淮、海岱及其北方的远古民族具有共同族源传承的论点;根据六大原始民族势力消长和"谱系变异",提出了在距今10000—4000年期间发生过四次民族大融合,部族的迁徙、文化交流和"中原逐鹿"是民族大融合和中华民族、中华文明得以形成的主要原动力的观点;根据对远古中国各大文化区的社会综合发展水平,提出了中华古代文明的四个发展阶段包括古国文明、邦国文明、王国文明和帝国文明的观点;由此建立了一套完整而系统的认识体系。

作者认为,远古中国的六大主要民族,乃至偏远地区的其他民族,基本上是齐头并进的。海岱民族与江淮民族首先融合形成了东夷集团,而苗蛮集团的形成在一定程度上也是东夷集团参与的结果。在距今5000年前后,海岱、江汉民族与河原民族积极参与中原逐鹿,其各自进入中原的一部,与当地的洛颍、桑卫及周边其他民族一道,经过上千年的融合,形成了河洛民族。作为中华民族主干、汉民族前身的华夏族团,则是随着夏王朝的建立和存续而形成的,并在商周时期的民族大融合过程中得到了充分的发展和壮大。

早期的华夏族团,是以入主中原之海岱民族为主导,进一步融汇河洛、东夷族团之大部和苗蛮集团的一部,并吸收周边其他民族文化而形成的。商周时期,随着宗主王国最高统治者的族属变换,周边的其他民族在更大程度上参与了这一融合过程。到春秋战国时期,东夷集团的全部、苗蛮集团的大部已完全融入华夏民族。古史传说中混乱的世系、错综复杂的族源结构,在很大程度上就是远古各部族长期相互交流、相互融合的结果。

对三代礼制——中华文明和传统文化的核心内容——的物化形态，即青铜礼器和礼仪用玉的起源，也进行了细致入微的分析论证。作者通过对不同考古学文化的器物造型风格、典型器类的形态演化，提出了中原地区的各类文化，特别是夏商文化对海岱鼎鬶文化因素的汲取和继承，是在文化发展传播和种族融合的基础上，通过对制陶技术和造型工艺的继承、改进和提高来实现的。从鼎鬶文化挺进中原开始到礼仪制度基本形成，从相关器型在中原地区的出现到青铜礼器的定型，经历了引进仿制、改进创新、发展提高、巩固定型四个发展阶段。作者认为，三代时期的礼仪用玉也同海岱鼎鬶文化积极参与中原逐鹿有着极为密切的关联，绝大多数的玉器造型也来源于"鼎鬶文化系"，特别是江淮地区良渚文化的尚玉传统。而良渚文化用玉传统的表达，则是通过海岱鼎鬶文化在中原地区的扩张才得以实现的。如果没有海岱鼎鬶文化的"挺进中原"，如果没有"鼎鬶文化系"尚玉习俗的发展和传播，就没有三代时期高度发达的玉文化和成熟的用玉制度。作者对三代"六瑞"、"六器"的区别，对瑞圭、礼圭和璧璋琮璜、牙璋等典型玉器的起源、发展、传播、功能演化、相互关系及其对中华文明、传统文化的作用，也作了深入、系统的论述，提出了许多颇具说服力的见解。

特别值得提及的是，作者基于夏代以前还有一个东夷族人建立的"有虞氏"政权、考古学上的二里头文化主体源于东夷远古文化、夏商文化都是以海岱鼎鬶文化——东夷民族入主中原的支系为主体而先后发展起来的王国文明的认识，结合对相关礼器的谱系追踪，进而认为"夏礼"来源于"夷（虞）礼"。将孔夫子"殷因于夏礼，周因于殷礼"的说法增补为"夏因于夷礼，殷因于夏礼，周因于殷礼"，并结合嬴秦皇族源出于东夷民族的史实，证明中华上古文明各发展阶段所取得的重要成就，都是在东方海岱民族及其后裔的积极参与下而得以实现的，清楚、全面地论述了中华早期文明及齐鲁文化发展演进的基本线索，力图说明海岱史前文化在中华民族和中华文明形成中的重要作用，以及齐鲁文化在中华传统优秀文化中的正统地位。作者认为：中华早期文明是以海岱鼎鬶文化为主体，融合其他部族文化发展成为炎黄文化、夷夏文化；经过夏商周三代两千余年的"夷夏交争",达成了东夷文化和华夏文化的全面融合,促成了以孔孟学说为基本特征的齐鲁文化的诞生；在历代统治者的着力推崇下,最终发展成为中华民族乃至于东亚各地不同国家民族共同信奉的儒家道统文化。

书稿资料翔实,观点新颖,结构严谨,思路清晰,逻辑性强,自成体系。相信本书的出版,对中华民族和中华文明起源的研究,将起到积极的推动作用。是为序。

（王永波、张春玲著《齐鲁史前文化与三代礼制》,齐鲁书社2004年版）

《日本与山东问题》序

1914年因日本出兵侵占山东而酿成的"山东问题",曾长期成为影响远东国际关系的焦点问题,更是中日之间多次交涉及国人最为关注的议题。常言道:"十年磨一剑。"黄尊严同志在长期研究的基础上,几乎用了二十年的时间,终于完成了这部专著,向人们再现了这一历史问题的来龙去脉及事实真相,这对于进一步深化中日关系史、日本侵华史及山东地方史的研究,不仅具有重要的学术价值,而且也有现实意义。

该书的特点之一,是资料翔实,内容全面。以往的有关著述因对资料的挖掘不够,故大多局限于一般性的过程陈述,难窥其全貌和真相。该书不仅广泛搜集并利用了时人的评论报道及各种调查报告,而且充分利用了海内外已公布的档案资料,特别是台湾近代史研究所依据当年北京政府外交部收藏的中日交涉档案而编纂出版的各种有关中日关系资料。如《欧战与山东问题》、《山东问题》、《巴黎和会与山东问题》、《路矿交涉》、《邮电航渔盐林交涉》、《通商与税务》等。同时,还注意吸收了日文资料及其研究成果。由于史料扎实可靠,故而得出的结论具有说服力,并弥补了以往研究中较为薄弱的许多环节。如日本出兵山东的背景、日德争夺胶澳之战的经过、1914年中日间围绕着行军区域、胶济铁路、青岛海关等问题进行的各项交涉、日本对青岛渔、盐业的经营与掠夺、鲁案善后交涉等一系列重大问题,该书都首次进行了较为详尽的论述。

该书的又一个特点,是不囿于旧说,对国内外的许多原有观点进行了辩驳剖析,并提出了自己的独到见解。例如,关于日本出兵山东的动机和目的问题,作者不仅对日本学界流行的所谓"日英同盟"说、"对德复仇"

说、"东亚和平"说等逐一进行了辩驳剖析；而且针对国内学界对日本图谋山东的野心及在整个日本侵华国策中的地位认识不足、探讨不够的状况，对日本出兵山东的动因进行了深入探讨，从而得出了新的结论：1914年日本借对德宣战出兵山东，既是其侵华国策发展的必然步骤，也是一次蓄谋已久和精心策划的侵华行动；一战爆发后的远东局势和中国形势，为内外交困的日本提供了一个摆脱困境、扩大侵华的机会。再如，针对国内史学界以往研究中对当时中国政府围绕"山东问题"交涉所采取的态度及方针一味批评指责、存在着脱离历史实际和"以成败论是非"的倾向，作者以历次中日交涉的事实经过为依据，以国际关系准则和国际法为准绳，对当时中国历届政府所采取的外交方针及应变措施重新进行了客观理性的审视，从而得出了较为公允的评价。此类新观点，在书中可谓随处可见。

另外，该书还运用国际法这一武器，就日本出兵侵占及统治山东期间的政治、军事、外交诸方面的违法犯罪行为进行了揭露，并着力从"超经济手段"这一侧面，重点剖析了这一时期日本对山东的侵略，故而从法理上深刻揭示了日本在"山东问题"上的侵略性与非法性。

当然，该书中的许多观点能否得到学界的赞同，还有待同仁的评判；但作者多年来一直专注于此课题的研究，这种孜孜不懈的治学精神确是值得提倡和学习的。是为序。

（黄尊严著《日本与山东问题》，齐鲁书社2004年版）

《章丘历史与文化》序

　　章丘历来为山东大县，历史悠久，文化灿烂，是我国古代文化发源地之一，也是古代济南地区的经济中心、政治中心、文化中心。魏晋以前济南的首府，就在章丘境内的东平陵城。名闻中外的龙山文化即因最早发现于章丘龙山镇而得名。章丘还涌现出许多历史文化名人，如邹衍、房玄龄、李清照、李开先等。近代以孟洛川为代表的章丘旧军孟家的"祥"字号，则在商业上创造了奇迹，形成了独具特色的商业文化。章丘的历史文化在山东乃至全国，均具有重要的影响和地位。遗憾的是，长期以来，对章丘历史文化缺乏系统、全面的研究，虽然前人曾编纂了几种不同版本的《章丘县志》，但志与史是有区别的，前者不能代替后者。因此编纂一部翔实的章丘通史性质的史书是非常必要的。陈先运同志主编的《章丘历史与文化》，历经数年的艰苦劳动，终于和读者见面了，这是一件值得称道的大事。可以说，本书具有填补空白和开创性的意义。通读全书，我认为有以下几个明显的优点：

　　一、体例新颖。编写地方史，特别是一个县的历史，在全国尚不多见，罕有前例可循。本书采用编年体和纪事本末体相结合的形式，对章丘历史文化进行较为全面的展示，脉络贯通，详略得当，这是编写地方史一种新的尝试和探索。如果采用章、节、目这种传统教科书体例来编排，一方面使许多重要内容如人物的生平事迹、事件的来龙去脉等都无法写进去，并且读起来往往枯燥乏味。另一方面，作为一个县级地区，由于资料的匮乏，在政治、经济、文化方面不可能均有完整的记载，因此也不适合采用这种体裁。而本书采用的这种体例，既可突出重点，也可以生动、详细地记叙一些重大历史问题。

二、资料丰富。研究和编写历史，离不开资料。章丘虽然人杰地灵、历史悠久，但有关资料却较为匮乏，或者缺少收集、整理。为此之故，编写者"上穷碧落下黄泉"，上下求索，不畏繁难，遍寻海内，将零散的有关文献资料尽量囊括；甚至所见海外著作，内容稍有涉及者，无不收录；近年本地出土的大量文物的图片和文字说明材料也几乎搜罗无遗。没有这些新发现的材料作为坚实的基础，就不可能全面展示章丘的面貌。聚沙成塔，集腋成裘，精神可嘉，成绩可观。

三、地方特色突出。一个地方，在长期的历史发展过程中，必然会形成和表现出自己的区域特征。章丘的区域特征就十分明显，它的形成可以追溯到春秋战国时期。那时，章丘由于处于特殊的地理位置，形成了自己颇具特色、颇有影响的齐鲁经济文化形态。章丘处于齐、鲁交界处，既接受了齐文化的影响，又受到鲁文化的熏陶，最早将齐鲁文化结合在一起。众所周知，齐文化和鲁文化并不完全相同，如齐文化尊贤尚功，主张革新开放；鲁文化崇尚伦理道德，注重天人和谐与人际和谐等等。将齐鲁文化融为一体，则可结合互补，扬长避短，相辅相成，这种独具特色的文化在章丘漫长的历史发展过程中发挥了它的巨大作用。《章丘历史与文化》就章丘的区域特征的形成和发展用许多具体事实进行科学的说明，应当说是做了一件很有价值的工作。

四、图文并茂。中国古代史书由于技术条件的限制，有关人物、实物、山川等的图像极为缺乏，甚至于无。清人章学诚对此曾大发感慨："昔司马氏创定百三十篇，但知本周谱而作表，不知溯夏鼎而为图，遂使古人之世次年月，可以推求，而前世之形势名象，无能踪迹。……呜呼，马、班以来，二千年矣，曾无创其例者，此则穷源竟委，深为百三十篇惜矣。"图像的意义，绝非仅限于装点文字，增加阅读趣味，实在是其本身就是珍贵史料，具有不可替代的独立价值。而《章丘历史与文化》一书则力矫古史之弊，充分利用现代发达的摄影和印刷技术，在文中插有大量图片，数至百余幅，清晰精美，其史料价值非同凡响。

金无足赤。由于这部书是经多人之手完成的，每位作者认识问题的能力不一,学术水平参差不齐,写作风格、文字表达也不尽一致,存在缺点和不足也是难免的。例如,"概述"部分对某些重大问题的叙述详略不一,有些未能展开充分论述。再如,有一些重要内容如民族、风俗、宗教、教育、语言、水利、交通等在本书中涉及较少,甚至有的暂付阙如。但瑕不掩瑜,本书不仅对其他县史或地方史的编写具有参考和借鉴的意义,而且对人们认识章丘、了解章丘、走进章丘将发挥重要作用。

（陈先运主编《章丘历史与文化》,齐鲁书社2006年版）

《徐福志》序

徐福东渡是两千多年前秦始皇帝统治时期中外关系史上影响最大的历史事件,这一事件至今仍然令中外学者,尤其是中、日、韩等国学者倍加关注,不仅其事实真相有待于进一步考查清楚,而且在中外文化交流史上的意义也有待于更深入的认识。这应当是我们今天研究徐福的重点课题。

记载徐福东渡的文献资料很多,最具权威性、真实性的当首推司马迁的《史记》。该书有三处明确记载了徐福东渡的事迹:《秦始皇本纪》二十八年(前219年)、三十七年(前210年)和《淮南衡山王列传》。此外,还有《汉书·郊祀志》、《三国志·吴书·吴主传》以及假托西汉东方朔作品的志怪小说《十洲记》,而五代后周的义楚和尚所作的《义楚六帖》则最早明确指认徐福所到之处为日本。

自此之后,虽然对徐福所到之处学术界仍有数种不同观点,但相当多数学者对徐福东渡之地为日本,并途经韩国的济州岛这一事实,已深信不疑,而且作了较为有力的论证。

尽管关于徐福籍贯学术界有多种说法,但司马迁《史记》记载他是"齐人",即山东人,不会有错。根据各种文献、传说和遗迹推断,其故里当在今之山东省龙口市一带。就目前现有资料来看,多数学者认为这一结论最为可靠。2001年的《徐福文化交流》第一页对此已从五个方面作了充分而明确的论证,此不赘述。

徐福东渡具有重大的历史意义,产生了极其深远的影响。

徐福东渡不仅是中国航海史上的壮举,也是世界航海史上的壮举。历史学家一致推崇地中海是人类航海事业的摇篮,埃及、腓尼基、加太基与古罗马等都在世界航海史上留下了辉煌的业绩。相比而言,徐福在公元前3世纪东渡时,其所使用航船的吨位、航海的技术水平、航海的规模之大等诸多方面都处于当时世界的最前列;而西方著名的航海家如哥伦布、达伽马、麦哲伦等也都比徐福东渡晚了一千多年。徐福作为一位伟大的航海家,将与他领导的东渡一起名垂史册。

徐福东渡的成功是中外文化交流史上的里程碑,是有文献记载的中国文化的第一次跨海传播。徐福将先进的中国文化带到日本列岛和朝鲜半岛,极大地促进了日本和韩国的社会发展。特别是地下发掘的大量文物,给徐福东渡后中国文化对日、韩文化的影响提供了确凿的实物佐证。

跟随徐福东渡的数千中国人以及前后东渡的华夏儿女,带着中国先进的文化在日本列岛、朝鲜半岛落地生根,繁衍后代,并逐渐融入日、韩的民族生活。直到今天,日本、韩国还有不少姓氏家族,自称为"渡来人"或"秦人"的子孙,有的被认为是徐福所率领的童男童女的后代。

徐福东渡在中、日、韩等国人民中间播下了友谊的种子,得到了后世各国人民的尊敬与怀念。日本、韩国都有纪念徐福东渡的遗存,并受到当地人民世世代代的祭祀。例如不知唱了多少代的《金立神社五十年大祭之歌》,就是日本人民祭祀徐福的赞歌。中国人民也永远怀念这位中日友好的先行使者与文化传播者,不少政治家和诗人如北宋欧阳修的《日本刀歌》、明太祖朱元璋和日本僧人绝海中津的熊野诗、近代黄遵宪的《日本杂事诗》等都表达了对徐福的深切怀念。

总之,不管徐福东渡是出于什么目的,也不论他的活动有多少神秘的色彩,他的东渡都应是远东乃至世界航海史上的空前壮举,而此一壮举将永远作为中、日、韩友谊的佳话为这些国家的人民世世代代所铭记。

为了更好地纪念徐福、研究徐福、宣传徐福,我们应当努力学习和弘扬徐福不畏艰险、克服困难、敢于率先走出国门、闯出一片广阔天地的开创性精神、大无畏精神、团结协作精神、自强不息精神和厚德载物、睦邻友好的精神,并以此作为社会主义精神文明建设和宣传教育的主要内容。

我们应当借助徐福文化研究,为地方经济文化建设服务。中国国际徐福文化交流协会和龙口市的各级领导在这方面已经做了大量的工作,并取得了很大的成绩,今后还要继续努力,不断写出新的篇章。

我们应当进一步把徐福文化推向世界,扩大对外文化交流的范围。不仅要在日本、韩国、中国的香港和台湾等国家和地区宣传徐福,而且要在全世界华人文化圈中宣传徐福,以促进祖国统一和增强全世界华人的凝聚力,并为构建社会主义和谐社会与和谐世界作出应有的贡献。

《徐福志》的编写正是纪念徐福、研究徐福、宣传徐福的一项很有意义的工作。今值《徐福志》公开出版之际,谨向所有作者表示衷心的祝贺和敬意。是为序。

（朱亚非主编《徐福志》,中国海洋大学出版社2007年版）

《追随徐福东渡行》序

　　曲玉维同志的《追随徐福东渡行》即将出版,很高兴为它写几句话,以表祝贺。

　　我与玉维同志相识近10年了。他是山东大学经济系的毕业生,毕业后曾在山东省商业厅工作,后调回家乡龙口市,在市委、市政府机关工作。1998年到文化局分管徐福文化工作,先后担任龙口市徐福研究会秘书长兼办公室主任、中国国际徐福文化交流协会秘书长兼秘书处主任。龙口市是中国早期航海家、中、日、韩交往的先驱者徐福的故乡。从1990年开始,龙口市委、市政府和龙口市人民开始深入研究这位伟大乡贤的业绩,纪念这位先驱者的贡献,学习这位先驱者的开拓精神。在国内外各方面的支持帮助下,十几年来龙口市对徐福的研究和宣传持续不断,并且取得了巨大的成功。不仅发起成立了全国性的学术团体——中国国际徐福文化交流协会,举办了每年一度的徐福故里文化节及各类研究、宣传活动,出版发行了大量研究、宣传徐福的著作、刊物、宣传册,建立了徐公祠、徐福园等徐福纪念设施,而且与日本、韩国、中国台湾及海外一些国家和地区建立了广泛的联系,吸引了大量的海外投资,有力地促进了龙口市经济文化的快速发展。

　　龙口市徐福研究、宣传和推广活动之所以形成今天的规模,是与龙口市委、市政府的热心推动和全市人民的积极参与分不开的。同时也得力于龙口市徐福办同志们的不懈努力,其中玉维同志更是付出了大量的心血。9年前,玉维同志听从市委调遣,从自己熟悉的经济工作岗位上调入徐福研究会办公室并主持工作。这是一个全新的工作岗位,也是一个陌

生的领域,既要全面承担组织、研究、宣传徐福的活动,组织文化节、学术
会议和其他活动,还要接待海内外来访的客人,联络各有关领导、专家和
其他徐福爱好者,出版发行各种宣传刊物。工作千头万绪,紧张而劳累,
但他凭着强烈的事业心和对徐福这位先贤的热爱,与秘书处和办公室其
他同志同心协力,出色地完成了市委、市政府和中国国际徐福文化交流协
会交付的各项任务,推动着徐福研究不断迈上新台阶,得到了领导和专家
学者的赞誉。

　　玉维同志有很好的文学功底,又是一个善于观察、善于思考和勤于笔
耕的人。多年来他在紧张工作之余,仍发表了不少脍炙人口的文章。这
本《追随徐福东渡行》就是他多次参加中日韩徐福国际研讨会议及徐福
遗址考察活动的亲身经历。全书以散文形式把所见所闻记叙下来,抒发
出来,文字优美,读起来亲切感人,给人以深刻的启迪与思考,可以说是
一本饱蘸着真实情感写成的旅行杂记,是玉维9年来的厚积薄发,是一般
人很难做到的。书中没有过多的夸张和修饰,但通过真实的描述,展现出
中、日、韩三国人民对徐福的追忆和热爱。徐福已超越了国界,成为中、
日、韩人民友好的象征。徐福当年东渡所展现出的那种以德睦邻、与邻为
善的和谐精神在新时代正在发扬光大。2000多年过去了,徐福这个人物
虽然离我们越来越远,但他的形象却越来越高大,这也是他为东亚各国人
民所景仰的缘由所在。

　　是为序。

　　　　(曲玉维《追随徐福东渡行》,中国海洋大学出版社2007年版)

《齐鲁八景诗大观》序

众所周知，纂修地方志是我中华民族千百年来的优良传统，地方志的编纂到了明朝，无论是数量，还是质量都达到了前所未有的规模和水平。清代则是我国古代修志的大盛之时，上自京师，下及各府州县，皆不乏鸿编巨制。在明清的志书体例中，"八景"成为朝廷规定的必载内容之一。"八景"一词，最早见于北宋沈括编著的《梦溪笔谈》卷十七《书画》："度支员外郎宋迪工画，尤善为平远山水，其得意者有：平沙雁落、远浦帆归、山市晴岚、江天暮雪、洞庭秋月、潇湘夜雨、烟寺晚钟、渔村落照，谓之'八景'，好事者多传之。"明清时志书中的所列八景，也是四字一句，并配以绝句或律诗，每景一诗，有的是一景多诗，这些诗多由当地长官或著名饱学文人、缙绅撰写。他们大都是举人、进士出身，有较深的文化修养，因此在用典、押韵上比较考究，虽亦有牵强平庸之作，但也不乏名篇佳句。

《齐鲁八景诗大观》中的诗篇，均从山东省各县旧方志辑录，它囊括了山东各地自然、人文景观千余处，共收录近体诗（另有部分古风体）近千首。这些诗歌内容几乎涵盖了齐鲁文化发展的整个历史，对齐鲁文化的各个层面都有简要的记述与描写。

山东位于黄河下游，东临大海，西与河南、北与河北、南与江苏、安徽等省为邻。土地肥沃、物产丰富，历史悠久、文化灿烂。这里是伟大思想家、教育家、儒家创始人孔子和孟子的桑梓之邦，又是伟大军事家，《孙子兵法》的著者孙子和伟大思想家管子、墨子、庄子的故乡或创业的地方，众多的文化名人及其辉煌业绩，昭示出齐鲁大地是中国乃至东亚地区的文化中心。正是这浩瀚恢宏的齐鲁文化，吸引着国内外各种肤色的人们的向往。随着我国改革开放的逐步深入发展,前来齐鲁大地观光旅游的人与日俱增,通过《齐鲁八景诗大观》,既可向世界展示齐鲁辉煌的文化面貌,又可激励国人的爱国主义思想和振奋民族精神。

这本书,可以作为前来齐鲁大地观光旅游的书面向导,也可作为学习近体风景诗的津梁和筇杖。

（孟昭贵主编《齐鲁八景诗大观》,山东省地图出版社2007年版）

《明清仕宦家族与家族文化》序

　　山东历史悠久,名人辈出,历代都涌现出了以儒学起家的世代官宦,长盛不衰的大家族,如汉代济南伏氏,魏晋南北朝时期琅琊王氏、兰陵萧氏,隋唐时期的临淄房氏、段氏,宋元时期巨野晁氏、东平严氏等家族。明清更是山东仕宦家族极为兴盛的一个时期,除了举世闻名的曲阜孔氏、邹城孟氏外,仅三代以上由科举入仕的即达数百家,其中颇有影响的也有数十家。这些家族的代表人物对当时国内政治、经济、军事、文化都产生了重要影响。特别是在继承和弘扬齐鲁文化方面发挥了重要的作用。因此,这是一个值得深入探讨的学术领域。然而,多年来学术界对这一问题研究比较薄弱,许多问题有待于今天我们进行广泛深入的研究与开发。

　　《明清山东仕宦家族与家族文化》作为山东省社科规划重点项目,在以朱亚非教授为首的课题组成员的努力下,历经三年终于完成并出版,可喜可贺! 该书在掌握大量历史文献资料的基础上,并充分利用假期到一些仕宦大家族原籍所在地进行实地考察、寻访遗址,走访这些家族中的后代及地方文史研究人员,发掘了一批尘封已久而鲜为人知的资料,如家谱、族谱、笔记、诗文集、祠堂铭文、碑记、文物考古资料及图片等。通过对各种文献资料、野史及考古资料和实地调查等资料,甚至散佚到海外的资料的研究,作者由表及里、由浅入深、剥茧抽丝,逐渐揭开了长期不为人们关注的明清山东仕宦家族的面纱,不仅厘清了许多仕宦家族的发展脉络,而且深入探讨了这些大家族之所以长盛不衰的原因及其历史影响。

　　家族是一个社会的缩影,通过对明清山东仕宦家族的研究,可以更加深入地认识明清社会的发展规律,同时对这个时期山东地区政治、经济、文化及社会生活有更加深入的了解,有助于我们对明清史与山东地方史的深入研究。

明清时期以儒家思想为宗旨的家族文化,是地方传统文化中的一个重要组成部分。这些家族文化虽然因为地域和家族不同而内容各异,但都有其鲜明的特征和共性,如倡导为人宽厚善良、诚实守信,为官清正廉洁、勤政爱民,宣扬父慈子孝、家庭和睦、邻里和谐,乐善好施、重视教育、重视文化传承,以及因势利导,遵循时代变化等的为人处世的信条,至今仍熠熠生辉。这是先人留给我们的一笔宝贵财富,对我们今天为人、处世、从政、求学都有启迪与借鉴的作用,对今天社会主义和谐社会建设也有重要的现实意义。

明清时期山东仕宦家族众多,家族文化也十分丰富。"欲穷千里目,更上一层楼",希望作者在本书的基础上进一步广泛而深入的研究,不断推出新的研究成果。

是为序。

(朱亚非等著《明清仕宦家族与家族文化》,山东人民出版社2009年版)

《齐鲁诸子名家志》总序

　　齐鲁,山东古国名,世称山东为齐鲁礼义之邦,历史悠久,文化灿烂,名人名家辈出,他们在政治、经济、军事、思想、文化等多个领域都作出了重大贡献,其思想、言行和业绩对中国乃至世界都产生了广泛而深远的影响,已成为全人类共同的精神财富。

　　山东人民出版社出版的《齐鲁诸子名家志》丛书,共20卷,收集了山东历史上28位最杰出的代表人物的生平、业绩、影响和后人的研究状况。这套丛书的出版,将进一步推动对齐鲁文化的研究,更加全面地继承和弘扬中国优秀传统文化,为社会主义和谐社会建设服务。同时,也有利于人们更加全面地了解和深入认识山东的历史和文化,激励人们热爱山东,建设山东,进一步扩大山东在国内及海外的影响。

　　《齐鲁诸子名家志》所收录的人物均为中国历史上著名的思想家、政治家、军事家、科学家、发明家、文学家和艺术家。他们是：姜尚、管仲、晏婴、司马穰苴、孔子、曾参、孙武、吴起、墨子、孟子、孙膑、扁鹊、徐福、淳于意（仓公）、郑玄、诸葛亮、王叔和、王羲之、王献之、刘勰、贾思勰、颜真卿、李清照、辛弃疾、戚继光、王士禛、蒲松龄、孔尚任。

　　姜尚,字子牙,世称姜太公,曾辅佐周武王灭商,因大功封于齐,为齐国开创者。他在齐国除继承周的"重农"传统外,又"通商工之业,便渔盐之利","尊贤而尚功",于是"人民多归齐,齐为大国",奠定了日后齐国东方霸主的地位。

　　管仲,春秋时期著名政治家,齐国相。他在齐国执政40余年,审时度势、因地制宜,改革政治、经济、军事制度,收到富国强兵的效果。在他辅佐下，齐桓公首建霸业。

晏婴，春秋时期著名政治家、思想家。他在齐国参政50余年，以节俭力行名重于齐。他能礼贤下士，改良政治，省刑薄敛；并且能言善辩，巧于辞令，出使楚国不辱使命。他提出重人事而远鬼神、和而不同的对立统一思想，继承发展了古代朴素的唯物辩证法。

司马穰苴，春秋时期著名军事家，齐国大夫。他的《司马穰苴兵法》以"仁、义、礼、让"为本，论述了军事制度和作战指挥的经验，是我国早期著名兵法之一。

孔子，春秋时期伟大的思想家、教育家，儒家学派的创始人，后世尊为"至圣"。他继承了中国古代优秀的思想文化传统，建立了一个"以仁为中心内容、以礼为表现形式、以中庸为思想方法、以大同为远大理想"的思想体系。他的思想不仅支配了封建时代的中国，而且也给予东亚乃至全世界以重大影响，其中某些思想在今天仍有其积极的现实意义。《论语》一书是现存的研究孔子思想学说的主要依据。

曾参，孔子弟子。他倡导"忠恕"、"孝道"，注重自身修养，一生不懈地实践孔子学说，著有《孝经》和《大学》，是孔子思想的重要继承者之一，被后人尊为"宗圣"。

孙武，春秋时期伟大的军事家，后人尊为"兵圣"。所著《孙子兵法》是我国最早最杰出的兵书，后人称为"兵学圣典"。书中对战略战术、军队指挥与作战、战争规律和战争观都提出了精辟见解，闪耀着哲理和智慧的光辉。不仅在世界军事史上享有崇高的地位，而且在其他领域也受到重视并得到推广与应用。

吴起，战国时期著名军事家。他曾在楚国实行变法，"明法审令"、"废公族疏远者"、"捐不急之官"，堵塞私门请托，加强军队建设，使楚国富强。著有《吴子》兵法，是战国时期兵家学派代表作之一。

墨子，战国时期著名思想家、科学家，墨家学派创始人。他以"兴天下之利，除天下之害"为己任，主张兼相爱、交相利，强调非攻，反对战争；强调节俭，反对奢侈；主张尚贤、尚同，反对贵族世袭制，要求提高劳动者地位。其学说在当时思想界影响很大，与儒家并称"显学"。此外，他在自然科学如数学、力学、几何学、光学以及工艺学等方面，也都有很高的成就，后人称为"科圣"。

孟子，战国时期著名思想家、教育家，儒家学派代表人物之一。他将孔子的"仁"发展为仁政，强调"民为贵，社稷次之，君为轻"。他从性善论出发，为仁政学说提供论证。他将儒学理论发展为一个完整的体系，是孔子学说的继承人，对后世有很大影响，被尊为"亚圣"。

孙膑，战国时期杰出的军事家，兵家代表人物之一。他在齐魏战争中指挥齐军取得著名的桂陵之战与马陵之战的胜利。他的《孙膑兵法》继承发展了孙武的军事思想，重视战争客观规律，主张"内得民心，外知敌情"，强调战法创新，出奇制胜，赏罚分明，是古代军事学说的重要著作。

扁鹊，战国时期著名医学家。他精通各种医学，反对以巫术治病，采用望、闻、问、切四诊方法诊断疾病，并用针灸、汤药、按摩等方法治病，2000多年来一直为中医传统的治疗方法。所著有《扁鹊内经》、《扁鹊外经》，是中国早期医学名篇。

徐福，秦代齐方士，是中日韩早期友好交流的先驱者。他率领数千童男女、百工等以为秦始皇求仙名义东渡海外，足迹遍及朝鲜半岛与日本列岛，把先进的中国传统文化和生产技术传入东邻，为朝鲜半岛和日本列岛社会进步作出了重要贡献。

淳于意，西汉著名医学家，曾任齐太仓令，故又称仓公。他能辨证审脉，治病灵验。《史记》载其25例治病医案，称为"诊籍"，是我国现存最早的病史记录。

郑玄，东汉著名经学家。他数十年潜心研究经学，成为古文经学派集大成者。他遍注群经，杂糅今古文经学，自成一家，号称"郑学"，对后世经学影响极大。

诸葛亮，三国时期杰出的政治家、军事家。他协助刘备，建立了蜀汉政权，与曹操、孙权形成三国鼎立局面。他在执政期间，实行法治，赏罚分明，抑制豪强，任人唯贤。对西南各族安抚和好，促进边疆开发。他善计谋、通兵法、多巧思，被后人推崇为智慧与谋略的化身。

王叔和，魏晋时期著名医学家，所著《脉经》是我国历史上第一部系统的脉学著作,从理论上分析了生理、病理变化和疾病的关系,便利了临床治疗,其"寸关尺三部切脉法",至今仍被中医广泛使用。

王羲之,东晋著名书法家,他的书法博采众长,自成一体,草、隶、正、行皆精,尤擅长楷书、行书,其书法"飘若浮云,矫若惊龙","为古今之冠",有"书圣"之称,其代表作有《兰亭序》、《丧乱帖》等。

王献之,东晋著名书法家,王羲之之子。他的书法汇集各派之长,尤擅行草,与其父共称"二王"。其代表作有《洛神赋十三行》、《鸭头丸帖》等。

刘勰,南朝齐梁时著名文艺理论批评家。他撰写的《文心雕龙》是我国历史上第一部文学评论巨著,对有史以来各种体裁文章与作家进行了分析研究,阐述了文学创作的规律和文学批评的标准,对后来的文学评论有重大影响。

贾思勰,北魏著名农业科学家。他的农学名著《齐民要术》系统总结前人农业生产和农学成就,如栽培耕作、畜牧兽医、食品加工等,是我国现存最早的一部完整农书,对后世农学有很大影响。

颜真卿,唐代书法家。他在平定安史之乱中立有大功,被封为鲁郡公。他的书法端庄雄伟,气势恢宏,开创了我国古代书法新风格,人称"颜体",有多种墨迹、碑文流传,对后世有很大影响。

李清照,南宋著名文学家、词人。她的词作语言清丽,重视音律典雅,前期多写闲情逸致,风光景物,后期感叹身世,怀念故国,为婉约派代表,有《漱玉集》。

辛弃疾,南宋著名爱国词人。一生以抗金收复失地为志,并积极投入抗金斗争。他的词豪情奔放、壮怀激烈,为豪放派代表,著有《稼轩长短句》。

戚继光,明代著名军事家,抗倭民族英雄。他率领戚家军与倭寇数百战,为彻底平定倭乱、保卫人民群众生命财产安全,作出了巨大贡献。其后防守蓟门,使北部边疆安然无事。他的军事著作《纪效新书》、《练兵实纪》是中国古代军事理论史上的重要文献。

王士禛,清代著名文学家、诗人,官至刑部尚书。他为官清正廉洁,多有政绩,以诗文蜚声文坛。他的诗清新蕴藉,刻画工整,首创神韵诗派。又善古文、工词。门生众多,著作宏富,多达500余种,近人编有《王士禛全集》。

蒲松龄,清代著名文学家。他一生怀才不遇,经历坎坷,对政治腐败、社会黑暗有深刻认识,为文学创作提供了有利条件。他一生著述丰富。其代表作《聊斋志异》,为文言文短篇小说集,借写鬼狐花妖,奇人异事,广泛而深刻地影射并抨击现实社会,成为中国历史上有代表性的文学名著,现已有20多种外文译本,流传世界各地。

孔尚任,清代著名戏剧家。他为官多年,对当时官场黑暗和民众疾苦有清醒认识,对南明灭亡有切身感受。他历经10余年,完成揭示南明灭亡的历史悲剧《桃花扇》。上演后,轰动京城,誉满文坛。另有多部诗文集问世。

本丛书所收录的28位齐鲁历史名人,都是他们那个时代的顶尖人物,代表了他们生活的那个时代最先进的思想文化、科学技术和文学艺术。他们为丰富、发展和创造光辉灿烂的齐鲁文化与中华文明都作出了突出的贡献。"见贤思齐",齐鲁先贤们的思想和精神至今仍有其超时空的普世价值。这里我只想说明几点:

一是这些齐鲁先贤都是爱国主义的杰出代表人物。他们热爱自己的祖国,"忧患不忘国","苟利国家,不求富贵",用毕生的智慧和能力报效祖国。有的为了国家富强而锐意改革,甚至不惜献出自己的生命;有的尽忠报国,"鞠躬尽瘁,死而后已";有的为了保卫祖国,终生奋战沙场,"封侯非吾意,但愿海波平"。这些都表达了齐鲁先贤的爱国情怀,是永远值得后人学习和纪念的。

二是他们都十分关注民生,关注民间疾苦;反对战乱,反对苛政;主张社会公平,追求社会和谐。如"仁者爱人","己欲立而立人,己欲达而达人","摩顶放踵,利于天下"的博爱思想;"乐民之乐者,民亦乐其乐;忧民之忧者,民亦忧其忧"的民本思想;以和为贵,和而不同的辩证思想;"天下为公"与"大同"、"小康"的社会理想等等。这些思想影响深远,对于我们今天建设社会主义和谐社会仍有着现实意义。

三是他们对自己所从事的事业都有执着的追求和创新精神,"苟日新,日日新,又日新"。如上述的一些科学家、文学家和艺术家,他们大都历经人生几十年的坎坷,上下求索,排除困难,不断创新,在各自研究的领域，终于登上了一个又一个高峰，在思想文化史上留下了光辉的篇章。这种精神是永远值得后人学习与发扬光大的。

四是他们都重视自身的思想修养，追求道德的最高境界。如"富贵不能淫，贫贱不能移，威武不能屈"的高尚气节，惩恶扬善、见利思义、恪守诚信的社会美德，"海纳百川、有容乃大"的兼容并包的开放意识和博大胸怀等等。这种品格也是永远值得后人崇敬和学习的。

古人云："金无足赤，人无完人。"上述齐鲁先贤虽然各自成家，彪炳史册，但却并不一定都是完人。他们如同一方方光华夺目的美玉，由于历史的局限，也不免有其微瑕。这和从整体上看待中国传统文化是一样的。还是那句老话："取其精华，去其糟粕"，我们对待齐鲁先贤也应取这样的态度。

盛世修史，继往开来。上世纪末，我们省、地、市、县都先后编辑出版了一批大型地方史志，对于存史、资政、育人都起到很重要的作用。但由于时间上限截自1840年鸦片战争以后，这样山东古代的先贤圣哲、名家名人以及优秀的传统文化基本上付之阙如。《齐鲁诸子名家志》的编辑出版，弥补了这一重大空白，其学术价值和现实意义是不言而喻的。

最后，请允许我代表广大读者，感谢各位主编、作者和编辑同志为此丛书付出的辛勤劳动，感谢山东人民出版社和山东省地方史志办公室为我们编辑出版了一套高质量、高品位的好书。祝愿这套丛书在社会主义政治文明、物质文明、精神文明、社会文明的建设中能起到应有的作用。同时，也希望总结经验，再接再厉，编撰出版更好更多的名人名家志书。

是为序。

（王瑞功等编《齐鲁诸子名家志》，山东人民出版社2009年版）

《滨州历史与民俗文化论坛》序

记得今春一个明朗的日子，滨州市政协的李象润同志率领滨州学院几位年青学子来到济南舍下访问，就组织"薄姑与滨州历史文化论坛"活动和滨州历史研究及通史编纂等相关学术事宜提出了一些设想，又谈了他们近几年对滨州历史和民俗文化研究的主要成果，并赠送给我他们编著出版的《滨州历史与民俗文化考略》《滨州历史与民俗文化研究》两部书，我感到十分高兴，觉得作为一个地级市——滨州政协和滨州学院的文史工作者，能够在这么短的时间内研究和出版这么多的精品力作，实属不易，可见他们是心系滨州历史和下了苦功夫的。在这些成果中，无不蕴含他们投身历史研究以及为滨州文化建设服务的满腔热情和埋头苦干的精神。他们的研究成果，上溯远古神话、大舜陶河滨、大禹治水、少昊氏、季崱氏、逢伯陵、薄姑方国、西周齐国历史文化渊源，下至渤海老区革命文化研究，不仅在滨州历史文化研究上有突出贡献，即使就整个山东地方历史文化研究而言，也是独树一帜的。

关于滨州的历史文化研究，我认为是大有可为的。滨州是一个历史悠久、传承有序、文化底蕴相当深厚的地区，作为齐国故地的历史传承，班固在《汉书·地理志》中曰："少昊之世有爽鸠氏，虞夏时有季崱，汤时有逢公伯陵，殷末有薄姑氏，皆为诸侯，国此地。至周成王时，薄姑氏与四国共作乱，成王灭之，以封师尚父，是为太公。"作为薄姑故地的滨州，乃姜太公建立齐国的基地，为齐国"通工商之业、便渔盐之利"的丰富物产和发达的工商业及霸主地位的确立，都发挥了重要的作用。正是由于齐文化在这里长时间的孕育和发展，为滨州打下了良好的经济和历史文化基础,直至后来呈现出繁荣昌盛之势。这一区域历史文化的发展及其文化的多样性,也在我国历史上留下过浓墨重彩的一笔。如今称雄世界的滨州纺织业,名闻全国的城市建设和体育竞技,皆蕴含着优秀历史文化的基因。古往今来,这里才俊辈出,许多历史人物在中国历史的发展进程中做出过重大贡献,彪炳史册,例如有"兵圣"孙武、口传《尚书》的大儒伏生、能言善辩的东方朔、绘制《游春图》的展子虔、先忧后乐的范仲淹、一代词人李之仪以及显赫于明清两朝的吴(式芬)、杜(受田)、袁(紫兰)、张(鸣岐)氏家族等等,他们对我国历代的政治、经济、文化都产生了深远的影响。近代以降,滨州历经反帝反封建斗争的革命洗礼,尤其解放战争时期,渤海革命老区的广大干部群众,在济南战役、淮海战役等众多著名战役中都作出了巨大贡献和牺牲,有五万多名革命烈士长眠于此。再就滨州民俗而言,应属于典型的鲁北民俗,例如滨州剪纸艺术、鼓子秧歌、吕剧等等,不胜枚举,有些内容已经成为山东优秀民俗的代表作。

最近,象润同志又来济南,把《滨州历史与民俗文化论坛》的书稿送我。我初步浏览后,感觉这项成果对以前研究成果在深度和广度上都有新的突破,从中可以看出他们知难而进、刻苦攻关的执着求索精神。该书有很多值得称道之处,首先,抓住了滨州这一区域历史文化的一个重点难点——"薄姑"方国来进行研究。薄姑作为我国先秦时期的东方大国,传世的文献资料很少,而且考古发现的文物资料也很有限。但是这个古代方国非常重要,薄姑方国不但是滨州历史文化的重点和难点,也是我国先秦历史研究的重点和难点问题。蒲姑氏作为商代东夷方国之首,先是在商末抵御了商王朝的攻击,使商王朝也因此而实力大损,《左传·昭公十一年》云:"纣克东夷,而陨其身"。后是周初薄姑与商奄等国起兵反周,周公亲自率军东征,苦战三年才取得胜利,由此可见薄姑国实力之强大。薄姑国是一个极其神秘的方国,对于她何时建国、如何被灭、其灭亡之后国人去向等学术问题至今依然有许多未解之谜。然而对于蒲姑国的研究,尚未引起学术界的足够重视。这次他们的"薄姑与滨州历史文化论坛"活动,重点是研究薄姑问题,一些作者提出了自己的创新性学术观点,值得学界重视。另外,他们还突出了孙子文化的研究,足以显示出《孙子兵法》研究在滨州的重要性及其独特优势,因此说本书抓住了滨州这一区域的文化特色。其他历史和民俗研究的篇目内容,也都有新的深化和拓展。

立足滨州,面向全国,立足当今,面向未来,我看这是滨州历史文化工作者的优点和情怀。另外还需补充一点,他们曾与我探讨有关滨州通史的修纂问题,我觉得滨州通史值得写,而且也应当写。前面已说过,滨州是历史文化相当丰厚的城市,应当有一部与之相匹配的通史著作。通史除了写历史事件的发展过程之外,还要注意把各种重要典章制度和历史人物传记加进去,使之在体例和内容上更加丰满和生动。现在滨州的党政领导都很注重历史文化工作,而滨州又有这样一批年轻有为的历史文化工作者,我深信你们今后一定会在市委、市政府领导的关怀支持下,再接再厉,在已有基础上取得更好更大的成绩。

是为序。

(李象润、李靖莉编著《滨州历史与民俗论坛》,黄河出版社2009年版)

《周自齐传》序

　　近代中国社会，白云苍狗，变化纷繁。在当时那个熙熙攘攘的大舞台上，你方唱罢我登场，许多人在社会转型进程中各领风骚。周自齐就是其中一位值得注意的人物。

　　周自齐（1871—1923），字子廙，山东单县人，一生活跃于晚清、民国政坛，晚清时期曾出使海外，并创办清华学堂（清华大学前身）。民国初历任山东都督、中国银行总裁、交通总长、陆军总长、财政总长、农商总长、盐务署督办等要职。1922年任北洋政府国务总理兼教育总长，代行过民国大总统职务（11天）。作为一个受过西方教育的旧官僚，他有爱国的一面，如维护国家利益，发展农工商金融业，做过一些对人民有益的事情；但同时又拥护袁世凯复辟帝制，在当时军阀混战武夫当国的特殊年代，造就了他矛盾而又复杂的传奇人生。

　　民国史是今天学术界研究的重要领域之一，但是研究对象多是集中在成名成家的大人物，而对没有丰功伟绩的官僚人物、新旧交替人物的研究则较少涉及。周自齐作为中国近代史上唯一一个蹑足最高统治位置的山东人，应该有他的历史地位。察应坤同志曾出版过《王鸿一传略》，对当时和今天的农村建设提出了自己独到的思考和见解，填补了对民国时期乡村建设的研究空白，由此获得菏泽市社会科学精品工程奖。在研究王鸿一的过程中，他对周自齐这个历史人物产生了浓厚的兴趣。此前，国内关于周自齐的研究很少，对于周自齐的求学、入仕、一生所历所为说法不一，以讹传讹的现象也比较普遍。为了写作本书，察应坤同志对单县周自齐家乡、北京门头沟周自齐墓地以及国内外周氏后人进行了多次寻访，并先后在北京、广州等地搜集甄别有关周自齐的原始资料，去伪存真，综合分析，批判性地开展研究工作，经过两年多的时间，最终形成了这部书稿。民国尤其是北洋时期的历史，虽然研究者不少，但限于历史条件，很难在史料和观点上有新的突破。我粗读了察应坤的这部书后，深感他是下了一番功夫的，特别是他在引用史料及观点等方面，有独特的视角和见解。

整部书稿认真地梳理了周自齐从出生到求学到晚清做官，再到民国从政的人生经历，对其外交、财政等思想进行了分析评价，既从宏观上考察分析当时的政治环境给周自齐成长的影响，又从微观上探寻周自齐人生经历的历史轨迹，从而展现出了一幅真实的晚清至民国过渡时期的生动的历史画卷。可以说，研究周自齐，不仅填补了山东地方史研究的一段空白，有较高的学术价值；而且通过周自齐的一生经历，他的思想和政治观点以及他在20世纪之交的命运剧变，也可以给我们研究中国近代史提供一个新的视角和思维方式。他的某些外交思想和财政政策对于我们今天也有借鉴意义。

书稿中还附有经过甄选编撰的周自齐任职清华学堂督办时为清华创建所写的书信、他在外务部任职时写的《外交讲义》以及周自齐摄行大总统时发布的大总统令等，都具有珍贵的史料价值，可供对这一时期历史感兴趣的专家和学者做进一步的研究。

总之，他的这部书，从史料的发掘及研究的角度，都具有重要的参考价值，反映了在目前历史研究方面的一个重要趋向，即在断代史及历史人物的研究上，青年学者不拘泥于前人研究的藩篱及成说，而努力开拓、积极探索的精神，这是应该充分肯定的。据我所知，他虽然毕业于山东师范大学历史学专业，但毕业以后所从事的工作与历史专业几乎毫无关联。作为一个从事企业管理的青年干部，在当今世风浮躁、物欲横流的情形下，他能在工作之余暇，清心寡欲地埋首于故纸堆，探讨历史人物的谜团，毫无疑问是极为可贵的。

察应坤非常热爱他的家乡菏泽，对王鸿一和周自齐等菏泽历史人物的研究正是基于此。他是菏泽市人大代表，在今年菏泽市第十七届人民代表大会第三次会议上,他专门写出了《加快何思源和周自齐等地方人物研究,提炼菏泽人文精神,促进建设菏泽文化大市强市的建议》。在做好自身企业管理工作的同时,利用业余时间研究菏泽、宣传菏泽、促进菏泽建设,其拳拳赤子之心,溢于言表。

现代社会为青年人提供了一个施展才华的广阔空间和舞台,希望察应坤、邵瑞同志继续保持坚持不懈的执着精神,把"读万卷书"与"行万里路"更好地结合起来,在新形势下作出更大的成绩。

（察应坤、邵瑞著《周自齐传》,山东画报社2009年版）

《两汉诸子治国思想研究》序

陈新岗是我于2000年招收的博士研究生。自攻读博士学位伊始，我就和他商定了两汉诸子治国思想这个选题。原因有二，一是两汉诸子的治国思想具有极强的现实意义。历朝历代治乱兴亡的历史，提醒当政者欲"建久安之策，成长治之业"，就必须认真思考和研究治国方略，如汉初陆贾与刘邦关于"马上得天下，不能马上治天下"的一番对话，就是君臣对治国方略的讨论。深入研究两汉诸子的治国思想，确有现实的借鉴意义。二是需要从整体上研究两汉诸子的治国思想。从目前所掌握的材料来看，学术界关于两汉诸子哲学、政治、社会、学术思想的论述较多，但多为个案研究。这种个案研究有时一叶障目，难以认清两汉诸子作为一个群体的共性与个性，也不利于对其治国思想的研究。题目选定后，陈新岗除了攻读博士学位课程外，就进入了搜集、阅读各种文献资料和论著等复杂程序，直至2003年6月顺利通过山东大学博士学位论文答辩，获得专家、学者的一致好评。自2003年7月到山东大学经济学院任教以来，陈新岗继续从事中国经济思想史研究，中间虽曾因新环境的变化而耽搁一段时间，但总体来看，他能够力戒浮躁、急功近利之心，潜心学问，对其博士论文又经过五年的认真修改、补充、完善，终于撰成此书。

在这部专著中，陈新岗从十一个方面展开对两汉诸子的治国思想研究。德治与法治思想主要论述以德治国与依法治国两种治国指导思想在两汉的具体实施情况。学校教育思想主要论述两汉社会的学校教育制度、官方意识形态与人才选拔机制。关于王国、外戚和宦官问题主要论述这些利益集团与两汉皇权的密切关系。吏治与治吏思想主要论述两汉社会的吏治问题以及主要治吏措施。民族思想主要论述汉匈、汉羌等民族关系以及民族政策。货币思想主要论述铸币铸造权的归属及货币的起源、形制、作用等问题。国家干预思想主要论述官营工商业与私营工商业的关系处理问题，诸如关于煮盐、冶铁、均输等行业的争论。经济自由思想主要论述商品经济的发展问题，诸如关于义利观、土地产权以及市场机制等问题的争论。三农思想主要论述两汉农民的赋税和徭役等各种负担、生存现状以及与之相应的解决方案。消费思想主要论述两汉社会的消费观、各阶层的消费行为与国家的消费政策。关于风俗问题主要论述两汉社会的各种风俗，以及风俗好坏与两汉治国的关系。本书的大多数章节都已独立公开发表。从总体来看，这部专著基本实现了最初的研究目的，即从整体把握两汉诸子的治国思想，虽然还有值得进一步商榷之处，但作为一家之言，也有其重要的学术参考价值。

陈新岗的博士学位论文即将出版，我感到非常欣慰。就如同看着自己的孩子慢慢长大一样，从2000年以来，我一直关心着他的成长，他为人淳朴，品行端正，学风严谨，锐意进取，在工作中已取得一定成绩。当然，从学术研究与为人处世的角度，我也希望他在做好教学工作的同时，继续深化两汉诸子的治国思想研究，继承和弘扬两汉诸子关心社会、关心民瘼、关心国家的经世致用思想和学风，为把祖国建成富强民主文明和谐的社会主义现代化国家作出应有的贡献。

（陈新岗著《两汉诸子治国思想研究》，山东文艺出版社2009年版）

《论大舜》序

早在四千多年前中国原始社会末期，虞舜上承唐尧，下传夏禹，以其高尚的道德和伟大的智慧带领上古先民迈进了人类历史上的文明时代，创造了以"德"为核心的大舜文化，从而成为流传千古、光照万年的一代圣君。

谢玉堂同志是学者型的领导干部，他主政济南时，就非常重视大舜文化：他主持修建的泉城广场，把大舜列为文化长廊中名人的第一位；他在大舜耕田的地方对舜耕山庄进行了高水平的扩建，使恢弘的建筑同自然与人文景观融为一体；他支持徐北文先生写出了《大舜传》等很多具有学术价值的著作；他支持有关部门创作出话剧《少年大舜》并搬上舞台，首次把大舜由神话传说转化为具体的艺术形象，具有开创性的意义。如今大舜文化已与济南文化水乳交融。

谢玉堂同志卸任副省长到省政协工作之后，为促进山东文化事业的大发展大繁荣，从保护和挖掘大舜文化的资源和发展大舜文化产业出发，于2007年牵头组建了山东省大舜文化研究会，按照省委、省政府建设文化强省的战略部署，调动各方面的力量，认真开展有关大舜的各项理论、史实研究和艺术创作等工作。在这期间他组织省内外专家围绕大舜是否确有其人，大舜是何方人氏，大舜文化的内涵及其历史意义和现实意义等问题进行了深入的研究。他还带领研究会的同志与专家先后征集、整理、编印了《大舜文化研究资料汇编》及以大舜为第一孝的剪纸《新编二十四孝》画册；邀请中国文联副主席、中国曲艺家协会主席、著名评书表演艺术家刘兰芳先生将王金铃先生创作的小说《虞舜大传》改编为200集长篇历史评书,在全国20多个省市200多家电台进行了播放;他积极筹划《大舜》长篇电视剧的创作与拍摄工作;2009年7月在山东省诸城市召开了大舜文化学术研讨会,举办了大舜文化节,并举行了第一次大舜祭典;2009年8月在烟台福山召开了纪念王懿荣发现甲骨文110周年纪念大会。

谢玉堂同志虽然公务繁忙,但在治学上一直勤奋努力,他以花甲之年孜孜不倦地在史海泛舟,结合自己多年的从政经验和生活阅历,潜心研究大舜文化,写出了这本十余万言的关于大舜文化的史论著作——《论大舜》。本书根据大量文献资料和考古调查资料,论证大舜并非神话传说人物,而是确有其人;大舜是东夷人,即今山东人;大舜和大禹的治水重点在黄河中下游一带,包括淮河流域的一部分;尧嫁二女于舜的历史动因,主要是出于东夷、华夏两大部族的政治"和亲";尧、舜、禹是夏王朝文明的奠基人;大舜文化的核心是"德",也就是道德文化,影响了中国几千年,有其深远的历史意义和重要的现实意义,等等。总之本书所要做的就是尽力拨开历史的迷雾,将真实的大舜展现在读者面前,继承和弘扬大舜文化,为建设社会主义新文化与和谐社会服务。他非常支持李学勤先生"走出疑古时代"的观点,并积极热情地建议研究中国远古史的专家学者走进释古时代。荀子说:"学不可以已。"我非常钦佩谢玉堂同志对大舜文化研究的这种执着好学不已的精神。谢玉堂同志的好学、慎思、明辨、笃行,从而终有所获,绝不是偶然的。

谢玉堂同志一向认为学术乃天下之公器,学术之意义在于引古证今,学以致用。大舜文化孕育了丰富的中华民族精神,具有巨大的凝聚力和感召力,无论在任何时代、任何地区,都具有不朽的价值,我们应当将大舜文化精神发扬光大,为弘扬中华传统优秀文化,为落实科学发展观,建设社会主义和谐社会做出应有的贡献。

法国大文学家雨果有句名言:"艺术的大道荆棘丛生,这也是好事,常人望而却步,只有意志坚强的人例外。"谢玉堂同志就是这样意志坚强的人。我衷心地祝愿他在研究大舜文化的道路上不断地求索,不断地前进。

(谢玉堂著《论大舜》,山东人民出版社2010年版)

《稷下学宫与齐文化研究》序

　　于孔宝同志是淄博市最早从事齐文化研究的著名学者之一，1986年就参加并组织了全国首届《管子》学术讨论会，1987年6月即调到《管子学刊》编辑部参与创刊工作。我不仅参加了这次《管子》学术讨论会，而且被聘为《管子学刊》的顾问，因为这层关系，此后我们成了忘年之交。20多年来孔宝同志一直在《管子学刊》从事编辑与研究工作。由于他在齐文化研究方面的突出成就和影响，曾被山东师范大学齐鲁文化研究中心和山东地方史研究所聘为兼职研究员，同时还参加了我和王志民同志主编的山东省社会科学"十五"规划重点研究项目八卷本《齐鲁文化通史》（春秋战国卷）的撰写工作。特别令人欣喜的是，孔宝同志积多年对齐文化研究的心得和成果，最近又撰写了《稷下学宫与齐文化研究》一书，在这部学术专著即将出版之际，我一则表示衷心祝贺，再则是想对此书写几点粗浅的体会和看法。

　　战国时期齐都临淄的稷下学宫，是一个荟萃诸子各派学者的争鸣中心和百家论坛，在中国学术思想文化史上曾产生深远影响，而齐文化对此则作出了特殊的贡献。诚如郭沫若先生在其名著《十批判书》之《稷下黄老学派的批判》中所说："这稷下之学的设置，在中国文化史上实在是有划时代的意义。""周秦诸子的盛况是在这儿形成了一个最高峰的。"孔宝同志这部学术著作正是在这个意义上对稷下学宫与齐文化的关系及其历史影响进行了系统研究，总结并融会前人与时贤的研究成果，提出或论证了诸多新的观点。例如：

　　（一）稷下学宫之所以产生于齐国而不是产生于其他诸侯国，是由齐国的经济、政治、文化传统等特殊条件决定的。稷下学宫具有双重性质,即集政治性(政策咨询机构)与学术性(研究院与大学堂)于一体。它有两个显著特点,一是求实务治、经世致用;二是学术自由、百家争鸣。稷下学宫作为战国文化中心,主要表现在五个方面,即政治咨询中心,学术交流中心,教育培训中心,科技传播中心,图书资料中心。对于稷下学宫产生的背景、性质、特点以及作为文化中心的表现等作出了翔实论列与明晰论断。

(二)对于稷下学宫与先秦诸子学派的关系考论令人耳目一新。我们从书中所列稷下黄老学派与道家的分化、稷下儒家与儒学的齐学化、稷下阴阳家与阴阳五行学说的兴盛、稷下墨家与墨学在齐国的传播、稷下名家与先秦名辩思潮、稷下纵横家与战国策士等纲目中即可窥见一斑。

(三)在稷下学宫与《管子》关系问题上提出了《管子》是管仲学派的著作和稷下学宫教科书的观点,在稷下学宫与齐国兵学历史地位问题上考论为齐国是先秦兵学文化中心。

(四)齐国经济的发达为稷下学宫的产生奠定了坚实的物质基础,对于齐国经济的有关问题也进行了研究,提出了齐国是春秋战国时期最早大量生产与使用铁器的国家、齐国实行的"官山海"是中国历史上最早的盐铁专卖制度、齐鲁地区是我国古代最早的丝织业中心等观点。

总之,孔宝同志的科研成果在学术界以及相关社会领域均产生了较大影响,他参与撰写的《齐鲁文化通史》以及他个人撰写的《论稷下之学与战国文化中心》和《古代最早的丝织业中心——谈齐国"冠带衣履天下"》分别获得山东省社会科学优秀成果奖一、二、三等奖。这些成果都融会到了《稷下学宫与齐文化研究》一书之中,通过这部书既可以对齐文化有较深度了解,又可以对中国历史上第一次思想大解放、学术大繁荣的战国时代百家争鸣有一个全景式的观感。

"欲穷千里目,更上一层楼。"希望孔宝同志在此基础上,再接再厉,对齐文化研究作出更大的贡献。

2010年12月12日

(于孔宝著《稷下学宫与齐文化研究》,中国戏剧出版社2012年版)

《华不注漫话》序

华不注山,简称华山,又称花跗山、尖尖山、金舆山等。山下有泉,曰华泉。自山麓至山巅,有始建于金宣宗兴定年间(1217—1222)的古建筑群,二十余处,错落有致,即被誉为"济南巨观"的华阳宫,现为山东省重点文物保护单位。历代名人对华不注山及华阳宫多有题咏赞颂,留下了大量诗文书画等名篇佳作。如北魏郦道元的《水经注·济水二》记载:

华不注山,单椒秀泽,不连丘陵以自高;虎牙桀立,孤峰特拔以刺天。青崖翠发,望同点黛。山下有华泉,故京相璠曰:春秋土地名也,华泉,华不注山下泉水也。《春秋左传》成公二年,齐顷公与晋郤克战于鞍,齐师败绩,逐之,三周华不注。逢丑父与公易位,将及华泉,骖絓于木而止。丑父使公下如华泉取饮,齐侯以免。韩厥献丑父,郤子将戮之,呼曰:自今无有代其君任患者,有一于此,将为戮矣。郤子曰:人不难以死免其君,我戮之不祥,赦之以劝事君者。乃免之,即华水也。

这段记载可以说是较早而详细地叙述了华不注山的自然形态、华泉与华不注山的关系以及与华不注山、华泉有关的历史,是一篇重要的历史文献。此后如唐代李白的《游齐都诗》:

昔我游齐都,登华不注峰。

兹山何峻秀,绿翠如芙蓉。(《李太白全集》)

金·元好问《华不注山》:

元气遗形老更顽,孤峰直上玉屏颜。

龙头突出海波沸,鳌足断来天宇间。(《遗山先生集》)

元·郝经《华不注行》：

> 平地拔起惊屏颜，剑气劲插青云间。
>
> 济南名泉七十二，会为一水来浸山。（《郝文忠公集》）

元·张养浩《游华不注》：

> 苍烟万里插孤岑，未许君山冠古今。
>
> 翠刃刺云天倚剑，白头归第日挥金。（《归田类稿》）

明·李攀龙《登华不注绝顶》：

> 中天紫气抱香炉，复道金舆落帝都。
>
> 二水遥分青渚下，一峰深注白云孤。（《沧溟先生集》）

清·王士禛《雪行华山下》：

> 吾州最爱华不注，白日晴天卓虎牙。
>
> 一夜山中三尺雪，晓来失却青莲花。（《蚕尾集》）

元人王恽在《游华不注记》中对济南山水写下了具有总结性的评语："济南山水可观者甚富，而华峰、泺源为之冠。"（《秋涧先生集》）赵孟頫在《鹊华秋色》图中也说过类似的话："齐之山川，独华不注最知名。"

华不注山历史悠久，文化积淀丰厚，对先人给后人留下来的这一笔珍贵的历史文化遗产，值得我们去深入挖掘、整理、研究、宣传、保护和利用。唐景椿同志新著《华不注史话》在这些方面做了许多有益的工作。

该书的主要内容包括以下几部分：

（一）沧海桑田，概述了华不注山自然形成的历史和沧海桑田的巨大变化。

（二）齐晋鞍之战，简述了发生在春秋鲁成公二年（前589）齐晋鞍之战"三周华不注"的历史故事。

（三）鹊华秋色，简要介绍了元赵孟頫的名画《鹊华秋色》所绘鹊山、华山的秀丽风光，综述了历代名人对此画的收藏、题跋，特别是清乾隆皇帝的多次题名、赋诗、著文以及书法、印鉴等情况，并进行了一些重要的考辨。

（四）济南巨观，对华阳宫的创建、宫名由来进行了考证；对散布在五个院落的二十余座庙堂，从建筑形式、所在位置以及奉祀的神灵、历史人物都做了简要解说。

（五）奇石大观，华不注山多奇石，几乎到处可见。千姿百态，惟妙惟肖，蔚为奇观。其中尤以道教崇祀的"前龟、后蛇、左龙、右虎"四奇石为最有名。作者不仅又新发现了龟石、蛇石以及蛙石、猿人石等奇石，同时还对前人留下来的《奇石歌》进行了全面的诠释。

（六）文华诗韵，主要介绍了历代名人游华不注山时留下来的诗文。

（七）传说解谜，多为通过实地调查访问搜集到的各地民间传说，并对这些传说进行了解密和诠释。

（八）古碑石刻，千百年来，历朝历代在华不注山留下了许多古碑、石刻。除了已知的碑刻以外，作者又新发现了一批摩崖石刻和古碑，这些碑刻对我们具体了解华不注山的历史沿革和丰富的文化遗产提供了珍贵的实物和文字资料，同时对今天华不注山的开发和建设也有重要的参考价值。

总之，我认为该书有以下几点特色：

（一）资料丰富，作者为写这本书，不仅阅读了北魏郦道元的《水经注》、明刘敕编写的《历乘》、清乾隆年间的《历城县志》、民国续修的《历城县志》、清道光年间的《济南府志》及清末至民国年间各种介绍济南的图书；而且参阅了大量的历代名人的诗文集。此外，作者还多次进行了实地考古调查，并搜集了二十多种民间遗闻传说。

（二）考证翔实。如利用地质学原理考证了华不注山自然形成原因及形成年限，批判了各种传说的谬误。对华泉的形成进行了论证，提出了"华泉泉群"的观点。纠正了乾隆皇帝对赵孟頫《鹊华秋色》图题跋中的错别字以及某些碑文的错误。

（三）文图并茂。书中除收录了十余年前所绘制的《华阳宫古建筑群平面图》、《吕祖庙残碑示意图》，又新绘制了《摩崖石刻、奇石及村庄分布位置示意图》、《古石碑、古树木位置示意图》、《古代清河航道示意图》等，并插入了多幅实物图片，这样就更形象直观地反映了华不注山丰富的历史文化。

（四）该书不仅吸收了丰富的历史文献资料、文物考古资料和实地调查资料；而且还引用了大量的古诗文，文史结合，行文流畅，明白易懂，雅俗共赏。相信此书出版后,必将拥有众多的读者。

　　据我了解,《华山史话》是作者在十几年前出版的《华山胜览》一书的基础上补充修改加工而成的,很显然,"后来者居上",后者较之前者有较大的改进和提高。由此使我联想到作者不久前出版的《济南老街老巷》,希望景椿同志总结经验,再接再厉,精益求精,把这本书也修改好。另外,更上一层楼,再写一本《济南旧事》。总之,都是为后人留住历史上的济南。德国哲学家尼采有一段名言:"我们所以要了解历史,归根结底,是因为我们关心我们的现在和未来。"我们衷心希望现在和未来的济南比历史上的济南更加美好,而且越来越好。

　　　　　　　　　　（唐景椿著《华不注漫话》,团结出版社2010年版）

《百年历史的影像回忆》序

　　了解历史的方式有多种多样,我认为对于想了解近现代史的读者们,最生动最直观的方式莫过于影像的记述。

　　从上个世纪50年代,我开始对山东地方史与齐鲁文化的研究,参考资料较多是文字性的,日前,大众音像出版社的同志,送来他们策划编辑的《齐鲁百年影像》电子历史图集,该图集从国家、省、市的博物馆及图书馆、方志馆里搜罗近现代历史照片逾三千幅,其中部分照片是首次公开出版,更是无比珍贵。

　　《齐鲁百年影像》选编的时限,大约在19世纪初至建国前的百余年间,此时的中国,正处在由传统向现代转型的开端时期,世事沧海桑田,人物风云变幻,史料浩如烟海,尽管时代不远,却需要编者以严谨的治学态度和科学的治史方法,下一番苦功夫,才能披沙拣金。今天,我们看到的《齐鲁百年影像》,资料搜集方式专业,类别划分得当,再加上编者求真务实的精神和难得而丰富可靠的史料,堪称一部传世之佳作。

　　史学的传承,过去是著书立说,依靠典册留存历史,至于各种图片资料多为附属之作。文字的用途不容置疑,但对于历史的解答和细节的描述,不可能做到直观形象,具体而微。时代在进步,对于历史的研究,我们也需要一种甚至多种更为简便的概括和叙述。《齐鲁百年影像》别开生面,借助现代影像技术和数字出版手段,以图说史,真正地重现了历史现场,还原了历史事件和历史人物的本来面貌。

　　山东是孔孟之乡、礼义之邦,海岱文明久远深厚,齐鲁文化源远流长,在历史的长河中,形成了独特的山东精神和风貌。《齐鲁百年影像》的内容取材于齐鲁大地的百年历史进程,乡土风物、往事忆旧、人物留影……比较充分地反映了山东近现代历史的面貌,可谓一部齐鲁百年历史的图片说明书。从一幅幅历史画面中,读者能够清晰地看到山东人特有的精神气质及其传承脉络,了解齐鲁文化源远流长的历史轨迹。

历史影像的魅力与作用,在于拥有真实的现场感,能够让我们近距离站在先人中间,方便我们全面而具体地了解历史。特别值得一提的是,在《齐鲁百年影像》各章节的光影里,分门别类记录了齐鲁大地社会下层劳动人民、市井百姓的生活和工作片段等历史遗迹。表面上看,或许他们并不是历史的主角,默默无闻,但他们却是齐鲁历史实实在在的参与者、见证者,用各自的身影创造和丰富了历史,具有不可替代的珍贵史料价值。

总之,《齐鲁百年影像》所收录的图片,有助于人们了解、认识齐鲁大地百年厚重的人文历史,有助于我们了解自己这个时代。值得我们认真阅读。相信这套电子读物,必将凭藉齐鲁人文胜迹的流风余韵,风采光华,传播久远,为读者所喜爱。

(林忠礼主编《齐鲁百年影像》,大众音像出版社2012年版)

《潍坊民间习俗与社交礼仪》序

　　一方水土孕育一方文化。各具特色的地域文化不仅是源远流长的中华文化的有机组成部分,而且伴随着知识经济的兴起和经济社会一体化进程的不断加快,地域文化已经成为增强地域经济竞争能力和推动社会和谐发展的重要力量。潍坊学院作为地方性普通高校,以挖掘地域文化资源、研究地域文化特征、丰富地域文化内涵、提升地域文化品位为己任,组织编写《潍坊民俗文化丛书》,是非常可喜的,也是很有意义的。

一

　　潍坊地处山东中部,为东夷先民生活和聚居的腹地,其独特的地理条件,为区域文化的形成提供了有利的环境;邦国林立及古代行政区域的相对稳定,从政治上强化了文化的区域分野;历代名士辈出,又从学术上突出了文化的区域特色;上古时代丰富多彩的东夷民风民俗的流播传扬,直接造成了当地独具风格的区域文化氛围。春秋战国时期的古潍坊,分属齐、鲁、杞、纪、莱等国。西汉景帝中元二年(公元前148年),朝廷在此设置北海郡。东汉末年,"建安七子"之一的孔融曾任北海相,在任六年期间,孔融"制城邑,立学校,表显儒术,荐举贤良"[①],政绩斐然,世称"孔北海",其文集称《孔北海集》。此后北海郡或隶属青州,或与青州并行,直至明洪武十年(1377年)改称潍县,一直是鲁东半岛经济文化最发达的地区,为商业枢纽和商品集散地,尤其是海产品集散地。当地的商

---

① 《后汉书·孔融传》。

业、手工业相当发达,明清时期有"二百盘红炉,三千砸铜匠,九千绣花女,十万织布机"的说法,号称"南苏州,北潍县"①。

　　濒临渤海湾滩涂,渔盐资源异常丰富,是古代潍坊经济最为显著的特点,被称为"泻卤"之地,"多文采布帛鱼盐"②之利,且地处交通要冲,商旅往来便利。大量历史资料证明,自古以来环渤海湾的潍坊属地一直是海盐生产最为发达的地区。早在夏代,这里就开始设置盐官。《尚书·禹贡》云:"青州厥贡盐绨。"《太平寰宇记》引吕忱的话说:"宿沙氏煮海,谓之'盐宗',尊之也,以其滋润生人,可得置祠。"③一些专家据此认为,生活在渤海湾畔的宿沙氏部落,"大概在商、周之际,就已在当地推广和普及煮盐④"。到春秋战国时,即"齐有渠展之盐,燕有辽东之煮"⑤的说法。被视为齐国海盐生产中心的"渠展",即位于今潍坊所辖寿光羊口一带。当地百姓在齐国"通商工之业,便鱼盐之利"⑥的务实政策指导下,因地制宜,大力发展海盐生产,史称"北海之众……聚庸而煮盐⑦"。他们将海盐"循河、济之流,南输梁、赵、宋、卫、濮阳",以获得高额利润,使经济得到巨大发展。

　　在以自然经济为主体的古代社会,"盐"应该说是最具商品性的产品,因为这不是各个农户所能生产的,却又是任何人每日都不可或缺的。渔盐之利不仅使各地客商云集北海,而且将潍坊文化塑造出其他地域文化所不具备的开放性特征。潍坊人由此具有了其他地域所不具备的开放意识和经营理念。当地本来缺少铜铁等手工业资源,但却能独辟蹊径,形成具有自己特色的城镇手工业经济,进而发展成为鲁东手工业重镇,因此相传有"樱桃千名绣花女,梨园户户是铁匠,河北顶针到南洋"的说法。这里的"樱桃"、"梨园"、"河北"都是古潍县近郊的村落,可见潍县手工业专业化程度的高超。至于一些具有自身优势的传统手工业发展更为迅

---

① 许万敏等主编:《齐鲁乡情概观》,第401页,山东人民出版社,1988。
②《史记·货殖列传》。
③《太平寰宇记》卷四十六,《河东·解州·安邑县》条。
④ 郭正忠主编:《中国盐业史》,古代编,第22页,人民出版社,1999。
⑤《管子·地数篇》。
⑥《史记·齐太公世家》。
⑦《管子·轻重甲篇》。

猛,自西汉始设的临朐县即是全国著名的古老蚕乡,所产蚕有的茧洁白如雪,被称为"银茧";有些茧抽出的丝颜色金黄被称为"金条"。采用此种蚕茧织出的丝绸被视为名品,汉代即行销西域。被称为"丝绸之乡"的昌邑柳疃镇,自清代康熙年间起即村村有机,户户织绸。尤以柞蚕丝为原料织出的提花绸,图案典雅,花团锦簇,令人发出"天梭几度织得成,疑是虹霓人间落"的感叹。柳疃丝绸不仅远销新疆、青海、四川等地,而且被柳疃人远销到南洋,成为蜚声海外的商品。

工商业经济的发展,也养成了潍坊人因势趋时的文化特色。他们"不慕古,不留今,与时变,与俗化"①,具有敢为天下先和与时俱进的精神品格。诸城人张择端的传世画作《清明上河图》,历代被誉为"神品"。之所以能得到如此高的评价,一方面固然是因画作对北宋汴梁城的城门、大街以及城门外汴河上的繁华景象,作了忠实而详尽的描写,进而展现出当时各色各样人物活动和建筑、工具等世俗风物,有极大的历史价值;另一方面则是因为这一画作代表了中国人物画的新发展。它改变了过去一味专注文人仕子和宫廷仕女的画风,而将目光转向市民生活的各个方面。《清明上河图》在北宋画作中具有典型的代表意义,原因即在于此,而画家对北宋东京市街上的各种商业活动、手工业活动、河上的漕运活动那种细致入微的观察,应该与古代潍坊地区工商业经济一向发达的熏陶有关。

明清时期,潍坊地区基于文化的兴盛,民间工艺逐步形成了独特的风格。杨家埠木版年画与天津杨柳青、苏州桃花坞的年画并称全国三大木版年画;当地所产风筝别具一格,自成一派。当地仿古铜工艺可仿制古代青铜器中的各类爵、鼎、盘以及人物造型,古朴典雅,色泽逼真。嵌银漆器将木、金、银、漆多种工艺融为一体,瑰丽多姿,蜚声世界。另外,扑灰年画、泥塑、剪纸、核雕、刺绣、草编等民间工艺也各具特色,异彩纷呈。

二

潍坊地处鲁东半岛与内陆的衔接地带,自古以来即为交通咽喉之地,号

---

①《管子·正世》。

称"半岛走廊"。这一地位优势与以"渔盐之利"为基础的海岸经济相结合，铸就了潍坊文化务实开放、尊贤尚功的基本特征，而儒家文化的长期熏染，又使之具备了仁义为先、会通百家的博大情怀。潍坊文化的这些显著特征，不仅为当地的经济社会发展提供了强大支撑，而且对其未来的社会发展也产生了重大影响。

潍坊自古名人辈出，文化传统源远流长，深厚博大，其文化的源头则可以追溯至半岛土著居民创造的东夷文化。这是一种具有较高的发展水平、鲜明的地域特色，且在中国早期文明史上占有重要地位的文化。东夷文化的地域范围大致包括了《尚书·禹贡》所言古"九州岛"中的青州以及兖、徐两州的一部分，与现代意义上的山东省基本相当甚或更为辽阔。早在齐鲁立国之前的夏商两代以及更早的史前时期，东夷族就聚居在这片辽阔的沃土上。东夷族著名的部落首领舜即生于现潍坊市境内之诸城。据《孟子·离娄下》载："舜生于诸冯，迁于负夏，卒于鸣条，东夷之人也。"北宋时任密州（治所今山东诸城）知州的大文学家苏轼即认为舜是诸城人。此后明《职方图》、清乾隆《诸城县志》以及著名史学家郭沫若、范文澜等也都认为古之诸冯即今山东诸城。现潍坊市所辖诸城市北5公里处仍有诸冯村，该村的村头有"舜祠"，村中有古井名"舜井"，村北有土埠名"历山"[①]。远古曾有仓颉造字"天雨粟，鬼神哭"的传说，而传说中黄帝史官、"始制文字"的仓颉即为寿光人氏。于钦《齐乘》卷二《益都水·巨洋水》："又北径寿光县东北，《水经》云：旧有孔子问经石室，即仓颉墓也。"仓颉墓在中国境内有多处，而以潍坊境内者为著，这在某种意义上也说明北海文化发祥之久远。

先秦两汉之际，潍坊之地已成为经师之堂奥，儒林之渊薮。孔门弟子公冶长家学心传，对这一地区儒学的兴盛应有开创之功。东汉时期的著名经学家郑玄，致力于经学的研究和著述，并开创了"郑学"一派，为天下所宗，史称其"囊括大典，网罗众家，删裁繁芜，刊改漏失，自是学者略有

---

① 李明忠主编：《潍坊古今人物》，第1页，香港正之出版有限公司，1992年。

所归"①。因这一学派主要活动于青州一带，又称"青州学"②。现行《十三经注疏》中有四种出于郑玄之手，即三《礼》注和毛《诗》笺。汉魏以后，北海经学之绪仍绵延不绝，至唐宋之际再现高潮，琅玡人王仲丘撰《大唐开元礼》一百五十卷，使"唐世五礼之文大备"。清代以陈介祺为代表的金石考证之学，更领海内风骚。陈介祺不仅撰著有关金石学方面的著作达20余种，而且收藏宏富，稀世珍宝毛公鼎即由陈介祺首藏。国学大师王国维曾撰写《毛公鼎铭考释》一文，称："三代重器存于今日者，器，以盂鼎、克鼎为最巨；文，以毛公鼎为最多。此三器者，皆出于道、咸之后，而毛公鼎，首归潍县陈氏。"巧合的是，现在学术界公认最早的文字甲骨文，是在1899年由潍县西南范家村人范椿青（字寿轩）、范维清（字辑熙）最早认识到其巨大的学术价值，然后进京转卖给时任国子监祭酒的福山王懿荣，进而揭开了一代显学之序幕。

中国传统上是自然农耕经济社会，农业为国民经济命脉所在，而潍坊历来是重要的农业产区。苏轼《送孙勉》云："昔年罢东武，曾过北海县。白河翻雪浪，黄土如烝面。桑麻冠东方，一熟天下贱。"直到今天，仍有"要想吃饭，诸安二县"之说。北魏时，青州齐郡益都人贾思勰所著《齐民要术》，是我国第一部完整保存至今的大型综合性农书，它是秦汉以来我国黄河流域农业科学技术的一个系统总结，是标志着我国传统农学臻于成熟的重要里程碑。明清之际，这里还曾兴起柞蚕放养和柞丝绸织造业，并由此逐渐普及到全省乃至全国。柞蚕放养的策源地是潍坊诸城，而柞丝绸织造与贸易的中心则是潍坊昌邑。昌邑丝绸商贩还曾梯山航海，远赴异国，从而成为进军世界商战的先头部队。康有为在公车上书中所说山东人以蚕丝织布出口，"夺洋人之利"，即指此物。

潍坊还具有深厚的教育文化传统底蕴，远自汉代起，即为私学教育最发达的地区。琅玡东武人伏湛以《诗》"教授数百人"，其子伏隆以《大夏侯尚书》"教授门徒数百人"③。一代大儒，北海高密人郑玄"家贫，客耕东

①《后汉书·郑玄传》。
② 今青州东部有郑母村，旧称郑墓村，即因有郑玄墓而得名。
③《后汉书·伏湛传》。

莱,学徒相随已数百千人。"①唐宋以降,科举兴盛,潍坊一带士人以对新生事物特有的敏感而较早地踏上了科举之途。青州人王曾,于宋真宗咸平年间连取解试、省试、殿试第一,成为科举史上为数不多的连中"三元"的状元。潍县城一条长不足百米的狭窄小巷中,在清代曾连续出了曹鸿勋、王寿彭两名状元,成为科举史上的佳话。古代中国重宗法、重师承、重谱系,并由此形成名门望族或世家大族。这些世家大族经数代积累的文化优势直接造就出文化精英,而某一家族中文化精英的相继迭出又使这个家族门祚不衰。这些名门望族在文化上要比一般家族具有更大的优势,负载着区域文化传承的重任。早在两汉时代,高密郑氏、东武伏氏就成为海内经学两大家。唐宋之后,潍坊一带有几代或数代、甚至数百年间相继仕宦的世家;有以诗文书翰见长、学术昌盛、累世不绝的文化世家;有致力于科举之业,科第蝉联,进而保持家族事业兴旺发达长期延续的科举世家;还有习武从军连任武职,且累立军功以显亲扬名的军功世家。世家大族一般具有较高的文化素质和良好的政治素养,对地域文化的养成与传播,都起到重要作用。

古潍坊地区也是中西文化交流的重镇。明末即有西方传教士在当地活动,清代则一度成为美、英等国传播基督教和兴办教育的中心。位处潍县城内的广文学校有"东方哈佛"之称,二十世纪前期山东乃至整个华东地区教育及医疗机构的兴办,皆与广文学校有着直接或间接的关联。著名的齐鲁大学(后与山东大学合并)直接脱胎于广文学校。广文学校的兴办也对潍坊及其周围地区的现代化进程产生了巨大影响。山东最早的近代民族企业家以潍坊地区最多,且大都有广文学校的背景。曾任广文学校理化修制所技师的潍县人滕虎忱创办华丰机器厂,并制造出了当时山东也是华北第一台柴油机。

三

潍坊一带作为齐鲁文化发祥的腹地,鲁东半岛经济中心,在其一千多

---

①《后汉书·儒林列传》。

年的发展历程中确曾有过经济文化高度繁荣的辉煌。在这片土地上,诞
生过晏婴、郑玄、贾思勰、张择端、王尽美、臧克家,也曾经留下孔融、苏轼、
范仲淹、欧阳修、李清照、郑板桥等人的文化遗迹,更有大批贤能志士在这
里施展过雄才伟略。他们共同创造了以务实开放、尊贤尚功、仁义为先、
会通百家为特色的潍坊文化。潍坊文化的这些显著特征,不仅为古代潍
坊的经济社会发展提供了强大的智力支撑,而且也必将对潍坊的未来发
展产生重大影响。

首先,潍坊文化赋予人们以观察世界和改造客观世界的独特方式,并
由此形成仁义为先的价值观念和道德意识。这正是潍坊文化内在精神的
体现,也是潍坊先人留给我们的丰厚遗产。自古以来的盐业生产促进了
潍坊与全国各地密切的贸易往来,这使潍坊人的眼界更为开阔,信息更为
流通,进而促使他们绝不将眼光仅仅盯在眼前方寸之地,画地为牢,故步
自封,而是将眼光投向更广阔的外部世界,并藉此塑造了潍坊人在古代领
全国风气之先的胆识、魄力和既务实又开放的思维特征。

其次,以务实开放、尊贤尚功、仁义为先、会通百家为特色的潍坊文
化,千百年来熏陶和造就了北海人的独有品格,并长期成为地域认同的核
心。借鉴和弘扬潍坊区域文化传统,对加快潍坊社会发展,增强地域认同
意识,具有显而易见的重大意义。文化与经济历来是联系在一起的,经济
发展可以为文化建设提供必要的物质基础,文化建设又能为经济发展提
供良好的发展环境和强大的智力支持。潍坊文化中历来有尊贤尚功、务
实开放的特色和传统,并由此造就了古代潍坊地区工商业的持续兴盛和
鲁东商业枢纽的特殊地位。要把潍坊建成新形势下充满竞争力、吸引力、
创造力的热土,就需要充分挖掘区域文化资源,强化市民"世界风筝都"
意识,增强家乡认同感,优化人文环境。潍坊文化中的尊贤尚功、仁义为
先的职业道德要求,不仅陶冶了古人,亦会影响到今人。这些人文资源,
对营造健康向上的人文环境,打造城市信用必然会起到积极的作用。

再次,潍坊区域文化是世界风筝都的文化之源,加强对潍坊文化的研
究,深入挖掘潍坊文化中丰富的物质遗产和人文资源,将有助于打造"世
界风筝都"品牌,加快经济强市的建设步伐。加强对潍坊文化研究的目

的就在于为加快潍坊社会发展提供历史文化资源,注入强劲动力和智力支持。而且从某种意义上说,加强对潍坊文化的研究,对于构建"世界风筝都"富有个性的城市形象具有不可替代的重要作用。"风筝"之于潍坊文化是鱼与水的关系。风筝制作是古代潍坊区域经济和民俗文化艺术中的组成部分,是潍坊文化的丰富营养造就了古老的风筝艺术。现在,风筝作为潍坊的城市象征和招商引资的重要载体,其意义不容忽视,潍坊作为世界风筝都的地位也已经确立。以此为先导,应大力加强对潍坊文化的研究,深入挖掘潍坊文化中丰富的物质遗产和人文资源,这将有助于打造"世界风筝都"品牌,加快社会主义"五位一体"的建设步伐。

任何一个地域文化都有其独特性,任何城市都具有独一无二的历史文化资源。深厚的文化底蕴和丰富的人文资源无疑是城市进一步发展的牢固根基,是一方民众内聚力的无尽源泉。借助于独有的文化,民众得以凝聚,并使之将前人的经验传递给后人,社会的精神成就与物质成就得以保存与实现。所以一个地域的文化传统决非仅仅滞留于博物馆和线装书中,而是活跃于古人、今人和未来人的具体实践中,成为其思想行为范式的重要构成因素。潍坊文化源远流长,在其一千多年的发展历史程中曾经创造出经济文化高度繁荣的辉煌,而且潍坊今天经济社会发展取得的成绩,也是与区域文化的孕育和熏陶分不开的。潍坊文化研究,表面上是探究潍坊人的过去,但其目的却正是为了更真切地继承和弘扬潍坊人赖以生存的精神传统,进而更有依据地观照和创造潍坊人美好的未来。

《潍坊民俗文化丛书》紧扣传承区域文化、促进潍坊发展的主题,内容涵盖潍坊市辖城内的国家级非物质文化遗产、潍坊独具特色的民风民俗与民间技艺、潍坊著名的文化遗产与遗迹、潍坊世代传承的文化世家与卓有影响的文化名人,并力求以新取胜,以质求胜。我深信《潍坊民俗文化丛书》的出版必将进一步推动和深化潍坊区域文化的学术研究,并对今后潍坊的发展和繁荣,也具有丰富的历史借鉴意义。

(潍坊学院编《潍坊民俗文化丛书》,中国文史出版社2012年版)

《〔道光〕济南府志》点校本序

　　济南,因地处古济水之南而得名。秦时为济北郡之历下邑。西汉初改属齐国。高后元年(前187)割齐国之济南郡为吕王(台)奉邑。此事见于《史记·齐悼惠王世家》,应是济南作为地名的最早记载。文帝十六年(前284)分齐国为济南国。景帝三年(前154)因济南王刘辟光参与"七国之乱",废济南国为济南郡,由汉朝中央政府直辖,治所在东平陵。东汉初复为济南国。西晋永嘉年间(307—313),郡治移至历城,自此历城一直作为济南地区的政治、经济、文化中心。隋时,改济南郡为齐州。唐玄宗天宝元年(742)一度改为临淄郡。北宋徽宗政和六年(1116)始称济南府。元初改称济南路。明清时期均称济南府。清道光时,济南府辖一州十五县:德州、历城县、章丘县、邹平县、淄川县、长山县、新城县、齐河县、齐东县、济阳县、禹城县、临邑县、长清县、陵县、德平县、平原县。民国三年(1914),改府为道,称济南道。民国十八年(1929)设立济南市,为山东省省会,沿用至今。但其行政区划多有变动。今之济南市,辖六区一市三县:历下区、市中区、槐荫区、天桥区、历城区、长清区、章丘市、平阴县、济阳县、商河县。

　　济南地处我国南北交汇之要冲,自古即为天下重镇。济南既是我国文明发源地之一,文化遗址、文物古迹众多,又是大舜文化的发祥地和传播地。济南历史悠久,文化灿烂,名人辈出,唐代大诗人杜甫即有"济南名士多"的称誉。

　　济南又是一座湖光山色交相辉映、清泉碧水喷涌绕流的泉水之城。《诗经·大东》篇中即有描写济南泉水的诗句。济南市区名泉遍布,河湖绕城,诗情画意,名满天下。

　　济南还是一座较早对外开放的现代化城市。清朝末年,一九〇四年济南首先自开商埠,城市随之扩大,工商等百业均有迅速的发展。一九一一年,津浦铁路、黄河大桥建成通车,再加上此前修筑的胶济铁路,济南遂成为贯通南北东西的交通枢纽,并进而发展成为具有现代化意义、联结陆海的省会城市。

　　过去长时期以来,关于直接记载济南的历史文献,并不多见,现存最早的书籍,即元代于钦编写的《齐乘》。之后,又有明末刘敕编写的《历乘》。再就是清代编写的一批关于济南的志书。其中比较著名的有唐梦赉主修、康熙三十一年(1692)刊刻印行的《济南府志》;周永年、李文藻合编、乾隆三十六年(1771)刊行的《历城县志》;成瓘、成琅兄弟续修、道光二十年(1840)刊印的《济南府志》,另有《济南金石志》和《济南府志杂抄》单独印行。

　　成瓘(1763—1842),济南府邹平人,清嘉庆六年(1801)举人。他不仅精通经史、文字训诂学等,而且潜心于地方志书的研究和撰述。故《〔道光〕济南府志》后来居上。全书共七十二卷,卷首一卷,设三十二目,计一百八十余万字。与《〔康熙〕济南府志》相比,体例更为完备,目类、字数大为增加,资料更为充实、详细。不仅增加了"兵防"、"物产"等目类,而且"城池"、"人物"、"经籍"等内容也很丰富。道光版本的资料除来源于通志、旧府志、县志等各类文献资料外,主要依据各州县报送的采访册,因而资料更为可靠。同时,还有大量的考证和文献汇考,其中记载济南泉水尤详,具有较高的学术价值。在国内来看,《〔道光〕济南府志》也堪称上乘的地方志书。但是,由于历史原因,现藏版本存在很多缺页和破损、漫漶。为最大可能提高底本质量,济南市史志办公室的同志先后到国家图书馆、山东省图书馆、山东大学图书馆、济南市图书馆等处查找资料,将查阅到的同一版本的藏书相互进行比照补缺,对模糊不清及残缺的内容加以校正补入,使其成为目前为止最为完整且便于使用的版本。

　　再从时间来看,建国后新修的《济南市志》上限断自一八四〇年,此前几千年文明史,基本付之阙如。《〔道光〕济南府志》上起唐尧虞舜,下迄一八四〇年,正好填补了新志的空白,上下衔接,使济南的"文献历史"更加连贯和系统。虽然旧志由于历史的局限,有一些封建糟粕,但其丰富的历史数据仍有其重要的参考价值。济南市史志办公室选择这部志书进行点校,很有必要,很有意义,也十分明智。

旧志点校不同于其他,需要扎实的功底和细致耐心的精神,是一件非常严肃的工作。点校者付出了艰辛的努力,取得了很好的效果。整体来说,点校本从设计、凡例、格式到标点、校勘等都做得很好。虽然也存在一些不足,但不失为一个严谨、规范、成功的古籍点校范例,堪称济南市近年来一项重要的文化工程。点校者还坚持"整旧如旧",原书的篇章结构和顺序不作改动,卷次、各部分行文、分段均依原著,繁体竖排,除了原书明显的版刻错误稍事订正以外,其他均不作改动,以保持原著的独立性和完整性,最大限度保持志书原貌。这就为研究历史,特别是济南本地的历史提供了一部较为可靠的参考书,为保存和弘扬济南传统文献和历史文化做出了重要贡献,同时也必将在全国旧志保存利用和古籍整理工作中产生良好的影响。对《〔道光〕济南府志》进行点校,既可以发挥其存史功能,又可以消除阅读障碍,方便今人阅读,更可以扩大历史文化的传承范围,有助于旧志典籍更好地为政府、为社会、为大众服务,为社会主义经济建设、政治建设、文化建设、社会建设、生态文明建设服务。这无论对当前和今后都具有十分重要的现实意义和深远的历史意义。

地方文献特别是地方志书,是一地之社会、历史与文化的忠实记录,是一地之人文精神和内涵的最好载体,也是研究一地之资源宝库。在今天经济和社会飞速发展、亟需建设文化强国与和谐社会之际,及时、全面、系统地搜集、保存、整理、研究地方文献,是时下刻不容缓的当务之急。为收到实效,据济南市史志办公室整理《〔道光〕济南府志》的经验,最好的办法是"政府主导、社会参与"。由地方政府组织专业人员和队伍,有关高校、图书馆、史志、文化部门及社会各界广泛参与,拟定地方文献搜集、整理的规划和目标,制定地方文献整理的内容和范围,分门别类,确定分工,分头进行,统一使用,成果共享。我相信这必将极大地促进地方文献搜集整理和研究工作,对我国历史和文化的研究有不可低估的作用,对"五位一体"的社会主义文明建设和发展也必将产生积极的影响。

（济南史志办公室点校,中华书局2013年版）

《孙氏族谱》序

孙氏之先,据欧阳修考证,其源有三:一为芈孙,楚国孙叔敖之后;一为姬孙,卫康叔后裔孙林父之后;一为田孙或陈孙,齐国孙书之后。今山东省鄄城县红船镇孙老家一带之孙氏,即齐孙氏之后裔,奉孙膑为始祖。

司马迁《史记·孙子吴起列传》云:"孙武既死,后百余岁有孙膑。膑生阿鄄之间,膑亦孙武之后世子孙也。"欧阳修《新唐书·宰相世系表》言之尤详:"齐田完(即陈完)字敬仲,四世孙桓子无宇(注:完至无宇五世),无宇二子恒、书。书字子占,齐大夫,伐莒有功,景公赐姓孙氏,食采邑于乐安。书生凭,字起宗,齐卿。凭生武,字长卿,以田鲍四族谋为乱,奔吴,为将军。三子:驰、明、敌。明生膑(一说明生操,操生膑)。"孙膑,战国时期齐国人,是继兵圣孙武之后中国历史上又一位伟大的军事家。《孙膑兵法》与《孙子兵法》均被誉为兵学圣典,在世界军事史上占有重要地位。据近年历史学家、考古学家考证,孙膑故里当在今鄄城县红船镇孙老家一带,与《史记》记载符合。

孙膑之后,子孙繁衍,至唐代已遍布黄河上下、长江南北。如三国时富春吴主孙权,唐代宰相清河孙茂道、武邑孙渥,即膑之后裔。五代时,后唐李存勖据有太原,攻战曹、郓、濮州,鄄城孙氏一支被掠至山西之洪洞县。金元之际,孙氏四十八世祖孙岳为避战乱,复迁回鄄城古瀤水之右,今红船镇孙老家,以后即世居于此。清光绪年间所修《孙氏族谱》首页有一副对联曰:"瀤右立宗两千年家声未坠,古鄄分支六十世祠庙犹存。"从战国中期孙膑始祖立宗至续修此谱时,已历两千余年,而孙氏宗族分支也传六十余世,此联正是孙氏宗族发展史之真实写照。

　　近日，鄄城孙氏族谱修缮理事会孙宜昌、孙学法二君来济请我为族谱作序，并持有滕州、白埠、桓台、枣强、谷水、宁都、江苏丰、沛二县、河南民权、长台以及台湾等地孙氏族谱序、跋见示，据此可知，孙膑后裔枝叶茂盛，已遍布海内外。如近代伟大革命先行者孙中山先生之家族，即孙膑三十八世孙唐东平侯孙𠛬之后裔自江西宁都经福建迁于广东之一支。时至今日，孙氏世系可考者，仅鄄城孙老家一支即有七十余世，诚可谓"根深叶茂，源远流长"矣！

　　最后，祝愿孙氏长盛，子孙永昌。是为序！

2013 年 4 月

《中国古代著名军事家评传》序

　　去年金秋时节,山东孙子研究会、山东国际孙子兵法研究交流中心、齐鲁兵学文化研究中心、广饶县人民政府联合组织召开了"中国古代杰出军事人物评选会",经过充分酝酿和无记名投票,评选产生了前十位和前二十位中国古代杰出军事家。按得票多少排列,前十位是：孙武、吕尚、诸葛亮、戚继光、孙膑、韩信、岳飞、曹操、李靖、成吉思汗。前二十位是：孙武、吴起、吕尚、孙膑、韩信、成吉思汗、戚继光、郑成功、司马穰苴、诸葛亮、岳飞、曹操、左宗棠、李靖、李世民、檀道济、尉缭子、秦王政、努尔哈赤、卫青。选出的这些人物和排序,大体上反映了当前中国军事史学术界的共识。为了宣传这些军事家非凡的历史功绩,发掘和弘扬他们军事思想的精华,在广大读者中普及中国军事思想史的基本知识,培育爱国主义精神,山东孙子研究会和广饶县人民政府决定编撰出版一部《中国古代著名军事家评传》。我认为这是一件很有意义的工作。

　　自从人类社会产生以来,战争这个集团对集团、阶级对阶级、民族对民族、国家对国家互相厮杀的怪物就与之共生了。在中国五千年的文明史上,发生了数以千百计的大小战争。当原始社会向奴隶社会过渡的帷幕拉开时,各部落集团之间就开始了争夺生存空间的战争,传说中的炎帝、黄帝、蚩尤等就曾领导他们的部族在广袤的黄河流域展开殊死的角逐,而被炎帝、黄帝联合打败的蚩尤竟被后世尊为兵主,即战神。尧、舜、禹时期,更发生了数次征伐三苗的战争。再后,当阶级社会从中原地区逐步向边境延伸的时候,各种不同类型的战争几乎成了推动历史前进的螺旋桨：参战的人数越来越多,动辄十万甚至上百万；规模越来越大．几十万甚至上百万平方公里的平原山野、江河湖海成为战场；兵器越来越先进，从冷兵器至热兵器，直至飞机、大炮、坦克……由于战争是交战双方政治、经济、文化特别是军事智慧的比拼，兵学就应运而生，一大批在战争实践中创造和发展兵学的军事家就成为中国历史天幕上的辉煌星座。本书选取的这二十位古代著名军事家，就是他们的杰出代表。

这二十位军事家，在中国军事思想史上，无论哪一位都是具有里程碑意义的人物。他们之中，有最早的兵学奠基人吕尚，反映他的军事思想的《六韬》是迄今为止我们看到的中国最早的兵学著作之一。有承前启后、创造中国兵学最具代表性元典的孙武，他的《孙子兵法》占据了中国古代兵学的制高点，达到了古代社会无人企及的高峰。有一批创业的帝王，其中，秦始皇对统一六国战略规划的制定、掌控与实施，李世民对创建唐朝的战略构想和高超的战争指挥艺术，成吉思汗对大规模骑兵奇袭与攻坚战略战术的创造和运用，努尔哈赤对创建八旗军制和入关与明朝争天下的战略构思，都展示了帝王军事家的磅礴气势和宏韬远略。其余为将为相的军事家，军事思想更是异彩纷呈，其中如吴起"文德"、"武备"相得益彰的理念和"以治为胜"的治军思想，孙膑"存亡继绝"、"战胜而强立"的战争特识和"天地之间莫贵于人"的战争主体意识，韩信、卫青、曹操、诸葛亮、李靖、岳飞、戚继光、郑成功、左宗棠等人世罕其匹的军事谋略和出神入化的指挥艺术，都为丰富和发展中国古代的兵学宝库做出了不可磨灭的贡献。《中国古代著名军事家评传》将这些军事家辉煌的功业和深邃的军事思想逐一加以展示和评析，不仅可以使读者概略了解博大精深的中国古代军事思想发展轨迹，而且更能够使读者从中体会爱国的情怀、创业的艰辛，汲取智慧和力量。当我们随着作者的笔触，感受岳飞"直捣黄龙"的豪情，回眸郑成功"收复台湾"的壮举，体会左宗棠"舆榇出关"收复新疆的果决和悲壮，谁又能不为之动容呢！

参与《中国古代著名军事家评传》撰稿的十多位作者，大都是对传主有着深入研究的资深专家，可谓一时之选。他们的文稿尽管风格有异，但都能较准确地论述传主的事功，诠释传主各具特色的军事思想，发掘传主带有中华民族历史文化烙印的智慧，给他们一个比较恰切的定位。作为一部兼具学术性和普及性的历史_读物,我相信它是能够得到广大读者欢迎的。

　　（山东孙子研究会编《中国古代著名军事家评传》,齐鲁书社 2013年版）

《济南"五三"惨案史料汇编》序

济南是一座有着悠久历史传承和厚重文化底蕴的古城,也是一座以"四面荷花三面柳,一城山色半城湖"的秀丽景色及七十二名泉闻名遐迩的泉城。然而,这座"家家泉水、户户垂杨"的古城,在历史上的一九二八年五月三日,却弥漫着阴森杀气,布满了血雨腥风。为阻止南京国民政府北伐,实现侵略中国的险恶用心,日本帝国主义蓄意制造了举世震惊的"济南惨案"。因日军于五月三日对我军民进行突袭和大规模屠杀,故又称"五三"惨案。

日本出兵山东,制造"五三"惨案并不是一次孤立的侵略行为,而是武力推行"东方会议"上确立的以分割满蒙为中心的侵华总政策的产物。一九二七年六月二十七日至七月七日,日本政府内阁在东京召开了由文武百官参加的"东方会议",会议由首相田中义一主持。会议的中心议题就是制定所谓的《对华政策纲领》,这是一个粗暴干涉中国内政、侵犯中国主权、充满强盗逻辑的纲领,其实质就是要千方百计地制造借口,以武力干涉中国内政,将满蒙从中国本土分割出去,并进而占领整个中国。"东方会议"结束后,田中义一于七月二十五日向日本天皇奏呈《帝国对满蒙之积极根本政策》,这就是历史上臭名昭著的《田中奏折》。《田中奏折》提出了今后日本全面实施对外扩张的战略方针,充分暴露了日本军国主义妄图征服全世界的野心。其中侵占中国东北地区并进而灭亡中国,则是日本对外侵略扩张的一个重要步骤。

一九二八年四月上旬,南京国民政府发表北伐宣言,蒋介石在徐州下达了总攻击令。北伐的目的是要消灭军阀割据,统一中国,这恰恰是日本政府最不愿意看到的局面。日本希望通过分裂中国来不断扩大自己的殖民地，进而吞并整个中国。当时中国军阀割据的现状，正是日本最期盼的，而中国的统一势必会对日本分割满蒙进而占领中国带来巨大阻碍。因此，日本政府要千方百计阻止北伐。

一九二八年四月中旬，国民政府的北伐军队逼近山东。为阻止国民革命军北上，日本政府以保护侨民为借口，悍然出兵山东。一九二八年四月二十日，首批日军四百六十人由天津到达济南，四月二十五日，日军第六师团长福田彦助率日军一千六百余人分乘三艘轮船抵达青岛，至四月二十七日，在青岛登陆的日军第六师团及所属部队总人数已达五千余人，而至四月二十八日，从天津、青岛两地陆续开到济南的陆军先遣兵力已达三千余人。日本政府打出的派兵幌子是"保护侨民"，但日军抵达济南后，却立刻摆出一副临战的态势。日军公然侵犯中国的领土主权，在济南商埠区各大马路修建工事，架起枪炮，并在各路口铺设电网，步步为营。在北伐军进入济南城之前，日军已经完成了对济南商埠主要地区和交通要道的军事占领。

一九二八年四月三十日，北伐军从东、南、西三面呈钳形会攻济南，黄昏时逼近市郊，驻守郊外的山东督办张宗昌的军阀部队抱头鼠窜。是日晚，张宗昌会见日本驻济南代总领事西田畊一，将济南的警备事宜拱手交给日本人代管，随后弃城北逃。五月一日清晨，北伐军进入济南。饱受张宗昌督鲁之苦的济南市民，热烈欢迎北伐军入城。正是从这一天起，日军开始蓄意制造事端，屠杀中国军民。面对日军的猖狂挑衅，蒋介石却为了北伐，一味忍让，严令军队不准抵抗。但日本侵略者的目的是要阻止北伐，所以，日军不但不因蒋介石的忍让而停止其暴行，反而变本加厉，更加凶残地屠戮中国军民。五月三日这天，残暴的日寇向驻扎在济南的北伐军和普通的济南市民发起了大规模的突袭和残杀，一手制造了震惊中外的"五三"惨案。

济南惨案史称"五三"惨案，而实际自一九二八年五月一日北伐军进入济南时起，日本侵略者就开始了蓄意挑衅，凶残屠戮，自一九二八年五月一日至六月上旬，日寇在济南肆意烧杀抢掠，奸污妇女，其杀人手段之残忍,杀人场面之血腥,骇人听闻,惨绝人寰!在这次惨案中,共有六千多名中国军民惨死于日寇之手,数千人受创。仅五月三日这一天,就有一千多名无辜的中国士兵和平民百姓惨死在日本强盗的屠刀之下,甚至受国际法保护的、手无寸铁的中国外交官蔡公时等人也未能幸免。在日寇的屠刀之下,济南这座风景如画的历史文化名城变成了悲惨的血河火海,人间地狱!

"五三"惨案已经过去了八十多年,然而那场浩劫已深深地镌刻在历史的记忆中,成为济南人民心中永远的伤痛。为警示后人、铭记历史,山东省图书馆在馆藏有关"五三"惨案文献的基础上,又经多方搜集资料,编纂了《济南"五三"惨案史料汇编》一书。该书资料翔实,收录了山东省图书馆、国家图书馆、山东省档案馆、济南市档案馆等单位和个人存藏的一九二八年五月至一九四九年十月前出版和发布的有关济南"五三"惨案的文献资料,包括图书、期刊和档案资料等。这些文献资料中有相当一部分为首次面世,具有颇高的学术价值。该书的编纂出版,既是对灭绝人性的日寇血腥暴行的揭露与控诉,也是对在"五三"惨案中惨遭屠戮的中国同胞的沉痛悼念,同时也为研究民国史以及日本侵华史提供了重要的参考资料。

前事不忘,后事之师,"五三"惨案虽已过去了八十多年,但它留下的伤痛和教训我们不应忘记,我们要时刻警惕和防范这种悲剧的再次上演。当前,日本首相安倍悍然参拜靖国神社,蓄意歪曲历史,美化侵略,并且企图强霸中国钓鱼岛。日本政府的种种卑劣行径和倒行逆施,引起了国际社会的强烈谴责,也向我们敲响了警钟。《济南"五三"惨案史料汇编》一书,揭露了日军在济南犯下的种种暴行,以强有力的证据回击了日本政府企图掩盖历史真相的丑恶行径。希望本书的编辑出版,能够时刻警醒国人居安思危,奋发图强,励精图治,以振兴中华、维护世界和平为己任。

是为序。

(李西宁主编《济南"五三"惨案史料汇编》,国家图书出版社2014年版)

《德州往事》序

　　张明福同学新作《德州往事》，是一本普及性的研究地域文化的专著。德州历史悠久，大约5000前的新石器时代，就有人类在这里过着农耕和渔猎的原始生活。境内留有大禹治水的多处遗迹。春秋战国以降，德州分属齐、赵两地之边缘，齐风赵韵一直影响到今天的德州民风民俗。两汉至三国时代，这里曾出现著名文学家东方朔、儒学大师董仲舒、著名术士管辂、文学家祢衡，蜀主刘备也在平原留下许多故事。魏晋南北朝时期，德州城北的高氏家族创建了北齐皇朝，生活在清河、武城、夏津一带崔氏家族、房氏家族、张氏家族，景县的封氏家族，陵县的明氏家族等，都是长期影响中国历史的世家大族。隋末爆发的以窦建德、刘黑闼、张金称、高士达、郝孝德等领导的农民起义，唐代颜真卿抗击安禄山的斗争，都是彪炳史册的英雄壮举，是直接和间接推动历史前进的强大动力。德州地处山东省的西北部，是南方各省进出北京的南大门，也是北方省市进入山东的北大门。自金、元定都北京以来，此地就有"神京门户"和"九达天衢"之美誉。京杭大运河在境内穿过，德州又是重要的运河之都。尤其是明代永乐以后至清咸丰初年，以南粮北运为主要任务的运河漕运十分繁忙，运河成为明清两个皇朝的生命线。人们常用"舳舻首尾相衔，密次若鳞甲"来形容当时的盛况。清人顾祖禹在《读史方舆纪要》中也说："（德州）控三齐之肩背，为河朔之咽喉"。

　　优越的地理和交通条件，曾使德州的经济富庶和文化繁荣，成为齐鲁大地的隆起带。早在明永乐时期，德州就跻身于全国三十三个重要商埠之列。清乾隆时期，德州仍处于"富甲齐郡"的地位。德州文化有300多年的显荣期，时间跨度为明中期到清中期。在这300年中，德州一直是以全国文化高地著称。从明成化年间开始，德州区域进士蝉联，在科举史上多次出现一榜5进士和一榜3进士的盛况；入清之后，德州在科举上的优势更是独占鳌头。德州区域出现过一门八进士的德州卢氏、一门七进士的乐陵史氏，一门六进士的德州田氏，一门五进士的武城苏氏、陵县孙氏、平原张氏和赵氏、德州的北李家族等。同时德州也出现了许多著名的诗人、文学家、经学家、史学家和书法家。如明代书画家邢侗，清初诗人卢世㴶、程先贞，康熙朝金台十子田雯、谢重辉和诗坛大木冯廷櫆，乾隆朝《国朝山左诗钞》的作者卢见曾、《山左明诗抄》的作者宋弼等；国内的一些著名的文学家、思想家、书法家、诗人，如明代的马中锡、董其昌、王世贞，清代的钱谦益、顾炎武、王渔洋、高凤翰、郑板桥、纪晓岚等也都纷纷来到这个城市交友、著述、讲学或者挥毫作诗题字。德州文化在与外来文化交流的同时，也学习和吸纳了外来文化的精髓，进一步发展了德州文化。民国初年，文字训诂学家胡朴安先生称德州"人文飙起，名卿蝉联，实甲山左"。

"存史、资政、育人"，应该说是文史工作者义不容辞的责任。中国过去虽然有"往事如烟"说法，但不是说所有的往事都和过眼烟云一样消散。有些大事、要事，无论时间怎样消磨，人们是永远不会忘记的。我们之所以要记住历史上发生的那些大事、要事，就是要人们认真总结历史的经验教训，通过研究前人的成败得失，更好地指导我们今天所从事的工作和事业，让今人少走弯路，少付出那些因重复性劳动而付出的无用代价。从这个意义上说，《德州往事》是很值得一读的好书，是德州人了解自己的历史和增强爱国爱乡感情的重要读物。这本书，从多层次、多角度向人们介绍了德州的辉煌历史、德州的重大历史事件、德州的名人轶事、德州的古迹名胜、德州的文化典籍等，对外地人了解德州、认识德州也会有直接帮助。

本书涉及范围广泛，对问题的研究有深度，对很多问题的表述有新意，语言文字也能注重大众化需求，称得上是雅俗共赏、老少咸宜的普及读物。期望作者能在今后的地域文化研究中，写出更多既不脱离历史事实又能使人乐于阅读的文章奉献给社会，是为序。

（张明福著《德州往事》，中国文史出版社2014年版）

《游百川研究》序

　　游百川,山东滨州人。赵尔巽纂《清史稿》卷四百二十三有他的传,可惜记载简略。查阅《武定府志》、《滨州志》等地方史志,仅在《续武定府诗钞》、光绪《蒲台县志》中发现游百川的两篇诗稿。在《山东黄河志》、《利津县黄河志》中也只是记载了清光绪九年(1883)游百川钦差"督河工",与山东巡抚陈士杰等巡视黄河、治理黄河、抚恤赈灾的事迹。再查找清末以来历史资料,有关游百川系统研究的著述也较少。滨州学院黄河三角洲文化研究所姚吉成副教授等经过多年搜集文献资料,又进行了长期的社会调查,终于写成《游百川研究》一书。读后很受启发,受益匪浅。

　　游百川在黄河下游沿河两岸各村庄尤其是在滨州应该说是家喻户晓的人物。咸丰五年(1855),黄河从河南铜瓦厢决口,改道北流夺大清河河道入海,大清河河床逐渐被黄河泥沙淤积而抬高,渐成为"地上河"。每逢伏汛、秋汛或凌汛,大清河流域时常因黄水暴涨而淹没田舍,百姓流离失所,死伤无数。游百川从同治六年(1867)就上奏折阐述黄河之害与筹办河堤事,直到光绪八年(1882)十二月被钦差"督河工"。游百川协调黄河中下游,在原有民埝的基础上督修缕堤和遥堤,形成现在黄河大坝的雏形,同时还多方倡捐赈抚灾民,后代百姓念其德而永志不忘。游百川也是勤奋刻苦学习的典范。他家境贫寒,14岁时父亲去世,母亲靠打短工维持生计,供应他求学。他励志勤学不负所望,30岁考中举人,40岁考中进士,历任翰林院庶吉士、编修、御史、给事中、四川按察使、顺天府府尹、仓场侍郎等官职,成为朝廷所倚重的名臣。游百川为官清廉,刚正不阿,不畏权贵,惩治宗室宽和、宽亮,"一时贵近敛迹",可谓"能臣"。同治十二年(1873),冒死上书谏缓修圆明园,触怒慈禧太后,被革职。他直言敢谏,可谓"谏臣"。其晚年应邀先后主持济南泺源书院、东昌书院,为清末著名经学家。他尊师重教、造福桑梓,勤政为民、两袖清风,为清末"一代良吏"。《滨州文物通览》中载有游百川写的一副对联:"为咏崇兰欣静契,每临修竹坐清风。"正是他一生心境的真实写照。

作者从研究游百川的奏折入手,在厘清游百川一生事迹的同时,挖掘概括了其民生思想、吏治思想、治河思想和理学思想。游百川的思想具有重要的现实理论意义。其民生思想的精髓于当今保障和改善民生具有重要的参考价值;其吏治思想揭示了"吏廉则治,吏不廉则政治削"这一历史规律,符合历史发展潮流和人民大众的根本利益;其治河思想注重调查研究,强调要从河情、地势出发来确定治河方针和方法,为后人治河提供有益借鉴;其理学思想在一定程度上推动了"理学中兴",并对同、光时期的思想学术产生了深刻的影响。本书还对游百川两次被"革职"的原因进行了考证,还历史以本来面目。总之可以说本书是游百川一生事迹较系统的首部著述,为今后深入开展游百川研究及清末相关问题研究奠定了基础。

是为序。

(姚吉成、邢恩和、左登华著《游百川研究》,齐鲁书社2014年版)

《崇庆县志校注》序

今年5月收到周九香教授近著《崇庆县志校注》，感到十分高兴。前有《华阳国志》，后有《崇庆县志》。崇州的确是中国地方志发祥地。

周九香教授是崇州人，他以七十九岁高龄，应家乡有关人士邀请，点校注释《崇庆县志》，令人钦佩。《崇庆县志校注》的"前言"写得很精彩，既介绍了《崇庆县志》和《江原文征》的篇章结构、内容要点，又分析了这一部百科全书式的著作，涉及两千年来崇州自然、人文、历史、社会生活的各个方面。可以说，这部书对"存史、资政、育人"，做出了重大贡献。"前言"有这样一段叙述：

> 县志乃一方之史，内容丰富，名目繁多。编者并不满足于百科全书式地罗列史事，而是以修全国通史、通志的眼光，来编修一县之史。将从江原县到崇庆县的史事，放到从秦汉到清末民国初年统一的多民族国家发展的全过程中来加以考察。古代政治、经济、文化制度的变化，各民族间的斗争与融合，都可以在《崇庆县志》中得到佐证。国家的盛衰荣辱，崇庆人民与之休戚与共。崇庆地区的发展，也为国家的发展做出了应有的贡献。阅读《崇庆县志》可以从一个地区的角度，加深对祖国历史的理解。

两千年来，国家统一，社会稳定，崇庆县就得到发展；国家分裂，社会动乱，崇庆县社会经济就遭到破坏，人民陷入痛苦深渊。可以说，这不仅是崇庆县一地的历史经验，也是全中国的历史教训。

我一生曾两次入蜀。

第一次入蜀，是在1984年，这是拨乱反正、改革开放初期。我来成都参加"中国秦汉史研究会第二届年会",那时九香先生正是中年,为了筹备这次年会,付出了许多辛劳,为中国秦汉史学会的发展,做出了贡献。

第二次入蜀,是在今年8月,参加"中国秦汉史研究会第十四届年会"。九香教授已是七九之年的老弟,我已是年近米寿之老兄了。

他对我说:"《崇庆县志校注》,已交四川大学出版社出版。通过这次点校注释工作,认识到一位史学作者应该认真研究一两部优秀县志。这样有利于加深对中国历史的具体生动的认识。"我认为这个想法是正确的。

20世纪80年代,全国新修的省、市、县地方志,由于受极"左"思潮的影响,时间上限断自1840年,此前几千年的文明史,基本上付之阙如。改革开放后,随着地方经济和旅游事业的发展,迫切要求保护、开发、利用我们祖先留下的、几千年积累的、丰富的历史文化遗产,为现实需要服务。因此,整理和研究旧的地方志,便提上了议事日程。虽然旧志由于历史的局限有些糟粕,但其丰富的历史资料,仍有参考价值。九香教授《崇庆县志校注》的出版,可以说是正当其时,适逢其会,可喜可贺。

听说九香教授自筹经费将该书出版,并得到四川大学出版社的帮助,我除了表示赞赏外,还要肯定九香教授的工作,走到旧方志整理工作的前头了。

此次入蜀,亲眼见到四川成都三十年来的发展变化,真是太大了。如果同九十年前《崇庆县志》所记载的成都平原的社会状况相比较,我感到都江堰流域的西蜀文明,进入了一个现代文明的新时代。

《崇庆县志》是一部进行爱国主义教育的乡土教材。

九香教授建议我为《崇庆县志校注》写序,借以作为三十年后再次入蜀之行的纪念文字。我不揣谫陋,简短地写了上述几点感受,并向读者推荐这一部《崇庆县志校注》。

（周九香著《崇庆县志校注》,四川大学出版社2014年版）

三、书评

《山东汉画像石选集》评介

汉画像石是我国古代文化宝库中的一份珍贵遗产。解放前后,山东、江苏、河南、湖北、四川、陕西等省均有发现,而山东则是汉画像石遗存较多的地区。山东省博物馆、山东省文物考古研究所蒋英炬、吴文祺、关天相等同志编著的《山东汉画像石选集》,是迄今为止著录汉画像石最多最新的一部选集。《选集》共收录山东汉画像石477石,画面539幅,其中主要是解放后出土或调查发现的,绝大多数没有发表或未经专集著录。这是近年来我国文物考古学界的又一项新的成果,它为研究汉代的社会、政治、经济、军事、思想、文化艺术等各种专业史提供了丰富的生动而形象的实物资料。

《选集》收录的汉画像石内容丰富,从社会生产到社会生活,从历史故事到神话传说,题材十分广泛。

关于社会生产方面的有农耕、纺织、冶铁、狩猎、捕鱼等画像。滕县宏道院牛耕画像石中有一人牵牛一人扶犁的图像,这比江苏睢宁双沟、陕西米脂等地出土的汉画像石上的"二牛抬杠"式的耕作技术,显然有很大进步。滕县黄家岭画像石中有三人耕锄,一人扶犁驾一牛一马耕田,又有一人使牛耙田碎土,这一组农耕图像,以前从没有见过,它不仅证实了汉代"农夫以马耕载"(《盐铁论·未通》)的记载,而且对研究汉代的农耕技术提供了新的具体而形象的资料。滕县宏道院、黄家岭的画像石中还有关于冶铸、锻铁的画像。生动地表现了'鼓橐吹埵,以销铜铁'(《淮南子·本经训》)的情景。山东画像石中关于纺织的画像多,《选集》收入五石,比较罕见的是滕县龙阳店出土的一块纺织画像石,画上有络车、纬车、织机等纺织工具,完整地表现了络线、摇纬、织布等一系列操作形象。

关于社会生活方面,最多的是描写车骑出行、庖厨、宴饮、乐舞、杂技以及楼阁亭台等画像。此外,还有经师讲经画像、战争画像等等。建筑画像是汉代贵族豪华住宅的写照。诸城前凉台、曲阜旧县村的建筑画像,高门大屋,楼阁相连,东厢西序,院落重深,于此可见桓宽在《盐铁论·刺权》中所说的汉代贵人之家,"兼并列宅,隔绝闾巷,阁道错连,足以游观",并非虚语。汉画像石中乐舞杂技的形象更是丰富多彩。其一为安丘董家庄画像石中一飞剑跳丸者,三把剑腾空飞舞,十一个丸轮回抛出,丸剑交错,上下左右,运用自如。还有一个大力士双手举橦,其上有九个伎儿表演不同的动作:两伎儿缘橦攀援而上,四伎儿倒挂于横木下,三伎儿倒立翻腾于横木和橦顶上,这是寻橦表演人数最多的一幅画像。其二为邹县城关画像石中的"立丝"(走索)表演,在两条斜立的索上有八个人表演不同的动作:有躺索下滑者,有沿索而上者,有抱膝而蹲者,有拉手相戏者,有二人相叠者,有索上跳丸者,其技艺之高超,实在惊人。看到这些高难度动作,再读张衡《西京赋》中所谓"跳丸剑之挥霍,走索上而相逢","侲僮程材,上下翩翻,突倒投而跟絓,譬陨绝而复联"的杂技表演,就会感到不足为奇了。特别令人注意的是诸城前凉台画像石中有一幅对犯人集体施行髡刑的画像,这是首次发现的有关汉代刑徒的群像,为研究汉代阶级关系、法律制度提供了极其珍贵的形象资料。

山东汉画像石中的历史故事,主要是宣扬古代帝王圣贤和儒家伦理道德的内容,《选集》收录不多。收录最多的是神话传说和鬼神迷信的画像,如伏羲、女娲、西王母、东王公,还有许多羽人,即所谓"羽化而登仙"的仙人,这些画像对研究汉代人的思想意识也是很有用的资料。

《选集》所收录的汉画像石不仅有很高的历史价值,而且有很高的艺术价值。山东汉画像石的雕刻技法不拘一格,形式多种多样,有线刻、凹面线刻、凸面线刻、浅浮雕、高浮雕、透雕等各种刻法,与全国各地已发现的汉画像石的雕刻技法相比较,它既有近似河南南阳画像石的浅浮雕,也有像陕北画像石的凸面刻法,还有如四川的高浮雕刻法。而山东的凹面线刻,在上述各地则很少见到。因此,从山东画像石雕刻技法来看,堪称集全国已发现的汉画像石之大成。汉画像石是汉代劳动人民在丰富的劳动生活实践的基础上创造出来的一种绘画和雕刻相结合的艺术，基本上运用写实的手法刻画了当时社会生活的各个方面，生动地再现了统治阶级穷奢极侈的豪华生活，劳动人民辛勤生产和操作技艺的形象，对后代的绘画、雕刻艺术均有很大的影响，直到今天也还有其现实的学习借鉴意义。

《选集》和以前已出版的汉代画像集相比，还有一个很大的优点，就是在图像的编排上，完全是编著者根据自己的实地考察，以县为单位进行整理编排的。对画像石的发现和出土地点、存藏处、尺寸大小、雕刻技法、画像内容、题刻文字等，均有简要说明。《选集》以拓本为主，部分画像拓本并附有原石照片；有些线刻画像不十分清楚者，则附有墨线摹本。另外，还绘制了山东省汉画像石分布图。所有这些编排和处理，不仅翔实地反映了山东汉画像石的全貌和分布状况，更重要的是为研究者提供了可靠的科学依据和方便条件。

《选集》的缺点和不足之处是：所收录的汉画像石有些还不够系统、完整，对现有资料还缺乏进一步整理研究，严格地说，有不少画像还没有弄清楚它们的真正含义。如果把汉代的画像石有系统的搜辑起来，再结合文献记载，互相印证，互相补充，完全有可能编写成一部文图并茂的汉代社会史。这是关心此项工作的同志们对历史学家和文物考古学家提出的一点建议和希望。

（《中国出版年鉴》1984年版）

简评《中国公文学》

　　公文，是实用性极强的一种文体。它的出现，可以追溯到国家政体的起源，可谓历史悠久；它的作用，则堪称"经国之枢机"，至关重要。然而，长期以来学术界并没有把它作为社会科学领域中一门独立的学科来看待，更谈不上什么研究。苗枫林同志撰写的《中国公文学》（齐鲁书社1988年1月出版。文中凡引此书，只注页码）一书，填补了中国公文学研究的空白，是一部具有开拓性的学术专著。

　　全书分为五编57章。第一编为"绪论"：提出公文学是一个独立的专门学科，并论述了它的性质、研究对象、研究目的和方法。第二编为"中国公文史"：讲述了我国公文体式的演变、公文职官、公文制度，以及历代大手笔——"鸿笔"的评介。第三编为"现行公文体式"：讲述了现行诸种公文体式的特征、写作要点，并有范文例析。第四编为"公文的运局和修辞"：讲述了公文框架设计、主题语的确定、语言、修辞以及公文写作方法等一系列重要问题。第五编为"撰拟修养"：就公文工作者应有的知识、理论、识见、文德等素质问题，作了深刻的论述。洋洋近24万言，文笔气势流贯，体例完备。以一人的力量，写出如此高水平的著作，这与作者本人的饱学厚积和长期从事党政领导机关的公文撰写实践是分不开的。

　　通读全书，我们感到这部论著有以下几个突出特点：

　　（一）作为一部有分量的中国公文学专著，必须植根于我们这个有着数千年文明的泱泱大国的历史文化土壤之中，才能站得起，立得稳，才能算名副其实的《中国公文学》。这就要求作者时时用历史的观点，去透视那些丰富浩繁的文化遗产，拨冗选粹，理清来龙去脉，抉剔幽微，赓扬中国文化,正所谓"时时上征,时时反顾,时时进光明之长途,时时念辉煌之旧有,故其新者日新,而其古亦不死"(鲁迅《摩罗诗力说》)。作者正是以历史的眼光去审视公文学的内涵,将公文的起点追溯到商代的甲骨文书,并明确指出,《尚书》"是中国第一部公文集"。由此开始,又有战国中叶的《周礼》、秦汉简册所载的各种公文……像一条历史的长河,一直延伸到今天,蜿蜒曲折,可谓"源远流长"。作者之所以反顾历史,是因为"中国公文的体式,随着时代的变迁而演化,但演化中有自己稳定的因素,有着自己的传统"(第27页)。可见,如果不研究历史,就无法探究公文发展演变的规律,也无法展示中国公文学产生的广阔背景和历史渊源。

第二编的"中国公文史"专论,不仅有宏观的历史巡礼,也有具体而微的人物事件评述。其中《"鸿笔"考》长达5章,将我国历代30多位著名的"擅长拟诏、草奏的臣吏",逐一向读者作了介绍。把历史上公文名家的事迹以及他们成功的经验列于史册,公之于世,这也是一部《中国公文学》所必不可少的重要内容。作者的历史观点不仅表现在公文史论专编,而且在论述"现行公文体式"、"公文的运局和修辞"等编中,也均有历史的回顾和反思,使人感到全书蕴含丰富,作者目光深远。

(二)公文是一种应用文体,应用文体的使命就在实用。这就决定了公文学的研究必须立足于实用,研究者必须有实践的观点。"实践的观点是辩证唯物论的认识论之第一的和基本的观点"(毛泽东《实践论》)。本书开宗明义就指出:"公文学研究的目的,是探讨公文在国家治理中的作用,公文与政治的依附关系,以及写好公文的要领,提高国家政令和指挥信息的素质,从而使公文在建设具有中国特色的社会主义事业中成为党和各级政府的有力武器。"(第18页)这已充分说明了本书决非那种学究式的繁琐考证,也不是思辨式的谈玄说理,而是为着提高公文的效能,以便更好地服务于社会主义建设。正是基于这样的目的,本书的重点放在了实际运用上。从第三编"现行公文体式",到第五编的"撰拟修养",共200多页的篇幅,用以论述公文撰写的要领、原则、体式、构架以及词语的选择和运用等。其中有规则、有方法、有分析、有范例,言词娓娓,中肯而实在。初学公文写法的同志,可由此书受到启蒙,进而学步、深造;已熟谙公文业务的同志，也可从此书得到理性的启迪，不断提高自己的写作水平。实践的观点决定了作者断然舍弃那些离现实甚远的抽象的理论思辨，而对清新、实用的内容却不厌其详，从而赋予了本书以时代感、现实感和切于世用的活力。

（三）作为一本公文学专著，应该既有别于单纯的公文历史学，也有别于公文写作教程。研究公文学，最重要的是从公文演变的客观历程中，概括出具有普遍意义的原理、法则和规律性的东西，从而给人们以理论的指导。我们认为本书已圆满地完成了这一任务。

显而易见，作者具有相当深厚的理论素养，有很强的辨析力和概括力。这在本书的开篇就得到了很好的展示。作者一开始就抓住为什么"以公文为研究对象的公文学"在中国长期没有发展起来这一难题，条分缕析，归纳出令人信服的三个原因：其一，历史上国家、政府机关的办理公文，多是在封闭状况下相沿成习，社会上没有人专门去研究和探索。其二，从属于政治的公文，其体式变化过于迅敏，并带有掌权者个人的主观随意性。其三，公文撰拟上严格的专任性、秘密性，限制了公文规律的广泛探讨和学术争鸣。紧接着作者又分析了公文的特性："公文作用的策令性"、"公文以特有的严密程式体现政治集团的权限和从属关系"、"公文撰拟的专任性"、"公文表述随着政治民主化趋势向人民用语接近"。对公文这四大特性的概括，可以说既有历史深度，又有理论深度，涵盖面极广，抽象力极强。另外，关于公文学研究的对象和范畴的界说、研究目的和研究方法的确立、公文学与其邻近学科的关系及区别的论析，都十分准确、严密。特别是在"现行公文体式"和"公文的运局和修辞"这两编近乎纯技法的论述中，如果缺乏理论深度就极容易成为浮浅琐碎和就事论事。而作者却能够上升到理论的高度去把握，从貌似散乱、平常的例析中，一下子就抓住问题的关键，概括为几点，严整周密，且每每能一语破的。

总之，《中国公文学》的问世，是对我国公文学界的重要贡献，它必将推动公文学的进一步深入研究。

当今之世，改革、开放的潮流已把中国与世界联成一体。在某种程度上可以说，任何一部重要的论著既是中国的，同时也是世界的；是世界的同时又是中国的。这就是面向世界的眼光。如果能在《中国公文学》中适当引进外国（特别是西方国家）有代表性的公文体式或公文理论，与中国的公文加以对照、比较研究，使国人在通晓中国公文学的同时，也能领略到异国公文的风采，也许会更能拓展读者的眼界，更能加重这部著作的分量。是所望焉！

（与李戎合作，载《文史哲》1988年第3期）

推荐《世界富豪传》

　　由车吉心、孔范今主编、山东友谊出版社出版发行的《世界富豪传》是一部学术性与实用性兼备、并富有鲜明特色的大型人物传记,也是一部对读者极有感染力的成功之作。

　　(一)本书选目全面准确。汇集了近百年来全世界最著名、最有代表性的九十位企业家传记。在具体人物的选择上,作者并不把传主占有财富多少作为唯一标准,而是精选其某一时期、某一地域或某一行业的代表人物。他们不仅是称誉世界的豪富,而且也是对世界经济发展产生过重大影响的工商巨擘。

　　(二)本书资料翔实,充分吸取了大量的第一手资料。如档案资料、本国人所写的事主传记、专家和学者的研究成果,以及国内外报刊公开发表的采访纪实资料,等等。其中有一些重要的外国富豪,在国内出版的传记或介绍性文章极少,大多数群众不甚了解。本书对他们的生平业绩都做了充分的介绍,填补了这个领域研究中的空白与不足,起到了让国内各界人士了解外国工商巨头的知识普及作用。

　　(三)本书内容丰富,对于所写的每一位传主,都在占有大量文献资料的基础上详细地描述了他们的曲折经历、创业史迹,家庭生活、对子女的教育、业余兴趣爱好、个性特点及其与各界人士的关系等等,并且以史为主,实事求是,不溢美,不隐恶,多角度、多层次而又客观公允地在读者面前展现了世界富豪的特有风貌。

　　(四)本书重点突出,不仅深入探讨了富豪们成功的丰富经验,而且对他们在人生旅途、前进道路上所遇到的困难曲折以及他们正视困难、解决困难的决心、毅力和谋略也有极为细致的描述。总结这些历史的经验和教训，能给人们以深刻的启迪和教育，尤其是对于我们今天改革开放、发展市场经济、建设有中国特色的社会主义有着极为重要的借鉴作用和现实意义。

（五）本书装帧高雅，富丽豪华，版面设计颇有新意。每篇正文之前，又多配有传主素描肖像，更有吸引力。可以说本书不仅是一部值得一读的好书，也是一部难得的馈赠亲友的礼品书。

（《中国图书出版》1995年4月15日）

评历史人物传记系列

　　李铁屏同志策划、编辑,河南人民出版社出版的"历史人物传记系列",计有《昏君传》《奸臣传》《宦官传》《贪官传》《冤臣传》《廉吏传》《后妃传》《皇子传》《公主传》《驸马传》《外戚传》《状元传》《才子传》《谋士传》《隐士传》《游侠传》共16种。该书出版后,受到了史学界及广大读者的普遍欢迎。其中问世较早的,已多次重印,全书累计印数近40万套;有些并和台湾出版商达成版权贸易协议。在八九十年代所谓"史学危机"的一片叹息声中,这套雅俗共赏的史学系列书能产生这样好的经济效益和社会效益,很值得我们探讨。

一

　　20世纪以来,史学编著一般都采用章、节体,或叫做讲义体、教科书体,不可否认这种史学体裁,对于深化人们对历史的认识是有益的。但是也有其缺点,用见物不见人、枯燥无味的社会发展史代替了详载人物活动、包罗万象的纪传体历史。"史学危机"的产生,与这种现状不无关系。白寿彝先生早在80年代初就说过:"现在我们写书就是一章一书,形式太简单。我们传统的写作形式很多,拿过去的形式搬到我们现在的写作中去是不行的。但是我们应该参考、发展它好的地方,跟今天我们流行的体裁结合起来,让我们写的东西在表现形式上更能表达丰富的内容。这个问题要研究。还有,过去的人写历史,讲究如何生动、如何吸引读者爱看。今天我们写的历史,普遍反映干巴巴,没人爱看,这个情况要改变。"正是在这样一种学术背景下,"系列"书的编者以远见卓识的历史眼光,抓住了我国史学优秀传统的主流——人物传记的形式,进行了有益的尝试,充分继承和发扬了我国"正史"中所蕴含的巨大教育功能、丰富的历史内容和优美的文风,因此能吸引广大的读者,取得了其他史学著作无可比拟的成功。

二

"系列"书的作者在继承我国古代纪传体史学的优良传统的同时,还吸收了现代学术思想和方法,在许多方面都有所创新。

第一,所设《昏君传》是写皇帝的,本来在正史中均列入"本纪"。编者摒弃了这种陈旧的封建正统笔法,将其一律列于传记之中,并冠以"昏君"名号,这样既体现了编者的政治理想和历史观点,又符合读者对历史的浓厚兴趣。"本纪"所写的皇帝都是干巴巴的,而"传记"中的皇帝都是活生生的。一个个皇帝都变得栩栩如生,富有感染力。将其与《奸臣传》《贪官传》《宦官传》《外戚传》等合在一起阅读,就是一部有血有肉的中国封建社会黑暗政治史。

第二,所设《状元传》《才子传》《冤臣传》《谋士传》等为历代"正史"所无,这体现了编者在人物分类上的一大进步。又如所设的《廉吏传》,是从"正史"的《循吏传》继承而来的。虽一字之差,但体现了编者强调以史为鉴的良苦用心。

第三,所设《后妃传》《公主传》,从表面上看完全继承了"正史",但历代正史的《后妃传》和《公主传》仅占很小的比例,有的只列简表,而在"系列"中所占的地位和分量相当突出,纠正了中国封建史学家轻视妇女的偏见。

三

在写法上该"系列"也有许多优点。

第一,拓宽了历史人物的研究领域。每种传记一般都突破了正史传纪专记人物生平事迹的局限,吸取了近现代学者描写人物的优点,把历史人物放在广阔的社会背景中去考察,因而显得厚实而丰满。例如《隐士传》不仅说明了隐士这个社会阶层产生、形成、发展、演变的历史过程，而且从中研究了中国封建社会的阶级结构与阶级关系、政治史和政治制度史、思想史和文化史及其借鉴意义。《游侠传》《贪官传》也是如此。通过《贪官传》不仅揭露了贪官的巧取豪夺，而且揭示了产生这种腐败现象的社会历史根源，从而让人们认识到中国封建社会"大厦将倾"的历史趋势。

第二，评价实事求是，客观公允。封建史家囿于阶级和历史的局限，而近代史家又受到某种政治因素的干扰，都难以对人物作出客观公允的评价。只有在当今的政治思想形势下，作者才能坚持阶级分析和历史主义原则，给历史人物以恰如其分的评价。例如在《皇子传》中，作者对唐代的玄武门之变从史实出发，不受新、旧《唐书》正统偏见的影响，恢复了李建成在创立大唐皇朝中的功绩。在宋辽金元时期的人物传记中，作者重点阐述了爱国主义和民族和睦统一，较好地处理了历史上复杂的民族关系，诸如此类，如果没有相当的史学理论素养是难以做到的。

第三，"系列"书的编写在严格遵守历史真实的前提下，吸取了传记文学的描写手法，情节生动，文字优美。这就使读者不仅从中获得了历史知识，而且如同读文学作品一样获得了美的感受。

重视历史的借鉴作用，是中国史学的优良传统。"系列"书的作者十分注重总结历史经验，古为今用。特别是每种书的《序言》写得相当深刻而富有启发，使"系列"书从多方面多层次上产生了历史借鉴作用。

（《河南新闻出版报》1995年10月16日）

教人之道首重发蒙
——评新编《小儿语》《三字经》《百家姓》《千字文》

中共山东省委宣传部组织编写的《新编小儿语》《新编三字经》《新编百家姓》《新编千字文》等四本书（以下简称《新编》）已由明天出版社出版。这套启蒙读物对广大青少年儿童进行优秀文化传统教育和爱国主义、集体主义、社会主义思想教育，使之成为跨世纪的建设社会主义的"四有"人才，将起到很好的促进作用。这是一件"功在当代，德泽千秋"的事情，谨在此表示衷心的祝贺。

我国素有重视启蒙教育的优良传统，蒙学之书，由来已久。秦时李斯的《仓颉篇》、汉代史游的《急就章》，都是出自当时名家之手，这类初学启蒙读物一出现，就拥有众多的读者。《汉书·艺文志》收有"小学"十家，所谓小学，也就是蒙学，是启蒙教育的教材。唐宋以降，有《兔园册》《杂字》等通俗读物，而《小儿语》《三字经》《百家姓》和《千字文》则是直到本世纪初叶还是家喻户晓的启蒙读物，说明这些启蒙读物是有相当强的生命力的。后来由于五四运动的兴起，特别是新民主主义革命的胜利和社会主义新中国的成立，这些启蒙读物才废弃不用。这个事实说明：其被淘汰的原因一方面是思想文化战线批判旧的封建主义，建设新的社会主义的需要；另一方面，这些读物不仅在思想倾向上，而且在知识结构上，已不能满足新一代少年儿童的需要。但是有的启蒙读物能够流传千百年，为社会长期认同和接受，也不是偶然的，其中自有其积极的一面和存在的价值，不可一概抹煞。例如采用易于上口便于记诵的形式、传授一些基本知识以及属于人类永恒的道德观念等内容，在今天看来，还是有一定的借鉴意义的。明天出版社的这套新编启蒙读物，正是参考利用了这一传统的为人们喜闻乐见的表现形式,剔除其糟粕．汲取其精毕,注入了反映时代精神、民族精冲和社会主义精神文明的崭新内容。从而取得了很大的成功。《新编》有以下几个特点：

（一）创新性。为适应当前时代的需要,《新编》在继承传统的基础上处处体现了创新精神．例如旧《千字文》从"天地玄黄,宇宙洪荒"的自然现象讲起,以下讲的主要就是儒家所提倡的修身、齐家、处世、治国之道,它的知识内容是很有限的,思想内容更有很大的局限．而《新编千字文》则分为历史、文化、科技、国情四篇,用简要的文字,概括了我国悠久的历史、丰富的文化遗产和当代国情,这无论在形式上还是在内容上都是一个新的创造。特别是将."科技"单独成篇,叙述了我国古代以指南针、印刷术、造纸术、火药四大发明为代表的在科学技术方面的成就,让少年儿童知道我们祖先对人类文明的贡献确实是伟大的,这对于培养其民族自豪感和民族自尊心、自信心以及自强不息的民族精神都是很有意义的。

（二）思想性。《新编》突出了思想教育这个主题,在继承传统美德方面,《新编三字经》新列入了"不欺妄、不骄矜,行必果,言必行","行宜直,不染尘"等个人品德修养的内容,注入了"老吾老．及人老"。"幼吾幼,及人幼"的博爱精神,褒扬了一批立志、修身、好学、爱国的历史人物。痛陈了近代中国"被豆剖,被瓜分"的惨痛的历史教训,并且历数了林则徐、康有为、孙中山、毛泽东等伟大历史人物为救国救民所建立的不朽功勋,使少年儿童从小就懂得"欲兴邦,重科技．抓经济,求实效"的道理。这样就把历史和现实、理想和行为紧紧结合在一起,从而使他们受到传统的道德教育和具体的爱国主义教育。

（三）科学性。这里所说的科学性,不仅是指《新编》处处注意吸收当代的社会科学和自然科学的新知识,而且还包括科学的思想和行为。例如《新编小儿语》在教育儿童"细听讲,莫嬉戏"的同时,又倡导"敢发言、多质疑"。这就将现代儿童心理学的积极思维的内容吸收进来了。又如旧《百家姓》是"赵钱孙李"起句,明显突出了皇室贵族的地位,而《新编百家姓》以"李王张刘"开头,则是根据人口普查的结果,以人口多少安排姓氏次序。这就打破了旧的封建名分和等级思想,给少年儿童以科学的知识。

（四）知识性。《新编》在极有限的篇幅里，概括而具体地容纳进历史、地理、人物、伦理、道德、科技、国情以至生话知识等方面的内容，实际上是一套启蒙的小百科全书。特别值得一提的是《新编百家姓》在介绍每个姓氏时，不仅简要说明该姓氏的起源，而且列举其在历史上的优秀代表人物，使儿童既容易记忆，又增加了知识，受到了教育。

（五）可读性。《新编》文字音韵和谐，朗朗上口，意蕴清新，雅俗共赏，图文并茂，形象生动，有助于培养儿童的读书兴趣。

（六）可行性。所谓可行性，就是使儿童容易身体力行。如《新编小儿语》要求儿童"讲卫生，益身体，牙勤刷，澡常洗"，"作有序，息有时"，"晚早睡，晨早起"，既讲了道理，又指导他们去做，而且不难做到，这样就避免了抽象空洞的说教，从而收到实际的效果。

总之。这四本书的优点是很突出的，它肯定会受到广大少年儿童和家长们、学校老师们以及社会各界人士的欢迎。我希望有更多的同志，特别是学有所长的专家学者，大家都来关心和支持新编启蒙读物的编写和出版工作，使这一类读物在普及和提高两个方面不断有所创新有所进步。

（《山东教育报》1996 年 2 月 12 日）

读《山东省志·文化志》

　　历时 14 个春秋，洋洋 40 万言的《山东省志·文化志》，由省文化厅、省文联、省作家协会，山东艺术学院联合编讫，近期已出版。这是我省学术文化界一桩可喜可贺的事。

　　我省的地方志，如果从元人于钦的《齐乘》算起，迄今已有 700 多年的历史。到建国前，官、私编纂的省志、府志、县志约有 500 余种，特别是明清时期，数量最多，不下 400 余种。但在卷帙浩繁的旧志中，没有一部是文化志，各部志书仅用极小的篇幅简略地道及典籍、宗教、风俗等。梁任公（启超）曾说过："旧史皆详于政事而略于文化。"方志也不例外。我山东省虽号为"礼义之邦"，齐鲁文化名闻遐迩，过去所编志书也未能脱出这一窠臼。现在可以说，《山东省志·文化志》是我省第一部文化专志，填补了我省方志中的一项空白。

　　编写《文化志》几乎是白手起家，可资借鉴、使用的成果很少，故编纂者不得不从收集、整理资料等最基础的工作做起，这是一件极其辛苦的劳动。有些资料极为分散，查找翻阅，无异大海捞针。有些资料还需要走访若干知情人物才能落实。编者几经寒暑，从省内外档案馆、图书馆和文化名人、艺人等处征集了 5000 万字以上的资料。然后，再去粗取精，去伪存真，整理出有价值的资料 1100 余万字。在此基础上，又经过遴选取舍，六易其稿，始编成此志。这就使得这一部《文化志》内容丰富，资料详实，堪称信史。

　　本志的时间跨度是 1840 年至 1990 年，长达 150 年。这一个半世纪正是有史以来我省社会变革最剧烈的时期。山东人民在中国共产党的领导下，推翻了帝国主义和封建军阀、土豪劣绅的黑暗统治，成为社会的主人。在齐鲁文化史上，也是有史以来变革最激烈的时期。独特的时代赋予本志以独特的地位与内容，这就是：第一，本志是一部反帝反封建的文化志；第二，本志是一部社会主义新文化建设的文化志，又是改革开放的文化志，这前后相衔接的两部分是一个半世纪以来山东文化也是全国文化发展的主线。本志紧紧抓住了这条主线，具有鲜明的时代性和思想性。以第一编第一章《文学创作》为例，志中所记述的小说、诗歌、散文、报告文学、影视文学、民间文学、儿童文学等优秀作品以千计，贯串始终的思想内容，就是反帝反封建和社会主义新文化建设两大主题。翻检本志，我们不仅能从中看到硕果累累，成就辉煌，而且能领略到山东人民那种开拓进取、百折不回的革命创业精神，那种爱国爱民、以天下为己任的浩然正气。

编写山东的文化志，必须立足于山东、把重点放在最能体现山东地方特色的文化事业上，即要有"山东味"。在这个问题上，本志也达到了这个要求。例如第二编第一章《戏剧》的第一节《地方戏曲及团体与活动》，就写了吕剧、柳子戏、山东梆子、莱芜梆子、五音戏、柳琴戏、茂腔、柳腔、两夹弦、四平调等20余种富育山东地方特色的戏剧。第二编第二章《曲艺》第一节《地方曲种》，则叙述了山东琴书、俚曲、山东大鼓、山东快书、山东评书等24种极具"山东味"的曲艺。但也应看到．我们的国家是一个统一的国家，一个省区，不可能是完仑封闭的，必然要与其他地区发生各种各样的文化交流。本志也兼顾到了这一点。如第二编第一章《戏剧》的第一节《省外戏曲剧种及团体与活动》，第二章《曲艺》的第二节《省外传入曲种》，都分别介绍了外地戏剧、曲艺在山东传播的情况。

本志虽名曰《文化志》，但由于省志编纂分工的不同，内容仅限于文化厅及文联管下的几个"文化"部门。因此，本志实际上是一部"文学艺术志"。应当说，在"分工"范围之内，本志涵盖面并没有什么遗漏，达到了纵不断线，横不缺项，体例完备，详略适当的志书要求。

修史莫难于志。文化志的编修尤难。《山东省志·文化志》的编纂真可谓"筚路蓝缕，以启山林"其开创之功，应当给以充分肯定和赞扬。

（《济南日报》1996年3月24日）

读《仪礼译注》

　　《仪礼》是《十三经》之一，是我们今天了解和研究中国古代社会礼制和儒家礼学的一部最重要的典籍。但此书极为难读难懂，就连唐朝的韩愈都曾慨叹"余尝苦《仪礼》难读"（《韩昌黎集》卷十一：《读仪礼》）。清人凌廷堪也曾说过，读《仪礼》若"不得其经纬途径，虽上哲亦苦其难"（《礼经释例·序》）。正因为如此，不少人明知此书之重要，却对之望而却步，因此其渴望有一部好的白话注译本，以帮助一般人都能读懂它。然而建国以来，还从未有人做过这项工作。前不久由上海古籍出版社出版的杨天宇同志撰写的《仪礼译注》一书，可以说是满足了读者的这一要求。正是《仪礼》这部珍贵典籍的第一个白话文译注本，其首创之功不可没。通观杨天宇同志的《仪礼译注》，至少有以下几点值得称道。

　　第一，体例完备。作者为便于读者读懂此书，设计了一种较为完备的译注体例。全书十七篇，每篇篇题下均写有"题解"，首先向读者简要介绍该篇记载的是一种什么样的礼，可以划分为几个部分、各部分的大意是什么，从而使读者对该篇先有个全貌的了解，做到心中有数。对于《仪礼》的原文部分，不仅加上新式标点，而且划分为许多小节，并标以序号。因为一套完整的礼，是由许多先后依次进行、相互联系的具体仪节组成的、所以小节的划分，便于读者逐节深入地去理解全礼的内容。每个小节之下，皆先作注解，再作白话翻译，而于每小节的译文之下，又作一"小结"，简括该节的内容，便于读者理解。作者还绘制了六十多幅图，附于书中相应的篇目小节之下，以帮助读者更好地理解礼文的内容。

　　第二，我想着重谈谈该书的注解。详于名物制度的解释，是该书注解的一大特点。《仪礼》中涉及到大量的名物制度，犹如一个个拦路虎，成为读者阅读的障碍，扫清这些障碍，才能明白礼文的意思，因此作者的注解特着重于此。例如《士冠礼》第5小节，不过140余字，就涉及到几十种名物及其陈设制度，如不解释清楚，不仅不能理解这节的内容，对下文所记冠礼的进行，亦难明了。作者为这一小节作了31个注，并且绘制了五幅图，这就帮助读者一一扫清了障碍。否则，你即使读了下面的白话译文，也很难明白这些名物是怎么回事。

古人为《仪礼》作注的甚多，杨天宇同志的注，一方面充分吸收前人的研究成果，而又不掠人之美，一一标明出处；同时又不囿于前人之说，往往有自己的新意和创获，这是该书注解的又一特点。即以《士冠礼》的第5节为例，该节有"缁布冠缺项"一句，这缺项究竟是何物，自古众说纷纭。杨注虽曰采用郑《注》和胡培翚的《仪礼正义》之说，然郑《注》略而难明，胡氏《正义》又极繁琐而不得要领。作者在深入研究二说的基础上，参以己意，用简洁而准确的白话文，并附上一幅缺项图，就把这一自古令读者头痛的概念，解释得清清楚楚了（见该节注15）。又如《既夕礼》第15节记棺枢下入墓穴后，有"实土三，主人拜乡人"一句，对于这"实土三"三字，向无的解，唯吴廷华《仪礼章句》曰："实土三，则主人率之，工乃成之也。"说似可取而意不明。作者即在吴说的基础上解释说："实土三，盖谓主人象征性地掘土三次填入墓穴，即所谓'主人率之'以下即由其乡人成其实土起坟之功，故主人实土毕，即拜谢乡人。"这种解释可谓准确无误，一释千古之疑，虽受吴说启发，亦可谓杨注新的创获。

详于行礼过程中人物所处方位的变化，是杨注的又一特点。由于礼文太简，每于人物在行礼过程中所处方位的变化言之不详，甚至略而不言，使读者难以明了。如《燕礼》第2节曰："公降立于阼阶之东南，南向尔卿。卿西面，北上。尔大夫，大夫皆少进。"此处所记公"尔卿"、"尔大夫"后，卿和大夫位置的变化都不清楚。于是杨注曰："卿西面，案公尔卿后，卿即稍北进，然后在庭东转向面朝西而立。""大夫皆少进，案公尔卿之后，又尔大夫，因此大夫也都稍北进。大夫进后，仍面朝北面立。大夫之所以不面朝西而立，据敖继公说，是因为位卑于卿而'自别于卿'。"

（见该节注⑧⑨）再参以该节所附图（图6—1），则公尔卿、尔大夫后，卿和大夫遵公命位置的变化，就十分清楚了。

明于辨微，也是杨注的一个特点。例如《仪礼》中有大羹湆、铏羹、胉、臐、膮几个概念。大羹湆是猪肉汤；铏羹是盛于铏的肉汤，可以盛牛肉汤，也可以盛羊肉汤或猪肉汤，分别叫做牛铏、羊铏、豕铏；胉是牛肉汤，臐是羊肉汤，膮是猪肉汤。总而言之，都是肉汤，然而它们相互之间却有着细微的区别，在行礼过程中的用途也不同。然而前此还从未有人对这几个概念的区别作过辨析。作者通过对礼文的细心体察，并从前人的注中寻绎其蛛丝马迹，终于辨明了它们的区别：大羹湆是一种不加盐、菜及其他佐料的肉汤，铏羹则是一种既加佐料又加菜的肉汤，胉、臐、膮则是只加五味等佐料而不加菜的肉汤（以上均参见《公食大夫礼》第7节注⑫）。正因为如此，所以它们在古礼中也就有不同的名称和用途。

提示一些重要的礼例，是杨注的又一特点。《仪礼》中诸礼仪，多有一定的礼例可寻，而了解其中一些重要的礼例，对于理解礼文，可以起到举一反三的作用，大有益于读者。如《士冠礼》第12节"子拜送"下杨注曰："《仪礼》中凡受物前先行拜礼，叫作拜受礼。凡授物而后行拜礼，叫作拜送礼。"案《仪礼》中凡物授受皆须拜，且每言"拜受"、"拜送"，知此礼例，则其义不注自明。又如《士冠礼》第17节"乃醴宾以壹献之礼"，杨注曰："壹献之礼，是主人与宾所行一献、一酢、一酬之礼。"又引凌廷堪《礼经释例》卷三曰："凡主人进宾之酒谓之献。凡宾报主人之酒谓之酢。凡主人先饮以劝宾之酒谓之酬。"案《仪礼》中每言"壹献之礼"，亦每言"献"、"酢"、"酬"，知此礼例，则不烦一一释之矣。

作者还在注中对《仪礼》原文作了校勘。《译注》是以中华书局影印阮校《十三经注疏》本《仪礼》为底本，而在作注时，又取武威汉简本及其他多种版本（参见附于书末的《引用书目》）对阮校本作了进一步校勘，纠正了其中的脱、讹、错简和衍文等近百处。如《士冠礼》第34节末句曰："不屦繐屦。"作者改"履"为"屦"，而于注中出校曰："影印阮校本下'屦'字误作'履'，《注》《疏》所引及各本皆作'屦'。"可见《仪礼译注》实际是集点、校、注、译为一体，堪称当前最为完善的本子。

　　第三,译文准确、流畅,堪称信、达、雅之作。杨译为保持原文风格,以直译为主,直译不能达意处,才兼用意译。又因礼文太简,每多省略,因此杨译往往不得不增加一些词句,以畅其意。这方面的例子,开卷即是,就不再列举了。

　　下面,我还想简要介绍一下杨天宇同志为该书写的前言,名为《仪礼简述》,其实是一篇很有学术价值的论文。在这篇前言中,作者对《仪礼》书名的演变和出现的时间,特别对《仪礼》的产生和源流,《仪礼》学在中国历代的发展演变及其盛衰情况,各朝代《仪礼》学的主要代表人物和代表著作,有关《仪礼》的几种不同版本的篇目编次的优劣,《仪礼》非士礼,《仪礼》一书对于今天的意义等问题,都作了很好的论述。其中不仅吸收了前人研究的成果,而且多有作者个人的新见。特别是前言的第二部分,作者肯定西周时期就有关于礼的文字记载,这些记载"便是后来《仪礼》的源",并肯定今传本《仪礼》最早确实是由孔子所编定,用以教育学生的教材,还从《仪礼》中找出内证来证明这一点。作者的上述看法虽然还可以进一步讨论,但言之成理持之有故,值得重视。

　　当然,杨天宇同志的这部《译注》,也难免有错误或值得商榷之处。如《士昏礼》第13节记舅姑飨妇之礼,仅言"舅姑共飨妇以一献之礼",至于舅姑怎样"共飨",则略而未言。于是杨注曰:"案此处所记飨妇之礼甚略,参以朱熹说,其过程大致如下:舅洗爵酌酒献妇,妇受爵饮之;妇更换新爵酌酒酢舅,舅饮之;然后姑先酌酒自饮,再酌以酬妇,妇受爵奠于荐左不再饮,于是礼成。"其实这里对朱熹之说的概括并不准确。根据朱熹《仪礼经传通释》,舅姑共飨妇的过程应该是这样的:舅先酌酒献给妇,妇饮毕又酢(回敬)舅,然后妇自饮一杯酒,再酌酒以酬(劝)姑,姑则受爵奠而不饮,于是礼成。而杨注的错误,可能是由于读朱熹的《通释》不够细心所致。据杨天宇同志说,他已经认识到这一问题,因此他在做《礼记译注》的《昏义译注》时,即于其"舅姑共飨妇以一献之礼"下引朱氏说两纠正了为《仪礼》做译注时的说法。另外书中还有一些文字和标点符号等方面的问题,似多属排校之误。

评《后汉书辞典》

　　《后汉书》是研究东汉历史最基本的资料。自问世以来,注释和研究其书的学者代不乏人。通行的注释,纪传部分有唐章怀太子李贤(高宗子)注,志部分有梁代刘昭注。还有清惠栋的《后汉书补注》和王先谦的《后汉书集解》。约而计之,不下五十余种。所有这些注释和研究成果,对《后汉书》的研究都有很大帮助,但对大多数读者来说,阅读《后汉书》仍有一定困难。如《后汉书》中没有被注释的疑难之处还有很多;各种研究成果分散在诸书中,查找极不方便;对一些问题的解释众说纷纭,令人特别是初学者无所适从。由张舜徽教授主编、22位专家学者参加编写的《后汉书辞典》(山东教育出版社1994年出版)比较好地解决了这些问题。本辞典的出版,为我们阅读研究《后汉书》提供了极大方便。这是一都集知识性、科学性和实用性于一体的历史工具书。

　　这是第一部以《后汉书》为研究对象的专史辞典,填补了《后汉书》研究的一个空白。以往的历史辞典大都是专史或通史性质的,针对某一部断代史书而编写的辞典可以说是史无前例。另外,本辞典在选择词目方面有其独到之处。选择哪些词目,绝不仅仅是一个取舍和安排的问题,它体现了一种史学思想。以往的历史辞典,多偏重于政治、军事和历史人物等几个方面。实际上,人类历史的内容极为广泛,影响历史发展的因素也是多方面的。近些年来,社会生活、思想文化、经济与科技等方面逐渐受到人们的重视,《后汉书辞典》在选择词目时体现了历史研究的这一发展趋势。同时,本辞典还注意到疑难词语词目的设立和解释,这也是其他一般辞典所不及的。本辞典对许多前人未曾重视和涉及的内容都立有词目并进行了解释,这反映了编者们具有可贵的开拓精神。再则,本辞典正文后附有《东汉纪年表》、《东汉帝系表》和《东汉时期全图》,这为读者在时间和空间上对东汉历史的总体把握也有一定帮助。这二表一图的设置,编者也是独具匠心的。

本辞典洋洋洒洒一百六十余万字,仅词目就有两万多条,所包含的内容十分广泛。按词目分类就有语词、人名、地名、职官、典籍、名物和天文历法等。涉的内容跨越时间长,涵盖面广。这不仅要求编者们具备广博的中国历史知识,而且要具备哲学、艺术、文学、语言、宗教、法律和自然科学等各方面的知识。没有较高的理论修养和专业能力是不能胜任的。如将疑难词语纳入本辞典的解释范围,虽然大大丰富了本辞典的内容,但也增加了编写的难度。这需要编者下大气力阅读原书,广征博采,鉴别论证,抉择去取,在此基础上才能做到解释准确合理。就同一个词来说,在不同的句子和篇目中就可能有不同的含义,能准确地将其区别开来并准确解释并非易事。《后汉书》中一词多义的例子比比皆是,在这方面编者们处理得大都比较恰当。如"比"字,本辞典列举了这个字在《后汉书》中九个不同地方的九种含义,并能引经据典、深入浅出地进行了合理解释。以往的历史辞典,对科技涉及较少,为弥补这一缺陷,本辞典对此进行了精心增补。如辞典中有相当一部分天文历法方面的词目,这些词目,无论是对专业研究工作者还是非专业研究工作者都有很大帮助。本辞典人物词目众多,凡《后汉书》中有事迹可述者均予收录,《后汉书》中所涉及的职官、典籍、名物等也均在收罗之列。其收词范围之广,数量之大,是以往任何非专史性质的历史辞典所望尘莫及的。这既为读者解决了阅读《后汉书》的疑难,同时也提供了丰富的参考资料。

有人说,考据、义理、词章是治中国古代史的基础。又有人说,目录、纪年、职官、舆地是治中国古代史的四把钥匙。所有这几方面,在《后汉书辞典》中都有充分的反映。事实上,本辞典所涉及的内容远远超过了一般历史辞典的范围,将其称为研究《后汉书》的小百科全书也不为过。

解释史书中的词目,首先要尊重前人的研究成果。因为他们给史书作注往往下了很大的功夫,甚至为注一部书穷毕生之精力,其中合理的成分相当多。《后汉书辞典》的编者们非常重视吸收前人的研究成果,在解释词目时引用了大量文献资料,力求言之有据,有出处可查。据粗略统计,仅书中引用的注明出处的古籍就有二百一十多种。编者们还在吸收前人研究成果的基础上发现问题,或提出新解,或择善而从。如对《文侯之命》的解释,其撰写时间,历来见解不一。《史记·周本纪·晋世家》以其作于周襄王时,文侯乃晋文公重耳。但东汉郑玄则认为本篇作于周平王东迁后,文侯为晋文侯仇。唐李贤等亦主此说。两说各有根据。编者们经过认真分析对比,认为郑玄、李贤之说为宜。对近现代人所作的一些新注、新疏和其他研究成果,编者们也尽量吸收利用。如对"天辽"的解释,编者们利用谭其骧主编的《中国历史地图集》的研究成果,指出,天辽县即为交黎县,疑《后汉书·郡国志》天辽即为交黎之误。交黎,西汉置县,东汉改名昌黎,即此。本辞典运用前人和现代人的研究成果解决了不少《后汉书》中的疑难问题。在解释典籍时,编者们还指出各种典籍的版本、出处,列举最新的研究成果。如解释《汉记》时指出,《汉记》即《东观汉记》,今人吴树平著有《东观汉记校注》(中州古籍出版社1985年版)。这样可使读者利用最新的版本,少走许多弯路。本辞典还充分利用了考古资料,如"孙膑"条下,引用1972年临沂银雀山汉墓出土《孙膑兵法》竹简,更增加了解释的准确性和说服力。在表达方式上,本辞典言简意赅,解释字数多的词目也仅在四百字左右,体现了辞典语言概括性和简明性的特点。同时,其注释文字明白流畅,通俗易懂,便于大多数读者阅读。

张舜徽教授在本辞典题词中说:"为了适应中等以上文化水平的读者需要,在编写过程中,我们从知识性、科学性的要求出发,广泛采集资料,仔细辨析词义,释义力求准确简括,明白易懂。"现在可以说,这个目的是达到了。

最后值得提及的是,本辞典具有很强的实用性,查阅极为方便。它的选词以中华书局标点本《后汉书》为据,词目采用繁体字,以与标点本《后汉书》原文保持一致,便于读者对照查阅。为方便读者查找词目出处,每条词目之后均括注中华书局标点本《后汉书》页码。词目中遇有难识字、冷僻字、异读字时,均括注汉语拼音和直音。除《词目索引》外,还编有

《索引检字》。所有这些,都大大方便了读者查阅。可见,本辞典既吸收了以往历史辞典编排的优点,又有其独创性。

编写专史辞典是一项浩大工程,如资料的搜集、人物的评价、史实的考订等,都存在许多困难。该书从1983年列入计划到1994年出版,历时十一年之久,其中的曲折和艰辛可想而知。该书不仅填补了东汉史辞典编写的空白,而且在许多方面有所创新。它的出版,必将对东汉历史研究和历史知识的传播起到很大的推动作用。当然,任何一部著作都不可能十全十美,尤其是一部内容如此广博,涉及学科如此之多,而难度又如此之大的辞典,不可避免地存在一些不足之处,如词目还有遗漏,个别词目的解释尚欠准确等。但瑕不掩瑜,本辞典仍不失为研究《后汉书》的一部很有用的工具书。

(《中国图书评论》1996年第11期)

评《唐代民族与文化新论》

　　傅永聚教授的新作《唐代民族与文化新论》，原是他的博士论文，经过多次修改，于最近由山东大学出版社出版。这是一部资料翔实、视野开阔、立意新颖、不落俗套的佳作。读后感到有以下几个特点：

　　一、以马克思主义基本原理为指导，从中国古代社会的民族实际出发，突破以往有关民族理论的一些成说，在民族构成与民族文化的关系上提出了一个较为完整的理论体系。如作者认为斯大林的"民族构成四要素说"不适合于中国国情。"民族"的定义中应包括文化传统、宗教信仰和风俗习惯等因素；血缘与文化的区别是最初民族相区分的标志；"人是民族构成的首要因素，研究民族构成，首先应当研究构成该民族的人员及其变动"等等。同时，作者还概括了我国古代民族构成变动中"胡汉互易，随居处而变称"、"民族通婚混血严重"两大显著特点；提出了"文化具有鲜明的民族性"，"民族构成的不同类型决定着民族文化的不同模式"，"民族文化制约、影响着民族构成的变动，是民族构成变动的推动力量，而民族构成的变动再造，更新着民族文化的蕴含，决定着民族文化的特色和面貌"等理论，这些理论虽不尽完善，但均发前人之所未发，令人耳目为之一新。

　　二、作者在充分掌握大量的文献资料与考古资料的基础上，运用历史唯物主义观点，具体而深入地探讨唐代民族文化问题，提出了许多新的见解。如作者认为唐人实际上是一个长时期民族互化而成的汉中有胡、胡中有汉的多民族融合体。继魏晋南北朝时期汉人和匈奴、鲜卑、羯、氐、羌等民族融合之后，到唐朝又以唐人为中心，与突厥、回纥、契丹、吐谷浑等国内少数民族以及中亚、西亚、欧洲等民族进一步大融合。唐人与胡人构成一个统一的有机体,二者既有区别,又互相转化,既非汉化胡,也非胡化汉,而是一种同化和互化。在此基础上,作者提出了"民族文化凝唐人"这一新的观点,并高度评价了唐代民族互化的作用和意义,认为民族互化推动了唐代精神文明的进步和物质文化的发展,是中华民族历史上具有充沛活力的一个时期,在中外文化交流中对世界文明产生了深远的影响。

三、作者能够多层面多角度分析唐代民族文化。从物质文化(包括衣食住行、日常用品、科学技术等)、行为文化(包括三教合一的统治思想、民族政策、封建礼法、风俗习惯、各种思想观念等)、精神文化(包括语言文字、宗教信仰、文学艺术等)到文化政策、文化特点及其影响等多方面深入综合考察,最后提出唐文化是"博大的开放性和包融性的文化","唐代融汇世界各民族的文化为一体,这是唐之所以能成为当时世界文明中心的奥秘所在。"此外,作者还对唐民族与文化进行纵向和横向的比较研究。为把唐文化与前代的汉文化、后代的宋文化相比较,把唐文化与早期美利坚文化相比较,通过比较说明唐文化的高度文明及其在历史上的重要地位和影响。

四、作者能充分发挥历史为现实服务的功能。全书逻辑严密,条理清楚,现实感强,读后能给人以深刻的启迪与思考。如作者认为唐太宗时期将和谐美的原则贯彻到处理民族关系之中,从而使胡汉各民族形成一种相安无事和平共处的良好关系。这对我们今天正确处理民族关系、加强各民族团结似有借鉴作用。作者还认为中华民族文化历经数千年持久不衰,得力于不断吸收外来文化,吸取其他民族文化的长处和精华,才能使自己的主体文化不断丰富,充满活力,立于世界先进民族之林。从书中我们更充分认识到中华民族有吸收外来文化的优良传统,中华民族是"通达事理,心胸开阔的民族,向来乐于接受外国人所提供的好事物",有力地驳斥了西方少数人散布的中华民族保守、闭塞、落后的谬论。这对于我们今天继续扩大对外开放,吸取外来有用的文化,加强社会主义精神文明建设,以及对青少年进行优秀传统文化教育和爱国主义教育,都有重要的参考价值。

　　总之,本书是一部具有较高学术价值和可读性的著作。当然,书中也有一些不足之处。如在论述汉胡民族互化与融合时没有强调作为中华民族主体的汉族的主导作用；在论述胡汉融合时对以儒学为主体的汉族文化也未予足够的重视。另外,可能受资料及时间的限制,个别章节的论述尚欠充分。深信作者在今后的研究中,对上述问题将会有更为全面深刻的认识与补充,并期望作者有更多更好的成果问世。

(《烟台师范学院学报》1997年第1期)

《牛僧孺年谱》评介

"牛李党争"是唐史研究中的一个"老、大、难"问题。说它老，是因为从晚唐以至现今，人们对这一问题一直聚讼不已，见仁见智，迄无定论；说它大，是因为这一"垂四十年"之党争对中晚唐政局产生了重大而深远的影响，是治唐史者难以回避的问题；说它难，是因为这一问题错综复杂，其中既有政见之争，更有派系之争、意气之争，它几乎牵涉到当时朝廷与地方的各个阶层、各个集团，加之有关这一党争的文献记载颇多矛盾、抵牾，因而令人颇感头疼、望而却步。近读辽海出版社最近出版的丁鼎（程奇立）同志所著《牛僧孺年谱》，深感本书资料丰富、考证严谨、立论平实，是对"牛李党争"这一"老、大、难"问题进行深入研究的一部力作。

牛僧孺一生经历了德、顺、宪、穆、敬、文、武、宣宗八朝，曾两度拜相，三任节度使，是"牛李党争"中的关键人物之一。本谱选取牛僧孺这一关键人物作为"牛李党争"研究的切入点，对牛僧孺的籍贯、世系、科名、仕历和诗文作品进行了编年考证，尽可能全面地考察了他一生的交游和政务活动，特别是对他在当时党争中的有关史事进行了重点考察，通过证误阙疑、考析按断，澄清了许多历史迷雾，对牛僧孺与"牛李党争"作出了较为客观、公正、全面的研究和评价。

本谱对"牛李党争"中的一些问题提出了不少独到的见解，观点新颖，创见迭出。

由于李逢吉曾与李吉甫、李德裕父子有过矛盾冲突，因而历来研究"牛李党争"者几乎无一例外地将李逢吉划归牛党，甚至有人认为李逢吉是牛党的早期领袖。本谱通过分析考察有关史志文献，尤其是根据当时一些李党人物的有关记述，证明李逢吉与牛僧孺之间也曾有过较深的矛盾，二人不可能是同党；并根据李逢吉之侄——李逢吉的"八关十六子"之一李训当政时曾对牛党大肆排斥的史实，说明李逢吉集团与牛僧孺、李宗闵集团分属不同的政治集团，不能因为他们都曾与李吉甫、李德裕集团矛盾对立过而将他们划为同党（参见《引言》与《长庆三年谱》）。其说甚有见地，可谓发千年之覆，成一家之言。

考证细密，是本谱的一大特色。如杜牧《牛僧孺墓志》与李珏《牛僧孺神道碑》均载牛僧孺于元和年间由考功员外郎充集贤殿"学士"，而两《唐书》本传谓其所充为"直学士"。有学者认为两《唐书》"直"字衍。本谱据《通典》、《唐六典》和《唐会要》所载五品官以上为"学士"、六品以下为"直学士"的制度，论定当时牛僧孺应为"直学士"，因为其本官考功员外郎为从六品。并指出《碑》《志》之所以称其为"学士"，当是由于受当时谀墓风气的影响而有意对"学士"与"直学士"不加细析（参见元和十四年谱）。考证精辟，很有说服力。再如，关于谱主出为东都留守的时间，朱金城《白居易年谱》定为会昌二年三月，本谱根据《旧唐书·武宗纪》《唐会要》《会昌一品集》等，证实牛僧孺在本年十二月之前一直在长安任职，其出为东都留守当在十二月底，而不可能在三月（参见会昌二年三月谱）。其说甚是，足证朱说之失。类似这样的考证发明，本谱比比皆是，不胜枚举。

由于编年体例决定了年谱往往难以全面、系统地进行叙事考史。为了弥补编年体的琐碎饾饤之不足，作者在年谱之前创立了一篇近三万言的《引言》，对牛僧孺其人其事与"牛李党争"的许多问题进行了系统、全面的探讨和阐述。使读者可以通过阅读《引言》来系统而概括地了解和掌握作者对于牛僧孺和"牛李党争"的总体认识和观点。应该说这是很值得称道的。

总之，这是一部学术价值很高的著作，正如唐史专家卞孝萱先生在本书序言中所说："每一位读过本书的读者，即使不完全同意作者的观点和结论，也一定会承认作者为恢复'牛李党争'的真相进行了卓有成效的探索，把'牛李党争'研究向前推进了一大步，为唐史研究作出了新的贡献。"诚哉斯言。

评《山东省志·文物志》

　　山东号称"齐鲁礼义之邦"。1958年郭沫若先生参观山东省博物馆时曾写有"齐鲁多文物，年来益发扬"的赞语。但是除了清代学者毕沅、阮元所撰的《山左金石志》24卷为那个时期金石学代表作之外，迄今尚没有一部全面反映山东文物和文物工作成果的专书，这是与山东文物大省的地位不相称的。近日由山东省文化厅、文物局承编，山东人民出版社出版的《山东省志·文物志》是第一部全面系统记述山东文物与文物工作的力著，填补了这一缺憾。通览全书，我认为有以下的优点。

　　一是体例完备，立意新颖。全书共分古遗址、古墓葬、古建筑、石窟寺与石刻、近现代遗址与纪念建筑、文物藏品、田野考古、博物馆、文物保护管理等篇，反映了编者对山东文物事业的全方位、多层次的把握和编纂方法。

　　二是资料丰富，考订精审。本书叙述山东文物事业兴衰嬗变及工作历程的时间跨度自1840年至1990年，长达150年。有些篇章如"科学研究"篇，为了探本溯源，甚至追溯到一千多年前的宋代。时间跨度长，资料涉及面广，内容丰富而趋于翔实。许多资料为世所罕见，对我们实事求是客观地研究和评价山东文物事业发展史具有重要的参考价值。

　　三是重点突出，详略得当。本书在全面介绍山东文物时，特别着重记载了大汶口文化、龙山文化陶器、商代甲骨、秦汉碑刻、汉代画像石、北朝刻石与刻经等，这不仅突出了重点，同时也显示了山东的地方特色。对于各篇章之间的内容交叉，则采取互见法，依据内涵详细分述，既防止了彼此脱节，又避免了重复。

　　四是图文并茂，雅俗共赏。本书配以32页的彩图以及大量的随文黑白插图,共计彩图120余帧,黑白图160余幅。装帧考究,图文并茂,从内容到形式,皆堪称精品。本书文字表述准确,行文流畅,层次分明统一,于现代语文体中,适应文物书籍的特点,又增添典雅的古韵。

从总体上看,本书确是第一部全面、系统、科学地记述山东省文物工作成果的巨著,观点正确,资料翔实,体例严谨,特点突出,文风端正,完全符合志书的标准和要求。具有权威的学术价值和实用价值。

(《大众日报》1998年1月5日)

评《魏晋南北朝经济史》

　　魏晋南北朝上承秦汉，下启隋唐，是我国历史上一个重要的时期。由于南北分裂、战争连年、政权林立及频繁更替等原因，致使这个时期遗留下来的历史文献资料比较贫乏，尤其是经济史料更为缺少。许多经济问题，史书上根本没有记载，就是已有记载的一些重要的经济制度，也因头绪繁多，社会经济关系复杂，而脉络不清，甚至矛盾百出。高敏教授知难而进，继其专著《魏晋南北朝社会经济史探讨》（人民出版社 1987 年 10 月出版）之后，历十年之久，又主编了《魏晋南北朝经济史》一书（上、下册，上海人民出版社 1996 年 9 月出版，85.6 万字）。该书荟萃作者多年研究的心得，不仅承继了前人的研究成果，而且在此基础上多有发展和创新。主要有以下几点：

一　构建了一个新的完整的经济史体系

　　根据历史唯物主义与辩证唯物主义原理，事物与事物、部分与整体、个别与一般之间，都有着不可分割的内在联系。作为一部断代经济史与同时期的政治史、军事史、思想史、文化史等，也都有着密切的相互制约、相互影响的关系。但是，在经济史中，如果过多地讲政治史、军事史、思想史、文化史的内容，就不可避免地要和通史以及其他专史相重复。反之，如果孤立地讲经济史，也就不可能对经济史有真正的了解和认识。《魏晋南北朝经济史》一书的第一章《绪论》，采用了概述这一时期的历史特征、社会经济总貌和历史地位的办法，对该时期的整个历史概况作一通览全局、高屋建瓴的描述，这样既注意了经济史与其他专史之间的相互关系，又避免了经济史与其他专史和通史的过多重复,正确地处理了经济基础与上层建筑、部分与整体之间的辩证关系。按照社会生产关系一定要适应生产力发展水平的性质的规律,以往的经济史著述般是先讲社会生产力的状况,然后讲生产关系的各种表现,藉以显示生产力对生产关系的决定作用。《魏晋南北朝经济史》打破了老框框,另辟新径,将全书共分为二十章,除了上述第一章按照突出重点和特点的原则,以概括叙述对魏晋南北朝经济史发展过程的总体认识,作为全书的纲领外,第二章以魏晋南北朝的疆域与自然条件为中心,阐明该时期社会经济发展的客观条件。第三章叙述了该时期的人口的社会组织形式与户籍制度,兼及人口数量、增减、迁徙、流向、分布,以显示此时期人口问题的特征。第四章至第十三章集中讲各种经济关系,如封建土地所有制关系、阶级关系与分配关系等。第十四章至第十九章讲这时期社会的各个生产部门情况,分别从农业、畜牧业、手工业与商业等不同领域,论述此时期经济发展的水平与特征,并把生产力的发展水平与生产工具的状况,分别附于相应章节中说明。最后一章为各种经济思想的论述。这样,通过全书各章节,便将这一时期有关社会经济的各个方面的总体状况反映出来,显示出魏晋南北朝作为我国封建社会的一个发展阶段的面貌与特征,揭示了各项社会经济制度自身的发展过程与规律,从而阐明了魏晋南北朝经济史在我国整个封建社会经济史中的地位与作用。

二　着重解决了几个带有共性的理论问题

例如,魏晋南北朝时期的社会性质、庄园制经济制度、社会主要矛盾的发展变化和南北社会的不同发展道路等问题。这些理论性问题能否顺利地解决,将在很大程度上关系到《魏晋南北朝经济史》一书质量的优劣高下。为此,该书除了在所涉及的各个章节中予以具体探讨以外,还在第一章中分专节进行了简略的论述。其主要论点是:(一)魏晋南北朝与秦汉时期是属于同一社会形态,即封建社会的不同发展阶段,而不应是封建社会与奴隶社会两个不同的社会。(二)与此相关的庄园制度,只是地主阶级经营其土地的一种组织形式,它本身并不是一种所有制的形态,与西欧中世纪作为一种土地所有制形态的庄园制根本不同；西欧中世纪的庄园制是封建领主通过超经济的强制手段,迫使农奴无偿地为自己提供劳役地租的剥削形式,和魏晋南北朝时期地主通过把土地租佃给农民以榨取其实物地租的剥削形式也有不同。(三)封建社会的民族矛盾,在某种特殊情况下,也可以转化为某一时期的社会的主要矛盾,魏晋南北朝即属于这一特殊的时期。(四)魏晋南北朝时期,南北经济具有较大的差异性。一般来说,南方除在军事方面弱于北方外,其在社会形态发展诸方面都强于北方。

三 通过对若干制度的考证,提出了新的见解

《魏晋南北朝经济史》一书对大到一些重要经济制度,小到寺院中"养女"的身份、"十夫客"的阶级内涵等,都进行了严谨的考证,并在此基础上,提出了一些新的见解。例如,关于西晋的租调制度,由于史料缺少,仅存的《晋书·食货志》所载占田令与《初学记》引《晋故事》两条史料复有讹夺衍文,以致历代史家聚讼纷纭。高敏先生经过缜密的考证,在西晋的田租与户调是否合一、田租与课田制的关系、田租的征发量和征收对象及田租的征收方式等问题上,提出了自己的看法。他认为西晋的"田租"与"户调"仍然是二者分离、同时并存的。西晋的课田制为赋税制度,是西晋户调式中的田租制,所谓"课田",就是课税之田。西晋田租既有按土地数量征收的一面,即按课田数每亩定额八升;也有按人丁征收的一面,因课田数是按丁计算的,所以西晋的田租制,实际上是一种丁租制。西晋田租征收,并未实行"九品相通"的办法,等等。这样就不仅为叙述西晋时期的租调剥削的加重与田租的丁租化过程提供了有力的证据,而且还为论述东晋、宋、齐租调制的因袭与变异及梁、陈时期租调制的变化交代了前提,从而对两晋南朝的租调制度有了一个较为全面的认识;对南、北朝的租调制度进行比较研究,更全面、准确地认识魏晋南北朝的租调制度及其演变,也具有重要的意义。

四 运用了计量、比较等科学的研究方法

研究经济史,定性分析固不可少,但定量分析有时则更为重要。如此才能使所论述之问题不至于流于空泛而缺乏科学根据。《魏晋南北朝经济史》一书,采用了大量的图表,详细表列了这一时期的疆域、人口、亩产量、占田数、徭役的服役年龄等。另外,在经济史的研究中,比较研究的方法也是不可缺少的。魏晋南北朝的许多经济典制,往往发端于秦汉,形成于魏晋南北朝,成熟于隋唐。如封建地主的庄园经营形式等,便是如此。只有通过纵向和横向(包括中外)的比较,才有可能对此有一个较为完整的认识。高敏先生精于秦汉魏晋南北朝史的研究,对此种方法的运用更是得心应手。如对魏晋南北朝的徭役制度的成功分析,便是在一定程度上得力于此种方法。

《魏晋南北朝经济史》一书是由多人参编完成的。全书很难在各个章节上完全达到一致,也难免出现一些小的纰漏。如同一引文在书中的不同章节中,有的竟反复出现达三、四次之多。至于对一些具体问题的深入发掘、理论的阐发、各种经济规律的揭示等方面,也有尚待进一步完善之处。但瑕不掩瑜,从总体上来看,可以说本书是建国以来,魏晋南北朝断代经济史研究的一部开创性学术巨著。

(《史学月刊》1998年第5期)

评《两汉乡村社会史》

　　近20年来，是史学研究的又一个繁荣时代，尤其是在中国古代史领域，以往人们不太注重的专门史也取得了很大的进展，从经济史、政治制度史到思想史、文化史、中外关系史以及民俗史、社会史，都有一批学者在孜孜不倦地耕耘。但是，在这繁荣的场景中，乡村社会的研究似乎仍旧被冷落，直到前不久还没有一部像样的乡村社会史面世。虽然个中原因多种多样，但我一直认为是一个遗憾，待读到马新同志所著《两汉乡村社会史》，心中方感到有些释然。

　　众所周知，研究中国古代乡村社会，特别是研究两汉乡村社会，首先面临的问题便是文献记载的不足。无论是正史还是野乘子书，多将其笔墨触及帝王将相、名人世家，也就是居于城市的一小批人，对于乡村状况与乡村人群基本无人过问。对于乡村的了解，大多要靠政府的政策记载以及一些诏令奏议中的只言片语。这些当然是研究乡村社会的最基本的史料，但它们存在着两个明显的不足：其一，这些记载多是一些特例或泛泛而论者，而且往往与乡村社会的实际情况并不相符。比如，在《汉书·食货志》中，既可以读到："至武帝之初，七十年间，国家无事。非遇水旱，则民人给家足，都鄙廪庾尽满，而府库余财。"还可以读到晁错的上奏："今农夫五口之家，其服役者不下二人，其能耕者不过百亩。百亩之收，不过百石。春耕，夏耘，秋获，冬藏。伐薪樵，治官府，给徭役。春不得避风尘，夏不得避暑热，秋不得避阴雨，冬不得避寒冻。四时之间，亡日休息。又私自送往迎来，吊死问疾，养孤长幼在其中。勤苦如此，尚复被水旱之灾，急政暴虐，赋敛不时，朝令而暮改，当具有者，半贾而卖；亡者，取倍称之息。于是有卖田宅、鬻子孙以偿责者矣！”又如，对于两汉乡村的土地兼并，论者动辄引用董仲舒的话："富者田连阡陌，贫者无立锥之地"，若据此立论，不难得出汉代土地问题的严重与贫富分化的剧烈，但这与晁错所言"五口之家，百亩之田"，又实在太相矛盾。而从两汉的实际看，这两说都不甚确切。两汉乡村的农民既没有保障每户的百亩之田，也不是都无立锥之地，大多数农民还是拥有十几亩至百余亩的土地。与之相应，则是这些记载没有准确的概念，缺少量化分析。比如，对于乡村社会中的社会阶层，只是粗线条地划分为大家、中家与下户，在整个两汉史籍中，能找到的唯一条直接的划分标准便是"百金，中家十家之产也"。《两汉乡村社会史》的作者未囿于这些传统概念，而是从两汉社会的实际出发另辟蹊径，重新勾勒，取得了新的收获。再如，牛耕问题，记载中多是政府如何推广牛耕以及牛耕如何普及，从赵过到任延，这些事例也被后世史家不断征引，作为两汉牛耕普及的主要论据。但在两汉时代牛耕的普及率究竟如何，史无明文。作者为了深入了解两汉乡村社会生产力的实际状况，又回头爬梳，运用考古学的成果弥补了记载的不足，对牛耕问题做出了比较客观的评价。其二，这些记载多限于官方体系之中，对于非官方的民间活动极少留意，而这些恰恰是研究乡村社会所必不可少的。比如，对于乡村经济关系，史书中记载最多的是农民与政府的各种经济关系，从田税、口赋、算赋，到兵役、徭役等等，十分齐全，尽管一些问题还不能完全定论，但大致面貌还是比较清晰的。相反，乡村中的租佃关系、借贷关系以及雇佣关系等等，都缺乏明确的记载。对于乡村组织，史书中官方组织体系记载较多，比如，乡亭里的设置、机构、职掌等等，但对于民间的自然组织，比如，乡村中的自然聚落、宗族等，则多语焉不详，没有正面记载。对这些，作者也做了大量的工作。

研究两汉乡村社会，我们遇到的第二个问题便是时代的差异，史料的匮乏不足，又大大加重了这种时代的差异。对于中国古代的乡村社会，如果仅仅站在现代的角度，运用后人已经定论的一些框架去比附或引申，自然不会识得庐山真面目。我们只有踅回到古代乡村社会内部，一方面去把握它与后世相同或相通的内容；另一方面去把握它的时代特征与时代内容，后一点尤为重要。只有这样才能真正认识汉代的乡村，否则又会陷入千人一面的固定框框中。比如，对于中国古代乡村的生存环境，人们往往有一个思维定式，即环境恶劣，天灾不断，我们的先人们一直在与天奋斗，与地奋斗，而历史上总是旱涝不断，蝗虫肆虐，中国古代的农民也一直处在重重的剥削之下，不断贫困与破产。但真实的乡村环境究竟如何呢？作者深入其中，发现在许多历史时期，比如两汉、隋唐，在中国历史上称得上是比较风调雨顺的时代。气候温暖，雨水充沛，各地都有相当数量的肥土沃壤，其自然生态环境要优于后世，有些时期，甚至优于我们目前。再如，讲到乡村社会农民的社会环境，人们多以近代的夫权、族权、神权一以代之，但作者提出在历史上并不尽然，以两汉时代的乡村为例，便可发现，它又确实存在着独具特色的社会环境。比如，就夫权而言，两汉时代夫妻关系相对平等，丈夫可以休妻弃妻，而妻子在一定条件下也可以弃夫而去，而且，这一时代，离婚再嫁、寡妇改嫁十分平常，夫权对女子的压力，与后代相比要小得多；以神权为例，两汉时代，除了儒学对乡村社会有一定影响外，释、道均未构成影响，而且，儒学的影响也十分有限，两汉乡村中弥漫的是巫与巫术，是禁忌，是鬼怪神灵，这对于汉代乡村社会的精神生活都带来了重要影响。

研究两汉乡村社会，我们遇到的第三个问题是如何把握动态的乡村社会。作者较好地把握了这一点，以对宗族的研究为例，西汉初建，乡村社会散落着大大小小的聚落与千千万万个家庭，新的宗族体系尚未形成，但经过七八十年的发展，到武帝时宗族在乡村渐成势力，此后不断发展，到东汉时代终于盘踞了整个乡村社会，成为东汉王朝分崩离析的重要因素。作者较好地把握了它的变迁。再如，通过对汉代乡村中的家庭的研究，作者认为西汉时代，尤其是西汉前期，小型家庭结构占据着主导地位，完全承继着秦代"家富子壮则出分，家贫子壮则出赘"的习惯；而自西汉后期始，同居之风开始出现，并渐成潮流，乡村家庭也出现了明显的扩大化趋势，这种变化对于乡村的家内人际关系、伦理观念以及经济生活、社会政治生活都产生了较大影响。这都是比较中肯的意见。

研究两汉乡村社会所遇到的第四个问题，便是如何把握立体化的乡村社会。迄今为止,过去的记载所带给我们的只是平面化的历史,而乡村社会的画面更是支离破碎。要把握立体化的乡村社会,就必须首先重建古代乡村的各个层面,然后再将各个层面进行有机的沟通,用历史的与逻辑的联系,勾勒出大致合乎客观实际的立体的乡村社会画卷。基于这一认识,作者在该书中,对从乡村生产环境到农业生产的基本状况,从乡村土地占有关系的变化到农业、乡村工商业与高利贷经营,从乡村社会各阶层到作为乡村社会主体的农民的地位与命运,从乡里村落到乡村中的宗族、里社,从婚姻家庭到乡村的家产继承,从乡村神祇崇拜、宗教到巫术、禁忌与择日之术,从民谣民谚到乡村社会风情,都着力进行了系统的研究与勾画。总之,在这部新著中,作者初步解决了上述四个问题,比较系统地构建起了两汉乡村社会的基本框架。当然,本书的不足之处也在所难免,尤其是在内容框架方面,没有将农民起义、农民战争收入乡村社会的视野,也没有包含乡村的衣食住行与丧葬习俗等内容,前者可以说是乡村社会变迁的集中反映点,而后者也是乡村社会史的基本构成部分。再者,乡村与城市的关系,也是两汉乡村社会史研究中不可忽视的一个重要问题。希望作者在修订再版时,能对上述问题作相应的补充。

（《历史研究》1999年第1期）

评《中国用人思想史》

　　苗枫林同志的新著《中国用人思想史》，最近已由齐鲁书社出版。读后感到，无论是研究内容或是研究方法，该书都是近年来出版的人才学著作中最为杰出的一部书。

　　中国用人思想是一笔丰厚的历史遗产，资料分散，头绪繁杂，因此，研究什么？怎样进行研究？就成为首先要解决的同题。作者在"绪论"中开宗明义地提出了中国用人思想史的七个方面的研究任务。这七个研究任务的确定，是作者积多年人才学研究和从政实践经验而得出的认识。这些认识既抓住了人才问题的重点，同时又符合中国古代用人思想发展的实际。纵览全书，可以说作者较好地完成了这七个方面的研究任务。例如，作者给"人才"下的定义是"社会人群中其才、能、技、艺的某些方面超出社会才能常人值，并在实践中被社会认可的人"（《绪论》第2页）。较之其他论著对人才的定义就更为全面、深刻、科学。

　　本书收录和研究了自春秋战国至清朝灭亡二千多年间近百名思想家、政治家有关人才思想的论述和实践经验，分析总结了每个时期每个人的用人思想的历史背景、特点和创新的发展规律，并着力突出了他们之间的传承和发展关系。春秋战国是我国社会急剧变革的历史时期，适应时代和社会多方面的需要，思想领域空前活跃，百家争鸣蔚为壮观。总起来看，中国古代用人思想大都发端于此。例如，管仲"终身之计，莫如树人"的人才培养思想；孟子"人皆可以为尧舜"的人才普遍性思想；孔子"其人存，则其政举；其人亡，则其政息"的人本思想；墨子"虽农与工肆之人，有能则举之"的人才举用思想；孟子"进贤听之国人"和韩非"试之以事"的人才识辨思想等。这些用人思想的出现,正是春秋战国时期,奴隶制世卿世禄制制被逐步打破,封建统治者对各类人才的大量、急迫需求在理论上的反映。秦汉以降,随着封建制度的巩固和奴隶制残余思想的渐次消亡,用人思想学说的内容又有较大的变化。例如,东汉末年,群雄并起,为确立各自的政治、军事优势,无不殚精竭虑,广揽贤才。曹操是其中的佼佼者。从建安十年(公元205年)到建安二十二年(公元217)十余年间,曹操四次颁布用人令,其中心思想就是"唯才是举"。由于排除了用人的种种限制,曹操身边逐渐汇聚成一个庞大的人才群体,其数量之多,素质之高,是刘备和孙权两个集团所难望其项背的。同样是争霸战争的需要,曹操的"唯才是举"的人才思想,却又反映出不同于春秋战国时期的时代特点。作者在探讨各家用人思想的传承关系上也颇下了一番功夫。例如,"德才"是人才学上一个重要命题,历代各家都有涉及。曹操的"唯才是举",是偏重才能的体现。唐太宗李世民用人则兼顾才与德两个方面。北宋司马光则从理论上对"德才"进行了深入、透彻的论述。他认为:德才是人才的两个重要构成因素,是相辅相成的,不可偏废。最后得出结论是"故为国为家者,苟能审于才德之分而知所先后,又何失人之足患哉!"(《资治通鉴》卷一《周纪一》)这样,"德才"这一用人思想的来龙去脉、发展变化,就明明白白地摆在了读者的面前。

诚如作者在"自序"中所说:"保证史料真实是这部史书科学价值第一要领。"该书不仅占有史料非常丰富,举凡古今典籍中涉及用人思想的著作大致搜罗无遗,而且选择史料亦十分严谨,具有科学性、典型性和代表性。从作者所列"主要参阅书目"中可以看出,史料来源全面、丰富,且均为史学界认同的"信史",避免了传说和演义可能给研究的科学性所带来的负面效应。

为提高《中国用人思想史》的科学性,作者还采用了计量史学的研究方法,通过概率统计去揭示中国人才史上的规律和奥秘。例如,在论及管仲用人思想时,作者挖掘出了其中一份中外古籍中尚属罕见的社会调查提纲,调查项目多至24种。建立在如此广泛、周密的调查基础之上的人才选拔、任用活动,是齐国吏治清明、国势强盛的重要原因之一。

作者既是一位政治实践家,有多年用人实践的从政经验;同时又是一位博学的史学家,有长期的历史研究积累。这种特有的两栖优势的作者,目前尚不多见。这样,就使作者在书中所提出和分析论述的同题都具有鲜明的历史感和时代感,既能用历史的眼光审视现实问题,又能用现实的眼光去考察历史,较好地处理了古与今的关系,更好地展现了历史文化古为今用的借鉴意义。例如,在论及曹操"唯才是举"用人思想时,一针见血地指出"没有德的要求或者说没有政治要求的唯才是举,世间是根本不存在的"。"他只是把德的内涵改造成为适合于他自己的要求罢了"(原书第114页)。这些论述都具有深远的历史意义和现实的借鉴意义。

(《山东社会科学》1999年第2期)

评《山东经济史》

逄振镐、江奔东同志主编的《山东经济史》，系山东省社会科学规划重点项目，最近由济南出版社出版发行。这是山东史学界继《山东通史》（八卷本）之后面世的又一部规模宏大的学术著作。全书上起原始社会下迄1995年"八五"计划末，以1840年鸦片战争和1949年中华人民共和国成立为两个界点，分为古代、近代、现代三卷，四十五章，120万字，可谓山东经济史研究的力作，填补了山东经济发展通史研究的空白，是目前在全国区域经济史研究中跨年度最长、内容最完整的一部著作。翻阅全书，可以看出《山东经济史》做了许多开拓性、独创性的研究，有很多值得称道的特点：

一、文献资料与考古资料相结合是该书的一大特点。

在中国历代文献记载中，记载经济方面的资料本来十分贫乏，涉及一个省区的经济史料就更贫乏了。在文献资料不足的情况下，撰写一部较大规模的经济史著作是很困难的，特别是撰写先秦两汉时期的经济史更是困难。该书的作者能够在广泛搜集已有的文献资料的基础上，又大量利用现已出土的考古资料以弥补文献资料的不足，居然写出如此大部头的专著，可见作者下了很大的苦功夫。例如，山东史前东夷阶段的历史，文献记载微乎其微，主要依靠丰富的考古资料恢复了被埋没的东夷经济文化发达的本来面目。以后，历春秋、战国、秦、汉，乃至隋、唐、宋等时期，也都利用了丰富的考古资料，使这一部分经济史内容比较充实。此后到近、现代则主要靠大量文献记载和实际调查的材料，充分显示出该书资料翔实的特点。该书继承发展了先贤王国维的"二重证据法"，采用文献资料与考古资料相结合的路子，无疑在经济史研究中开创了一条正确的道路。

二、总结过去启示未来是该书自始至终坚持的一条主线。

总结过去是为了开拓未来。该书在浩瀚的史料基础上，以历史唯物主义和辩证唯物主义为指导，对山东经济开发、发展过程，突出贡献以及困难和挫折都进行了科学总结与论述，为今后山东经济的发展提供了许多宝贵的历史经验。

1. 社会稳定、政策正确是社会经济发展繁荣的前提条件。山东经济在历史上曾出现过多次蓬勃发展的高潮，也出现过几次衰落的低潮。高潮时期的出现都是在社会环境稳定、经济政策正确的情况下取得的。诸如，新石器时代东夷族创造的光辉灿烂的经济文化成为中国古文明的发源地之一；春秋战国时期以齐、鲁为代表的山东地区经济文化的繁荣成为当时全国文化的中心、经济发达地区之一。此后，汉、唐、明、清等几个著名王朝统治的初期或前期，都有一个经济发展繁荣时期。而这些时期的经济发展与繁荣都是在当时社会稳定，经济政策适合经济发展的条件下取得的。新中国成立后，50年代的稳定、"文化大革命"十年动乱的教训、特别是改革开放以来的社会稳定和正确的政策，更从正反两方面证明了社会稳定和政策正确，是社会经济发展繁荣的前提条件。这是《山东经济史》着重总结的一条基本历史经验。

2. 改革开放是社会经济发展的动力。山东经济发展史上出现过多次经济改革开放时期。历史上的改革与开放，有的是山东地区范围内进行的，有的是在全国相关形势下进行的。例如，史前时期的东夷族经济文化具有开放性特点，先秦时期的齐国曾进行过三次大的改革（齐桓公与管仲改革、晏婴改革、齐威王和邹忌的改革），鲁国进行了一次大的改革（"初税亩"、"作丘甲"）。秦汉以后，大的封建皇朝的初期所实行的"轻徭薄赋"、"休养生息"以及多次土地与赋役制度的改革等等，都大大推动了社会经济的发展。值得特别指出的是，1978年以来党提出了一系列的当代经济改革开放理论和政策，使山东经济发生了巨大变化。该书用了较多的篇幅论述了各领域改革开放的操作过程和效果，深刻地揭示了改革开放是社会经济发展的动力这一原理。

3．科学技术是第一生产力。在以往的经济史著作中，大多对科学技术的发展重视不够，甚至不提科学技术、发明创造，这是一个很大的缺憾。而《山东经济史》在这方面开创了一个先例，把科学技术、发明创造作为经济发展的重要内容。诸如，史前时期山东东夷族原始居民创造的"薄如纸、明如镜、黑如漆"的"蛋壳陶"，制作之精美、技术之高超，在整个中华民族史前经济文化发展史上处于遥遥领先的地位，并达到了中国史前制陶业技术水平的最高峰。成书于战国初期的记载各种手工业技术的经典著作《考工记》，天文学家甘德、石申所著《甘石星经》中记载的"世界最古的恒星表"，自然科学史的经典著作《墨经》，我国划时代的农学著作《齐民要术》，宋代燕肃复制的指南车（原指南针失传）、记里鼓车，发明的计时莲花漏，创立的海洋潮汐新理论等等，都是山东省科技史上的重大发明创造，当时在全国具有领先地位，有的在世界都享有盛誉。这些科学。技术的发明创造，不仅极大地推动了山东社会经济的发展，而且也推动了全国社会经济的发展。应当说历史上的山东是一个科技成果颇丰，科技顶尖人才众多的一个区域。《山东经济史》对科学技术的重要性给予了高度重视，古代卷的许多章中都专列一节，其他卷对此也有详细的论述。

4．对民族经济的发展给予了应有重视。近代外国资本主义和帝国主义政治上的压迫和经济上的侵略，使山东经济发展受到摧残。以往经济史著作往往对这方面论述的多一些。而《山东经济史》近代卷在研究论述外资侵略压迫的同时，也用较多的篇幅阐述山东民族经济自强不息的奋斗精神。例如，对近代山东新式工业的产生、近代民族工业的兴起与发展、抗日战争时期和解放战争时期山东解放区经济的发展都作了专章论述。使人们深刻认识到，在外资侵略压迫下，山东经济遭到摧残的同时，也能看到民族经济和解放区经济自强奋斗发展的曙光和希望。这样的论述，给人以非常强烈的爱国主义教育。

5．对新中国山东经济的论述有其独到之处。新中国成立后，全国经济发展经历了曲折过程，有成功，也有失误。山东经济也是如此。作为现代史具体描述一个省的经济工作，存在很多困难。而该书作者在这方面动了不少脑筋，对一些问题的处理比较妥当。现代卷在大量史料和直接调查资料的基础上，以关于建国以来党的若干历史问题的决议为准绳，对新中国成立到1995年底的山东经济进行了全面系统完整的研究，并从理性上总结了经验及教训，客观地反映了全省经济发展的主要脉络，展示了山东广大干部群众把马克思主义、毛泽东思想和邓小平理论与山东实际相结合，创造性地开展经济建设所取得的一系列成绩。对遭受挫折时期教训的总结，则放在全党路线政策失误的大背景下去分析、评价，这是实事求是的。这样评论撰写，是成功的。

6. 对山东经济各领域行业的发展史作了尽可能详尽的描述，并揭示了一些规律性的东西。《山东经济史》对山东社会经济发展规律、生产力与生产关系相适应发展的规律、物质生产的各个具体领域行业，如农业、手工业、商业、交通、运输、城市经济、沿海经济、海洋经济的发展状况及其规律性等，都在书中作了很好的论述，这对我们认识掌握规律，促进山东经济的不断发展，都是大有裨益的。

三、略古详今、重在当代、史论结合是该书重要的写作指导思想。

翻阅全书，可见整个《山东经济史》在编写的文字容量比例分配上，古代卷（从距今50万年前的沂源猿人起至公元1840年止）、近代卷（1840年至1949年）和现代卷（1949年至1995年底）基本上各占1/3（约40万字左右）；而现代卷以1978年12月党的十一届三中全会为界前30年和后17年又基本上各占一半。该书把17年改革开放作为全书重中之重来撰写，充分肯定了17年改革和发展的成就，揭示了今后经济发展必须着力解决的问题，体现了科研为现实服务的方向。这是很值得称赞的。此外史论结合也是该书的重要特点，前已有所评述，不再赘言。

《山东经济史》在文字表达上，条理清晰，语言干练，文笔流畅，深入浅出，有较强的学术性和可读性，可信可用，适合经济决策者、管理人员、科研人员和大专院校学生阅读，也适合有兴趣了解山东的海内外学界同仁和友人阅读。《山东经济史》是一群体科研项目，研究内容广，时间跨度长，难免有疏漏之处，但和全书的成功相比，毕竟是瑕不掩瑜。总之，我认

为,《山东经济史》是一部具有较高学术价值和很强的实用价值的开创性
著作,它的出版必将对今后的社会主义经济建设起到积极的作用。

(《东岳论丛》1999年第 1 期)

《中华名门望族丛书》评介

王育济、党明德教授主编的《中华名门望族丛书》，是一部关于中国家族史研究的大型丛书，其中的《历代王氏望族》《历代李氏望族》《历代张氏望族》《历代刘氏望族》《历代赵氏望族》五部专著已出版问世，其他相关著作也将在近期内陆续问世。

家族史、家族文化及其酿造的家族精神是中国历史、中国文化的一个重要内容，尤其是那些人才相继、名流辈出，对国家政治、经济、文化和社会生活的各个方面产生过重大与较长时期影响的名门望族，其家族的源远流长、兴衰成败以及丰厚的文化底蕴，在社会文化史研究中更具有重要的价值。但是，以往学术界对名门望族的研究，主要集中在对魏晋南北朝门阀制度的宏观分析和对该时期个别门阀望族的个案研究上。而对其他时期的名门望族，尤其是门阀制度崩溃之后的宋元明清时期的望族研究，除三十年代潘光旦先生的《明清时期的嘉兴望族》和近年来少数几篇论文外，总体上还较为薄弱。因此，《中华名门望族丛书》作为一部全面系统研究名门望族通史性丛书，其本身就具有填补空白的开拓性意义。

《中华名门望族丛书》的成功之处首先表现在家庭史研究范围的拓宽方面。丛书作者认为，名门望族是与整个中国传统社会相始相终的一种客观文化存在。所以，《中华名门望族丛书》不仅重视研究对象的时代性，从每个历史阶段都选择具有代表性的名门望族进行研究；而且强调研究对象的多样性，不以是否世代高官为唯一标准，而是有意地把文化世家、工商世家、名医世家等各种类型的名门望族也纳入研究视野，从而在动态的历史发展进程中，多层面、多方位地反映名门望族的全貌。

　　《中华名门望族丛书》的成功之处还在于注重了研究的深度和力度，注重了家庭兴衰规律的研究，注重了社会的政治、经济、文化以及地理环境等因素与家庭风范的互相影响。一是以专题研究的形式，从生存状态、家族心态、价值观念和婚姻标准等多侧面，对名门望族的家庭文化及其酿造的家庭精神进行深入研究，努力发掘出每个望族的独特家风，把他们的个性呈现在读者面前。这样不仅避免了流水账式的平铺直叙，而且能把中国传统家族文化的精华提炼出来，给读者以许多启迪。二是虽立足于家族史研究，但并不局限于此，而是以家族史作为观察整个中国历史的窗口和缩影，通过对名门望族兴衰沉浮的理性思考，着意揭示出其背后所蕴含的历史变迁的信息。如《历史王氏望族》就敏锐地观察到了以琅琊王氏为代表的旧势力的全面没落和以临川王氏为代表的新势力的一时勃兴，精辟地指出其间的关键因素就在于唐宋之际的中国社会在政治上、经济上都发生了重大的变化，其中最有积极意义的变化，就是门阀制度的彻底终结和科举制度的普遍推行。历史大气候变了，作为门阀政治代表的琅琊王氏旧大族，自然也就泯灭无闻了。相反，本来社会地位较低的临川王氏新望族却能适应时代变迁的需要，及时抓住科举制度带来的难得的历史机遇，沿着读书、中举、光大门第的起家新模式，取得了"人才之盛，遂甲于天下"的骄人成就。像此类以小见大、由近及远的精彩分析，在《中华名门望族丛书》中随处可见，确实做到了把理性的思考自然融入形象、具体的家族社会的流程之中，这是《中华名门望族丛书》达到较高水平的保障。

　　《中华名门望族丛书》重视相关史料的汇总和整理工作，不但在正文中尽可能地把历代正史、野史笔记，州县方志、谱牒文集、碑传墓志中有关的材料网罗无遗，而且专门以"附录"的形式，把研究资料相对缺乏而散见于各种记载中的其他名门望族编写成百余条左右的简介，并详细注明原始记载的出处。这样，既便于反映出历代名门望族的全貌，又可以为后来的研究者提供查找资料的较大便利。尤为可贵的是，该书往往能在以前研究者因资料掌握不够的领域发前人之未发，提出令人耳目一新的新见解。

　　《中华名门望族丛书》是卷帙浩繁的集体合作项目，每部著作各有特色，但丛书依然做到了体例严谨、文风相近。作为一部大型的创新之作，《中华名门望族丛书》也不可避免地存在一些令人不满意的地方，如对历史上非汉族的名门望族的研究就显得很不够，对清末名门望族的蜕变轨迹也用力较少，部分作者对正史以外资料的收集也略嫌欠缺，等等。这些虽是局部问题，但本着《春秋》责贤的笔法，还是要"吹毛求疵"。希望《中华名门望族丛书》的作者们在日后的研究中，能够不断地超越前人，超越自我，推出更好的学术成果以嘉惠学林。

（载《东岳论丛》1999 年第 3 期）

《中华野史》简评

野史，顾名思义，即在野之史，换言之，也就是民间私家撰述之历史。它是和官修或钦定的所谓正史相辅相成的一大史学门类，是中国史学遗产的重要组成部分。野史和正史相比，有几个明显的特征：一是作者多非史官，其所著述亦非受命之作；二是其所记事多是亲身见闻，且较少忌讳；三是体裁多样，不拘一格。正因为野史有这些特点，所以一向被史学界公认它和正史一样具有同等重要的不可代替的史学参考价值。

野史一名，始见于唐明宗时公沙仲穆所著的《大和野史》。其源盖出于先秦秦汉时期的杂史或别史。唐宋以后。野史著述越来越多。明清以来，随着社会的发展，野史数量更是汗牛充栋，其内涵也愈来愈广，成为中国史学发展史上的一个独特现象。建国以后，尤其是近二十多年来，以野史集成、笔记大观或史料丛刊等名书的野史一类著作已陆续出版多种，说明野史这一大史学门类越来越受到人们的重视。

由车吉心，王育济等同志任总主编、泰山出版社出版的《中华野史》，共收书约一千多种，按朝代顺序编次，分为先秦至隋、唐、宋、辽夏金元、明、清、民国各卷。约四千余万言。可以说是后来居上，集中国野史之大成，是一项关于中国野史搜集、整理的世纪性、总结性的大型文化建设工程。这一套丛书的价值，至少有以下几点：

（一）资料丰富。野史与正史不同，名曰"二十五史"的正史，比较集中；而野史种类繁多，极为分散，搜集查找很不容易。该书收书最全，字数最多，整理范围最广，史料最丰富。以收书范围来说，先秦至隋一卷，举凡这一时期野史中的重要著述，差不多已搜罗无遗；唐宋以后的野史，在选辑上也比较精当。其中不仅收有今人研究历史问题时经常引用参考的著作，也有今人不常引用或罕见但史料价值很高的著作，这就为专业史学工作者深入研究历史，查找史料提供了极大的方便。

（二）校勘精当。各种野史在流传过程中，难免出现这样或那样错误，甚至残缺不全。本书在选择底本时，尽可能搜集完本、善本；在整理过程中，力求以多本会校，择善而从。对于底本中的错讹，如错字、缺字、衍字、脱句、倒句等，均加校改，以期给研究者一个较完善可信的本子，这就为历史研究工作提供了一个良好的基础。

（三）使用方便。此前所出的野史书，大都是繁体竖排。而且没有新式标点。对初学者来说，阅读比较困难。本书所辑野史。一律进行标点，并用简体横排；同时在每一种书前，均写有简明提要，介绍该书的作者、内容、学术价值、版本情况及学术界最新研究成果等，这样就大大便利了广大读者的阅读和使用。

最后一点需要说明的是：全书总主编、各分卷主编、参编和出版社责编等百余名同志都是学有专长、编辑出版经验丰富的专家学者，对保证本书的质量，并能及时出版，起着重大的作用。我深信：《中华野史》的出版，对今后中国史学及其他相关学科的发展必将产生深远的积极的影响。

（载《大众日报》2000 年 3 月 31 日）

评《荣成市志》

最近我翻阅了新出版的《荣成市志》,总的印象:这部市志应是近年来出版的县、市志中比较好的一部志书。其成功之处,可以概括为以下几个方面:

一是结构完整。全书包括概述、大事记、32个专业志以及人物传记、丛录等部分,概述以总领全书,记以综记大事,志以记述各项事业,传以收载古今人物,丛录以辑存文献,立项齐全。全书共用了214章762节的巨大篇幅,系统、全面地记述了荣成自清朝雍正十三年(1735)建县伊始至1995年260年间的历史演变,其中主要是记述了1840年以来特别是建国后荣成的社会、政治、经济、文化等各方面发展变化的状况,既涵盖了荣成丰富的历史内容,又详载了荣成改革开放以来现实的成就,构成了一部相当严谨而完善的地方志书体系。可以说是荣成历史变迁的真实记录,是了解荣成、宣传荣成的窗口,也是一部记载荣成的百科全书。

二是资料丰富。参加志书编写的同志抱着对修志事业执著的热情和对荣成历史、荣成人民负责的高度责任感,在撰写过程中,不辞劳苦,不怕困难,走遍十几个省市区,行程一万多公里,广泛搜集史籍资料、档案资料、报刊资料以及民间传说资料,并进行实地调查,查找佐证资料,前后共搜集原始资料多达1200余万字。他们在占有大量资料的基础上,运用辩证唯物主义与历史唯物主义的观点、方法加以分析研究,去粗取精,去伪存真,实事求是地反映出荣成各个历史时期的发展进程。书中既保存了旧志书中许多有价值的资料,又重点记载了建国后特别是改革开放以来荣成的政治、经济、军事、文化、科技、教育、人民生活等方面的发展变化状况。书中所绘制的大量图表和选用的各种数据,也有很高的史料价值。这一切都为人们研究荣成的历史和社会现状提供了非常丰富和宝贵的参考资料。

三是特点突出。荣成自古以来物华天宝,人杰地灵。在自然环境方面,它拥有全国县级单位最长的海岸线,有着山明水秀的自然风光,成山头、圣水观、天鹅湖等景区全国闻名,是风景秀丽的旅游胜地。在经济方面,渔业生产有悠久的历史,史载"海族,荣最称盛,虽老渔莫能尽识"。今天,它拥有中国北方最大的渔港,渔业资源丰富,捕鱼业和水产品加工业位居全国前列,石岛渔场为中国五大渔场之一。在人文资源方面,荣成有着悠久的历史文化传统和光荣的革命传统。当年秦始皇、汉武帝东巡沿海曾多次来此。汉代以后,这里是中国与日本、朝鲜人民交往的海上门户,有著名的唐代法华寺遗址。在抗日战争、解放战争时期,荣成人民为国家为民族立下了不朽的功勋,30多页的烈士名录,就是最好的实证。同时,在这块土地上还涌现出了100多位解放军的将军,是全国知名的将军县(市)。改革开放以后的20多年间,荣成人民在党的领导下,勇于开拓,勇于创新,以自己的勤劳和智慧改变了过去落后的面貌,国民生产总值跃居全国百强县(市)前列,居山东省第一位,是长江以北国民生产总值和财政收入最高的县(市)。志书在撰写中充分反映了荣成上述这些地方特色和时代特色,再加上图文并茂,读起来倍觉生动和富有感染力。

四是古为今用。编写志书的目的就是"存史、资政、育人","鉴古知今",为现实服务。也就是通过本地历史的回顾总结,吸取前人成功的经验,找出过去失败的教训,以便对今后的工作提供历史的借鉴。本志书编者自觉地对荣成二百多年来的历史状况、政治状况、经济状况和社会状况进行了全面系统的总结,不仅使广大读者对荣成的历史发展有了一个清晰而深刻的认识,而且使荣成人民在建设自己美好的家园中,如何发挥自己的优势,扬长避短,不断前进,有了一个既定的目标和坚定的信心。这对于荣成未来发展必将起到积极的推动作用。同时,该志又是一部对青少年进行乡土教育、国情教育和爱国主义教育不可多得的重要教材。它可以让后代子孙了解荣成的悠久历史和光荣的革命传统,了解先辈们为了解放荣成、建设荣成所付出的巨大代价和心血，更好地为建设有中国特色的社会主义现代化国家做出自己应有的贡献。

《荣成市志》从开始编写到正式出版，差不多经历了二十年的时间；而从写出初稿到定稿，反复修改，曾五易其稿，终于完成了这一部洋洋186万字的地方志巨著，其中编写人员付出的艰辛劳动可想而知。当然，这一成果的取得，也是和省地市三级领导的正确指导、积极支持以及社会上各个部门的鼎力相助分不开的。总之，《荣成市志》确实是一部有自己特色的好志书。其中虽然还存在某些不足之处，如记述当代人物事迹过于简略，旅游业方面的记述也似嫌单薄等。但瑕不掩瑜，该书仍不失为上乘之作。

（《志与鉴》2000年第3期）

评《中国气论哲学研究》

20世纪的中国哲学可分为"学着讲"、"照着讲"和"接着讲"三个阶段，21世纪的中国哲学理应进入"自己讲"的崭新时期。曾振宇同志的《中国气论哲学研究》一书，可以说是尝试着"自己讲"的一部学术著作。

作者将中国古典气论置于中西哲学比较研究这一语境中进行考察，首先分析了本体、本体论等范畴是否适用于中国哲学这一问题。"中西哲学存在着形态上的差异。西方哲学中存在着两个世界：一个是感性的、现象的世界；另一个是非感性的、本质的、逻辑的世界"。本体论是对逻辑世界的描述，它只存在于逻辑世界之中。换言之，没有脱离经验世界的逻辑世界的存在，本体论的存在也就失去其存在的前提与意义。但是，中国哲学从来就没有所谓经验世界之外还存在着一个相对独立的逻辑世界的观点。恰恰相反，在中国哲学形态中，逻辑世界、原理世界是与经验世界、现象世界不可分割地包容于一体的，用中国哲学固有的概念来表述，就叫"道不离器"。西方本体论的纯粹原理不是从经验中归纳出来的，而是依赖于概念自身的逻辑推演；而概念的逻辑推演之所以可能，其前提又必须有一套经过哲学家改造的从逻辑方面加以规定的语言。很显然，"中国传统哲学从来就没有产生出一个纯粹依赖概念思辨的哲学领域"，"而本体论也是先天性地与中国哲学绝缘"。

作者进而从逻辑与历史相统一的方法论意义上，分别考察了先秦气论，以董仲舒、王充为代表的汉代气论，宋代的张载与程朱气论，明清时期的王夫之、罗钦顺气论，近代的严复气论等等。在对古典气论进行纵向梳理的基础上，曾振宇认为，气在概念论的意义上存在着四大基本特征：其一,泛生命特征。气是一活泼泼的、有机的宇宙本原,李约瑟先生称之为"有机的自然主义"。其二,泛伦理特征。中国哲学中的基本范畴往往是兼具理性逻辑和价值理想的双重存在,它们不仅具有概念和逻辑的性质,还有一种直观的体悟、形象的意蕴和审美的意境。其三,直观性、经验性。作为宇宙本原的气仍然是一个可以用听觉和视觉去感知的有限存在,气是一个具体的抽象,而非普遍的抽象。其四,前逻辑性。作为哲学第一概念的气,不存在确定的内涵与外延,气概念实际上属于逻辑学意义的"自毁概念"。基于此,作者认为,"绵延数千年之久的气概念,始终未获得'绝对的纯粹形式',始终未升华为哲学'纯粹概念',充其量只能算是一个'前哲学概念'。其实,证诸于中国思想史上的其他主干范畴,譬如道、理、心、天等等,哪一个范畴不具有与气范畴同样的泛生命性、泛伦理性、直观性与前逻辑性'四大特质'呢? 一滴水可以反映太阳之光辉,认识了气概念的哲学性质,实际上也认识了中国传统学术中的其他主干范畴的哲学本质。基于此,我们可以说,在中国传统学术史上,从未产生黑格尔意义上的哲学'纯粹概念',普遍意义上的'哲学概念'在中国传统学术中是寻找不到的,'中国的哲学概念'的正当性有待于证明。缘此,我们可以进一步将这句话提炼为:中国没有西方哲学意义上的哲学概念。换言之,如果纯粹以西学作为参照系和价值尺度,我们甚至可以得出如下结论:中国没有哲学概念"。这一结论的得出,决非作者的凭空猜想与编造,而是基于深入而细致的考察与研究基础上的。据我所知,作者已发表有关气论方面的文章十余篇,有些文章已在学术界引起了较大的反响,赞成者有之,反对者也有之。我相信,随着该书的出版发行,对中国哲学范畴与概念的认识将会出现一个新的高潮。

实际上,该书所研究的问题属于目前哲学学科的一个重大而敏感的理论前沿问题。"中国有没有哲学"是一个困扰着学人近一个世纪之久的学术问题,胡适、冯友兰等人在20世纪初论证过,近几年来学术界又对这一问题产生了浓厚兴趣。当然,两代人对这一问题热心的出发点和目的是有区别的。胡适、冯友兰是"接着讲",以西方哲学为范式,试图建构中国哲学史;当下学者是力图"自己讲",渴望建构一部摆脱了西方哲学范式与权力话语的中国哲学史。这种努力与尝试的大方向是值得注意与肯定的，即使在这种努力的过程中出现了一些偏颇与失误，也是属于前进道路上的曲折。黑格尔说："既然文化上的区别一般地基于思想范畴的区别，则哲学上的区别更是基于思想范畴的区别。"范畴与概念是一种哲学与文化形态的"细胞"，解剖了这一"细胞"，某种哲学与文化形态的特点与本质也就显现出来了。因此，曾振宇对"中国哲学概念"正当性的论证，实际上与目前学术界热切讨论的"中国有没有哲学"是紧密联系的。在一定意义上，"中国有没有哲学概念"是因，"中国有没有哲学"是果。如果肯定"中国有哲学概念"属非真实判断，实际上已证明"中国有哲学"为一虚假判断。因此，如果从"中国哲学概念"、"哲学概念在中国"入手，进而去探究"中国哲学"、"哲学在中国"之成立如何可能？何以可能？所得出的结论或许更具说服力。

如果从冯友兰、张岱年先生算起，中国学术界对本土哲学范畴与概念的研究已有近一个世纪的历史。海内外学界有关中国气论研究的专著不下五六部，有关气论方面的论文难以计数。曾振宇同志所著的《中国气论哲学研究》一书，无论是在方法论上，抑或在观点上，都可以说是对学界气论研究的深化与发展。

（《中国史研究动态》2002年第6期）

《山东省志·社会科学志》评介

陈建坤同志主编，贾炳棣、郭墨兰同志任副主编的《山东省志·社会科学志》，经过全体编撰人员13年的艰苦奋斗，五易其稿，最近由山东人民出版社出版，这是山东省社会科学界的一件大事，可喜可贺。作为编纂指导小组成员笔者曾先后两次审阅其稿，以书面和会议形式提出过修改意见，今得读成书，感受颇多，有些话非说不可，作为个人的一点浅见，愿与读者共赏。

该志共10篇52章60余万字，时间跨度长，包括近、现、当代约150余年，内容涉及社会科学众多学科，头绪纷繁，前无成书可鉴，"筚路蓝缕，以启山林"，其艰辛可想而知。再加上经费紧缺，人员变动，给工作带来一定困难。今天不仅完成一部巨著，而且完全符合志书的标准和要求。

首先是指导思想明确，坚持了以马克思主义、毛泽东思想和邓小平理论为指导，处理历史问题观点比较稳妥。

二是坚持志书体例：以事系人，不传作者；实事求是，客观记叙；突出重点，照顾全面；大事不漏，枝节从略。

三是坚持入志标准，但又机动灵活。对确有创见、有开拓性的重要研究成果，不论作者名位高低也予以著录，以利于鼓励创新和中青年研究人员的成长。

四是篇目横排竖写，纵横结合，脉络清晰，简明扼要。

五是严格把握志书上起1840年下迄1995年的时限。但对于某些学科和重大课题，需要理清承前启后关系者，适当上下延伸，简略叙明，这对于了解学术发展脉络，保存资料的完整性很有必要。

　　六是对历史遗留和有争议问题的处理比较得当。如梁漱溟的乡村建设问题、韩复榘的文化建设问题、"文革"前和"文革"后的冤假错案问题等，都严格按照中共中央有关决议精神处理。无定论、有争议者，则根据"百家争鸣"方针，客观记述或存疑，分寸把握也较合情合理。

　　综观全书，该志还有以下突出特点：

　　一、突出优长学科。如文、史、哲是山东传统优长学科。特别是上世纪30—60年代，山东人才济济，研究成果丰硕。古史分期、资本主义萌芽、中西交通、红学等问题的讨论，在全国影响较大。80年代以来，美学、甲午战争史研究地位比较突出，山东地方史与齐鲁文化史研究也有长足发展，该志对此都进行了重点记述。对于山东新兴的优长学科，如海洋经济学，上世纪80年代，全国仅山东省有海洋经济研究所，成果虽不能与传统优势学科相比，但是开全国各省之先河，优势明显，故单列一章加以记述。再者，科学社会主义研究、人口学研究、生态经济学研究、软科学研究等，在全国都有某些方面的优势、故也适当予以重点记述。

　　二、突出地方特色。山东号称孔孟之乡、齐鲁礼义之邦，历史文化源远流长，文化遗产底蕴深厚；近现代以来，山东人民不仅在反帝反封建的斗争中有突出贡献，历史地位重要；而且在马克思主义理论的传播和思想文化研究方面，也都有可圈可点的成绩。新时期以来，儒学与齐鲁文化研究、山东地方史和考古学研究、山东区域经济研究，都有新的进展，出了不少成果。这在该志中都有突出反映。如"考古学研究"、"儒学与齐鲁文化研究"设独立专篇，"山东地方史研究"、"省情与经济战略研究"设有专章等，充分体现了山东地方特色。

　　三、突出时代特点。该志时代特点体现在两个方面。一是鲜明的时代精神。编撰者站在时代的高度审视历史，用邓小平建设有中国特色社会主义理论审查、取舍历史资料，从而使该志在新的历史时期更好地发挥其"存史资政育人"的作用，更好地为改革开放、建设有中国特色的社会主义服务。二是略古详今，把重点放在现代和当代，尤其是对改革开放以来的山东社会科学研究作为重中之重来处理，就使时代特点体现得更加鲜明。

　　总之，该志的编撰是比较成功的。阅读该志，既可以看到近代以来特别是近20多年来，在党的正确路线和政策指引下，在邓小平建设有中国特色社会主义理论的指导下，山东社会科学研究所取得的辉煌成就；又可了解一个半世纪以来山东社会科学发展的历史轨迹，从而还可以从中发现社会科学发展的一般性规律和特殊规律。

　　《山东社会科学志》是一部开创之作，有填补历史空白的作用，也为将来新修社会科学志奠定了良好的基础。当然，既是开创之作，其不足之处在所难免。再加上前面提到的时间跨度长、科目多、资料浩繁，搜集全面已属不易，删繁就简而不遗漏，一切都处理得当更难。社会科学与政治关系密切，涉及的某些人和事特别敏感，尤其是对历史遗留问题，除有定论者外，如何处理，也有商讨余地。在技术处理上，除记述之外，如果再辅之以图表，读起来更加方便，且一目了然。没有照片插页，于形式上也可以说是一个缺陷。但瑕不掩瑜，该书仍不失为一部研究近当代区域社会科学的上乘之作。故在此谨向读者推荐，尤其是从事社会科学和理论工作的同志，更是案头必备之书。

（载《东岳论丛》2002年第5期）

评《中国用人史》

　　中华民族几千年的历史，朝代更替，兴衰治乱，从某种意义上可以说是一部用人的历史：哪个时期重视人才，知人善任，社会就发展进步，国家就昌盛；哪个时期忽视甚至蔑视人才，任人唯亲，社会就停滞倒退，国家就衰亡。用人方策作为一笔宝贵的历史遗产，理应很好地加以继承发展。苗枫林同志历时十年完成的国家社会科学基金项目《中国用人史》，为此做出了开创性工作，并取得可喜的成果。

　　"明主治吏不治民"（《韩非子·外储说右下》），这是治国经验的历史总结，治吏的关键问题则是用人，用人方策的正确与否历来关系到政权的存亡和事业的成败。基于对这种重要性的充分认识，作者用历史事实说话，将中国两千年用人选才的成功经验和失败教训呈献给读者。在《中国用人史》的《用人方策卷》绪论中，作者即开宗明义地对用人方策的概念内涵、研究范围及目的等作了全面、详尽的阐述。"大者至于略，中者至于策，细者至于谋，小者至于术，微者至于计"，"上自皇帝、下至七品县官"（见《中国用人史·用人方策卷》，以下引文同），不论治世、乱世，只要具有用人方策价值的人物、事件、制度，皆被一一收录在册，加之作者生花的妙笔，寓论于史，史论并重，使得该书具有极强的可读性。

　　掩卷沉思，感慨颇多。历史上形形色色的政治腐败莫过于吏治腐败，而用人腐败又是吏治腐败的关键，作者以犀利的笔触，揭示出许多深层次的问题。其中，对以下几个问题的探讨尤其具有现实意义。

　　其一、"设蔽贤罪策"。"为政之要，唯在得人"。历史上存在各种各样的"蔽贤"行为，其中"一个重要根源是来自同侪、同僚、同事的嫉妒，这是人际竞争的丑恶一面,是社会进步的障碍",而"对国家危害最大的,是组合式、勾连式、结党式的蔽贤。"伴随而来的是佞臣当道,祸国殃民,在一幕幕的历史悲剧中无数次上演。自春秋桓、管时期推行的设蔽贤罪策,以法律的形式保证国家征调人才的畅通,这对维护人才的合理竞争提供了一定保障。

其二、遏制重用"近习"、"近侍"。古人所称的"近习"、"近侍",是以宦者为代表的皇帝身边庞大的侍者群体。宦祸是封建专制统治的痼疾,是统治腐败的突出表现,中国两千多年的宦官历史以无可争议的事实验证了"宦者不可参政"的道理,这对任何时代用人,都具有普遍意义。从历代明君、忠臣的"抑宦策"中我们不难看出宦祸的严重危害,这一"刻肌刻骨之戒"对无宦时代也仍不失鉴戒价值,即用人不可受身边的亲近者所左右,更不可破例重用近亲近侍,否则黑白颠倒,国将不国。

其三、变相的"荫子制"。自公元前206年汉兴到1911年清亡,承袭三代世卿世禄的荫子制长盛不衰,将父辈甚至是祖辈的功劳、才能、忠贞等泽及子孙后辈,而这作为一种利益分配形式与社会思想形态的固有惯力,却无人能够有效阻挡它的拓展。历朝历代,关系至上,任人唯亲等变相的"荫子制"屡禁不止,这正如作者所说:"腐败莫过于吏治腐败,误国莫过于用人唯亲";"腐败政治诱发腐败用人,腐败用人助长腐败政治。"

其四、"醒贪策"的启示。贫民出身的皇帝朱元璋紧抓腐败之要害,大刀阔斧地推行"醒贪":"铁榜九条"去公侯特权,《大诰》、《大明律》镇贪官污吏,虽然"醒贪"策存在杀戮过多的明显失误,但它确实改变了元朝后期的恶劣政治风气。"古今中外政权的腐败都是由微入著、由上而下的,从高官的特殊化抓起,即可收到事半功倍效果"。"顺迎之徒越是发迹,越是成为官员模式,吏治的腐败就越是不可救药"。倘若辩证地看待"醒贪策",使社会认为做官是一种严谨甚至危险的职业,未尝不是一味止贪的良方。

书中所载古代用人方策的可鉴之处不胜枚举,这里不过略举一二而已。

苗枫林同志博学多识,既有多年致力历史研究的扎实功底,又有长期从事党政工作的实践经验,这种"学史"与"从政"的双重人生阅历,赋予他强烈的历史感、现实感和责任感，使他能以前所少有的广阔视野，切入用人政治的要害，这对纠正用人选材的不良风气、防治政治腐败、避免重蹈历史的覆辙，具有极高的借鉴价值。总之，《中国用人史》是一部"知史"与"借鉴"而又雅俗共赏的力作，值得社会各阶层人士去细细品读。

（《山东社会科学》2004年第4期）

评《社会环境与人才》

　　近日读了齐秀生博士的新著《社会环境与人才》一书,甚是高兴。该书坚持以马克思主义唯物史观为指导,注意吸收前人研究的成果,并结合自己长期从事组织人事工作的实践经验,在占有丰富的历史文献资料和考古资料的基础上,综合运用了历史学、政治学、人才学、社会学等学科的研究方法,首次对春秋战国这一历史大变革时期的社会环境与人才问题进行了整体性研究,系统分析了该时期人才大量涌现的社会环境因素,探寻了人才成长规律,提出了令人信服的结论和有益的启示,可以说是近期出版图书中把历史学理论研究与应用研究有机结合的一部成功的力作。这在实施人才强国战略的今天,其现实的借鉴意义是不言而喻的。

　　长期以来,我一直认为:"秦汉以前的官制有待进一步研究。"(《秦汉官制史稿》绪论,齐鲁书社1984年版)这是因为先秦是我国古代社会剧变时期,也是多种选官制度丛生的时期,当时不仅较早设置了职官,而且有一系列选拔途径和方法,许多已形成定制。遗憾的是,目前不仅没有看到研究先秦选官制度的专著问世,而且与秦汉以后各时期相比,研究论文也很少。之所以如此,其原因可能是先秦史料较少,时代久远,且处在变革时期,仅有的史料也比较零乱,有些可信可疑,不易考论。秀生同志知难而进,勇于攀登,对此课题进行了开拓性研究。他认为,春秋以降,随着社会经济、政治、文化的发展,宗法等级制度瓦解,世官衰弱,士人参政,世族世官制度逐步解体,出现了文武分职为标志的新官僚制度,包括将相制、郡县守令制、封君制、荐举制、客卿制、养士制、考选制、军功制、俸禄制等新的官制逐渐取代了世官世禄制。从整体上说,这一时期新的官制已成为选官用人的主流,一些更加灵活的选人用人政策也随之出现,大大促进了当时才俊的大量涌现。秀生同志分三个层次对新的官制进行了系统研究。

（一）对将相制、郡县制、封君制的研究

作者认为,将相制、郡县制、封君制是春秋战国社会变革时期新建立官制的重要组成部分,在新旧体制交替中对社会变革本身和人才的成长起到了积极的作用。特别是将相制、郡县制的实行,开创了中国古代官制乃至政治制度建设的新时代。

关于将相制,作者认为春秋以前,列国出现了许多不同的官名,但基本还是世官制,春秋后期,列国先后出现了文武分职的现象。由文武合一到文武分途,表面上反映了国家行政和军事上的分工,实际上是君主控制臣下的重要手段,这一制度能够分散大臣的权力,可以起到相互制约监督的作用,能够有效地防范和制止大臣揽权造成的对君权的威胁。同时,文武分职,将相殊途,使官僚制度得以迅速形成,这是战国时期职官制度建设的重大进展,它进一步削弱了世族世官制,为官吏选拔、人才成长创造了有利条件。从此,宰相制度成为两千余年间沿袭不变的重要政治制度,不仅成为中央政体的重要标志,而且也成为有才能士人追求的最高目标和展示才华的显赫舞台。

关于郡县制,作者认为,政治制度的产生和发展受社会生产力发展水平的制约。分封制度是周代最重要的政治制度,实质上是中国古代的一种地方分权制度,它是国家形态尚未充分发展的时代、最高统治者对广大区域实行有效统治的政治需要,这种政治制度在中国历史上曾产生极为深远的影响。伴随着井田制瓦解,在春秋战国这个大变革时代,分封制的形式和内容也在不断发生变化,逐渐暴露出国君对受封者缺乏有效控制的弊端,常常形成"尾大不掉"的局面。春秋后期各国统治者都在积极寻求和探索新的政治制度,以便取代已经过时、带有严重弊端的分封制度,于是出现了郡县制。到春秋战国时代,郡县制已逐步取代分封制,它是中国古代政治制度发生的最大变革之一。郡县制度是分封制度自身异化的

必然结果,是一种与分封制度直接对立的全新的政治制度。郡县制自战国定型,一直延续到近现代社会,这是一种上下一体、纵向贯通的地方政体。每一层次的政权所拥有的权力虽然不尽一致,但对于其上层权力的责任反馈是一致的。这一体制与官制密切相关,每位地方长官都是代行皇帝或中央政府所赋予的权力,没有自身的权力或利益分割,也不向此外的任何人负责,自然,他们也都是自上而下委任产生。这自然适应了历史发展的客观要求,为诸多社会贤能之士施展才能搭建了新的平台。

关于封君制,作者认为,封君制度是春秋战国时期一项重要的政治制度。战国时各国都有封君,他们占有广大的土地。封君绝大多数都是有功的最高武官或文官,同时也有不少皇亲国戚和未有军功者,带有落后的因素。但也有一些平民百姓即所谓布衣之士平步青云成为封君。需要指出的是,战国时的封邑制与西周春秋时的采邑制虽同样以土地民户为禄,但其性质是不同的,封君在封邑内一般不能世袭。就封君的条件而言,主要是"臣之能谋厉(利)国定民者,割壤而封;臣之能以车兵进退成功立名者,割壤而封"。同时,"贵戚父兄皆可以受封侯"。就其作用而言,封君制度是郡县制下地方政权的一种补充形式。封君制度虽然还存有宗法血缘关系痕迹,但总体上这种制度有利于有才能、有战功的贤能之士脱颖而出,对于人才的成长有着好的导向和激励作用。

(二)对荐举制、客卿制、养士制的研究

作者认为荐举制、客卿制、养士制在世族世官制度瓦解、士人崛起、列国相争的特殊环境下应运而生,从此平民百姓步入仕途,布衣卿相司空见惯,贤能之士发挥才智有了更大空间,选才用人制度面貌一新,各类人才有了新的更加有利的成长环境。

关于荐举制,作者认为,荐举选官是指国君及高级官员个人推荐优秀人才任官。这样的人才来自社会各个阶层,靠自身才能被委以各级各类官职,甚至将、相等高官。到春秋战国时期,为适应社会剧变、诸侯争霸称雄对人才的需要,荐举选官更是普遍实行,大批贤能之士甚至布衣之士通过荐举而步入仕途。荐举选官在上层,是伯乐式的选才法,主要是宰相

或大夫等高官荐举人才,最后国君任命,商鞅的任用就是荐举的结果。对此,作者还通过实例进一步阐释了齐国的"三选"荐举之法。"三选"法是齐国创立的通过乡选、官选、君选三个环节荐举选拔官吏的制度。"三选"法有固定的时间、规范的程序、明确的职责和任用的办法等。荐举分两个层次:一是乡长向上推荐初步人选;二是官长向国君推荐可使用人选。国家颁布法令,规定基层乡长每年朝见国君、汇报政事时,对本乡贤能人才要报告。如果地方官吏不报告,埋没压抑人才,就要以"蔽贤"、"蔽才"而治以"五刑之罪"。由于从基层做起,开辟了下层人士参与政治的渠道,对打破世族世官、世卿世禄制有一定积极意义。"三选法"使大批基层人才的选拔制度化,自然有利于各类人才成长。

关于客卿制,作者认为,在列国相争环境下,"得士者强、失士者亡",各国纷纷"选天下之豪杰"、"号召天下之贤士",因而出现大量人才,客卿制由此形成。这是各国实施人才强国战略的重要步骤,也是春秋战国时期重要的选官制度。春秋时期诸侯国为争霸而引进人才,使大量人才为他国效力的情况已很普遍,春秋首霸齐桓公为称霸就曾大量引进异国人才。进入战国时期,客卿在各诸侯国更是随处可见,形成为一种普遍实行的选官用人制度。当时燕、齐、赵、韩、秦各国都有客卿,秦客卿最为活跃,不仅数量多,而且在富国强兵、特别是在实现统一大业的政治舞台上发挥了关键性作用。由于秦国重视和优遇人才,致使天下之士纷纷入秦,游士奔秦蔚然成风,造成"士不产于秦,而愿忠者众"的局面,可以说,秦国发展强大和完成统一大业的历史,也是一部客卿奉献史。

关于养士制,作者认为,列国相争的环境使各国不仅招贤纳士,而且争相养士,由政府或高官豢养一批具有特殊知识或技能的士人,作为人才储备,为己所用。因此养士制成为当时的一种选才制度。这时的士,是社会上的一股特殊势力。他们虽然出身不同,但都具有较强进取心,熟悉形势,长于谋略,敢于担负重任,只要有崭露头角的机会,就毫不犹豫去争取,而且不受国家、宗族、经济地位的限制,走到哪一国,都可能得到高官厚禄,成为当时政治舞台上最活跃的力量。官方养士著名的有齐国的稷下学宫,私人养士著名的有"战国四君子"。养士制打破了血缘宗法关系,士人"朝秦暮楚",大量为异国效力,因而成就了不少人才。

（三）对考选制、军功制、俸禄制的研究

作者认为,春秋战国时期的考选制是在西周之前考核制的基础上逐步发展起来的,而军功制（包括赐爵）、俸禄制则是在春秋战国特殊时期适应形势发展变化而新出现的官制。这三种制度的共同特点是重视人的实际表现,鼓励先进,激励人们立功成才。

关于考选制,作者认为主要是在官吏系统内由低级官吏选拔为高级官吏的一种选拔人才的制度,即通过考核,证明确有德才、政绩,民意好,就会提拔重用,特别突出的还可能被破格提拔、委以要职。作者认为,春秋战国时期,周王室政治经济势力衰弱,已非天下"共主",于是"政由方伯"。此时,各国开始设置考核官吏的职司,一般设有专职或兼职考核官员,考核方法各异。为增强用人效果,提高办事效率,各国很注意建立有效的激励制度,按照"胜其任者处官,不胜其任者废免"的原则,加强对各级官员的监督、考核及奖惩。在云梦秦简《效律》中的律文即有"为都官及县效"的规定,主要考核都官、县令、县丞、县尉、县司马等行政职官以及主管各经济部门的职官,考核内容包括粮食、木材、皮革、官府器物的盈、亏,度、量、衡器是否合于规定,官吏有无贪污、盗窃、受贿、徇私,审讯狱案断狱是否公正,器物有无标记、编号,标记编号是否与登记簿相符,牛马的死亡情况,牲畜的繁殖情况,奴隶、刑徒逃亡情况等,几乎应有尽有,巨细无遗。除年终考核外,国君还随时派人了解官吏情况,不定期考查。考核后要分出等级,优者奖,劣者罚,甚至罢官、施刑。根据政绩考核情况,赏优罚劣,褒奖清官循吏的嘉行,惩办贪官污吏的劣迹,已经形成制度。考核制度已成为激励官员的重要手段和选拔官员的途径,为优秀人才的成长创造了良好的环境。

关于军功制,作者认为,这是春秋战国时期因战功而入仕、按照作战功劳大小赏给爵位和官职的制度,它是社会变革、诸侯争霸的产物。军功制把功劳大小作为选拔官员的基本条件,按战功才能授官爵,为普通平民开启了成才途径。秦国的军功爵制最具代表性,秦国商鞅变法后,便实行

军功赐爵制度。军功制的推行，打破了世族世官制，同春秋时期的选贤任能相比，选官不再是因人而异的"相马"，而是制度化的"赛马"，军功制不仅发现、选拔了一大批优秀人才，而且对于提高军队的战斗力和国家的竞争力发挥了重大作用。

关于俸禄制，作者认为，俸禄制度是政府给予官吏的经济报酬，是用以保证官员及家人的生活，并使其努力为国家管理、勤于政务的一种手段。西周至春秋初期，官员任官并获得采邑与封地实质上是相同的，这是周代爵禄制与后代俸禄制的显著差别。春秋战国时期，随着官僚制度的产生和发展，逐步形成了新的俸禄制度。从春秋后期开始，一些诸侯国国君便开始用县、郡等行政单位（春秋时县大于郡）直接控制新占有的地区，由国君直接派人管理并征收赋税。到了战国时期，秦、楚、燕、齐、赵、韩、魏等国，都卷入了一场关乎生死存亡的战争。为了动员更多的人力、物力，以便在旷日持久且规模宏大的战争中战胜对手，壮大自己，各国先后抛弃分封制，实行中央集权制，改革官制，不拘一格地选拔人才。在官员待遇上，强调"食有劳而禄有功"的原则，新的俸禄制度取代了世卿世禄制。

总之，官职利禄对于争取民心，提高军队的战斗力及实现国家的强盛有不可估量的作用；而要实现这种作用，必须遵循有功必赏的原则，不能"使亲近"，否则，"忠臣不进"，"战士不用"，将造成国君无权、国力衰弱的恶果。同时代的墨家曾谴责世官制度说："今公大人其所富、其所贵，皆王公大人骨肉之亲，无故富贵。"还进一步提出"不避贫贱"选人授禄的主张。官职不能世袭，作为任官经济待遇的禄自然也就不能世袭。战国时承春秋末叶已出现的变化，官员的禄有封邑和支付实物两种形式。前者还带有采邑制的痕迹，后者则为俸禄制的开始。俸禄制为官员提供了生活上的保证，同时也是一种激励措施，为官员竭心尽力为国效力、发挥才能创造了条件。

秀生同志的以上研究说明，中国早在先秦时期，选官制度即已创立，许多已成为定制。不同的历史时期，有不同的选官途径，这是社会发展变化的需要。不同的选官途径，在当时起了不同的作用。特别是春秋战国时期的选官制度,对秦皇朝以至后世官制建设产生了深远影响,对国家政权的巩固和社会发展发挥了重要作用。可以说,没有秦之前的选官制度,就没有秦汉以后的选官制度。新的多渠道的选官制度所创造的社会环境,对人才的发现和成长提供了可能,也成为后世选官制度的渊源,其中荐举等选官方式直接发展为察举以至科举制度,为社会选拔了大批有用人才。

从秀生同志的研究看,其特点一是系统全面,内容丰富;二是观点鲜明,勇于创新;三是材料详实,根基牢固。充分说明作者深邃的历史眼光和严谨的学风。特别是在材料的挖掘运用方面,用力颇勤。由于该书是拓荒之作,春秋战国时期的史料比较缺乏,也比较零散,尤其是关于这一时期官制方面的史籍史料更是匮乏。然而作者认真发掘包括正史和先秦诸子等文献中的相关资料,根据对文献资料的时代判定和对具体内容的理解,从中筛选出与本课题有关的资料加以运用。如作者对《管子》《周礼》相关材料的甄别和运用,就花了很大的功夫。为了进一步确认和辅证相关史书资料,作者又搜集了相关的考古资料与其相互对证;并且在著作中大量录用了当时的生产工具、劳作遗址、生活器皿、建筑实体、流通货币、纺织工具、铜器铭文等,作为旁证。此外,作者还注意到了各类资料的优缺点,没有过分倚重某一方面的资料,而是谨慎区别史料中的"特殊"与"通常"现象,对所征引的各种资料加以比较、综合运用,一一加以勾稽审正,方始择用。这样就使作者拥有了丰富而信实的史料作为基础,在论述过程中具有客观性、真实性,从而也使该书结论具有较高学术性和可信度。作者力求通过对大量的史料分析来达到阐明史实的目的,充分凸显出作者质朴严谨的务实学风,亦即以史料为主进行科学实证的研究风格,以及从蕴涵在大量史实分析中得出独到见解的治学方法。

总之,齐秀生博士的《社会环境与人才》是一部具有重要学术价值的优秀著作,它的出版必将对中国当代人才战略的实施产生积极影响,也必将对我国人才环境、古代官制等问题的研究起着重要的推动作用。

(《山东社会科学》2006年第11期)

站在学术的制高点上俯瞰齐长城

在先秦各地域文化中，齐文化以其开放性、兼容性和前瞻性而独树一帜，几十年来，经过数代学者的不懈努力，齐文化研究后来居上，已经取得了举世瞩目的丰硕成果。

齐文化博大精深，如果说《管子》和稷下学是其思想文化的代表，那么其物质文化的代表就非齐长城莫属了。

齐长城是现今所能见到的有关齐文化的规模最大的物质文化遗存，它分限齐、鲁，隔绝齐、莒，西起济水（今黄河），沿泰沂山地分水岭蜿蜒东行，至黄海人海，倘若将复线计算在内，全长约有一千五六百华里。规模如此庞大的古代工程，历经两千多年风雨沧桑，至今仍然有遗址可供稽考，但是由于深处鲁中山地的荒山野岭之上，兼之古代文献留存下来的记载极少，所以有关齐长城研究的成果并不是很多。

回溯这一领域的研究，具有筚路蓝缕之功者，首推上世纪三四十年代的我省著名学者张维华先生，以及五十年代的王献唐先生。两位先贤主要从文献资料入手，考论齐长城的缘起、修筑时间以及具体走向。这为八十年代以来齐长城的考察和研究奠定了坚实的基础。

张华松教授是历史上第一位对齐长城作系统的实地考察的年轻学者。早在1987年就自费对西段齐长城进行考察，后来又陆续考察了东段齐长城。他又是一位好学深思的齐文化研究者，二十年来笔耕不辍，并已经取得了许多可喜的成果。野外的实地考察与书斋的文献研究两相结合和印证，使他的齐长城研究无论是在广度上抑或是深度上，十多年来皆一直居于学术界的领先水平，并受到中国长城学研究的大家罗哲文等著名学者的关注和肯定。2004年,山东师范大学齐鲁文化研究中心编纂大型"齐鲁历史文化丛书",华松教授承担了《齐长城》一书的编写任务。此书于2004年10月由山东文艺出版社出版后,引起社会各界的浓厚兴趣和好评。为了满足广大读者的需求,山东省人文自然遗产保护促进会出资将《齐长城》一书予以重印,以广流传。

　　两次印刷的《齐长城》,我都读过,感触颇多。这是作者近二十年来有关齐长城考察与研究成果的结晶,是站在学术制高点上俯瞰齐长城的一部力作。全书共分十章:"齐国为什么修长城"、"齐长城的修筑时间"、"齐长城的具体走向"、"齐长城的建筑特点"、"齐长城的防御战略"、"齐长城沿线的战事"、"齐长城的后世命运"、"齐长城的民间传说"、"齐长城的旅游资源"、"齐长城的历史地位"。仅从标目看,就可知道这是迄今为止对齐长城论述最全面最系统的一本专著,所涉及的学术领域已不限于历史学,还包括地理学、军事学、建筑工艺学、旅游学以及民俗学等方面的知识和方法,没有较好的学术结构和功力,是难以做到这一点的。

　　当然,此书最大的特点是学术上多所建树,有较多理论上的突破,澄清了一些疑难模糊的历史问题,令人读后颇有耳目一新之感。比如,就齐长城修建的背景,书中首先论列了齐国的地理环境特点,认为齐国虽然有"四塞之国"之称,然而由于其腹地淄潍平原平衍狭窄,缺少战略纵深,因此非常重视利用四境上的天然屏障来构筑国防线。又由于春秋战国时代齐国的主要敌人晋、鲁、莒、吴、越、楚以及三晋分别位于齐国的西南方、南方、东南方,所以齐国尤其重视南方的山地防御以及西南方的河防和东南方的海防。以往有关齐长城的论著在考察齐长城修筑的国际政治军事斗争背景时,只考虑到鲁、晋、楚以及三晋,而本书则将莒国以及长江下游后起的吴、越两国亦纳入考察的视野,不能不说是学术上的一个突破。此外,本书还就齐长城修筑的文化背景予以探讨,多有精辟之论。我们知道,齐国农工商并举,富甲天下,是春秋五霸之首,战国七雄之一,这样一个与北方草原游牧民族并不搭界的大国,之所以率先修筑长城,本书认为也与齐国"怯于众斗"的国民性格、固有的霸政的政治文化传统以及以防御至上为核心内容的兵家文化有着一定的关系。这些学术观点,我认为是有认识价值的。

齐长城是齐国在军事上采取守势的体现。这是本书立论的一个重要依据。在齐长城修筑具体时间一章中，本书继承了张维华、王献唐两位前辈学者的研究成果，并有所突破和发展，认为齐长城的修筑始于齐国霸业衰落的春秋中、晚期之交的齐灵公之时，完成于战国中期的齐宣王时期，并对西、东、中各段夯土长城和石砌长城的具体修筑时间或时段，进行了深入的探讨和科学的推论。其间，作者钩沉发微，以历史事实为依据，将齐长城置于国际斗争的大格局中予以考察，并充分考虑到春秋战国兵种变化、生产力水平等诸多因素的影响与作用，因此，结论是新颖的，也是比较中肯的。

齐长城是军事防御工程，本书认为它的修建，有一个由局部性、临时性的战术工程到全局性、长备性的战略工程的转变过程。这是一个十分有价值的见解。作为战略工程，齐长城的防御战略，书中归纳为两点：其一，将山地防御、济水防御、东海防御连为一体；其二，实施积极防御战略，长城防线是齐国最后的一道也是最为重要的一道防线。书中重点讨论了以各关隘要塞为重点的长城防御特点，以及连接这些关隘要塞的交通线和长城内外的齐国城邑的关系，齐国南部边防线向南推移的过程。由于阐明了在大部分时间里，齐长城以南还存在另外一条或几条防御线，敌军难以进抵长城一线，从而也就解决了何以齐长城攻防战较少发生这一学术界困惑已久的问题。

齐长城是兵防工程，从军事学的视角进行研究，自然会有许多新发现。据我所知，作者十多年前曾参与编辑我国首家《孙子兵法》研究的专业刊物——《孙子学刊》，后来又担任山东孙子研究会学术委员，具备较好的古典兵学修养，而这种学术修养正是齐长城研究所不可缺少的。

按照本书的观点，齐长城基本行经鲁中山区南北分水岭，这是齐长城因应地形地势的一大特点；书中还从地理、地质、水文、气象、军事等角度条分缕析这一特点的科学意义。但是，有些地段的长城，尤其河谷低地的夯土长城并没有建在分水岭之上，如何认识这一反常现象呢？书中认为在齐长城尚处于战术工程阶段时，由于战争战役的需要，临时借助河谷低地的水利工程的堤防而加工为兵防工程,因此《管子》和《考工记》等古文献中有关齐国堤防的建筑特点和工艺要求,也大致就是夯土长城的建筑特点和工艺要求。至于山岭上石砌长城,书中认为其最鲜明的建筑特点是长城建在岭脊区外侧缘边一线,并对这一特点所包含的科学性进行了具体分析。尤其应该指出的是,书中对后世尤其晚清御捻战争期间重修各段长城的建筑特点和风格也作了有益的探索,虽然这种探索还有必要进一步深入,但是从学术的角度讲却是很有意义的,因为不这样做,就有可能将后世重修的长城遗址混同于先秦长城遗址。

对于齐长城在齐国历史乃至整个中国长城建置史上的地位和意义,本书也给予充分的肯定,认为齐长城曾有力地保卫了齐国的国家安全,也有力地保障了齐国对外开放的传统格局。齐长城是齐国历史上最伟大的建筑,是齐文化的重要载体;齐长城是中国最古老的长城,是中国长城的重要组成部分,追本溯源,波澜壮阔的中国长城建筑史是由齐长城开始的。诸如此类的观点,也是值得学术界关注的。

提到齐长城,自然不能不谈到孟姜女哭长城的传说。关于孟姜女传说的缘起和演变过程,前辈学者顾颉刚先生、钟敬文先生等都有精辟的考证,至于传说中最初哭倒的长城是齐长城还是秦长城,学术界却一直存有争论。本书作者在前人研究的基础上,另辟蹊径,通过文献考证和调查取证,认为既然孟姜女的原型是齐人,哭城的传说也最初发源于齐地,而文献可考至迟从中古时代开始,在古代一般人心目中,齐长城就被挂靠在秦始皇名下,那么,传说中的孟姜女哭倒的长城也就极有可能是指齐长城。作者并没有完全解决这个问题,却为今后的深入研究提供了一个全新的视角和思路。有一分证据说一分话,不贸然下结论,态度严谨,也是本书的一个特点。

总之,《齐长城》是一部全面深刻探讨齐长城的颇见学术功力的新作,具有填充空白的学术价值。

另外,我们还应注意到,齐长城作为中国长城的重要组成部分,早已跻身世界历史文化遗产之列;数年前,齐长城又被确定为全国重点文物保护单位。在这一大背景下,《齐长城》一书的面世,对于齐长城遗址的保护和利用,无疑具有重大的现实意义。自2004年秋以来,山东省人文自然遗产保护促进会举办多次建设齐长城人文自然风景带的论证会,我与本书作者也应邀参与此会,《齐长城》则是这一省级重点项目论证和规划的重要学术依据。可见,《齐长城》一书已经和正在发挥着其应有的社会效益了。

(《济南职业学院学报》2005年第6期)

读《常青的友谊树——中华古代友谊故事》

战国思想家庄子说："君子之交淡若水，小人之交甘若醴。君子淡以亲，小人甘以绝。"晋代道家葛洪说："志合者，不以山海为远；道乖者，不以咫尺为近。"唐代诗人王勃也在一首诗中说："海内存知己，天涯若比邻。"这些都是讲朋友之间关系的名句。自古以来，朋友便是人们生活中的重要组成部分，被视为"五伦"之一。而交友、择友、歌咏友谊的篇章更是恒河之沙，不可尽数。老友文醉仙同志的新著《常青的友谊树——中华古代友谊故事》以一颗诚挚坦荡的心胸，一份崇敬高尚的责任，带领我们翻开浩瀚的史卷，讲述几千年来古人灿若群星般熠熠闪光的友谊故事。

"近朱者赤，近墨者黑"。古人重视交友，更慎于择友，因此有"慎交"之说。关于如何择友，书中赞同古人这样的原则：益者三友"友直、友谅、友多闻"。是说要结交为人正派、直率、善于谅解人而且学识渊博的朋友，还要多结交能够经常规劝、匡正自己错误的朋友。一旦结交了这样的朋友就等于多了另一个自我，分担忧伤，共享快乐，志同道合，历久弥笃。人人都需要友谊，没有人能独自在人生的海洋中航行。多结交益友、诤友就像在人生的航程中点亮了一盏又一盏明灯，照亮你一路同行。

交友难、交益友更难，在价值标准与思想性格多元化的今天，在现实生活中，并不是每个人都能成为朋友。如何能结交到人生益友呢？书中指出要追求精神上的沟通，而不是单纯物质上的交易，真正的友情是千金难买的。同时，要积极、乐观，保持独立的人格，在困难面前，不要怨天尤人、颓废哀叹，而是要勇敢面对，与朋友携手共进。

为了形象的阐明交友之道，书中以清新、细腻的笔触描述了一个个生动、感人、值得效法的友谊典范。《管鲍情谊深，名相出槛笼》讲述的是管仲与鲍叔牙为国为民生死相知、心存大义的伟大友情；《虽死情犹在，心诺重千金》歌颂了季札虽死不负心诺，挂剑谢亡灵的诚信友情；《引车以避匿，肉坦而负荆》说的是廉颇、蔺相如之间知错能改、宽容博大的友情。此外，还有弹琴知音、生死不渝的俞伯牙、钟子期，重义轻利的廖有方、柳开等等。

从春秋的管鲍之交一直到清代的林则徐与魏源，书中共记载了108个友谊故事。这些故事经过作者细心的筛选，均精神丰富、格调高雅、品德优秀、内容充实，体现出了同心同德、日月可鉴的崇高风范。读后不但使读者如坐春风，如沐雨露，获益良多；而且更成为社会主义精神文明建设的宝贵素材。可以说作者为弘扬"八荣八耻"的社会主义荣辱观建立了新功。

《中华古代友谊故事》犹如一股清流，潺潺而来，流入我们的心田。素手栽种友谊林，清心催开友谊花。祝愿老友健康长寿，林常青，花常明。

（《中州纵横》2008年第4期）

评《郑玄三礼注研究》

　　《郑玄三礼注研究》(以下简称《研究》)是杨天宇同志主持完成的国家社科基金项目成果,近日已被纳入《国家社科基金成果文库》由中国社会科学出版社出版。这是杨天宇同志继《三礼译注》之后的又一可喜成果。

　　《三礼》(《周礼》《仪礼》《礼记》)是中国古代礼文化的基础文献。东汉末年的经学大师郑玄的《三礼注》,则奠定了中国古代礼学的基础。

　　《三礼》文词古奥,名物繁多,极为难读。前此,杨天宇同志曾花了多年功夫,为《三礼》做了白话译注,已先后由上海古籍出版社出版。此后,他又倾心力于《三礼》郑《注》的研究,终于完成了这一国家项目。

　　《研究》,分为"通论编"、"校勘编"、"训诂编"三大部分。

　　第一部分"通论编",主要包括两方面内容:一是考述郑玄的生平、著述及其在经学和礼学史上的地位。二是对《三礼》和郑注的一般性评述。

　　后世考述郑玄生平的著作甚多,然互有出入,且每多附会。该《研究》之《郑玄生平事迹考略》,通过详尽占有资料,参以前人研究成果,较清晰地勾画出郑玄生平事迹的轮廓,并突出介绍了郑玄的学术经历和学术成就。

　　郑玄的一生,著述宏富,然大多失传,完整地保留到今天的,只有《三礼注》和《毛诗笺》。后世学者考述郑玄著作者亦甚夥,然其通病则皆贪多以为胜,故难免将后世附会之作归之于郑玄。该《研究》之《郑玄著述考》,则去伪存真,将确实可信为郑玄著作者分为"注释类"和"著作类"两大类录出,总计54种。另录有"门弟子所辑"二种,附以备考。

　　在汉代经学史上,"郑学"的出现,是两汉今古文经学从斗争走向融合的产物。该《研究》之《汉代的经今古文之争与郑学的出现》，就是为研究这一过程而作。文中对汉代今古文之争的性质，提出了两汉性质不同说：西汉主要是利禄之争，东汉则主要是学术道统之争。《研究》认为汉代今古文经学都是为当时的政治统治服务的，这是二者能够从斗争走向融合的政治基础。

在中国礼学史上，郑玄打破今古文经学之蕃篱而兼注《三礼》，奠定了中国古代礼学的基础。自汉以后，郑玄的《三礼》学巍然独尊，故有所谓"礼是郑学"之说。该《研究》之《略论"礼是郑学"》一文，从礼学发展史的角度，论证了这一说法的真正含义应当是："后世之礼学皆宗郑学，后世治礼学者，皆不可舍郑注。"

要了解郑玄的《三礼》注，必须对《三礼》有所了解，因此该《研究》特撰《（三礼）概述》一文。名为"概述"，实则贯穿着作者对《三礼》多年研究之心得，对有关《三礼》的诸多方面的问题，提出了个人的见解。如论定《周官》之改名为《周礼》是在王莽居摄年间，即公元6—8年间；《周礼》是一部尚未完成的书，其《冬官》部分并未及写出，汉人不知，而以《考工记》补之。该《研究》还对《周礼》的内容、行文特点及史料价值，作了评述，并对汉代和汉以后的《周礼》学作了概述。关于《仪礼》，则论定其初本为春秋末年孔子所编定。

《三礼》在长期的流传过程中，衍生出了许多不同的本子，因而存在诸多异文，加之涉及到大量古代的名物制度，甚为难懂难读。东汉末年的郑玄为之校勘并作注释，遂使之成为当时一般学人可以读懂的书。郑玄的《三礼注》同《三礼》一样，成为中国古代礼学的渊薮。该《研究》之《论郑玄（三礼注）》一文，着重对郑玄注《三礼》的方法和体例及其得失，作了较全面的研究和考述。

该《研究》的第二部分"校勘编"，重点在于考述郑玄校勘《三礼》的条例及其所遵循的原则。

《仪礼》在汉代有今古文两种本子。郑玄在给《仪礼》作注时，凡遇今古文异文，都要作一番校勘，或从今文，或从古文。该《研究》遍索《仪礼》全书中郑玄从今、从古之字例，一一加以考辨．并进行分析归纳，得出52则条例，从而撰成《郑玄校〈仪礼〉兼采今古文之条例考》一文。作者又从这52则条例中总结出郑玄校《仪礼》兼采今古文异文的五项原则，即：字义贴近的原则，习用易晓的原则，合理的原则，符合规范的原则，存古字的原则，从而使郑玄校《仪礼》取舍今古文异文之义例可明。

《周礼》在汉代有今书、故书的不同。按照李源澄的说法，郑玄是以故书为底本。然经杨天宇同志研究，此说实多扞格而难通。经考证，郑玄实据今书为底本而参之以故书，故撰为《郑玄校〈周礼〉以今书为底本考》一文。

郑玄在为《周礼》作注时，凡遇今书、故书异文，都要作一番校勘。校勘的结果，则皆从今书而不从故书。该《研究》遍索《周礼》全书中郑玄从今书不从故书之字例，一加以考辨，从中归纳出35则条例，撰成《郑玄校〈周礼〉从今书不从故书考辩》一文；又从这35则条例中总结出郑玄校《周礼》从今书不从故书的五项原则（与其校《礼仪》的五原则大体相同），从而使郑玄之所以从今书而不从故书之原因可明。

《礼记》（即《小戴礼记》）的初本，自西汉宣帝时期由戴圣编纂成书之后，在其流传过程中，亦衍生出了许多不同的本子，故有诸多的异文。郑玄在校注《礼记》时，凡遇异文，皆斟酌裁定之，所不从者，则于注中存之，即郑注所谓"某或为某"、"某或作某"者是也。该《研究》遍索《礼记》郑注中所存之异文，而一一加以考辨，从中归纳出郑玄之所以不从或本异文的17则条例，又从这些条例中总结出郑玄之所以不从或本异文的五项原则，撰成《郑玄校〈礼记〉不从或本异文考辨》一文（亦与其校《仪礼》、《周礼》之原则大体相同，这说明郑玄校《三礼》所依据的原则是一以贯之的）。

该《研究》的第三部分"训诂编"，主要就郑注《三礼》所运用的"读为"、"读曰"，"读如"、"读若"，"当为"，以及"声之误"、"字之误"等术语进行考辨，从而归纳出郑玄是在何种情况下怎样运用上述诸术语的。段玉裁在其《周礼汉读考序》中曾对上述术语作过说明或界定，其说影响甚大，至今训诂学界仍每以段氏之说作为对上述诸术语的经典性解释。然该《研究》通过考辨认为，段氏之说，虽有正确的成分，却多属片面、武断，不可尽信。在郑玄那个时代，训诂术语的运用，不仅仅是不准确，不精密，而且相当混乱。而段玉裁所谓"形近而讹谓之字之误,声近而讹谓之声之误"的说法,也就相当片面而不能成立了。

　　总之,该《研究》对有关郑玄及其《三礼注》的诸多方面的问题,都做了具体细致而深入的研究,其中很多工作都是前人不曾做过的,因此在一定程度上推进和深化了对于郑玄《三礼注》的研究,为今人认识和理解郑玄的《三礼注》,更好地利用其为中国传统文化和中国古史的研究服务,做出了贡献。

（《光明日报》2008 年 12 月 20 日）

《两汉全书》——汉代文献集成的鸿篇巨制

　　一个时代有一个时代的学术,《两汉全书》既是两汉时代的产物,又是当代的产物。两汉是中国大一统的、以汉族为主体多民族融合的、对外开放的时代,也是封建的政治、经济、文化、教育等各种制度奠基的时代。汉代的创制和建设,尤其是在经学、史学、子学、文学、教育与科技等学术文化领域,丰富多彩,博大精深,起着承前启后、继往开来的作用,对后世产生了深远影响。对这样一个时代的文献加以整理,不仅是学界的迫切要求,也是时代的呼唤和需要。由董治安教授主编、山东大学出版社出版的《两汉全书》不仅适应了学界和时代的要求和需要,更是对以往两汉文献整理的深化和发展。

　　两汉文献的整理,在汉代就已经开始了,西汉刘向、刘歆父子、东汉班固、傅毅等人的校书就包括对本朝文献的整理,说明汉人对本朝文献的重视。魏晋以降,汉代文献的整理和传播历经曲折,幸存下来的专著,成为宋代以后很多丛书的首选对象,如《汉魏丛书》《两京遗编》《秘书九种》等,以收录汉人著作为主。汉人著作得以保存和流传至今,这些丛书做出了重要的贡献。就文集而言,魏晋南北朝时新编的汉人别集数量甚多,亡佚也很快,到了明代,学者有意识地重新整辑汉人文集,如汪士贤编《汉魏诸名家集》,重辑汉人别集5家;张溥编《汉魏六朝百三名家集》,重辑汉人别集18家;张溥所辑,成为严可均编纂两汉文集的主要依据。严可均的《全汉文》《全后汉文》,是两汉文、赋的集大成之作。之后还有今人费振刚等编选的《全汉赋》,逯钦立编纂的《全汉诗》。无疑地前人对两汉文献的整理成果,为《两汉全书》的编纂提供了极大的便利。但前人编成的总集,其内容质量在不同程度上也有一些缺陷和问题。如严可均的《两汉文》就存在着严重的缺陷和失误。多年来,学者明明知道《两汉文》问题较多,却又不得不小心翼翼地使用它,一直期待着质量更高能替代它的善本。《两汉全书》的问世,即可从根本上改变了这样的局面。

《两汉全书》就两汉全部现存文献加以汇编与整理,自1996年初开始迄今,积十余年之功,其规模之宏大,资料收集之全备,体例之完美,底本与标点校勘之精良,都是对此前学术水平的一次引人注目的重要超越。不仅有力地推动两汉历史的断代研究,而且有助于中国传统文化的全面总结,是一项全民族文化建设的基础性工程,也是当今古籍整理水平和成就的重要标志之一。

《两汉全书》主要成就:一是在收录原则上"力求齐全",凡属汉高祖元年(前206年)至献帝延康元年(220年)之间的所有文献,诸如各种专著、别集,单篇诗、文、赋,以及经籍传注、小学著作、石刻、简牍等,包括佚文残篇,悉予汇录,统一编排。知名人物达870余人,总计1300余万字,分36册出版。是迄今为止海内外第一部两汉现存文献的总汇。

二是文献的编排力求科学有序,体例有所创新。全书基本以人物为单元排列先后,于人物名下逐次著录有关文献。各人物名下,首列专著,次列文、赋、诗。《全书》既是断代专著的集成,又是一系列新编汉人别集的总汇,具有一代总集的性质。总观"全书",从纵向看,能大体反应两汉学术发展的脉络并可显示各个历史时期的若干特点。从横向看,则系统表明某个人物的所有著作,亦即为该人物的全集。

三是重视底本的选择与利用。专著类注意选用年代较早的刻本(包括影印本),或清人的精校精刻本,又刻意使用了某些有特定价值的稀见本。别集类除注意选用虽非罕见但价值相对较高的汇编本(如《汉魏六朝百三名家集》)外,所收诗、文、赋均据近人研究成果加以补充或订正。辑佚类首选比较完善或于诸家中较为特出的本子;若辑本虽多而俱不能令人满意,则翻检群书另作新辑。

四是在标点校勘方面精益求精。以陆贾《新语》为例,陆贾就是那位批评刘邦能"马上得天子,不能马上治天下"的政论家。他著的《新语》

总结了秦之所以失天下,汉之所以得天下以及历来国家兴亡成败的经验教训,并提出"长治久安"的治国之道,成为汉初60多年无为政治的指导书,刘邦亲自命名为《新语》,可见此书的重要。此书总计不过一万多字,而列出的删、补、改等校语竟有100多条,校语兼采众长,行文简要;所附七条佚文,均加出处,可谓目前最好的《新语》文本。标点校勘不仅是一项严谨而艰苦的工作,而且也显示了作者深厚的学术功力。

总之,《两汉全书》注意汲取已有两汉文献汇编的一切积极成果,着眼于有利学术参考、使用方便,在文献编排、资料考订、文字校勘等方面,努力做到更加科学和有所开拓;所撰人物说明和专著解题,亦力求简明扼要、符合实际。在对材料的考辨,传世伪书与地下出土文献的处理上,均显示了整理者的远见卓识和严肃认真的科学态度。

最后应感谢以主编董治安教授为首的编委会与山东大学出版社的同仁为学术界特别是研究汉史的学者编辑出版了这一套难得的好书。《两汉全书》,集一代文献之大成,以高品位、高质量,得到了学术界广泛的赞誉(已见诸于各种报刊)。文献整理的目的最终是为了历史文化研究,相信这一重大古籍整理项目的完成和出版,必将把方兴未艾的两汉历史文化研究推向新的高峰。

(《中国教育报》2010年9月23日)

四、回忆录

祝贺《史学月刊》创刊五十周年

今年是《史学月刊》创刊五十周年。该刊原名《新史学通讯》,创刊于1951年1月,是新中国成立后创办最早的史学专业刊物之一。在长达半个世纪的发展过程中,逐渐成为国内史学研究的重要基地。近年来,该刊连续被评为全国中文核心期刊,所刊发的文章除被国内各类文摘报刊和人大复印资料大量摘登、转载外,还被一些外国权威杂志,如美国的《美国:历史和生活》杂志登载该刊文章的摘要和索引。其在国内外史学界所产生的广泛而良好的影响,由此可见一斑。我作为一名老的史学工作者,自《史学月刊》创刊之日起,我们之间就结下了不解之缘,自然也从中受到了许多教益。我认为该刊在以下几个方面取得了很大的成功:

其一、坚持以马克思主义为办刊的指导思想,对马克思主义在史学领域的传播、运用及其指导地位的确立,为有中国特色的马克思主义史学的创立和发展,作出了重大贡献。在我国,马克思主义史学是随着马克思主义在"五四"新文化运动高潮中的传人而诞生的。此后,中国马克思主义史学在不断同各种非马克思主义史学,诸如法西斯主义史学、封建买办史学和封建正统史学等的斗争中,逐渐成长壮大,并涌现了以郭沫若、吕振羽、翦伯赞、范文澜、侯外庐等为代表的一大批杰出的马克思主义史学家和史学著作。尽管如此,客观地讲,在20世纪上半叶的中国,历史学界占据主导地位的则是以胡适为代表的近代实证史学。中华人民共和国的建立,开辟了中国马克思主义发展的一个新的历史时期。各种专门从事史学研究的科研机构的纷纷建立,各类综合性大学和高等师范院校所设立的历史系,为史学工作者学习和逐步接受马克思主义,并以马克思主义的理论与方法为指导研究历史，提供了场所与阵地；而各种史学研究的专业刊物，如《史学月刊》的问世，则有力地促进了马克思主义在史学领域内的传播，使马克思主义史学成为中国史学的主流。当然，在运用马克思主义指导研究历史的过程中，也曾出现过教条主义简单化的失误，甚至在某一段时期内，还有一些别有用心的人，如"四人帮"之流，打着马克思主义的旗号来反对马克思主义；但马克思主义在史学领域内的指导地位已不可动摇。在这一方面，作为史学载体的《史学月刊》无疑发挥了重要作用。特别是近20多年，《史学月刊》不断设置新的栏目，使史学界对历史发展动力、历史创造者、社会形态演进、史学理论建设等问题的认识逐步得以深化。同时，在具体历史问题的微观研究上，使社会史、文化史等领域也有了很大拓展。而"电脑与史学应用"等栏目的开辟，则使历史研究更加适应改革开放形势的需要。总之，《史学月刊》为引导中国马克思主义史学沿着健康的道路向新的高度发展，作出了应有的贡献。

其二，坚持贯彻"百家争鸣"的方针，积极参与并主持了若干重大历史问题的学术讨论。"双百"方针是中国共产党领导学术文化事业的指导方针，也是促进学术文化繁荣与发展的正确方针。"百家争鸣"的宗旨就是在承认不同学术流派存在的前提下，通过互相间的争论求得问题的解决，促进学术的发展。这是办好学术专业期刊的一条重要原则。新中国成立后，随着史学研究的日趋繁荣。许多重大的历史问题和史学理论问题得到广泛热烈的讨论。在讨论的众多问题中，最引人注目的是中国古代史分期、中国封建土地制度、中国封建社会农民战争、中国资本主义萌芽、汉民族形成等五个问题。因为上述问题是中国历史研究中带有根本性的问题，所以被人们誉为"五朵金花"。《史学月刊》本着发扬学术民主，坚持以理服人的原则，积极参与并主持了这些问题的讨论与研究。通过争鸣，尽管对于每个问题均有多种说法，但大多数历史工作者的理论水平都有了普遍提高，并形成了某些共识：人类社会的历史是按照客观规律发展演进的，而生产方式的变革则是社会制度与思想观念嬗变的基础；中国自古以来就是一个多民族的国家，自原始社会解体后，经历了奴隶社会和封建社会的发展历程；中国封建社会的主要矛盾是农民阶级与地主阶级的矛盾,阶级斗争和农民起义是历史发展的真正动力;中国封建社会内部商品经济的发展孕育了资本主义萌芽,如果没有外国资本主义的入侵,中国也将缓慢地过渡到资本主义社会,等等。另外,围绕着"五朵金花"问题的全面讨论,还引发了对亚细亚生产方式、中国封建社会内部分期、中国封建社会长期延续的原因、历史人物的评论、历史主义与阶级观点,以及地理环境对历史发展的影响等史学理论的探讨。总之,通过对这些重大历史问题的深入讨论,有力地促进了马克思主义在中国史学研究中指导地位的确立,推动了历史研究和历史教学工作的发展。

其三、坚持史学研究为社会主义服务、为人民服务的"二为"方针,重视研究和总结历史的经验教训,对中国社会主义的政治、经济、文化等方面的现代化建设,具有现实的借鉴意义。自史学产生以来,总结前人的经验教训,探索历史的因果关系,以便避免重蹈前人的覆辙,达到对社会实践活动的自觉控制,可以说是古今中外大多数史学工作者追求的目标,也是中国历史学"经世致用"的优良传统。史学工作者在从事基础历史学研究的同时,更应当关注现实,了解社会、人民对历史学的需求,自觉提供满足现实社会需要的、对现实社会较为直接有用的历史研究成果。特别是在当前,我国面临的中心任务就是建设有中国特色的社会主义。这就要求史学工作者应当在经济、政治、文化等各个领域的建设事业中提供历史的根据、经验和教训。《史学月刊》自创刊之日起,就特别注重并刊登这方面的文章,并取得显著的社会效果。而始设的"教学参考"栏目,对促进大、中学历史教学质量的不断提高,更是发挥了较为重要的作用。

回顾、总结过去,是为了建设更加美好的明天。在这新旧世纪交替之际,我衷心地祝愿《史学月刊》越办越好,为此谨提两点建议和希望:

第一、总结办刊五十年的经验,继续发挥多年来逐步形成的上述优良传统,在21世纪的历史研究和历史教学中发挥更大的作用。新世纪的中国史学研究必将是马克思主义历史学全面发展并取得重大成就的时代。随着历史研究机构的进一步调整,研究领域的进一步拓展,研究方向的进一步完善以及研究手段的进一步更新,《史学月刊》应不断地调整期刊的栏目,以便更好地适应时代发展的需要。例如,对于社会史、文化史、文明史等长盛不衰的"朝阳"学科,应积极加以引导,使这些学科的研究进一步拓展与加深。又如,中国地方史、边疆史、民族关系史、中外关系史以及宗教史等,因其研究成果能为国家制定政策直接提供理论支持和历史依据,今后可能成为历史研究的重点与热点,《史学月刊》应专设栏目,使其为现实服务的功用得到进一步加强。另外,对于原有的"教学参考"栏目,除应一直坚持办下去以外,还应要求选登的文章在严谨的历史知识的基础上,更加生动活泼、简明易懂,这样可以扩大《史学月刊》的读者群,更好地发挥为社会服务的功能。

第二,加强与国内外史学工作者的广泛联系,抓好选题和组织好学术论文的撰写,充分发挥老、中、青史学研究者各自的优势,为办好刊物的特色和进一步提高刊物的学术水平而努力。新中国成立后的30年中,由于种种原因,大陆与海外的学术交流较少。改革开放以来,随着思想的解放,学术交流已大大加强,海外一些新的研究成果和方法被引入中国史学的研究领域。例如,以法国年鉴学派为代表的新史学的研究方法,即把人类学、社会学、经济学、政治学、心理学、人口学、数学等学科的理论和方法引入历史学的主张,就受到大陆一些学者的关注;而西方的一些社会学说,特别是马克斯·韦伯的社会学说,也被引入中国古代史的研究。尽管这些学说还有一些问题,有待于进一步检验,但却从总体上丰富了史学的研究方法。《史学月刊》作为联系读者与作者的桥梁,应加强与国内外史学工作者的广泛联系,为读者提供更多的学术精品,也可适当刊登一些海外史学工作者的文章,以开阔人们的视野。另外,老、中、青史学工作者有各自的学术优势,《史学月刊》应因势利导,充分发挥他们的史学才能和特长。例如,老年学者学识渊博,治学经验丰富,可让他们结合自己的经历,介绍本人或著名学者研究的心得体会,传授治学方法,提携后学。中年学者年富力强,学有专长,其论文如果观点明确、论据充分,确有一得之见,应尽量予以采用,以扩大其学术影响。青年朋友是历史学科的未来,思想活跃,颇富创见。现在《史学月刊》虽已开设了"博士学位论文摘要"栏目,仍似略嫌不足,应恢复50年代《史学月刊》的"青年园地"专栏,以广纳天下青年史学英才的创新之作。通过上述措施,可以相信《史学月刊》一定越办越好,刊物质量亦必随之不断提高,从而在中国史学专业期刊中占有更加重要的地位。

(《史学月刊》2001年第1期)

我与中华书局交往的四十年

今年是中华书局90周年诞辰。屈指算来，我与中华书局也有了整整40年的交情。此事还得从1962年说起。这一年的11月在济南的一次学术讨论会上，中华书局的总编辑兼总经理金灿然同志特意找到了我，对我说："你那篇《论桑弘羊》的文章，郭（沫若）老曾经看过，他对桑弘羊这个历史人物很有兴趣[1]。我们希望你能在原文的基础上再充实加工，写成一本书，列入中华书局的历史知识读物。"关于桑弘羊，40年代末我在齐鲁大学跟随张维华先生学习秦汉史时就开始注意到这个历史人物，他是汉武帝的理财大臣，在武帝身边工作了几十年，对武帝的文治武功起了重要的作用。可惜的是他在武帝晚年颁布《轮台之诏》开始改变内外政策（见张维华著《论汉武帝》，53—54页，129—132页，178—179页。上海人民出版社1957年版）之时，没有跟上历史形势的发展，最终演出一场身亡家破的惨剧。基于这个初步认识，我着手写了一篇《论桑弘羊》的文章，后来收入《汉史初探》一书（学习生活出版社1955年初版，上海人民出版社1957年再版）。当金灿然同志向我约写这个题目时，我虽然深感自己的理论水平和知识水平有限，但一则面对前辈学者的重视和鼓励，二则过去我对这个题目也有一定的基础，所以才敢于承担这个任务。之后不久，我便和中华书局签订了约稿合同。同时还签订了另一本书《秦汉农民战争史料汇编》的约稿合同。其时我还只是一名初出茅庐的史学队伍里

---

[1] 按：《史记》、《汉书》关于桑弘羊的记载：十分简略。郭老曾亲自校订《盐铁论读本》一书，于1957年6月由科学出版社出版。该书《序》中说："桑弘羊是很值得我们作进一步研究的历史人物，但要研究桑弘羊，这部《盐铁论》就是绝好的材料。"

的小兵,金老竟亲自当面向我约稿,自然会产生一种知遇之感。第二年,我便完成了《桑弘羊》的初稿,寄给中华书局。又隔了一年,初稿寄回来修改。我检查了一下,除了边页上写的铅笔字和各种符号不算,单是粘在书稿里面的宽窄不等的大小纸条就有80余条,每条上都密密麻麻地写满了蝇头小字。这些都是有关修改意见和应注意的问题。对于编辑的这种认真负责、严肃不苟的工作态度,使我非常感动,决心要把这部书稿修改好。很久以后,我才知道当年审阅这部书稿的人就是李赓序同志。但是万万没有想到,这样一部不过五六万字的书稿竟然经历了一段极其曲折漫长的道路。此后不久,我就参加了"四清"运动,接着又爆发了"文化大革命"。在这种情况下,改稿工作只好暂时放到一边了。1974年夏天,中华书局又特地派冯惠民同志来济南跟我商讨这部书稿的修改问题,但是在当时那样的形势下,改来改去,结果又不了了之。粉碎"四人帮"后,我的注意力又转移到另一个研究领域,这部书稿在我手中竟成了"鸡肋,鸡肋,食之无味,弃之可惜"的东西了。可惜的是,不仅我为它消磨了不少时间和精力,徒劳无功;而且有负于金灿然同志对我的关心和期望,有负于李赓序同志在其中倾注的心血。两位同志已先后作古,每念及此,不胜惭愧唏嘘。基于这种心情,同时又在冯惠民同志一再鼓励和帮助下,才决心抽出时间来又把这部书稿重改一遍。在修改过程中虽然注意参考吸收了前些年史学界有关桑弘羊研究的成果,但在1983年出版后仍发现有这样或那样的缺点,只能把这本小书权作为对朋友的永久纪念吧! 另一部书稿《秦汉农民战争史料汇编》也与本书遭受类似的命运,1965年交稿后不久,即逢"文化大革命",直至"文革"结束后,责任编辑魏连科同志告知我,原稿不幸在动乱中遗失,但这本书是《中国农民战争史料汇编》全套书中的第一部,为求完璧,还是希望我克服困难再重新编一本书。面对劫后余烬,我只好将箱底残存的资料卡片重新整理编排成书,交书局于1982年出版。遗憾的是稿中随时加上的大量编者按语(多属史实考证和心得札记)却难以一一弥补了。

1981年中华书局《文史知识》创刊,编辑部约我写稿。我当时除了忙于修改和整理以上两部书稿外,还有其他任务,实在腾不出手来另写文章,只好将《桑弘羊》书稿中的一个小目抽出来稍加修改充实,以《算缗和告缗》的题目塞责,虽然蒙编辑部不弃,于次年11期发表,但总不免有歉仄之感。1987年编辑部又约我写"治学之道",其时适逢国家教委委托我编写的高等学校文科教材《中国史简编》刚刚出版,在编写过程中确有一些心得体会,写出来对青年学生学习中国历史可能有点用处,所以就以《从编写〈中国史简编〉中所产生的几点想法》为题写成一篇小文,不久即在第8期上发表。据说这篇文章在青年学生中曾产生了良好的影响,有人并把其中的一节内容归纳为"三通"(纵通、横通、类通)的学史方法。同年,《文史知识》编辑部又与中共山东省委宣传部、山东文艺出版社联合举办了一期"山东专号",时任副主编的杨牧之同志在主编李侃同志授意下亲自率领编辑部的几位同志来到济南当面向我约稿,盛情难却,我选了《两汉儒学与山东》这个最具有山东地方历史特色的题目写成一篇小文,在第10期上发表。隔了一年,1989年编辑部又与中共淄博市委宣传部、淄博师专齐文化研究所合办了一期"齐文化专号",应编辑部之约,我又写了一篇《齐文化与黄老之学》的文章,于当年第3期发表。据我了解,《文史知识》编辑部在此前除办了几期有关佛教、道教与敦煌文化专号外,以地域文化作为专号还是首次,而且不到两年竟出了两期。这不仅说明编辑部领导的远见卓识,开拓了办刊的新思路、途径和方法;而且直接推动了山东学术界对齐鲁文化的研究。十几年过去了,时至今日,这个领域的研究已初具规模,并在山东师范大学建立了齐鲁文化研究中心,该中心现已被批准为国家教育部省属高等学校人文社会科学重点研究基地。

1993年末,总编李侃同志先后两次来信约我为他主编的《中华历史文化名人评传·史学家系列》写一本《班固评传》,并将评传的编写体例和要求寄给了我。在此之前,1979年山东人民出版社出版过我的一本《班固与〈汉书〉》,实际上这本书是在"文革"期间所谓"斗、批、改"的夹缝中写出来的。在那"知识越多越反动"、"历史无用论"甚嚣尘上的年代里,我写这本书的目的,当然不是什么"名利观点"的作祟,无非是借此表示一点责任感,表明一个历史工作者的一颗良心而已。书中对班固的家世、生平经历、特别是对他在史学上的卓越贡献,虽然利用了当时可能占有的资料进行了比较详细的评述；但由于建国后史学界长期扬马抑班的思潮影响，尤其是极"左"思潮的泛滥，不能不说受到一定的局限。后来又写了几篇关于班固的文章，对班固的研究仍没有多大的进展。当我接到李侃同志来信的时候，思想上曾犹豫了很久。一是因为过去限于条件，对《汉书》研究存在明显不足，二是当时我的研究工作已转向其他领域，没有再涉足班固与《汉书》的研究，有这两个原因，再加上出书时间紧迫，而我的身体又有些不适，完成任务的确有相当困难。此前，1991年，台湾学海出版社要重印《班固与〈汉书〉》的时候，我几乎没有作任何改动就交付该社出版了。因此对李侃同志的约稿信在回信中本已婉言谢绝，不料刚过新年没有几天，1994年初，李侃同志又写来一信，谓"大函拜悉，知台端偶得小恙，想已康复，仍请悉心疗养，彻底痊愈。《班固评传》可否请阁下自己物色一位助手，或由阁下授意，或口说笔记，总以完成为好。敝意，原书（指《班固与〈汉书〉》）似不必大动，精彩之处，酌予增加，以收锦上添花之效"云云。面对老朋友再三来信，殷殷嘱托，且"大有非君莫属"之意。在这种情况下，我不得不勉为其难。所幸前些年有不少学者对班固与《汉书》的研究已相当深入，并取得一批可喜的成果，可资参用。借他山之石以攻玉，虽犹有不足，也可聊以塞责了。这本书得以在1996年由广西教育出版社出版，可以说完全是李侃同志和北京师范大学教授瞿林东同志极力促成的结果。

去年（2001年）是我从教50周年，在纪念活动中，又得到中华书局总经理宋一夫同志、副总经理崔高维同志和综合编辑室主任李肇翔同志的支持和帮助，为我出版了一部50年学术论文自选集《学史集》，肇翔同志亲任该书的责任编辑，在排版、校对等编辑加工过程中付出了很大的精力，故出现差错较少，体现了中华书局传统的治学严谨、一丝不苟的工作作风。

中华书局在海内外出版界、学术界享有很高的声誉，广大读者公认为中华书局出版的书精品多，质量高，作者也以在中华书局出书为荣。其所以有如此大的影响，在我和中华书局40年的交往中，通过上述的人和事，我有以下几点体会：

（一）中华书局有一批稳定可靠的作者朋友。广交学术界的朋友，这是中华书局从领导到编辑一贯的思想和工作作风。上面我提到的几位同志，不论是已故去的还是健在的，我们之间在长期交往中都成了很好的朋友，其中有老朋友，也有新朋友。中华书局通过广交朋友，不仅培养了一大批中青年学者，也团结了一大批老年学者，从而扩大和巩固了作者队伍，有利于中华书局出版事业的不断发展。

（二）中华书局有一支严谨敬业、高水平的编辑队伍。他们不仅熟悉编辑业务，而且又往往是在某一领域的专家学者，再加上甘为他人作嫁的严谨敬业的思想和工作作风，所以从选题、组稿、审稿、改稿到排版、校对等一系列编辑出版工作中，都保持在一个很高的水平，从而保证了书刊的质量，赢得了广大读者和作者的拥护和赞扬。

（三）中华书局有一个承前启后连续不断的高素质的领导班子。他们不仅能总揽大局，忠实地贯彻党和国家的编辑出版方针和各项政策，面对市场经济浪潮的冲击，牢牢把握出版的正确方向；而且能在具体工作中，正确处理经济效益和社会效益的关系，正确处理与编辑、作者、读者各方面的关系，正确处理提高和普及的关系等等。"要当出版家，不当出版商"。这是我和中华书局几代领导人接触过程中所得到的一个基本认识。

今年是中华书局90华诞，我除了表示热烈祝贺外，还衷心祝愿中华书局能一如既往继承和发扬近百年形成的一些优良传统，在21世纪再创出版事业的新的辉煌。

壬午（2002）春节于山东师范大学

（原载《我与中华书局》，中华书局2002年版，《光明日报》2002年6月21日转载）

我与齐鲁大学

1947年夏,我在皖北阜阳一所抗日中学——山东省立第二临时中学高中毕业。摆在我面前首要的也是多年梦寐以求的一个愿望,就是报考大学。那时候,国内大学很少,除了天(天津)南(南京)海(上海)北(北京)等几个大城市大学比较集中外,一般省份也就是一二所大学,像山东这样的文化大省,当时也只有两所大学,即设在青岛的山东大学和设在济南的齐鲁大学。为了有选择地报考大学,我初步确定报考的地点是南京和上海。一则这两个城市大学招生考点较多,有选择的余地,二则交通方便。当时我和家庭早已失去联系,路费是从平时学校供应伙食费节余中筹措的,名为"伙食尾子",自然数目不是很多。好在流亡学生坐火车不要买票,住宿可以投靠正在大学读书的同乡、同学或亲友,到学生宿舍挤出一席之地就行了。剩下来的问题就是吃饭和复习功课了。我和几位同班应届毕业同学结伴同行,先是到距离阜阳最近的蚌埠,然后从蚌埠坐火车到南京。在南京的一位同学宿舍里住了几天,了解到各大学都是从抗日大后方复原回来不久,多在本地招生,在南京设的考点很少;而且当时学潮迭起,学校当局盘查很严,不宜在学生宿舍久住。在这种情况下,只好又从南京乘车去上海,最后总算在上海江湾复旦大学读书的一位亲戚住的学生宿舍里找到一个临时栖身之所,差不多一住就是一个多月,也就是说有了一个多月宝贵的复习时间,这在当时应该说是比较幸运的。因为有相当多的考生没有住处,白天在街头流浪,夜晚就睡在马路旁,更谈不上复习功课了。尤其不幸的是,据说有一位外地来的考生,就是因为睡在马路边上,早起收拾铺盖时,被一辆横冲直撞的美军吉普车撞死了。

在复习过程中,同时也了解和考虑报考什么学校的问题,我的报考志愿比较明确,专业是历史系。当时上海著名的高校有复旦大学、交通大学、同济大学。我到上海时,已经过了复旦的报名考试时间,交通、同济都是理工科大学,不符合我的报考志愿。还有一所教会办的圣约翰大学,但学费太高,即使考取了也读不起。外地来上海招生的大学比较有名的是北大、清华、南开等大学联合招生,此外还有一所武汉大学,但这些学校招生名额都很少。自觉文科的几门课程还比较有些把握,但理科的课程虽然在高中的三年尽了很大的努力,还是相差很远,考取的希望不是很大。为了不致落榜,最后我把目标锁定在上海招生的齐鲁大学,报考的专业是该校文学院历史社会学系。我之所以报考这所学校,其一这是一所已有80多年历史的正规大学,文化底蕴比较丰厚,尤其是医学院,享誉中外,其文学院和理学院也称得上中流水平,特别是齐大在抗日战争期间迁到成都华西坝的几年里,其文学院国文系、历史社会学系、国学研究所曾聚集了许多著名的学者,如顾颉刚、钱穆等都是国学大师,他们著书立说,薪火相传,成为当时大后方国学研究的重镇。其二我是山东人,在济南有一大批复原回去的老师和同学,缓急时可以就近求助。其三报考齐大的考生比上述几所名牌大学相对较少,估计竞争力不会太大,有考取的希望。其四对我来说,也是很重要的一点就是齐大的学费在所有私立大学中最少,一般家庭经济困难的学生也能承受得起。

齐大的考场设在一所私立大学院内,距离我的住处并不太远,来回还较方便。不过倒霉的是恰巧在考试期间,我在皖北被传染的疟疾又发作了。我只好咬紧牙关,坚持到底,那时的身心疲惫状况可想而知。几场下来,自觉文科各门试卷考试成绩还比较理想,尤其是国文、英文和史地试卷基本上都做出来了。还记得作文题共有两个:一是"后生可畏焉知来者之不如今也四十五十而无闻焉斯亦不足畏也已",一是"士不可以不弘毅任重而道远",两题都出自《论语》,都是释义题,无标点,任选一题,我做的是后一题,幸亏读了几年私塾,难不倒我,作文还比较满意。最令人发愁的还是理科各门试卷,数学只答对了一题,物理、化学、生物七拼八凑,估计也不会及格,所幸都没有交白卷。据传如果有一门试卷交白卷或是零分，就没有录取的希望。一个月后，齐大的通知书寄来了，我被录取到历史社会系，实现了我的夙愿，这时悬在心头的一块石头才算落了地。事后才知道，由于我的文科各门试卷分数较高，尤其是国文、英文试卷得到时任国文系主任栾调甫教授和另一位外籍英文教授的赞赏，在录取新生的校务委员会上大力举荐，终于被破格录取。这可以说是我人生道路上的一个转折点，从此我迈上了终身治学的第一步。

不过在新生入学报到的时候，还遇到了两个小小的麻烦：一是注册，需要有一位重要保人的保证书；一是体检，我因腿疾体检不合格，两者居其一，即不能入学。感谢注册课主任傅为方先生的仗义相助，这两个问题都顺利得到解决。傅先生是一位虔诚的基督徒，为人正直善良，乐于助人，是我进入齐大认识的第一位忠厚长者型的老师。

齐鲁大学的学费确实不高，由于当时物价飞腾，货币贬值，学杂费都是交纳实物，齐大的学杂费每学期只不过交一袋面粉，这对贫困学生来说，还是可以承受的。如果再加上半工半读，就不至于因经济困难而中途辍学。齐大学生中固不乏官宦和富家子弟，但贫寒子弟也不少，原因即在于此。后来我在读二年级的时候，又获得了哈佛燕京奖学金，有了这一笔费用，我就可以不再打工，把课余时间和主要精力用于读书和写作。

齐大历史社会系的学生在学校各院系中人数最少，四个年级总共不过十余人，新生也只有三五人，而且因选修的课程不同，再加上教室不固定，流动上课，难得聚在一起，彼此都不熟悉。系里如果有什么事，和我联系的只有同班新生栾调甫先生的女儿栾汝珠同学，到毕业时，除因故退学或留级以外，仅存的毕业生也就是我们两人。

教师上课也是打破院系格局，第一学年开的课有国文、英文、中国通史、世界通史、政治学、经济学、生物学（齐大规定文科学生必修一门自然科学，理科学生也要修一门人文社会科学）等课程，都是几个系的学生合起来上课。有的课程如国文、英文，甚至是文、理、医三个学院的新生合在一起上课。那时齐大刚从成都复原回来不久，教师队伍尚不够整齐。史社系历史专业的教师有吴金鼎（考古学家，兼文学院院长）、杨勉斋（社会学家，兼史社系主任）、张立志、许衍梁、吴鸣岗（以上三位都是历史学家）、胡厚宣和一位加拿大籍教师明义士（以上二位都是甲骨学研究专家）等人，实际给我们上课的只有两人，即教中国通史的吴鸣岗和教世界史的许衍梁，这两位先生都是兼职，上课来下课就走，很少有请教的机会。所以这一学年主要靠自学。好在上大学比中学课余时间多，齐大图书馆藏书又相当丰富，这就为我自学提供了有利的条件。

自学什么？怎样自学？我想首先要结合中国通史、世界通史课，把这两门通史学好。于是我从图书馆借来钱穆的《国史大纲》、周谷城的《中国通史》和《世界通史》作为系统阅读的基本教材。再者，既然学了历史专业，那就要对这个学科的历史有所了解，同时也要找到如何学好历史的方法和途径。当时我的兴趣偏重于中国史尤其是中国古代史，因此，我又系统地选读了金毓黻的《中国史学史》和梁启超的《中国历史研究法》。通过这样的学习，为我此后的历史研究打下了初步的基础。此外，齐大是一所教会大学，对英文课要求较高，如英文不及格，就要留级；再者，英文对学习历史也有用处。为把英文学好，我采用了一个笨拙的办法，就是从图书馆借到一本英文版的斯坦因（Aurel Stein）写的《西域考古记》，一手拿原著，一手拿字典，进行业余翻译，这对我后来撰写《两汉与西域关系史》提供了不少方便条件。就这样一学年匆匆过去了，到第二学期末，也就是1948年夏，我的学习生活又发生了一次很大的变化。

这个变化就是齐大学校当局以躲避战乱为由将文理学院南迁到浙江的杭州，医学院迁到福建的福州，在杭州的临时校址即远处西南郊区的百年古刹云栖寺。我为了继续学业，在无可奈何的情况下，也只好随校南迁。在杭州住了一年，杭州解放后，1949年秋季，我又随学校返回济南，从此一直到1951年6月大学毕业。在这三年期间，齐大有了很大的变化，尤其是新中国成立后，齐大面目一新，学校有了很大的发展，历史社会系改为历史学系，学生增多了，教师的阵容也迅速增强。除原有教师外，先后来齐大任教的有历史学家张维华、韩连琪、莫东寅、林树惠、徐绪典，历史学家兼文学家朱东润，文献学家王献唐等先生。韩先生讲先秦史，莫先生讲中国经济史，林、徐二先生讲中国近代史，王先生讲史学要籍解题。朱先生讲两汉研究、传记研究，他在讲传记研究这门课时，讲到得意处，往往引用其所著《张居正大传》为例证,说古论今,鞭辟入里,对我有很大启发。还有前面提到的栾调甫先生,讲经学概论。栾先生是经学家、墨子研究专家,他讲经学,引进了治"小学"(旧时指文字、音韵、训诂之学)的研究方法,不仅强调明了文字的形、音、义,而且注重明辨句读,这大有助于提高学生阅读古籍的能力。那时真可谓学者云集,极一时之盛。

在这里,应特别提到的也可以说对我的学业影响最大的就是恩师张维华(西山)先生。张先生是1948年秋自重庆白沙女子师范学院调来齐大任教的。他原是齐鲁大学毕业的校友,后又考入燕京大学研究院,获硕士学位,他的硕士毕业论文《明史佛郎机、吕宋、和兰、意大利亚四传注释》于1934年哈佛燕京学社出版后,立即引起学术界的注目,并为日后中西交通研究者案头必备之作。张先生给我们讲课时间最长,课程门类最多,他先后为我们开设了史学通论、秦汉史、宋元史、明清史、中西交通史、史部目录学、马恩史学名著选读等七门课,其中有的课实际上是为我一人开设的。如前所述,原来史社系的学生本来很少,再分为历史与社会两个专业,每个专业的学生就更少了,充其量不过几个人。1949年改为历史系后,学生人数有所增多,但全系也不过二十余人。再加上各个年级的学生所选修的课程不同,所以有时就只有我一个人听课。这样,大部分时间都在国学研究所资料室上课,或在张先生家里上课。教学形式和现在指导研究生的情况差不多,有时是老师讲,学生听;有时是学生提出问题,老师解答;也有时师生相互讨论、辩难,还可以随时在资料室查阅有关的参考书。所以张先生开设的课程,虽然大都没有按照教学计划讲完,而且不像现在这样条理、系统、全面的讲授,但是经过上述的教学活动,却极大地培养和提高了我的治学的基本功以及读书、思考和写作的能力。

抗战初期,因公立学校一度停顿,我曾读过几年私塾,片片段段地听老师讲授过、自己也背诵过《论语》《孟子》《左传》《史记》《汉书》《资治通鉴》等书的一些片段内容,有一定的古文基础和历史知识。张先生从实际出发,因材施教,就教我着重攻读秦汉史。他要求我一定要认真阅读前四史、《资治通鉴》几部书。他说这五部书是研究秦汉史的基本书和必读书,虽不一定背诵如流,但一定要达到十分熟练的程度。什么是熟练程度?就是不论遇到什么问题,不用查书,就能知道出于某书某卷或某篇纪、表、志(书)、传;提到某个人物、事件或某项制度,都应知道它和另外的一些人物、事件、制度的相互关系。如此方能上下贯通、左右逢源,发现问题,解决问题。张先生上课时,经常向我提出类似的问题,以此来检查督促我的学习,并交流研究心得。这是我后来研究秦汉史入门的基本途径。

张先生原来受乾嘉学派的影响较深,治学长期走的是实证主义的路子。然而新中国成立后,却能一改以往传统的治学思想和方法,欣然接受并通过刻苦努力的自学和运用马克思主义。对从旧社会过来的老一辈学者来说,是很不容易的。当时他给我开设马恩史学名著选读课,实际上他自己也没有学过,只能采取互教互学的方法。当时在新华书店能够买到的如《家庭私有制及国家的起源》《资本主义生产以前各形态》《拿破仑第三政变记》(以后译为《路易·波拿巴的雾月十八日》)《法兰西内战》《法兰西阶级斗争》《德国的革命与反革命》《德国农民战争》等书,都放到国学研究所资料室,让我阅读,他也和我一起阅读,共同从中寻找例证,以探讨马克思、恩格斯对于历史人物、历史事件分析的观点和方法。说来也很滑稽,在堆满古色古香的线装书、专门研究国学的国学研究所,竟堂而皇之地摆上两位西洋大胡子的著作,而且十分严肃认真地阅读、讨论问题。这说明什么呢?我认为这就是一种历史责任感,对历史负责,对学生负责,也对自己负责。张先生在20世纪50年代的一些论著和以前有明显的不同,如《论汉武帝》、《明代海外贸易简论》以及《试论两宋封建地主经济的几点征象并提出几个相关的问题》等学术论著,就是试图运用马克思主义的观点和方法研究历史的结果。同时对我来说,也为我以后学习运用辩证唯物主义与历史唯物主义研究中国历史问题打下了良好的理论基础。

张先生一向主张治史贵在博大精深。他常说,没有渊博的历史知识,要达到精深的地步是不可能的。所谓渊博,也不是无所不通,无所不晓,再高明的医生也不能包治百病,但对其所学专业来说,不但要精通,凡与本专业有关的知识也都应该通晓。他常举北齐颜之推《颜氏家训·勉学篇》中的一句话——"观天下书未遍,不得妄下雌黄"——来勉励我们。

我体会张先生的意思是，要说读遍天下书，在颜之推那个时代或有可能，而在唐宋印刷术发明以后，书籍浩如烟海的情况下，就不大可能了；但在自己研究的领域内，如秦汉史，还是要把应该读的书读完的，也是能够读完的。惟其如此，才不致在作结论的时候孤陋寡闻，以偏概全，出现不应有的失误。张先生不仅精于秦汉史和明清史，而且在魏晋隋唐和宋元史方面，也都有深入的研究，这些研究成果，大都收入《汉史论集》和《晚学斋论文集》中。他的身体力行，给我们树立了榜样。张先生曾为我专门开设中国史部目录一课，要我在读张之洞《书目答问》的基础上，再系统阅读《四库全书总目提要》的史部，这个办法为我打开了历史知识的大门，使我终身受益不尽。

张先生治学很虚心，他教导我们不要完全拘泥于他所讲授的内容，包括他的著作，还要多读一些当代著名学者写的书和文章。郭沫若、吕振羽、范文澜、翦伯赞的著作要读，钱穆、顾颉刚、陈寅恪、陈垣的著作也要读，至少要选读每人的代表作一至二种，不但要了解和掌握其主要内容，更重要的是了解和掌握他们各自的治学道路、思想和方法。博采众家之长，再加以融会贯通，变成自己的东西，这是学习和研究历史的最佳途径，也是练习写作的一个最好的门径。

求实，是张先生治学的一个基本原则。他写了不少考据文章和书，例如，《明史佛郎机、吕宋、和兰、意大利亚四传注释》（1982年上海古籍出版社再版时更名为《明史欧洲四国传注释》）《明正德间葡萄牙使臣来华考》《汉河西四郡建置年代考疑》等，都是为了澄清一些重大史实问题。而他的《明清之际中西关系简史》一书，则是从理论上实事求是地评价了欧人东来及西学东渐的历史功过，这是当时极"左"思潮下的一个禁区，他这样写是需要极大的理论勇气的。有一次，他在讲课中，忽然向我提出一个问题："实事求是"这句话最早出现在哪里？我想了想回答说大概在《汉书·景十三王河间献王刘德传》，因为我在读《汉书》时，觉得这句话很有意义，所以就特意记了下来。于是他便借题发挥，讲了一番道理。他说，研究历史，贵在求真求实，如果失去了真实，也就失去了研究历史的价值。因此，求实不仅是历史学的生命，而且也是历史学家所必须具备的品德。他要求我们不一定要走乾嘉考据的老路,但要有他们那种求实的精神,在这一点上,乾嘉学派和马克思主义是相通的。他认为求实是中国史学的优良传统,这个传统不能丢,应该继承发扬。他说这番话在当时可能是即兴而发,但对我来说,却成了做学问和做人的终生努力的目标。

1949年秋,张先生以其在学术界的德高望重,被任命为齐鲁大学文学院院长兼历史系主任、国学研究所所长,行政事务多了,我们之间已不像过去那样朝夕相处,彼此接触的时间相对减少了。虽然如此,他对我的秦汉史研究和论文写作,仍然十分关注,花费了不少精力。我在毕业前夕,断断续续写了几篇关于汉史的论文和一部西汉农业经济史稿(以后又从中析出几篇论文),差不多都请他审阅过,并提出了修改意见。这些论文后来又经过邓广铭、韩连琪等先生的指点,反复修改,结集成《汉史初探》一书,1955年由学习生活出版社出版,1957年上海人民出版社再版。一个大学刚毕业不久的青年人在当时能够出版自己的论文集,是颇为罕见的,尽管学术水平不高,但在学术界尤其是青年学者中间产生了较好的影响。

岁月不居,时节如流。回忆我在齐鲁大学读书的四年,这段往事距今差不多已有一个甲子,即近60年之久。但每每想起当年师生、同学相处的一幕幕情景,他们的音容笑貌,仍历历如在目前。不论人和事,有的几乎终生难忘。

“尔将释真理,真理必释尔”。

这简单的两句话既是齐大的校训,也是齐大的校风和学风。谨于本文结束之际,录此作为对齐大老师和同学们的怀念,并用以自勉。

(原载《历史学家茶座》2006年第3期)

永远的海岱居

　　徐北文教授是我省和济南市学术界、文化界、教育界的著名学者、诗人、书法家和教育家。我与徐先生多年交往，对其人品学识、道德文章以及勤奋治学的精神一向十分敬佩，一直是我学习的榜样。

　　首先，徐先生在中国古典文学领域有很高的造诣，例如他的代表作《先秦文学史》就被学术界认为是"可为一家言"的第一部影响深远的断代文学史著作。

　　徐先生在齐鲁文化、济南历史文化、泰山文化研究方面也有突出的成就：例如他写的《灿烂的古代（齐鲁）文化》《大舜传》，主编的《济南简史》等书都属于开创之作；他对"泰山学"的创立与发展也做出了重要贡献。

　　徐先生的诗词、书法的造诣也很高，自成一家。他对济南情有独钟，十分关心济南城市文化建设。济南的名胜古迹，大都有他的题咏和楹联，可以说是泉城的一大景观。

　　徐先生在半个多世纪的教书育人工作中，始终坚持在教学第一线，辛勤耕耘，诲人不倦，为国家培养了一批又一批的人才，这些学生现在多数都已成为各个单位的学术带头人和业务骨干。

　　徐先生是教育世家，几代人积累了大量图书，解放前大都毁于战火。建国后十多年，他千方百计购买的几架书，在"文化大革命"中又被洗劫一空。党的十届三中全会后，他不辞辛苦，重新购置了一大批书。几经起落，保存至今的这些书是来之不易的，其中凝聚着徐先生的血汗和手泽。而徐先生在临终前又遗言把自己20多年节衣缩食日积月累的重要图书文献等三千多册全部捐献给他半生为之服务的济南职业学院（即前济南教育学院）。这种可贵的敬业精神和无私的奉献精神，为我们树立了光辉的榜样，值得我们学习，永远的学习。

徐先生的《海岱居文存》是继《徐北文文集》《海岱小品》之后第三本文存，也是他的最后一部文存。其内容从舜文化、泰山文化、齐鲁文化到泉城文化，从论学、论诗、论文、论画到品评人物，几乎无所不包，特别是该书中最后的两篇文章，写于1999年12月28日、31日的《新千年之愿》、《新千年纵横谈》两文，虽然文字不多，每篇都不过一千多字，却是道出了一位有良知的知识分子的心声：

一是祝愿社会主义新中国日益繁荣富强，台湾早日回到祖国的怀抱，早日完成祖国统一。

二是祝愿世界和平，人类幸福有期。

三是要理性地认识科学技术发展的两面性即进步性和破坏性。

四是重视人文精神，注重保持人类与自然的和谐、人类社会的和谐，"让世界充满爱"。

这些都和当前以胡锦涛为总书记的党中央所倡导的树立科学发展观、建立社会主义和谐社会、和谐世界的思想是一致的。

这说明徐先生不仅是一位著名学者、诗人、书法家和教育家，而且还是一位充满爱心的胸怀广阔的思想家。

正是因为海岱居主人徐北文先生说出了并阐释了人类社会这一永恒的主题—人类与自然的合作、人类和谐，"让世界充满爱"，那么，海岱居及其主人徐北文先生就必然永垂不朽！海岱居就必然是"永远的海岱居"！

（济南职业学院、济南社科院编《永远的海岱居》，济南出版社2007年版）

社会科学工作者之家
——祝贺山东省社科联成立五十周年

　　山东省社会科学界联合会（简称社科联）是一个群众性学术团体的联合组织，1960年成立，"文革"中曾一度被撤销，1978年恢复，至今恰巧迎来了五十周年生日。在这半个世纪中，社科联在中共山东省委、省政府的领导下，紧跟改革开放的步伐，与时俱进，在组织学术队伍，开展理论研究；面向社会、促进社会科学普及；正确发挥社会科学评奖的导向作用，激励学者严谨治学，开拓创新；积极推动社会科学繁荣发展等方面，做出了重要贡献，谨在此表示衷心祝贺。

　　我与社科联的关系，由来已久。1987、1992年我曾连续当选社科联第二、三届委员会委员，并且是山东省第一、三、四、五次社科优秀成果奖评委会成员，多次参加社科联组织的学术会议，不仅目睹了社科联的创业和发展的光辉历程，而且在我和社科联领导以及同仁们相互交往中，深受教育、关怀、支持和帮助。

　　回忆在1985年第二次评奖中，我申报的评审项目是我和华中师范大学熊铁基同志合著的《秦汉官制史稿》，这部书共70余万字。从搜集资料到1980年写出初稿，已花费了我们不少时间和精力，又经过四年不断地修改才成定稿。该书公开出版后不久，即引起学术界重视，被认为是"秦汉史研究中的一项丰硕成果"，"不仅填补了断代官制史方面的空白，而且在许多方面有新的开拓，它的出版在中国官制史研究的漫长过程中树立了又一块里程碑"（《社会科学评论》1986年第8期）。以后又收入《二十世纪中国学术要籍大辞典》。没有料到，此书在初评中由于某种原因，竟未获通过。时任社科联副主席兼秘书长林江同志，发现了这一问题，立即进行协调并予以纠正；同时还有朱活先生积多年研究古钱币的一项成果《古钱新探》也获通过。这样，在此次社科评奖中仅历史学科就有三项获一等奖，虽然超出预定名额，但却凸显了社科联领导在评奖中实事求是的精神，树立了公正无私的学风，对此后评奖产生了良好的影响。正是在社科联领导和同仁们的鼓励和帮助下，我和山东大学孟祥才同志合写的《刘邦评传》、由我主编的多卷本《山东通史》、《中国运河文化史》以及我和王志民同志共同主编的《齐鲁文化通史》均先后于1991年、1996年、2002年、2006年获山东省社会科学优秀著作一等奖，2007年我又荣获"第一次山东省社会科学突出贡献奖"。

还记得在我从教五十周年之际，社科联党组书记、副主席梁自洁同志特费了很大功夫，字斟句酌写了一首长篇叙事诗《安师颂》，以为纪念。诗中相当全面而又扼要地概括了我的为人、治学、教书育人的一生。其中虽不乏过誉之辞，但我都把它看做是对我的鼓励和鞭策："年已过古稀，无私做奉献，老骥思千里，晚霞正满天。"感谢社科联领导、我的学生，在我的晚年生活和工作中，又注入了新的活力和动力。又一次在我从事历史研究60周年的时候，社科联党组书记、副主席刘德龙同志专门以他个人名义并代表省社科联同仁写了一篇热情洋溢的纪念文章，对我的为人、治学和工作进行了一番表扬。同样，我不仅把它看做是一种鼓励和鞭策之辞，另外我还体会到这也是对所有终身从事史学研究工作的老一代学者的一种亲切关怀和莫大的慰藉。

前几年由社科联领导王修智、刘德龙、岳增瑞、薛庆国、陶滋年等同志组织编写了一套社会科学普及系列丛书《社会科学与您同行》，特邀请我主编其中的一个分册《史苑胜览》。这套丛书的基本定位是用问答式普及基本知识读物，要求做到：（一）正确回答干部群众关心的基本知识、基本理论；（二）具有科学性、可读性、时代性、创新性和逻辑性；（三）体例统一；（四）通俗易懂，深入浅出，层次清楚；（五）要与中央精神保持一致等等。字数不超过22万字，限一年时间交稿。面对这项任务，我和几位作者最初确是喜忧参半：一则深感这是社科联领导对我们的信任和重托，二则是任务重、时间紧、难度大。但是我们有决心有信心一定要保质保量按时完成任务。庆幸的是,经过一年的努力按时交上书稿,并得到社科联领导的表扬:"初览所交书稿,大部分编写质量较高,特别是《历史学》《艺术学》《心理学》等更好些。尽管这些书稿尚有修改之处,但从总体上来看是值得称道的。"(见2007年7月3日《社会科学与您同行》丛书增订本第三次编写协调会纪要)

总之,半个世纪以来,我和社科联的交往,深感受益良多,因限于篇幅,难以缕述。以上只是点滴回忆,藉以表示一个社会科学工作者的一点"高山仰止"之情。社科联——社会科学工作者之家,祝贺您渡过了五十周年的光辉岁月,并预祝您带领我省社会科学工作者为繁荣发展社会科学、服务社会做出更大的贡献!

(《山东省社科联成立50周年纪念文集》,《领导科学报》2011年3月26日)

殷殷师生未了情
——深切悼念修智同志

2010年12月7日是一个令人十分悲痛的日子，这一天凌晨，我突然接到一个电话，说是王修智同志不幸逝世。我一下惊呆了，还没有醒过神来，对方已放下电话。我不相信，以为是听错了，因为不久前，我们还见过面，并为编撰多卷本《齐鲁文化大典》的事交谈过意见，当时他身体健朗，谈笑风生，没有一点病容。我立即给他的秘书崔健同志去电话了解有关情况，结果还是得到一个不愿证实的事实，直至13日下午为他送别，正是白发人送黑发人，其间悲痛心情，实非任何语言文字所能形容。

修智同志原是我校山东师范大学中文系65级学生，虽然我很早就知道他是一个勤奋好学、尊师重道、在"文革"动乱中自觉抵制派性活动的好学生，毕业后从政，由一个基层干部一步步晋升到担任中共山东省委秘书长、副书记等高级领导职务；但我们真正建立师生加同志的密切关系，还是在1998年以后。正是这一年的9月，修智同志参加了中央党校省部级干部在职研究生班政治学专业学习（学制三年，主攻方向：治国方略）。当时参加这个班学习的还有陈建国、吴爱英、姜大明、王久祜、高新亭等在济南的省领导同志。我是中央党校的兼职教授，除了给这个班讲课外，还被选定为修智同志的责任导师。这个时期，他的工作最为繁忙，但他仍能充分利用工作间隙，孜孜不倦地读书、思考和写作。他除了负责安排这个班的学员定期上课、按时完成每学期的读书计划、课程论文、学习作业以及毕业论文外，自己则严格遵守研究班的各项规章制度，经常与导师联系交换意见，每学期交一份读书计划以及课程论文、学习心得等书面作业。

读书计划,包括时间、必读书目、参考书目、学习重点、思考题、论文撰写等内容,十分具体详细,不必细说。

第一学期论文题目是《无产阶级政治家必备的基本素质》,他在这篇论文中提出了治国方略中的一个关键问题,从理论、历史与实践的结合上,全面而深入地论述了无产阶级政治家必须具备的政治、理论、文化、道德、心理等基本素质及其修养的具体途径,不仅有相当的理论水平,而且对党政各级领导干部也有现实的参考意义。

第二学期论文题目是《依法治国与依法治吏》,他在总结历史经验和建设社会主义国家实践的基础上,论述了依法治国的必要性和基本内容,并特别强调依法治吏,在全面实施依法治国方略过程中的关键和保证作用。既肯定改革开放以来所取得的伟大成绩,又指出存在的问题及对策。该文提出并论证了一个关系国家长治久安的重大课题,具有重要的理论价值和实践意义。

第三学期论文题目是《关键是把自己的事情办好》,他运用邓小平研究国际问题的立场观点方法,论述了当今世界两大主题和两大趋势的相互关系、国际政治经济形势对我国的影响及我们应当采取的积极对策,分析透彻,有理有据,对于如何充分利用各种条件和机遇,积极参与国际合作与竞争,借以推动我国社会主义现代化建设事业更好更快的发展,具有重要的参考价值。

第四学期论文题目是《学习以江泽民同志为核心的第三代领导集体关于政治体制改革与民主法制建设的思想》,结合自己的工作实践,有深刻的体会,认为这些思想丰富发展了邓小平理论,对建设有中国特色社会主义政治文明具有重要的参考意义。

四个学期的学习心得题目,依次是《坚持原则性与灵活性的高度统一》、《辉煌是如何堕落为悲歌的》、《世界是丰富多彩的》、《关键要把握好自己》。这些都是他在读书过程中,结合国内国际形势和自己的工作实践,经过独立思考而写出的心得体会,读后发人深思,很有启迪意义。

在此期间,他还先后在中央党校《报告选》1999年第1期、《人民日报》1999年7月8日理论版、中组部《研究文摘》1999年第2期、《发展论坛》

1999年12期、《中国党政干部论坛》2000年第5期以及《中央党校在职研究生优秀论文选》第5辑等报刊上发表了6篇论文,其中有三篇即是他的学期课程论文。据了解,这些论文都受到了理论界的好评。

以上我之所以不厌其烦地列举一些事例和过程,意在说明修智同志完全是以一个普通学员的身份,按时听课,按时交作业,其刻苦学习、严肃认真的态度和他所取得的丰硕成果,对于一位肩负重任、政务繁忙的高级领导干部来说,的确是难能可贵的。

第五、六学期,修智同志即在前两年学习心理和课程论文的基础上,经过修改加工,及时完成了他的毕业论文——《论盛世治要》。论文要点:一是历史的启示,二是依法治国和依法治吏,三是以"三个代表"的重要思想从严治党,四是当前国际形势对我国的影响及对策,五是党的领导干部特别是高级干部必须具备的基本素质,六是总结。全文约五万余字,以马克思主义、毛泽东思想、邓小平理论为指导,考察了中国的历史和现状,分析了国际形势,就如何巩固发展当代中国盛世这一至关重要的治国方略问题,着重从对外政策、以法治国和以德治国,从严治党,培养高素质的政治家队伍等几个方面,进行了比较深入的研究和论述,提出了自己的见解。治国是一个复杂的系统工程,也是一个长期研究的课题,题目虽然有些偏大,但他抓住了要中之要,纵横捭阖,挥洒自如,有很强的说服力,不仅具有学术上的理论意义,而且有其现实的实践意义。在论文答辩会上,专家们对这篇论文一致给予很高的评价,认为这是一篇难得的研究生优秀毕业论文,论文获顺利通过。最后,专家们还希望修智同志在此基础上,进一步从战略高度加以修改、补充和完善,使之发展成为一部研究治国方略的学术专著。可惜的是修智同志一直忙于工作,离开领导岗位后,仍一如既往,为了我省改革开放和建设经济大省、文化大省的伟大事业,或潜心研究、思考、写作,或到处奔波,无暇再顾及此事,而束之高阁,惜哉!

我认为近几年,尤其是重建山东华夏文化促进会并担任会长之后,修智同志的主要精力和主要工作似乎都放在中华传统文化和齐鲁文化的挖掘、研究、弘扬、传播等方面,几乎达到了"发愤忘食,乐以忘忧"的境界。他除了亲自撰写《齐鲁文化与山东人》《齐鲁文化与孝道》以及《十道》

等研究中国传统文化与齐鲁文化等著作外,先是主编了百卷本《齐鲁历史文化丛书》《山东革命文化丛书》《山东当代文化丛书》《社会科学与您同行》等系列丛书,而后又接续传世《古文观止》,主持编撰《民国范文观止》和《山东文化世家研究丛书》;同时,他还积极推动传统文化、齐鲁文化"进校园"、"进课堂"、"进军营",并实施以宣传齐鲁文化、开展对外文化交流为主题的"齐鲁文化走出去"的活动。他自己以身作则,据粗略统计,仅在2010年一年内,他就到全国全省党政机关、大专院校、企事业单位宣讲传统文化和齐鲁文化竟达70余场,在这些报告中,他的渊博的历史文化知识,富有思辨性哲理性的论述、通俗易懂且间或带有幽默风趣的语言,深受广大听众的热烈欢迎。他的这些工作与活动,在全省全国包括海峡对岸台湾,都产生了积极的影响。

修智同志是一位标准的学者型领导干部。他为人忠厚正直,尊师重道,谦虚好学,光明磊落,廉洁奉公,严于律己,宽以待人,群众威信很高,有口皆碑。他对党对人民的改革开放和社会主义建设事业无限忠诚,富有高度的历史责任感,具有"天下兴亡,匹夫有责"、"鞠躬尽瘁,死而后已"的拼命精神和坚忍不拔的毅力,我想这也可能是他积劳成疾以致早逝的一个原因。他的早逝是我党的一大损失,是社会科学界文化界的一大损失,也使我失去一位可亲可敬的学生和同志。在我们10多年近距离的相处中,我不仅从他那里学到了一些新的治学思想和方法,而且还学到了可贵的为人处世之道,甚至在我的日常生活中也得到了他无微不至的关怀和照顾。现在我每想起过去我们交往的一幕幕情景,他的声音笑貌,历历如在目前。古人云:"逝者已矣,风范长存。"我们应当化悲痛思念为力量,继承发展修智同志的未竟事业,为继续促进华夏文化和齐鲁文化的大发展大繁荣,努力作出应有的贡献!

(载《王修智同志纪念文集》,山东文艺出版社2011年版)

我和铁基

今年是熊铁基教授八十华诞，为了对老朋友表示祝贺，总得要说几句话。为帮助记忆，我翻箱倒柜，捡出他历年寄给我的厚厚的几十封信，如果再加上不慎遗失的一些信件，可能有近百封之多。这些信就是我们之间亲切交往和友谊的证据。

我和铁基相识已有30多年了。记得是1980年11月间，我们第一次见面，是在烟台教育部组织的朱绍侯教授主编的《中国古代史》审稿会上。会后他回武汉时又路经济南舍下，我们一见如故，无话不谈，可谓相见恨晚。以后又多次共同参加学术会议和学术合作；有时还讨论一些工作上和生活上的问题；此外，还有两个家庭成员之间相互接触。如此频繁的多方面的一来一往，遂成莫逆之交。

学界大都知道，我们曾合作写过一部《秦汉官制史稿》。先是在烟台会议以后，我们就曾商量过写一部秦汉史，后来经了解，林剑鸣教授已出版《秦史稿》，并且还准备再出版一部《秦汉史》，因此作罢。好在当时我手头还有一部秦汉官制史的书稿，虽然比较简陋粗糙，但已有一定的规模。同时铁基也说他编写过秦代官制的资料，这样经过我们二人商量，遂决定在原来书稿的基础上再加深加广，既要详细占有资料，又要有深度的研究。从1981年开始到1984年，经过三年多的时间，终于扩写成70余万字的一部大书，这就是1984、1985年由齐鲁书社陆续出版的《秦汉官制史稿》（上、下册）。此书出版后，不断听到或从报刊上看到学界的好评。如郑州大学袁祖亮教授在《社会科学评论》（1986年第8期）上发表评论文章，称此书"不仅填补了断代官制史方面的空白，而且在许多方面有新的开拓,它的出版在中国官制史研究的漫长过程中树立了又一块新里程碑"。山东大学孟祥才教授也曾对他的学生说:"研究秦汉官制史,这本书是不应该绕过的。"当然,这些话都是对我们的一种鼓励和鞭策之辞,但我们的合作和成功,的确也成了学术界流传的一段佳话,并曾被著名学者、河北大学教授漆侠先生所一再称道。说到这里,还有几句插话,就是在我们合作之初,铁基曾收到另一位著名学者、首都师范大学教授宁可先生的来信,信中说:"安作璋同志是熟人,他学风朴实,为人正派,你们合作,定能有好的结果。"当时铁基为了表示他合作的诚意,就把原信转给了我,并在来信中说:"这准确地表达了我对你的看法。"此外,铁基还十分坦率地自陈其优缺点,以便增进相互了解。说来也巧,我们二人合作,恰好能扬长避短,优势互补,既能按时完成计划,又可保证书稿的质量,事实也是如此;而且最值得欣慰的是我们没有辜负老朋友的殷切期望。以后,我们在几十年的交往过程中,彼此都能够做到推心置腹、相待以诚、互敬互助、互谅互让,这是我们之间友谊所以长存的根本原因。

《秦汉官制史稿》出版后,1985年荣获山东省社科优秀成果一等奖,1995年被列入《二十世纪中国学术要籍大辞典》。2007年齐鲁书社再版,合订为一巨册,中间相隔20多年,经过时间的检验,证明该书还是有一定学术价值并为学者所需要参考的一部书。

《秦汉官制史稿》完成后,本来我们还有继续合作写书的打算,先是酝酿编写一部秦汉兵刑史。古代兵刑合一,班固《汉书》即未专设兵志,而并入刑法志。因为秦汉的军事制度和刑法制度,也是一个很重要而且值得研究的课题。但是由于我们的研究视野和方向开始有所转移,再加上时间和精力都很有限,只好作罢。但"心有灵犀一点通",后来铁基写了一部《秦汉军事制度史》(广西人民出版社1990年版),我和我的研究生陈乃华写了一部《秦汉官吏法研究》,作为《秦汉官制史稿》的姊妹篇或续篇(齐鲁书社1993年版)。这样也可以说是以前合作的继续。

此后,由于我们的研究领域都在逐步转移,铁基的重点是在他原来写的《秦汉新道家略论稿》(上海人民出版社1984年版)的基础上向思想文化领域发展,尤其是老学、庄学的研究,先后出版了《中国老学史》(福建人民出版社1995年版)、《中国庄学史》(湖南人民出版社2003年版),在道家和道教文化研究方面,可以说是独树一帜,独步学林,有着独特的贡献。我除了继续研究秦汉史外,研究范围则在不断扩大,向着中国通史、山东通史、齐鲁文化通史以及中国历史文献学等领域发展。

但是我们的合作并未因此中断,仍然继续发展,不过内容和形式有些改变而已。例如我们经常一起参加有关秦汉史研究的学术活动,共同参加过著名学者、中国社会科学院研究员林甘泉先生主编的《中国历史大辞典》(秦汉卷)的编审工作;又如华中师大的职称评审,博士学位点的申请;山东师大和华中师大硕士生、博士生论文的评审、答辩;等等,则经常通过信件或电话联系,共同商量意见或处理办法,正如开头所说,30年的学术交往,约有100封信,这在同道中恐怕是很罕见的。

最后,我还要提到,我们两家人的来往、联系也是很多的。首先铁基老伴李雪松老师和我的老伴陈有今老师二人经常陪同我们一起参加一些学术会议,她们是同年同月出生,李比陈大十几天,她们每次见面都是嘘寒问暖,谈笑风生,亲如姊妹。现在虽然年事已高,不常见面,但彼此仍然念念不忘。再就是铁基的一对儿女,女儿嘉慧,有一次来山东泰山旅游,曾在舍下住过,真是人如其名,聪慧伶俐,活泼可爱,后来听说跟她的爱人侨居美国,1998年一胎就生下三位千金,可喜可贺。10多年过去了,如今恐怕已是绿树成荫子满枝了。祝愿她一生幸福快乐。儿子嘉忠1986年考入山东大学,他在学习上比较努力,学习成绩优良;在生活上要求不高,简单朴素;为人心地善良单纯,沉稳有度。1989年"动乱"期间,铁基和我都不放心,我曾嘱托熟悉的山大老师,对他多予关照。结果平安无事,于1990年顺利毕业。后来到深圳工作,靠着自己的勤奋刻苦努力,现在已是一个部门的经理了。拉拉杂杂写了这些,无非在说明,我和铁基不仅是金石之交,而且也是通家之好。

孔子论交友之道,认为"益者三友,友直、友谅、友多闻"。对我们来说,还可以再加一句,即"友好合作",也就是今日提倡的团结协作精神。

最后,祝老朋友健康长寿,永葆学术青春!

(《熊铁基八十华诞纪念文集》,华中师范大学出版社2012年版)

五、访问记、访谈录

肩负重任　加快和深化教育改革

——访十三大代表、山师大历史系教授安作璋同志

　　党的十三大代表、山师大古籍整理研究所所长、历史系教授安作璋同志回到济南后，在家里愉快地接受了记者的采访。

　　六十岁的安作璋教授，精神饱满，他兴致勃勃地谈起了赵紫阳同志的政治报告。他说，这个报告我体会最深的就是从理论和实践的结合上有许多重大突破。回顾建国三十多年来我们经历过多次曲折，付出了巨大代价。过去长期犯"左"的错误，根本原因就在于没有很好地认识中国国情，没有认识到我国社会主义所处的历史阶段。十三大提出的社会主义初级阶段的理论，是今后我们党制定和执行正确路线和方针政策的根本依据。认真学习这一理论，深刻认识我们社会所处的历史阶段，就可以及时排除各种"左"和右的干扰，保证我们的事业沿着正确的方向健康发展。

　　当我们谈到十三大报告中关于教育方面的论述时，安教授高兴地说，赵紫阳同志在十三大报告中，把教育视为立国之本，把发展教育事业放在突出的战略地位，真是鼓舞人心，我说一点情况，今年八月份十三大政治报告征求意见稿中，还是把教育放在经济发展战略的后面。大家认为把教育提得偏低了，党中央接受了这个意见，所以说十三大报告是集中了大家的智慧。过去虽然也经常提到要重视教育，我国的教育事业确实也发展很快，但总的看来地位还是不够高。长期以来的认识是，经济是基础，教育是上层建筑，其实教育也是生产力，教育培养的是有知识有文化的人，人又是生产力中最重要最积极的因素。有人作过统计，小学毕业生可以提高生产率百分之四十，中学毕业生可以提高生产率百分之百，大学毕业生可以提高生产率百分之三百，从这里可以看出劳动者素质的重要。

紫阳同志在报告中指出，"从根本上说，科技的发展，经济的振兴，乃至整个社会的进步，都取决于劳动者素质的提高和大量合格人才的培养。百年大计，教育为本"。这一观点，是我们党在教育理论上一个历史性突破，也说明我们党对教育认识的不断深化。

在谈到今后教育如何改革时，安教授略一沉思，谈了自己的一些看法和想法。他说，教育同样要根据中国的国情，建设有中国特色的教育体制。解放以来，我们的教育主要是生搬照抄苏联的经验，走了很多弯路，到现在还有影响。前一个时期，有人提出教育要学习欧美，学习日本。我认为，对这些国家的长处，我们可以学习，对外开放就包含这个意思。但是，我们还处在社会主义初级阶段，必须按照我们的国情来发展教育，走自己的路。下一步改革，就是要突破旧的教育体制和旧的教育观念，建立适应社会主义商品经济发展的新的教育体制。现在普通中学发展那么多，升大学的有限，很多中学生不能升学，他们学的都是普通的基础知识，到生产中还要重新学习，因此，要改革中等教育结构，多发展职业技术教育。经济发展特别是地方经济发展需要大批中等专业技术人才，从经济发达的国家情况来看，他们也是重视发展中等专业技术教育的。随之而来的是高等师范教育如何适应中等教育结构改革的需要。现在师范院校在专业设置上，还是只适合普通中学教育那一套，不适应职业技术教育的发展。我认为下一步要在专业设置方面进行改革，增设新的专业，为各类学校提供大批合格师资。最后，安教授语重心长地说，十三大给教育工作者提出了艰巨的任务和许多新的课题，这需要我们广大教育工作者齐心协力，为建立有中国特色的教育体制、为振兴我国经济而奋力拼搏。

采访归来，我感受到教育要加速改革的紧迫感。实现四化，广大教师肩负重任，我相信迎接他们的将是新的突破、新的贡献。

（记者：杨冬梅　原载1987年12月6日《济南日报》）

潜心史学研究的安作璋教授

"中国不是一个没有历史的民族,而是一个有着沉重历史负担的民族。因此,不能实现毛泽东所说的'一张白纸,没有负担,可以画最新最美的图画'。唯一的办法是将负担变成财富"。山东师范大学历史系安作璋教授不仅是这样说的,也是这样做的。四十五年来,他孜孜以求,辛勤耕耘,致力于秦汉史的研究,努力探索中国封建社会发展的内在规律,著述甚丰,被国外史学界誉为中国"今日的秦汉史学界大家"。

一九二七年春天,安作璋出生于山东曹县一书香门第,大门两侧那幅"忠厚传家远,诗书继世长"的对联,好像注定了他人生之路的目标。安作璋的父亲是清末的一名秀才,后来又毕业于山东优级师范学堂,颇懂得一些文史之道,在他的熏陶和教诲下,少年时期的安作璋就通读了前四史和《资治通鉴》,使他奠定了很好的国文和历史基础。抗日战争爆发后,安作璋进入山东第二临时中学读书。由于时局动荡,学校被迫迁徙流亡,安作璋失去了同家庭的联系,备受饥寒之苦。恶劣的生活环境,严重的营养不良,使安作璋罹患关节炎、疖疮、疟疾三种疾病。但他仍然苦读不辍,文科各门功课均名列前茅。一九四七年,安作璋以优异的成绩考入齐鲁大学文学院历史系,实现了他的夙愿。

正当安作璋踌躇满志的时候,长期关节炎的折磨,决定了他在未来的道路上只能彳亍而行。但安作璋没有消沉,他把儒家的"立德、立功、立言"思想概括为"道德学问"四个字,以此作为自己的座右铭。他时常用司马迁的"左丘失明,厥有《国语》,孙子膑脚,而论《兵法》"来激励自己。他拄着拐杖登上了河南的嵩山、安徽的黄山、四川的峨眉山以及山东的泰山、崂山等名山。他这样做,不仅实践了"读万卷书,行万里路"的格言,而最重要的是磨砺了自己的意志。大学四年,他七个假期没有回家,如饥似渴地读书写作,前四史竟被他翻破了两套。

四十年代末、五十年代初的齐鲁大学文学院,可谓人才荟萃,少长咸集,栾调甫、张维华、朱东润、韩连琪……安作璋投足于这些名闻遐迩的著名文史学家门下,使他受益匪浅,获得了许多终生服膺和受益的教诲。在治学思想和方法上,他先是受了乾嘉学派的影响,而后又接受了唯物主义历史观,这使得他研究秦汉史时,能够做到高屋建瓴,纵横捭阖,上下贯通,左右逢源。从他青年时期起,安作璋就以累累创新的学术成就,不断引起史学界的瞩目。

一九五五年,上海学习生活出版社出版了他的第一部史学著作《汉史初探》(上海人民出版社1957年再版)。这本书实际上是他大学时期读书心得而形成的论文集。主要探讨了有关西汉农业生产力和生产关系、西汉皇朝对农业生产的经营管理以及租赋徭役等问题。另外,该书对汉代西域都护的设置及其作用、桑弘羊在汉武帝文治武功中的地位也有所论述。一九五六年三月一日《光明日报》发表评论文章,认为这是一本"运用历史唯物主义观点"、"参考资料很丰富"的汉史论文集。当时,安作璋年仅二十八岁。

四年之后,他的另一部专著《两汉与西域关系史》问世。该书分为上下两篇,上篇论述了两汉统一西域的经过和西域都护等行政机构的设置,下篇论述了两汉时期的中西交通和经济文化的交流。书中用大量的史实论证了今新疆和巴尔喀什湖以东、以南的广大地区,在西汉中叶以后就是中国领土的观点。这在六十年代的前苏联史学界产生了巨大反响。

《秦汉官制史稿》(与熊铁基合著),是建国后第一部中国断代官制著作。这是安作璋教授年近花甲之际,奉献给历史学界的巨著。七十余万字的著作,体系完整,资料宏富,考订精深,对秦汉中央和地方官制的来龙去脉、发展演变、机构设置、百官职掌以及官吏的选拔、任免、考核、奖惩等各项政策和制度,都加以详细地论证,并提出自己的创见。史学界认为,这部著作是"秦汉史研究中的一项丰硕成果","不仅填补了断代官制史方面的空白,而且在许多方面有了新的开拓,它的出版在中国官制史研究的漫长过程中树立了又一块新的里程碑"。这部著作荣获山东省优秀社会科学成果一等奖。

一九八九年,安作璋又将《刘邦评传》(与孟祥才合著)付梓。这部人物评传,没有停留在对刘邦生平的一般介绍上,而是将刘邦放在一定的历史条件下和群体中考察,正确地阐明了英雄与时代、英雄与群体的关系以及英雄的历史作用,并且对秦末汉初这段历史上许多发人深省的经验教训作了深刻的探讨。《光明日报》发表评论认为,《刘邦评传》"不仅是刘邦个人的传记,而且还是一部翔实的西汉开国史"。

安作璋先生面壁数十载,青年焕发,老而弥笃,先后出版专著十二部,发表论文五十余篇,成为中国秦汉史研究领域的扛鼎人物,并当选为中国秦汉史研究会副会长。

"我是一名学者,但更是一名教师"。安作璋经常用这句话鞭策自己。他不仅带研究生,而且坚持给本科生上课,深入浅出地解答学生提出的疑问。他讲课林林总总,胜义纷陈,即使是闲聊,也常以只言片语,以示机微。如听者能晓其大旨,则退必有所悟。在他的教诲下,孟祥才、王连升、岳庆平等门生,已经成为教授和历史研究的中坚人才。

安作璋不仅对专业人才奖掖褒扬,而且对学习历史有兴趣的各类人员,也关怀备至。他认为,"得天下英才而教育之"是人生一大乐事。他的桌上经常堆放着求教求荐的论文和书稿,他都精心阅读,并亲自加以修改,发现人才就鼎力举荐。同他结交的人,经常被他的热情和谦恭所感动。

从安作璋先生一九五一年大学毕业分配到山东师范大学历史系任教,迄今有四十一个寒暑,安作璋先生就是以这样的敬业精神著书立说,传道授业解惑。如今,年届古稀的安作璋,又夜以继日地从事十卷本《山东通史》和《山左名贤遗书》的编撰和整理工作。"历史研究是艰巨的,非我一人之力所能胜任,然而可以一代代传下去。俟诸后贤,总是可以有所创获的。"他的话充满了乐观和信念。

(记者:姜东 原载《走向世界》1992年第3期)

饱蘸浓墨写齐鲁青史
—— 访著名历史学家、《山东通史》主编安作璋教授

齐鲁之邦，站在祖国的东端迎接日出的地方，几千里山川锦绣壮丽，几千年文明盛载厚重丰实。

深远如海洋、辉煌如云霞的齐鲁文明史，古往今来系着多少齐鲁人深沉的哲思深挚的情怀？

是儿女，就要为母亲而歌。

——写在前面

《山东通史》第一卷"先秦"部分和第二卷"秦汉"部分终于面世了。

这部巨著的诞生，牵动着各界人士的目光。

在山东师范大学宿舍，我推开了本书主编、山师大历史系教授、著名历史学家安作璋先生的家门。

"我什么时候开始编写这部书？说起来话长了。"66岁的老教授谈锋仍健："1947年我考进齐鲁大学，开始学习研究中国古代史，发现山东在历史上地位很特殊很重要。齐鲁礼义之邦，产生了灿烂的文化，产生了很多名人。文圣孔子、武圣孙武，还有被《中国科技史》的作者、英国历史学家李·约瑟誉为科技圣人的墨子……齐鲁文化是中华民族文化一个重要的源头。"

从那时起，为山东著史书的念头渐渐在他心中萌芽。

50年代末，已在山东师范学院历史系执教的安作璋曾组织系里部分师生编写山东通史。可惜，文稿集成后，在"文革"中散失了。他和他的同行们的心血化作了泡影。在那个禁锢文化的年代，历史又算得了什么？

"近几年，各地都在编写地方志，著自己的历史。"安教授侃侃而谈："改

革开放,地方的历史更加受到重视。在文化、经济建设中,开发利用地方文化资源,'文化引路',已在大家心中形成共识。"

在这样的年代里,地方文化研究热席卷而来。

1987年,山东省哲学、社会科学"七五"规划会议召开。会上,编写一部大规模的《山东通史》的决定形成了。后来,这部史书又被纳入了国家"八五"重点图书出版计划。

这时,安教授已年近花甲,成为中国历史学界举足轻重的专家。他几十年执著于中国历史研究,主攻秦汉,著述甚丰,有《汉史初探》、《两汉与西域关系史》、《班固与汉书》等十余部专著问世,并写下了专论《关于孔子礼和仁的学说》、《汉代山东儒学》、《历史上的山东》……

从1987年开始,安教授和山东大学、山东师范大学、曲阜师范大学等高等院校、研究部门的几十位古代史、近代史、现代史专家学者一起高度投入地开始了本书的编写。

《山东通史》凡10卷,洋洋近400万言,时间跨度从上古直至中华人民共和国建国前,称得上鸿篇巨制。这部巨著将在今年内全部出版。

安教授说:"这样大规模的地方通史,这还是全国比较早的一部史书。"

为了这部巨著的诞生,省里拨了专款,专家学者们呕心沥血。

去年,安教授因主编本书劳累过度病倒了,住进了医院。住院期间他仍然手不释笔。直到现在,医生审视他的病情,仍不让他出院,但他实际上常常回家伏案写作,即使无奈身在病榻上,也是思绪在历史中。

就是这样由它的建筑师们一砖一瓦地建筑起一座宏伟的大厦,雕塑出里面博大深邃的时空。

作为一个历史学家,最重要的是什么?

安教授说:"实事求是,秉笔直书。"

说到这里,老人对我讲起另一件事:"将来如有条件,我们还准备编写一部《山东通史·当代卷》。"关于这部当代卷,历史学界有两种不同意见。一是认为当代人写当代史受局限,一是认为当代人应该写当代史。

老人说:"我赞成后者。"他认为,给后人留下一部实事求是的史书以备参考,是历史学家不容推卸的责任和义务。

《山东通史》成书，也是历史学家和历史共呼吸的明证。

书稿汇聚，百川成海。安教授挥毫为这部巨著撰写前言："……从远古传说到地下发掘，都在说明这样一个事实：即处于黄河下游的山东地区，是中华民族重要发源地之一……"

让历史告诉未来……

（记者：林世童　原载《济南日报》1994年3月14日）

齐鲁文化的特征及其影响
——访历史学家安作璋教授

　　山东师范大学历史系安作璋教授,博士生导师,长期从事秦汉史、山东地方史研究,主要著述有《秦汉官制史稿》《刘邦评传》、《山东通史》(多卷本,即将出版)等。近年来致力于齐鲁文化的研究,撰有《孔子与鲁文化》《齐文化与黄老之学》以及《黄河文化与中华文明》等颇具影响的论文。齐鲁文化作为一种地域性文化有哪些主要特征,对我国古代文明有哪些巨大作用和影响,带着这些问题,记者走访了安教授。

　　安教授指出,齐鲁文化在经历了一个从孕育到形成进而综合发展的历史进程后,逐渐形成了一个相对独立完整的文化系统。这个文化系统具有这样几个明显特征:

　　从经济上看,齐鲁文化是一种以农耕为主,兼顾工商的农业文化。最初,齐鲁两国的经济结构并不相同。位于泰山之南的鲁国"地狭民众,颇有桑麻之业,亡林泽之饶",有重视农耕的传统。单一的农耕结构,形成了经济生活自给自足的封闭性,社会生活的慢节奏和稳定性。"君子务治而小人务力,动不违时,财不过用"成为一成不变的社会准则。这决定了鲁文化重视经验、传统,崇尚伦理、仁义、中庸,以及执著、持重的品格。而齐国则不同,齐在经济上是农工商并举的。以此为基础的齐文化则具有革新性、开放性以及豁达、机智等特征。但从整体上来说,在齐国的经济生活中,农业仍居于主导地位,这就使齐文化与鲁文化在经济上有着相通之处,成为它们走向一体化的基础。作为一种典型农业文化的齐鲁文化,由于在经济上的早熟性和先进性,而成为一种历史悠久的文化,具有深厚的文化底蕴和强大而稳定的传统惯性力量。这些基本素质不仅使它成为中国传统文化当之无愧的代表,而且具有极强的文化同化力。

从政治上看,齐鲁文化具有宗法性和正统性的特征,这一特征又由于传统的农耕生活使聚族而居成为一种普遍的社会生活格局而得到强化。鲁文化从它形成那天起就具有浓重的宗法色彩,"尊礼尚施","亲亲而尊尊",成为鲁文化重要的政治传统。齐文化与鲁文化相比较,虽然宗法观念淡薄,强调"举贤而尚功",但毕竟同属于农业社会的文化,且同样受到周文化的影响。特别进入战国之后,齐文化加速了与鲁文化的接触和融合,宗法观念对齐文化的渗透和影响日益明显。从汉武帝"罢黜百家,独尊儒术"之后,齐鲁文化获得了政治上和文化上的正统地位。作为齐鲁文化的代表儒家思想之所以在长达两千年的中国封建社会里能经久不衰,高踞于统治阶级的庙堂之上,其根本原因就在于它适应了这个社会的政治需要。

从文化体系或结构来看,齐鲁文化本身就是一种混合文化。它主要以齐文化和鲁文化的结合为基础,又兼收并蓄,广泛吸收了其他文化的长处,逐渐形成了一种具有自我调节和更新功能的机制,从而表现出顽强的再生能力。

谈到齐鲁文化对我国古代文明的影响时,安教授认为,齐鲁文化在战国时期进入了它的综合发展阶段。秦统一中国之后,法家思想虽然成为政治上的指导思想,但在学术方面渊源于齐学的"方士文化"却具有不可低估的影响。秦始皇本人醉心于封禅、访仙、祀神和求不死之药,也都与齐国的神仙方士之学有关。而为了寻求海上三神山遣齐人徐福率船队出海,不能单纯理解为一种思想的荒诞,它反映了富于理想性和开放性的齐文化对具有雄才大略而不拘成见的秦始皇的一种启示和影响。至西汉初年,属于齐文化系统的黄老之学又风靡一时。当时统治集团中的好黄老之学者甚众。其中最早采用黄老之学实行无为政治的是曹参。汉武帝"独尊儒术"也与齐鲁文化有着深刻的渊源关系。号称汉代孔子的董仲舒的儒学实际是阴阳五行化了的儒学。贯穿于东汉一代的今古文经学之争,也肇始于儒家学派内部齐学与鲁学的不同学风。司马迁说:"夫齐鲁之间于文学,自古以来,其天性也。"这里所谓的"文学"即指经学,齐鲁是汉代经学最发达的地区。东晋南朝时期流寓江南的著名士族如琅琊王氏，兰陵萧氏、高平郗氏、琅琊颜氏和泰山羊氏都来自齐鲁之乡，齐鲁名士和齐鲁文化南下，为江南地区的发展作出了巨大贡献。直至北宋，苏辙尚有"为学慕齐鲁"的称誉。魏晋之后，虽然齐鲁文化作为一种地域文化已逐渐失去独立性，但它的基本精神作为中国传统文化的灵魂，依然潜移默化地发挥着作用，显示出深远的影响。

（记者：柳光敏　原载《大众日报》1994 年 3 月 25 日）

安作学人的安作璋

　　从安作璋先生简朴的小院里走出来,一下又置身于喧嚣的文化东路,每天都要面对熙来攘往的人群却显得陌生了许多,满眼满脑都不能摆脱的是安先生耿介、清癯的身影。

　　安先生很喜欢自己名字中的这个"璋"字,喜欢它本身所带有的一种冰清玉洁的气质。安先生的父亲是前清最后一届秀才,后又毕业于山东优级师范学堂,这样一位文化人特意选择这一"璋"字,该不仅是取"弄璋之喜"的意义,华夏文化赋予"玉"以一种独立人格操守的特质。安先生所追求的既不是权位,也不是名利,而是一种精神文化的财富。从1951年算起,安先生在大学教书已有40余载,先生觉得于自己而言最大的乐趣在于读书、教学与研究,并把自己做人、治学的体会传授给下一代。他说,自己的欲望不多,衣食之外别无奢侈要求。颜回"一箪食,一瓢饮",身居陋巷而不改其乐,作学问本身即意味着坐冷板凳,立三尺讲坛、为人师表,自己是自得其乐,乐在其中。孜孜于权与钱,于自己、于子孙都没有益处,而精神文化的财富则会让后人受用无穷。安先生在下一代培养问题上不无忧虑:"古人说,'君子之泽,五世而斩'。我们的后代是否成材,与前一代留给他们什么样的财富直接有关。"从助教到教授、博士生导师,他的学生遍及华夏大地,他说,"得天下英才而教育之"是人生的第一乐趣。

　　安先生是一位国内外知名的史学家。关于治史,有人说,历史是一个任人打扮的小姑娘。历史上、现实中都不乏有因打扮这小姑娘而坐上高位的。安先生却不属于此。他主张研究历史,首先要有"史德",所谓"史德"便是"实事求是",但很多时候,实践这四个字却十分艰难。安先生在治学思想和方法上，先是受了乾嘉学派的熏陶，而后又受了马克思主义史学著作的深刻影响，着重治秦汉史几十载，遍涉先秦、秦汉文献资料。前四史翻烂了四种本子，经史子集、简牍金石、秦砖汉瓦无不了然于胸。正是对史料翔实丰富的掌握和历史唯物主义思想方法的运用，使得安先生的治史实事求是，而不是随波逐流。"治史的目的自然是为现实服务，但历史的价值却在于赋予时人一种清醒的智慧。"安先生讲起他在《刘邦评传》中力图归纳出刘邦、项羽用人政策的得与失，刘、项一成一败，根源即在用人上。汉武帝的任人唯贤促成了汉朝的繁荣。往大处说汉唐气象都在于知人善任上。他说，用人的与被用的人里面又有一个辩证法，只有唐太宗才能任用魏徵，也只有魏徵才能成就唐太宗。治史不单是学术问题，而是为了鉴往知来，这是安先生的一贯主张。他说，治史要求实。"但求实并不等于停留在考证训诂、资料整理或者弄清某些历史现象上"，而是要在马克思主义指导下去认识和掌握历史发展规律，从历史规律中去探索中国历史发展的必由之路。《刘邦评传》出版以后，《光明日报》上曾有人撰文评价："其中不少人，可以说是在司马迁、班固为他们作传后第一次对他们作了科学的评述，"这是历史智慧使然。正是这种要从治史获取聪明智慧的追求，使得安先生推出了《秦汉官制史稿》《班固与汉书》等一系列著作，他以其丰富的著述、渊博的学识、严谨的学风、高尚的品德被日本学者誉为"秦汉史学界之大家"。

作为史学家的安先生对民族文化情有独钟，他为保存、发掘优秀的民族文化遗产默默工作。安先生讲起党的十五大报告，讲到其中有关社会主义文化的论述，认为文化是综合国力的重要标志，文化落后的国家其国力不可能强大。从历史上说，汉唐文化之所以成为当时世界上风行一时的占统治地位的文化，其原因只能是汉、唐皇朝正处于封建社会发展的高峰期。一个文化兴盛的民族可能暂时被一个文化落后的民族征服，但先进文化的力量最终要胜过落后的民族，文化的力量也更长久。这在历史上并不罕见，元代的蒙古人，清代的满族人最后都被先进的汉文化融合了。由此，安先生倡导要提高我们民族每个人的文化素质，这其中包括历史文化知识的普及。其实，他整个的学术研究都与他对民族文化的那份痴情有关。

　　文化东路上依然是喧闹红尘,当那个有些瘦小、又有几分倔强的身影被它淹没时,又有几人认得这样一位普通的老人呢？已进入古稀之年的安先生,淡泊、从容,他全然融入了一种"圆熟与慈和的智慧"之中。安先生的希望在于我们的民族能弘扬自身的优秀传统文化,创造出有我们自己特色的社会主义文化,这是一个文化人所怀有的希望。

　　　　　　　　　（记者：孙书文　原载《济南日报》1997年10月5日）

通·博·专·勤
——安作璋教授谈读书

安作璋先生是我国著名的历史学家，被誉为"今日秦汉史学界的重镇"，他在中国古代史、历史文献学、山东地方史等方面有很高造诣。安先生将他治学读书的经验概括为四个字：通、博、专、勤。

安先生常说，读书务要精通，治史者尤要如此。做到欲以"究天人之际，通古今之变"，也就是研究人与人、人与自然、人与社会的关系，通晓历史发展的规律。所谓"通"包含三个方面，即纵通、横通、类通。纵通就是要了解历史的来龙去脉、发展规律、认识过去，把握现在，展望将来。横通是指全面联系地看问题，认识同一时期不同事物之间的关系。类通也就是触类旁通或逐类相通之意。1947年，安先生中学毕业考入齐鲁大学文学院历史系，在著名史学家张维华等先生的指导下着重攻读秦汉史，对先秦及秦汉史料达到精熟的程度，翻烂了两套前四史。课堂老师提问时，安先生能熟练指出该问题在前四史的哪一本哪一篇甚至哪一页上。其他如经史子集、简牍金石、秦砖汉瓦无不遍览，了然于胸。安先生读书求通的原则还贯彻在他的著作中，例如安先生主编的《中国史简编》《山东通史》，在叙述历史发展的一般规律的同时，还分析论证历史发展的不同阶段和时期的政治、经济、文化诸方面相互影响与制约关系，以揭示历史发展变化的规律。对历史进程不同侧面如政治制度、经济制度、思想流派、科技文化、阶级关系、民族关系要前后联系，说明其不同发展阶段的历史变化与不同特点。

所谓"博"即博览群书，全面翔实地占有资料。安先生常告诫他的学生，做学问没有终南捷径，只有多下"笨"功夫、多读书。治史贵乎博大精深，没有渊博的知识要达到精深是不可能的。学无止境，学问要经得起时间的考验。《颜氏家训》云："观天下书未遍，不得妄下雌黄。"此言并非虚辞，要体会其精神。他要求学生不成熟的想法不要轻率公诸于众，任何观点都不得作主观臆测，而要在详细占有资料的基础上，经过多方面的审慎考订，才能下结论。安先生不仅如此要求学生，更是身体力行。他的《秦汉官制史稿》历时十载，五易其稿，才公开出版。书中引用了大量考古资料和文献，除了前四史外，举凡先秦、秦汉经史子集以及各种政书、类书中有关秦汉官制的史料，秦简、汉简、汉碑、汉画像石、铜器铭文、瓦当文字、印章、封泥等文物资料，搜罗无遗，对历代注释家、史家、考据家的研究成果，也进行了认真的考订和审核。安先生的论文和书稿一般都不急于发表，而要搁置一段时间，经过一个"坐忘"的过程再重新修订。

　　安先生主张读书要有针对性，"博"不是漫无边际的。要摆正"博"与"专"的辩证关系，要有所为有所不为。《庄子》曰："吾生也有涯，而知也无涯"，唯有做到"术业有专攻"，读书才能取得成果。所谓渊博并非无所不通无所不晓。安先生以医为喻，再高明的医生也不能包治百病，但就所学专业或研究课题来说，不仅要精通，凡有关知识的书籍、资料都应该占有。切忌浅尝辄止，要有滴水穿石的精神。"专"的另一层含意是深入，甘于坐冷板凳。安先生常说，读书是一个缓慢的过程，急躁不得。凡有成就的学问家大都经历过热桌子冷板凳的磨炼。

　　最后一点是"勤"。有人向安先生请教读书治学的秘诀，安先生回答，我的秘诀就是韩愈说的"业精于勤"四个字。具体说也就是眼勤，勤于读书；脑勤，勤于思考；手勤，勤于写作。多读开阔视野，多思善于发现问题，多写将读书所感见诸于文字上升为理性。安先生说，一勤可以多得，既可培养人的读书能力、思考能力，又能锻炼人的写作能力。有人一生读书不少，却无所获，原因也正在于此。

　　　　　　　　　　（记者：贾良虎　原载《大众日报》1997年12月8日）

良史春秋笔　名师齐鲁风
　　——记著名史学家安作璋先生

　　安作璋先生,一个衣着朴素的大学教授,一位平易近人的慈祥老人,一颗学术界的璀璨明珠。作为海内外知名历史学家,先生在中国古代史、历史文献学、山东地方史,尤其是秦汉史的研究方面,均有很高造诣。半个世纪来,他一直在大学从事教学与科研工作,而今已是年逾古稀,桃李满天下,并以丰富的著述、渊博的学识、高尚的品德、名师的风范,赢得了学林和社会各界的极大尊重。先生功多而不矜,名盛而不傲,发愤忘食,老而弥笃,正以神采奕奕的饱满热情与时俱进,为祖国的历史科学研究和文化教育事业而辛勤工作。

七十载风雨坎坷

　　这位朴素教授,毅力惊人而步伐顽强,艰难地走过了漫长的坎坷路程。

　　1927年冬末,安作璋出生于山东曹县城内文庙旁一户书香之家,黑漆大门两边那幅"忠厚传家远,诗书继世长"的对联,不仅表明了主人的家世和身份,而且深深地刻印在少年时代安作璋的记忆中。1937年小学毕业,时值抗日战争爆发,因不愿接受日本奴化教育,转到乡下私塾读书。在家庭熏陶和师长教诲下,他先后读完前四史和《资治通鉴》等书,从而产生了学习历史特别是秦汉史的志趣。1944年秋,他随流亡学生辗转到皖北阜阳,进入山东第二临时中学读书。当时衣食艰难,疾病流行,安作璋身患疥疮、疟疾、关节炎三种疾病,但他仍然苦读不辍。他不仅文科各门功课名列全班前茅,而且在贫病交加中以极大毅力补学了因故缺修的全部理科课程。1947年中学毕业,安作璋以优异成绩考入齐鲁大学文学院历史系。遗憾的是,长期的关节炎折磨夺去他双腿的健康,从此他只能举步维艰,在崎岖的人生道路上奋力前进。在齐鲁大学,他接受著名史学家张维华等先生指导,着重攻读秦汉史。因经济困难,半工半读,十分珍惜每一寸宝贵光阴。他午夜之前极少休息,总是如饥似渴地广泛阅读着先秦和秦汉的各种文献,前四史被他翻烂两套,四易寒暑竟有七个假期没有回家。他当年的大学同学曾经回忆说:"那时课堂上老师提问题,安作璋能熟练地指出该问题在前四史中的哪一史哪一篇甚至哪一段落。"可见其学生期间的用功之勤和读书之精。

安作璋一生经历了新旧两个时代。在人生观方面,他先是接受了传统的儒家学说,后又接受了马克思主义、毛泽东思想。他根据自己的具体情况,把儒家立德、立功、立言的"三不朽"精神概括为"道德学问"四字,以此作为个人终生奋斗目标。他认为,人的一生不能虚度,应该做一个道德高尚的人,一个有学问的人。就是凭着这种信念,他没有因为身患残疾而消沉、绝望,而是更加勤奋。他常用司马迁在困境中说过的一段话激励自己:"左丘失明,厥有《国语》;孙子膑脚,而论《兵法》。"他终于从逆境中走了出来,踏上了通往成功的人生道路。他在回忆起自己进齐鲁大学读书这段经历时,曾无限感慨地说:"这是我一生的十字路口,所幸的是凭着信念和意志迈出了正确的一步。因此,我体会到人总是要有一点精神的,不然,精神一垮,将一事无成。"在治学方法上,安作璋也是先后接受了两种思想,先是受了清乾嘉学派的浓郁熏陶,后又受了历史唯物论的深刻影响,这为他日后深入学术研究并形成自己严谨的治学风格打下了坚实的基础。大学毕业之后不久,安作璋便很快以他的学术成就引起了史学界的注目。

1951年,安作璋大学毕业,被分配到山东师范大学(原山东师范学院)历史系任助教。他一面担负着繁重的教学任务,一面孜孜不倦地继续进行科学研究。1955年,安作璋晋升为讲师。同年,他的第一部史学著作《汉史初探》由上海人民出版社出版。这是一部包括多篇论文的汉史论集,"为近40年来秦汉史学者个人论文集发表最早的一种,其中诸多观点常为以后的论著所引证。"(肖黎主编:《中国历史学四十年》123页,书目文献出版社1989年版)。论集受到高度评价,在青年史学工作者中产生了很大影响。四年后,他的另一部学术专著《两汉与西域关系史》问世。该书论证翔实,在中国西北史地研究领域具有重要地位,在当时的苏联史学界产生了强烈反响。这两部著作和相关论文的发表,初步奠定了安作璋的学术地位,也展示了一个顽强拼搏者的人生价值,证实了坚韧意志中所蕴涵的信心和力量。面对成绩,安作璋并未沾沾自喜,他认为自己只不过迈出了成功的第一步,离马克思所说的那个"光辉的顶点"还相当遥远,必须再接再厉,继续攀登。十年动乱时期,他被戴上"反动学术权威"的帽子遭到隔离和批斗。那些年月是非颠倒,学术研究简直就等于犯罪,而安作璋却没有停止专业研究。他坚信祖国需要经济文化建设,历史必不抛弃学术,迟早会迎来一个科学的春天。他常常是白日挨批斗,夜间在家密封灯光,悄悄工作,通宵达旦。当十年动乱结束不久,他以大批科研成果公诸于世时,人们惊讶了。但在当时,除了老伴陈有今和少数几个知己朋友,谁能了解其中的奥秘和甘苦滋味?

从上世纪80年代起,安作璋先生的学术研究因日益受到领导的重视和支持,而走上了一条迅速发展的顺利之路。他在给社会贡献杰出成就的同时,也得到了社会的厚重回报。1980年,他被破格越级晋升为教授。此后,曾三次荣获山东省社科优秀成果一等奖,历任山东师范大学古籍整理研究所所长、中国秦汉史研究会副会长、山东省史学会副会长、山东地方志学会副会长、山东大学历史系兼职教授等职。1987年被推选为中共十三大代表,1988年被授予"山东省专业技术拔尖人才"荣誉称号,1991年起荣获国务院政府特殊津贴,1993年由国务院学位委员会批准为博士生导师。同时他也深受国外学人尊重,被誉为"今日秦汉史学界的重镇"。

千万言著述文章

这颗学林明珠,学术品位高,文章著述多,享誉各界而知名海外。

从1978年到2001年的二十余年间,先生除了修订再版著作,又陆续出版了《班固与汉书》(后增订为《班固评传》)、《秦汉农民战争史料汇编》、《秦汉官制史稿》(与熊铁基合著)、《秦汉官吏法研究》(与陈乃华合著）、《刘邦评传》（与孟祥才合著，后增订为《汉高帝大传》）、《汉光武帝大传》（与孟祥才合著）等书，并主编出版了《中国史简编》、《中国古代史史料学》、《秦汉史》（与田昌五合编）、《中国通史·秦汉卷》（与白寿彝、高敏合编）、《中国运河文化史》、多卷本《山东通史》、大型丛书《山左名贤遗书》等多种。此外，还发表学术文章一百余篇。加上即将出版的书稿，共约2000万字左右，真可谓洋洋大观。

早在上世纪50年代《汉史初探》、《两汉与西域关系史》二书问世，先生就已初展学术风采。上述诸书，也无一不是品位较高的学术性研究成果，尤其《秦汉官制史稿》、《刘邦评传》、《山东通史》、《中国史简编》等书，都不愧为近年史学领域内受到高度评价的杰出之作。

《秦汉官制史稿》是我国第一部大型断代官制史，"可视为近40年秦汉官制集大成的力著"（《中国历史学四十年》128页）该书资料宏富，考订翔实，对秦汉中央和地方官制的来龙去脉、发展演变、机构设置、百官职掌以及官吏的选拔、任免、考核、奖惩等各项政策与制度，无不详加论证，提出独到见解，受到海内外学界的重视和称引，被誉为"秦汉史研究中的一项丰硕成果"，"在许多方面有新的开拓，它的出版在中国官制史研究的漫长过程中树立了又一块新的里程碑"。（《社会科学评论》1986年第8期）《刘邦评传》是研究刘邦的一部大型学术专著。该书将刘邦放在一定的历史条件下和群体中进行考察、分析和研究，正确地阐明了英雄与时代、英雄与群体的关系及英雄的历史作用，同时对秦末汉初这段历史上许多发人深省的经验教训和一些有争议的历史问题，也作了深入的探讨，提出了卓越见解，"不仅是刘邦的个人传记，而且还是一部翔实的西汉开国史"，"其中不少人，可以说是在司马迁、班固之后，第一次对他们作了科学的评述"（《光明日报》1989年9月6日《史学》）。《山东通史》8卷10册400余万字，是"运用马克思主义观点方法研究山东地方史的开创性著作"，作为"我国地方史研究的一项重大成果"，它"以其丰富的内容，翔实的资料，恢宏的规模，浓郁的地方特色而独树一帜"，"在区域史研究园地中的开创之功是值得称道的，它的价值将随着两个文明建设的日益进步而被人们越来越重视"（分别见《中国社会科学》1996年第5期；《中国史研究》1996年第2期）。上述三书均获山东省社科一等奖,以上所引评论文字皆出自名家之手而载之于多家权威学术报刊。《中国史简编》一书提纲挈领,简明扼要,叙述有条而不紊,观点清新而不俗,内容丰富而易懂,"既是一部学术专著,又是一部实用性强的教材",1988年经国家教委审定,被列为全国高校文科通用教材。最近出版的三卷本《中国运河文化史》是国家社科基金项目,深入全面地研究了运河文化形成和发展的历史,填补了我国运河文化研究的空白。

先生的丰富著述和高品位学术研究,不仅赢得齐鲁各界的尊重,赢得国内学人的尊重,也赢得了许多国外汉学家的由衷赞佩和极大敬重。有的日本汉学家称他为"秦汉史之大家",有的则把他们装订精致的个人学术专著寄来请教,谦称"您的学生"、"后学"。1989年10月,先生应日本关西大学和学术振兴会的邀请,赴日本进行为期一个多月的讲学和学术交流活动,期间在"日本秦汉史研究会"成立大会上作了关于秦汉史和山东地方史研究的学术报告。他的精辟的见解和渊博的学识使许多日本学者为之折服,在日本史学界产生了很大影响。

满天下桃李风范

这位慈祥老人,桃李满天下,有爱国热情,有师长风范,有高尚情操。

2001年9月9日教师节前夕,山东师大为安作璋先生举办从教50周年纪念会。弟子千里而至,各界前来祝贺,济济一堂,喜气盈门。徐北文先生送有一副对联:"良史春秋笔,名师齐鲁风。"工整淡雅,朴实无华地反映了先生的道德学问。

先生热爱社会主义祖国。半个世纪以来,无论治学还是教学,处处都体现了他的爱国思想感情。他认为治史不单纯是学术问题,而是为了鉴古知今,古为今用,即认识和掌握历史规律,从历史规律中去探索中国发展的必由之路,发扬中华民族的优良传统,为祖国的社会主义现代化建设服务,否则也就失去了历史科学的价值。其《秦汉官制史稿》,注重从中央集权制的角度探索中国多民族国家的统一问题。《两汉与西域关系史》,以翔实资料论证自西汉中叶设置西域都护府后,今新疆和巴尔喀什湖以东以南的广大地区就归入中国版图,新疆在两千多年前就已投入祖国怀抱,成为中国领土不可分割的组成部分,这是历史的选择和必然归宿,有利于新疆与祖国内地的联系和发展。先生经常从事校外社会活动,其中许多工作是协助地方政府编修地方志和开发历史文化资源,只要地方政府有所咨询请求,他总是立即放下手头工作,热情接待,有时要花费许多时间查找资料,还经常亲临现场指导,以便更好地为地方经济和文化建设服务。先生还十分关注社会主义精神文明建设和青少年儿童的思想道德教育,曾多次发表诸如《传统道德与精神文明》、《说孝》、《为国·为学·为人》、《教人之道首重发蒙》等类文章,在社会上产生了很好的影响。苗枫林先生说:"几千年的历史长河,把我们与古人之间隔开得非常遥远。但是,安先生却把这个遥远距离拉得近些再近些,并且不时地在他的书房里,把早已尘封了的古代事件磨莹成清澈照人的历史规镜,给人以启迪,以感悟,以力量。"这些都表现了先生那饱满的爱国热情和强烈的社会责任感。

先生的教学非常认真,他对所担任的中国古代史、中国历史文选、山东地方史、秦汉史等课程,都查阅分析大量资料而写成系统条理的讲稿,讲课时能做到厚积薄发,深入浅出,颇受学生欢迎。他不仅善于传授历史知识,而且注重培养学生的研究能力。他常引用神话传说中八仙之一吕洞宾"点石成金"的故事,来启发和勉励学生在学习中不要只想得到一点现成的"金子",而要掌握"点金术"。尤其是他十分注重古为今用,充分利用历史这门具有特殊教育功能的课程,有意识地通过若干历史人物的嘉言懿行和成败得失等具体而生动的事实及评价,使学生在获取历史知识的同时也接受了爱国主义教育、革命传统教育、思想品德教育和历史的经验教训,从而收到了很好的教学效果。他把"得天下英才而教育之"视为人生最大乐趣,不仅尽心尽力地向在校学生传授治学心得,而且对于校外的慕名来访者,不论教师、学生、社会青年、机关干部等,一概热情接待,有问必答;对于各方寄来求教求荐的论文书稿,也都一一认真阅读,提出修改意见。为此,先生费去不少宝贵时间,但他从不厌烦,表现出宽厚热忱、诲人不倦的师长风范。先生的高尚道德情操潜移默化地教育着学生,如此年复一年,送走一批批合格毕业生,又迎来一批批渴望求知的青年学生,如今"春华秋实,桃李满天下",他们以先生为楷模而成为教学骨干,而成为知名学者,或在各种岗位担任领导职务,为祖国的社会主义现代化建设事业发挥着重要作用。

安先生是一位品学兼优的杰出历史学家,同时也是一个普普通通的人,有着常人的爱好和情趣。他喜欢书法,其书法典雅隽秀,带有书卷气,日本学者视若珍品。但他从不轻易示人,认为自己的书法只是一种自我陶冶,不足为他人道也。虽然他行路不便,但他的足迹却留在了黄河上下、长江南北。他登过河南的嵩山、安徽的黄山、四川的峨眉山、青城山以及山东的泰山、崂山,也到过许多历史名城和古代遗址。这对于一个举步维艰的人来说,当然不是单纯地游山玩水,而主要是借此开拓胸怀,扩大视野,增长见识。"读万卷书,行万里路",这是历史的格言,也是安先生生活中的一种乐趣。

(作者:张汉东　原载《齐鲁名人》2002年第1期)

殷殷教育情 拳拳杏坛心
——近访安作璋教授

　　还是在读私塾的时候,他就记住了孟子的一句话:"君子有三乐,得天下英才而教育之,一乐也。"也许就是从那时起,他就读懂了这句话,并且用自己的一生去实践了这句话。2001年教师节前夕,山东师大为安作璋教授举办了从教50周年纪念会。50年的教学生涯中,教师成了他的终身职业,不论世事如何变化,他总是坚信自己的选择,他说:"当一名教师,是我人生最大的乐事。"

　　由于工作繁忙和健康状况的原因,近年来安教授一直婉言谢绝媒体的采访。怀着对教育的情有独钟,安教授日前欣然接受了本报的独家采访。在一个春风拂面、花香四溢的下午,安教授向记者谈起了他的教育观以及他对广大教师的殷切希望。

　　"百年大计,教育为本,的确如此啊!"刚一落座,安教授就感慨起来。他说:"一个国家也好,一个民族也好,无论现在还是过去,教育事业实在是太重要了。不管是哪一方面的竞争,归根到底总与教育有关。"作为一名共和国成立的见证人,安教授经历了中国教育从破败不堪到焕然一新的全过程。建国后蓬蓬勃勃发展起来的教育事业与建国前相比有天壤之别,安教授说:"这与党和政府的重视是分不开的,一个国家的教育发展到什么程度,与这个国家的执政党和政府有很大关系。我注意到,在今年九届人大五次会议的《政府工作报告》中,朱镕基总理特别强调要优先发展教育,大力推进素质教育。这很重要,这表明政府在切实关注着教育,把教育作为一项重要的事业来抓了。"他说,尽管我国的教育与以前相比有了长足的发展,但这并不意味着我们的教育已经尽善尽美,和国外发达国家的教育相比，我们还有一定的差距。

安教授认为，我们目前的教育在很大程度上还不能算作完全的教育，党和政府的教育方针是"德、智、体、美"全面发展，但在具体执行的过程中却是过分偏重智育，而忽视了其他方面。目前我们的教育现状是，教师传授知识，学生背诵知识，考试考这些知识。从小学生、中学生到大学生，甚至研究生、博士生都在应试教育下学习、考试，整个教育过程变得简单、机械，缺乏生机。为什么这几年"素质教育"的口号提得那么响，引起了社会上那么多人的关注呢？主要是应试教育现状积弊太深，已经不能适应社会发展的需要了，我们的教育已到了非改革不可的时候了。

安教授说："教育事业是一项功在当代、利在千秋的事业，任何时候都马虎不得。我们目前面临的教育现状，使我们不得不认真对待。这是一个需要政府、社会、家庭、个人通力合作与综合治理的大工程。"他认为，改变目前教育现状，最先改革的应是考试制度、考试内容和考试方法，而改革的关键是高考这根"指挥棒"。在高考这根"指挥棒"的牵引下，很多中小学校不得不追求升学率，教师、学生不得不围绕着分数转，结果老师累，学生更累，而判断重点中学的主要标准就是升学率高。如此一来，形成连锁反应，恶性循环。还有一点就是家庭和社会的人才观必须改变。现在很多家长都是"望子成龙"、"望女成凤"，这是可以理解的，但是通向成才的道路是否就此一条呢？是不是非要走升大学这座"独木桥"才算成才呢？再就是社会上有一种流行的观点认为，高学历就等于高能力，这种唯学历论之风越刮越烈。这种不正常的人才观，一方面造成了大量人才的浪费，另一方面又强化了应试教育，从而阻碍教育的正常发展。

作为一名有过50年教学经验的老教师，安教授对教师这一职业，有着深刻的理解。他说，教师的职责不仅仅是传授现有的知识，更重要的是教会学生获取知识的能力和创新的能力。如果达不到这一点，作为教师就是不合格的。他引用神话传说中吕洞宾"点石成金"的故事来说明教师在教学过程中的作用，不要满足于给学生一点现成的"金子"，要教会学生"点金术"。也就是说，除了给学生传授基本知识外，教师还要引导学生积极思考问题，寻求解决问题的方法，让学生掌握获取知识的能力。这是教师在智育方面的职责。另外，更重要的是，教师还应教会学生如何做人和如何做事。做人，就是做一名道德素质合格的公民；做事，就是要具备社会实践的能力。对于前者，有人认为，这已超出了教师的职责，其实不然。最近媒体上报道了"大学生伤熊"事件，甚至"大学生砍杀亲人"事件等，为什么这些受了那么多年教育的青年人会做出这种事情呢？这些令人痛心的事件，值得我们深思。深思之余，我们的教师是否想到自己的教育过程中缺少了什么。当然，我们不能把所有的板子都打在教师的身上，这显然是不公平的。但是，我们的教育，我们的教师确实到了该补课的时候了。至于教会学生做事，我们的教育似乎欠缺得更多。对学生的成绩要有一个全面的评估，不能总是唯分数论。现实中高分低能的现象一直存在，在某种程度上讲，这是我们教育的缺憾，或者说是失败。对此，安教授认为，每一位做教师的都应该意识到，教师不仅是一种职业，它更是一项事业，是一项需要用心去经营的事业。这是他半个世纪以来教学生涯的切身体会，也是他对当前年轻教师的期望。

下午的阳光穿过窗外盛开的牡丹花，柔和地映照着安教授慈祥的面孔。不知不觉间，两个小时已过去了。在这期间，安教授时而神情激动，时而面色庄重，声声话语中透露出一位老教师对祖国教育事业的关注之情。谈了那么多，安教授却始终没有提到自己，在记者的一再请求下，他只是说：

"我个人没有什么可值得写的，我不过是尽到了教师的一点职责而已。"其实，作为海内外知名历史学家，安教授无论是治学还是教学，都以丰富的著述、渊博的学识、高尚的品德、名师的风范，赢得了学林和社会各界的极大尊重。在去年山东师大为其举办的从教50周年纪念会上，徐北文教授送来了一副对联："良史春秋笔，名师齐鲁风。"工整淡雅，朴实无华间反映了先生的道德学问。

（记者：瑞君　原载《现代教育导报》2002年4月4日）

安作璋先生访谈录

　　安作璋,山东曹县人,现为山东师范大学教授,博士生导师。曾获"山东省专业技术拔尖人才"的光荣称号和国务院对国家有突出贡献的专家特殊津贴。迄今为止,先生已在学术领域和教学第一线辛勤耕耘了五十多年,不仅桃李满天下,而且著作等身,学术研究成果甚丰。2001年11月9日在山东师范大学安先生的寓所我拜访了先生,就以下几个学术问题聆听了先生的教诲。

　　访谈者:陈虎,中华书局编审,历史学博士。

　　陈:安先生,您是目前国内知名的秦汉史研究专家,请问:您为什么选择这一段历史作为主要研究方向? 秦汉史在中国历史上占有什么地位? 对后世有什么影响?

　　安:我认为秦汉这一段历史是中国两千年封建社会的奠基时代。无论是按照西周封建论的说法,还是战国封建论的说法,封建地主经济基础的最后巩固和全部封建上层建筑的最后完成,都是在这个历史时期。如果说秦汉以后封建社会的历史是"流",那么,秦汉时期的历史就是"源"。因此从这个意义上说,没有秦汉,也就没有两千年的封建社会。如果我们对秦汉这段历史搞不清楚,就势必要影响到对整个封建社会历史的认识。我们从以下几个主要方面或者可以简要说明这个问题。

　　一是从经济基础方面看。虽然从春秋战国时期开始,封建地主土地所有制和封建剥削方式就已经开始萌芽,但作为一种经济制度,却是一直到秦汉时期才最后确定了下来。例如"富者田连阡陌,贫者无立锥之地","耕豪民之田,见税什五"这种生产关系,即是由董仲舒首先提出而明白地记载于《汉书·食货志》。自此以后，这种生产关系直到清朝灭亡，甚至一直到共产党领导的土地改革之前，都是作为主导的经济形式存在于中国广大农村社会之中。

二是从政治制度方面来看，基于封建地主土地所有制这一经济基础之上的上层建筑，如以皇帝为首的封建专制主义中央集权制度，也是在这一时期形成的。虽然这种制度早在战国时期各诸侯国所进行的政治、经济改革中就已经开始萌芽并趋于成熟，但是作为一种稳定、系统、有序的政治制度，可以说自秦皇开始直到汉武才最后巩固下来。所以，可以说秦汉时期是中国封建社会历史上的一个划时代的历史时期，这一时期确立下来的封建专制主义中央集权的官僚制度和郡县制这一地方行政制度，在以后中国封建社会的发展历程中，虽名称有所变化，但实质上并无太大的变化。如：中央政府的官制，这一时期确立的丞相制，唐朝以后变为三省、六部制，名称虽有所变化，但实质上并无大的变化。再如：地方上的郡县制，一变而为州、郡、县三级制，再变而为唐宋时期的道、路制，三变而为元、明、清的行省制度，但这种三级管理制度的基本框架却是在秦汉时期建立起来的。

三是从意识形态领域看，作为封建地主阶级统治指导思想，也不是一蹴而就的，它也经历了一个不断探索的过程。这还涉及到一个如何评价春秋战国时期百家争鸣的问题。百家争鸣无疑是中国古代社会的一次重要的思想解放运动，但我认为更重要的是它还是一次对新兴的封建地主阶级如何治理国家的探索活动，如：儒家主张实行仁政，道家主张无为而治，法家主张法、术、势结合等，探讨的无一不是治国方略，这一探索的过程，可以说一直持续到西汉武帝时期。如果说百家争鸣是从理论上对封建社会的治国方略进行探索的话，那么秦朝和汉朝，就可以说已进入到了实施阶段的探索。秦统一中国以后，秦始皇专任法家，实行"以法为教，以吏为师"，这可以说是秦朝的经验。但秦始皇把法制（实际是刑制）绝对化了，法制搞过了头，结果搞成了暴力统治，故引起了人民的强烈反抗，结果秦朝二世而亡。在秦末的战火余烬中建立起来的西汉皇朝，开始时统治阶层中有很多人曾亲身经历过秦朝的暴虐统治，接受了秦朝灭亡的教训,一改秦朝在治国方略上专任法家的策略,转而改用道家黄老的思想,实行无为而治、与民休息的治国方略。这在当时无疑是适应了汉初经济恢复和发展的需要,但它的弊端很快就暴露出来了。一方面汉初的经济确实得到了恢复和发展,另一方面出现了豪族地主的土地兼并和诸侯王割据势力发展壮大的势头。由此看来,黄老无为而治的治国方略也不足以更好地治理国家。所以,到了汉武帝时期,就接受了董仲舒的建议,实行"罢黜百家,独尊儒术",确定以儒家思想作为国家统治的指导思想。但是实际上,这一时期的所谓"儒术",并非全用儒家;而是外儒而内法。所以,后来的汉宣帝在谈到汉朝的制度时就说:"汉家自有制度,霸王道杂之。"若用现在的眼光来看的话,这就是一个德治与法治的问题,实际上就是在统治方略上刚柔相济两手运用的有机结合。这种以儒家思想为主体的统治指导思想,到了汉武帝时期就已经完全确定下来了,并一直贯穿于整个中国封建社会的始终。上层建筑领域包括政治制度和思想意识形态,它们的基础就是封建的土地所有制。后来的辛亥革命虽然推翻了中国两千多年的封建君主专制制度,但中国封建社会的经济基础却无丝毫的变动。当然,辛亥革命还有一个平均地权的"民生主义",但事实上它并没有彻底解决土地所有制这一经济基础问题。只是到了后来,在中国共产党领导下的土地改革,这一问题才最终得到了彻底解决。

陈:安先生,您对秦汉史研究,尤其是在秦汉官制史的研究方面取得了学界公认的学术成就,请问:秦汉官制有哪些突出的特点?

安:我认为秦汉官制有两个突出的特征:首先,从中央官制史来看,汉武帝时期就已经形成了由皇帝的内侍和尚书所组成的内朝。到了东汉时期就逐渐由内朝之臣组成了尚书台。同时,东汉以后,一直到明清时期,外朝的宰相,实际上绝大多数也是由皇帝的内侍或亲信转化而来的。从汉代开始,宰相虽然位居百官之长,一人之下万人之上,但纵观历史,历代封建皇帝对宰相并不放心。对待宰相最严厉的莫过于明朝的开国皇帝朱元璋了,他不仅对宰相的职权大加限制,而且极尽杀戮之能事,最具代表性的事件就是历史上有名的"胡(惟庸)党之狱"了。即使是皇帝最亲近的人,一旦担任了宰相之职,也仍然会受到种种猜疑,这一点从汉高祖刘邦和萧何的微妙关系中就可以清楚地看出来。尽管刘邦和萧何既是同乡，又一同经过了秦末农民战争和楚汉战争，属于患难、生死之交，而萧何又曾在汉朝的建立过程中立下过汗马功劳，但是一旦萧何做了丞相，刘邦对其仍然极不放心，《史记·萧相国世家》就很生动地记载了刘邦对萧何一而再、再而三的猜疑。所以，后来就搞了个内朝，将决策权移至内朝之中，目的是用于分散丞相的权力。东汉时期形成的尚书台，魏晋以后尚书一旦成为外朝的丞相，皇帝马上就又对其产生了不信任，于是又另外组织一班人马，形成了新的内朝来控制外朝。这种奇特的现象一直贯穿于中国封建社会的始终，实际上清朝军机处的设置，也是出于同样的目的。

其次，从地方官制史来看，其特点也是由皇帝亲派自己的近侍充任地方大员。秦时名为御史监郡，就是皇帝派的近侍之人。到了汉朝就是刺史，开始时刺史虽然还不是固定的地方行政官员，只是临时的，但是由于他特殊的身份，又是代表皇帝监察地方的，所以其权力非常大，后来便演变为郡守之上的地方最高长官。唐、宋、元、明、清时期的道也好，路也好，督抚也好，这些封疆大吏其中多数也是皇帝钦差、由皇帝身边的近侍和亲信所充任的。这些皇帝的"近侍亲信"不仅代表皇帝严密控制着封建国家的中央政权，而且也控制着地方政权。可以说，这种现象的实质是专制皇权在官僚制度方面的突出表现。这种制度一直影响到后来的明清时期。在现实的政治生活中，也在一定程度上受到这种制度影响。由此可见，这种以皇权为中心的官僚制度的影响是极其深刻的，假如你能了解到这一点，就能大概了解中国历史上的官制了。

陈：作为山东著名的历史学家，您对齐鲁文化研究倾注了多年的心血，并有着系统而独到的见解，那么，请问先生，齐鲁文化形成的原因、内容结构和特点是什么？

安：关于齐鲁文化的形成，其渊源可追溯很远，其源头之一就是从东夷文化发展而来的。过去传统的观点，人们一直认为东夷文化比较落后，但许多研究成果和考古发掘材料证明并非如此，这一文化种类早在史前时期就已相当进步了，它从原始社会的母系氏族社会进入父系氏族社会时期，如：发掘出土的大汶口文化遗址和龙山文化遗址，在文化类型上就要比西部地区的仰韶文化先进一些。而作为齐鲁文化载体的齐、鲁两个诸侯国,是西周初期就已受封的两个封国,其始封者一个是姜尚,一个是周公,都是辅佐周武王建国的重要人物。而周公由于在周王室内部帮助成王治理天下,所以实际上并没有就国,而是他的儿子伯禽代替。他们到了封国以后,带去了周文化,这就使得西部地区的周文化和山东地区固有的东夷文化发生了交流和融合。实际上,这种交流早在氏族社会时期就开始了,古史传说中的黄帝氏族系来自西部的一个著名的氏族部落,他们以"龙"为图腾,而周族实际上与黄帝氏族应该是属于同一个系统。东夷族应该是传说中的炎帝的后代,他们是以"鸟"为图腾的。所以,后来称中华民族为炎黄子孙,民俗中有"龙凤呈祥"的谚语,大概是来源于此。

齐鲁文化实际上可以说是龙、凤文化或黄帝氏族与炎帝氏族两种文化不断融合的必然结果,这也可以说是齐鲁文化的两个源头。齐、鲁两国立国之后,虽然各自表现出不同的文化特色,但其在文化特征上所表现出来的整体性特征却是不容忽视的。概而言之,齐文化是以东夷文化为主,以周文化为辅而形成的一种文化系统;鲁文化则是以周文化为主,以东夷文化为辅的一种文化系统。齐文化由于其产生的独特的自然环境所决定,齐地多山、土地贫瘠不适于发展农业生产,靠海、有鱼盐之利又适合于发展工商业经济。同时在立国之初统治者又采取了"通商工之业,便鱼盐之利"、"举贤而尚功"、"因其(夷)俗,简其(夷)礼"等治国方略,这样就逐步形成了其功利型的文化特征,即尚功利、较开放、重革新、讲权变。而鲁文化则不同,由于鲁国地处内陆,土地肥沃,比较适合发展农业生产,同时立国之初的统治者又较多地用周文化来改造鲁地旧有的风俗和习惯,采取了"变其(夷)俗,革其(夷)礼",强调宗法制度,"尊尊而亲亲",讲求礼乐仁义等治国方略,这样就逐步形成了其道德型的文化特征,即重仁义,尚伦理,贵人和,尊传统。这两种文化无论哪一种都有其缺点和优点,若将这两种文化进行互补,道德加功利,还是很有现实借鉴意义的。所以,我认为研究齐鲁文化,弘扬齐鲁文化的精髓,这对于当前我国正在进行的社会主义经济建设和精神文明建设都具有十分重要的理论意义和现实借鉴意义。

陈:作为中国传统文化重要组成部分的齐文化,在汉代以后其影响为何突然消失了？汉武帝"独尊儒术"以后的中国古代历史文化进程，是否就可以认为是鲁文化向全国进行文化扩张的过程？

安：汉武帝"罢黜百家，独尊儒术"以后，从表面上看好像是作为儒家文化代表的鲁文化占据了主导地位，但实际上汉武帝的统治政策是霸、王道杂之。质言之，可以说鲁文化是一种王者类型的文化，而齐文化则是属于霸者类型的文化。汉武帝的霸、王道杂之，外儒而内法，客观上是将齐文化和鲁文化结合起来应用的，是兼容并包的，其表面上是"独尊儒术"，实际上却是将法家的思想也吸收融合进去了。同时，帮助汉武帝建立起这一统治思想体系的董仲舒，在其思想体系中，也并非全是儒家的思想，而是德主刑辅，以刑辅德，并不排斥法家的思想。我们为什么说董仲舒是新儒家呢？也是指他的儒家学说与春秋战国时期的儒家学说已经有了很大的区别，在他的学说中，不仅继承了先秦儒家的思想，而且还把法家的思想、甚至阴阳五行学说都融入其中了，从而构建起了一整套比较适合汉武帝以后中国封建社会实际情况的统治思想。所以，我认为董仲舒很了不起，应是中国封建社会历史上的一个划时代的历史人物，对中国传统文化的发展曾作出过突出的贡献。

再说，汉代儒学，有"鲁学"和"齐学"两派，董仲舒的儒学，也不应说是单纯的"鲁学"，实际上应该是"齐学"和"鲁学"的融合体。汉武帝"独尊儒术"中的儒术，与其说是"鲁学"还不如说是"齐学"更为恰当，构成董仲舒思想体系的公羊学派的春秋大一统学说，其师承就是来自于"齐学"。我们过去一般笼而统之地称儒学为鲁文化的代表，好像是鲁文化的影响大一些，看不到齐文化的踪影。从表面上看，在中国封建社会历史上，没有哪一个封建皇帝曾公开宣扬过功利和刑治，他们大肆宣扬的是所谓的"仁政"和"德治"，而事实上，他们从来就没有放弃使用刑法这一武器，也从来就没有放弃过追求功利。董仲舒的儒学，前面已经说了，是承自汉儒中的"齐学"一派，而公羊学派又是汉儒中"齐学"的突出代表。后来的汉宣帝也曾一度提倡"鲁学"，重视穀梁学派，但时间很短，很快他就认识到，单纯地运用儒家学派的哪一种学说来治理国家都是有问题的，因此，他总结汉武帝治国的成功经验时就说过"汉家自有制度，霸王道杂之"。所以汉武帝的"独尊儒术"表面上虽然是"鲁学"占主导地位，而实际上却是以"齐学"为主、"鲁学"和"齐学"的融合体。我们可以这样说，汉武帝的"罢黜百家，独尊儒术"政策的实施，实际上标志了以齐鲁文化为代表的中国传统文化的基本定型。

陈：安先生，您作为老一辈的历史学家，严谨治学几十年，学术心得甚多，在当代商品经济条件下，面对学术界存在的许多不良现象，您对年轻后学都有哪些方面的忠告？

安：我感觉年轻一代的学者在思想方面相当活跃，相比之下，我们这些年纪大的人就显得比较保守一些，即使与我们自己的年轻时代相比也还是有差距的。年轻一代朝气蓬勃、思想活跃是很好的。但另一方面，有些问题也是值得深思的，做学问，基础工作做得不太够。比如说过去我们在撰写《秦汉官制史稿》时，与熊铁基先生就有一个共同的想法，那就是凡是我们能见到的材料，无论是文献材料，还是考古材料，都要本着"竭泽而渔"的原则尽量收集，力求将所有有关的材料都收罗起来。因此，我认为我们那本《秦汉官制史稿》的特点之一，也就是它的资料比较详细。当然，后来秦简、汉简和帛书不断被发掘出土，新的相关的研究资料不断出现，那是以后的事了。但在我们当时所处的那个时代来说，我们已经尽可能地收集了当时所能见到的文献资料、考古资料和清代乾嘉学派有关一些问题的考证、注释方面的材料，所以从史料方面来看《秦汉官制史稿》是比较全面的，它为年轻人治学省去了不少收集资料方面的工夫。一直到现在，还仍然是许多博士、硕士研究生在写相关问题的毕业论文时重要的参考书。现在年轻人做学问，在这方面所下的工夫就有些欠缺了。问题之一就是做学问有些急功近利，想走捷径，早出成果。问题的产生当然与年轻人自身存在的不足有直接的关系，但我认为与我们现行的一些政策导向也有很大的关系。例如现在通行的职称评定制度，由助教、讲师，到副教授、教授的评审，要求不仅要有学术文章发表，还要有学术著作公开出版，总之，每一个阶段的评审都要有科研成果。即使在评了教授以后，每年你还必须按规定拿出一定数量、在规定级别的学术刊物上发表的科研成果，这样你才会有岗位津贴和各种相关的福利待遇。对硕士、博士的要求也是如此,否则就拿不到学位。

这样一来,就带来了一系列相关的问题,因为职称与工资、住房等待遇是紧密相关的,所以年轻人为了尽快地评上职称,就不得不去追求短期行为,早出成果、快出成果、多出成果,以至于现在的许多文章和所谓的学术专著,有创见性的东西不太多。但这又不能过分的责怪年轻的同志,如果再像以前那样"十年寒窗,终磨一剑"的话,那么所有一切比如职称、晋级、工资、奖金、住房等等也都耽误过去了。即使是真正学有成果,由于现在出版界所存在的人所共知的原因,如果没有资金赞助,要想出书也是十分困难的。同时,由于某些学术性杂志都收版面费,所以即使是发表学术论文,除交钱外,还得靠人情拉关系。因此,我总感觉现在学术界的学风有些不太正常,但这些问题又很难在短期内得到妥善地解决。不过我认为,年轻的同志在职称评上之后,还是应该回过头来补上上面我说的这一课,否则的话,将来你在学术界是站不住脚的。我认为学术研究还应该是从最基础的工作做起,如果你回过头来补上了这一课,这样你的学术研究才会有生命力。

当然,目前学术界存在的这种弊端,绝对不可能让哪一位同志去负责任,在现在的这种社会条件下,我认为也是"大势所趋",是难以避免的,因为任何事情都有一个发展的过程。不惟如此,我觉得我国现在的教育体制,虽然进行了力度很大的改革,但从小学、中学到大学的教育仍然存在着不少的问题。虽然大张旗鼓地提倡素质教育,但由于仍然还有高考这根指挥棒在发挥着极为重要的作用,所以几乎所有的家长让孩子上学读书的目的,就是为了考学,考大学、考研、考博,以便将来毕业之后找一份比较满意的工作。而很多中小学校也就不得不拼命追求升学率,于是升学率高低几乎成了判断办学成绩的唯一标准。这样在实际上就与我们大力倡导的素质教育形成了两张皮,使得提倡素质教育呼吁多少显得有些苍白无力。这种状况与现在我们的学术界有着某种程度的相似之处,当然也就必然地存在相似的缺陷和弊端。所以,年轻一代有志于学术者,就不仅在学术方面,而且在其他方面,都是任重而道远的。

(原载《史学史研究》2003年第2期)

博学慎思明辨笃行
——安作璋先生的史学成就与治学之道

安作璋，1927年生，山东曹县人，1951年毕业于齐鲁大学文学院历史系。历任山东师范学院历史系教授、古籍整理研究所所长，山东师范大学、山东大学教授，博士生导师。兼任中国秦汉史研究会、山东历史学会顾问，山东地方志学会副会长等职。1987年当选为中共十三大代表，1988年被山东省委、省政府授予"山东省专业技术拔尖人才"称号，1991年荣获国务院政府特殊津贴。为国内外著名的历史学家，被日本学者誉为"秦汉史之大家"，收入《中国人名大词典》（当代人物卷）、英国剑桥《国际名人传记大词典》等多种传记、辞书中。从20世纪40年代起，安先生就一直在史学园地里辛勤耕耘，收获了丰硕的成果。

一、关于秦汉史研究

安先生认为，秦汉是中国两千年封建社会的奠基时代，无论按照西周封建论还是战国封建论的说法，封建地主经济基础的最后巩固和全部封建上层建筑的最后完成，都是在这个历史时期。例如，"富者田连阡陌，贫者无立锥之地"的封建地主土地所有制和"耕豪民之田，见税什五"的剥削方式，第一次明白地见于《汉书·食货志》。以皇帝为首的专制主义中央集权的政治制度的创立，全国大规模农民战争的发生和农民战争后封建皇朝政策的调整，儒家思想独尊地位的确立，统一的多民族国家的形成，中外关系的沟通等等，无不由秦汉开其端绪。如果对秦汉这一段历史搞不清楚，势必影响到对整个封建社会的认识。基于这样的看法，多年来，安先生一直将秦汉史作为自己研究的重点领域之一，对秦汉的政治制度、历史人物、经济文化、中外关系、农民起义等许多方面都进行了广泛深入的研究。

列宁说，国家一直"是由一批专门从事管理、几乎专门从事管理或主要从事管理的人组成的一种机构"①，这些专门从事管理的人就是官吏。不论研究哪一朝哪一代的历史都离不开它。因此有的史学前辈把官制看作研究中国古代史的四把钥匙之一。安先生在秦汉官制方面的代表作有《秦汉官制史稿》（与熊铁基合著，齐鲁书社，1985）、《秦汉官吏法研究》（与陈乃华合著，齐鲁书社，1993）、《从睡虎地秦墓竹简看秦统一的原因》（《历史论丛》第三辑，齐鲁书社，1983）和《汉代的官箴》（台湾《历史月刊》1998年5月，第124期）等。上述成果除引用了大量有关秦汉官制的史料如《汉书·百官公卿表》、《续汉书·百官志》等外，还充分利用了前四史中的其他相关资料和秦汉诸子书、后代编的政书、类书中的一些资料，以及一些考古资料，如汉官印、秦汉瓦当、汉画像石、汉碑、汉简、秦简、铜器铭文等。对于清代考据家、注释家以及近代学者的研究成果，他尤为重视，几乎搜罗无遗。对其中的某些错误或不足之处，也进行了订正和补充，并在深入研究的基础上对若干具体的制度问题提出了自己的观点。如他认为，真正的丞相制存在于秦和西汉前期，秦只有国尉而没有太尉，国尉不同于后来的太尉。三公制的出现是在西汉末期，主要存在于东汉时期等。作者还强调东汉时期的中枢机构已完全为尚书台代替，三公徒有虚名，并无实权。对秦汉中央和地方官制的设立及演变、职掌、属官等重要问题，他都作了详细的考证分析。此外，对人们不甚关注的诸侯王国的官吏、少数民族地区的官吏设置，他也加以考论。涉及的官吏有五百多种。此外，对选官制度如察举、考试、任子、纳赀买官等，官吏的任用方式、任用法规、任用期限，考课制度的上计、升降与赏罚等，赐爵制度、秩俸制度、致仕制度、休假制度等，也专门加以考证论述。

通过对秦汉官制的研究，安先生提出了不少发人深省的问题，如把用人问题和国家的盛衰兴亡、事业的成败联系起来进行考察，以大量的历史

①《列宁选集》第4卷，人民出版社，1995年版。

事实证明了"得贤者则安昌,失之则危亡","择善任能为治国之本"等古训中所包含的真理,并从中总结了许多带有规律性的成败与得失的经验教训。官箴是古代君主治吏的准绳,也是官吏行事的准则及施政的依据,因此和吏治有密切的关系。安先生认为,汉代的官箴大体包括官德和官纪两个方面,亦即官吏从事政治活动时应遵守的道德规范和法律规范。官德包括忠君、治民、忠于职守、廉洁守法、服从命令、善于处理同级与上下级关系、为民表率、提倡教化等,官纪包括不得擅离岗位玩忽职守、不得利用职权谋取非法利益、不得培植私人势力、不得诬陷或提供伪证、不得弄虚作假隐瞒真相、不得泄露国家机密等。汉代官箴对维护国家机器的正常运转、保持长治久安起了积极作用,体现了汉代政治积极向上的精神。

安先生很早就重视对秦汉经济的研究。我国自古以来就是以农业立国,因此,要研究中国古代的历史,就不能不涉及农业这个"决定性的部门"。早在1955年,学习生活出版社就出版了安先生的第一部研究汉史的论文集《汉史初探》,集中了安先生上大学期间撰写的6篇论文,主要探讨了西汉农业生产力和生产关系、西汉皇朝对农业生产的经营管理以及桑弘羊在汉武帝文治武功中的地位等问题,大都是作者首次提出并力图探讨解决的重要历史课题。本书出版后,在史学界产生了很大反响。特别是有关桑弘羊的论文,受到了郭沫若先生的赞扬。《光明日报》在1956年3月1日"史学"专栏发表评论文章,对它给予很高评价。1957年上海人民出版社又再版了此书。1975年,湖北云梦睡虎地秦墓竹简发现后,安先生参与了秦简的注释整理工作,又根据秦简资料撰写了《睡虎地秦墓竹简中所反映的秦代农业经济》(载《秦汉史论丛》第一辑,陕西人民出版社,1981),系统考述了秦律中有关铁器、耕牛的管理,农作物的产量与种类,粮食的加工与仓储管理,以及有关农业的奖惩等法律规定。安先生认为,秦自商鞅变法后,历经六世,直至秦始皇,都把农业作为"治国之要",所谓"勤劳本事"、"上农除末",采取一切措施,来促进农业生产的发展,因而国富兵强,终于完成统一的大业。从这个意义上讲,对秦有关农业方面的法律是值得肯定的。

关于中国奴隶社会与封建社会的分期,学术界存在很大的争议。安先生写的《西汉经济制度与政治制度》(载《山东师院学报》1959年第5期)等论文,从经济制度和政治制度两方面对西汉的社会性质进行了分析。在经济方面,安先生认为,西汉的经济基本上是自给自足的自然经济,它所表现的主要方式就是农业和家庭手工业的结合,即"男耕女织",不但解决农民的衣食问题,更重要的是巩固专制主义封建国家的基础,是整个统治阶级所赖以生存的主要来源。西汉不但在农业生产上,即使在手工业生产上,商品经济也从没有取得支配地位。土地所有制形式是封建生产关系中一项重要的也是带有决定性的因素,西汉时期基本上存在三种土地所有制,即国家所有制(或者说皇室所有制)、地主土地所有制和农民小土地所有制,这三种土地所有制形式,基本上形成了中国此后两千多年封建社会的土地所有形态。西汉时期,国家通过户籍制度把农民牢固地束缚在土地上,强迫他们交纳各种赋税,并强迫他们担负兵役和各种徭役,这些农民不仅是国家赋税的主要承担者,还是保卫国家的武装力量。从西汉的赋役政策中,很明显地可以看出,它代表的是封建地主阶级的利益,而不是奴隶主的利益。

秦汉是一个伟大的时代,伟大时代的产生与伟大人物的活动是分不开的。安先生对秦汉时期的一些著名的历史人物也进行了深入细致的研究。其代表作是《班固与汉书》(山东人民出版社,1979;后增订为《班固评传》,广西教育出版社,1996)、《刘邦评传》(与孟祥才合著,齐鲁书社,1988;后增订为《汉高帝大传》,河南人民出版社,1997)、《汉光武帝大传》(与孟祥才合著,河南人民出版社,1999)、《秦始皇帝大传》(与孟祥才合著,中华书局,2005)、《汉武帝大传》(与刘德增合著,中华书局,2005)等。另外,还撰写了《论吕后》(《山东师院学报》1962年第1期)等一系列论文。安先生认为,《汉书》的作者班固和《史记》的作者司马迁是我国历史上齐名的两位史学家,他们对我国史学体系的创立以及对古代史学、文学和思想史的发展都作出了卓越的贡献。过去旧史家扬马抑班,或扬班抑马,都失之偏颇,不足为训,应该说各有短长。新中国成立后,发表的有关司马迁的论著较多,相形之下,关于班固的论著却比较少,而且对他有某种程度的贬抑,这是很不公正的。安先生认为,不论前人的长处或短处，都应该加以认真的研究，以便总结经验，扬其所长，避其所短，这样才能使我们的历史研究不断有所创新，有所提高，有所发展。对刘邦，分析了他如何在秦末时代的呼唤中走上历史舞台，由秦朝的衷心拥护者变成了一个反秦的农民领袖，首先推翻了不可一世的秦皇朝，接着又消灭了"力拔山兮气盖世"的项羽，建立了一个空前规模的西汉皇朝；之后，又如何通过政治、经济等各种措施的调整，使民生凋敝、经济残破的中国走上复苏之路，为"文景之治"的出现，为汉武帝时期经济文化的高度发展奠定基础。对刘秀，则分析了刘秀和他的那个创业群体中文臣武将的思想、性格、才情、风貌、事功以及与之对立的各种政治势力及其代表人物，如王莽和各地割据者从兴起到败亡的历程；分析了王莽篡权成功的原因和走向灭亡的必然性；探索了刘秀取得胜利的时代条件与他个人及其群体的主观能动性对时代要求的回应，从而对时势造英雄这个古老的课题提供了一个真实的历史例证。对秦始皇，则不但详细介绍了其统一中国的历史进程和巩固统一的各项措施，而且深入论述了秦朝许多重要典章制度的来龙去脉及其得失。安先生对研究历史人物的著作或论文，资料翔实，考辨精审，文笔优美，将学术性与趣味性有机结合在一起，引人入胜，发人深思。

安先生认为，如果说先秦时期中国和世界各国发生联系较少的话，那么谁也无法否认自秦汉以后，中国史已完全被纳入世界史的体系了。两汉在中外关系史上可以说是一个启明时期，在这一历史时期，我们不仅可以看到中国人民在艰难的环境中如何去探索中外交通的途径，如何善于吸收东西方各国的物质和精神文化来丰富自己的经济、文化生活，而且也可以看到中国人民所创造的优秀文化对世界文化的巨大贡献；虽然这仅仅是一个开始，但它已足够说明中国与世界各国人民的和平友好历史渊源以及文化交流的深刻影响。为探讨秦汉时期的中外关系，安先生撰写了《两汉与西域关系史》一书（山东人民出版社；1959，齐鲁书社1979年再版），这是解放后第一部系统研究两汉与西域关系的专著。该书考证了两汉统一西域的经过和西域都护的设置以及西域各国的概况，并论述了两汉时期中西交通和经济文化的交流状况。书中还用大量资料考述了西北地区的历史地理,用不容辩驳的事实论证了自西汉中叶设置西域都护以后,今新疆和巴尔喀什湖以东以南的广大地区就归入了中国的版图。这是一部论据翔实、对我国西北史地研究有重要贡献的著作,在国内外史学界包括当时的苏联史学界曾引起很大的反响。至今研究西域历史的学者,还将此书作为必备的参考书之一。

秦汉时期的农民起义,特别是秦末、新莽末、东汉末三次具有全国规模的农民战争,在中国封建社会农民起义和农民战争史上,占有十分重要的地位。它们不仅沉重打击了当时的封建统治,推动了社会生产力的发展;而且在政治上、军事上、组织上乃至思想上都程度不同地表现了"为天下创始"的精神。例如陈胜、吴广不仅提出了反对封建世袭特权的"王侯将相宁有种乎"的思想,而且建立了我国历史上第一个农民政权。又如赤眉起义所表现的朴素的平等思想,"绿林好汉"劫富济贫的活动以及黄巾军利用宗教作掩护,组织和发动农民起义等等,这些都对后代无数次的农民起义产生了深远的影响。研究这一历史时期的农民起义和农民战争发生的原因、特点、历史作用和经验教训,对认识中国封建社会,具有重要意义。为此,安先生编纂了《秦汉农民战争史料汇编》一书(中华书局,1982),为史学界研究秦汉农民起义和农民战争提供了极大方便。

二、关于山东地方史与齐鲁文化研究

山东是我国古代文明发源地之一,是古代文化的中心,也是儒家创始人孔子、孟子的故乡。这里曾出现许多杰出的思想家、科学家、发明家、政治家、军事家、文学家和艺术家。为了比较全面地反映山东历史和齐鲁文化,安先生主编了多卷本的《山东通史》(山东人民出版社,1993)、《齐鲁文化通史》(与王志民合编,中华书局,2004)。另外还撰写了《山东地方古代社会初探》(载曲阜师院《破与立》1979年第4期)、《战国至秦山东地方封建经济的发展和社会矛盾》(载《山东师院学报》1980年第4期)、《汉代山东儒学》(载《山东师院学报》1979年第5期)等一系列论述山东古代思想、文化、人物的重要文章。

《山东通史》上起最早的山东人——沂源人,下到中华人民共和国成立,按历史发展的阶段,分8卷展开。该书在体例与结构上,把纪事与志、传体结合起来,以通纪叙述历史发展的基本线索,以典志记叙历代典章制度,以列传为历代有影响的人物立传,以图表弥补文字的不足。这样纵横交错,宏观与微观相结合,比较全面地反映了山东历史发展的状况。该书对一些杰出的历史人物进行了评述,同时通过对大量史料的分析,得出了一些重要结论。如作者利用山东出土的考古资料,指出在山东地区,大汶口文化中晚期,社会生产力显著进步,私有制产生,氏族贵族阶层出现,但直到龙山文化时代,构成文明时代的诸要素才全面呈现出来。作者认为,与龙山文化有密切关系的以夷夏部落联盟为基础的部落方国联合的虞舜时代,是统一国家形成的前身。再如,关于中国社会由奴隶制向封建制转变的问题,作者认为,全国各地区的发展不平衡,有早有晚,一般以春秋战国之交,即周元王元年(前475)为分界线,但具体到山东地方,无论封建生产关系的萌芽(初税亩),或封建政权的诞生(田齐"专齐之政"),都要早出半个到一个世纪。"这些翔实的史料和平实的分析,揭示了山东历史发展的过程,对中国历史的研究也提供了有益的借鉴"①。

齐鲁文化滥觞于夷夏文化,形成于西周春秋齐鲁两国,融合发展于战国秦汉时期,它不仅融合了齐文化和鲁文化,而且兼收并蓄,广泛吸收了其他地域文化的长处,逐渐发展成为一种具有完备的自我调节和更新功能、再生能力很强的混合型文化。特别是诞生于齐鲁的儒家文化,在整个封建时代处于政治和文化上的支配地位,并成为中国传统文化的主流。安先生认为,齐鲁文化与其他地域文化相比,在整个中华文明发展史上既有与其他地域文化的共同点,也有其独具特色和突出贡献的一面。其特殊性就在于:从秦汉以前的中国早期文明发展史看,齐鲁地区曾发挥了文化中心的作用,作出过特殊的贡献;秦汉以后,在中国文化漫长的历史发展过程中,也发挥了其他地区所难以替代的独特历史作用。安先生主编的多卷本的《齐鲁文化通史》是一部大型地域文化通史,它既汇集和吸取了近五十年来学术界研究齐鲁文化的成果,又突出了学术的创新性,并

---

① 参见刘蔚华:《祝贺多卷本〈山东通史〉》出版,《大众日报》1996年1月24日。

填补了某些领域的研究空白,是齐鲁文化研究领域的重要成果。该书资料翔实、内容厚重,不仅从思想文化上,而且从科技、教育、宗教、民俗等不同领域研究齐鲁文化在每一个时代的特征及发展演变,既展现了齐鲁文化自身的特点,也兼顾到齐鲁文化与其他地域文化乃至海外文化的互动关系,是全面了解、认识及研究齐鲁文化乃至中华文化的重要参考著作。

安先生还致力于齐鲁文化文献资料的整理与研究。他认为,齐鲁文化是中华民族优秀传统文化的重要组成部分,而发掘和弘扬齐鲁文化的优秀传统,就不能不研究"郑学",因而主编了《郑玄集》(齐鲁书社,1997)。《郑玄集》共分《周礼注》《仪礼注》《礼记注》《郑玄佚注》《郑玄文集》《郑玄年谱》等六编。编辑《郑玄集》有很大困难,一是资料残缺,二是真伪难辨,三是众说不一。《郑玄集》在全面收集郑玄著述的基础上,选录其中为学术界所公认的原著,编入《三礼注》与《佚注》、《文集》,而确认为伪作或存疑者,则不收;与亡佚之作,均编入《郑玄著述表》,加以说明,以备参考。对书中的注文,有疑问而又众说纷纭者,则择善而从,或参以己意,最大限度地减少了谬误。因此,《郑玄集》不仅对研究齐鲁文化,而且对研究汉代历史都有一定的参考价值。《山左名贤遗书》是1985年以来由安先生主编、齐鲁书社陆续出版的反映齐鲁文化的大型丛书。收录的范围以清代山东知名学者的经学、史学、文字学、地理学、博物学、金石考古学等方面的未刊重要著作为主,虽已刊行但难以找到、有重印价值的,也酌情辑入,经过重新整理出版。这套丛书对研究清代以来山东朴学家的学术源流及其贡献有很大帮助。

三、关于中国通史及专门史研究

在中国通史的编写和专门史研究方面,安先生也有突出的贡献。他主编的《中国史简编》(山东教育出版社,1986),记事上起远古,下迄中华人民共和国成立。它以时间为序,按社会性质分编,贯通原始社会、奴隶社会、封建社会、半封建半殖民地社会四个社会形态。人们常说的中国现代史(中国新民主主义革命时期的历史)作为半封建半殖民地社会的下编,纳入中国通史的范畴,既体现了中国通史的完整性,又把1840年到1949年的中国作为一个完整的社会形态,系统地叙述了中国人民在不同革命时期为反抗外来侵略和压迫、争取民族和国家独立所进行的艰苦斗争历程,阐明了只有中国共产党才能救中国,中国只能走社会主义道路的历史必然性。《中国史简编》在系统叙述历史发展一般进程的同时,还注重分析和论证历史发展不同阶段和时期的政治、经济、文化诸方面的相互影响与制约的关系,以揭示历史发展变化的基本规律。对历史发展进程中的不同侧面,如重要的政治制度、经济制度、思想流派、科技文化成就、阶级关系、民族关系、中外关系等,也能注意其前后联系,讲清来龙去脉,说明其不同发展阶段的历史变化与不同特点,给读者以完整系统的知识。总之,该书体例严谨,内容丰富,史实可靠,系统条理,重点突出,简明扼要,且通俗易懂,既是一部学术著作,又是一部实用性强的教材。这部书自1986年出版后,已再版3次,印刷15次。1988年经国家教委审定,被推荐为高等学校文科通用教材。

中国的大运河与万里长城一样,被列为世界最宏伟的四大古代工程之一。这是中国劳动人民和一批水利专家的伟大创造。大运河沟通五大水系,成为中国南北交通的大动脉,对巩固国家统一、多民族的融合和团结、促进南北方与中外经济文化的交流起了重要作用,为中国两千多年的政治、经济、科技、文化的发作作出了巨大的贡献,所积累的历史文化底蕴厚实、内容丰富、形式多姿多彩,从而形成了独具体系和特色的运河文化。由安先生主编的《中国运河文化史》(山东教育出版社,2001),是对中国运河文化研究的集大成之作,"是迄今为止关于我国运河史研究领域内容最为全面详赡的一部著作"①。该书共195万字,分六编撰写,每编内容都分为运河变迁和运河文化两部分。运河变迁包括历代对运河的开凿、修治及其历史背景和航运、水利、管理等内容;运河文化是本书的重点,包括历代运河流域以城市为中心的农业、工商业的发展状况,重大历史事件,主要历史人物的事迹及其思想文化等方面的成就,社会组织,民情风俗,民族关系,经济文化交流,中外交往,文物古迹等,全面系统地论述了

---

① 朱士光:《一部内容详赡视角新颖的地域文化史》,《中国历史地理论丛》2002年第1期。

春秋时期至中华人民共和国建立前的运河流域物质文明和精神文化发展的历史。

"以古为镜，可以知兴替。"中国传统社会的治国思想和方法，虽然在实践中各有侧重，各有利弊得失，但都包含着非常丰富的经验教训。这是先人给我们留下来的一笔十分珍贵的历史遗产，值得我们认真地加以总结，以为今天治国的借鉴。安先生主编的《治国方略》丛书（山东人民出版社，2002）论述了先秦至明清4000多年的中国历史上历代名君、名相、名吏、名家、名将在治国、施政、安民、用人、治军等方面的思想言论和实践活动及经验教训，有较强的现实针对性和广泛的适用性。

四、关于史料学及史学工具书研究

安先生主编的《中国古代史史料学》（福建人民出版社，1994）是受国家教委委托，为高等学校历史系中国古代史专业编写的一部教材，它吸收了目前史料学著作的长处，又根据实际需要，从体系、结构到内容、方法都进行了大胆的尝试和创新。该书的第一编对史料的概念、范围、结构和分类以及史料的一般性质和特征等基本理论问题，作了探讨和说明。第二编将中国古代史的史料按其体裁和内容性质，分为考古史料、群经史料、诸子史料、纪传体史料、编年体史料、政书体史料、纪事本末体史料、传记史料、笔记和杂史资料、科技宗教和学术史料、地理方志和谱牒史料、文集史料、类书丛书和辑佚书史料、档案史料、国外史料等十五大类，以类相从，分别予以介绍。介绍简明扼要，主要说明了史料的价值及最好的版本。这样既有助于读者有重点地了解某一类史料的发展线索和大概情况，又便于读者掌握古代史料的全面情况，既有利于断代史、专门史的研究者对史料的了解，也可以避免通常按断代史、专门史介绍史料时难以避免的重复。第三编是关于史料的研究和应用问题，将目录学、版本学、校勘学、训诂学、考据学以及历史编纂学等基本知识引入了史料学，阐明了这些学科在史料学中的地位、作用和运用方法，并结合中国古代史史料学的特点，在传统史学研究方法的基础上又引入了一些新的研究方法。总之，"这部《中国古代史史料学》，具有很高的科学性与系统性，堪称目前我国史学界最完整、系统和具有体系性的史料学著作,值得我们重视,也值得推荐给广大读者"①。

中国历史源远流长,包罗万象。历史典籍,浩如烟海。为了帮助人们学好中国历史,前人已经编写和出版了许多历史工具书,并起到了很好的作用,但又存在或多或少的缺憾。为了给广大史学工作者和史学爱好者提供研究中国历史的方便,安先生致力于历史学工具书的编撰。《简明中国历代官制词典》(齐鲁书社,1990)是安先生主编的一部查阅历代职官制度的工具书,为研究中国历代官制提供了很大方便。该词典收录3500多个词条,其时限上自先秦下迄清末,收录词目的范围包括:中央和地方的朝廷重要命官;虽非命官,但在一般人心目中有影响的如亭长、里正、刑名、钱谷之类的小吏。有时单列官名,仍不足以说明有关职官制度,则官名、官署名并举。另外,有关官吏的选拔、任免、考核、奖惩以及爵秩、舆服、礼仪等各种制度,也在收录之列。该词典史实可靠,解释准确,简明扼要,体例统一,并注意吸收前人和当代的学术研究成果。另外,安先生还主编了《中国将相辞典》(明天出版社,1990)、《两千年中国历史简表》(山东友谊出版社,2000)、《论语辞典》(上海古籍出版社,2004)等,为研究历史提供了方便。

五、治学之道

在多年的历史研究和教学中,安先生不断总结研究经验,形成了别具特色的治学之道。

正确选择研究方向和课题。安先生认为,历史内容极为丰富,自然、人文无所不包。仅以中国史而论,即使对其中一门学科,要想完全掌握它,精通它,也是极为困难的。这就有一个正确选择研究方向和课题的问题。确定研究方向和课题,首先,要服从国家的需要。近期公布的"国家哲学社会科学研究'十一五'规划"中所规定的主要研究任务,也就是我们要考虑的大方向。同时,确定研究方向和课题,既要考虑其现实意义,

---

① 高敏:《读安作璋先生主编的〈中国古代史史料学〉》,《中国史研究动态》1995年第4期。

又要注重其学术价值。其次,确定研究方向和课题,还要考虑主客观条件。从主观来说,即个人的专业基础和志趣,能否保证完成课题的研究任务;从客观来说,主要是搜集和掌握资料的条件是否具备等。方向和课题确定之后,还要制定一个可行性和可操作性的规划,包括长远规划和近期规划。这样才能比较有成功的把握。

研究的方向和课题确定了,还需要对这个方向、课题研究的过去、现状及未来发展的趋势有所了解,包括国内外学术界的情况。这样就可以把主要力量放在前人还没有涉及或没有解决的问题上,从而在这个领域内努力向前推进一步。否则,我们的史学必将失去生命的活力。

更新研究视角,善于选择结合点和突破口。一般说来,衡量一篇学术论文或一部学术著作有无价值、或价值大小,主要看是否具备以下四项要素,即新资料、新视角、新方法、新观点。其中新观点是前三者结合自然产生的结果。新资料由于史学的学科特点,亦不易得,所以要改变传统的直线或单向的思维方式,选择新视角就成为首先要考虑的问题了。苏东坡《题西林壁》诗有云:"横看成岭侧成峰,远近高低各不同,不识庐山真面目,只缘身在此山中。"说的就是一个转换视角问题。历史研究也是如此。如秦汉有一种学官,叫作"博士",对这一制度本身前人已做了若干研究,几乎没有什么更多的疑难问题了。但是如果把它与秦汉政治、教育、学术、文化等面的关系结合起来看,就可以发现新的课题。扩而言之,如秦汉史与先秦、魏晋南北朝等前后历史阶段的关系,与世界史的关系,与其他学科的关系以及秦汉史研究如何为现实服务的问题等等,它们之间也有一个结合点或视角问题,找准结合点,转换新视角,在秦汉史研究中就可能有更大的突破和创新。再进而言之,跨学科的研究,尤其是历史学同哲学、考古学、社会学、政治学、文学等的结合,也是十分重要的。这不仅可以丰富历史学的研究内容,而且还能够解决单一学科无法解决的问题。

正确处理博与专的关系。治史贵在博大精深,没有渊博的历史知识,要达到精深的地步是不可能的。所谓渊博,是对其所学的专业和研究方向来说,不但要精通,扩而大之,凡是与研究方向有关的知识都应该通晓。所谓"竭泽而渔",用在生产上,固不可取；但用于详细占有资料,则是必要的。如此方能上下贯通,左右逢源,发现问题,解决问题。与此同时,为了获得必要的知识,可以把知识划在一定的范围或领域内,即变无限为有限,然后再用有限的时间去探索有限的知识。这里所谓有限的知识,就是"专"的问题。对于历史文献,应有所选择,有所侧重,或一个课题,或一个领域,全力钻研,锲而不舍,直到弄通为止,切忌好高骛远,浅尝辄止。当然,有重点并不等于取消一般,没有一般也就谈不上重点。例如,学习秦汉一段的历史,如果没有中国通史、世界通史的基础知识,是学不好的。反过来说,如果重点解剖了秦汉这一段历史,那么在探索历史规律和研究方法等方面肯定会起到促进作用。这就是"专"和"博"的辩证关系,正确处理好这二者的关系,在专业学习上就会出现"一马当先,众马奔腾"的生动活泼的局面。

治史贵在乎通。中国史学一个优良的传统就是强调"通"。所谓"通",从今天的角度来看,就是要认识和掌握历史发展的规律,它主要包括以下三个方面：

一是纵向的"通",也就是弄通历史的来龙去脉,或者叫做纵向联系、逆向考察和顺向考察。首先,要弄通每一个社会形态的最本质的特征以及形成这些特征的原因。其次,要弄通前一个社会形态如何向后一个社会形态的转变,这个转变过程是通过哪些环节完成的。第三,不仅要弄通每个社会形态内部不同历史发展阶段的最本质特征及其形成的原因,还要弄通前一个历史阶段怎样向后一个历史阶段的转变。

二是横向的"通",也就是要弄通每一种事物与其左邻右舍的关系,或者叫做横向联系。例如,每一个历史时期的政治、经济和思想文化,都不是孤立的,而是一个有机的整体,应该注意阐明其间的相互作用和相互关系。再者,横向联系也不能仅仅限于本国史,还要和处于同一社会形态或同一时期的外国历史相联系。

三是类通,也就是以类相从,逐类贯通。例如,对每个社会形态以及每个社会形态中各个历史发展阶段的生产力发展状况、特点或标志,土地制度和租赋兵徭役制度的变化,阶级关系的变化和阶级斗争的特点,典章制度和思想文化的发展变化，民族关系和中外关系的发展变化，以至于历代疆域的沿革等进行分类研究，使其自成体系，认识和掌握每一类事物发展的线索和规律。

客观认识史学研究者的素养。安先生结合自己的治学经验，对梁启超的"史家四长说"即德、才、学、识，进行了新的诠释。

历史研究必须有正确的理论作指导，这便是"史识"。虽然古人研究历史的理论各有不同，多种多样，但都带有这样那样的缺陷、偏差。已被实践证明了的唯一正确的理论，便是马克思主义唯物史观。因此，必须认真学习马克思主义的经典著作，真正把握历史唯物主义的基本原理、观点和方法。要做到这一点，就必须认真读书，一些马克思主义经典著作是要列入"必读书目"的。值得注意的是，在运用马克思主义唯物史观研究历史时，切忌教条化，要运用马克思主义基本原理与历史和现实相结合。

有了正确的理论作指导，还需具有研究历史的基本功，这便是"史学"。过去老一辈史学家常说治史要掌握四把"钥匙"，即年代、目录、职官、地理。当然，仅有这四把"钥匙"还不能登堂入室，还需要有其他方面的基本功，如文字、声韵、训诂、校雠等。此外，治史不仅需要人文社会科学的基本知识，还需要自然科学的基础知识，如天文、数学、物理、生物、化学等。

研究历史不仅要有基本的功夫，还需具备研究历史的基本技能。这便是"史才"。搜集、整理材料，是一项重要的基本技能，学会利用《索引》、《引得》，就省事一些。搜集材料方面前人常用的方式大体有四：一是眉批，二是笔记，三是卡片，四是札记。这四种方式中，做卡片是最受推重的一种。搜集到的资料，还需要进行辨伪，不可拿来就用。至于写作方面，一篇好文章，应围绕中心展开，纵向考察，横向联系，既要考察所谈问题的源与流，又要分析与它相关的其他事物，阐明它们之间的关系。文笔要流畅，用词要准确，要把握"文不害义"这个限度。

研究历史，必须实事求是，不虚美，不掩恶，此即"史德"。秉笔直书，是中国史学家的优良传统。安先生认为，我们今天应弘扬秉笔直书、实事求是的优良传统，唯有如此，才能使历史成为信史。

　　除上述观点外,在今天的条件下,还要强调创新精神。但创新绝不是无根据的标新立异,别出心裁。而是对前人的研究成果有继承和发展：对今日和以后的史学研究,有启迪意义和导向作用。当然,在某个具体的问题上,把研究的深度和广度再向前推进一步,也是创新,但更重要的创新,是那些具有方向性、导向性的研究。创新的前提是博采众家之长。博采众家之长,不仅仅是吸收已有的研究成果,在前人奠定的基础上,更进一步：更为重要的,是借鉴别人治史的方法。读书看文章,除了了解书和文章的内容外,应多花些精力去琢磨一下作者的思路。像郭老、范老、翦老等史学大家的文章,应认真研究他们是怎样写书、写文章,怎样研究问题的。当然,每个人甚或每个人的每部著作、每篇文章,都有不同的目的、思路和写作方法、技巧,我们要取其所长,再加以融会贯通,这样才能不断有所提高,有所进步,有所创新。

　　坚持马克思主义与中国历史实际相结合。安先生认为,在学术研究领域,无论采取哪种方法,都应当鼓励支持大胆尝试：但无论哪一种方法,都不能代替马克思主义。史学工作者要认真学习马克思主义,并努力把马克思主义的基本原理和中国历史实际相结合,这是学习和研究中国历史的最根本的途径。当然,我们不能把马克思主义当作教条,不能用马克思、恩格斯等经典作家研究欧洲历史所得的个别结论,按照欧洲国家的历史模式来硬套中国的历史。每个国家的历史,都有自己的特点,即使是处于同一种社会形态,也各有不同模式。事实证明,无论奴隶社会、封建社会、资本主义社会,还是社会主义社会,都不是只有一种模式,而是有多种模式。中国历史和其他国家的历史有着人类社会共同的发展规律,但也有自身的特殊发展规律。以中国的奴隶制社会为例,自从原始社会瓦解进入阶级社会以后,父系血缘组织仍以家族和宗族的形态长期保存下来,氏族公社的公有土地也没有直接发展为私有,而是转变为奴隶主国家土地所有制,即井田制。在井田上劳动的生产者庶人,形式上虽然还是公社成员,实质上是一种宗族奴隶。在此基础上形成的奴隶制国家政治体制,虽然保存了若干原始民主的残余,但并不存在像古代希腊、罗马那样的民主制度,而是一种等级制的君主专制制度。这就是中国式的奴隶制。中国的封建制也有自己的许多特点,毛泽东同志在《中国革命和中国共产党》一文中已作了精辟的论述。他为我们研究中国历史,提供了一个运用马克思主义基本原理与中国历史实际相结合的光辉典范。

业精于勤,持之以恒。安先生认为,一个人的成长固然受到诸多客观因素的影响和制约,然而与自己的努力也是分不开的。他说:"凡是真正做学问的人,都主张三勤,即眼勤、脑勤、手勤,也就是勤于读书、勤于思考、勤于写作。勤奋出成果,这是个真理。没有面壁十年的精神,是做不出真正学问的。凡是有成就的学者,都要经过热桌子与冷板凳的锻炼。"做学问要持之以恒,需处理好整与零的关系。一个整体规划绝不是一下子就能解决得了的,应该把它分解为若干具体的小问题,一个个地加以解决,这叫"化整为零"。等到所有的小课题基本解决,然后再归纳综合,从而形成一个较完整的体系,这叫"化零为整"。学会这种方法,即使工作再忙,条件再差,只要坚持不懈的努力,就一定能出成果。

安先生在入大学前,就已读完了《资治通鉴》和前四史等史书,这为他以后学习历史特别是秦汉史打下了良好的基础。在读中学时,由于生活条件的恶劣,身患多种疾病,并夺去了他双腿的健康。生活的艰辛和疾病的折磨并没有摧毁安先生刻苦学习的意志。他常用司马迁说过的一段话"左丘失明,厥有《国语》;孙子膑脚,而论兵法"来激励自己。1947年,安先生以优异的成绩考上了齐鲁大学文学院历史系。大学四年,安先生如鱼得水,遨游在知识的海洋中。在四易寒暑的八个假期中,有七个假期都是在图书馆和国学研究所资料室中度过的。他从不敢浪费半点时间。午夜之前很少休息过,有时躺下休息后仍在思考问题,一旦有所发现,便立即披衣起床,笔之于书。真可谓到了寝不安席的地步。安先生对秦汉史下了很大功夫,仅前四史就翻烂了四种版本。这为他后来从事历史教学与研究打下了坚实的基础。安先生说,他的一生,用"读书、教书、写书"六个字就基本可以概括了。这虽是谦虚之辞,但也从一个侧面反映了安先生所取得的学术成果和勤奋之间的关系。

1951年,安先生大学毕业后便被分配到山东师范大学(原山东师范学院)从事教学工作,至今已有半个多世纪了。他多次被评为优秀教师、先进工作者,受到多种奖励。1980年由讲师越级晋升为教授。他以渊博的学识、严谨的学风、高尚的品德,赢得了广大师生的推崇与尊敬。作为一名从事教育工作五十多年的老教师,他的学生在毕业后有些成了中学的教师骨干,有些成了知名学者,有些则担负着领导职务,在各自的工作岗位上发挥着重要的作用。

安先生认为,一个好的学术带头人,不仅要看他个人出了多少成果,更重要的是看他培养出了多少有成就的,甚至超过了自己的学生。他认为"得天下英才而教育之",是人生的最大乐事。他甘作人梯,希望后人踏着自己的肩膀更上一层楼。凡与他有过交往的学生、青年教师和学者等都把他视为良师益友。

现在,安先生虽已年逾古稀,但老而弥笃,仍在史学园地里辛勤耕耘。他常用曹孟德的名言"老骥伏枥,志在千里。烈士暮年,壮心不已"激励自己。我们相信安先生将会有更多的学术成果问世。

（作者：张仁玺　原载《高校理论战线》2007年第2期）

板凳需坐十年冷　文章不写一句空

——访著名历史学家安作璋先生

左丘失明，厥有《国语》
孙子膑脚，而论兵法

记者：看一些传记文章上提到，您10岁就小学毕业了，上大学以前的求学经历又是很艰苦的。想请您向读者谈谈您早年的学习和生活，您的家庭在您的早期教育中影响大吗？

安作璋：当一个人进入耄耋之年，再去回首青少年的经历，许多往事可能早已淡如云烟。然而有些在别人看来是很平凡的事，至今却仍深刻地留在我的记忆中。

自从我识字时起，最先留在记忆中的就是我家黑漆大门两边的那副"忠厚传家远，诗书继世长"的对联。长辈们经常给我讲这副对联的意思，就是教导我长大以后为人要忠厚，要好好读书。没想到这竟成为我一生遵循的两个信条。

记得小时候，老人还给我讲过这样一个故事：说的是宋朝大学问家苏舜钦，好饮酒又放荡不羁。他曾住在岳父祁国公杜衍家中，每晚读书都要饮酒一斗。杜衍感到很奇怪，暗中观察，原来他是在读《汉书》，每当读到快意之时，便饮酒一大杯。杜衍不禁笑道："有如此下酒物，一斗也不算多。"用《汉书》下酒，足见其感人之深。我后来读《汉书》的兴趣，就是受了这个故事的启发，这也算是我最早接触历史吧！

我小学毕业的那一年（1937），适逢抗日战争爆发，家乡曹县县城沦陷。我因不愿接受日本的奴化教育，毅然随父母迁到乡下读私塾。在家庭的熏陶和师长的教诲下，我先后读完了《资治通鉴》和前四史等书，这也为我以后学习历史特别是秦汉史打下了良好的基础。

到了1944年，我随着当地大批爱国师生辗转来到皖北阜阳，进入山东第二临时中学高中部学习。当时正处于抗战紧张之时，在这所流亡中学里，我们住的是临时用土坯垒起的破草房，有时吃的是发了霉的高粱米窝窝头，而绝大多数同学又与家庭失去了联系，身无分文，处境十分艰难。更为严重的是，多种疾病又在这一带流行，我也未能幸免，除了危及生命的猩红热以外，诸如疟疾、疥疮和关节炎都降临到我的身上，特别是关节炎，夺去了我双腿的健康。支持我继续生活和学习勇气的，就是我过去所熟悉的历史人物在逆境中百折不挠的精神。我常用司马迁说过的一段话"左丘失明，厥有《国语》；孙子膑脚，而论兵法"来激励自己。1947年，我以优异的成绩考上了齐鲁大学文学院历史系。

大学四年，由于经济困难，不得不半工半读。但有众多知名教授、学者的谆谆教导，图书馆和国学研究所中琳琅满目的书籍，使我少年时代的梦想如愿以偿。在四易寒暑的八个假期中，有七个假期我都是在图书馆和资料室中度过的。我的大学四年（1947年—1951年）恰巧跨越了新旧两个时代。先是接受了乾嘉考据学派求真求实思想的影响，以后又接受了辩证唯物主义和历史唯物主义。这些都为我后来从事历史教学与研究打下了坚实的基础。1951年大学毕业，我便被分配到山东师范大学（原山东师范学院）工作。真是弹指一挥间，差不多半个多世纪就这样过去了。

板凳需坐十年冷
文章不写一句空

记者：您在历史研究上取得了卓越的成就，有很多渴望成功的年轻读者希望能了解，您事业成功的主要原因是什么？

安作璋：首先，我们这一代人，青年时代是在解放前的战乱中度过的，解放后又在极"左"思潮中经历了多次运动，可谓"先天不足，后天失调"。即使在这种情况下，每当我向前迈进一步，做出一点成绩，总是受到党组织亲切的关怀、指导和帮助，并给予很高的荣誉。

其次，应归功于那些教诲、关心、爱护和帮助我的师长和朋友。特别是一些前辈学者的教诲和提携使我受益匪浅。仅在齐鲁大学读书期间，亲自授业的老师先后就有胡厚宣，栾调甫，张维华、朱东润、莫东寅、韩连琪等先生。他们都是学识渊博、学有专长的著名学者。我从他们那里不仅学到了专业知识，还学到了治学的精神和方法，以及为人处世之道。大学毕业不久，我还得到了以往从未见过面的著名史学家邓广铭先生的提携。记得那是在上世纪50年代初，我将大学时的习作《西汉的西北屯垦》，《论西汉农官建置及其作用》两文寄给邓先生请教，邓先生当时担任《光明日报》史学版的主编，没有想到，不过三个月，我的文章连续在《史学》上发表。后来这两篇习作收录在我的第一部史学著作论文集《汉史初探》中。这本书现在看来虽然十分肤浅，但在当时青年学者中却产生了积极影响。

最后，我认为一个人的成长固然受到诸多客观因素的影响和制约，然而与自己本身的努力也是分不开的，有些青年教师和学生请我传授一些治史的秘诀，我就说："我没有什么秘诀，如果说有，那就是业精于勤四个字，即眼勤，脑勤、手勤（也就是勤于读书、勤于思考、勤于写作）。没有面壁十年的精神，是做不出真正的学问的。凡是有成就的学者，都要经过长期热桌子与冷板凳的锻炼。"前辈学者所说的"板凳需坐十年冷，文章不写一句空"也是这个道理。

读万卷书
行万里路

记者：除了教学和科研，您的休闲时光通常是怎样度过的？

安作璋：虽然我是一位历史工作者，但也是一位普通人，有着常人的爱好和情趣。我喜欢书法，很多学者和朋友对我的作品给予了很高的评价："书法典雅隽秀，带有书卷气。"日本学者们也都视若珍品，但我从不轻易示人，我认为这是一种自我陶冶，不足为外人道也。虽然我的双腿患有严重的关节炎，但我的足迹却留在了黄河上下、长江南北。我登过河南的嵩山，安徽的黄山、四川的峨眉山、青城山以及山东的泰山、崂山。我到过许多历史名城和古代遗址，也到过日本，韩国以及中国的香港、台湾等地讲学和游历。这对于一个举步维艰的人来说,当然不是什么游山玩水,而是借此开拓胸怀,扩大视野,增长见识。"读万卷书,行万里路",这是历史的格言,也是我生活的一种乐趣。

(记者:张成东　原载《齐鲁晚报》2007年12月26日)

史学大家眼中的"国学热"

——安作璋教授访谈录

2007年12月23日上午，著名史学家安作璋先生从事史学研究60周年暨80华诞座谈会在济南举行，来自省内外史学界的专家学者群贤毕至，向先生80寿辰表示祝福。

近年来以中国古代历史、哲学为主要内容的"国学"热持续升温，如何来看待"国学热"及国学研究？年逾八旬、一生治史的安老当然有发言权。趁为安先生贺寿之时，记者与他进行了畅谈。

于丹、易中天是务正业

记者：这几年的国学热中以于丹、易中天为代表的"文化超女"、"文化超男"的出现，是一个有代表性的现象，对此应怎样看待？

安作璋：近年来国学兴起，也是历史发展的必然：随着我们经济的发展、国力的强大，整个社会民族自信心也大大增强，对于民族、传统的文化，就有了更大的需求。这种情况下，就需要有人来做一些普及工作，让自学走到群众中去。于丹、易中天他们就应运而生，在电视上"百家讲坛"比较热的时候，连我这样一辈子搞历史研究的也忍不住买了本"百家讲坛"精品集，闲来无事的时候也翻一翻。可见他们的出现是迎合了社会需求的。

记者：很多专家学者都认为他们这是不务正业，脱离了传统、正规的学术研究。

安作璋：我不这样看。我认为要想让国学真正"热"起来，需要两条腿走路：一方面需要有人对重大历史问题深入研究，不断出现突破性成果；另一方面也要有人把成果从学术殿堂普及到群众当中去。也就是要提高和普及相结合。从前我们过于注重前一个方面的工作。但教授、先生板着面孔坐而论道，连不少研究生都昏昏欲睡，还谈什么让群众接受？而于丹、易中天他们正是用生动的语言、故事，贴近生活，贴近现实，再加上用说书等群众喜闻乐见的形式，来抓住听众。这就是弥补了后一个方面的空白。所以我认为，像于丹、易中天他们，不是不务正业，而恰恰是务正业，他们的工作很有意义。

记者：但很多人对他们所普及的成果不以为然，感到并不十分符合国学的本来面目。

安作璋：这正是我想提醒大家的。实际上，几千年来，研究国学的著作可谓汗牛充栋，作注、作疏乃至专门作专集的大师层出不穷。但是大家仍对许多问题的看法意见纷纭，莫衷一是，因为国学是一门极其渊博深奥的学科。多年前，我曾经编过一本《论语》词典，对这个问题认识才更深刻了。举个例子，《论语》中有"唯女子与小人难养也，远之则怨，近之则不逊"的话，有人就由此断定孔子轻视妇女。但在孔子一生的行为中，却看不到轻视妇女的痕迹。最简单的事实，孔子对他的母亲就非常尊重的呀！

为什么出现这种情况呢？因为《论语》是其弟子收录孔子的语录。既然是语录，那不少话都是在特定情况下针对某些人某些事来说的，具体分析就是不可少的。比如上面这句话，应是在"子见南子"时说的，其实是孔子针对卫灵公夫人南子以及其宠臣这些人说的。知道了这一点，才会对这句话有更准确的理解。

正是因为国学博大精深，所以我在这里冒昧地说一句：以于丹等人的学力、功力，要想把国学真正讲深讲透，弄通原意、精义，大概是力有不逮的。我佩服于丹的是，她自己对此也很清楚，你看她讲的内容，叫做《论语心得》《庄子心得》，如果有谁来拿其中的一些问题来责难她的时候，她就可以说，这是我自己读经典的心得，拿来跟大家共享，共同体会。这怎么让人真能再去挑她的毛病呢？所以我说，广大群众在接受他们的国学知识普及时，是应该了解到这一点的，知道他们讲的是普及的东西，要想更进一步了解就要进行更正规的学习和研究了。

大事不虚与但求会有

记者"国学热"另一个重要方面,体现在当前大量历史文艺作品的出现,如书摊上历史小说一直很有市场,而历史影视剧就更多了。应如何看待这种现象的积极意义和消极意义呢?

安作璋:关于一些历史题材的文学艺术作品,群众对他们褒贬不一。我认为这应当一分为二地去看。用文学艺术作品去把历史知识传播到群众当中去,这是扩大历史研究影响的有效手段,应该说不无意义。但值得注意的是,目前有一些文学艺术作品,往往过于追求娱乐化和轰动效应,存在着对历史不尊重的"通病"。其中对于历史问题、历史人物、历史事件,不少地方处理不够严谨,失真失实,这样就安然传播错误知识。比如《汉武大帝》这部电视剧,编剧说是根据《史记》《汉书》编的一部正剧,那应该是最大限度地尊重历史了。但其中一些大的事情都弄错了,有时把汉文帝的事情弄到了汉景帝身上,把发生在周勃身上的事情又弄到了周亚夫那里,这种张冠李戴的情况,应是一种很不负责的体现。

记者:如何处理历史真实和艺术真实关系的问题,其实是一个老问题。要想在实践中得到更好的解决,应遵循怎样的原则呢?

安作璋:我认为首先要注重历史的真实,要在尊重历史事实的基础上,适当进行艺术加工。我对一位历史小说作家的两句话印象比较深:第一句是"大事不虚,小事不拘",大事是不能搞错的:第二句是"不求真有,但求会有",如果不可能有的有了,这就成了问题了。这两句话我比较赞同。

所以说,在创作中,大的时代背景,历史发展趋势不能错,当时是在一种什么社会背景下,出现什么人物、事件,尤其是重要性的历史人物,重大历史情节不能错。在这种前提下,可以用当代思想水平、高度来处理历史上遇到的问题,也允许用多种多样的艺术手法进行合理想象。否则,脱离了历史的本来面目,就会给人误导,这对恢复历史的本来面目是不利的,也不可能成为令人信服的好的艺术作品。

多读历史提高自己

记者：不可否认，"国学热"还有个重要原因，是人们越来越注重从历史故事中了解中国传统，并汲取做人做事的经验。

安作璋：我觉得这是个很好的事情。我一向认为，研究历史的目的是从历史过程中总结和发掘历史智慧，从历史的规律中探索我们的现在和未来。既然历史是资政育人的宝鉴，我们多用这面镜子是很有必要的。

记者：的确，我们看过许多这样的历史故事：在当政者对某个政策犹豫不决时，往往某个智囊大臣列举一个历史故事来，一下子就让当政者豁然开朗。可见以史为鉴，是非常有说服力的。

安作璋：中国史学不仅有"通古今之变"的优良传统，而且有鉴古知今、古为今用的优良传统。事实上以史为鉴的事例自古至今不可胜数。比方说在治国上，秦始皇与汉武帝的比较就很有说服力：秦始皇在夺取政权后，应该及时将工作重点放在治国安民上，而他偏偏继续穷兵黩武、大兴土木，搞得民不聊生，最后很快就亡了国。汉武帝也犯了同样的错误，连年与匈奴开战，搞得举国疲惫，也几乎到了不可收拾的地步。但就在这个关键时刻，作为一国之君的汉武帝，能够做到轮台悔过，向全国下"罪己诏"，从而收拾了民心，这是很高明的。很明显，汉武帝这是汲取了秦始皇的教训。因此，司马光才有"汉武有亡秦之失，而免亡秦之祸"的结论。

记者：事实上在我们生活中从历史中得到教益的事情也有很多。

安作璋：是的，有时候人们总是一而再再而三地犯同样错误，如果注意学习点历史知识，就是可以避免的。我就有过这样的亲身经历：上个世纪90年代，趵突泉水位持续下降，在是否加强泉水保护上，人们的思想还不是很统一。有一次，我出席了一次保泉研讨会议。针对有些同志对保泉意义认识仍然不足的情况，我在发言中首先发问：大家现在都生活在济南，请问谁知道济南最早的原址在哪里？我接着解释说：最早济南就在章丘的东平陵，千年前曾经繁华一时。而到晋代突然变成一片废墟，只好迁到了今天的历城。为什么发生这一变故呢？就是因为人类活动使东平陵发生了严重的水荒。因此对济南来说，泉水一直是这个城市的命脉所在，现在不加大保护力度，难道还要重蹈覆辙吗？这样一说，大家就很容易信服了。这就是历史的力量。古人说，"前事不忘，后事之师"；"以古为镜，可以知兴替"。从这个角度来说，当前大家更注重从历史中学习人生体验，不失为提高、发展自己、报效国家的一条正道。

（记者：宋弢　王原　通讯员　姚昌　原载《大众日报》2008年1月4日）

答《大众日报》记者问

问：看一些传记文章上提到，您十岁就小学毕业了，上大学以前的求学经历又是很艰苦的。想请您向读者谈谈您早年的学习和生活，您的家庭在早期教育中影响大吗？

答：当一个人进入耄耋之年，再去回首青少年的经历，许多往事可能早已淡如云烟。然而有些在别人看来是很平凡的事，至今却仍深刻地留在我的记忆中。

自从我识字时起，最先留在记忆中的就是我家黑漆大门两边的那幅"忠厚传家远，诗书继世长"的对联。长辈们经常给我讲这副对联的意思，就是教导我长大以后为人要忠厚，要好好读书。没想到这竟成为我一生的信条。

记得小时候，老人还给我讲过这样一个故事：说的是宋朝大学问家苏舜钦，好饮酒又放荡不羁。他曾住在岳父祁国公杜衍家中，每晚读书都要饮酒一斗。杜衍感到很奇怪，暗中观察，原来他是在读《汉书》，每当读到快意之时，便饮酒一大杯。杜衍不禁笑道："有如此下酒物，一斗也不算多。"用《汉书》下酒，足见其感人之深。我后来读《汉书》的兴趣，就是受了这个故事的启发，这也算是我最早接触历史吧！

我小学毕业的那一年，适逢抗日战争爆发，家乡曹县县城沦陷。我因不愿接受日本的奴化教育，毅然随家庭迁到乡下读私塾。在家庭的熏陶和师长的教诲下，我先后读完了《资治通鉴》和前四史等书，这也为我以后学习历史特别是秦汉史打下了良好的基础。

到了1944年，我随着当地大批爱国师生辗转来到皖北阜阳，进入山东第二临时中学高中部学习。当时正处于抗战紧张之时,在这所流亡中学里,我们住的是临时用土坯垒起的破草房,有时吃的是发了霉的高粱米窝窝头,而绝大多数同学又与家庭失去了联系,身无分文,处境十分艰难。更为严重的是多种疾病有在这一带流行,我也未能幸免,除了危及生命的猩红热以外,诸如疟疾、疥疮和关节炎都降临到我的身上,特别是关节炎,夺去了我双腿的健康。生活的艰辛和疾病的折磨曾一度到了难以忍受下去的地步。支持我继续生活和学习勇气的,就是我过去所熟悉的历史人物在逆境中百折不挠的艰苦奋发的精神。我常用司马迁说过的一段话"左丘失明,厥有《国语》;孙子膑脚,而论兵法"来激励自己。长期的流浪学习生活总算有了一个结果。令我欣慰的是不仅文科各门功课全优,而且补学了过去很少学过的理科课程。1947年,我以优异的成绩考上了齐鲁大学文学院历史系。

大学四年,由于经济困难,不得不半工半读。但有众多知名教授、学者的谆谆教导,图书馆和国学研究所中琳琅满目的书籍,使我少年时代的梦想如愿以偿。在四易寒暑的八个假期中,有七个假期我都是在图书馆和资料室度过的。记得那时校园里有各种文化娱乐活动,这些似乎都与我无缘。我从来不敢浪费半点时间。午夜之前很少休息过,有时躺下休息后仍在思考问题,一旦有所发现,立即披衣起床,笔之于书。真可谓到了寝不安席的地步。我的大学四年(1947—1951)恰巧跨越了新旧两个时代。先是接受了乾嘉考据学派求真求实思想的影响,以后又接受了辩证唯物主义和历史唯物主义。这些都为我后来从事历史教学和研究打下了坚实的基础。1951年大学毕业,我便被分配到山东师范大学(原山东师范学院)工作。真是弹指一挥间,差不多半个多世纪就这样过去了。

2、问:为什么您要学习历史,而且将研究历史作为一生奋斗的方向?学习历史究竟有什么用处?

答:历史是现实的一面镜子,人类在漫长的社会实践中积累了丰富的经验,也留下了许多沉痛的教训;这是祖先留给我们的一份宝贵的财富。邓小平同志曾经说过:"历史上成功的经验是宝贵财富,失败的经验也是宝贵财富。"所谓"温故知新"、"鉴往知来"、"前事不忘,后事之师"

等古训,对过去的历史认真的学习研究加以总结、借鉴,就可以避免前人已经走过的弯路,避免重蹈覆辙。

历史既是传承文明的载体,又是资政育人的宝鉴。可以作为治国的借鉴,也可以用来进行优秀的品德教育、爱国主义教育、革命传统教育。胡锦涛同志提倡的"八荣八耻",都可以从历史上找到生动而典型的人物、故事或事例,这些都不是其他学科所能代替的功能。唐代史学评论家刘知几说:"史之为用,其利甚博,乃人生之急务,为国家之要道,有国有家者,岂可缺之哉!"总之,学习历史的功用是不可估量的,社会上曾流行的一种"历史无用论",是对历史的无知,是一种错误的观点。

3、问:安先生以研究秦汉史著称,大家对于这一时期的一些重要历史人物,比如秦始皇、汉武帝非常感兴趣,请问安先生对这些人物有什么评价?

答:在历史上,秦皇、汉武并称,一个被誉为"千古一帝",一个被誉为"冠于百王"的"二十四朝皇帝";但也有人认为他们是历史上的"暴君"。就对他们的评价而论,可谓仁者见仁,智者见智,两千年来几乎史不绝书。这是因为随着社会历史的发展,人们总是会用新的时代的眼光来审视过去的历史,对他们进行新的评价,做出新的诠释和结论。再加上小说、戏剧、电影、电视等作者、编导们不断地"艺术加工",甚至戏说,看来距离这两个历史人物的真实形象似乎越来越远。历史学家应当实事求是地努力恢复其本来面貌。当然,由于种种主客观条件的限制,要想完全恢复其本来面貌几乎是不可能的。但是这又是历史学家义不容辞的责任。我们希望通过学者们的共同努力,使这两个历史人物的生平事迹、是非公过更接近历史真实,更符合他们的身份和历史地位。

任何一个历史人物都是和他所处的时代分不开的,秦皇、汉武的时代是一个伟大的时代,是一个空前大统一的时代,是一个以汉族为主体包括北方匈奴族、东北朝鲜等族、西域各族、西南夷各族、南方的越族等多民族大融合的时代,是祖国疆域初步形成的时代,是封建的政治、经济、文化教育等各种制度奠基的时代,还是一个对外开放的时代。通过对秦皇、汉武这两个历史人物的研究,可以更全面深刻地了解这个时代;反过来说,了解这个时代，也可以更全面深刻地了解秦始皇和汉武帝。

秦皇、汉武这两个历史人物给我们留下了太多的经验教训，给我们提供了丰富的历史借鉴。例如因时制宜的转变和制定治国方针和政策问题，选拔接班人问题，对待知识分子（古代儒生）的问题等，汉武帝都接受了秦二世而亡的经验教训。正如司马光所说："此其所以有亡秦之失，而免亡秦之祸乎！"

此外，如秦皇、汉武的用人思想、用人制度和用人政策，在财政经济、法律、文化教育等方面建立的各种制度和政策，以及民族政策、外交政策等等，都给后世留下了许多经验教训，在此不再一一列举。

"俱往矣，数风流人物，还看今朝"。但是秦皇、汉武的思想、言行、业绩及其影响，却是不能也无法抹掉的。司马迁在《史记·太史公自序》中说，他著作《史记》是"述往事，思来者"。其目的很明确。今天我们研究秦皇、汉武的"往事"，归根到底也是为了"思来者"。

4、问：您在历史研究上取得了卓越的成就，有很多渴望成功的年轻读者希望能了解，您事业成功的主要原因是什么？

答：首先，我的成长归功于党的教育和培养。我们这一代人，青年时代是在解放前的战乱中度过的，解放后又在极"左"思潮中经历了多次运动，可谓"先天不足，后天失调"。即使在这种情况下，每当我向前迈出一步，作出一点成绩，总是受到党组织的亲切关怀、指导和帮助，并给予很高的荣誉。我曾多次被评为优秀教师、先进工作者，受过各种奖励。1980年由讲师越级晋升为教授。1987年，作为一个普通教师，光荣地当选为中共十三大代表。1988年，中共山东省委、省人民政府授予"山东省专业技术拔尖人才"的光荣称号。1991年，荣获国务院对国家有突出贡献的专家特殊津贴，1993年又被国务院学位委员会批准为博士生导师。正是党组织的教育和培养，激励和鞭策着我不断向新的高峰攀登。

其次，应归功于那些教诲、关心、爱护和帮助我的师长、同学和朋友。特别是一些前辈学者的教诲和提携使我受益匪浅。仅在齐鲁大学读书期间，亲自受业的老师先后就有胡厚宣、栾调甫、张维华、朱东润、莫东寅、韩连琪等先生。他们都是学识渊博、学有专长的著名学者。我从他们那里不仅学到了专业知识,还学到了治学的精神和方法,以及为人处世之道。大学毕业不久,我还得到了以往从未见过面的著名史学家邓广铭先生的提携。记得那是在五十年代初,我将大学时的习作《西汉的西北屯垦》《论西汉农官建置及其作用》两文寄给邓先生请教,邓先生当时担任《光明日报》史学版的主编,没有想到,不过三个月,连续在《史学》上发表。后来这两篇习作收录在我的第一部史学著作论文集《汉史初探》中。这本书现在看来虽然十分肤浅,但在当时青年学者中却产生了积极影响。

最后,我认为一个人的成长固然受到诸多客观因素的影响和制约,然而与自己本身的努力也是分不开的,有些青年教师和学生请我传授一些治史的秘诀,我就说:"我没有什么秘诀,如果说有,那就是'业精于勤'四个字,即眼勤、脑勤、手勤,也就是要勤于读书,勤于思考,勤于写作。没有面壁十年的精神,是做不出真正的学问的。凡是有成就的学者,都要经过长期热桌子与冷板凳的锻炼。"前辈学者所说的"板凳需坐十年冷,文章不写一句空"也是这个道理。

5、问:现在人们接触历史的途径跟电视电影网络有很大的关系,一些历史剧以及《百家讲坛》等栏目对于认识历史有重要的影响。请问安先生平时看不看这些节目?您认为观众看这些节目时应注意些什么问题?

答:关于历史剧和"百家讲坛"等热门节目,有很多争议,褒贬不一。我认为应该一分为二来看,不能完全肯定也不能完全否定,既要看到它的积极意义,也要看到它的消极影响。他们用通俗的语言、生动有趣的故事,以电视剧或说书的形式将历史传播到广大群众中,这是值得肯定和赞许的,事实上也受到了群众的欢迎。但另一方面,对历史问题、历史人物、历史事件的处理不够严谨,有一些失真、失实,甚至传播一些错误的历史知识。有过于娱乐化,随意性,过于重视轰动效应的倾向。我觉得观众和听众朋友们应该注意这些情况。同时也牵涉到如何正确对待历史真实和艺术真实的问题。作为小说和历史剧,可以允许在尊重历史真实的基础上进行适当的艺术加工。有的作者曾提出"大事不虚,小事不拘"、"不求真有,但求会有"的说法,我看还是可以考虑的。只要在艺术创作时把握好和处理好大的时代背景、社会背景、重大历史情节和重要历史人物,尽可能做到历史的真实，在这个前提下可以运用多种艺术手法进行加工（包括合理想象、当代思想高度等），这样也能达到预期的效果。

6、问：您对"国学热"，尤其是于丹文化现象、"超男"、"超女"等此起彼伏如何评价？

答：二者有关系，但不能完全等同，先谈"国学"。目前社会上兴起一种"国学热"，这是社会历史发展的必然趋势。

什么是"国学"？解释不一。几位国学大师如章太炎说："国学为一国之学。"吴宓说："国学即中国学术的总纲。"钱穆则说："国学即传统文化。"

国学也是一种文化现象，是中华文化的精华。谈到文化，胡锦涛总书记在"十七大"报告中说："当今时代，文化越来越成为民族凝聚力和创造力的源泉，越来越成为综合国力竞争的重要因素。"建设社会主义新文化，需要三个要素：一是几千年来形成的中华民族的传统文化，一是近百年以来形成的革命传统文化，一是外来先进文化。而其中优秀的传统文化则是一个民族的标志，是民族的根。中华民族在吸收革命传统文化、外来先进文化的同时，必须要自觉地来保护自己的根。否则，失去了这个根，就不能自立于世界民族之林。我们应当站在这样的高度来看待国学热和国学研究。

对待国学，要处理好三个关系：一、正确处理批判与继承的关系，即分清国学中的精华与糟粕（有时精华之中有糟粕，糟粕之中又精华，很不易区分）应吸取其民主性的精华，剔除其封建性的糟粕。二、正确处理古与今的关系。研究国学不是复古，而是为了现实和未来。复古是没有出路的，虚无主义否定一切的做法也是错误的。三、正确处理中外关系，既不要故步自封，也不能全盘西化，既要吸收世界各民族的优秀文化，也要把自己民族的优秀文化推向世界，"增强中华民族的国际影响力"。对人类社会文明和进步做出自己应有的贡献。

国学有什么用？前已说过，其最大的用处就是增强中华民族的凝聚力和创造力，协调人和人的关系，人与自然的关系，构建中国社会主义现代化和谐社会，进而造成一个和谐世界。

对国学研究要采取两条腿走路的办法：一方面要有一部分专家学者对其进行深入研究；一方面也要做好普及工作,将国学研究成果从学术殿堂延伸到社会,普及到广大群众中去。这叫普及与提高相结合。现在再回头来看所谓"于丹等文化现象"。为此,我曾买了一本《百家论坛精品集》,所谓百家实际就是那么十几个人。他们所讲的内容也不一样,所谓各有千秋、各有所长。从右数于丹排第一位,易中天排第二位。看来于丹在人们心目中是一位有代表性的人物。她的代表作是《庄子心得》、《论语心得》。这两部书最晚自汉代以来两千多年中,历代都有学者为之作注作疏,进行研究。但其中还有不少问题没有解决,意见纷纭,莫衷一是。我冒昧说一句,以于丹的学力、功力要把这两部书讲深讲透,真正弄通其中原意和精义,恐怕不那么容易。尤其是《论语》是孔门弟子记录的孔子的语录。这些语录都有针对性的,即在特定的时间、场合针对某人某事有感而发的,具体问题要作具体分析。不过,于丹很聪明,她把两本书都名之曰"心得"。见仁见智就好交待了。尤其是她用通俗的语言,贴近现实、贴近生活的内容,人生哲理,生动有趣的故事,说书的形式,把自己的"心得"讲出来,和读者、听众进行心理和思想交流,不仅无可非议,而且容易为读者、观众所接受,得到广大群众尤其是青年所赞许,这是完全可以理解的。

（2008年1月4日）

安作璋：80岁的春天

被誉为"今日秦汉史学界重镇"的安作璋先生是山东师范大学历史文化与社会发展学院教授，博士生导师，齐鲁文化研究中心学术委员会主任，亦是山东省首批专业技术拔尖人才，最近又荣获"第一次山东省社会科学突出贡献奖"。

寒冬一日，我们初次拜访安作璋先生，按照约定的时间，我们准时叩开了安先生的家门。门开后被告知，先生刚刚从一个会议上回来，正在楼上稍事休息，不多会儿，一位银发苍苍，步履虽蹒跚精神却依旧矍铄的老人，扶着手杖出来跟我们打招呼，先生一身灰白色的中山装，黑布鞋，穿得很朴实，说话很简洁，没有热切的寒暄，但有仁慈的目光。

80岁的忙碌生活

2007年，八十高龄的安先生从事历史研究整整六十周年。2007年12月23日上午，安作璋先生从事史学研究60周年暨80华诞座谈会在济南举行，来自省内外史学界的专家学者、来宾及山师大师生代表与会并向先生八十寿辰献上祝福。

十余年中小学，四年大学，六十年的教书和治学，造就了这座学术高峰。多年的勤奋到老来更是欲罢而不能，工作、治学成了安先生人生的第一需要。早些年，身体状况好一些的时候，先生一天中用来和书打交道的时间是不少于10个小时的；现在，长期严重的关节炎让他遭受着病痛的折磨，即便是这样，安先生一天中用于读书、写作的时间还不少于6个小时。

年迈的安先生还经常出现在一些社会活动的场合中，开头提及的"会议"就是这诸多活动中的一个,安先生被请去给济南某区的部分道路命名。对于这种邀请,热心的安先生总是热情回应的。在先生众多的社会活动中,还有许多工作是协助地方政府编修地方史志和开发历史文化资源的。只要地方政府有所咨询或请求,先生总是立即放下手头工作,热情接待,有时要花费许多时间查找资料,亲临现场指导工作。

窗户阻挡了严冬的酷寒,却透进了暖暖的阳光,暖暖地包围着安先生书房的三面"书墙"和椅子上的安先生。近距离看先生,只见先生精神矍铄,红光满面,笑容可掬,一双睿智的眼睛透着和善的光芒,让人一点也分辨不出眼前老者的真实年龄。2007年,安先生迎来80大寿,岁月风霜,丹霞飞渡,先生有些年老体弱了。何况先生腿部有严重的关节炎,举步困难,疼痛程度只有他自己最清楚。可是他还是在兢兢业业地为社会,为他人付出着。

极为可贵的是,先生安心治学、传道授业的同时,又绝不是"两耳不闻窗外事"的书斋学者,相反,他相当入世,时时守望着天下万物。前一段时间,"百家讲坛"热闹荧屏,安先生也忍不住买了本《百家讲坛精品集》,闲来无事的时候就翻一翻。在许多专家学者都认为易中天、于丹不务正业、脱离传统、正规学术研究的情况下,安先生却认为他们"不是不务正业,而恰恰是务正业",认为他们在治学上虽稍欠功力,不够严谨:但他们能用生动的语言,贴近生活,贴近现实的故事,再加上用说书等群众喜闻乐见的形式,抓住了观众,把研究成果从学术殿堂普及到群众当中去,这还是值得称道的。

一辈子都在与书打交道

勤奋了一辈子的安先生,每天清晨一早起床,或读书,或著述,从不敢懈怠。山东师范大学历史文化与社会发展学院的研究生秦铁柱是安先生的学生,对老师的勤奋,他深有体会:"我们都是那种不愿意早起的人,老师的勤奋真是让我们自叹不如。"是的,当面对一位80岁老人依然惜分惜秒地劳作的情景,年轻人会觉得汗颜,上了点年纪的人会觉得60岁退休的那道无形的门槛实在有些多余。

安先生的一生,用他的话就是,"一辈子就干了三件事:读书、写书、教书",一生都在与书打交道。年轻时代的他,就是个爱读书之人,1947

年中学毕业之后,安作璋以优异成绩考入齐鲁大学文学院历史系。在大学里,他接受着来自著名史学家张维华等先生的指导,着重攻读秦汉史。因经济拮据,安作璋选择了半工半读,十分珍惜每一寸宝贵光阴,他午夜之前极少休息,总是如饥似渴地阅读着先秦和秦汉的各种文献,前四史被他翻烂两套,四易寒暑中竟然有七个假期没有回家。先生当年的大学同学曾经回忆道:"那时课堂上老师提问题,安作璋能熟练地指出该问题在前四史中的哪一史哪一篇,甚至和其他某些问题的关系。"

学者的生命属于学问,著作等身的学者著述终身。安先生把历史研究作为一生的挚爱,长期以坚忍不拔的毅力和勇于拼搏的精神探索传统文化宝藏,求取历史真知,不仅在秦汉史、山东地方史、历史文献学等领域取得了令学界瞩目的成就,而且在中国运河文化史,齐鲁文化史等领域的成就也蔚为大观。早在20世纪50年代,《汉史初探》和《两汉与西域关系史》两书问世,先生就已初展学术风采。1955年、1957年学习生活出版社和上海人民出版社先后出版了安先生第一部研究汉史的论文集《汉史初探》,在这部书中,先生首次提出并力图解决一些重要课题,出版后在史学界产生巨大反响,其中有的论文还受到郭沫若先生的赞扬。数十年来,先生曾出版过《秦汉官制史稿》《秦始皇帝大传》《汉武帝大传》等研究专著,主编了《中国史简编》《山东通史》等,真正是著作等身。

先生除了在历史研究领域赢得很高的社会声誉,还在三尺杏坛辛苦耕耘了半个多世纪。虽然已至耄耋,但先生仍然坚持给研究生授课,给本科生举行古史专题讲座。每次给研究生上课时间都接近两个小时,先生仍能思维活跃,谈笑风生。在讲课中,先生善于发现历史的智慧,更善于在教学中发扬和传授历史智慧。

质朴的平民学者

作为史学大家,安先生没有半点架子和派头。他性格平和、宽厚、朴实,平易近人,对学生循循善诱,对朋友热情相助,凡是熟悉他的人,无不热情赞颂。

这种赞颂来源于安先生的平民立场,在安先生的身上,同样彰显着无数布衣知识分子薪火传承下来的高贵文脉——布衣精神。平时,青年教师和学生向先生请教,问他一升,先生能毫无保留地端出一斗。社会上也经常有人慕名来信来访,还有一些对历史有兴趣或从事史志研究的各行各业的人,先生都热情招待,有问必答。这一切占用了他许多宝贵的时间和精力,但先生从不厌烦,从不倦怠,无愧为一位厚学大教、奖掖后辈、甘为人梯的敦厚长者。

先生能娴熟地运用丰富的历史史料,从不同角度深入浅出地论述历史事件,视野宏博,阐述精辟。20世纪80年代,在一次山东城市科学研究会上,安先生发言中曾提到济南最早的原址在哪里,当时有些人并不清楚,安先生告诉大家,最早济南就在章丘的东平陵,千年前曾经繁华一时,而到西晋永嘉年间(公元307—312年)突然变成一片废墟,只好迁到了今天的历城。发生这一变故的原因在于人类活动使东平陵发生了严重的水荒。通过这番话,大家意识到泉水一直是这个城市的命脉所在,现在不加大保护力度,就会重蹈覆辙的……和他探讨过问题的人,听过他讲座的人,会深切感受到他对问题分析的精辟透彻、见解独到,更能感受到这位平民学者的亲切与朴实。

在中国文化传统中,为人推崇的平民知识分子精神(亦称布衣精神),是从五千年中华民族文化精神之树上开出的灿烂花朵。这种精神,得以在安先生身上看到了生生不息的脉动、

在治学方面,先生更是虚怀若谷,脚踏实地,在史学研究中,安先生注重基础,求真求实,治学态度十分严谨,不成熟的想法,先生绝不轻易将之公之于世,他所提出的观点总是在占有翔实资料的基础上,经过多方面的认真思考和反复推敲,才下结论。先生的《秦汉官制史稿》就是五易其稿,历时十载,才公开出版的。然而,他还是谦虚地把该书定名为"史稿",以表示并非成熟之作,今后还要继续修改提高。

2008年的春天即将来临,让我们把春天的祝福,送给这位值得我们倍加尊敬的老人。

(记者、编辑:公晓慧　原载《山东画报》2008年2期)

盛世修史　贵有创新

——访《济南通史》总主编、著名历史学家、山东师范大学安作璋教授

　　9月10日,《济南通史》正式出版发行。作为《济南通史》的总主编,对于此书的面世,安作璋先生无疑是最为高兴的人。作为一部规模庞大、内容繁杂的多卷本史书,《济南通史》是如何能在短短两年多的时间里完成? 它的完成,对济南历史文化的研究又有着怎样的意义? 9月11日,记者来到山东师范大学宿舍安作璋先生家中,聆听这位著名历史学家讲述《济南通史》的成书过程。

热爱济南的老中青三代学者是成书基础

　　今年81岁高龄的安作璋先生依然思维敏捷,表达清晰,特别是对于历史学方面的知识,老人信手拈来,不假思索。

　　安先生介绍,进入21世纪以来,各地都非常重视区域史的研究,充分发掘地方史文化资源,地方性的多卷本通史著作大量涌现,省会城市如武汉、长沙、广州、太原等都先后编纂出版了通史著作。我省聊城、青州等市也都编纂出版了多卷本通史。早在2005年,济南市委宣传部和济南社科院就开始着手《济南通史》的编纂筹备工作,进行了大量的前期研究工作。

　　2006年春,《济南通史》编纂工作办公室聘请安作璋先生担任此书的总主编。作为历史学家,安作璋先生曾主编《山东通史》《齐鲁文化通史》和《中国通史》的“秦汉卷”,具有丰富的编纂大型通史类著作的经验。接到邀请后,安先生首先考虑的就是建立一支高水平的学术队伍。在安先生的主导下,确定了《济南通史》各卷主编及主要撰稿人。“我们主要考虑了山东师范大学、山东大学、济南大学以及济南社科院等驻济的

高校和研究机构,一是方便平时的研究讨论,另一方面这些人也对济南的历史最为熟悉。在编纂人员的选择上,除了要熟悉济南、热爱济南,更重要的是要学有专长,在历史学方面有所造诣。另外,所有参与的主编和作者,都要树立大局观念,具有团结协作精神,这样才能做好这项工作。"高素质的编纂队伍对于此书的按时完成至关重要。

从编纂人员名单上,可以看出《济南通史》聚集了老中青三代历史学者。"《济南通史》的写作,只是一个开端,以后还要有一批人从事专门史等史学著作的写作。我们不但要完成这部书的写作,更要准备一个梯队,锻炼一批青年学者,使我们的事业能后继有人。"

沿用《中国通史》《山东通史》的体例,各卷本均加"前言"

据安先生介绍,在传统史学领域,史书的体例主要有以年代为线索编排的有关历史事件的编年体,如《左传》;通过记叙人物活动反映历史事件的纪传体,如《史记》;以事件为主线,将有关专题材料集中在一起的纪事本末体,如《通鉴纪事本末》;以典章制度为中心的政书体,如《通典》。近代,又有从西方传来的教科书体,我们的中学历史课本即是这种体例。

"这几种体例可以说是各有优劣。《济南通史》沿用《中国通史》、《山东通史》的体例,并根据济南的历史实际而略加变通。"《济南通史》上起远古下迄现代。按时间先后顺序,共分为先秦秦汉卷、魏晋南北朝隋唐五代卷、宋金元卷、明清卷、近代卷、现代卷,另附文物考古与山水园林名胜卷。全书一至六卷,各卷都分为前言、通纪、典志、列传、大事年表五个部分。安先生解释,前言,主要是以自序的形式说明这一时期济南历史发展大势和时代特征、地域特征,研究的学术价值与现实意义,前人研究成果,本书主要的研究成果及不足等。前言起到一个提纲挈领的作用,读了前言,就能对这一时期的历史有了大体的了解,因此可以说是这一卷的纲领。

《济南通史》吸收了以往、特别是改革开放30年来的研究成果,并力求在济南的历史研究中开拓新的领域。"《济南通史》典志部分,介绍了济南的政治、经济,军事、文化、教育、宗教、民族以及社会风俗、外事侨务等方面的内容,其中很多部分都是以往史书没有涉及的。也为以后济南历史研究特别是专门史的研究打下了一个基础。"

大量史料证明：夏、商、周之前还有一个"虞代"

在《济南通史》中安先生提出，大量史料证明，夏、商、周之前还有一个虞代。而这也是《济南通史》第一卷主编、济南社科院副院长张华松教授多年来一向坚持的一个学术观点。张华松教授对记者说，许多先秦典籍中，都有对于"虞"的论述。如《墨子·明鬼下》："且惟昔者虞、夏、商、周三代之圣王。"《非命下》："子胡不尚考之乎商、周、虞、夏之记？"《左转·成公十三年》："征东之诸侯，虞、夏、商、周之胤而朝诸秦。"总之，都认定夏商周三代之前还有一个虞代。

另外，虞代的世系，根据罗泌《路史》所载：汉《吕梁碑》以及经学家、考据家闫若璩、崔述等人的考证，也是可信的。

安先生解释，所谓虞朝，最初并非周、秦、汉、唐那样的王朝。事实上，在很长一段历史时间里，虞只是一个东夷部落或邦国，只是到了虞舜的时候才得以取代唐尧而成为黄河流域的共主。济南至今仍然保留了大量虞舜文化的遗迹，尤其大舜耕稼的历山（即千佛山），更是济南的旅游名胜。对于《孟子》、《史记》等典籍中有关舜耕于历山的传说，从中折射出许多历史的影像，比如大舜淘井，表明当时济南地区已经有了水井。这与《世本》有关东夷人"伯益作井"的记载以及城子崖龙山文化数口古井遗址的发现，是相符合的。安作璋先生提出，虽然这些是传说，但其中却包含许多历史事实：水井是人类开始定居生活的一个主要标志，也是市井城邑出现的重要条件；舜的弟弟象谋财害命，反映了当时财产私有化；舜以德报怨，对象说："惟兹臣庶，汝其于予治。"（《孟子·万章上》）意思是，你替我去管理那些臣民吧。说明当时已经有了阶级分化。这些都说明虞代已进入了文明社会，有了初具规模的国家形态。

（记者：陈炜敏　原载《济南日报》2008 年 9 月 12 日）

史学老人的"道德学问"

　　"人活着总要做些有意义的工作,浪费时间就是浪费人生。我就是想做些事情,没有别的想法。这几年我的这种感觉越来越重了。我要充分利用晚年这点时间,再做些工作,给后人留下一些值得参考的东西。"

　　"我的生活非常简单,六个字就可以概括,那就是读书、教书、写书。几十年来一直这样。除了战争时期和那个尽人皆知的动乱年代,可以说,我基本上没有浪费自己可以支配的时间。到现在为止,我还没有安排过闲适的生活。"

　　82岁的一代史家安作璋先生,坐在他狭窄的书房里,用浓重的曹县方言、断断续续地对我说了上面的一些话。这些话让我颇为不安,因为我的采访占用了他整整一上午的时间。

　　这位以史学名扬学术界的老人,早年就把儒家立德、立功、立言的"三不朽"精神概括为"道德学问"四字,并以此作为个人终生奋斗的目标。几十年来,他午夜之前极少休息,著述2000万字,学生散布全国各地。

道　德

　　安作璋先生长相憨厚,说话诚恳。不知是否和多年的治史经历相关,他的一举一动都透露着没有任何遮掩的坦诚,且力求表达准确,这似乎就像他在多年的治学中所要求的严谨的考证。

　　安先生自幼便饱受儒家思想的影响,是个将齐鲁学风保持得非常完善的人。"近几年,我给每届研究生上课,第一堂课必定是传统道德与和谐社会,我要告诉学生们首先要做一个有道德的人。"

那么，在安先生的心目中，传统道德有哪些主要含义呢？他概括了八个字，即忠、孝、仁、义、礼、智、信、和。事实上，安先生的"德"，就是儿时在齐鲁文化的浸润下形成的。他回忆，自从他识字时起，最先留在他记忆中的就是他家大门两边的那副"忠厚传家远，诗书继世长"的对联。"长辈们经常给我讲这副对联的意思，就是教导我长大以后为人要忠厚，要好好读书。没想到这竟成为我一生遵循的两个信条。"

安先生虽已到耄耋之年，且为一代史家，但他非常谦虚。"我时常感叹，在学问方面可谓先天不足，后天失调。我的青年时代是在战乱中度过的，经常为生存而东奔西走；解放后又经历了极'左'思潮中的多次运动，很多时间都不能自己支配。我们这一代人大都是这样"。

因此，他更加勤奋。大学时期，安先生养成了夜间读书写作的习惯，一直保持数十年。"大家都睡觉了，我开始写作，那种感觉真是文思如泉涌，一发而不可收。"他的邻居都说，熄灯最晚的一家就是安教授家。他的学生也说，每次到安老师家中，总是见他伏案读书或写作。

其实，自接触学问始，安先生就深受乾嘉学风的影响，在治学上坚持把练好基本功放在首位。他常不厌其烦地告诫学生说："做学问没有终南捷径，就是要下'笨'功夫，笨鸟先飞。"

他说，经常有青年教师和学生请他传授一些治史的秘诀。"我就说，没有什么秘诀，如果说有，那就是'业精于勤'四个字，即眼勤、脑勤、手勤。没有面壁十年的精神，是做不出真正的学问的。凡是有成就的学者，都要经过长期热桌子与冷板凳的锻炼。前辈学者所说的'板凳需坐十年冷，文章不写一句空'，就是这个道理。"

抗战期间，安先生在皖北求学，条件极其艰苦。"我们住的是临时用土坯垒起的破草房，有时吃的是发了霉的高粱米窝窝头，而绝大多数同学又与家庭失去了联系，身无分文。"更为严重的是，多种疾病又在这一带流行，他也未能幸免，除了危及生命的猩红热以外，诸如疟疾、疥疮和关节炎都降临到他的身上，特别是关节炎，夺去了他双腿的健康。"那时候支持我继续生活和学习勇气的，就是我过去所熟悉的历史人物在逆境中百折不挠的精神。"

安先生经常引用司马迁说过的一段话："左丘失明,厥有《国语》;孙子膑脚,而论兵法"来激励自己,至今仍然如此。

学 问

1947年,安先生进入齐鲁大学文学院历史系学习,接受著名史学家张维华等先生指导,着重攻读秦汉史。

他如饥似渴地阅读先秦和秦汉的各种文献,前四史被他翻烂两套。"在四易寒暑的八个假期中,有七个假期是在图书馆和资料室度过的。"他当年的同学回忆说:"那时课堂上老师提问题,安作璋能熟练地指出该问题在前四史中的哪一史哪一篇甚至哪一段落。"可见他用功之勤和读书之精。

1951年,他大学毕业后,被分配到山东师范学院历史系任助教,继续孜孜不倦地进行学术研究。1955年,上海学习生活出版社出版了他的第一部史学著作《汉史初探》(上海人民出版社1957年再版),这正是他在大学时代日积月累而成的汉史论文集。这本书包括六篇论文,主要探讨了有关西汉农业生产力和生产关系,西汉皇朝对农业生产的经营管理以及租赋徭役等问题。这本书在当时的青年学者中产生了很大的影响。"现在看来,这本书是幼稚的,但在当时,青年学者能出书是很不容易的,之所以弥足珍贵,就是增强了我做学问的信心。"

四年之后,安先生的又一部重要著作《两汉与西域关系史》问世。书中用大量的事实论证了自西汉中叶设置西域都护以后,今新疆和巴尔喀什湖以东以南的广大地区就归入了中国的版图。这是一部论证翔实、对中国西北史地研究有重要贡献的著作,在当时的苏联史学界曾引起很大的反响。

这两部专著和先后发表的学术论文,使安先生在史学界崭露头角,证明了他的实力。从此,一个史学明星就冉冉升起了。

秦汉是中国历史上的一个伟大的时代,安先生对秦汉史研究倾注了大量心血。除了上述两部书,他还陆续出版了《秦汉农民战争史料汇编》、《秦汉官制史稿》(与熊铁基合著)、《秦汉官吏法研究》(与陈乃华合著)

等一系列对秦汉农民和官吏问题研究的著作。

安先生对秦汉时期的一些著名的历史人物也进行了详细研究,出版了《刘邦评传》(与孟祥才合著,后增订为《汉高帝大传》)、《秦始皇大传》(与孟祥才合著)、《汉武帝大传》(与刘德增合著)等。

由此,安先生被日本学者誉为"秦汉史之大家"。1989年10月,他在"日本秦汉史研究会"成立大会上作了有关秦汉史研究的学术报告,精辟的见解和渊博的学识使许多日本学者为之折服,在日本史学界产生了很大的影响。

除了秦汉史研究,安先生对自己的家乡——山东地方史和齐鲁文化情有独钟,并有着深入的研究。他先后主编了多卷本《山东通史》、《齐鲁文化通史》、《济南通史》等书,撰写了《山东地方古代社会初探》、《汉代山东儒学》等一系列论述山东古代社会、思想和文化的文章。

在中国通史的编写和专门史研究方面,安先生也有突出的贡献,他主编的《中国史简编》、《中国古代史史料学》都被教育部列为高等学校文科教材。其三卷本《中国运河文化史》为国家社会科学基金项目,"是迄今为止关于中国运河史研究领域内容最为全面详赡的一部'百科全书'式的著作"。

由于这些成果(其中有五项被评为山东省社会科学优秀成果一等奖),安先生1980年就被破格晋升为教授,先后担任山东师范大学古籍整理研究所所长、中国秦汉史研究会、山东省史志学会副会长等职,被中共山东省委、省人民政府授予"山东省专业技术拔尖人才"荣誉称号,国务院学位委员会批准为博士生导师。近期又荣获首次山东省社会科学突出贡献奖。

师 表

如果说道德学问是安先生一生的追求,那么,这个追求的载体,除了著述,就是他的职业——为人师表。

从1951年执起教鞭到今天,近60个春秋。用安先生的话说:"真是弹指一挥间,半个多世纪一眨眼过去了。"和很多有成就的学者类似,安先生桃李遍天下。

2001年9月9日教师节前夕，山东师大为学校硕果仅存的著名史学家安作璋先生举办从教50周年纪念会，各方弟子千里而至，各界人士前来祝贺，济济一堂，喜气盈门。安先生的好友，济南名士徐北文先生送来一副对联，上书："良史春秋笔，名师齐鲁风。"安先生非常喜欢这副对联。他对徐先生说："你的对联虽多溢美之词，但寓意贴切，对仗工整，不能易一字，而且书法也非常好，堪称'才艺双绝'。"

他教学非常认真，对所担任的中国古代史、中国历史文选、山东地方史、秦汉史等课程，都查阅分析大量资料而写成系统条理的讲稿，讲课时能做到厚积薄发，深入浅出，深受学生欢迎。

安先生不仅尽心尽力地向在校学生传授治学心得，而且对于校外的慕名来访者，不论教师、学生、社会青年等，一概热情接待，有问必答；对于各方寄来求教求荐的论文书稿，也都是一一认真阅读，提出修改意见。为此，他花费了不少宝贵时间，但他从不厌烦，表现出宽厚热忱，诲人不倦的师长风范。

他常说："一个合格的教师和学术带头人，不仅要看他个人出了多少成果，更重要的是看他培养出了多少有成就的，甚至是超过自己的学生。"他是这样说的，也是这样做的。如此年复一年，送走一批批合格毕业生，又迎来一批批渴望求知的青年学生。他们有的成为教学骨干，有的成为知名学者，有的官居要职。

"我庆幸自己作为一名教师，'得天下英才而教育之'这我一生中最大的乐趣。"最后，安先生说。

（记者：窦玉生，原载《走向世界》2009年第9期）

道德学问人　经世济民才

——访安作璋教授

2009年6月9日上午,山东师范大学历史系学生学术刊物《学史》编辑部采访组一行到了安作璋先生的寓所,受到了安老和夫人陈有今女士的热情接待,这是我们第一次与现已82岁高龄的安先生近距离接触。我们就安先生的成长经历、学术成就、治学体会等问题聆听了先生的教诲,现整理如下,以飨读者。

记者:安先生您好! 今天《学史》编辑部专程拜访您,想请您谈谈您个人的学术历程和治史体会,相信一定会对我们年轻一代有所启示! 您能介绍一下您的家世和童年的情况吗?

安:回忆我的童年那就是七八十年前的事了,我出身于一个科举世家,过去讲,也算是书香门第吧,从小受家庭教育的影响。那个时候所谓的家教,就是学习诸如《三字经》《弟子规》《朱子家训》等等一些儿童应该遵守的言行规范,幼儿时期读的就是这些书,当时称为"蒙学"。一是学点历史文化知识,再就是接触一些传统的道德,儿时学习也主要就是这两方面的内容,用现在的话来说,就是一个德育,一个智育。我现在印象比较深的就是家门两旁一副对联:"忠厚传家远""诗书继世长"。上联说的忠就是忠诚、诚信,厚就是厚道、宽厚,要一代代的把这种精神传下来;下联说的就是读书要明白道理,这样家世才能继续延长下去。后来我总结我幼年的教育,一个是道德,一个是学问。我幼年接受的教育就是这样的情况。

记者:您是在齐鲁大学学习的吧? 大学生活给您留下了哪些比较深刻的印象,您能给我们讲讲您的大学生活吗?

安：这个回忆起来就一言难尽了，不过我体会的大学生活最主要的还是老师的教导。我们应该相信"名师出高徒"，老师作为领路人是非常重要的，不管在道德上还是学问上。小时候跟家长接触比较多，一旦进入学校，老师就发挥着十分重要的作用了，归根到底，还是那句话，"传道、授业、解惑"。也就是传授做人和做学问的道理。所谓"大学者，非大楼之谓也，大师之谓也"。我认为一个大学好不好还是得看它的师资力量，这个"师资"包含两方面的内容，一个是学，一个是行，即"学为人师，行为世范"。关于大学生活，我觉得我在这方面得益最多。

我读的齐鲁大学是一所教会学校。过去我们有一个观点，认为教会学校是帝国主义办的学校，其实教会并不完全等于帝国主义，教会毕竟是一种民间宗教，它不是政府的行为。教会在中国办学校，过去我们仅仅把它看成是一种文化侵略，完全加以否定，但实事求是地说，在客观上它也起到了文化交流的作用。教会通过办学把西方的自然科学知识传到中国来，因为当时中国是个封建社会，无论官学还是私学，学的都是四书五经，真正开始自然科学课程的学习是教会学校，很多学科当时中国是没有的，比如说物理、化学、生物等等，是教会学校传了进来。同时他们还把中国传统的优秀文化传播到西方，比如孔子、孟子、老子这些伟大思想家的学说。可以这样说，欧洲的文艺复兴就与孔孟仁学有很大关系。文艺复兴的主要思想是"人文主义"，首先是人的思想解放，由原来的以神为本到以人为本。所以，我认为中国文化能在世界上产生影响与教会、传教士有一些关系。

鸦片战争后，中国一方面沦为半殖民地半封建社会，但另一方面也是由封建社会向近代化转型的时期。从我们当年学习的课程可以看出，我们在大学里并不是接受传统的四书五经的教育，而是学习了许多现代化的课程。我觉得过去我们看问题总是有些片面性，一方面我们要看到教会大学确实带有文化侵略性，但另一方面也要看到中国社会从中世纪向近代化转型的过程中，教会大学培养的人才确实起了桥梁作用，后来中国办的京师大学堂、山东大学堂、山东师范大学堂，从这些学校的教习阵容上，我们就可以看到，一部分人是长袍马褂，另一部分人则是西装革履；

在课程方面，一部分是开始吸纳文史的人文社会科学，一部分是近代的科学技术。

总的来说，我的大学生活得益于教师，当时有一些名教授，先后在齐鲁大学从事教学与科研工作的，历史系有顾颉刚、钱穆、严耕望、张维华、吴金鼎、胡厚宣、朱东润等先生，国文系有栾调甫、孙伏园、舒庆春（老舍）、王献唐等先生，皆为中国学术界一时之选。当时的学术空气也比较自由。除了课堂上讲的外，每周末都有讲座，各家各派的老师，包括本校和外校的教授，当时的讲座特别多，学生可以随便听讲，各派各家的观点都可以自由发表。另外，学生可以跨院系自由选课，教师讲课也不完全是按照课本照本宣科，而是研究什么就讲什么。当时墨学大师栾调甫先生讲"墨学概论"和"经学概论"，一学期就给我们讲一个序，后面大量内容没有讲到，按现在来讲，就是教学计划没有完成，没有尽到教师的责任，但实际情况不然，因为他讲的都是自己研究的成果，从教学内容到研究方法都很受启发和教益，所以我建议同学们在听课的时候不要仅仅局限于老师讲的内容，还要听老师是怎么讲的？ 他的思路是什么？ 他是怎样提出问题？ 通过哪些程序才解决了这个问题？ 这才是最重要的。前者讲的内容不过是知识性的，而后者则是治学方法问题，这一点更重要。同样，读一些重要史学著作时，也不要局限于内容，而应该知道这本书是怎样写出来的，应该去看它背后的一些东西，前者，我把它比作一锭一锭的金子，后者，我把它比作点金术。这样才能真正学到本领，而不是浮光掠影、浅尝辄止。

记者：安先生，您是治秦汉史的，有很多人说目前的秦汉史研究可谓"题无新意"、"选题艰难"，您认为秦汉史研究还有哪些突破口？ 即还有哪些值得研究的问题呢？

安：我不仅仅是治秦汉史，我是把秦汉史作为一个试点，更重要的还是在通史，要能通古今之变。像我主编的《中国史简编》、《中国运河文化史》、《山东通史》等，这些都是通史，这就譬如改革，我们不可能一开始就全面铺开，而是先搞一个试验田，秦汉史就是我的试验田，从这里面琢磨出一些研究的方法和思路来，可以使之触类旁通。

所谓做学问，有它的共同性，当然也有它的特殊性。这就涉及到一个"专"和"博"的问题，没有"博"谈不上"专"，没有"专"亦谈不上"博"，我们要从中找出一些规律性的东西来。譬如秦汉史具有它的特殊性，但有些内容也适用于其他朝代，包括政治的、经济的、文化的，秦汉以来，两千年间，制度代代都有变化，但总体上来说，它基本上还是封建制度，这一点没有变化。所以说，要考虑到它的一般性和特殊性，考虑到它的整体性和个性，这正是通史和断代史的关系。我常常讲，秦汉史就是整个中国通史棋盘中的一个棋子，要想下好，就要对全盘有所了解，对全局不了解的话，那就下不好这盘棋。

秦汉史的研究确实存在资料有限的问题，也就是"前四史"、两汉诸子书、经书等等，文献资料也就是这些，所以一有新的考古发掘资料，大家就纷纷争先解读。像1975年在湖北云梦发现的秦简，因为汉简出土较多而秦简是第一次发现，所以引起了国内外许多学者的重视。我们现在能用的带有文字的考古史料主要是秦简、汉简、帛书等，这样来看秦汉史的史料是很有限的。我记得颜之推《颜氏家训》中有一段话："观天下书未遍，不得妄下雌黄"，他的话是很有道理的，因为我们接触到的资料有真有伪，其中可能有百分之九十以上的资料是经过后人加工的，不一定符合历史事实，但其中有百分之几的资料是正确的，如果你研究过程中看了百分之九十几的资料而恰恰忽视了那几条真实的资料，所得出的结论就错了。颜之推这种观点是正确的，而且在北齐时说这话还不算是大话，完全能够做到。当时都用"学富五车"来形容某人学问渊博，实际上"学富五车"不算一个高不可及的目标，先不说秦简、汉简，就说司马迁的一部《史记》，用五辆车子恐怕就装不了，因为当时是在简上书写，一根简也就写一二十来个字吧，所以一辆车子装不了多少书。唐宋以后，随着印刷术的发明，造纸术也有所改进，要读遍天下书就不大可能了，但颜之推的这种"竭泽而渔"的治学精神，还是值得我们学习的。读秦汉史的这些文献，我想两三年就可以读完了，但真要读精读透又是另外一个问题。而且关于秦汉史的论文、著作也很多，汗牛充栋。一些年轻的硕士、博士也曾经问过我，秦汉史好像没有什么研究空间了，但我不这么认为，因为秦汉史研究中问题还很多,关键是转换角度,史料是很有限的,想找突破口不是很容易。苏东坡写过一首诗:"横看成岭侧成峰,远近高低各不同。不识庐山真面目,只缘身在此山中。"这里说的就是一个视角问题,从不同的角度看,就会有不一样的景象。例如秦汉的博士制度,前人已做过大量研究,似乎没有什么研究的余地了,但如果转换一个角度,深入研究一下"博士制度与秦汉政治"、"博士和两汉的经学"、"博士和两汉的教育"、"博士与齐鲁文化"等等,还是大有可写的。

记者:您如何看待目前"百家讲坛"等文化热点呢?

安:这个问题也有人曾经问过我。从一个方面来讲,这种以通俗化的形式来讲史,对于普及历史知识、普及传统文化还是很好的。我过去一直在考虑一个问题,我们搞历史研究从故纸堆里钻进去钻出来,写出的文章也好,著作也好,看的人并不多。有人挖苦我们,你们写的书就只有三个人看,编辑看、印刷工人看和作者本人看。这种说法不完全对,但也有一定的道理,反映了一些现实情况,说明我们过去的研究成果还没有普及化、大众化。现在"百家讲坛"出现了,我认为这种形式还是很好的,但是另一方面,我觉得有的学者所讲的还是存在一些问题的,有时显得不够严肃,有演义成分,有哗众取宠之嫌。文学艺术可以加工,历史学则不同,历史学是一门科学,必须实事求是,言必有据,不然的话就是对历史不负责任,对当代人、对后人不负责任。所以我们写一件事或一个人物的时候,总是要详细占有资料、考证其真伪,然后才能写出"信史"。这种"文化热"可能也只是热闹一时,能不能流传后世就很难说了。

记者:我觉着您的意思就是这种形式可以推广、普及,但是内容必须要尊重历史、尊重学术。安先生,面对当前形势,您认为文科学生应该做哪些准备来应对就业问题?最后,也想请您谈谈对我们这些青年后学有什么期望?

安:这里我想主要有两个问题,首先,"好就业"与"不好就业"好像已经成为当前办学好不好、所学专业是否热门的标准了。我想,客观的情况是不断变化的,今年这个专业是热门,明年就不一定热,后年更说不准了,形势在不断地变化,但总是有一个基本的东西,所谓"道之大原出于天,天不变,道亦不变"这个不变的"道"就是德和才两个字,人无德不立,这是首要条件,同时也要把专业学好。我深信一个品学双优、德才兼备的青年人就不愁没有出路,不仅就业不成问题,而且大有前途。总之,客观的变化很难掌握,但我们自身的一些就业的必要条件则是自己可以掌握的。其次,涉及到学习历史有什么用的问题,中国历史学研究有一个很好的传统——经世致用。马克思曾说历史学是唯一的科学,因为它包含了自然科学和人文科学。因为历史学内容十分丰富,我读历史多年,也还没读好,但是我体会历史学就是智慧学。有人说哲学是智慧学,我说历史学也是智慧学,它不仅包含许多哲理,而且还用具体事例说明做人和做事的道理,历史上的成功失败、经验教训,都在历史学里面。所谓"前车之鉴",百姓都懂得,"前有车,后有辙",那条路可通,那条路不可通,前人都告诉你了,按照前人脚步走,一般是不会有错的了,这其中不但有个人成功失败的经验,而且还有国家盛衰兴亡的教训。毛泽东说过"历史的经验值得注意",邓小平也说"历史上成功的经验是宝贵的财富,错误的经验,失败的经验,也是宝贵财富"。有一位主管组织人事的领导曾经对我说过:"在一些领导干部中,读过历史、学过历史的比没有学过历史的认识水平就是不一样,他站得高、看得远,胸怀和眼界都比较宽广,因为他掌握了人类历史的智慧,掌握了历史的经验。"在这一方面,其他学科是无可比拟的。所以,历史系毕业的同学在工作中适应性一般都比较强,放在任何岗位都能很快适应,发展前途也都很好。历史不能割断,古和今之间没有一条不可逾越的鸿沟,而是有密切联系的,所以,确定历史研究选题,首先要求是否有学术价值,再一个就是是否有现实意义。请你们注意,《光明日报》史学版有不少文章讲的是历史,实际上说的是现实。《学史》编著的过程中也应留意,《光明日报》史学版没有任何一句话涉及现代,但是你一看就能心领神会,说的就是现实的情况。我觉得《光明日报》史学版就非常注重打通古和今的关系,办得很好,你们《学史》编辑部也应该学习借鉴。

记者:安先生,谢谢您接受我们的采访,打扰您不少,很感激您对《学史》一如既往的厚爱! 祝您和家人身体安康,心情愉快!

后记：

安先生行动不甚灵便，但思维敏捷，精神矍铄，平易近人，丝毫没有架子，睿智的眼神里透着谦和的目光。安先生穿得很朴实，坐在"书墙"包围的书房里，用浓重的曹县方言，断断续续地对我们说了上面的话。

《学史》系山东师范大学历史系学生办的学术刊物，创刊于1999年，以"写青春的历史，求历史的青春"为宗旨，由安先生题写刊名。一直以来，安先生始终密切关注着《学史》的编辑出版和学术成长。访谈结束后，采访组成员向安先生赠送了《学史》，安先生立即起身对我们悉心指导，安先生鼓励我们说，《学史》能够办刊坚持近十年，实属不易，应该再接再厉，并对其中内容的编排进行了具体的指点，使我们这些后学受益匪浅。同时，安先生还对我们日后的学习充满希望，要求我们继往开来，求实创新，为繁荣发展历史科学而持续努力！

在此，《学史》编辑部衷心祝愿安作璋先生及家人健康长寿，永葆学术青春！

（参加访谈者：鲍家树系《学史》主编，中国人民大学历史学院清史研究所硕士生；徐娜系《学史》编辑，北京师范大学历史学院硕士生；吕文静系《学史》编辑，山东师范大学历史文化与社会发展学院硕士生；李永进系《学史》副主编，山东师范大学历史文化与社会发展学院本科生）

（访问记者：鲍家树、徐娜　原载《历史教学问题》2010年第5期）

安作璋：弘扬国学需慎重

记者：您出生在一个科举世家，这样的出身对您的人生有怎样的影响？

安：一个人，在年幼的时候，主要受家庭教育和社会教育，两者当中，受家庭教育的影响应该更大些，因为他与父母接触的时间比较长。父母的教育对我的影响是很大的。当时的学习，都是蒙学，比如《三字经》、《百家姓》、《朱子家训》等读物。在那时，文盲多，知识分子少，中级师范学校毕业的知识分子就很少，大学毕业生就算是高级知识分子了。在我的记忆中，我家的大门两旁有一副对联："忠厚传家远，诗书继世长。"这副对联，其实就包括两个方面的内容："忠厚传家远"是说道德层面，"诗书继世长"是说学问层面，概括起来，就是"道德学问"四个字。儿时的教育，对我后来从事历史教学与研究也有很大关系。古人云："太上立德，其次立功，其次立言"，谓之"三不朽"。我认为，立功，要受到多种条件的限制，一般人很难做到。但是立德、立言，经过艰苦努力是可以做到的，至少可以作为终生奋斗和追求的目标。

记者：您是著名历史学家，一生探究学问的真知。那么在您看来，治学的乐趣在哪里？

安：其实，治学的乐趣，还是在道德和学问上。治学不但可以培养人的道德情操，而且还可以增加人的智慧。这些都是在治学中所体会到的无穷乐趣。历史学不仅是一门人文社会科学，它还是一门智慧学、一门道德伦理学。抗日战争时期，北方很多地方都沦陷了，爱国青年都不愿接受沦陷区的奴化教育，流亡到了当时的抗日大后方——皖北。那时的学习条件和生活条件都很差，住的是临时用土坯垒起的草房，吃的是高粱米窝窝头,学习没有课本,更没有参考书,主要靠课堂笔记,更为严重的是许多同学都得了传染病,如猩红热、疟疾、疥疮、关节炎等。猩红热最危险,一旦患病,失去生命的几率很大。除了这种传染病,其他三种病我都曾患过。尤其是关节炎,后来还落下了后遗症。当时生活艰辛、学习困难,加之疾病缠身,曾一度面临绝境,而支持我生活和学习勇气的就是我过去所熟悉的历史人物在逆境中百折不挠的艰苦奋发的故事,我常用司马迁说过的一段话:"左丘失明,厥有《国语》;孙子膑脚,而论兵法"来激励自己,使我终于克服了种种困难,考上了齐鲁大学历史系,走上了终身治学、教书、育人的道路。

记者:所以鲁迅先生说,生活太安逸了,工作就被生活所累。在您看来,作为一名教育工作者,您认为教师最应当传授给学生的是什么? 是知识,还是做人?

安:历史上的杰出人物,不论思想家、政治家、科学家、文学家、军事家,大多数人的道德修养还是很高的,他们都是我国古代历史上的标杆式人物,都值得我们今天的青年人学习。我们过去一直强调德、智、体、美全面发展,但今天的教育,实际上却只强调了智育。并且,也没有把"智育"的全部传授给学生,缺乏独立思考,开拓创新的内容。像今天的大学考试,都是书本上的一些东西,考试的时候,学生死记硬背、照本宣科就可以得高分,等于把学到的东西又原封不动地还给了老师。这样的学习,是没有意义的。通过考试,我们根本看不到他的能力高低、道德素质如何! 因此,应试教育是一种很有缺陷的教育。尽管我们今天考试内容不同于古代,但考试模式还没有脱离古代的考试模式。古代的科考,其中的内容总是有孔孟怎么说、圣谕怎么讲,根本没有自己的东西。如鹦鹉学舌,试卷上大都是他人的东西,而缺乏自己的独立见解。我们今天的教育也存在着类似问题,这是一个残缺不全的教育,积重难返。真正的优秀学生,是那些能够提出问题的学生,问题越多,越说明这个学生能力越强,思考得越深,这才是有潜力、有发展前途的学生。

记者:您认为知识分子的最大道德是什么?

安:在我看来,知识分子的最大道德体现在个人操守方面。例如当一名教师,就应该守住师道,做官当守官道,经商当守商道,治学当守治学之道。今天知识分子中,确有些人存在着严重的学术道德问题,这是由多方面原因造成的,既有社会风气的影响,又有政策导向的因素,如评定职称、各种荣誉称号和名位、待遇等,当然也与个人品德与追求有关。那么今天到底是一种什么样的社会风气呢?有人说是信仰危机,有人说是拜金主义,还有人说是权力崇拜等等。现在还有人提出一种观点:不能让老实人吃亏。而事实上,不论在哪里,吃亏的大都是老实人。这就是社会风气问题,也是一个政策导向问题。

记者:今天的中国人,对现代性、科技性和西方的东西接触的较多,许多人呼吁应当加强我国国民的人文教育。您如何看待人文学科在社会发展中的作用和意义?

安:我们今日的教育,过于看重理工科教育,而往往不重视人文社科。实际上,理工与人文只是分工不同,人文社会科学面对的是人,理工科面对的是物,譬如鸟之两翼、车之两轮,缺一不可,甚至可以说,人文科学更重要一些。因为它研究和解决的是如何培养人、培养什么人的问题,对于塑造人的灵魂,培育和弘扬民族精神,传承文明,治党治国等有着积极意义,这关系国家兴衰和民族存亡的大局,与理工科一样,皆有不可替代的作用,不可等闲视之。今天有些人之所以容易出问题,例如腐败,就是价值观的问题。什么是我们的真正价值?有的人认为高官厚禄才是人生价值的实现,又有的人认为拥有亿万资财是人生价值的体现,总之是金钱至上,权力至上。为什么公务员考试会吸引越来越多的人参加?原因就在于按照某些人的价值观来看,功名权利才是人生价值的真正体现。你看前辈学者所倡导的"板凳须坐十年冷,文章不写一句空",今天还有几人能真正耐得住寂寞,去从事学术研究?人文科学就是主要研究人类价值观问题的学问。孟子见梁惠王时,有一句话:"上下交征利,而国危矣。"如果一个国家的上上下下都争相去谋求自己的私利,这个国家距离灭亡也就不会太远了,所以需要解决人的价值观问题。我们并不笼统地反对争利,我们赞成的是为人民谋利益,反对不择手段地为自己谋取不正当的私利,孟子的话显然是指的后者。

记者：其实，也有人在做这方面的努力，比如现在有一些学者就建议高校应开设国学课。对于高校开设国学课一事，您赞同吗？

安：国学的用处，就是能增强中华民族的凝聚力和创造力，协调人和人的关系，人与自然的关系，构建中国社会主义现代化和谐社会，进而构建和谐世界。关于开设国学课，本人认为应当认真考虑，认真对待。我不反对设立国学课，但必须设计好，从内容到形式，都需要仔细研究，认真设计。有一次，我在答《大众日报》记者提问的时候，提到了我们在传播国学中需要注意的几个问题：一，要正确处理批判与继承的关系。要分清楚国学中什么是精华，什么是糟粕。这不是一件容易的事情，因为有时，精华之中有糟粕，糟粕之中也有精华。这里有一个原则，还是我们以前常提的那句话：吸取其民主性的精华，剔除其封建性的糟粕。二，要正确处理古与今的关系。研究国学，传播国学，应用国学，不是复古，而是为了现实和未来，复古即倒退，是没有出路的。同时，我们也反对虚无主义，否定历史，割断历史，这种对待历史文化遗产的虚无主义的态度是不可取的。三，要正确处理"求真"和"致用"的关系。"求真"就是追求科学性，亦即坚持实事求是。例如我们研究历史，必须要实事求是，坚持秉笔直书。"不虚美，不隐恶"，此即是史德，这是中国史学的优良传统。"致用"就是为人民服务，为社会主义革命和建设服务，学以致用也是历史学的优良传统。求真和致用二者是一致的，那种为研究历史而研究历史，甚至远离现实政治，或者为了迎合某一时期的政治要求，而不惜夸大、歪曲历史，甚至弄虚作假，伪造历史事实的做法，都是错误的，不但起不到为现实政治服务的积极作用，反而产生消极的影响。四，要正确处理中外之间的关系。我们既不能故步自封，也不能全盘西化。在文化问题上，既要"拿来"，吸收世界各民族的优秀文化，也要"送去"，把自己民族的优秀文化推向世界，增强中华文化国际影响力，对人类社会文明和进步，作出自己应有的贡献。所以，我们今人所要建设的新文化，既包括中国优秀的传统文化，也包括近百年以来的革命文化，还要包括那些优秀的西方文化。

记者：按照您的观点，只有坚持上面这几点，方可以设置国学课，方可以进行传统文化的深入普及与应用。

安：除此以外，研究国学，传播国学，还有一个正确处理、提高和普及的关系问题：即要采取两条腿走路的办法：一方面要有一部分专家学者对其进行深入研究，另一方面还要做好普及工作。将国学研究成果从学术殿堂延伸到社会，普及到广大群众中去，这叫做提高和普及相结合。这样才能发挥国学最大的社会效用。

记者：这几年，随着文化旅游热的兴起，全国各地掀起了轰轰烈烈的名人故里争夺战。开发建设名人故里，被理性评论者视为"文化搭台，经济唱戏"。您如何看待这种现象？

安：今天，人们不论从事怎样的活动，往往都把经济效益放在首位，这从根本上来看是价值观的导向问题。唯利是图是相当一批人的心态。开发名人故里，发挥榜样的作用，对于提高今人的道德修养、文化素质是有益的。但也有消极的方面，应该一分为二地看待。

记者：您曾在《光明日报》发表文章，论及了齐鲁文化的历史地位。您认为齐鲁文化在今天的华夏文明中依然占据重要的位置，是不是与它昔日的官方文化地位有关？

安：齐鲁文化不单纯是官方文化，它是中华文化的主流。而其中，齐鲁文化又以儒家文化为主。谈论国学，齐鲁文化应是重中之重。

记者：在您心中，儒家文化占据怎样的位置？您如何评价儒家文化？

安：儒家文化是中国传统文化的根，我们不论何时都不能丢弃这个根，否则就不能自立于世界民族之林。因此我们要保持住几千年来所积累起来的优秀传统文化。中华文化有三大支柱，分别为儒、释、道三家。从后来的发展情况来看，儒家基本上已经把佛、道家两家思想中一些有益成分吸收进来了。魏晋时期，"援道入儒"，把道家的一些成分吸收进了儒家，由此形成了玄学。唐宋以后，"援佛入儒"，把佛教的一些成分也吸收进了儒家，形成了理学。因此探讨中华传统文化，重点应是儒家文化。今天一个重大的时代课题就是马克思主义如何与儒家文化相结合。我们认为，二者必须结合，而且能够结合。所谓马克思主义中国化，就是马克思主义与中国的历史实际相结合。这是因为儒家文化不仅具有兼容并蓄的特性，而且它们在内容上也有许多契合之处。儒家文化的大同思想、民本思想、和谐思想、朴素的唯物主义和辩证法等,都与马克思主义有某种程度的共同性和兼容性。因此儒家文化与马克思主义的融合,能实现其符合时代需要的现代化转化,不仅可以避免儒家文化走向穷途末路,而且能使其不断发扬光大。而马克思主义由于与儒家文化的结合,也能在中国传统文化的土壤中深深地扎下根来,从而更具有中国特色。这也是马克思主义中国化的一种正确选择和走向。

（记者：文岱　原载《儒风大家》2011年第4期）

史学大家安作璋先生访谈录

摘要：安作璋先生是新中国成立后最早从事秦汉史研究并取得卓越成就的著名史学家，其论著曾受到史学大师郭沫若先生的赞赏，被日本学界誉为"秦汉史之大家"。从20世纪80年代始，安先生践行司马迁"通古今之变，究天人之际"的治史思想，研究范围逐步拓展到中国通史、地方通史、文化通史、文献学等领域，建树颇丰，独步学林，至今已成为一代史学大家。通过阅读安先生的论著，与安先生面对面访谈，努力探寻他在史学多个领域独辟蹊径，不断前行的内因和规律，希望能够给读者以启迪。同时还邀请陈乃华、张仁玺教授撰写了专题研究论文，与访谈录一同发表，以飨读者。

家传与史学之路

康香阁：安先生您好！中国人讲缘分，这种缘分并非刻意追求，结果往往使人意想不到。我记得20世纪90年代初，我应邀参加《中国历史人物大辞典》的编写工作，在编辑辞条分工会上，您作为学术顾问，给我们讲了编辑条目要注意的几个问题，听参加会议的同志讲，您是著名教授。当时我对历史学理解的还比较浅，自然也不敢上前攀谈，此后的20年多年间就再也没有见过面了。近几年我开始为当代学术名家做系列访谈，今天能通过华中师大赵国华教授和中华书局陈虎编审的协助采访到您，当面聆听教诲，是一件很幸福的事。我们就从您怎么样走上治学道路开始谈，是什么原因和条件促使您走上了研究历史的道路？

安作璋：我觉得一个人能走上治学之路，选择哪个领域作为自己的研究方向,这恐怕和他所受的教育有关系。

康香阁:任何一个人搞研究,都要经受教育这一关,但受教育是一个笼统的表述,您说的教育应该如何进一步理解?

安作璋:我说的教育是从家庭教育开始的。我一直认为,一个人所受的教育可分为三个阶段,一个是学前的家庭教育,一个是学校教育,再一个是出了校门之后的社会教育。

最早的教育就是家庭教育。按传统的说法,我的家庭也算是一个科举世家。在我家大门的门楣上镶有"世科第"三字牌匾,由吏部侍郎、钱塘人汪鸣銮书写。我的祖父是举人,伯父也是举人,我的父亲考中了秀才。光绪实行变法,废科举、兴学校,科举这条路就走不通了。1901年,山东成立了一个山东大学堂(后又改为山东优级师范学堂),校内有个师范馆,1903年师范馆从大学堂独立出来,成立了山东师范学堂。我父亲就是这所学堂本科博物部毕业的。这所新式学堂主要开设两方面的课程:一是学习传统的四书五经课程。二是学习从西方引进的自然科学课程,像数学、物理、化学、生物等。此外还有外语(英语和日语),我从小就是在这样的家庭教育环境熏陶之下成长的。

康香阁:在家庭教育中,是否还有一些令您难忘的具体故事?

安作璋:我讲两个对我影响比较深刻的事情:一个是在我家大门两边有一副对联"忠厚传家远,诗书继世长"。家里老人曾多次给我讲过这副对联:上联是讲做人的道理,下联是讲要好好读书。只有为人忠厚,认真读书,家世才能传之久远。二是我的父母都给我讲过苏舜钦读《汉书》的故事。说的是宋朝大学问家苏舜钦,好饮酒又放荡不羁。他曾住在岳父祁国公杜衍家中,每晚读书都要饮酒一斗。杜衍感到很奇怪,暗中观察,原来他是在读《汉书》,每当读到快意之时,便饮酒一大杯。杜衍不禁笑道:"有如此下酒物,一斗也不算多。"(据查:宋、元、明、清有多种书提到此事)用《汉书》下酒,足见其感人之深。我后来读《汉书》的兴趣,就是受了这个故事的启发。

康香阁:我在多篇文章中都读到过您讲述苏舜钦读《汉书》的故事,由此看来,您后来选择历史作为研究方向,应该是受到了小时候文化熏陶的潜意识影响。下面我们就谈您说的学校教育,您上小学都受过什么教育,那时候还是私塾教育吗?

安作璋:到我上小学的时候,接受的就是现代教育了。但值得一提的是,在课外还接受了一个时期的蒙学教育,学的就是《三字经》《弟子规》《朱子家训》一类读物,并且要背诵。当时叫蒙学,就是启蒙教育的意思。蒙学教育对学生是非常重要的,一是从这里边可以学到一些做人的道理,二是也初步接触了一些历史知识。《三字经》里边从三皇五帝一直到明清,虽然很简单,但一朝一代讲得非常系统,我最早接触历史的基础知识还就是读《三字经》来的。《朱子家训》主要是讲做人之道。

康香阁:您在小学毕业之后就上中学了吗?

安作璋:没有。我小学毕业的那一年是1937年,正是抗日战争全面爆发,曹县县城被日本军队占领。当时日本人也办了一些学校,有小学、有中学。我父亲为了躲避日伪的骚扰,不让我去接受奴化教育,就带领全家从县城搬到了乡下。在乡下,乡亲们先后联合办了几所私塾,聘请一些老师授课。有外语老师、有数学老师,特别是教文史课程的老师,阵容还是比较强的。在文史方面,有老师的引导,我重点读的是前四史和《资治通鉴》,另外,每天还得练习写毛笔字。就这样在乡下断断续续读了几年私塾。中间虽然上过山东省十四联中二分校,但时间不长,因日寇扫荡,就解散了。

到了1944年的时候,我随流亡师生到了皖北阜阳。当时国民党的山东省流亡省政府就驻在皖北这个地方,在那个地方也办了一些学校,有中学、师范,还有山东政治学院等学校。

康香阁:皖北的北边和西边都被日本人侵占了,皖北阜阳这块地方就没有被日本人侵占吗?

安作璋:没有,这个地方水多,到处是淤泥地,日本的马队、车队不容易进来,偶然骚扰一下,也呆不住,就撤走了。到那里后,我就考入山东省第二临时中学高中部,校址在倪后湖村。从1944年到1947年这三年的时间我一直在那里。在家乡读私塾时,我的文史基础不错,但理科不大好,入学后我经过刻苦学习,补上了全部数理化课程。那三年的时间,学习环境非常艰苦,吃的是高粱米窝窝头、咸菜,住的是简陋茅草房,睡的都是地铺。恶劣的环境带来了多种流行疾病,我记得有疥疮、疟疾、关节炎和猩红热等。除了夺命的猩红热之外,疥疮,疟疾,关节炎我都得过。现在我的腿走路不便,就是那时候患严重关节炎留下的后遗症。

康香阁:在那么恶劣的环境下,您又患上多种疾病,还能够坚持三年不动摇,是什么样的精神支撑您坚持了下来?

安作璋:我觉得这还是从我熟悉的历史人物事迹中得到了启迪和鼓舞。如司马迁所讲的"孔子厄陈蔡,作《春秋》;屈原放逐,著《离骚》;左丘失明,厥有《国语》;孙子膑脚,而论《兵法》"。古人的这些事迹对我影响很深,他们那种在逆境中刻苦自励、百折不挠的精神一直鼓励着我,一是鼓励我要坚持生存下去,一是鼓励我要坚持学习下去。所以说,学习历史几乎伴随我的一生。

1947年高中毕业,我面临着就业或升学的问题,我选择了考大学。那时候经济非常困难,我是从三年的学校供应伙食费中节约下来的一部分钱作为路费,当时叫伙食尾子。我和一部分同学先到南京报考,因为信息很不灵通,到南京时各大学报名都已经结束。又跑到上海也是如此,好像只剩下一个上海交通大学,一个济南齐鲁大学还可以报名。总算很幸运,我考上了齐鲁大学。

康香阁:过去我曾经读过介绍解放前高校基本情况的书,知道齐鲁大学是一所非常著名的教会学校、当时不仅在中国,在国外也有些名气,老舍、顾颉刚、钱穆等名家都曾在这里任教过。

安作璋:是的,当时有"北燕京,南齐鲁"之说。进入齐鲁大学以后,在学习方面没什么问题,有众多著名专家老师的指导,像张维华、张立志、朱东润、莫东寅、韩连琪、吴金鼎、胡厚宣、栾调甫等都是学有专长的名家,还有丰富的图书资料。但经济方面比较困难,因为教会大学大都是自费,特别是一年级时候,没有经济来源,就靠自己半工半读来解决。到一年级末,我考取了哈佛燕京学社奖学金,当时学校只有两三个名额。有了这笔奖学金学习上就比较顺利了,一天到晚除了上课之外,就是在图书馆或宿舍学习,晚上12点之前几乎没有睡过觉。在4年8个假期里,除了最后一个假期参加工作之外,前7个假期基本上都在图书馆、资料室度过的。1951年毕业,被分配到山东师范学院,就是现在的山东师范大学,一直工作至今,整整60年了。

康香阁:您1947年考入齐鲁大学,1949年全国解放,1951年大学毕业,按时代划分,您的大学生活正好跨越两个时代,在教育方式和学习方法上有什么变化吗?

安作璋:您这个问题提得很好,这也正是我想说的。大学的前两年我是在解放前学习,后两年就到了解放后学习。前两年主要是受乾嘉学派的影响,在学习方法上是重义理、考据、辞章。后两年有一个很大的变化,就是开始接受辩证唯物主义和历史唯物主义。这4年中,一个是旧的教育,一个是新的教育,我都接受了一点,我将新旧两种教育研究方法结合起来,就为我以后研究历史打下了一个很好的基础,正式走上治史之路还就是在大学期间形成的。

康香阁:您刚才讲到,走上治学之路,除了家庭教育、学校教育之外,还有走出校门后的社会教育,如何理解您说的社会教育?

安作璋:我觉得社会教育指的是学生阶段结束,走向工作岗位以后,除接受党的教育外,还要利用一切机会,主动向前辈老师,向同行学习请教以获取知识。例如,我参加工作后曾多次向北京大学邓广铭先生请教学问,至今使我难忘。1951年我刚参加工作的最初几年,在完成教学任务之余,差不多写了近10篇文章(包括在大学期间写的初稿)。我冒昧把其中两篇寄给邓先生看,经邓先生建议修改后发表在他主编的《光明日报》"史学"版上,那是我生平第一次公开发表的论文,而且是发表在全国报纸唯一的一家史学专刊上,捧读之下,真有一登龙门之感,这在当时史学界青年一代中是很罕见的。1955年我出版那本《汉史初探》,就得到过张维华、韩连琪等多位先生的指导。所以说,我的成绩得益于老师、同学(教学相长),还有同道朋友的指导和帮助。最后一点是靠自己主观的努力,归根到底还是业精于勤,贵在坚持,不能让它中断。包括平时假期、星期天我基本上都没有休息,除了吃饭睡觉,其他时间就是埋头到书堆里边,学习历史好像成为自己生活的一个部分,这是我走上治学之路的大体经历。

秦汉史研究筚路蓝缕

康香阁：上世纪90年代初我见到您的时候，只知道您是著名教授，至于您的学术领域到底有多广，学术地位到底有多高，我不很清楚。有一次开会，我认识了青年秦汉史专家赵国华教授，他给我介绍了秦汉史的情况，我才知道您是当今顶尖的几位秦汉史专家之一。赵教授甚至形象地用《射雕英雄传》中东邪西毒南帝北丐来比喻您和林甘泉、熊铁基诸位先生在秦汉史学界的地位。山东师范大学作为一所省属地方高校能拥有像您这样在全国乃至国外有影响的大家，是山东师大的光荣，这也萌发了我采访您的愿望，并开始认真阅读您的有关资料。在访谈您之前，我还给您曾经的学术合作者熊铁基先生打电话，征求采访意见，熊先生告诉我，您是解放后最早从事秦汉史研究的专家，请您谈谈为什么选中秦汉史作为研究方向？

安作璋：我研究秦汉史有这样几个原因，一个是有原来的基础，从私塾开始，一直到大学，我的重点就是学的秦汉史。再一个是我观察发现，过去一些研究历史的老前辈，不管搞哪一段历史，或者宋元，或者明清，基本上都是从《史记》《汉书》《后汉书》《三国志》前四史入手。例如，我的老师张维华先生就是从前四史入手，后来也研究明清，这样的例子很多，这是我观察的结果。第三个是我觉得秦汉史本身是中国历史上一个很重要的阶段，我把它归纳为：秦汉是一个承前启后的时代，是一个封建社会制度奠基的时代。

当然，按照学术界有些学者的说法，战国时期是封建社会形成时期，但我认为真正的封建政治制度、经济制度、思想意识形态确立时期还是在秦汉时期。首先从它的经济制度来看，真正体现封建地主经济制度的"富者田连阡陌，贫者无立锥之地"和"耕豪民之田，见税什五"这种生产关系就是到汉武帝的时候才确定下来，并明白地记录在《汉书·食货志》。其次从政治制度来看，以皇帝为首的专制主义中央集权制度也就是从秦始皇开始建立到汉武帝才把它巩固下来。再次从思想意识形态领域来看，从春秋战国时期的诸子百家争鸣，到秦始皇的以法为教，以吏为师，法家独尊，再到汉初的黄老无为思想，最终到汉武帝时期定儒术为一尊。从此以后,儒学一直是封建时代的主导思想,无论是从政治、经济、思想、文化哪个方面来看,秦汉时期都是封建社会的奠基时代。

康香阁:除了以上几点外,在您的著作中还几次谈到,秦汉时期还是中华多民族形成和对外开放的奠基时期。

安作璋:是这样的,过去的夏商周三代地域很小,不用说统一,春秋战国也很难讲统一,真正大一统的、多民族国家的形成和祖国疆域的基本确定,还是从秦始皇开始到汉武帝才巩固下来。所谓大一统国家能够形成,其实就是实行了封建的中央集权制度和郡县制的结果。我还说过,秦汉时期还是一个对外开放的奠基时期,这是因为对外开放在历史上有很明确记载的就是在这个时期,如徐福东渡,从海上和东亚这些国家联系起来。再如张骞通西域,打开了通往中亚和欧洲的丝绸之路。如果讲对外开放的话,恐怕这个时候应该是个开端。

所以我说,从各个方面来看,秦汉史在中国历史上都占有很重要的地位。如果说秦汉史是一个源头的话,那后来一直到明清的历史就是流,无论你研究其间历史哪一段,你要追根溯源的话,就要从秦汉开始。

康香阁:在秦汉史研究中,您涉及的领域非常广泛,包括经济、政治、思想文化、民族关系、对外关系等问题都有论述。但您最早的研究性文章是从经济史开始的,而且是从农业经济开始,无论是您1954年在《光明日报》上发表的文章,还是1955年由上海学习生活出版社出版的《汉史初探》一书,均是如此。其中研究汉代分管经济官员思想的论文《论桑弘羊》还受到当时中国科学院院长、史学大师郭沫若先生的称赞,选择经济史这样的选题是如何确定的?

安作璋:我研究秦汉史从经济史入手是和当时我接受的新理论体系有关。当时我正好是在学习马克思主义历史唯物论和辩证法,唯物辩证法认为,研究历史首先要从经济基础开始,这是第一个原因:再一个原因是农业经济在经济领域中是一个决定性的部门。恩格斯就说过,研究经济首先要从农业开始。古代经济基础的关键部门是农业,像中国奴隶制度、封建社会制度的形成,基本上都是从农业开始的,因为中国是农业立国,手工业、商业还不占主要地位,工业化立国那是近代才有的。所以说,历史研究要从经济基础入手，经济基础主要是在农业经济，这是我选择从农业经济史入手的原因。

康香阁：在《汉史初探》出版之后，1957年您又完成了《两汉与西域关系史》一书的初稿，1959年由山东人民出版社正式出版，是什么样的原因促使您从经济史研究转向了汉朝与西域关系史研究？

安作璋：是有这么一个特殊情况，我上的齐鲁大学是个教会学校，对外语要求很高，如果外语不及格，就要留级，留两次级就要被开除了，淘汰率很高。我们班到1951年毕业的时候，能拿到毕业证书的就剩下两个学生。我刚才送给你的《安作璋先生从教50周年文集》那本书的里面有一张毕业照。你看，这幅照片的标题是"齐大历史系欢送1951班毕业生纪念"，第一排中间5位是老师，两边是两个毕业生，最左边的一个是我，最右边的一个是另一位毕业生，后边的是历史系的学生，老师到的不全，学生到的也不全，毕业生全了，就两位。你大概想象不到那时是这样的情况，一个年级只有两个毕业生。我当时的学习重点有两个，一个是继续攻读前四史，另一个就是外语。为了外语能过关，我想了一个笨办法，就是从图书馆把英国人斯坦因（Aurel Stein，1862～1943）的英文版《西域考古记》借出来，大概有20多万字。我拿着这本书，一边读《西域考古记》，一边学外语，一边拿着字典翻译，主要是翻译，不到一年时间，我就把它翻译出来了，结果我的外语考试过关了。在翻译的同时，我自然也学到了一些关于西域方面的知识，你看我的《汉史初探》里边，除了农业经济史的文章外，还有几篇涉及两汉与西域关系的文章，就是学外语的结果，后来我进一步扩写，完成了《两汉与西域关系史》这本书，这本书实际上是那个时候学外语的副产品。

康香阁：在访谈前，我读了您这部颇具特色的著作。这部书考证了两汉统一西域的经过和西域都护的设置以及西域各国的概况，并论述了两汉时期中西交通和经济文化的交流状况。我们都知道，汉朝与西域关系史是非常重要的一个学术领域，还可以进一步深入研究，后来您为什么没有继续再搞下去呢？

安作璋：我当时年轻，初生牛犊不怕虎，我不知道西域史这个领域水道的深浅,到后来我再继续收集资料的时候,发现资料出现了大问题,资料牵涉到许多外文,除了英文之外,还有法文、德文、俄文、日文,还有一些西域古文字,靠一个人的精力难以有新的突破,"知难而退"基本上放弃了。

康香阁:尽管您没有继续从事有关西域史的研究,但我从中国国家图书馆网检索发现,您的这本《两汉与西域关系史》不仅是解放以后第一本,直到现在还是一本研究两汉与西域关系史的重要参考书。据说这本书的出版,还有一段曲折的经历,它涉及到一个长期困扰史学界的一个问题,就是求真与致用的关系,亦即历史研究如何为现实政治服务的问题。读者读过这本书,可能从中受到一些启迪。

1978年,党的十一届三中全会胜利召开,科学研究迎来了春天,学术禁区大门被打开,您的研究开始进入了黄金期。1979年,山东人民出版社出版了您的《班固与汉书》一书,第一版就印刷了13000册,1991年台湾学海出版社又重版了这部书,产生很好的社会影响,写这书的动因来自哪里?

安作璋:前面我讲过,在我幼年的时候,我的父母就给我讲过苏舜钦读《汉书》的故事,对班固的《汉书》印象很深。我读"前四史",一开始读的就是《汉书》,后来才是读司马迁的《史记》。在过去旧史书中,对司马迁和班固的评价基本上都是扬马抑班,建国以后研究司马迁的论著较多,研究班固的论著很少,在某种程度上还是受到了贬抑。我通过比较研究之后认为,扬马抑班不太正常,司马迁和班固应该是中国历史上两位齐名的史学家,他们从不同角度对中国史学体系的创立以及对古代史、文学史和思想史的发展,都做出了卓越贡献,正确评价标准应该是各有所长,各有所短。

康香阁:您就是从各有所长,各有所短这个角度撰写了这部《班固与汉书》,是希望还班固一个公道,让读者客观地了解班固与《汉书》,可以这样理解吗?

安作璋:可以这样讲。我这本书主要是对班固的家世、生平,特别是对他在中国史学上的贡献做了客观地梳理、分析和研究,希望恢复班固对史学贡献的本来面目。

康香阁:在您这部书出版十多年之后,您又应中华书局总编辑李侃先生和北师大瞿林东教授之约，撰写了《班固与汉书》的增订本《班固评传——一代良史》，我觉得，这也充分说明中国学术界对您这部书所持观点的认同。

安作璋：关于《班固评传》一书的出版，我有几句话要说。大概是1993年末，中华书局总编辑李侃先生和北师大瞿林东教授先后来信约我为《中华历史名人评传·史学家系列》写一本《班固评传》，接到来信，我很犹豫。一是因为我觉得过去限于条件，对《汉书》的研究存在明显不足；二是我当时的研究任务已转向其他研究领域。如果再写，要想有所突破，恐怕要花费些时间。再加上出书时间紧迫，完成任务的确有困难，便回信婉言谢绝了约稿。新年后不久，李侃先生又写来一信，信中说"大函拜悉，知台端偶得小恙，想已康复，仍请悉心疗养，彻底痊愈。《班固评传》可否请阁下自己物色一位助手，或由阁下授意，或口说笔记，总以完成为好。敝意，原书（指《班固与汉书》）似不必大动，精彩之处，酌予增加，以收锦上添花之效"云云。老朋友来信，殷殷相托，盛情难却，我最后还是按要求完成了《班固评传》，由原来《班固与汉书》的56000字，增改为10多万字。这本书能够在1996年顺利出版，完全是李侃和瞿林东两位同志极力促成的结果。

康香阁：上世纪80年代中期，您和熊铁基先生合作的《秦汉官制史稿》，学术界评价很高，被誉为在中国官制史研究中树立了一块新的里程碑。整个秦汉史是一个很广大的领域，您是如何选择秦汉官制作为研究突破口的？

安作璋：秦汉官制是我研究秦汉史的重点之一，之所以选择研究秦汉官制作为突破口，应该是受到了老一辈史学家的影响。邓广铭先生很早就倡导，治史要掌握四把钥匙，即年代、地理、职官和目录，这是治史的基本功。职官是研究史学的四把钥匙之一。

康香阁：我读到了您这部泱泱近80多万字的巨作，这确实是一部研究秦汉官制史最全面、系统的著作，至今仍是有志于研究秦汉史的学者绕不开的一部重要著作。我想请教一下，这部著作除了全面、系统之外，最显著的特点是什么？

安作璋：最显著的特点是讨论了两个重要问题：一个是通过丞相制度，来说明中央官制的不断变化。一个是从监察制度来说明地方官制的变化。

从中央官制来讲，最显著的变化就是在汉武帝时期出现了内朝和外朝之分。汉初，丞相、太尉、御史大夫等官原本是助理皇帝行政的，但在发展中反而成了君权的障碍。西汉前期，选举、任免、考课、赏罚、监察种种职权，无不总归丞相、御史二府，丞相、御史大夫成为中央政府的最高长官，有时候甚至以其权势凌驾于皇权之上。太尉的职权，自诛诸吕之后，也有很大的提高，以致皇帝也时常感到威胁。到汉武帝时，为了加强皇权，开始重用自己身边的尚书或中书等侍从近臣，把丞相、御史大夫的职权逐渐收回尚书或中书手中；又罢太尉，改置大司马。大司马为无印绶的加官，太尉的职权实际上转归大将军。这样，在朝中便形成了以丞相为首的外朝和以尚书、大将军等组成的内朝。内朝由皇帝直接掌握，成为实际的决策机关；而以丞相为首的外朝，则逐渐变成了执行一般政务的机关了。中央的权力实现了由外朝向内朝的转移，这个由外朝到内朝制度的形成是在汉武帝时期。这种制度从汉代一直延续到清朝，清朝雍正的军机处就是内朝，外朝的吏、户、礼、兵、刑、工等六部都要受制于军机处。再往前说，康熙时期的内朝就是南书房，大臣的官再大，如果皇帝不给你挂一个"南书房行走"的牌子，那你基本上还是外臣，不是内臣。内臣是皇帝最亲近的、在皇帝书房或卧室办公的心腹之臣。我讲封建中央官制，主要是揭露不管外朝官员表面的权力有多大，但大权的实质主要还是受制于内侍之臣，这显示出皇权专制主义是在不断的强化。

康香阁：封建中央官制体系的变化过程这样的重大问题是在你们这部著作中首次系统分析的吗？

安作璋：不好这么说。学术界评价这本书是"填补了断代官制史方面的空白，而且在许多方面有新的开拓"，这方面就算是一点开拓吧。

康香阁：下面请您再讲讲该书的第二个特点，就是地方官制的变化。

安作璋：地方官制的变化主要是从监察制度来看。最显著的特点是地方官制由二级变成了三级。在秦汉初期，地方官制基本上是郡、县二级制。但是皇帝对它不放心,就派遣一些监察人员下去监察。汉武帝时派刺史到地方去监察,开始是流动性的监察,每年下去巡视一次,没有固定治所。监察来监察去,到后来刺史也有了固定的治所,俨然成了郡县上边的一级行政机构,地方官制由郡县二级制变成了州、郡、县三级制。后来,唐朝的节度使,宋代的安抚使,一直到明清的督抚,开始都是监察官,不是地方官,到最后都成了道、路或省的一级地方长官。监察官哪里来的? 都是皇帝派到地方去监督地方的心腹亲信之臣,以便于直接控制地方。

无论是中央官制,还是地方官制,要真正理解中国古代封建的政治制度,这是个要害问题,也主要是皇权专制主义不断强化的问题。

地方史研究开辟一片新天地

康香阁:在全国学术界,乃至国外学术界对您的秦汉史研究了如指掌,尊称您为"秦汉史之大家",但对您的地方史研究还没有足够的认识,这可能是受地域文化限制的原因。其实,您在地方史研究方面也是独步学林,比如说,您主编的巨作《山东通史》就是这样一部代表作。这部巨作初版于1993年至1995年,2009年人民出版社又出版了增订版,全书9卷12册,约600余万字。这恐怕是改革开放至今,在全国地方史研究中出现最早、规模最大的一部地方史通史。在研究秦汉史的同时,您拿出相当一部分精力去搞地方史研究,这和您是山东人有关吗? 还是基于什么样的思考?

安作璋:你能看出来我治学的路子。大家都知道我是专治秦汉史,实际上治秦汉史只是我研究历史的一个试验田,通过治秦汉史,我摸出了一点门道,积累了一些经验。我真正想研究的还是通史,就是"通古今之变",这是我最后的目的。司马迁的《史记》给我们提出了两个永恒的命题:一个是"究天人之际",一个是"通古今之变"。天人之际,就是天和人的关系,也是人和自然的关系;古今之变就是人和人的关系,人和社会的关系。司马迁那时就给我们开辟了这条道路,我们还要沿着这个路子继续走下去。再一个就像你说的我是山东人,我的教学和科研要考虑到为山东服务。这两个原因促使我把相当一部分精力放到了山东地方通史和齐鲁文化通史上。

康香阁：我明白了您的治史思想。说到通史研究，我知道您的第一部通史成果就是《中国史简编》，这部教材1986年由山东教育出版社出版，1988年被教育部列为全国高校文科教材，至今已修订再版4次，印刷近20次。2008年您又出版了6卷本《济南通史》。我觉得在您的多部通史著作中，部头最大、分量最重的还是《山东通史》。它先后被列为山东省社会科学"七五"规划重点研究课题和国家"八五"规划重点图书。被评价为"运用马克思主义观点方法研究山东地方史的开创性著作"，"以其丰富的内容，翔实的材料，恢宏的规模，浓郁的地方特色而独树一帜"，是"我国地方史研究的一项重大成果"。这部通史除了一个全，一个新之外，最有突破的地方还有哪些？

安作璋：最有突破的地方是体例。历史编纂学最重要的问题是体例，你想我编规模这么大的一部通史。如果按过去通行的教科书章、节、目这样的体例编写，《山东通史》的规模绝对不会这么大，因为教科书这种体例虽然有其优点，但容纳量有限。像朱绍侯先生主编过《中国古代史》，我也主编过《中国史简编》，这种教科书式的体例已经固定了你只能写那些内容，许多其他内容由于没有合适的章节就无法写进去，没有扩充的余地了。《山东通史》的体例是上世纪80年代初我参加白寿彝先生主编《中国通史》时，参考该书编写体例，结合山东地方特殊情况，加以变通，最后就形成这样一个新体例：

第一个是通纪，相当于纪传体的本纪。因为没有皇帝了，不能再用本纪，就用了通纪这个名称。通纪这一部分主要记载历朝历代大事变迁，变革，这样就能够把山东从古至今的历史通下来。这是仿照纪传体本纪来的。本纪是以皇帝为中心，通纪是以大事为中心，以时间先后为序。它实际上是纪传体和纪事本末体的结合体，也就等于是通史了。

第二个是典志，实际上吸取了过去《通典》《通志》和《文献通考》等政书的体例。就是从宏观上，把政治、经济、军事、法典、科技、教育、风俗、礼仪、宗教、民族、外事、文献等各方面的内容纳入其中了。每一个方面都设一个志，这就等于是专史了。

第三个是列传。列传是采用纪传体的形式,以专传、合传、类传等不同体例分别为山东历史上有影响的重要人物立传。我们过去编的一些通史,写人物时往往是一笔带过,很难了解人物的全貌,给每一个在历史上有影响的人物立传,这个问题就可以解决了。

第四个是图表。包括各种有代表性的或典型的实物图片、历史地图及各类年表、世表、专题表等,以弥补各卷文字表述的不足。

这四种体例,实际是将历史上的多种史书体例结合运用,取长补短,构成一个有机的整体,力求反映山东历史的全貌。

此外,全书还有总序,各卷有前言、后记,并附有参考文献。旨在说明山东历史发展大势、时代特征、主要内容、地方特点、编写情况、研究山东历史的学术价值和现实意义以及其他需要说明的一些问题,主要是为读者阅读本书提供方便,使之便于对本书有一个基本的了解和今后进一步研究。

齐鲁文化成为中国传统文化的原因

康香阁:从广义的地方史来说,您主编的《山东通史》《济南通史》《齐鲁文化通史》等发生在山东大地上的一切历史文化现象都属于山东地方史的范畴。但我觉得齐鲁文化不是单纯的山东地域文化,它和其他地域文化,如吴越文化、荆楚文化、燕赵文化不一样,有其特殊性。它的特殊性就在于汉武帝时期,董仲舒将齐鲁文化的核心内容重新组合,形成新的儒家文化,经汉武帝批准,定儒术于一尊,成为中国传统文化的主干或基石,以后经过不断演变,一直延续2000多年。2004年中华书局出版了您主编的8卷本《齐鲁文化通史》,代表当时地方文化通史研究方面的最高成就。我想应该把您的齐鲁文化研究作为您一个独立的研究领域来谈,请谈谈齐鲁文化的形成,以及它能成为汉代主流文化的原因。

安作璋:过去我接受访谈或学者研究我的著述,大都是把山东地方史和齐鲁文化史研究作为一个大问题来谈,今天你把它分为两个问题来谈,说明你下了很大工夫,理解了我的思路所在。刚才我讲了,我研究历史的路子是从断代史到通史并侧重地方史和齐鲁文化史的研究。客观地说,齐鲁文化在中国传统文化中确实起了很重要的作用，它可以作为中国传统文化中一个有代表性的区域系统文化，因为它的源头来自于两大族，一个是华夏族，一个是夷族。傅斯年先生很早就提出东夷西夏说，东面是夷族，西边是华夏族，而且这两大族都是后来中华民族的前身。黄帝族是华夏族的祖先，黄帝族以龙为图腾，即崇拜龙；炎帝族是夷族的祖先，夷族的图腾是鸟，即崇拜鸟，也就是凤。所以，我们中国人一提到龙凤呈祥，实际上就代表了中华民族的两个源头，换句话说，也就是炎黄子孙。齐鲁大地就是将两支文化结合在一起的一种文化，这是齐鲁文化能成为中国传统文化主流的一个原因。

康香阁：从文化意义上讲，齐鲁文化的概念是周朝建立后才逐渐出现，经过数百年的发展方形成的，这和远古的夷夏两大部族文化有什么关系呢？

安作璋：你说得不错，齐鲁建国都是在西周，但西周是黄帝的后裔，继承的是华夏文化。周朝初年实行分封制，周武王把周公封于鲁，把姜尚封于齐。周公相当于后世的宰相，因为在朝辅政，没有到封国，而是让他儿子伯禽继任。姜尚是为周灭商立了大功的。周武王把他的两个重臣都封到山东来，这说明对这个地方很重视。周是属于华夏族后裔，齐鲁之地属于夷族，是炎帝的后裔。周朝真正要巩固统治，就要解决好华夏族和夷族的结合问题。我们知道，经济基础决定上层建筑，在自然地理环境上，齐国和鲁国不同，导致了两国不同的政治走向。鲁国地处泰山之阳，土地肥沃、适于农耕，所以在经济方面鲁国就把发展农业作为重点。在政治上，鲁国采取的是"变其俗，革其礼"政策，主张"尊尊而亲亲"，完全按照周朝的礼制改造当地的风俗习惯。它以周文化为主，吸收一部分夷族文化，逐渐形成了以华夏文化为主的鲁文化系统。

然而，齐国和鲁国的自然环境恰恰相反，齐国在泰山以北，多山，又是盐卤之地，对庄稼生长不利，但它靠海，有鱼盐之利，所以在经济上齐国就把发展工商业，发展鱼盐作为重点，同时齐国也努力吸收周朝的生产经验，加强农业的发展。在政治上，齐国是"因其俗，简其礼"，"尊贤而尚功"，没有把周礼强加给东夷人，而是尊重他们的习惯，逐步吸收部分周礼。可以说,齐国是以东方夷族文化为主,又融进了西方华夏族的文化,逐渐形成了以夷族文化为主的齐文化系统。无论是鲁文化也好、齐文化也好,共同点都是夷和夏结合的一种文化,只是侧重点不同而已。

康香阁:到了汉武帝时期,先秦时期齐鲁文化的核心文化——儒文化能成为中国传统文化的主流,其主要原因在哪里?

安作璋:首先,齐鲁文化是将龙凤文化亦即夷夏文化结合的最好的一种地域文化,根基扎的好。其次是齐鲁文化善于吸收各地域文化,它不但是夷夏文化的结合,像燕赵文化、荆楚文化,巴蜀文化、吴越文化基本上都能够吸收。在春秋战国时期,各地域文化有着比较明显的不同,秦统一中国以后专用法家,结果发展成暴力统治,导致秦朝很快灭亡。西汉初期,统治者吸取秦朝的教训,转而采用黄老思想,实行无为而治、与民休息的治国方略,适应了汉初经济恢复和发展的需要。数十年后,这种任其自由发展的弊端明显地暴露出来了,导致了豪族地主的土地兼并和诸侯王割据势力的发展壮大,直接危害到皇帝的权威。在这种情况下,董仲舒将鲁文化中的仁政和齐文化中的法制结合,创造了一个外儒内法,德法兼治的新儒学,适应了统治者的需要,被汉武帝定儒术于一尊。后来的汉宣帝在谈到汉朝的制度时就说:"汉家自有制度,霸王道杂之。"这里的"霸"就是法制,"王"就是德制,也就是一个德制与法制结合的问题,这种改造后的新儒学就成为统治者的正统思想。从汉武帝一直到清代的两千年间,封建统治的上层建筑和意识形态领域带有主导性的文化就是儒家文化。而齐鲁这个地方正是儒家文化的发祥地,所以齐鲁文化后来成了中国传统文化的主干或基石。当然,儒家文化一直处在发展变化之中,汉代的儒家文化已不是先秦时期的原始儒家文化,汉代以后的儒家文化也与汉代儒家文化有所不同,它的内涵是随着时代需要而不断发展,正是这种与时俱进、自我更新的再生能力,才是儒家文化能够万古而长存的原因。

历史文献学是治史的基础

康香阁:您在史学多项领域取得丰硕成果的同时,对历史文献学也作了深入的研究,成就斐然。1982年,中华书局出版过您的《秦汉农民战争史料汇编》。1994年,福建人民出版社出版了您主编的《中国古代史史料学》,学术界评价为"具有很高的科学性和系统性,堪称目前我国史学界最完整、系统和具有体系性的史料学著作。"请问历史文献学和史学研究有什么关系?

安作璋:历史文献学是学术研究的基础,没有充分的历史文献进行历史研究那就等于是无米之炊。过去老一辈学者常说有一份资料说一分话,有十分资料说十分话。没有充分、可靠的历史文献,你得出的结论是很难站住脚的。历史研究一定要掌握搜集资料和研究资料的方法,这也是一个基本功。《秦汉农民战争史料汇编》算是我在历史文献学方面的第一个成果。这本书初稿于20世纪60年代,那时,农民起义是史学界一个重大课题。就是在济南的一次学术讨论会议上,中华书局总编辑金灿然先生找到我,约我为中华书局编辑《秦汉农民战争史料汇编》这本书的。

康香阁:您认识金灿然先生吗?

安作璋:他是山东同乡,以前不认识,但久闻其名。在会议期间金先生找到我,先是说,郭老(沫若)看了我的那篇《论桑弘羊》的文章,很感兴趣,金先生希望我扩写成一本书,由中华书局出版;可能他知道我是研究秦汉史的,同时,又约我编写这本《秦汉农民战争史料汇编》。书稿交到中华书局后,迟迟未出版。直到"文革"结束后,责任编辑魏连科先生才告诉我,书稿在"文革"中不幸丢失,由于这是系列丛书的第一本,希望我克服困难再重新编辑一本。我于1979年10月份完成重编稿交中华书局出版。这本书为史学界研究秦汉农民起义和农民战争提供了极大的方便。至于我的另一本《中国古代史史料学》是受国家教委和福建人民出版社委托,为高等学校历史系中国古代史专业编写的一部历史文献学教材,这部书于2006年被列为"十一五"国家级规划教材。它突出的特点是,除了对中国古代重要史料分类介绍,说明每一类文献的内容、价值和版本外,还对史料学理论、史料的搜集和应用等问题进行了比较详细的论述。可以说这是一本比较系统、全面地引导"读史入门"的实用性工具书。至于您所说的学术界评价,我认为既是鼓励,也是鞭策。

治学方法与马克思主义理论指导

康香阁：您从事史学研究已经60多年了，从秦汉史入手，逐步拓展，涉及的领域有经济史、西域史、官制史、中国通史、地方史、文化史、运河史、人物传记、历史文献学等，60多年的经历一定积累了丰富的治学经验，请谈谈您的治学心得。

安作璋：关于治学心得，我曾总结了8条，一是正确选择研究方向和课题。二是搜索信息，了解"行情"。三是更新研究视角，善于选择结合点和突破口。四是正确处理博与专的关系。五是治史要做到"三通"，即纵通、横通和类通。六是重视和加强史学研究的修养。七是要正确处理继承和创新的关系。八是要有"业精于勤、持之以恒"的精神。详细的论述我提供给您相关资料可供参考。

康香阁：在采访之前我已大致阅读了您对治学经验的表述，今天，针对治学方法问题，我想再深入交谈一些问题。比如说，在您的多部著作前言或绪论里边，您都曾提到：该书是以马克思主义理论、观点、方法作指导。这在其他专家著作里边也这么提，我觉得这样提法比较抽象。我们进一步说，以马克思主义理论、观点、方法作为指导思想的核心是什么，到底怎么解释法？

安作璋：最核心的思想是它的唯物史观，就是说它是唯物的，这是个最重要的前提。历史研究，如果不从经济基础入手的话，很多问题说明不了，有什么样的经济基础就有什么样的上层建筑。我刚才说秦汉时期是中国封建社会奠基的时代，就是从它的经济基础入手得出的结论，这就是马克思的唯物史观。恩格斯在《马克思墓前的讲话》中写道"人们首先必须吃、喝、住、穿，然后才能从事政治、科学、艺术、宗教等等"，这就很清楚地说明，研究任何重大问题都不能脱离开它的经济基础，这是个前提。儒家讲"民以食为天"讲的就是以经济为基础。

再一个核心思想是它的辩证法，它是辩证的。辩证法很不简单，儒家也讲辩证法，儒家讲的中庸之道就和辩证法相通。辩证就是取其中，既不左又不右，不偏不倚，恰到好处。建国以后的30年间老是出现极"左"的问题，有的同志写文章，往往过分夸大，言过其实，本来是个真理，写过头了就是个谬误,要取其中,只有中才能达到和,中实际上就是马克思主义的辩证法。马克思主义作为指导思想的核心一个是唯物,一个是辩证,这是我的理解。

康香阁:建国以后,我国的理论指导思想确定为马克思主义,不是其他主义,很单纯。但在实际运用中,由于各种因素,多次出现了教条主义,尤其是"左"的教条更为严重。改革开放后,西方的各种理论传入中国,并应用于具体学科研究,在这期间就有人提出要用这些所谓新理论代替马克思主义或者将马克思主义仅仅作为一个流派来看待,您在研究中是如何把握马克思主义与其他理论之间关系的?

安作璋:我认为学术研究,无论采用哪种方法,都应当鼓励大胆尝试。但无论哪一种方法,都不能代替马克思主义,因为任何一种理论都无法超越马克思主义作为理论指南的作用。当然,我说的马克思主义指的是它的理论体系,而不是将马克思对欧洲历史做出的个别论断作为指南,如果那样就要犯教条主义的错误,因为中国和欧洲时代、环境毕竟大不相同。我们研究中国的历史问题既能做到唯物,又能做到辩证,就是做到了马克思主义与中国的实际相结合,这是我们学习和研究中国历史的根本途径。

康香阁:从20世纪90年代起,国学研究再度兴起进入21世纪,得到了很大的发展,突出的表现就是在许多大学和科研机构设置了国学院、儒学院以及各种儒学研究中心,开始培养硕士、博士,近些年还在海外开设了200多家孔子学院,传播儒家文化。随着儒学的兴起,学术界就出现了马克思主义和儒家文化的关系问题,您认为应该如何处理这两者关系?

安作璋:我认为马克思主义作为我们的理论指南是完全正确的,这是不能动摇的。但马克思主义要在中国扎下根,就必须与中国历史的实际相结合。如果马克思主义脱离开中国传统文化的土壤,再好的理论也很难生存下来。佛教就是个典型的例子,佛教刚开始传入中国时,与中国传统文化土壤相脱节,就很难传播下去。后来佛教吸收了儒家文化的内容,适应了中国的国情,就发展起来了,而且发展的结果超过了印度。马克思主义中国化一定要扎在中国传统文化的土壤上,脱离开这个土壤,就是无源之水，无本之木，就很难扎根，这个土壤上的文化主流还是儒家文化。至于如何才能做到两者很好的结合，这是一个很大的课题。

实际上，马克思主义中国化的问题从毛泽东、刘少奇就开始探索了，刘少奇《论共产党修养》里边就有不少儒家的东西。最近，胡锦涛《在庆祝中国共产党成立90周年大会上的讲话》是最为典型、最有代表性的马克思主义中国化的重要文献。讲话中3次提到"以人为本"，12次提到"和谐"。儒家文化中"天地之性，人为贵"讲的就是以人为本；"和也者，天下之达道也"讲的就是和谐。胡锦涛总书记的讲话就是将马克思主义和中国传统文化实际相结合的典范。我们就是要找出儒家文化和马克思主义内在共同性的地方，融合在一起，建构具有中国特色的马克思主义作为我们的理论指南。如果儒家文化离开马克思主义指导，恐怕很难发展下去；如果马克思主义离开了儒家文化这块土壤，要在中国扎下根来恐怕也有一定困难，合则双美，离则两伤。

（原载《邯郸学院学报》2011年第21卷第3期；后收入康香阁主编《学术高端访谈与研究》，人民出版社2013年版）

安作璋先生与秦汉史研究

摘要：早在20世纪40年代，安作璋先生即从事秦汉史研究，他先从经济史入手，逐步扩展到政治、思想文化、民族关系和中外关系等领域的研究。其主要成就，一是论证了秦汉史在中国历史上承前启后的重要地位，提出秦汉是中国封建的经济、政治、文化、社会等各种制度奠基的时代，是统一的多民族国家和中国疆域基本形成的时代，也是有明文记载的较早对外开放的时代，同时还是一个文武并兴、人才辈出的时代。秦汉史是安先生从事历史研究的试验田，由此进一步扩展到中国通史、地方通史、文化通史的研究，努力实践司马迁"通古今之变"与一些前辈史学家的治史思路，主张治史贵在乎通，终于成就为一代史学大家。

安作璋先生从事学术研究60余年，研究领域涉及中国古代史、山东地方史、历史文献学等诸多方面。但是他用力最勤、成果最丰的领域还是秦汉史的研究，其中涵盖了秦汉社会性质、阶级构成、政治、经济、思想文化、民族关系与中外关系等领域，被日本学者誉为"秦汉史之大家"。本文对安先生在这些领域的成就与主要观点略加整理，分述于后。

一、秦汉社会性质研究

20世纪50年代，我国史学界曾就中国古史分期问题展开了激烈论战。其中有一种意见认为西汉也是奴隶社会，奴隶社会的下限、即封建社会的开端应定在东汉末或魏晋时期，这派的观点称之为"魏晋封建论"。安先生在1959年发表了论文《西汉经济制度和政治制度——关于西汉社会性质的讨论》，正面回答了这一重大理论问题。他认为：（一）西汉的经济基本上是属于自然经济,其所表现的主要形式是农业和手工业的牢固结合,商品经济虽有所发展,但不占主要地位。(二)西汉时期封建关系已经取得了统治地位,它在一切生产领域特别是农业生产中,完全保持着压倒的优势;而奴隶制度则完全处于封建制度支配之下,只不过是一种过时之物被保存下来作为封建剥削的补充形式而已。(三)西汉国家是地主阶级的专制主义中央集权的封建国家,农民不但是国家赋税的主要担当者和国防的守卫者,而且他们还是各种主要工程的建设者。有些农民虽然自己占有一小块土地,有着独立的个体经济,但实际上则是国家的依附农民或农奴。在"富者田连阡陌,贫者无立锥之地"的情况下,失去土地的农民只好"耕豪民之田",以"见税十五"的地租交给地主,这是中国封建社会中典型的生产关系。(四)西汉社会中的主要矛盾是农民阶级和地主阶级的矛盾,这种矛盾的尖锐化,曾导致多次的农民起义。在以后的研究中,安先生又进一步指出了作为秦汉封建社会中占统治地位的阶级,秦汉封建地主阶级与西欧封建领主阶级的区别。第一,秦汉时期封建地主阶级,虽拥有土地私有权,但这种土地私有权,是从属于皇帝最高所有权的。第二,秦汉时期,虽然有了地主和农民的租佃关系,但农民的身份,还是属于封建国家的领民,并不属于私家地主所有。第三,地主阶级要维护自身的经济、政治利益,巩固自己的统治,他们必须依靠以皇帝为首的中央集权制的封建国家政权的保护。当然,地主阶级的构成也显示了这一时期封建社会的发展:秦代占统治地位的是军功地主,汉初至武帝以前主要是"封君"和"素封"地主,汉武帝以后至东汉则是以儒学起家、累世公卿的世族地主。安先生的上述研究虽然仅限于秦汉时期,但却涉及到古史分期、中国封建社会的特点、中国古代土地所有制的性质等重大理论问题,因此受到学术界的高度关注。

二、秦汉政治制度研究

安先生在秦汉政治制度研究方面的代表作有《秦汉官制史稿》(与熊铁基合著,齐鲁书社1985年版。1986年获山东省社会科学优秀著作一等奖)、《秦汉官吏法研究》(与陈乃华合著,齐鲁书社1993年版)、《从睡虎地秦墓竹简看秦统一的原因》(《历史论丛》第三辑,齐鲁书社,1983年版)和《汉代的官箴》(台湾《历史月刊》1998年5月,第124期)等。这些论著在资料的运用上一个显著特点是在尽可能完整地搜集传世文献资料的基础上充分利用新发现的考古资料,如秦简、汉简、汉碑、汉官印、秦汉瓦当等。在学术观点上,作者认为,真正的丞相制存在于秦和西汉前期,秦只有国尉而没有太尉,国尉不同于后来的太尉;三公制的出现是在西汉末期,主要存在于东汉时期等。作者还强调东汉时期的中枢机构完全为尚书台取代,三公徒有虚名,并无实权。对秦汉中央和地方官制的设立及演变、职掌、属官等重要问题,都作了详细的考证分析。此外,对常为人们所忽略的诸侯王国的官吏、少数民族地区的官吏也加以论述,对官吏的选拔、任用、考核、赏罚等这些中国古代政治制度的主要方面,都作了详细的探讨。

应当指出,安先生在这部书中提出了许多发人深省的问题,如把用人问题和国家的盛衰兴亡、事业成败联系起来,从中总结了许多带有规律性的经验教训,对现实政治有重要的借鉴意义。官箴是古代君主治吏的准绳,也是官吏行事的准则及施政的依据,因此和吏治有密切的关系。安先生认为汉代的官箴大体包括官德和官纪两个方面,亦即从事政治活动时应遵守的道德规范和法律规范。这在现实政治生活中也有重要的参考价值。这篇文章的另一个意义是为解读1975年出土的《睡虎地秦墓竹简·为吏之道》提供了具体的参照。

三、秦汉经济史研究

安先生很早就重视秦汉经济史的研究。1955年,学习生活出版社出版了他的第一部论文集《汉史初探》,这本书集中了安先生上大学期间撰写的6篇论文,其中的几篇主要探讨了西汉农业生产力和生产关系、国家的财政政策、法规以及桑弘羊在汉武帝文治武功中的地位和作用等问题。这些论文涉及的大都是作者首次提出并力图探讨解决的重要历史课题。《汉史初探》出版后,在史学界产生了很大反响,特别是有关桑弘羊的论文,受到了郭沫若先生的高度赞扬。《光明日报》在1956年3月1日"史学"专栏发表评论文章对该著作给予很高的评价。1957年上海人民出版社又再版了此书。1975年,睡虎地秦墓竹简发现后,安先生参与了秦简的注释整理工作,又根据秦简资料撰写了《睡虎地秦墓竹简中所反映的秦代农业经济》,系统考述了秦律中有关铁器、耕牛的管理、农作物的产量与种类、粮食的加工与仓储管理,以及有关农业的奖惩等法律规定。安先生认为,秦自商鞅变法后,历经六世,直至秦始皇,都把农业作为"治国之要",所谓"勤劳本事","上农除末",采取一切措施,来促进农业生产的发展,因而国富兵强,终于完成统一的大业。从这个意义上,秦有关农业方面的法律是值得肯定的。在《算缗与告缗》一文中,安先生指出,"这两项法令,实际上都是秦和汉初以来抑商政策在新的历史形势下的继续和发展。"它的意义在于,经过这次告缗运动,增加了国家收入,打击了奴隶制的残余,缓和了土地兼并,有利于封建经济基础的巩固。它的消极方面,是迟滞了商品经济的发展。

四、秦汉思想文化研究

关于秦汉思想文化研究,安先生的贡献主要在黄老之学与汉代的齐学、鲁学等方面。安先生指出,黄老之学大约出自齐威、宣王时期,是齐稷下学派中的最大学派。关于汉初的黄老之学,已不同于先秦,是在汉初特定历史条件下,适应封建统治者的需要,吸取了各家各派之长,对自己进行了一番改造,而形成的一个新的学派。对于汉初黄老之学的特点,安先生以张维华先生概括的"虚"、"因"、"静"三个字为论述的起点,作了独到的阐释。所谓"虚",就是司马谈在《论六家要旨》中曾指出的"以虚无为本","虚者,道之常也"。它表现在政治实践上,就是减嗜欲、尚节俭,一切顺应自然。所谓"因",就是司马谈在《论六家要旨》说的"其术,以虚无为本,以因循为用","因者,君之纲也"。所谓"静",就是《汉书·曹参传》所说的"治道贵清净而民自定"。黄老之学是汉初统治者制定政策的理论根据和指导思想,对汉初与民休息、海内安定的政治局面起了积极的作用。安先生指出,在汉武帝独尊儒术之后,黄老之学转而朝着神仙方术与宗教迷信的方向发展,在民间广为流传,形成了黄老道,成为东汉农民起义的组织形式与舆论工具。

在《论汉代的齐学与鲁学》一文中，安先生指出了受地域文化传统的影响，鲁学重守成，齐学尚权变。二者在取代汉初"黄老之学"使儒学成为统治阶级指导思想的思想运动中先后发挥了重要作用，具体代表人物是鲁学之王臧、赵绾和齐学之董仲舒、公孙弘。当然，为了自身学派的利益，二者之间也有斗争，在该文中，安先生指出了汉武帝末年与太子刘据发生矛盾斗争的学术背景，正是由于崇尚齐学为治国理论的武帝与信奉鲁学的太子刘据之间的思想分歧最终导致"巫蛊之祸"。至于东汉，学术合流成为主要方向，郑玄以后，齐学与鲁学作为主要派别，已不复存在。

安先生关于齐学与鲁学的研究，是放在齐文化与鲁文化研究的背景之下的。对于齐文化与鲁文化，先生似乎对齐文化有更多的褒扬。在《齐文化中的民主精神》一文中，安先生集中阐述了齐文化的政治开明、尊重知识、尊重人才、百家争鸣的诸多优点。并且说："我们现在实行的双百方针之一的'百家争鸣'就是沿用战国时代的名词，而当时百家争鸣的场所就在齐国的稷下学宫。""自如驺衍、淳于髡、田骈、接予、慎到、环渊之徒七十六人，皆赐列第，为上大夫，不治而议论，是以稷下学士复盛，且数百千人。"齐国的当权者对这些人都给予优厚的物质待遇和很高的政治地位，让他们自由地发表议论，从不以行政权力干涉学术上的论争。因此齐国稷下成了战国时代百家争鸣的学术文化交流的中心。这也是"五四"之前中国思想史上第一次也是唯一的一次思想解放运动，其影响之深远，迄今仍为人们所向往！至于为什么齐国成为百家争鸣的中心，安先生说，齐国是春秋战国时代的滨海大国，是由于齐国疆域的辽阔广大，有"家殷人足"的物质文明，以及富于开放性、民主性的精神文化面貌。不难看出，安先生关于齐文化民主性的研究，包含着对现实状况的深切关怀。

五、秦汉农民起义和农民战争研究

安先生认为，秦汉时期的农民起义，特别是秦末、新莽末、东汉末三次具有全国规模的农民战争，在中国封建社会农民起义和农民战争史上，占有十分重要的地位。为此，安先生编写了《秦汉农民战争史料汇编》（中华书局1982年版）一书，为史学界研究秦汉农民起义和农民战争提供了极大的方便。

在全面占有资料的基础上，安先生对秦汉时期的农民起义的历史背景、阶级矛盾、起义的特点等作了详细探讨。例如陈胜、吴广揭竿为旗，斩木为兵，以少胜多，以弱胜强，而且在政治上、军事上、组织上乃至思想上都程度不同地表现了"为天下创始"的首创精神。他们提出了"王侯将相宁有种乎"的反对封建特权的思想，并且建立了我国历史上第一个农民政权。在《西汉经济制度和政治制度》一文中，安先生指出，西汉时期，在封建关系上，一方面农奴化还没有最后完成，另一方面残存的奴隶制经济结构仍在起着一定的作用。与封建社会早期的特点相关，这一时期阶级斗争的特点，农民主要是反对封建国家的租赋徭役兵役，尤其是徭役和兵役，争取起码的人身权和生存权，如赤眉起义至多提出过"杀人者死，伤人者偿创"的口号，并未触及大土地占有制问题。而东汉的农民起义，前赴后继，此伏彼起，规模或大或小，一直持续了一个多世纪。每个阶段的起义，都呈现出自己的特色，如长期性、分散性和宗教性。这些特点，都是由东汉豪族地主的强大势力造成的。地方豪族势力配合官府的镇压，导致起义的长期性；各地豪强的分裂割据，导致起义的分散性；而被迫利用宗教秘密组织的全国性起义，最终也未能汇集成一股洪流，同样被分割镇压下去。东汉农民起义虽然失败，但实际上摧毁了东汉政权的腐朽统治，在一定程度上遏止了土地的剧烈兼并，沉重打击了奴隶制残余。它在中华民族的发展史上，留下了光辉的一页。

六、秦汉民族关系与中外关系研究

关于秦汉民族关系与中外关系研究，是安先生早年的代表作《两汉与西域关系史》。

我国内地同西域的交往在先秦时代就存在，但是明确的有文献记载的可靠历史却是从汉代才开始的。因此《两汉与西域关系史》将研究工作的时间定在两汉时期，使课题本身就具有追本溯源的意义，使《史记·大宛列传》《汉书·西域传》等中西交通史所叙述的历史事件在空间和时间上变得清晰起来,并且使以后的历史时代这方面的研究成为可能。与此前有关中西交通史的著述不同的是,该书不仅仅局限于揭示中西交往的历史事实,而且说明了中外交往所赖以实现的政治和经济背景。这样就使读者清楚地认识到我国对外交往的历史与政治的治乱兴衰、与经济力量的强弱息息相关。同时,也使该书不仅具有"通古"的作用,又为"知今"提供了历史借鉴。在20世纪中叶,巴尔喀什湖以东以南广大地区对汉朝的隶属关系,不仅是个历史问题,而且还是个敏感的现实问题。该书在第四章"西域都护的建立及其所属西域地区概况"中根据大量可靠史料指出:"宣帝神爵(前61—58年)以后,都护就成为西汉皇朝驻西域的最高长官……西域归汉朝管辖,这在汉人心目中,实际上是等于内地的一个大郡,故西域都护也相当于内地的一个郡守。"具体表现:第一,西域地方对汉中央政府为臣属关系;汉中央政府有权在西域地方设置官属;西域地方如有分裂背叛行为危及国家统一时,汉中央政府可以出兵征讨:汉中央政府对西域地方也负有保护的责任。第二,西域地方为了表示对汉朝中央政府的忠心服从,需送子入侍汉廷为质,即所谓质子:西域地方对汉朝中央政府有出兵从征的义务;西域地方有供应廪食的义务。由上述可见,汉朝都护所管辖的西域,大体相当于今天中国的一个特别行政区。该书出版后,因涉及历史疆界问题,曾惹来不少麻烦。只是由于不久中苏关系恶化,才免于一劫,并且使该书1979年得以再版。

该书的写作和出版前后,中苏关系经历了剧烈的变化,安先生并未受这些现实变化的影响,而是潜心于发掘和阐释历史的真实。在清理中西交通的源头方面,在有关边疆史地的考证方面,在如何处理历史上和现实的民族关系、中外关系方面,都作出了杰出的贡献。这就说明了历史研究活动应该怎样为现实服务——正如该书1979年版序言所说,那就是将历史的东西还给历史。这样不仅丝毫不影响作为一部历史著作对现实的启迪,同时也使这种研究获得了永恒的生命力。

七、秦汉历史人物研究

安先生几十年来发表了大量秦汉历史人物评传,为我们提供了生动的、丰富的秦汉历史画卷。同时，在这些评传中，安先生也表达了他的历史观点和立场，构成了他研究工作的一个重要部分。下面举几本重要的谈一下感悟。

桑弘羊是西汉著名的理财家，也是历史上毁誉参半的人物。和桑弘羊同时代的史学家司马迁在《史记·平准书》中，仅用几句话为他写了一个简单的传略，这就为研究桑弘羊带来了一定的困难。为对桑弘羊作出公正客观的评价，安先生对桑弘羊进行了比较系统的研究，先是写了《论桑弘羊》一文，载于所著论文集《汉史初探》；继而又撰写了《桑弘羊》一书（中华书局1983年出版）。他认为，桑弘羊在汉武帝身边工作了几十年，在他负责财政工作期间，主持制定并积极推行盐铁官营等政策，这些政策对西汉皇朝的巩固发展，对维护我国多民族国家的统一，都发挥了重要的作用；对以后历代的财政政策，也产生过积极影响。虽然他的思想、他的财政政策都存在着严重的阶级局限和历史局限，但仍不失为我国古代历史上一位杰出的理财家。这种评价是比较公允的。

安先生很早就致力于《汉书》的研究。他认为，《汉书》的作者班固和《史记》的作者司马迁是我国历史上齐名的两位史学家，他们对我国史学体例的创立以及对古代史学、文学和思想史的发展都作出了卓越的贡献。过去旧史家扬马抑班，或扬班抑马，都失之偏颇，不足为训。新中国成立后发表的有关司马迁的论著较多，相形之下，关于班固的论著却比较少，而且在某种程度上受到了不应有的贬抑，这是很不正常的。安先生认为，不论前人的长处或短处，都应该加以认真的研究，以便总结经验，扬其所长，避其所短，这样才能使我们的历史研究不断有所创新，有所提高，有所发展。基于这样的认识，安先生写成了《班固与汉书》一书（山东人民出版社1979年出版。后增订为《班固评传》，由广西教育出版社1996年出版）。这部书对班固的家世、生平经历特别是他在史学上的卓越贡献，都用翔实可信的资料进行了详细的评述。

安先生的《刘邦评传》（与孟祥才合著，齐鲁书社1988年出版，后增订为《汉高帝大传》，1997年由河南人民出版社出版，2006年又由中华书局出版），把刘邦放在一定的历史条件下和群体中叙述，通过对真实的历史材料的研究和分析,客观展现了秦末汉初波澜起伏的历史情景,写出了一个真实的刘邦。这部书除对刘邦的事功、局限和影响进行科学评价外,对秦末汉初的许多发人深省的历史经验和教训,以及一些有争议的问题,也进行了深入的探讨,提出了许多有见地的观点。

安先生的《汉光武帝大传》(与孟祥才合著,河南人民出版社1999年出版,2008年又由中华书局出版),是东汉开国皇帝刘秀的传记。这部书追踪了刘秀一生的足迹,展示了两汉之际那个风云激荡、群雄逐鹿时代的各个方面的情况,在广阔的历史背景上揭示其社会、政治、经济和思想文化的发展变迁以及与之相联系的阶级矛盾和各种社会矛盾的冲突、激化和缓解的过程。真实地再现了当时一幕幕惊心动魄的政治、军事和外交斗争的场景。描述了刘秀和他的文臣武将的思想性格、才情风貌。对于王莽和各地割据者从兴起到败亡的历程,也作了详细的交代。该书将一个真实的、有血有肉的活生生的刘秀展现在读者面前,向读者描述了一幅有声有色的东汉开国画卷。

此后,安先生还分别与孟祥才、刘德增撰写了《秦始皇帝大传》《汉武帝大传》(中华书局2005年出版),为这些在历史上举足轻重的人物立传,不但对研究秦汉史有重要参考价值,而且也有其现实的借鉴意义。

安先生的历史人物研究,多采用评传形式,除了学术的考虑外,还致力于历史研究的真实性、文学性、学术性和普及性的结合,因此不仅受到学界的好评,还得到了广大历史爱好者的拥护。把深奥、繁杂的历史道理说得通俗易懂,体现了先生高深的学术素养和普及历史教育的职业责任心,是吾侪后辈学习的典范。

(作者:陈乃华　原载《邯郸学院学报》2011年9月第3期;后收入康兵阁主编《学术高端访谈与研究》,人民出版社2013年版)

安作璋先生与山东地方史、齐鲁文化研究

摘要：上世纪50年代，安作璋先生即开始从事山东地方史与齐鲁文化研究，先后发表了《山东古代社会初探》《历史上的山东》与齐鲁文化研究等系列论文、并主编多卷本《山东通史》《齐鲁文化通史》《山左名贤遗书》等书。其主要贡献，一是继承发展了中国古今各种史籍的编纂体例，创立了编纂地域通史的新体例，为地域史研究开了先河；二是提出齐鲁文化作为一种地域文化形成的原因、基本特征及其在中国传统文化中的历史地位和现实意义；三是对保护、整理、研究山东地方文献作出了重要贡献。

一、山东地方史研究

早在上世纪50年代末，安先生就和山东师范学院历史系部分师生编写过一部《山东通史》（草稿），虽然很简略粗糙，但是开了一个好头。可惜由于种种原因，这项工作没有持续下来，半途而废。但是安先生却一直在这个领域坚持进行研究，陆续发表了《历史上的山东》《山东地方古代社会初探》《战国至秦山东地方封建经济的发展和社会矛盾》《两汉时期山东的社会经济和农民起义》、《魏晋南北朝时期山东地方史述论》以及关于齐鲁文化的系列论文（见《学史集》，中华书局2001年版）。1978年党的十一届三中全会后，在山东省党政领导的重视和支持下，修史修志的问题才提到了议事日程，于是地方志的编纂、地方史的研究工作才开展起来，经过十几年的努力，已经取得了显著的成绩，到1987年，《山东通史》正式被列为山东省"七五"规划重点科研项目、国家"八五"规划重点图书。

（一）编纂《山东通史》

《山东通史》（山东人民出版社，1994年版）上从最早的山东人——沂源人，下到中华人民共和国成立，按历史发展的阶段，共分先秦、秦汉、魏晋南北朝、隋唐五代、宋金元、明清、近代、现代各卷。该书在体例与结构上有所创新。把纪事与志、传体结合起来，以通纪叙述历史发展的基本线索，以典志记叙历代典章制度，以列传为历代有影响的人物立传，以图表弥补文字的不足。这样纵横交错，宏观与微观相结合，基本上能反映山东历史发展的面貌。该书出版十多年后，为了更加系统、全面、真实地反映山东历史，安先生主持重新增订了《山东通史》（人民出版社2009年版）。新增订的《山东通史》首先在资料方面更加丰富，除补充正史中的有关资料外，还参考运用了大量的考古、档案、文集、笔记、日记、报刊、回忆录、访问记、家谱族谱、社会调查等方面的资料。如近年来新发现的济南大辛庄商代遗址、章丘洛庄汉墓、长清双乳山济北王墓以及山东各地出土的画像石等考古资料、魏晋南北朝隋唐墓志墓碑和敦煌文书中有关山东士族的史料、明清家族族谱中的史料以及山东革命历史档案资料，特别是山东中共历史资料、国民党和军阀、日伪统治时期的档案资料等。有的卷还采用了一些社会调查材料。这样就在一定程度上弥补了文献不足征的缺陷。其二注意吸收山东地方史研究的新成果。如东夷人与东夷文化，大舜文化，齐鲁文化，山东古国（由原来的56个增至117个），鲁国宗法制度，孔子、孟子与鲁文化，管子与齐文化，稷下学派与百家争鸣，齐学与汉代政治，山东士族与家族文化，佛教、道教、基督教等宗教文化，古代山东与海外关系，丝绸之路（陆路、海路）的源头问题，资本主义萌芽问题，帝国主义与山东近代社会，山东人民反帝反封建的斗争等。对这些问题，前些年大都有论文和专著发表。增订本对这些新成果都进行了吸收。如过去学界一般认为封建时代的山东与全国其他地区一样，处于封闭状态，而增订本则根据大量史料认为，自古以来山东就是对外开放地区，山东沿海人民是历史上最早走向海外的，如秦时移民韩国和日本，即使明代倭寇猖獗时期与清代山东沿海海禁森严时期，山东民间也从来没有中断与海外的交往。其三注意了对重点、难点问题的研究。山东地方史的重点是古代的先秦、秦汉和近代、现代几个时期,这也是山东历史上最具特色的几个时期。新增订的《山东通史》不仅着重对山东的原始社会、文明起源以及由奴隶制向封建制、由中世纪向近代社会形态转变的研究,而且还突出了齐鲁文化、近现代帝国主义对山东的侵略和封建军阀的统治、山东近代社会的变迁和山东人民反帝反封建的革命斗争,如甲午战争、义和团运动、五四运动、抗日战争、解放战争等具有山东地方特色的若干问题的研究。其四开拓了山东地方史研究的新领域。对山东经济史、政治史、文化史、社会史与对外关系史等许多领域的研究,过去几乎是一片空白,初版的《山东通史》虽然注意了这些问题,并在各卷"典志"中都分别设有政区、职官、兵制、经济、教育、科技、文学、艺术、礼俗、宗教、外事等专志,但由于资料缺乏、散乱,困难较多,以致有些卷对某些志不得不暂时阙如。增订本有关各卷对上述专志都基本补齐,而且还有所扩展。如近代、现代卷还根据本卷的历史特点,分别增加了政党、社团、城市、警政、财政金融、交通通讯、新闻出版、体育卫生、社会保障等志。此外,在各卷的"通纪"、"列传"中,也都或多或少地增加了一些节目,从而扩大了山东地方史的研究领域。其五编撰初版《山东通史》时,由于十年动乱时期,历史学是重灾区,当时人们刚从极"左"思潮的阴影中走出来不久,心有余悸,再加上一些主客观条件的限制,因此没有编写当代卷。增订本弥补了这个缺憾。《山东通史·当代卷》所写的是自1949年中华人民共和国建立后至2007年近60年山东的历史。这60年,山东也和全国一样经历了两次伟大的革命,一次是建国后至1978年社会主义制度确立时期,一次是自1978年党的十一届三中全会至今改革开放时期。山东近60年发展的历史,是新中国历史发展的一个缩影,是向着富强民主文明和谐的社会主义现代化小康社会的宏伟目标迈进的历史。该卷真实全面展示了山东近60年的发展成就和不足,为山东更快更大的发展提供了可资借鉴的经验教训,为在广大干部群众中进行爱国主义教育、革命传统教育、集体主义、社会主义思想教育提供了丰富、真实而生动的史料,有利于达到存史、资政、育人的目的。具有重要的学术价值和现实意义。总之,新增订的《山东通史》是一部体例新颖、史料翔实、内容丰富、论证严谨、观点准确、文字通顺、图文并茂,集科学性、思想性与可读性于一体的世纪精品工程,对于全面研究总结和宣传山东历史,继承和弘扬齐鲁文化的优良传统,推动新时期山东省经济文化发展与社会主义和谐社会建设有着深远的历史意义和现实意义。

(二)编纂《济南通史》

《济南通史》(齐鲁书社2008年版)是安先生主编的另一部反映山东地方史的著作。长期以来,直接记载济南的历史文献并不多见。现存最早的文献,是元代于钦编写的《齐乘》。之后,又有明末刘敕编写的《历乘》。再就是清代各州县编写的一批关于济南的志书,如唐梦赉主编的康熙《济南府志》,周永年、李文藻主编的乾隆《历城县志》、成瓘主编的道光《济南府志》,以及民国年间毛承霖续修的《历城县志》。近年来由济南史志编委会编,中华书局出版的八卷本《济南市志》,内容比较详细,但其时间上限仅止于1840年,而济南几千年辉煌的古代历史基本上付之阙如。作为济南通史,仅见的只有济南社会科学研究所(济南社会科学院前身)编著、齐鲁书社1986年出版的《济南简史》。该书虽有首创之功,但由于当时种种条件的限制,内容究竟失之太简,不足以反映济南历史的全貌。为了更深入更全面的研究济南,认识济南,更好更快地建设济南,安先生主编了这部多卷本的《济南通史》。这是济南文化建设的一项世纪工程,它既是济南历史发展的客观要求,也是济南各界人们多年来的共同愿望。

《济南通史》上起远古下迄现代。按时间先后顺序,共分先秦秦汉卷、魏晋南北朝隋唐卷、宋金元卷、明清卷、近代卷、现代卷,另附文物考古与山水园林名胜卷,共七卷。每卷大约50万字左右。在体例上参照《山东通史》的体例,根据济南的历史实际而略加变通。各卷都分为前言、通纪、典志、列传、图、表六个部分,这六个部分形成了一个有机整体。互相联系,互相补充,详略互见,比较充分地反映了济南历史的全貌。

安先生在《济南通史》总序中说了以下一段话:一、济南是一座历史悠久的古城,文化灿烂,名人辈出,有"济南名士多"的美誉。二、济南是一座自然的湖光山色交相辉映的泉城。三、济南是一座富有光荣革命传统的英雄城市。四、济南作为首都门户,还是一座较早对外开放的联结海洋和大陆的现代化城市。这四句话,既反映了济南这座城市的特色,也道出了《通史》的主要内容,可以说是"画龙点睛"之笔。

二、齐鲁文化研究

齐鲁文化是存在于今山东地区的一种古代地域性文化。它滥觞于夷夏文化,形成于西周春秋齐鲁两国,融合发展于战国秦汉时期,它不仅融合了齐文化和鲁文化,而且兼收并蓄,广泛吸收了其他地域文化的长处,逐渐发展成为一种具有完备的自我调节和更新功能、再生能力很强的主流文化。特别是诞生于齐鲁的儒家文化,在整个封建时代处于政治和文化上的支配地位。研究中华文化的发生发展,就必须要研究齐鲁文化。安先生多年来一直致力于齐鲁文化的研究,建树颇多。

(一)对齐文化的研究

在《齐文化中的民主精神》(载《民主》杂志1990年第3期)一文中,安先生对齐文化中的民主精神进行了探讨,他认为,齐文化中的民主精神主要表现在如下几方面:一是政治开明。如齐威王任用邹忌为相实行变法,择君子,远小人,谨修法律而督奸吏。二是尊重知识,尊重人才。如脍炙人口的齐威王与魏惠王赛宝的故事,就充分表明齐威王求贤若渴、爱才胜宝、奋发图强的决心。三是实行"百家争鸣"的政策。如齐国的稷下学宫成了人才荟萃之地,儒、墨、名、法、道、阴阳,以及兵家、纵横家、农家、小说家等,所谓九流十家,应有尽有。

在《齐文化与黄老之学》(载《文史知识》1989年第3期)一文中,安先生指出,黄老之学是齐国土生土长的学派。这个把黄帝与老子结合的学派,因和原始道家有着渊源关系,而又不同于原始道家,所以学者们称为新道家。黄老之学不仅继承和发展了老子的学说,而且还利用稷下百家争鸣的有利形势,不断吸收各家各派的思想营养来充实自己,力图建立一个以道家为主体的兼有百家色彩的思想体系。西汉初年,统治者慑于秦末农民战争的威力,鉴于秦朝二世而亡的教训,又面对社会经济残破、国家匮乏、人民困穷,外有北方匈奴骚扰,内有诸侯王国威胁的严重形势,他们认识到必须力反秦之弊,实行缓和社会矛盾、与民休息的政策,只有这样，才能恢复和发展生产，稳定统治，以应付内外交困的局面。而黄老之学经过前一个时期的发展和完善，恰好适应了当时的客观形势和统治者的需要，于是这个学派在汉初便得到了广泛的传播，并成了当时统治者的指导思想。武帝时，儒家学派终于借着政治力量取代了黄老学派，但事实上，在武帝独尊儒术之后，黄老学派仍在流行，不过在理论上它已无法和儒家继续抗衡，转而朝着神仙方术与宗教迷信的方向发展。

（二）对孔子与鲁文化的研究

对孔子在中国古代文化上的一些具体贡献如教育事业、编写历史、整理诗书以及他本人"学而不厌，诲人不倦"的积极态度，学术界没有太大争议。所争论不休的就是对孔子的政治思想的认识问题，他的思想到底代表哪一个阶级的利益，是保守的还是进步的，是保守性多于进步性还是进步性多于保守性，在这些问题上学术界的认识并不一致。安先生在《关于孔子的"礼"和"仁"的学说》（载《孔子哲学讨论集》，中华书局，1962年版）一文中就孔子思想中两个最主要的组成成分——"礼"和"仁"表达了自己的观点。

安先生认为，"礼"是殷周以来制度的集中表现，如何对待"礼"，这是评价孔子思想的一个关键问题。孔子说："殷因于夏礼，所损益可知也；周因于殷礼，所损益可知也，其或继周者，虽百世可知也。"由此可知，孔子认为，对传统的礼可以继承，但更重要的是要批判改造，使它能够适应时代的要求。孔子所提倡的"礼"，至少和过去有三点不同：一是孔子给了"礼"新的解释。孔子反对把"礼"只当作一种形式，他所注意的乃是"礼"的精神实质。孔子所说的"礼"，完全是为政治服务的，是为了使劳动人民服从统治者的支配，并不是一种空空洞洞的仪式。孔子还以"礼"来反对奴隶主对人民过重的剥削和压迫，批评鲁国贵族季氏"不度于礼而贪冒无厌"。这在当时是符合人民群众的要求的，具有积极意义。二是孔子把过去被奴隶主贵族所垄断的"礼"下放到庶人之中了。孔子把庶民的身份提高到能接受"礼"的规范，这不能不说是对殷周以采的"礼"所作的一个重大的修改，在当时确实是一种新的理论，它打破了"礼不下庶人"的旧框框，反映了人民群众要求摆脱"苛政"压迫的愿望。三是孔子给"礼"加进了一个新的内容,这就是"仁"学。有了"仁"作为基本内容的"礼",就使旧礼大为改观。孔子在《论语》里提到"仁"的地方很多,"仁"是做人的最高道德标准。怎样才算一个仁者呢? 照孔子的说法就是"爱人"。孔子第一个发现了"仁",承认劳动者也是"人",从而提高了"人"的地位,这在当时处于奴隶地位的劳动人民是有利的,对正在成长的地主阶级也是适用的。

在《孔子与鲁文化》(载香港《广角镜》第229期,1991年10月16日)一文中,安先生认为,孔子自幼受"礼义之邦"的鲁文化的熏陶,孔子思想及其创建的儒学是在鲁国文化土壤上产生的。孔子及其创立的儒家学派,不仅对鲁国本土文化产生了很大影响,而且对中国传统文化也具有极其深远的意义。孔子不仅是中国古代伟大的思想家和教育家,而且也是世界著名的文化巨人。他的思想不仅是中国的一份珍贵遗产,而且也是世界人民的共同财富。

(三)对汉代山东儒学研究

在《汉代山东儒学》(载《山东师院学报》1979年第5期)一文中,安先生指出,山东是儒家的发祥地,从春秋时代孔子删订六经,聚徒讲学起,作为我国古代的一个重要学派就建立起来了。孔子死后,儒家学派继续发展,战国时代,山东的孟派儒学与墨家并称显学。西汉初年,"清静无为"的黄老之学更适合当时统治者的需要,因此,朝廷虽也立儒学博士,承认儒学的学术地位和政治地位,但实际上指导政治的则是黄老之学。汉武帝时儒学取得了独尊的地位。两汉是山东儒学发展的黄金时代,西汉的五经八师,除了传《诗》的韩婴(燕人),传《公羊春秋》的董仲舒(赵人)以外,传《尚书》的伏胜(济南人)、传《易》的田何(齐人)、传《诗》的申公(鲁人)、辕固生(齐人)、传《礼》的高堂生(鲁人)、传《公羊春秋》的胡母生(齐人)都是齐鲁的大儒。《汉书·儒林传》中,单独立目者有27人,山东儒生占了17人。可见山东儒学之盛。这也反映了两汉山东地区在文化上的重要地位。

在《齐鲁博士与两汉儒学》(与刘德增合作,载《史学月刊》2000年第1期)一文中,安先生认为,两汉博士见于史书记载而有籍贯可考者约百余人,其中齐鲁籍的博士即占半数。齐学与鲁学是两汉儒学的主体,左右着两汉儒学发展的方向,而在其中起主导作用的正是齐鲁博士。儒学成为统治思想,归功于齐鲁博士。汉武帝以后,独尊儒术,仕途几为儒家垄断。齐鲁博士及其弟子大多官至卿相牧守,在内政和外交等重大政治活动中具有举足轻重的影响。

(四)编纂《齐鲁文化通史》

安先生认为,齐鲁文化与其他地域文化相比。在整个中华文明发展史上既有与其他地域文化的共同点,也有其独具特色和突出贡献的一面。其特殊性就在于:从秦汉以前的中国早期文明发展史看,齐鲁地区作为"中国最高文化区"曾为中国早期文明发展发挥了文化中心的作用,做出过特殊的贡献:秦汉以后,在中国文化漫长的历史发展过程中,齐鲁作为儒家思想的发源地——孔孟的故乡,也发挥了其他地区所难以替代的独特历史作用。这一切都决定了齐鲁文化在中华文明发展中的特殊的历史地位和独特的文化贡献。

为了比较全面地研究齐鲁文化,安先生主编了多卷本的《齐鲁文化通史》(与王志民合编,中华书局2004年版。2006年获山东省社会科学优秀著作一等奖)。《齐鲁文化通史》是一部大型的地域文化通史,它既汇集和吸取了近50年来学术界研究齐鲁文化的成果,又突出了学术的创新性,并填补了某些领域的研究空白,是齐鲁文化研究领域的重要成果。该书资料翔实、内容厚重,不仅从思想文化上,而且从科技、教育、宗教、民俗等不同领域研究齐鲁文化在每一个时代的特征及发展演变,既展现了齐鲁文化自身的特点,也兼顾到齐鲁文化与其他地域文化乃至海外文化的互动关系。全书体例统一,又兼具个性和特色,是全面了解、认识及研究齐鲁文化乃至中华文化的重要参考著作。

三、山东古文献的整理与研究

安先生还致力于山东古文献资料的整理与研究。自上世纪80年代以来,先后主编了山东古文献资料《山左名贤遗书》《郑玄集》《郝懿行集》等。

（一）《山左名贤遗书》

这套丛书是1985年以来20多年间由安先生主编、齐鲁书社陆续出版的反映齐鲁文化的大型丛书。收录的范围以清代山东知名学者的经学、史学、文字学、地理学、博物学、金石考古学等方面的未刊重要著作为主，虽已刊行但难以找到，有重印价值的，也酌情辑入，经过重新整理出版。大家的著作尽量收集齐全，名家只收代表性著作一至两种，这套丛书对研究齐鲁文化和清代以来山东朴学家的学术源流及其贡献有极大帮助。1992年曾获全国首届古籍整理图书（丛书）奖。

（二）《郑玄集》（上下册）

安先生认为，齐鲁文化是中华民族优秀传统文化的重要组成部分，而郑玄的"郑学"又是齐鲁文化的重要组成部分。发掘和弘扬齐鲁文化的优秀传统，就不能不研究"郑学"，因而安先生主编了《郑玄集》（齐鲁书社1997年版）。《郑玄集》共分《周礼注》《仪礼注》《礼纪注》《郑玄佚注》《郑玄文集》《郑玄年谱》等六编。编辑《郑玄集》有很大困难，一是资料残缺，二是真伪难辨，三是众说不一。《郑玄集》在全面收集郑玄著述的基础上，选录其中为学术界所公认的原著，编入《三礼注》与《佚注》《文集》，而确认为伪作或存疑者，则不收，于亡佚之作，均编入《郑玄著述表》，加以说明，以备参考。对书中的注文，有疑问而又众说纷纭者，则择善而从，或参以己意，最大限度地减少了谬误。郑注往往以汉代制度解经，因此《郑玄集》不仅对研究齐鲁文化，而且对研究汉代历史也有一定的参考价值。

（三）《郝懿行集》（共7册）

安先生主编的《郝懿行集》由齐鲁书社于2010年出版。郝懿行（1757—1825），山东栖霞人，是清乾嘉学派重要代表人物。嘉庆四年（1799）进士，授户部主事。嘉庆二十五年（1820），补江南司主事。郝懿行一生勤奋笃学，博览群书，笔耕不辍，著述丰富，已刊未刊者共计60余种，他的妻子王照园幼承家学，亦博涉经史。当时学界将郝懿行夫妇与江苏高邮著名经学家王念孙、王引之父子并称为"高邮王父子，栖霞郝夫妇"。郝懿行夫妇为整理研究中国古代文化遗产做出了卓越贡献，给后人留下了宝贵的文化财富,而他孜孜不倦、严谨治学的精神直到现在仍然为学界所称道。安先生自1984年就组织山东师范大学古籍整理研究所的十几位专家,费了十几年之功,整理出了400余万字的《郝懿行集》。《郝懿行集》收录了郝懿行研治经、史、训诂的大部分著作和诗文、笔记,是国家古籍整理"十一五"重点规划项目。

(四)《齐鲁诸子名家志》

由安先生担任总顾问的《齐鲁诸子名家志》(山东人民出版社2009年版)丛书,共20卷,收集了山东历史上28位最杰出的代表人物的生平、业绩、影响和后人的研究成果。

安先生在《序言》中指出,该书所收录的28位齐鲁历史名人,都是他们那个时代的顶尖人物,代表了他们生活的那个时代最先进的思想文化、科学技术和文学艺术。他们为丰富、发展和创造光辉灿烂的齐鲁文化与中华文明都作出了突出的贡献。"见贤思齐",齐鲁先贤们的思想和精神至今仍有其超时空的普世价值。在这些人物身上,主要表现了如下特征:一是这些齐鲁先贤都是爱国主义的杰出代表人物。他们热爱自己的祖国,"忧患不忘国","苟利于国,不求富贵",用毕生的智慧和能力报效祖国。有的为了国家富强而锐意改革,甚至不惜献出自己的生命;有的尽忠报国,"鞠躬尽瘁,死而后已";有的为了保卫祖国,终生奋战沙场,"封侯非我意,但愿海波平"。这些都表现了齐鲁先贤的爱国情怀,是值得后人学习和纪念的。二是他们都十分关注民生,关注人民疾苦;反对战乱,反对苛政;主张社会公平,追求社会和谐。如"仁者爱人","己欲立而立人,己欲达而达人","摩顶放踵,利于天下"的博爱思想;"乐民之乐者,民亦乐其乐;忧民之忧者,民亦忧其忧"的民本思想;以和为贵,和而不同的辩证思想;"天下为公"与"大同"、"小康"的社会理想等等。这些思想影响深远,对我们今天建设社会主义和谐社会仍有现实意义。三是他们对自己所从事的事业都有执著的追求和创新精神,"苟日新,日日新,又日新"。如上述的一些科学家、文学家和艺术家,他们大都历经人生几十年的坎坷,上下求索,排除万难,不断创新,在各自研究的领域,终于登上了一个又一个高峰,在思想文化史上留下了光辉的篇章。这种精神是永远值得后人学习与发扬光大的。四是他们都重视自身的思想修养,追求道德的最高境界。如"富贵不能淫,贫贱不能移,威武不能屈"的高尚气节,惩恶扬善、见利思义、恪守诚信的社会美德,"海纳百川,有容乃大"的兼容并包的开放意识和博大胸怀等等。这种品格也是永远值得后人崇敬和学习的。这套丛书的出版,进一步推动了对齐鲁文化的研究,更加全面地继承和弘扬中国优秀传统文化,为社会主义和谐社会建设服务。同时也有利于人们更加全面了解和深入认识山东的历史和文化,激励人们热爱山东,建设山东,进一步扩大了山东在国内及海外的影响。

现在,安先生虽已年过80,但老而弥笃,仍在史学园地里辛勤耕耘。他常用曹孟德的名言"老骥伏枥,志在千里。烈士暮年,壮心不已"激励自己。他要"活到老,学到老","生命不息,奋斗不止"。祝安先生健康长寿,永葆学术青春。

(作者:张仁玺　原载《邯郸学院学报》2011年9月第3期;后收入康香阁主编《学术高端访谈与研究》,人民出版社2013年版)

半世纪情系治史　一甲子缘结山师

——记山东师范大学安作璋教授

　　安作璋先生，1927年生于山东曹县。1951年于齐鲁大学文学院历史系毕业后开始在山东师范学院（山东师范大学前身）历史系任教。现为山东师范大学和山东大学教授、博士生导师。历任山东师范大学古籍整理研究所所长、中国秦汉史研究会副会长、山东省史学会副会长、山东地方志学会副会长等职务。他在秦汉史、中国古代史、历史文献学、山东地方史、齐鲁文化史、中国运河文化史等研究领域均有卓越贡献。1987年当选为中共"十三大"代表，1988年被山东省委、省政府授予"山东省首批拔尖人才"称号，1991年起荣获国务院政府特殊津贴，2007获首届山东社会科学突出贡献奖，是五位获此殊荣的著名学者之一。安先生是新中国成立后，最早从事秦汉史研究并取得卓越成就的著名史学家，其论著曾受到史学大师郭沫若先生的赞赏，被日本学者誉为"秦汉史之大家"。从20世纪80年代始，安先生践行司马迁"通古今之变，究天人之际"的治史思想，主张治史贵在乎通，其研究范围逐步拓展到通史、地方史、文化史、文献学等领域。

　　11月16日早上，阳光很好，天色明朗，有些微寒的初冬。走在去著名学者安作璋先生家的路上，想到接下来的采访，自然有些兴奋。剩下的还有点紧张，毕竟机会难得，如何用好这一上午的采访时间，心里没底儿。安先生80多岁了，走路有些困难，还是亲自到门口迎接，又很热情地接待我们。嘘寒问暖之间，紧张没了，多了亲切。书房朝阳，三面是书，中间再放上书桌，显得拥挤。我们问起先生的身体，先生说已是耄耋之年，出远门少了，倒是每天读书依旧，成了习惯。话题自然就开始了。关于师大，他追忆过往，期许未来；关于学术，他聊起求学经历，又讲述自己的治学追求。我们惊讶地发现，这个步履蹒跚的耄耋老人精神很是矍铄，讲问题时清晰的思路和宽阔的视野让人敬佩。一个上午不知不觉间过去了，先生并不觉得疲倦。我们离开的时候，老人家叮嘱我们要"好好做人，好好做事"，又坚持要送到门外，还站了许久目送我们离去。回去以后思考了安先生许多话，感觉受益颇多。或许多年以后，我们依旧会记起这个祥和的上午，屋里堆满书籍，窗外的树叶金黄，阳光照进来，安静的出奇，我们端坐着，专注地聆听这位苍老但矍铄睿智的老人的诉说。

治学治史，三通三勤

安作璋先生就读于中国历史上最早的一所教会大学——齐鲁大学。当初报考这所学校，他的目的很单纯，只因为他喜欢历史，而该校有历史专业，有国学研究所。昔日的齐鲁大学曾汇集了顾颉刚、钱穆等一批史学大师，还有一个藏书丰富的图书馆。安先生的导师是著名历史学家张维华（西山），张深受乾嘉学派影响，治史主张博大精深、实事求是，还要博采众家之长。回顾那段岁月时，安先生说："我读大学是从1947年到1951年，跨越了新旧两个时代，先是接受了乾嘉学派考据务实的思想影响，以后又接受了马克思辩证唯物主义与历史唯物主义，这些都为我后来从事历史教学与研究打下了坚实的基础。"

安先生说，仅以中国史论，就有古代史、近现代史、专门史等国家规定的二级学科，即使对其中一门分支学科完全掌握精通，用尽一生精力也几乎不可能，所以就需要一个思想方法，这个思想方法就是马克思唯物史观。根据唯物史观，中国古代历史可分为原始社会、奴隶社会、封建社会几个阶段。关于如何运用唯物史观搞好研究，安先生讲到了"三通"。

首先是纵向的"通"，即弄通历史的来龙去脉，弄通每一个社会形态最本质的特征及其形成原因，还要弄通社会形态转变通过哪些环节来完成，这样才能打破王朝体系，从复杂纷纭的历史事件中摆脱出来，掌握历史发展规律。其次是横向的"通"。要弄通每个时代重大历史事件与其左邻右舍的关系，并通过中国历史与外国历史的相互比较了解其相互关系。再次是"类通"，即以类相从，逐类贯通。"类通"要求对每个社会形态各个历史发展阶段的各方面情况有所了解，如生产力发展、生产关系变化、政治制度、思想文化以及民族关系、中外关系的变化等。安先生说，弄通以上三方面，大致可贯通古今了，但治史要达到"三通"境界，还要"三勤"，即眼勤、脑勤、手勤，也就是勤于读书、勤于思考、勤于写作。勤奋出成果，这是个真理，没有十年磨一剑的精神是做不出真学问的。前辈学者的名言"板凳需坐十年冷，文章不写一句空"就是这个意思。安先生说："做学问就是要淡泊名利，自己不想成为媒体关注和炒作的对象，也不希望成为什么名家大师，要超越名利，耐得住寂寞，学会坐冷板凳，如此才能少一些浮躁之气，多一些慎思明辨，这样才能有所收获，有所成就。"

几十年的书斋生涯，安作璋先生也有他自己的"苦"与"乐"。在他老人家那里，苦乐是相对的，可以转换。"读书破万卷"的确是苦差事，而到了"下笔如有神"的时候，就会有难以形容的乐趣。我们问安先生这种治学的毅力从哪儿来，先生说，关键是要了解史学对传承文明、资政育人、服务社会、治党治国以及个人修养等方面的重大作用，这样才能有兴趣、有信心、有坚韧不拔的毅力。

值得一提的是，虽然安老的双腿患有严重的关节炎，但他的足迹却留在了黄河上下、长江南北。他登过河南的嵩山、安徽的黄山、四川的峨眉山、青城山以及山东的泰山、崂山。他也到过许多历史名城和古代遗址。这对于一个举步维艰的人来说，当然不是什么游山玩水，而主要是借此开拓胸怀，扩大视野，增长见识。"读万卷书，行万里路"，这是历史的格言，也是安老生活中的一种乐趣。

回顾师大，展望师大

安作璋先生在1951年毕业后被分配到山东师范学院历史系从事教学与研究。弹指一挥间，已过去了60余年。当年刚建成的师范学院已成了如今的师范大学，而安先生也从一个20多岁的小伙子变成了越过古稀的耄耋老人。在一个甲子中，安先生见证山师大从营盘街小学迁到商埠狭窄分散的校舍，再迁到今天千佛山脚下，在校生由不到300人发展到3万余人。

讲到师大的历史，先生从一百多年前的山东大学堂师范馆讲起，到山东师范学堂、山东优级师范学堂、山东高等师范学堂，再到山东师范学院以至今日的山东师范大学，娓娓道来，如数家珍。山师大的传统精神就形成于这漫长的历史过程中。安老认为，山师在中国教育史上由封建教育向近现代化教育转型过程中起着桥梁和母机的作用，其早期"会通中西、兼容并包、品学双修、博通时务、讲求实学力行"的校风和学风代代相传，至今已成为山师大精神和优良传统的重要组成部分。对照今日师大校训"弘德明志，博学笃行"与"爱国爱校，为人师表，勤奋严谨，求实创新"的校风，可以说是一脉相传，与时俱进。这种悠久的历史传统、优良的校风学风，正是推动山师大继续前进的内在动力。安先生也以此寄语校友："我希望山师大精神不仅要在校友中代代相传，而且还要不断地发扬光大。"

对于今后山师大的发展，安老经过认真思考，提了几点建议。

一是充分发挥老教师的作用。人文社会科学尤其是文史哲领域，在当前仍存在一个学术断层、青黄不接的问题。人文社会科学与自然科学性质不同，有30多岁的青年科学家，例如杨振宁获得诺贝尔物理学奖时才35岁；但从没有过青年历史学家，因为这需要一个长期的知识积累和理论修养过程。山师大在50到70年代曾聚集了一大批著名学者，现已凋谢殆尽。他们的成就、地位、影响以及他们的工作一时还难以代替。老教师的作用，主要是传、帮、带的领军作用，现在这样的老学者越来越少，应采取抢救措施，打破常规，从政策上予以落实。

二是大力培养中青年教师。要培养大师级人才，就要从青年一代抓起。很多大师在青少年时代就有好的教育，所谓家学渊源。我们现在也可以从一部分大学生、研究生中开始抓国学知识的基础教育，教他们把基础打好。研究生教育也可分为应用型和研究型两种，在研究型研究生中注意培养尖子人才，这方面也要制定一些政策。

三是要在校内培养自由的学术环境，鼓励教师在学术上思想自由、独立思考。一定要划清学术问题与政治问题的界限。陈寅恪先生为王国维题写的碑记里说"独立之人格，自由之思想"，没有独立人格和自由思想，就不可能有创新和发明，也不可能出现大师级人才。"李约瑟之谜"和"钱学森之问"实际说的都是这个问题。

安老最后还强调说,解决这些问题需要政策,政策是关键。

从安作璋先生的话语中,我们深深地体会到了他对山师大深挚的感情。山师大是他待了大半辈子的学校,安老为她骄傲,也为她倾注着关怀,怀抱着信心。

寄语青年,寄语学界

安作璋先生认为,年轻一代的学者朝气蓬勃,思想活跃,而年纪大的一些学者就显得保守一些;但另一方面,年轻学者做学问,多数基础不是太好。安老对青年学人的寄语,关键一条就是把基础打好。

有些学者,尤其是年轻学者做学问,往往想走捷径,以求早出成果,快出成果,多出成果。问题的产生自然与其自身不足有关,但也与现行的政策及当下的环境有直接关系。年轻教师为了尽快评上职称,不得不追求短期行为,以至于现在的许多学术论文和专著缺乏创见。

安老师叮嘱道:"虽然现在的学术界有一些不太好的现象,这些问题短期内也难以解决,但年轻学者还是应该尽快回过头来给自己补课,否则,将来在学术界是站不住脚的,学术研究应该从基础做起,一点一滴积累,这样的学术研究才有生命力。"

学术界的一些不好的现象,同社会上急功近利的大环境分不开。年轻一代有志于学术者,不仅在学术方面,而且在其他方面,都是任重道远。安老讲到了"做人和做事"。作为学者搞学术是"做事",把学术放到整个人生的视野中观察,也是一个"做人"的问题。安老还提到,做学问就应该埋首故纸堆,钻得越深,就越能探得其中奥秘,但还要记得钻出来,回到现实,否则就会泥古不化,成了书呆子。

很长一段时间,学术界有一个时髦的观点,就是马克思主义过时了,甚至有人公开否定其在学术研究上的指导作用。安老认为,这实际上是一种历史虚无主义的极端表现形式,应该引起充分关注。马克思主义基本原理在中国历史上曾经影响了几代人的学术研究生涯,也很好地阐释了中国历史上一系列长期难以说明的问题,这一理论和方法在现在和将来仍是我们正确认识历史和现实问题的强有力的理论武器。问题在于运用者是否真正理解马克思主义的理论精髓,是否能真正做到将其基本原理同中国的历史实际相结合。历史研究不应单纯停留在史料考证和罗列上,或停留在对历史现象的单纯描述上,而是要找出历史现象背后规律性、实质性的东西,并为现实和将来社会的发展和完善提供借鉴,这才是历史研究的最高境界和终极目的。安老说:"想要做到这一点,没有系统的马克思主义理论修养是不行的,当然,僵化和教条也不行,必须灵活掌握,融会贯通。"正确、全面、系统地理解马克思主义基本原理,并运用到理论研究和历史研究中去,是安老对自己一贯的要求,他认为只有这样才能承担起历史所赋予一个历史学家的使命。安作璋先生身上有一种强烈的历史使命感,他也以此寄语学术界:"要把历史研究当做一种崇高的职业,要以一种崇敬的心态对待自己的工作。"

(学生记者:张冠男 原载山东师范大学《校友通讯》2012年第4期)

安作璋：做学问要有面壁十年的精神

安作璋的论著曾受到过郭沫若的赞赏，被日本学者誉为"秦汉史之大家"。采访之前，记者难免心生畏怯。而在书房与之见面时，这位谦逊、宽厚而和蔼的老者打消了记者此前的忐忑与焦虑。

崇德敬业　求实创新

安作璋，1927年生于山东省曹县，1951年毕业于齐鲁大学文学院历史系，曾历任山东师范大学古籍整理研究所所长、中国秦汉史研究会副会长。

作为秦汉史之大家，安作璋将秦汉史作为治史试验田，积累史学研究经验，并逐渐将研究范围拓展到通史、地方史、文化史、文献学等领域，著有《汉史初探》《两汉与西域关系史》《班固评传》等史学著作。在秦汉史、中国古代史、山东地方史、齐鲁文化史、中国运河文化史、历史文献学等领域有独特贡献。

"历史文献学是学术研究的基础，没有充分的历史文献进行历史研究就等于无米之炊。"谈及治学方法，安作璋十分强调历史文献的重要作用。早在1994年，福建人民出版社出版了由他主编的《中国古代史史料学》，学术界将其评价为"具有很高的科学性和系统性，堪称目前我国史学界最完整、系统和具有体系性的史料学著作"。

"崇德敬业，求实创新"是安作璋几十年治学的宗旨。他认为，史学研究贵在求实，在求实的基础上才能创新。在史学研究领域，老一辈学者常说有一份材料说一分话，有十份材料说十分话，"没有充分可靠的历史文献，研究结论很难站住脚"。他表示，历史研究一定要掌握搜集资料、研究资料的方法,这是一个基本功。

在安作璋看来,史学研究者还要有坐冷板凳的精神。有些青年学者和学生经常向他请教治史的秘诀,他说:"我没有什么秘诀,如果说有,那就是'业精于勤'四个字,即眼勤、脑勤、手勤,也就是勤于读书、勤于思考、勤于写作。没有十年面壁的精神,做不出真正的学问,凡是有所成就的学者,都要经过热桌子与冷板凳的锻炼。"

以跨学科合作推动史学繁荣

谈及当前史学研究现状和新的生长点,安作璋表示,历史是一门古老的学科,人、事、物、典章制度等历史学科的主要内容,前人已经做了大量的研究。倘若想有所突破,则应当变换新的视角、考虑新的思路、运用新的方法。

安作璋提出,要将中国历史和外国历史进行比较研究,站在世界史的高度考察中国历史。他说,在20世纪,一些史学研究者曾对此进行了尝试,将中国的奴隶社会、封建社会和西方的奴隶社会、封建社会相比较,以此认识中国历史的特点。今天史学界需要进一步开阔视野,从多层面将中国史放在世界史的大背景中加以研究。

安作璋特别强调,历史学要进行多学科的交叉研究,扩大其研究范围。他说,在很长一段时间内,史学研究主要集中在政治史,研究领域过于狭窄,研究者要根据社会需要扩大历史学的研究范围,向经济史、文化史、城市史、乡村史、民族史、人口史、边疆史等领域拓展。

"随着时代的发展,历史学越来越成为一门综合性学科,许多问题仅靠传统的单一的历史学方法是解决不了的。"安作璋表示,史学要繁荣,需要多方面的努力。在新时期的历史学研究中,史学工作者要开阔视野、革新方法,积极开展跨学科研究,注意历史学与其他学科不同程度、不同范围的合作,尤其要注意与哲学、考古学、社会学、政治学、经济学、文学、艺术学以及相关自然科学的合作。他介绍说,目前,西方史学界跨学科的研究范围日益扩大,除了人文社会科学外,还与生物学、生态学、工程技术等自然学科建立了联系。

马克思主义唯物史观为安作璋从事历史研究提供了有力的理论支撑。他认为,在史学研究中,以马克思主义理论、观点、方法作为指导思想,最核心的就是唯物史观,这是最重要的前提。历史研究如果不从经济基础入手的话,很多问题都说明不了,有什么样的经济基础就有什么样的上层建筑。"秦汉时期是中国封建社会的奠基时代,这是从它的经济基础入手得出的结论,这就是马克思的唯物史观"。

（记者：张杰　原载《社会科学报》2013年12月9日）

后 记

　　这本书是我在上世纪80年代初至今陆陆续续写的一些文字的汇编，内容比较杂乱，大体可分为文集（32篇）、书序（62篇）、书评（26篇）、回忆录（7篇）以及访谈录、访问记（23篇）等几个部分，每部分一般均按发表时间先后顺序排列；但总的来说，也是反映我学习历史的一个过程和心得体会，或许可以供热爱历史的读者朋友参考。2001年，我曾在中华书局出版过一本《学史集》，现在这部书稿复蒙中华书局不弃，允予出版，因名《学史集·续集》，以为纪念，并深表谢忱。

作者

2015年9月